ISBN 978-0-666-52406-5
PIBN 11044855 ·

1 MONTH OF
FREE
READING

at

www.ForgottenBooks.com

By purchasing this book you are
eligible for one month membership to
ForgottenBooks.com, giving you
unlimited access to our entire
collection of over 1,000,000 titles via
our web site and mobile apps.

To claim your free month visit:

www.forgottenbooks.com/free1044855

English
Français
Deutsche
Italiano
Español
Português

www.forgottenbooks.com

Mythology Photography **Fiction**
Fishing Christianity **Art** Cooking
Essays Buddhism Freemasonry
Medicine **Biology** Music **Ancient
Egypt** Evolution Carpentry Physics
Dance Geology **Mathematics** Fitness
Shakespeare **Folklore** Yoga Marketing
Confidence Immortality Biographies
Poetry **Psychology** Witchcraft
Electronics Chemistry History **Law**
Accounting **Philosophy** Anthropology
Alchemy Drama Quantum Mechanics
Atheism Sexual Health **Ancient History**
Entrepreneurship Languages Sport
Paleontology Needlework Islam
Metaphysics Investment Archaeology
Parenting Statistics Criminology
Motivational

Die schwedischen Expeditionen

nach

Spitzbergen und Bären-Eiland

ausgeführt

in den Jahren 1861, 1864 und 1868

unter Leitung

von

O. Torell und A. E. Nordenskiöld.

Aus dem Schwedischen übersetzt

von

L. Passarge.

Nebst 9 großen Ansichten in Tondruck, 27 Illustrationen in Holzschnitt und einer
Karte von Spitzbergen in Farbendruck.

Neue Ausgabe.

Gera,

C. B. Griesbach's Verlag.

1874.

Inhalt.

Sechzehntes Kapitel.
Aus der Geſchichte von Spitzbergen.

Siebenzehntes Kapitel.
Rückkehr nach Norwegen.

II. Expedition von 1864 unter Nordenſkiöld's Leitung.
Erſtes Kapitel.
Vorbereitungen. — Fahrt nach Bären-Eiland.

Inhalt.

Siebentes Kapitel.

Fahrt bis zum Weißen Berge. — Rückkehr.

III. Expedition von 1868 unter Nordenskiölds Leitung.

IV. Verzeichniß der Abhandlungen,

welche sich auf die Resultate der schwedischen Expeditionen nach Spitzbergen gründen, sowie der hauptsächlichsten Thiere und Pflanzen, soweit
sie daselbst vorkommen.

Verzeichniss der Illustrationen.

1861.

Erstes Kapitel.

Selten ist wohl dem Momente der Abreise mit einer solchen
Ungeduld entgegengesehen worden, als von den Theilnehmern der
schwedischen Expedition nach Spitzbergen, welche sich den 15. April
1861 in der größten und vornehmsten Stadt des nördlichen Finmarken vollzählig eingefunden hatten. Die Freundlichkeit und die
Gastfreiheit, welche man uns in so reichem Maße zu Theil werden
ließ, trugen zwar dazu bei, den Gang der Zeit angenehm zu beschleunigen; aber trotzdem beschäftigte uns fortwährend der Ge-
danke an die kostbare Zeit, die verloren ging, und die Vorstellung,
daß eine Thätigkeit in viel nördlicheren Gegenden vielleicht schon
lange möglich wäre. Allerlei Hindernisse stellten sich unserer Abreise entgegen, vor allen die Natur selbst. Der Wind wehte nämlich vom Meere her, aus Norden und Nordosten, andauernd heftig,
oft von Nebel und Schnee begleitet. Kamen wir auch glücklich
aus der wirren und blos von engen Sunden durchschnittenen
Schärenflur Tromsö's, so war dennoch nichts gewonnen; denn die
norwegischen für die Fahrten nach Spitzbergen gebauten Schiffe,
zu denen auch unsere beiden Fahrzeuge gehörten, sind überhaupt
schlechte Segler, und ein Laviren — wenn bei dem stürmischen
Wetter möglich — hätte uns nur sehr langsam nach Norden weiter
gebracht. Auch andere Fahrzeuge, welche für den Fang in den
spitzbergischen Gewässern ausgerüstet waren, wurden seit Wochen
von diesem Nordwind im Kvalsund zurückgehalten, wohin die

Westfahrt von Tromsö geht, so daß sie es nicht wagten die Anker zu lichten und ihr Glück auf dem Meere zu versuchen.

Obwohl der Wind fortwährend conträr war, schlug doch endlich am 7. Mai, nach dreiwöchentlichem Warten, die Stunde der Abreise. Capitän Lysholm, Befehlshaber auf einem zur norwegischen Marine gehörigen Dampfboote, kam unseren Wünschen freundlich entgegen und erbot sich unser Fahrzeug bis in die äußere Schären= flur zu bugsiren. Da der Dampfer Aegir die Verbindung auf der langen Küstenstrecke zwischen Drontheim und Hammerfest unter= hielt und sich eben auf dem Wege nach Norden befand, so konnte unser Fahrzeug, ohne daß der Cours des Dampfbootes geändert zu werden brauchte, ein gutes Stück nordwärts durch die Schären= flur bis zu einem geeigneten Ankerplatze bugsirt werden, von wo aus wir bei günstigem Winde leicht in See stechen konnten. Da= durch erhielten wir vor den im Kvalsund liegenden Spitzbergen= fahrern den Vortheil: wir befanden uns nördlicher, konnten leichter in die offene See gelangen und durften daher hoffen, unser Ziel zeitiger zu erreichen, das heißt so zeitig als es in diesem Jahre überhaupt gestattet war das Feld unserer Thätigkeit zu betreten.

Unsere in Tromsö geheuerten und ausgerüsteten Fahrzeuge, der Schoner Aeolus und die Slupe Magdalena wurden, gemäß Verabredung, am 7. Mai Mittags zwölf Uhr vom Aegir in's Schlepptau genommen. Magdalena war schon früher am Aegir mit Tauen befestigt worden. Aeolus aber, welcher ein Stück draußen im Hafen dem Fahrwasser näher lag, warf erst bei der Vorbeifahrt dem Dampfer sein Kabel zu. Das erste riß sofort, wurde aber durch ein anderes vom Aegir ersetzt. Den dadurch entstandenen Aufenthalt von wenigen Minuten benutzten wir, um noch einmal dem freundlichen Tromsö und den zahlreich am Ufer versammelten Menschen Lebewohl zu sagen. Dann führte uns die Kraft des Dampfes weiter, hinaus durch den Tromsösund.

Tromsö verschwand bald unseren Blicken. Die Stadt liegt in 69° 39′ 12″ nördlicher Breite und 18° 57′ 40″ östlicher Länge*), auf der Ostseite der gleichnamigen Insel, in an= muthiger Lage. In der malerischen Umgebung zieht besonders der hohe Tromsdalberg auf der andern Seite des Tromsösundes durch seine imposante Gestalt und ansehnliche Höhe (zwischen 4 und

---

*) Hier wie später immer von Greenwich gerechnet.

5,000 Fuß) die Aufmerksamkeit auf sich. Die Stadt, welche in den letzten Decennien sehr in die Höhe gekommen sein soll, ist der Sitz eines Amtmanns, schickt seit 1842 einen Deputirten zum Storthing und erhebt daher den Anspruch Finmarkens Hauptstadt zu sein. Sie treibt einen nicht unerheblichen Handel, und ist einer der wenigen Plätze, wo Schiffe für die Jagd und den Fischfang in den spitzbergischen Gewässern ausgerüstet werden. Die drei übrigen Städte im Amte: Hammerfest, Varbö und Vadsö liegen zwar noch etwas nördlicher, aber Tromsö ist immerhin einer der nördlichsten Punkte auf der Erdkugel, wohin das Licht der Civilisation gedrungen. Unter allen Umständen mußte dieser Ort den Theilnehmern an der Expedition von Interesse sein, als der Ausgangspunkt ihrer Reise in die unbewohnten Gefilde des hohen Nordens.

Die Fahrt ging erst durch den Tromsösund, später durch den südlichen Theil des Grötsundes und den langen, engen Langesund. Das Wetter war schön und klar; der Wind nördlich, doch schwach. Auf beiden Seiten erschienen schöne Aussichten und Bilder, in jenem ernsten und würdevollen Charakter, welchen die norwegische Küste überall zur Schau trägt. Noch war das Land mit Schnee bedeckt. Nur hier und da zeigten sich ein paar bloße Stellen, wenn man die in's Meer senkrecht abfallenden Felswände ausnimmt, welche immer schneefrei bleiben. Das Auge weilte bewundernd bei den starken Contrasten: den starren Felsen, den weichen Formen des Schnees und der fast spiegelglatten Wasserfläche, welche dieser ganzen Natur einen so eigenthümlichen ernsten Ausdruck verleiht.

Am Abend um 7 Uhr kamen wir zur Karlsö, wo das Dampfboot anlegen und das Bugsiren aufhören sollte. Die Taue wurden gelöst und die Anker ausgeworfen; vom Aeolus bei acht Faden Tiefe in der Nähe der Karlsö, von der Magdalena bei zwölf Faden Tiefe weiter draußen im Sunde, zwischen der Karlsö und Reenö, fast genau gegenüber der Kirche auf der ersteren Insel. Der Wind, der wieder an Stärke zugenommen und nach Nordosten gegangen, sowie die Erklärung des Lootsen, daß an eine Fahrt durch das noch übrige Band der Schärenflur unter diesen Umständen nicht zu denken, zwangen uns unsere Ungeduld zu zügeln und hier noch einige Zeit zu verweilen. Diesen unfreiwilligen Aufenthalt können wir zu einem Blick auf die Entstehung, die

weitere Entwickelung und die Organisation der Expedition be=
nutzen. Auch wird es natürlich sein, wenn wir vor unserer
Weiterreise eine wenigstens oberflächliche Bekanntschaft mit den
Männern machen, deren Wirksamkeit und Abenteuer wir später
schildern werden.

Wie lebhaft während der letzten Jahrhunderte die Blicke der
Forscher nach dem hohen Norden gerichtet waren, mit welcher Be=
harrlichkeit die Gedanken und die Interessen der Menschen sich
namentlich den amerikanischen arktischen Regionen zugewendet, ist
noch in gutem Angedenken. England, Amerika, Frankreich, sie
rüsteten alle eine Reihe von Expeditionen „nach dem Nordpol"
aus, ebenso Dänemark, welches im Laufe der Zeit aus seiner Colonie
Grönland Schätze und reiche wissenschaftliche Resultate heimbrachte.
Mittlerweile machten sich die Folgen einer Entdeckung geltend,
durch welche die Natur des hohen Nordens eine besondere Be=
deutung für Skandinavien erhielt, ich meine die Entdeckung einer
Eiszeit, jene geologische Periode, da ein großer Theil der nörd=
lichen Hemisphäre sich in demselben Zustande wie noch jetzt Grön=
land befand: bedeckt mit einer ungeheuren Eismasse, worauf sie,
bald sich hebend, bald sich senkend, erhebliche klimatische Ver=
änderungen erfuhr, bis die gegenwärtigen Verhältnisse eintraten.
Es war der Schotte Playfair, der Norweger Esmarck, die Schweizer
Venetz und Charpentier, welche zuerst dieses wichtige geologische
Factum erkannten, das durch die späteren Arbeiten vieler Forscher
so sicher begründet worden. Otto Torell beschloß alle einschlagen=
den Verhältnisse zu studiren, für Schwedens Museen reichlichstes
Material zu sammeln, und damit zu beginnen, daß er sich selbst
mit der Natur des hohen Nordens bekannt mache. So besuchte er
unter Begleitung des Magister Olsson Gadde im Jahre 1857
Island. Drei Monate lang durchkreuzte er diese Insel, studirte
auf mühe= und gefahrvollen Wanderungen die Gletscherphänomene
und sammelte an den Küsten eine große Menge von Seethieren.
Im Jahre 1858 war er, schon im Mai, zusammen mit Professor
Nordenskiöld, in Hammerfest, um nach Spitzbergen zu reisen.
Während dritthalb Monaten wurden auf der westlichen Seite
Hornsund, Bellsund, der Isfjord, Amsterdam=Eiland, Cloven Cliff
(79° 51' nördl. Br.) besucht, überall reiche Beobachtungen gemacht
und Sammlungen angelegt, sowohl auf dem Gebiete der Zoologie,
als auch der Botanik und Geologie. Im folgenden Jahre, Ende

Mai 1859, befand sich Torell auf einem Fahrzeug der Königl. Grönländischen Handelsgesellschaft in Kopenhagen, unter Führung des Capitäns Ammondsen, auf dem Wege nach Grönland, wo Egedes Minde den zehnten Juli erreicht und darauf Godhavn, Omenak und Upernavik, die nördlichste der Colonien besucht wurde. Auch hier konnte Torell sich wichtige Resultate zu eigen machen. Es glückte ihm, das Binnen=Eisplateau Grönlands zu besteigen, welches — ein unermeßlicher Gletscher — das Land bedeckt; auch untersuchte er an der Küste den Meeresboden bis auf 280 Faden Tiefe mit dem Schleppnetz. Von allen diesen Fahrten kehrte Torell mit reichen Sammlungen zurück. Dazu hatte er seine Erfahrung bereichert und gelernt, wie man diese Regionen zu bereisen habe.

Ein solcher Eifer, eine solche aufopfernde Hingebung für des Vaterlandes wissenschaftliche Ehre mußte nothwendig das allgemeine Interesse erregen. Die Reichsstände bewilligten zur Förderung der wissenschaftlichen Expedition nach dem Eismeere, welche Torell in Gemeinschaft mit anderen Naturforschern zu unternehmen beabsichtigte, 8,000 Reichsthaler*). Aber der Staatsausschuß, welcher während der Verhandlungen von dem erweiterten Plane Kenntniß erhalten hatte, war der Ansicht, daß die erbetene Staats=unterstützung nicht genüge, um alle zu einer solchen Reise erforderlichen Ausgaben zu decken. Damit war aber wenigstens für das Unternehmen die Bahn gebrochen. Es hatte im Sommer desselben Jahres ausgeführt werden sollen, aber eine kostbare Zeit war verloren gegangen, und es blieb nichts übrig, als es auf das folgende Jahr zu verschieben. Mittlerweile war Torell eifrig bestrebt, Alles vorzubereiten. Er begab sich nach Kopenhagen und London. Der in allen Eismeerfahrten erprobte dänische Polarfahrer Karl Petersen, dessen Name jedem Leser von Parry's, Kane's, Hayes' und M'Clintock's kühnen Fahrten bekannt ist, erklärte sich bereit, an dem Unternehmen Theil zu nehmen und bei der Ausrüstung thätig zu sein. Capitän Ammondsen übernahm es, von Grönland Schlittenhunde und Anderes zu besorgen. In London erregte sein Plan das lebhafteste Interesse der berühmten Nordpolfahrer, Sir Leopold M'Clintock's und Capitän Sherard Osborne's, sowie Sir Roderic Murchison's, Präsidenten der Geographischen Gesellschaft.

---

*) 1 Reichsthaler = 11 Silbergroschen 3 Pfennigen.

In der zweiten Hälfte des Sommers 1860 besuchte Torell
Norwegen, wo er sich erst mit Beobachtungen der Gletscher und
damit in Verbindung stehender Erscheinungen beschäftigte, um
später mit den zurückkehrenden Spitzbergenfahrern in Tromsö
und Hammerfest zusammen zu treffen und von ihnen Aufklärungen
zu erhalten, sowie das Unternehmen vorzubereiten.

Torell wandte sich nun an die Königliche Akademie der
Wissenschaften in Stockholm mit einem Bericht über die vor=
bereitenden Schritte, welche er gethan, und unter Vorlegung des
in verschiedenen Punkten abgeänderten Planes. Nach diesem
Plane war das Unternehmen auf zweierlei Ziele gerichtet: eine
umfassende physikalische Untersuchung Spitzbergens und seiner
Küsten, und eine weitere geographische Excursion nach Norden
und Nordosten. „Es wird darauf ankommen,“ — hatte Torell
in seinem Schreiben geäußert — „beide Unternehmungen so zu
vereinigen, daß, wenn auch das letztere, schwierigere, wider Er=
warten ohne Erfolg bleiben sollte, die Expedition dennoch in Bezug
auf das erstere ein befriedigendes Resultat aufweisen kann.“

„Diese Auffassung“ — so heißt es in dem Bericht, welchen
zwei Mitglieder der Akademie, Selander und S. Lovén, abstatteten
— „erscheint so sehr richtig und von solcher Bedeutung, daß sie
dem Plane für das ganze Unternehmen zu Grunde gelegt werden
muß. Es ist Grund vorhanden zu hoffen, daß die nach Norden
gerichtete Expedition auf die Geographie dieser hohen Breiten ein
neues Licht werfen werde; aber eine gut organisirte Untersuchung
von Spitzbergen selbst wird ganz besonders wichtige Daten und
Materialien darbieten, welche auf lange Zeit nicht blos für den
hohen Norden, sondern auch für die Naturgeschichte Skandinaviens
fruchtbringend sein müssen. Die Maßregeln zur Erreichung dieser
beiden Ziele — hier gewiß, dort wahrscheinlich — sind daher so
zu treffen, daß das erstere durch die Vollständigkeit der Resultate
ersetzt, was möglicher Weise bei dem letzteren unerfüllt bleibt.“

In Uebereinstimmung hiermit sollte die Expedition an dem
Principe festhalten: so zeitig als möglich zu Spitzbergens nörd=
lichster Küste vorzudringen und von dort das feste Eis zu erreichen.
Dorthin geht ein Theil der Expedition ab, bestehend aus Torell,
Nordenskiöld, Petersen und einer auserwählten Mannschaft, welche
mit einer Anzahl von Hunden, Booten auf Kufen, Schlitten
u. s. w. in nördlicher oder nordöstlicher Richtung vorgehen; achtend

auf alle Verhältnisse, welche zu einer genaueren Kenntniß des Polareises, der Luft und des Wassers dienen; ferner ist — wenn möglich — die Thierwelt, nach Zahl und Beschaffenheit, und, wenn Land entdeckt wird, dessen Lage, Höhe, geognostische Structur, Vegetation u. s. w. festzustellen, besonders Alles was zur Lösung der brennenden Frage der Geographen beitragen kann, ob am Pole ein offenes Meer oder nicht.

Mittlerweile sollten die übrigen Mitglieder der Expedition auf Spitzbergen selbst naturwissenschaftliche Untersuchungen aus=führen und Naturproducte sammeln.

„Die Geologie Spitzbergens, sowohl des Festlandes als der Inseln," — äußern sich die Referenten der Akademie der Wissen=schaften — „ist noch unvollkommen bekannt, selbst in Ansehung der Configuration der Küsten. Hier ist ein reiches Feld der Thätig=keit. So wird zum Beispiel auf den Karten der Eisfjord halb so lang als der Bellsund gezeichnet, während er wahrscheinlich doppelt so lang ist und eine mindestens 10 Meilen*) tiefe Bucht bildet. Wijde Jans Water oder der Storfjord wird auf den Karten immer als ein Busen gezeichnet, während er in Wahrheit ein Sund ist, durch den man in das Innere des Landes gelangen kann. Von dem geologischen Bau des Landes kennt man, haupt=sächlich nach Nordenskiöld's Beobachtungen, Folgendes:

„Im Norden und wahrscheinlich bis zum Nordstrande der Kingsbai Granit. Auf dem Südufer der Kingsbai, an der Eng=lischen Bai, dem Eisfjord, Bellsund breiten sich sedimentäre Lager von ungleicher Beschaffenheit in großen Massen aus, entweder der Kohlen= oder der permischen Formation angehörig; darauf eine secundäre Formation, wahrscheinlich Jura, sammt einer mächtigen tertiären Bildung mit Blattabdrücken phanerogamer Pflanzen. Diese Lagerungsverhältnisse sind so mannigfaltig und reich, und ziehen in so hohem Grade die Aufmerksamkeit auf sich, daß man wünschen muß die gegenseitigen Grenzen und die Mächtigkeit der einzelnen Bildungen näher untersucht zu sehen. Welche Bedeutung dem Studium der neueren geologischen Erscheinungen beizulegen, den Gletscher=Phänomenen, den Zeichen für deren frühere wahr=scheinlich größere Ausdehnung; den erratischen Blöcken, deren Vor=kommen und Beschaffenheit; den Erscheinungen, welche eine Er=

---

*) Schwedische, ungefähr gleich 1¹/₂ geographischen.

hebung oder Senkung des Landes andeuten; dem Treibeise, seinem Ursprunge und seiner Structur: — über alles dieses dürfen wir uns füglich hier nicht besonders auslassen. Die Gletscherzeit, jene geologische Periode, da Eismassen weite Strecken der Erdoberfläche bedeckten, ist nicht blos eine der bedeutendsten Erscheinungen in der Geschichte der Natur, sie wird um so erkennbarer und prägnanter, je vertrauter wir mit den Regionen werden, welche noch heute der Schauplatz aller jener Phänomene sind.

„Auch bei der Zoologie können wir auf eine wichtige Erweiterung unseres Wissens rechnen. Durch die rastlosen Bemühungen Torell's sind in Hinsicht der Seethiere des hohen Nordens bereits bedeutende Schätze gesammelt; durch die bevorstehende Expedition kann das Material bedeutend vermehrt werden. Zu dem Zwecke muß der Meeresboden mit dem Schleppnetze untersucht werden, auf möglichst vielen Stellen, am Ufer und im offenen Meere, über Sandbänken und in den erreichbar größten Tiefen. Welche Bedeutung eine systematisch bearbeitete Meeresfauna des hohen Nordens für die Kenntniß unseres eigenen Landes haben muß, wird aus den zahlreichen Schriften über diesen Gegenstand, unter anderen aus Torell's eigener werthvoller Arbeit, ersichtlich. Das große nordpolare Gebiet, mit seiner der antarktischen so seltsam analogen Thierwelt, während sie sich von der dazwischen liegenden ganz und gar unterscheidet, erscheint von der größten Bedeutung für die Kenntniß der Gesetze, nach welchen sich die Organismen über die Erde verbreiten.

„In Ansehung der Pflanzenwelt wird die Zahl der uns bereits bekannten Phanerogamen wahrscheinlich nicht erheblich zu vermehren sein. Anders mit den weniger ausgebildeten Pflanzen. Eine genaue Erforschung Spitzbergens nach dieser Seite hin läßt gute Resultate erwarten.

„Für die Physik werden magnetische und meteorologische Beobachtungen, Bemerkungen über Meeresströmungen, die Temperatur des Seewassers in verschiedenen Tiefen, über Ebbe und Fluth, vielleicht über gewisse Lichterscheinungen, dankbare Aufgaben sein. Auch könnten spätere wichtige astronomische Arbeiten jetzt wenigstens schon vorbereitet werden. Wir meinen Sabine's Vorschlag zu einer Gradmessung in Spitzbergen, auf welche Abjunct Torell hinweist.

„Eine Gradmessung auf Spitzbergen, also fast in der un=

mittelbaren Nähe des Poles, muß ohne Widerrede von der größten
Bedeutung ſein für die Feſtſtellung der wahren Geſtalt des Erd=
balls. Schon vor mehr als dreißig Jahren wurde der Vorſchlag
dazu von dem damaligen Capitän Sabine*) gemacht, der auf
Grund ſeiner eigenen an Ort und Stelle erlangten Kenntniß und
der von dritten Perſonen erhaltenen Nachrichten die Sache für
ausführbar erachtete. Er war ſelber bereit die Meſſung vorzu=
nehmen, wurde aber durch andere ihm gemachte wiſſenſchaftliche
Aufträge daran verhindert. Nach Sabine's Vorſchlag ſollte die
Meſſung, beginnend von Hope=Eiland — ſüdlich vom eigentlichen
Spitzbergen — ſich bis zu den Sieben Inſeln (Seven Islands) er=
ſtrecken und ſomit einen Meridianbogen von faſt 4½ Graden um=
faſſen. Nördlich von Hope=Eiland befindet ſich ein Fjord, Jans
Water oder Storfjord, auf deſſen beiden Seiten eine Triangulation
vorgenommen werden könnte. Hierdurch würde die Verbindung
zwiſchen den einzelnen Stationen bedeutend erleichtert. Ob aber
hier ſolche geeignete Punkte zu finden, könnte nur durch eine ge=
nauere Unterſuchung an Ort und Stelle ermittelt werden. Es
bleibt daher zu erforſchen, nicht blos, ob ſolche geeignete Punkte
vorhanden, ſondern auch ob eine Standlinie an paſſender Stelle
gemeſſen und mit den Haupttriangeln in Verbindung geſetzt werden
kann. Ebenſo iſt allgemein auf die Umſtände zu achten, welche
für die Ausführung des Unternehmens von irgend welcher Be=
deutung ſein können. Ein ſolcher Auftrag würde allerdings für
eine Perſon zu ſchwer ſein. —

„Wir haben im Vorſtehenden kurz angedeutet, welch ein großes
Feld für wichtige Forſchungen hier offen liegt, ſelbſt wenn man
die geographiſche Excurſion ganz außer Acht läßt. Dieſe Arbeiten
der Expedition verſprechen ein durchaus zufriedenſtellendes Re=
ſultat. Aber freilich, dies kann nicht geſchehen, wenn dieſelbe nur
über ein Fahrzeug disponirt, welches an einer beſtimmten Stelle
liegen bleiben muß, um die Rückkehr der geographiſchen Abtheilung
zu erwarten.

„Aus dieſem Grunde bitten wir die Königliche Akademie ihre
Aufmerkſamkeit auf den vom Adjuncten Torell gemachten Vorſchlag,
um Beſchaffung zweier Schiffe, zu richten. Geſchieht dieſes, ſo voll=

---

*) Sabine's Brief vom 8. Februar 1826 an Davies Gilbert in Beechey
Voyage of discovery towards the north pole. London 1843. p. 344.

zieht sich Alles mit Leichtigkeit. Das eine Fahrzeug dient dann den Zwecken der geographischen Expedition und untersucht die Umgebungen des Hafens, in welchem es deren Rückkehr zu erwarten hat. Das andere unternimmt dagegen die möglich vollständigste wissenschaftliche Erforschung der Küsten. Diese Vertheilung der Arbeiten auf zwei Fahrzeuge ist nach der Ausdehnung, welche dem ganzen Unternehmen gegeben werden soll, auch kaum noch zu vermeiden.

„Es soll nämlich von Finmarken nach Spitzbergen ein nicht unbedeutendes Personal und Material geschafft werden, zu welchem letzteren eine ausreichende Zahl von Booten, das eigentliche Beförderungsmittel der Expedition, gehört. Fehlt es irgendwo an einem solchen Boot, so kann ein wichtiges Resultat verloren gehen, vielleicht gar ein Unglücksfall eintreffen. An Booten sind aber erforderlich: zwei Eisboote für die geographischen Excursionen — die kostspieligen, in England von amerikanischem Ulmenholz erbauten, gekupferten, jetzt in Molde in Norwegen befindlichen Fahrzeuge müssen natürlich mit äußerster Sorgfalt behandelt werden —; zwei „Dreggboote“ für die zoologischen und botanischen Excursionen; zwei oder drei kleinere zur Disposition des Physikers, Astronomen und Geologen. Alle diese Boote beanspruchen einen größeren Raum, als ihn ein einziges Fahrzeug gewähren kann, will man sich nicht zu einem Schiffe von den Zwecken der Expedition nicht entsprechenden Dimensionen verstehen.

„Aus diesen Gründen, nämlich weil zwei Schiffe für die Resultate der Expedition von natürlich größerer Bedeutung, weil das Personal und das erforderliche Material nicht auf einem Schiffe untergebracht werden können, und weil endlich die Expedition dadurch weit besser gegen die Gefahren geschützt wird, denen sie in diesen Regionen entgegengeht, können wir Adjunct Torell's Vorschlag auf Bewilligung zweier Schiffe nur befürworten.“

Mit Rücksicht hierauf beschloß die Akademie der Wissenschaften bei Sr. Königl. Majestät die Bedeutung der Expedition hervorzuheben, sowie deren Ausrüstung in der angegebenen Weise in Vorschlag zu bringen, worauf Se. Königl. Majestät behufs Ausführung derselben 12,000 Reichsthaler aus Staatsmitteln anzuweisen geruhte. Zugleich hatte Se. Königl. Hoheit Prinz Oskar die Gnade, die Expedition durch die reiche Gabe von 4,000 Reichsthalern zu unterstützen. Auch im Publikum fand

sie wohlwollende Förderer; ihre Mittel waren so reichlich vor=
handen, daß sie in größeren Dimensionen ausgeführt werden konnte,
als je zuvor in Schweden der Fall gewesen. Die Zurüstungen
für die zoologischen Sammlungen bot das Naturhistorische Reichs=
museum dar. Sie gründeten sich auf bewährte Erfahrungen.
Das wissenschaftliche Material für die physischen und astronomischen
Beobachtungen gewährten die Akademie der Wissenschaften und die
Universitäten Lund und Helsingfors, sowie einige Privatpersonen.
Uebrigens hatten sich alle Theilnehmer ausdrücklich dazu verpflichtet,
die Kosten der Reise bis Tromsö und zurück, sowie den Unterhalt
an Bord, und die Kosten, welche die veränderte Einrichtung der
Cajüte heischte, aus eigenen Mitteln zu bestreiten. Diese Ausgaben
waren auf ungefähr tausend Reichsthaler veranschlagt; es zeigte
sich indessen später, daß sie diesen Betrag nicht unerheblich über=
stiegen. Man hatte zwar auch angenommen, daß ein erheblicher
Theil der Expeditionskosten aus dem Fange der Walrosse und
Seehunde 2c. werde bestritten werden können; aber auf diese Ein=
nahmequellen wollte man sich doch nicht gerade verlassen.

„Es wird ohne Zweifel sich ereignen," — heißt es in dem
Bericht der oben genannten Referenten — „daß manche gewinn=
versprechende Jagd auf Seethiere den wissenschaftlichen Bestrebungen
zum Opfer gebracht werden muß, und wir sehen darum schon jetzt,
daß die Mitglieder der Expedition neben den erheblichen Opfern,
welche sie schon auf früheren Reisen gebracht, um des Gelingens
willen weit größere Ausgaben werden zu machen haben, als für
einen jeden der Theilnehmer durchschnittlich berechnet worden sind.
Es liegt in der Natur der Sache, daß man nicht Alles im Vor=
aus feststellen kann; und die Dimensionen eines Unternehmens
lassen sich nicht mehr einschränken, sobald es einmal in's Leben
getreten ist."

In der That zeigte es sich bei der Rückkehr der Expedition,
daß die Kosten derselben den Anschlag erheblich überstiegen. Die
Reichsstände beschlossen indessen dem Leiter des Unternehmens die
gemachten Vorschüsse zu ersetzen. So viel über den Ursprung und
das weitere Schicksal der Expedition.

Alle Theilnehmer fanden sich am bestimmten Tage den 15. April
1861 in Tromsö ein. Zuerst Professor A. E. Nordenskiöld, der
Secondelieutenant in der schwedischen Marine B. Lilliehöök und
der Candidat der Medicin A. Goës von Stockholm auf dem

Winterwege über Falun, Röräs und Drontheim. Später trafen ein: die Magister K. Chydenius und A. J. Malmgren, Beide Finnen, von Helsingfors, und Magister F. A. Smitt von Upsala. Sie hatten ihren Weg über den Sund genommen, während Adjunct L. W. Blomstrand und N. Dunér in Lund nebst C. Petersen von Dänemark über Hamburg nach Drontheim gereist waren. Torell, Capitän Kuylenstjerna und von Yhlen kamen über Christiania und das Dovrefield. Die zuerst ankommende Partie rüstete in Tromsö die gemietheten Fahrzeuge aus, heuerte die Mannschaft ꝛc., während Torell in Lund und Kopenhagen noch andere sehr wesentliche Vorbereitungen zu treffen hatte.

Das außerordentliche Wohlwollen, welches der Expedition überall in Norwegen zu Theil wurde, ermöglichte es, daß alle Fäden, der Verabredung gemäß, an einem weit entfernten und abgelegenen Orte sicher zusammenliefen. Schon früher hat Norwegens Regierung wiederholt den schwedischen Forschern freie Fahrt auf den Dampfbooten des Staates bewilligt. Dieser große Vorzug wurde der Expedition auch diesesmal im ausgedehntesten Maße zu Theil. „Wir können" — so schrieb einer unserer Genossen in die Heimath — „nicht genug die Freundlichkeit rühmen, mit der wir überall in Norwegen empfangen sind." Die Commandanten der Postdampfer, welche zwischen Drontheim, Tromsö, Hammerfest und Vadsö gehen, die Lieutenants Petersen, Otto, Knap und Lysholm, haben uns, weit über ihre Verpflichtung, alle in gleicher Weise freundlich unterstützt, wofür wir um so dankbarer sein müssen, als wir ihre Geduld durch unsere Bagage und Boote sehr auf die Probe stellten. Mit jener warmen Hingebung, welche den Seemann auszeichnet, haben sie oft unaufgefordert und unter Verzicht auf eigene Bequemlichkeit unsere Bemühungen in jeder Weise erleichtert und uns eine hülfreiche Hand dargereicht. Mit dem gleichen Dankgefühl müssen wir alle norwegischen Autoritäten erwähnen, mit denen wir in irgend eine Berührung kamen. Was die Gastfreundschaft der Norweger betrifft, so ist sie bei uns genug bekannt und ich brauche sie deshalb nicht mehr zu schildern. Sie ist uns im reichsten Maße zu Theil geworden.

Eine Zeit lang hatte Torell wegen des Heuerns des von M'Clintock's Reise so wohlbekannten Dampfbootes Fox in Unterhandlung gestanden. Da hieraus nichts wurde, so mußten wir uns mit dem Aeolus und der Magdalena begnügen. Sie

waren unzweifelhaft weniger koſtſpielig, dafür hatten wir aber auch
auf die unerſetzlichen Vorzüge, welche der Dampf vor dem Segel
voraus hat, Verzicht zu leiſten. Indeſſen es waren — wie es in
dem Gutachten des „Beſichtigers" in Tromsö heißt — beide Fahr=
zeuge „in jeder Hinſicht ſtark, ſolide gebaut und von innen und
außen ſo verſtärkt, wie wohlausgerüſtete finmarkenſche Fahrzeuge
für die Expeditionen nach dem Eismeere zu ſein pflegen. Aeolus
iſt von 29½ Commerzlaſten, Magdalena von 26, welche Größe
für die nach Spitzbergen beſtimmten Schiffe die gewöhnliche iſt,
auch zugleich die zweckentſprechende, weil man mit ihnen leichter
durch die Oeffnungen des Eiſes in die Fjorde und zu den vielen
kleinen Inſeln, von denen Spitzbergen umgeben iſt, gelangen kann.
Außer den gewöhnlichen Booten zu den Excurſionen und den Jagd=
ausflügen befinden ſich auf den Fahrzeugen ein eiſernes und zwei
größere Boote. Die letzteren ſind von England und ſcheinen in
Hinſicht der Conſtruction und des Materials von vorzüglicher Be=
ſchaffenheit."

Dieſe beiden Boote waren unter der Leitung von Capitän
Sherard Osborne von einem berühmten Bootbauer Mr. Searl
in London erbaut. Das eiſerne Boot wog zwanzig Liespfund und
war in Kopenhagen von gekupferten Eiſenplatten zuſammengeſetzt.

Auf den beiden Schiffen waren die Mitglieder der Expedition
in folgender Weiſe untergebracht. An Bord des Aeolus, geführt
von Lilliehöök, befanden ſich Torell, der Chef der Expedition,
Nordenſkiöld, welcher an der Führung des ganzen Unternehmens
Theil nahm und zugleich die geologiſchen Unterſuchungen und
geographiſchen Ortsbeſtimmungen leitete; Chydenius als Phyſiker
und Explorant für die Gradmeſſung, und Peterſen als Wege=
führer. Auf der Slupe Magdalena, geführt von Kuylenſtjerna,
war Blomſtrand Geolog und Leiter der wiſſenſchaftlichen Arbeiten;
Dunér, Aſtronom und Phyſiker; Goës und Smitt, Geologen und
Botaniker, Erſterer zugleich Arzt der Expedition; endlich von Yhlen,
Jäger und Zeichner.

Der ſiebenzig Jahr alte Anders Jakobsſon von Fiskebäckſkil in
Bohuslän, den Zoologen auf dem Aeolus beigeordnet, gehörte mehr
zu der Zahl der Mitglieder als der Beſatzung. Dieſer Alte, der
nach manchen Fahrten und Schickſalen als Seemann ſchon ſeit
Langem den in ſeiner Heimath arbeitenden Naturforſchern zur Hand
gegangen und auch mit Torell auf deſſen Reiſen in Island,

Grönland und Spitzbergen gewesen war, interessirte sich lebhaft für diese Reise und war trotz seines hohen Alters noch kräftig und gesund.

Als Steuermann auf dem Aeolus fungirte E. Breii. Die Besatzung bestand aus fünfzehn Mann, die meisten Norweger, einige Schweden und Seefinnen (Quänen). Zur Ausübung der eigentlichen Jagd befanden sich unter ihnen drei Jäger und zwei Harpunirer. Der eine von ihnen, der Quäne Uusimaa hatte schon fünfundzwanzig Sommer auf Spitzbergen zugebracht und 1858 auch Torell und Nordenskiölb dorthin begleitet. Er war ein guter Lootse, sicherer Schütze und flinker Harpunirer.

Die Besatzung auf der Magdalena bestand aus elf Mann, darunter ein Harpunirer und drei Jäger. Steuermann war F. Mack von Tromsö. Außer dem Harpunirer, einem Finnen, und einem schwedischen Jäger waren alle Norweger.

Die beiden Besatzungen, welche zum größten Theile erst in Tromsö geheuert worden, empfingen zu der üblichen Heuer noch einen kleinen Zuschuß, mit Rücksicht auf die anhaltenden Arbeiten, auch das etwaige größere Risico, dem sie mit der Expedition entgegen gingen. — —

Der geneigte Leser möge sich vorstellen, daß während der Zeit, die er gebraucht hat, um sich mit dem Personal der Expedition und deren Plan bekannt zu machen, die zwei Tage verflossen sind, welche man bei der Karlsö zubringen mußte. Der Wind wehte ohne Unterbrechung aus Nordosten, und zuletzt so heftig, daß noch zwei Anker ausgeworfen werden mußten. Mittlerweile unternahmen wir Excursionen auf der Insel zu Fuß und auf Schneeschuhen. Schon war der Schnee hier und da geschmolzen und Saxifraga oppositifolia begann ihre schönen violetten Blüthen zu entfalten. So lange der Wind es gestattete, brachten die Zoologen auf den Schleppbooten zu, auch wurde eine für die Tiefmessungen bestimmte Maschine versucht. Im Uebrigen richteten wir uns in den Cajüten ein, besuchten uns gegenseitig an Bord der beiden Schiffe, gasteten bei der freundlichen Pfarrerfamilie auf Karlsö und schrieben die letzten Abschiedsbriefe. Denn die Abreise — so hofften wir — konnte nicht mehr lange auf sich warten lassen.

Länger als zwei Tage brauchten wir nicht zu harren. Den 9. Mai Punkt 8 Uhr des Abends lichtete Magdalena ihre Anker, da der nach Südost herumgegangene Wind gleichmäßig wehte.

Etwas später, ungefähr um 9½ Uhr, hatte Aeolus seine Segel
aufgezogen. Wir steuerten, vor einer schwachen Brise fahrend,
durch den Sund zwischen Arnö und Vanbö. Im Norden hatten
wir Fuglö, eine steil aus dem Meere bis 2,500 Fuß Höhe auf=
steigende Felsklippe, welche mit den rings sie umschließenden
Fjelden und Schären in ihrer nackten und grauenvollen Wildheit
uns einen Vorschmack von den Inseln des nordwestlichen Spitz=
bergen gab. Im Nordwesten, auf Vanbö, ragte mehr als 3,000
Fuß der Vandtind auf mit seinem Gletscher, der sich im Meere
spiegelt. Der Wind ließ mehr und mehr nach. Als wir Skaarö
erreichten, war es ganz still geworden. Die Sonne sank nunmehr
nur zwei Stunden lang unter den Horizont; Morgen= und Abend=
roth verschmolzen mit einander. Im Osten, Westen und Norden
erglänzte der klare, ruhige Nachthimmel, bald in Purpur, bald in
Gold, zurückgestrahlt von dem schneebedeckten Pipertind im Süd=
osten — ein wahres „Alpenglühn", das die Großartigkeit und
Wildheit des Gemäldes zur milden Schönheit verklärte.

Gegen Morgen begann der Wind wieder zuzunehmen. Mit
der frischen Brise passirten wir am 10. Mai 4 Uhr Spennen und
erreichten bald den Ausgang des Fuglösundes, eine der nördlichen
Straßen, welche aus Westfinmarkens Schärenflur führen. Immer
frischer wehte der Wind; das heiß ersehnte Meer lag vor uns;
majestätisch rauschten uns seine schäumenden Wogen entgegen. Das
Schiff begann zu schaukeln, sich auf die Seite zu legen, und mit
einem „Gott nehme Sie in seinen gnädigen Schutz" — verab=
schiedete sich unser Lootse. Um 8 Uhr hatten wir Loppen und
Arnö hinter uns und entfernten uns mehr und mehr von Europas
Festland. —

Im Logbuch des Aeolus liest man: von 4 bis 8 Uhr starker
Seegang, und für die acht folgenden Stunden: starkes Rollen.
Die See bot uns ihren Gruß so kräftig, daß bald der Eine und
Andere das Deck verließ und die einsame Stille seiner Koje aufsuchte.

Der starke Wind führte uns mittlerweile rasch vorwärts.
Um Mittag waren wir in 70° 44' nördl. Breite und 20° 32' östl.
Länge. Am Abend begegneten wir den ersten Möwen (Procellaria
glacialis), einem Vogel des hohen Nordens, welcher von seinen
Brüteplätzen auf den Inseln des Eismeeres und dem Festlande
weit umherstreift und dem Segler andeutet, daß er die Grenze
der arktischen Regionen überschritten habe. Sein norwegischer

Name „Hafhäst“ (Seepferd), den er auch auf den Faröern führt (Heafhestur), ist nicht leicht zu erklären. Die Holländer, welche schon sehr früh diese Gegenden besuchten, nannten ihn Malle= muck, ein noch jetzt oft gehörter Name, der nach des alten Martens Deutung so viel wie „dumme Mücke“ bedeutet. Seine graue Farbe, sein Umherschwärmen und die ihm eigene Dummdreistigkeit mögen ihm diesen Namen eingebracht haben.

Mit Verwunderung betrachteten wir diesen in Wahrheit ein= heimischen Boten der Polarländer mit seinem stieren, listigen Blick, seinem schleichenden Schweigen und dem nur selten von einigen hastigen Flügelschlägen unterbrochenen gleichen, schwebenden Fluge. Er pflegt lange Zeit mit ausgespannten, unbewegten Flügeln dem Schiffe in dessen Fahrwasser zu folgen, ohne ihm jedoch je zu nahe zu kommen, bald die eine, bald die andere Flügelspitze gegen die Wellen senkend. Selten ruht er einen Augenblick in dem Gischte aus und schwebt gleichsam auf den Wellen mit ausgebreiteten Flügeln. Dann schnellt er sich wieder von dem Wasser in die Höhe, ohne einen einzigen Schlag seiner Schwingen. Keilhau bemerkt treffend, daß die Gestalt seiner aschgrauen Flügel ihn an den „Todtenkopf“ (Sphinx Atropos) erinnere. Es ist ein listiges, falsches Geschöpf. Mit äußerster Geschicklichkeit stürzt er sich auf alles vom Schiffe Geworfene; Speck und Fleisch sagen ihm am meisten zu; getrockneten Fisch verschmähte er. Es ist eine gewöhn= liche Unterhaltung der Seefahrer, am Hinterende des Fahrzeuges ein am Kabeltau befestigtes Stück Speck auszuhängen. Kaum ist der Köder im Wasser, so stürzt der ganze Schwarm darauf zu. Nun beginnt ein Geschrei, Schnattern und wogendes Getümmel, indem der eine den andern zu vertreiben sucht, und erst nach vielem Streit und verzweifelten Anstrengungen gelingt es einem von der Gesellschaft sich des Leckerbissens zu bemächtigen und ihn — zugleich mit einem Theile der Schnur — hinabzuschlucken. Der Schlinger merkt aber bald, daß es mit der Sache nicht recht zugeht; er sieht sich vom Schiffe bugsirt, leistet Widerstand, schwingt sich auf, und wird endlich gezwungen, daß so schwer Errungene wieder von sich zu geben. Kaum erscheint der Speck wieder auf dem Wasser, so beginnt dasselbe Spiel von Neuem und wiederholt sich so lange, bis vom Köder nichts mehr übrig ist. Wirft man eine kürzere Schnur mit einem Köder an jedem Ende aus, so wird die

Mahlzeit boppelt animirt. Steckt man ihn auf einen Angelhaken,
so ereignet es sich nicht selten, daß der Vogel gefangen wird.

Seine gewöhnliche Nahrung sind die unzähligen Schalthiere
und Mollusken, von denen das Meer immer wimmelt. In dem
Magen eines von uns geschossenen fanden wir die schöne Schnecke
Limacina arctica.

Eigentlich zu Hause ist der Vogel im höchsten Norden, auf
ben Farbern, Islands Klippeninseln, Grönland, dem arktischen
Amerika, Kamschatka und Novaja Semlja. Er brütet in Colonien
von vielen Tausenden auf den steilsten Felsen, legt aber nur ein,
freilich sehr großes, Ei anfangs Mai, ausnahmsweise im Juni.

Procellaria glacialis.

Das Junge ist aber vor der Mitte des September nicht flügge.
Neben der großen Möwe (Larus glaucus) und der Raubmöwe
(Lestris parasitica) ist er der gefährlichste Feind der Vogelwelt,
indem er deren Nester, Eier wie Junge, plündert. Vielleicht sind
es die Jungen des letzten Jahres, welche weiter durch die Meere
schweifen. Nur selten kommt er im Winter bis zu den Küsten
Finmarkens; er hält sich dann immer auf dem Meere zwischen
den Eisschollen auf und kehrt balb wieder zu seinen Brutplätzen
zurück.

Der Vogel sowie die Stelle, darauf er sitzt, haben einen er=
stickenden, aasartigen Geruch. Lebendig gefangen, spritzt er, wenn

man ihn unvorſichtig zu greifen ſich bemüht, aus dem Schnabel
eine thranige, übelriechende Flüſſigkeit.

> Obscenae pelagi volucres, foedissima ventris
> Proluvies, uncaeque manus, et pallida semper
> Ora fame. — —

Den 11. Mai wurde der Wind noch ſtärker und blieb ſüdlich.
Um 5 Uhr Nachmittags hatten wir 72° 57' nördl. Br. und 20°
4' öſtl. L. erreicht. Wir befanden uns nunmehr auf der Pol=
höhe, wo in dieſer Jahreszeit die Sonne nicht mehr untergeht,
und ſahen zum erſten Mal der Mitternachtsſonne entgegen. Aber
eine ſchwere Wolkenbank im Nordoſten entzog uns das Schauſpiel.
Etwa um 8 Uhr zog ein nicht erhebliches Schneewetter über uns
hinweg; einige Segel wurden eingezogen, bald aber wieder bei=
geſetzt. Im Laufe der Nacht ging der Wind weiter nach Norden.
Den 12. Mai wehte ein eiſiger Nordnordoſt; Steven und Bug=
ſpriet waren mit Eis überzogen. Wir fürchteten, unſere Schiffe
möchten während des Sturmes von einander getrennt werden und
ſpäter nur ſchwer wieder zuſammentreffen. Es wurde deshalb
vom Aeolus aus nach der Magdalena telegraphirt: „Magdalena
richtet ihren Cours nach dem Aeolus, ſo lange bis wir die nörd=
liche Küſte von Spitzbergen erreichen und die Eisexpedition abge=
ſandt iſt. Sollten die Schiffe bei Sturm oder Nebel von einander
getrennt werden, ſo treffen wir uns in der Kobbe= oder Smeeren=
berg=Bai, oder an der Nordſpitze von Prinz Charles Vorland.
O. Torell.‟
An eben dieſem Morgen des 12. Mai kam Bären=Eiland
in Sicht. Im Laufe des Tages näherten wir uns dieſer Inſel
mehr und mehr. Die große Zahl von Alken, welche nunmehr
ununterbrochen unſer Schiff umſchwärmten, gaben uns zu erkennen,
daß ein arktiſches Land vor unſeren Blicken lag.

Zweites Kapitel.

Bären-Eiland. — Seine Geschichte. — Klimatische Verhältnisse. — Eis und Strömungen. — Tiefmessungen. — Jagd während einer Eisfahrt. — Ankunft auf Spitzbergen. — Das Schiff ankert zwischen Amsterdam-Eiland und Vogelsang.

Bären=Eiland kam — wie schon bemerkt — am 12. Mai, nachdem wir nicht ganz zwei Tage uns auf hoher See befunden, in Sicht. Da wir mit aller Macht nach Norden hinstrebten, um noch alle der projectirten Eisfahrt günstigen Umstände zu benutzen, so war beschlossen worden, die Reise durch eine Landung auf dieser Insel nicht zu verzögern. Als aber der Wind am Nachmittage nachließ und wir nur äußerst langsam vorwärts kamen, änderten wir unsern Plan und richteten unsern Cours nach der Insel, um, so weit die Zeit es gestattete, dieses vollkommen isolirte Eiland, das in so vielen Beziehungen lehrreiche Beobachtungen und Resultate in Aussicht stellte, zu untersuchen. Magdalena, welche sich um Mittag in 74° 1′ nördl. Br. und 17° 15′ östl. L. befand, also nördlicher als Aeolus, dessen Lage zu eben der Zeit 73° 59′ 7″ nördl. Br. und 17° 22′ 3″ östl. L., war schon am Vormittage auf Treibeis gestoßen. Vom Aeolus aus wurde dagegen das erste Eisstück erst ungefähr um 5 Uhr Nachmittags wahrgenommen. Während wir gegen den Ostwind kreuzten, um die Nordküste der Insel zu erreichen, durchschnitten wir mehrere Bänder des sogenannten „Strandeises" oder „Baieneises", welches dicht am Lande noch als Packeis festlag. Wir wagten es nicht mit dem Boote in dieses Eis einzubringen. Denn wenn es uns auch glückte an's Land zu kommen, so hatte voraussichtlich eine solche Excursion doch einen zu langen Aufenthalt im Gefolge.

2*

Nachdem wir einen Theil der Nacht nach Westen gerudert, machten wir am 13. wieder einen Versuch, uns der Insel zu nähern. Da aber das Treibeis und die übrigen Verhältnisse unverändert waren, so blieb es bei dem Entschlusse, nicht an Land zu gehen.

Obwohl in leichten Nebel gehüllt, traten uns doch die Umrisse der Insel erkennbar entgegen. Sie stellt sich als ein dunkles, steil in's Meer abstürzendes, tafelförmiges Felsland dar, das sich nördlich ziemlich schnell zu einem weiten Flachlande herabsenkt. Die kegelartige Klippe, welche sich südlich neben der Insel erhebt, nennen die Norweger „Stappen". Keilhau erzählt, daß er Gull Island, die früher viel besprochene Insel, auf welcher man einst einige Bleierzgänge für Silber gehalten hatte, nicht habe finden können, und sagt, auch die norwegischen Seefahrer wüßten die Lage von Gull Island nicht anzugeben. Diese Insel ist indessen nichts weiter als ein unbedeutender Fels an der Südostküste.

Die Ufer der Insel sind in kurzen Zeiträumen erheblichen Veränderungen unterworfen gewesen. Nach Keilhau — dessen Beschreibung, neben der von Marmier und Scoresby, wir folgen, da unsere eigene Kenntniß eine sehr geringe — ist Bären-Eiland rings an der Küste von Steinpfeilern umgeben, deren schon in älteren Berichten Erwähnung geschieht. Sie entstehen dadurch, daß das Felsgestein verwittert, zusammenstürzt und Steinpyramiden übrig läßt, welche eine Zeit lang, ruinenartig, von der Macht des Frostes und der Zerstörung der Wogen Zeugniß ablegen, um endlich angefressen und verwitternd im Meere zu verschwinden. Gewöhnlich stürzt das Inselplateau steil in's Meer. Doch findet man hier und da schmale, niedrige Landstreifen und Strandwälle, an denen es möglich ist, an Land zu kommen.

Das Plateau fällt von Süden nach Norden ab. Die höchste Höhe von 2 bis 300 Fuß erreicht es im Südosten, doch überragt von zweien Bergmassen. Der östliche von ihnen, Mount Misery, wurde von der französischen Expedition bei deren Besuche der Insel im Jahre 1839 gemessen. Er ist 1,200 Fuß hoch. Im Uebrigen bietet das Land keine auffälligen Gegensätze dar, es seien denn die Schneeflecke (Bären-Eiland hat keine wirklichen Gletscher), welche in den Vertiefungen vorkommen, der sie umgebende farblose, fast schwarze Erdboden und die kleinen Seen auf dem Bergplateau. Aber einen so widrigen Eindruck, wie ältere Beschreibungen es darstellen, macht es keinesweges. Denn auch hier findet man freundliche grüne Flecke, und der Blick über das weite grenzenlose Meer, welches die phantastischen Strandklippen um=rauscht, erfrischt den Blick.

Keilhau berichtet, daß er am Fuße des Mount Misery ein kleines Thal angetroffen, reichlich von einem Bache bewässert, mit einer Grasoase, welche in einer Ausdehnung von mehreren Hundert Fuß Länge und 400 Fuß Breite den Steinboden mit fuß=hohem Grase bedeckte. Hier wuchsen Kinder der hochnordischen Flora: Cardamine, Polygonum viviparum und Saxifraga cernua und entfalteten hier und da selbst ihre zarten Blüthen. Rhodo-dendrum lapponicum erreicht hier — nach Malmgren, der die Insel 1864 besuchte — seine Nordgrenze. Keilhau sammelte achtzehn verschiedene Arten höherer Pflanzen und dreiundzwanzig Kryptogamen.

Unter den größeren Wasserläufen der Insel ist der Engelsk=Elf (Engländerfluß) nach einem an seiner Mündung begrabenen Engländer benannt. Ganz nahe dieser Stelle treten zwischen den übrigen Steinlagen des hohen Ufers zwei Steinkohlenflöze zu Tage. Auch an der Ostküste, der sogenannten Steinkohlenbucht, kommen vier Steinkohlenschichten über einander in gleichen Abständen vor. Außer dieser Formation — dem Product eines einst milderen Klimas, treten am häufigsten Thonschiefer, Sand= und Kalkstein — letzterer Petrefacten führend — auf und geringe Spuren von Bleierz *).

Das Streben der Menschen nach Gewinn hat dieser kleinen Insel eine Geschichte verliehen. Sie wurde den 8. Juni 1596 **) von dem berühmten Holländer Barents entdeckt, auf dessen dritter und letzter Reise, von welcher er selber nicht mehr zurückkehren sollte, indem er sein Grab auf der ungastlichen Küste Novaja Semljas fand. Drei Tage lang hielt er sich mit seiner Begleitung auf Bären=Eiland auf. Zu Lande erbeutete man außer einer

---

*) True description of three voyages by the North-East towards Catay and China undertaken by the Dutch in the years 1594, 1595 and 1596 by Gerrit de Veer. Amsterdam 1598. Edited by Ch. Beke. Works issued by the Hakluyt Society. London 1853.

**) Der 9. Juni wird gewöhnlich als der Tag, an welchem Bären=Eiland entdeckt worden, angesehen; aber aus Gerrit de Veer's Reisebericht ist ersichtlich, daß man die Insel am 8. wahrnahm, ihr am 9. nahe kam und am 10. landete. G. de V. S. 74. 75.

großen Menge von Vogeleiern nichts; aber auf dem Waſſer tödtete man einen Bären von 12 Fuß Länge, ein Ereigniß, das der Inſel den Namen gab *).

Als er am 1. Juli von ſeiner höchſt merkwürdigen Nord=reiſe, auf welcher auch Spitzbergen entdeckt wurde, zur Inſel zurückkehrte, betrat er ſie nicht. Die Uneinigkeit, die zwiſchen Brents und John Corneliſſon Rijp, dem Befehlshaber auf dem zweiten Schiffe der Expedition, herrſchte, bewirkte, daß die beiden Schiffe ſich trennten und das eine nach Oſten, das andere nach Norden ging. Mehr als ſieben Jahre blieb die Inſel nun un=beſucht, bis am 17. Auguſt 1603 **) der Engländer Stefan Bennet zu ihr kam, ausgeſandt von Francis Cherie im Intereſſe des Handels mit den Lappmarken und zu weiteren Entdeckungsfahrten. Er gab der Inſel nach ſeinem Patron den Namen Cherie Is=land ***). Obwohl die ganze Beute nur aus zweien Füchſen, einem Stücke Bleierz und einigen Walroßzähnen beſtand, kehrte er doch im folgenden Jahre dorthin zurück und ward der Veranlaſſer aller jener auf die Ausbeutung des Polarmeeres gerichteten, ge=winnbringenden Unternehmungen, deren ſich die Völker Europas nach ſeiner Reiſe, mit einander wetteifernd, hingaben. An Vögeln fand man auf dieſer Inſel eine ſolche Menge, daß ſie den Erd=boden dicht bedeckten. Wenn ſie aber aufflogen, verdunkelten ſie die Sonne. Man ſtieß auf Tauſende von Walroſſen. Auch in den folgenden Jahren blieben die Verhältniſſe unverändert, und das Thier wurde ein Ziel regelmäßiger Jagdzüge. Immer vor=theilhafter ward dieſe Jagd, ſeitdem man in der Art und Weiſe das Walroß zu tödten erfahrener geworden, und nicht blos auf die Zähne, ſondern auch auf den Speck und das Fell des Thieres ausging. Als Beiſpiel, wie unermeßlich gewinnbringend dieſe Jagden waren, wollen wir anführen, daß man einmal im Jahre 1608 in weniger als ſieben Stunden 900 bis 1,000 Walroſſe er=legte. Auf einem der beiden Schiffe, welche damals bei Bären=Eiland waren, verſuchte man ſogar zwei lebendige junge Walroſſe

---

*) Der urſprüngliche Name lautete Het Beyren Eylandt. G. de V. S. 76.
**) Nach Scoresby und J. Barrow in deſſen Arbeit: A chronological history of voyages into the arctic regions. London 1818 p. 218. Nach Ch. Bele 1604.
***) Cherie Island iſt ſpäter corrumpirt in Cherry Island. Die Ruſſen nennen die Inſel nach Bele's Angabe Medwjed.

nach England zu bringen; aber das eine starb schon unterwegs; dem andern ward zwar die Ehre zu Theil bei Hofe „präsentirt" zu werden, doch unterlag es gleichfalls den fremdartigen Verhältnissen.

Im folgenden Jahre, das heißt 1609, waren die Engländer wieder an der Insel. Sie wurde von der schon 1555 *) gegründeten Handelsgesellschaft für die nördlichen Länder förmlich in Besitz genommen. Diese sogenannte Moscovy Company oder Russia Company hieß ursprünglich Company for the discovery of unknown countries **). Man fing wieder eine große Menge Bären und Füchse, und entdeckte nicht blos das oben erwähnte Bleierz auf Gull Island, sondern auch Steinkohlen. Dieser Fund ist von um so größerem Interesse, als man in unseren Tagen von dem Vorkommen der Steinkohle in viel nördlicheren Regionen Gewißheit erlangt hat. Poole, von der Gesellschaft im folgenden Jahre ausgesandt, um weiter im Norden neue Entdeckungen zu machen und es mit dem Walfischfange zu versuchen, fand selbst auf Spitzbergen Steinkohlen, „die ganz gut brannten" ***).

Diese Reise Poole's sammt seiner folgenden im Jahre 1611 war die Veranlassung, daß man aufhörte ausschließlich Walrosse zu jagen und die Wale zu verfolgen begann. Infolge dieser weit vortheilhafteren Jagd war man genöthigt, das Feld der Thätigkeit weiter nach Norden an die West- und Nordküste Spitzbergens zu verlegen. Zwar wurde Bären-Eiland noch oft von Engländern und Holländern besucht, aber die Insel verlor ihren Werth als Jagdplatz im Vergleich mit Spitzbergen, bis die Walfische dort auch beinahe ganz ausgerottet waren und Seehunde nebst Walrossen wieder als gute Beute betrachtet wurden. Seit dem Jahre 1820, da man den Walfischfang in diesen Gegenden als beendigt ansehen darf, begannen die Norweger und Russen — so ziemlich die einzigen Nationen, die noch nach Spitzbergen fuhren — wieder den Walroßfang bei Bären-Eiland zu betreiben, aber so unklug und schonungslos, daß man jetzt kaum noch eins dieser merkwürdigen Thiere in der Nähe der Insel zu sehen bekommt. Noch 1827 sah Keilhau eine Heerde Walrosse auf dem Strande der Insel; aber wahrscheinlich waren es die letzten Jahre ihres Er-

*) Nach Xavier Marmier in dessen Bericht über die französische Expedition war sie 1606 gegründet.
**) Scoresby, An account etc. Tom. II, pag. 20.
***) Barrow, A chronological history etc. p. 224.

scheinens in größerer Menge. Denn man überwinterte damals oft
auf der Insel und setzte das Werk der Vernichtung das ganze
Jahr hindurch fort. Keine Art von Thieren wurde verschmäht:
Vögel, Füchse, Bären und Walrosse, alles fiel der Gier nach
Gewinn zum Opfer. Ja man mordete, blos um zu morden, un=
bekümmert, ob man alle Beute mit sich fortschaffen konnte. Auf
dem Strande ließ man ganze Haufen von Cadavern zurück, ohne
zu bedenken, daß diese Stellen von den noch übrig gebliebenen
Thieren gescheut werden müßten. Auf diese Weise hat bei Bären=
Eiland der Walroßfang schon lange aufgehört eine Quelle des
Reichthums zu sein. Dafür haben später in seiner Umgebung die
unternehmenden norwegischen Fischer ihre Thätigkeit entfaltet, ob=
wohl größere Unternehmungen noch nicht in Gang gekommen sind.
Aber der Anfang verspricht Bedeutendes und verdient die Auf=
merksamkeit der die Fischerei treibenden Nationen. Malmgren
theilt von seiner letzten Reise mit, daß gewisse im Handel sehr ge=
suchte Fischarten hier in großer Menge vorkommen: der Dorsch
(Gadus morrhua), Flundern oder Queiten (Hippoglossus maxi-
mus), ferner Gadus aeglefinus, der für die Thranbereitung so
wichtige Hai; der Haakjäring (Scymnus microcephalus), von dem
nur die Leber gebraucht wird, und der kleine leckere, zugleich
farbenprächtige Königsfisch (Sebastes norvegicus).

Die Haakjäringsfischerei wird nunmehr schon jährlich mit
mehreren Fahrzeugen von Ost= und Westfinmarken betrieben, und
nicht blos hier, sondern zuweilen auch an Spitzbergens Westküste,
selbst bis zum 78. Grade nördlicher Breite. Glaubwürdige Eis=
meerfahrer wissen zu erzählen, daß der Dorsch sich im Frühling
bei Bären=Eiland in so ungeheuren Massen versammelt, wie in
Finmarken und bei den Lofoten, welche man dort „Dorschberge"
nennt. Die Hälleflunder soll hier sehr zahlreich vorkommen. Der
Capitän, welcher im Jahre 1864 die schwedische Expedition nach
Spitzbergen führte, erzählte, er habe einmal mit Angeln im Laufe
einer kleinen Stunde nicht weniger als dreißig große Flundern ge=
fangen, von denen keine unter 20, mehrere aber mehr als 40
Pfund schwer waren. Darum sprechen auch die Walroßjäger auf
ihrer Rückkehr zuweilen bei der Insel an, um, wenn das Wetter
es zuläßt, Hälleflundern zu fangen. Denn von allen Fischen in
Finmarken wird dieser Fisch am höchsten geschätzt.

Auch der Lodde (Mallotus villosus), den man als Köder bei

der Dorschfischerei benutzt, kommt hier wahrscheinlich in großen Zügen
vor; und daß der Häring nicht fehlt, beweist die Wahrnehmung
Malmgren's im Jahre 1864, der ihn südwestlich von Spitzbergen
vorfand. Kurz es spricht Alles dafür, daß Bären-Eiland noch
eine große Zukunft haben wird, wenn auch nicht in dem Grade, als
die fischreichen Küsten und Bänke der Lofoten, der Shetlandsinseln
und Newfoundlands.

Zu den Leuten, von welchen man bestimmt weiß, daß sie auf
der Insel freiwillig überwintert haben, gehört auch der Schiffer,
mit welchem Keilhau reiste. Er war in den Wintern von 1824 auf 25
und 1825 auf 26 dort gewesen, ohne daß ein Einziger von seinen
acht Leuten krank geworden. Freilich sind Ueberwinterungen nicht
immer so glücklich abgelaufen; manche von Tromsö und Hammerfest mit aller nur denkbaren Vorsicht ausgerüsteten Expeditionen
sind dem Skorbut zum Opfer gefallen. Die größte Gefahr liegt
nicht in dem Klima, sondern in der ungewohnten Lebensweise
während der kalten, düstern Winterzeit.

Von Bären-Eilands klimatischen Verhältnissen hat man keine
genauere Kenntniß. Wer längere Zeit dort zugebracht, hat keine
meteorologischen Beobachtungen angestellt; wer aber solche gemacht,
hat sich nur ganz kurze Zeit dort aufgehalten, so Keilhau 1827
nur einige Tage, und die französische Expedition unter Gaimard
nur einige Stunden. Indessen hat man allen Grund anzunehmen,
daß das Klima der Insel weit rauher sei, als seine Lage vermuthen lasse.

Alle Reiseberichte stimmen darin überein, daß die Temperatur
in der Nähe Bären-Eilands sinkt. Die Nebel werden häufiger.
In den Monaten Mai, Juni und Juli trifft man gewöhnlich
noch Eis im Meere an.

Als Hudson, eben so bekannt durch seine Reise und Ent-
deckungen in den arktischen Regionen, wie durch sein unglückliches
Ende, das erste Mal in die Nähe der Insel kam, überfiel ihn ein
Sturm und Nebelwetter. Doch ließ es bald nach und er konnte
sie wahrnehmen. Poole, von dem wir schon oben sprachen, hat
Bären-Eiland oft besucht und meint, Spitzbergen habe ein milderes
Klima. Buchan und der berühmte John Franklin, ein zweiter
arktischer Märtyrer, erlebten auf ihrer Reise am 24. Mai 1818
in der Nähe Bären-Eilands einen Sturm. In der Richtung nach
Spitzbergen lag das Eis so fest, daß es unmöglich war hindurch

zu kommen. Clavering und Sabine trafen auf ihrer Fahrt nach Spitzbergen am 27. Juni 1823 das erste Eis bei dieser Insel an, auch überfiel sie hier ein starker Sturm. Die französische Expedition versuchte 1838 bei ihrer Rückkehr von Spitzbergen auf Bären-Eiland zu landen, stieß aber überall auf Eis. Auch nachdem sie durch das Treibeis gelangt, fand sie — es war am 8. August — noch die ganze Insel mit Eis umgeben, so daß es unmöglich war, ihr näher zu kommen. Lord Dufferin traf bereits in sechs Meilen Entfernung auf Eis, und hatte schon vorher vernommen, es würde immer kälter, je mehr man sich der Insel näherte. Das Eis erstreckte sich in westlicher Richtung ungefähr 140 Meilen weit und zog sich dann nördlich nach Spitzbergen hin. Diese Wahrnehmung wurde Ende Juli und Anfang August gemacht. Auch Torell und Nordenskiöld stießen hier 1858 auf Eis. Lovén wurde 1837 durch Nebel und Stürme gehindert an Land zu steigen. Er theilt auch mit, daß die Spitzbergenfahrer vor dem Fahrwasser hier allen Respect hätten — was auch wir erfuhren — und daß im Jahre vorher Spitzbergen und diese Insel durch eine Eisbank verbunden gewesen wären. Auch die Passage nach dem östlichen Spitzbergen war durch Eis gesperrt, wie er selber, weiter nördlich in 75° 8' nördl. Breite, sich überzeugte.

Auch wir — wie schon berichtet — stießen bei Bären-Eiland auf Eis und hatten auf unserer Weiterfahrt nach Spitzbergen noch lange damit zu kämpfen. Die Grenze ging ungefähr in der Richtung nach Nordwesten. Während wir in der Nähe der Insel segelten, war dieselbe zeitweise in Nebel gehüllt; die Temperatur der Luft und des Wassers nahm aber merklich ab, als wir uns ihr näherten. Beweis: unsere Journale, die wir nach Maury's Vorschlag führten, nachdem wir Norwegens Küste verlassen hatten. Am 10. und 11. Mai betrug die Temperatur der Luft zwischen $+2°$ und $+4°$ C., sie fiel aber, als wir uns der Insel näherten, unter 0, und hielt sich die ganze Zeit über, die wir in ihrer Nähe kreuzten, nämlich am 12. und 13. Mai, zwischen $-1{,}4°$ und $-5°$ C. Als wir uns von ihr entfernten, stieg sie wiederum und sank während zweier Tage, da wir nach Norden und Nordwesten segelten, nicht unter $-1{,}4°$ C. Beim Wasser war dieser Temperaturwechsel noch auffallender, während die Temperatur der Luft zwischen $+2°$ und $+4{,}2°$ C. schwankte, fiel die des Wassers unter den Nullpunkt und hielt sich zwischen $-1°$ und $-1{,}6°$ C. Sobald wir uns aber von der Insel ent-

fernten, stieg sie auf $+2{,}_6°$ bis $3{,}_3°$ C. und hielt sich auf dieser
Höhe, selbst als wir uns den Küsten Spitzbergens näherten. Hier
sank sie wieder aus anderen Ursachen, aber doch sehr selten so tief
als bei Bären-Eiland.

Diese auffallende niedrige Temperatur der Luft und des
Wassers rührt nicht blos vom Treibeise her; denn wir trafen Eis
im Wasser, dessen Temperatur über 0° war, zum Beispiel am
14. Mai, wo wir längere Zeit durch Treibeis segelten, während
das Meerwasser 3° Wärme hatte. Da wir auf unserm Course
in nordwestlicher Richtung wärmeres Wasser, in der Richtung nach
Osten und Nordosten aber kälteres antrafen, so folgt daraus, daß
das letztere aus diesen Gegenden kommt. Personen, die auf
Bären-Eiland überwintert haben, theilen mit, das Meer befinde
sich zuweilen rings um die Insel, den größeren Theil des Winters
über, frei von Treibeis und friere blos an den Küsten zu; das
Treibeis komme aber immer aus Norden, Nordosten und Osten.
Der Schiffer, welcher — nach Keilhau — auf Bären-Eiland überwinterte und über die klimatischen Verhältnisse dieses Winters berichtete, sagt, in der Weihnachtswoche sei Regen und Schnee gefallen, der April aber der kälteste Monat gewesen, weil das Eis
da erst die Insel rings eingeschlossen. Im Mai brach es auf,
das erste Treibeis aber erschien im Juli, von Nordost kommend.
Erwägt man, daß der Golfstrom mit seinem wärmeren Wasser
seine östliche Grenze westlich von der Insel hat, so wird man erkennen, daß der Grund für die Erniedrigung der Temperatur
während der Sommermonate in diesen eigenthümlichen Verhältnissen der Insel zu finden ist. —

Das Eis, welches wir bis dahin durchsegelt hatten, bestand
aus Treibeis oder größeren und kleineren aufeinander gehäuften
Eisstücken. Werden die Eisblöcke durch den Einfluß des Windes
und der Wellen dicht auf einander gestapelt, so nennt man sie Packeis oder „Schraubeneis“, englisch „hummocks.“ Solch ein Packeis bildet gewöhnlich ein undurchbringliches Hinderniß. Aber bei
Bären-Eiland trafen wir nur auf loses, sogenanntes „segelbares“
Treibeis.

Ein solches Segeln durch Eis erfordert immerhin eine eigene
Methode und große Erfahrung. Am oberen Ende des Mastes ist
eine Tonne befestigt, in welcher sich ein des Eises kundiger Mann
befindet. Er ist der Späher, des Schiffes Auge gleichsam, und

ſchaut ſich nach den Lücken um, durch welche man gelangen kann;
ſeinem Wink folgen Schiffer und Steuermann; auf ſein Wort hört
Jeder; alle Mann befinden ſich auf Deck, um, wenn es erforderlich,
das Fahrzeug weiter zu ſchieben, oder ſeine Flanken gegen den
Anprall der ſchwerſten Eisblöcke zu ſchützen; immer unter Geſchrei
und Lärmen, unterbrochen von des Ausſchauenden „luff" und
„fall", der warnenden Stimme aus der Höhe. Der Wind mag
immerhin kräftig wehen, das Meer bleibt ruhig, weil die ziehen=
den Maſſen die Wellenbildung verhindern; nur ein Sturm vermag
eine Art Dünung zu erzeugen. Sonſt wäre auch die Gefahr zu
groß. Das Fahrzeug wendet ſich hierhin und dorthin. Zuweilen
findet es einen etwas freien Weg. Dennoch muß es ſich manchen
Stoß gefallen laſſen und bedarf ſeines verſtärkten Steven und
Buges und ſeiner inneren Verkleidung. Des Steuermanns ganze
Aufmerkſamkeit aber iſt auf das Steuer gerichtet und daß es keinen
Schaden nehme. Für die Meiſten von uns war es etwas Neues,
als das Fahrzeug gegen einen Eisblock prallte und in ſeinen Fugen
erbebte. Einer äußerte: „Das wird fortan unſere Muſik ſein!"
Und in der That, wir gewöhnten uns bald daran. Ein kleineres
Schiff hat vor einem größeren den Vortheil voraus, daß es ver=
hältnißmäßig feſter iſt und ſeinen Weg leichter durch das Eis findet.

Das Eis ſelbſt verfehlte nicht auf unſere ungewohnten Augen
einen neuen eigenthümlichen Eindruck zu machen. Wie ſehr auch
manche Reiſeſchriftſteller die Größe und die vielgeſtaltigen Formen
der Eisſtücke übertrieben haben, das Schauſpiel feſſelt uns doch
wunderbar. Man glaubt eine weite Schärenflur ſchwimmender
Inſeln vor ſich zu haben im mannigfaltigen Wechſel von Formen
und Farben. Bald iſt es ein von zwei unförmlichen Pfeilern ge=
tragener Block, nicht unähnlich einem Rieſenmonumente, bald ein
ungeheurer Pocal oder ein Schiffsſegel. Jetzt erſcheint ein Tiſch
oder Pilz mit ſmaragdgrünem Fuß und ſchöngeſtaltetem ſchnee=
weißen Hute, bald darauf ein Schwan mit graziöſem Halſe und
weißen Schwingen. Oft iſt die Oberfläche der Eisſtücke wagrecht
und eben, oft aber das eine Ende heruntergedrückt und das andere
ſteht zerklüftet in die Höhe. Die Bruchflächen wechſeln von Blau
zu Grün; Schnee bedeckt die Oberfläche, zuweilen auch ein
ſchmutziger, erdiger Grus der Küſten, von welchen die Eisblöcke
ausgegangen ſind. Auch wenn das Meer ruhig iſt, gleiten doch
dieſe Erſcheinungen mit den Strömungen an uns vorüber. Bald

liegt das seltsame Bild in den Strahlen der tiefstehenden Mitter=
nachtssonne vor uns, bald hier und da in den Nebel des arktischen
Meeres gehüllt. Wenn die Wellen, unermüdlich an den Block=
kanten leckend, einen Theil des Eises fortspülen, entstehen jene
sonderbaren Gestaltungen: nach obenhin überhangende Massen,
unter der Oberfläche des Wassers aber vortretende Spitzen und
Kanten, dem unvorsichtigen Schiffer heimlich Verderben bereitend. —

Den 13. Mai um Mittag befanden wir uns in 74° 25′
nördl. Br. und 17° 3′ östl. L. Wir waren also durch das Kreuzen
am letzten Tage ein wenig nördlicher und westlicher gekommen.
Der Wind wehte den ganzen Tag über aus Norden; das Wetter
war kalt; dann und wann fiel etwas Schnee. Bären=Eiland
verloren wir Nachmittags aus dem Gesicht. Die „Seepferde"
zeigten sich seltener, die Alken dagegen häufiger. Die ersteren
folgten noch immer im Fahrwasser, die Alken flogen dem Schiffe
entgegen, tauchten unter dessen Kiel unter und erschienen nach einer
Weile wieder ein Ende seitwärts.

Den 14. Mai Vormittags trafen wir Treibeis noch häufig,
sogenanntes Baieneis, oder, wie die Spitzbergenfahrer es auch
nennen, „diesjähriges Eis." Der Wind wehte aus Nordnordost.
Wir kreuzten und änderten unsern Cours, je nach der Lage des
Eises. Um Mittag befanden wir uns in 74° 40′ nördl. Br. und
15° 14′ östl. L. Sobald wir aus dem Eise gelangten, das hier
in einem 3 Grad warmen Wasser schwamm, wurde es still; zu=
weilen kamen Windstöße aus Westen, Süden und Südwesten;
auch schneite es ein wenig. Später sprang der Wind nach Norden
herum, blieb nördlich und nahm gegen Abend zu. Die Zoologen
fingen zahlreiche Mollusken, Crustaceen und Medusen, die in un=
geheuren Mengen hier das Meer bevölkern.

Die Temperatur, welche sich bis zum 14. Morgens eben so
niedrig wie bei Bären=Eiland gehalten, stieg am Tage etwas,
ohne doch im Laufe des 15. +0,₂° C. zu übersteigen. Am
Morgen stießen wir wieder auf ein Eisband. Der Wind verblieb
in derselben Richtung und Stärke, ging aber gegen Abend nach
Nordosten herum und wurde matter. Es schneite beinahe den
ganzen Tag. Am Mittage befand sich Magdalena in 74° 45′
nördl. Br. und Nachmittags 4 Uhr in 13° 59′ östl. L. Den 15.
zeigten sich uns zum ersten Male Walfische. Wir hörten ihr Blasen
schon aus weiter Ferne. Sie kamen uns ganz nahe, steuerten

geradesweges auf das Fahrzeug los und folgten ihm zu zwei, drei
und vieren eine Weile. In ihrer scheinbaren Unbeweglichkeit glichen
sie kolossalen auf dem Meere treibenden Balken. Es waren Finwale,
dem Delphingeschlecht Hyperoodon angehörig, mit stumpfer Stirn
und aufrecht stehenden, nach hinten gerichteten Rückenflossen, nach
oben zu grünlichgrau, nach unten zu heller.

Am Mittag des 16. waren wir in 74° 59′ nördl. Br. und
11° 11′ östl. L. Der Wind wehte aus Nordnordost, also uns
dauernd entgegen; gegen die Nacht hin ging er nach Westen herum.
Die Temperatur blieb dieselbe wie am Tage vorher, doch stieg sie
etwas gegen den Mittag hin. Nachmittags schneite es unbeträchtlich.
Am Abend um 9 Uhr nahmen wir den Cours nach Nordost. Am
17. Vormittags 2 Uhr wurde von der Magdalena die zweite Flasche
ausgeworfen. Mittags befanden wir uns in 75° 18′ nördl. Br.
und 11° 19′ östl. L. Der Jahrestag der norwegischen Verfassung
wurde mit Ausflaggen des Schiffes und einer Extraverpflegung
gefeiert. Der Wind nahm mehr und mehr ab. Ein Segel wurde
sichtbar; am folgenden Tage kamen zwei in Sicht. An diesen
Tagen empfingen wir Besuch von Schneesperlingen (Emberiza
nivalis), die aus dem Süden zurückkehrten und sich auf dem
Takelwerk und Deck des Schiffes niederließen. Es befanden sich
unter ihnen auch einige ein Jahr alte Junge. Sie schienen sehr
ermüdet und zeigten nicht die geringste Furchtsamkeit. Nach einer
kurzen Ruhe setzten sie ihren Flug nach Norden fort.

Den 17. und 18. war der Wind fast immer schwach und das
Meer ruhig. Torell beschloß daher auf dem Aeolus eine Tiefen=
messung vorzunehmen. Um aus der bedeutenden Tiefe des Oceans
Proben vom Grunde und mit denselben — wie man hoffte —
ein oder das andere Thier oder Gewächs, die dort unten noch
leben könnten, heraufzuholen, war die Expedition mit zwei, unter
Chydenius' Leitung in Tromsö sorgfältig verfertigten Apparaten
versehen. Der eine war ein Instrument für Tiefmessungen nach
Brooke's Modell, der andere ein Bodenhauer, in der Hauptsache
mit demjenigen übereinstimmend, welcher kurz vorher auf dem
Fahrzeug Bulldog benutzt war und unter dem Namen Bulldog
Machine bekannt ist, nur mit wesentlichen Verbesserungen. Von
einem mit fünf Matrosen bemannten Boote aus bewirkte Chydenius
die Messung, während Aeolus in der Nähe kreuzte. Sie währte
von 4 bis 9 Uhr Nachmittags. Mit der Bulldog=Maschine wurde

bei 1,200 Faden der Grund erreicht, jedoch wirkte der Apparat nicht. Das Aufwinden erforderte zwei Stunden Zeit. Nach einer Weile wurde er wieder hinabgelassen, diesesmal mit Brooke's Apparat, der den Grund in 1,320 Faden Tiefe erreichte. Ein wenig Thon und kleine, beinahe mikroskopische Thiere: Polythalamien, waren die ganze Ausbeute.

Den 18. Nachmittags wurde die Tiefmessung in ungefähr 75° 40′ nördl. Br. und 12° 31′ östl. L. erneuert. Mit Brooke's Apparat erreichte man den Boden bei 1,000 Faden, mit der Bull=bog=Maschine bei 1,050 Faden, da die zum Senken des Apparats bestimmten Kugeln bei 50 Faden Tiefe verloren gingen und erst wieder neue vom Aeolus geholt werden mußten. Der Apparat bewies sich als vollständig brauchbar, woran man, trotz früherer Versuche, nach den Erfahrungen des letzten Tages hatte zweifeln müssen. Nach der Rückkehr wurde die Ausbeute untersucht. Der heraufgezogene Thon bestand aus verschiedenen Lagen mit Organismen, unter anderen Aneliden und Holothurien, Thierklassen, die man früher in so bedeutender Tiefe nicht angetroffen. Wir waren mit dem Funde natürlich sehr zufrieden. —

Mittlerweile hatte sich ein Schneewetter erhoben. Die beiden Fahrzeuge konnten sich nicht mehr wahrnehmen und steuerten jedes für sich nach dem verabredeten Punkte. Die Finwale, die uns schon seit dem 15. Gesellschaft geleistet, hatten aufgehört. Die Zone des Eismeeres, in welchem sie sich aufhielten, hatte eine wechselnde Temperatur von +2,₅° und +3,₈° C. und die Farbe des Wassers war eine schöne azurblaue. Als wir uns aber den 18. Mai in 75° 45′ nördl. Br. und 12° 31′ östl. L. befanden, sank die Temperatur, zwischen 0° und +1,₈° C. schwankend, und das Wasser zeigte eine schmutziggrüne Farbe, die zum großen Theile von einer Menge mikroskopischer, schleimiger, übelriechender Algen, aus den Familien der Diatomaceen und Desmidiaceen, herrührte. Wir hatten die Grenze des an seiner blauen Farbe erkennbaren Golfstromes und des eigentlichen Eismeeres überschritten. Finwale ließen sich erst wieder im September auf unserer Rückreise in 78° nördl. Br. sehen. Auch dort betrug die Temperatur des Wassers ungefähr +3,₈° C. Diese Beobachtung ist interessant. Sie macht es wahrscheinlich, daß Finwale sich niemals im kälteren Wasser aufhalten, und daß dieser Wärmegrad die Grenze ihres Vorkommens nach Norden hin bestimmt. Doch muß

man sich vergegenwärtigen, daß diese Grenze im Sommer einige
Grade nördlicher liegt als im Winter.

Der 19. Mai war ein sehr schöner Tag, obwohl der Ther=
mometer nicht über den Gefrierpunkt stieg und der Wind, wie
früher, aus Norden wehte. Um Mitternacht erblickten wir zum
ersten Male die Sonne vollkommen klar im Norden, wie sie ihre
Strahlen über das Meer und das Treibeis goß, welches wir in
der zweiten Nachthälfte durchsegelten.

Wie sehr auch der Anblick der Mitternachtssonne von den=
jenigen gepriesen wird, welche oft weite Reisen machen, blos um
während einer einzigen Nacht ihre Herrlichkeit von einem hohen
Berge zu schauen, so kann doch ihre großartige Schönheit und ihr
heilbringender Nutzen nirgends so bewundert und erkannt werden,
als in diesen Regionen, wo sie — wenn auch oft in Nebel gehüllt
— nicht mehr untergeht und der einzige Leitstern inmitten des
polaren Eismeeres ist.

Das erste Mal berechnete Nordenskiöld hier die Polhöhe nach
der Mitternachtssonne und fand sie 75° 49'. In der Nacht zum
20., da Aeolus sich in 76° 9' nördl. Br. und 11° 49' östl. L. be=
fand, wurde die Beobachtung wiederholt. Treibeis, welches den
ganzen vorhergehenden Tag erst im Osten, dann im Südosten
sichtbar gewesen, später im Norden, trafen wir wieder an. Wir
segelten beinahe den ganzen Tag darin. Es war nur mit Schnee
bedeckt und viel großartiger und mannigfaltiger gestaltet als bei
Bären=Eiland. Schaaren von Rotjes (Mergulus Alle) und Teisten
(Uria grylle) wimmelten fliegend und tauchend zwischen dem Treib=
eise; das Wetter war das schönste von der Welt, obwohl die
Temperatur den ganzen Tag —1° nicht überstieg. Der Wind ließ
nach und Nordenskiöld, Malmgren und Chydenius fuhren auf die
Jagd nach Vögeln. Das Boot war bald hinabgelassen und glitt
zwischen den hohen Eismassen auf der ruhigen Wasserfläche dahin.
Daß eine schwache Dünung vorhanden, konnte man erkennen, wenn
das Wasser an die Eisblöcke spülte und diese seinen Schwingungen
langsam folgten. Die Luft war klar und blau, der Himmel hier
und da mit Wölkchen bestreut; in Verbindung mit den durchsichtigen
blauen Bruchflächen des Eises verlieh er der ganzen Umgebung zu=
gleich entzückende Schönheit und feierlichen Ernst. Aeolus kam nur
unmerklich vorwärts, die Segel hingen schlaff herab, die lungernde
Besatzung blickte in die Nähe und Weite, und die Vögel kamen

furchtlos dem Schiffe ganz nahe. Alles athmete Frieden und Ruhe, allein unterbrochen von vereinzelten Schüssen und dem Flügelschlage der aufgescheuchten Vögel. Dann wieder dieselbe feierliche Stille. Nachdem die Drei etwa zehn Rotjes und einige Teiste erlegt und zur Genüge das Eis und die Scenerie betrachtet hatten, die sich übrigens von der Oberfläche des Wassers aus weit besser ausnahm, als vom Deck des Schiffes, kehrten sie an Bord zurück. Der Wind sprang nach Südost herum, eine gute Brise füllte die Segel, und in rascherer Fahrt als bis dahin fuhren wir nach Norden.

Aus der Erscheinung der Vögel konnten wir schließen, daß wir uns nicht fern von Land befänden, und in der That am Mittage kam es in Sicht. Schon Vormittags hatte man auf dem Aeolus geglaubt, den Schimmer eines aufdämmernden Landes wahrzunehmen. Auch ein Segel erschien nordnordöstlich, doch nicht das Fahrzeug unserer Gefährten, nach denen wir ununterbrochen bis 10 Uhr Abends ausschauten. Endlich zeigte sich uns im Nordwesten die bekannte Gestalt der Magdalena.

Die Slupe hatte nach der Trennung vom Aeolus ihren Cours mehr westlich genommen, überall, wo sie auf Treibeis gestoßen, sich etwas nach Westen und Norden gehalten, und so — weniger vom Eise belästigt — einen Vorsprung vor uns erlangt. Den 19. traf sie wiederholt auf Eis und warf zwei Flaschen aus; den 20. befand sie sich in 76° 21' nördl. Br. und 9° 17' östl. L. Wie Aeolus war sie durch blaue und grüne Strömungen gekommen, mitunter rückwärts getrieben, ohne jedoch von Dünungen beunruhigt zu werden. Es hatten sich Wale gezeigt, einige ganz nahe, immer aber nur von unbedeutender Größe. Fern im Osten nahm man den Schimmer von einem Schneelande wahr, das ein Neuling leicht für bloße Wolkenhaufen gehalten haben würde, aber die Kundigen behaupteten, es wären die schneebedeckten Spitzen der Bellsundstinde.

Das Land, welches am vergangenen Tage nur das geübte Seemannsauge oder die Phantasie zu erblicken glaubte, wurde am 21. wirklich wahrgenommen und zeigte sich immer deutlicher. Es war Spitzbergen.

Nachdem die beiden Schiffe mit dem frischen Südost nach Norden gesteuert, befanden sie sich Mittags ziemlich nahe bei ein= ander und gemäß Messung des soeben aus den Wellen aufge=

tauchten Landes in 77° 54' nördl. Br. und 10° 35' östl. L., über=
einstimmend mit der Coursberechnung der Logbücher.

Morgens um 5½ Uhr erkannte man von der Slupe aus
deutlich die Bergspitzen um den Bellsund und Eisfjord, um 9 Uhr
aber erblickte man von beiden Schiffen Prinz Charles Vorland.
Mittags sahen wir schon deutlich die noch schneebedeckten Spitzen
und segelten Nachmittags mit günstigem Winde längs seiner lang=
gestreckten Küste. Das Land erinnerte sehr an Norwegen, wie
wir es in seiner Wintertracht verlassen hatten, nur deuteten die
in's Meer senkrecht abstürzenden Gletscher mit ihrer schönen grün=
blauen Farbe auf ein weit kälteres Klima. Eine niedrige, nicht
erhebliche Landstrecke theilt die Insel in zwei Gruppen wild zer=

Prinz Charles Vorland.

riffener, wenngleich nicht sehr hoher Alpen. Aus dem wilden
Chaos von Spitzen und Kämmen erhebt sich hier und da ein ver=
einzeltes Berghaupt, der gewaltige, doppelgipfelige „Sortepynt"
(die alte Swart=Hoek der Holländer), dessen dunkle Felsmassen
mit dem ihn rings umgebenden Schnee contrastiren, und der
prächtige sattelförmige 4,500 Fuß hohe Berg am Nordende der
Insel, von Kopf bis zum Fuß in einen einzigen Schneemantel
gehüllt. Der Wind wehte besonders Nachmittags durchdringend
kalt, die Temperatur schwankte zwischen — 3° und — 4° C., aber
das Meer war vollkommen eisfrei, mit Ausnahme eines kleinen
Stückes schwimmenden Gletschereises. Die Temperatur des Wassers
von Bären=Eiland bis Prinz Charles Vorland war nicht unter

+0,₄° C. gewesen, mit Ausnahme der Fahrt durch das Eis am 20., wo die Beobachtungen —0,₂° und —0,₃° C. ergaben.

Am 21. Mai Abends 8 Uhr passirten wir die Nordspitze des Vorlandes. Die Luft zeigte jene außerordentliche Klarheit und Durchsichtigkeit, welche diesen Gegenden eigenthümlich ist. Als wir kurz darauf an den Oeffnungen der Kings- und Croß-Bai vorüber-segelten, zeigten sich uns, im Gegensatz zu den wilden Bergspitzen des Vorlandes und der übrigen Umgebungen, die sogenannten drei Kronen, welche sich gleich drei Pyramiden, weit im Osten, im Grunde der Kings-Bai, aus dem meilenweiten Gletscherbette erheben. Sie waren ganz mit Schnee bedeckt, mit Ausnahme der beinahe senkrechten Abfälle, welche gleich rothen Bändern in dem Sonnen-scheine leuchteten und sich scharf von der glänzend weißen Schnee-hülle abhoben.

Dann folgte eine Strecke von etwa 15 englischen Meilen, welche fast ganz von einem einzigen ungeheuren Gletscher einge-nommen wird, nur hier und da unterbrochen und getheilt von aufragenden Felsgraten. Darum wird er „die sieben Eisberge" genannt. Die unerhörte Eismasse stürzt in steilen Abbrüchen und Wänden in's Meer; nach dem Innern des Landes zu zieht sie sich unabsehbar hin.

Am Morgen des 22. passirten wir Magdalena-Hook, Deenes-Eiland und Amsterdam-Eiland mit seiner nördlichen, berüchtigten Spitze Hakluyts Headland. Die Slupe erhielt den Befehl, wenn möglich einen Hafen bei den Norsköer (Norway Islands) oder bei Cloven Cliff aufzusuchen. Aber sie traf bald auf Packeis, welches nördlich von „Vogelsang" zwischen dem Festlande, den Norsköer und Cloven Cliff festlag und, so weit das Auge reichte, nach Norden und Nordwesten sich erstreckte. Es wurde daher beschlossen, einen Ankerplatz nördlich von Amsterdam-Eiland aufzusuchen und von dort aus im Boot die Lage des Eises zu erforschen. Der Wind nahm mehr und mehr ab und hörte schließlich ganz auf. Am Nachmittage warf Aeolus neben der Magdalena, die einen Vorsprung von einigen Stunden gehabt, bei zwölf Faden Tiefe vor Amsterdam-Eiland Anker. Vier andere Fahrzeuge, welche wir schon am Morgen in Sicht bekommen, lagen in unserer Nähe, da auch sie wegen des Eises nicht weiter vordringen konnten. Es waren Walroßfänger von Hammerfest und Tromsö.

Drittes Kapitel.

Bootfahrt behufs Untersuchung des Eises. — Walroß- und Seehundsjagd. — Ausflug zum Amsterdam-Eiland. — Eine Bootfahrt nach Norden. — Besuch der Kobbe-Bai. — Ein Süßwassersee. — Segeln nach Norden und längs der Nordküste von Spitzbergen. — Sturm und Kreuzen in der Wijde-Bai. — Süßwasserseen. — Ankunft in der Treurenberg-Bai.

Wie sonderbar es auch dem ungewohnten Auge erscheint: die Lage des Treibeises wird von Wind und Strömung oft urplötzlich verändert, und es bildet sich ein Weg, wo man es am wenigsten erwartete. Es kam uns darauf an, bald zu erfahren, ob wir noch irgend eine Aussicht hätten, nordwärts von Spitzbergen weiter zu kommen. Kaum war daher der Anker gefallen und das Schiffs= deck von den Booten klar gemacht, als eine Bootpartie zu diesem Zwecke ausgesandt wurde. Sie bestand aus Dunér, Chydenius und drei in diesen Gewässern am meisten fahrkundigen Männern: dem Lootsen Uusimaa, dem Harpunirer vom Aeolus, Hellstab, und einem Matrosen von der Magdalena. Sie sollten an der großen Norskö landen, um magnetische Beobachtungen anzustellen, an demselben Punkte, wo Sabine es schon vor 38 Jahren gethan, während die Mannschaft vom höchsten Punkte der Insel die Lage des Eises nach Osten hin zu erkunden hätte. Nachdem dieselben das Schiff um 5 Uhr Nachmittags am 22. Mai verlassen hatten, versuchten sie zuerst zwischen der Insel Vogelsang und dem festen Lande nach Osten vorzudringen, doch war dieses wegen des Treib= eises, das den Sund ausgefüllt und ein norwegisches Fahrzeug fest eingeschlossen hatte, unmöglich. Man wandte sich daher nach Nordost, um Cloven Cliff oder die Norsköer von Westen zu er= reichen; doch vergebens. Auch der Versuch, von Norden aus zu

Oestliche u rw ische Insel.

ihnen zu gelangen, wurde durch das Treibeis zunichte. Die Boote
mußten zwischen über die Eisstücke gezogen werden, und man kam
so langsam vorwärts, daß man schließlich einsah, auf die Weise
sei das Ziel nicht zu erreichen. Dazu war die Temperatur während
der stillen kalten Nacht bis auf —1,5° C. gesunken, so daß so=
wohl im offenen Wasser wie zwischen den Eisstücken sich Eis bildete,
welches das Rudern je länger desto schwieriger und schließlich un=
möglich zu machen drohte, denn die neugebildeten Eisnadeln er=
schwerten es mehr und mehr. Mittlerweile konnte man von 10
bis 12 Fuß hohen Eisstücken aus die Beschaffenheit der Eisfelder,
selbst bis Grey=Hook hin, ganz deutlich erkennen. Jenseits dieser
Spitze zeigte sich eine offene Rinne, aber der Weg bis dahin war
von einem breiten Eisgürtel geschlossen, der, so weit das Auge
reichte, sich nach Nordosten fortsetzte. Dieses Eis erschien überall
zerbrochen, und da nirgends ein zusammenhängendes Eisfeld zu
erblicken, so konnte man allerdings vermuthen, daß es unserm
Schiffe den Weg nicht verschließen werde, wenn nur ein Ost= oder
Südostwind ihm zu Hülfe käme. Da die Partie es unmöglich
fand, nach Nordosten vorzudringen, so wandte sie sich nach Nord=
westen, wo beinahe das ganze Meer offen schien. Nur hier und
da ließ sich ein vereinzeltes Eisstück sehen. Als sie ungefähr den
80. Grad erreicht hatten — nach der Entfernung von Cloven
Cliff gerechnet — und das Eis mehr gepackt auftrat, während der
Treibeisgürtel im Nordosten sich unverändert zeigte, ruderten sie
zu einem Schiffe, das sich die ganze Zeit über von einem schwachen
Winde hatte treiben lassen. Der Führer desselben, der erfahrene
Quäne Mattilas, theilte ihnen mit, daß auch im Norden die Passage
durch ein Eisband vollkommen geschlossen sei, was man auch vom
Mastkorb aus deutlich wahrnehmen konnte. Mit dieser Nachricht
wandten sie zu ihrem Fahrzeuge zurück, anfangs von einer aus
Norden wehenden Brise begünstigt. Dann wurde es still und sie
mußten zu den Rudern greifen. Am Morgen des 23. Mai 7 Uhr
waren sie dann wieder an Bord.

Während der ganzen Fahrt bis zur Höhe von Vogelsang
hatten sich keine anderen Thiere gezeigt als Alken und Teiste, die
in ungeheuren Schaaren nach Norden zogen, um ihre alten Brut=
plätze aufzusuchen. In derselben Nacht erblickte man vom Schiffe
aus große Schaaren von Gänsen (Anser Bernicla), die nach Nord=
osten, vielleicht zu einem noch nördlicheren Lande als Spitzbergen

strebten. Die Walroßjäger sind von der Existenz eines solchen
Landes vollkommen überzeugt, denn wie weit man auch nach Norden
vordringe, solche Schaaren ziehender Vögel sehe man in raschem
Fluge immer weiter ihren Weg nehmen.

„Als wir noch ganz mit dieser Hypothese beschäftigt waren,
deren Feststellung der Zukunft vorbehalten ist, wurden wir durch
ein Abenteuer unterbrochen, das um so weniger unbeschrieben
bleiben darf, als es für uns den ganzen Reiz der Neuheit hatte.
Zwei von der Besatzung waren, wie schon erwähnt, Harpunirer
und gehörten zu den besten Walroßjägern. Die mit Spitzkugeln
geladenen Gewehre lagen zur Hand, die blankgeschliffenen Lanzen
und sorgfältig aufgewickelten Fangleinen an ihren bestimmten
Stellen, und die Harpunen hingen vorne neben dem sitzenden
Harpunirer, der ebenso wie der nicht minder geschickte Lootse —
welcher mit dem hintersten Ruderpaar das Boot steuerte — eifrig
nach der erwarteten Beute spähte.

„Bis dahin war uns nichts zu Gesicht gekommen. Nun aber
gab der Ruderer zu erkennen, daß in der Ferne, wohin er mit
seiner Hand wies, Walrosse wären. In der angedeuteten Richtung
nahm man in der That auf dem Eise zwei schwarze Punkte wahr,
die ein ungeübtes Auge, bei einem solchen Abstande, niemals be=
achtet und noch weniger für Thiere gehalten haben würde. Die Jäger
behaupteten indessen, es wären zwei auf einem Eisblock schlafende
Walrosse; wir setzten daher unsere Fahrt fort, um zu erkennen,
wie weit zwischen dem Treibeise die Thiere lägen. Es wurde kurz
berathen, wie man am besten und leichtesten ihnen auf den Leib
rücken könne. Wir beschlossen in eine offene Rinne oder Eisbucht
zu gehen, an deren Ende wir ungefähr hundert Ellen weit unsern
Weg zwischen den Eisstücken nehmen mußten, um in die Schuß=
und Wurflinie zu kommen. Als wir begannen längs dieser Rinne
hastig vorwärts zu kommen, erschienen die Thiere noch immer nur
als ein paar gelbbraune unförmliche Klumpen. Plötzlich tauchten
ganz in der Nähe des Bootes die Köpfe zweier Walrosse aus dem
Wasser auf, mit ihren beiden langen, weißen, vom Maule nach
unten stehenden Hauern. Einen Theil des runden unförmlichen
Körpers über die Oberfläche hebend, betrachteten sie das Boot,
um sofort, mit dem Kopfe voran, unterzutauchen. Einige Augen=
blicke darauf kamen sie wieder in die Höhe, aber es schien nicht
rathsam, sie zu verfolgen, um nicht die zuerst als Beute aus=

erkorenen Thiere zu verscheuchen. Mittlerweile waren wir diesen
so nahe gekommen, daß der Harpunirer zu rudern aufhörte, seine
Leine an der Harpune befestigte und diese auf die Lanze steckte.
Er stand nun an der Spitze des Bootes und bezeichnete mit der
Hand den Weg, welchen das Boot nehmen sollte. Nur das Noth=
wendigste wurde gesprochen; die acht umwickelten Ruder tauchten
sich unhörbar in das Wasser, und in stiller aber haftiger Fahrt
glitt das Boot über die Fläche. Die Thiere rührten sich nicht.
Endlich gelang es uns, hinter einen gewaltigen Eisblock zu kommen.
Man brauchte nun nicht länger zu befürchten, daß die Thiere ver=
scheucht würden, sondern begann nach der Anweisung der Harpunirer
sich mit Rudern und Bootshaken durch die Eisschollen hindurch zu
arbeiten. Bald befand sich nun das Boot dicht unter dem großen
Eisblock, an welchem sich die Dünung in schäumender Brandung
brach, während sie die kleineren Eismassen in schaukelnde Be=
wegung versetzte. Diese Brandung mußte vermieden werden; das
Boot kam wieder in den Gesichtskreis der Walrosse; und obwohl
jenes Getöse das durch die Bewegung des Bootes im Eise ver=
ursachte Geräusch fast ganz verschlang, dauerte es doch nicht lange,
bis die Thiere sich zu rühren begannen und das eine von ihnen
den Kopf erhob. Augenblicklich hielt das Boot an; Alle kauerten,
so gut es ging, nieder, und man hörte nur ein wiesperndes: „Seid
still!" — Der Harpunirer stellte sich mit seiner Harpune bereit,
und die Gewehre lagen ihm so nahe als möglich zur Hand. Noch
einige Faden, und die Harpune konnte sie erreichen, während die
Thiere wieder ihre Köpfe in die Höhe hoben, uns mit stolzen
Blicken betrachteten und den oberen Theil ihres Körpers auf=
richteten, wobei die dicke Haut am Halse sich in große Falten und
Wulste legte.

„Sie gehn 'runter! — Schieß! — Ich den — Du den —
dicht hinter dem Ohre!" Das Boot hielt an, die Harpune pfiff
durch die Luft, zugleich fielen zwei Schüsse. Beide Thiere sanken
auf's Eis, das eine ohne sich zu rühren, — denn die Kugel des
Lootsen hatte es getroffen — das andere gab noch Lebenszeichen
von sich. Dunér reichte seine Büchse dem Steuermann. Wieder
ein Knall. Der Blutstrom aus dem Halse zeigte, wo die Kugel
saß. Das Thier erhob sich mit seinem halben Leibe. — „Schieß,
ich kann nicht die Büchse nehmen" — rief Uusimaa Chydenius zu.
Der Schuß fiel, das Thier sank, und ein neuer Blutstrom aus der

Bruft ließ hoffen, daß es genug habe. Aber das Walroß war schon mit einem Theil seines Körpers über der Eiskante, es fiel in's Wasser und verschwand.

„Das Boot schoß nun an die Kante der flachen Eisscholle, auf welche wir Alle sofort sprangen. Das zurückgebliebene Walroß, ein Thier von zehn Fuß Länge, erhielt der Sicherheit wegen noch einen Lanzenstich und wurde seiner Haut mit dem drei Zoll dicken Speck, sowie seines Kopfes nebst den 1½ Fuß langen elfenbein= artigen Zähnen beraubt. In diesem Falle hatte nicht die Harpune, sondern die Büchse die Entscheidung herbeigeführt. Die Kugel war in der That hinter dem Ohre eingedrungen, der einzigen Stelle, wo sie augenblicklich tödtet. Denn trifft sie eine andere Stelle des Kopfes, so prallt sie entweder von dem unglaublich harten Schädel ab, oder sie verletzt zwar einen Theil des Gehirns, doch hat dieses nicht unmittelbar den Tod zur Folge. Dringt sie in einen andern Theil des Körpers, so bleibt sie unschädlich in der dicken Specklage sitzen, — man trifft oft Walrosse, die solche Kugeln im Körper haben — oder der Tod tritt erst ein, nachdem das Thier das Wasser erreicht hat, was hier der Fall war. Wird ein schwimmendes Walroß tödtlich verwundet, so sinkt es sofort unter; man darf die Büchse in diesem Falle also nur brauchen, um es eine Weile zu verwirren, bis es von der Harpune erreicht werden kann; denn sie und die Lanze bleiben bei dieser Jagd doch immer die Hauptwaffe.

„Wir hatten kaum unser Boot beladen, als eine unzählige Menge von Möwen, welche gleich nach dem Falle des Thieres sich in der Nähe versammelt hatten, auf dasselbe stürzte, um die Ueber= reste zu verschlingen. Hier wie überall war die große Möwe (Larus glaucus), welche von dem alten Martens wegen ihrer vor= nehmen Haltung und steifen Würde den Namen „Burgemeister" erhielt, die zudringlichste und unverschämteste unter den Gästen; demnächst die schöne, schneeweiße Eismöwe (Larus eburneus), Martens „Rathsherr", als Dritte im Bunde aber die eine und andere „Krykie" (Larus tridactylus) und das „Seepferd".

„Wir waren nicht lange gefahren, als wir wieder die beiden schwimmenden Walrosse zu Gesicht bekamen. Wir konnten ihnen indessen nicht mehr nahe genug kommen, um die Harpune zu brauchen, und der Gewehre bedienten wir uns ohne Erfolg.

„Eine Weile darauf sahen wir wieder ein Walroß. Wir

schickten ihm eine Kugel nach, es tauchte sofort unter, und als es wieder heraufkam, erschien es auf einer ganz andern Stelle, mit offenbaren Zeichen der Verwirrung, tauchte wieder unter, wieder auf, aber nunmehr in voller Raserei. Es stieß ein kurzes Gebrüll aus, erhob sich aufrecht und warf sich hierhin und dorthin. Als das Boot sich ihm näherte, verschwand das große prächtige Thier in der Tiefe und kam erst in so weitem Abstande wieder in die Höhe, daß wir es nicht der Mühe werth hielten, es weiter zu verfolgen."

Wenn man sich dem Walroß nähert, besonders da es auf dem Eise liegt, muß man so still als möglich sein, um es nicht zu er=schrecken. Beim Seehund ist dieses nur dann nöthig, wenn er sich auf dem festen Eise neben seinem Loche befindet, denn dann ist er leicht zu verscheuchen. Im offenen Wasser oder zwischen dem Treibeise kann man ihn dagegen durch Pfeifen und andere Töne bewegen, dem Boote näher zu kommen, wie wir auf dieser Fahrt oftmals beobachtet haben. Solche Musik und besonders das Blasen auf der Signalpfeife vermochte einen Seehund ganz nahe an das Boot zu locken. Er hielt dann seinen Kopf lange über dem Wasser, offenbar den reizenden Klängen lauschend, tauchte unter und kam an einer andern Stelle wieder herauf. Ein Büchsenschuß scheuchte ihn nur eine Weile fort.

Den 22. und 23. war ein Jeder in seiner Sphäre thätig. Die Zoologen hatten die Schleppboote im Gange, und wir er=blickten zum ersten Male mit freudigem Erstaunen die seltsamen Thiergestalten, die man aus der Tiefe des nördlichsten Eismeeres heraufholte. Die koloffale Crangon boreas mit ihrem schwarzen klumpenförmigen Körper und den heftigen Sprungbewegungen, Haufen aus der zarten Familie der Hippolyten, Myriaden von Merlen und Gammari wimmelten in unseren Netzen und Boden=kratzern, zuweilen auch ein Fisch aus dem Geschlechte Cottus oder Liparis. In dem mit Sand vermischten Thon des Meeres=grundes krabbelten wunderliche Krebse aus der Cumafamilie, ganze Schaaren von Muscheln und Schnecken, Tellina, Yoldia, Astarte und Tritonium, untermischt mit großen, bald festwohnenden, bald nomadisirenden Würmern von bunten, glänzenden Farben: Tere-bella, Nephtys, Phyllodoce, Polynoë und andere. An dergleichen waren wir nicht gewöhnt. Denn an unseren Küsten sucht man vergebens nach einem solchen Reichthume von Individuen üppigster

Entwicklung, die womöglich die Vorstellungen, welche wir uns auf
Grund der Berichte von Augenzeugen gebildet hatten, noch über=
traf. Die Excursionspartien gingen nun nach dem Lande ab.
Während des ruhigen, angenehmen Wetters bestiegen wir nicht
ohne Mühe zuerst das Amsterdam=Eiland. Die Ufer ragten
überall mit etwa zehn Fuß hohen senkrechten Wänden, dem soge=
nannten „Eisfuß“, auf, welcher unten aus Eis, oben aber größten=
theils aus Schnee bestand und noch von dem letzten Winter her=
rührte. Mit den Händen und Füßen hauten wir uns Stufen in
den festen Schnee und krochen so hinauf. Das ganze Land war
noch mit acht bis zehn Fuß tiefem Schnee bedeckt, darauf sich eine
harte Kruste gebildet hatte; nur die steilen Bergabhänge, auf
denen kein Schnee haften konnte, waren bloß, bewachsen mit Cetraria nivalis, cuculata, islandica und der schwarzen Umbilicaria
arctica, diesem „Nothbrode“ des hohen Nordens, mit dem schon
mancher Polarfahrer sein Leben gefristet hat, nebst noch anderen
Flechten. Die braungrünen Matten auf den Absätzen und in den
Spalten wurden von Salix polaris und Moosen gebildet, unter
denen die häufigsten waren: Ptilidium ciliare, Dicranum scopa-
rium, Rhacomitrium lanuginosum, Gymnomitrium concinnatum,
Hypnum cupressiforme, Polytricha und andere. Hier und da
ließ sich Cerastium alpinum und Cochlearia blicken, die bekannte
Pflanze, welche wider den Skorbut hilft, noch vom vergangenen
Jahre, aber beinahe so grün als im Sommer.

Das Wüste und Einsame der ganzen Umgebung wurde in
etwas durch das Schreien der Seevögel gemildert, die auf den
Klippen hausen, und durch den Frühlingsgesang des Schneesperlings,
welcher an den der Lerche erinnert. Am greulichsten erschienen die
Rotjes, die in zahllosen Schaaren die Berggipfel umkreisten, an
den steilen Abhängen in schnellem Fluge umherschwärmten und ein
widriges Girren und Knirren hören ließen. Alken und Teiste
saßen in großen Haufen auf den oberen Terrassen. Die ersteren
mischten ihr knarrendes Schreien in den betäubenden Chorus,
dessen einförmige Melodie nur dann und wann unterbrochen wurde
von der klangvollen Stimme der großen Möwe, zurückgegeben
von dem Echo der Bergwände.

Die Felsen, welche diese und die rings umliegenden Inseln
bilden, sind etwas über 1,000 Fuß hoch. Ihre Basis wird bis
zu mehreren Hundert Fuß Höhe von Grus umgeben, scharfkantigen

größeren und kleineren Blöcken, oft auf kleineren Stücken ruhend und schwankend, — ein Resultat des Eises — wodurch eine Berg-besteigung im Sommer nicht nur beschwerlich, sondern auch höchst gefährlich wird, da die Stücke leicht in's Rollen kommen und wohl gar einen ganzen Bergsturz verursachen. Die Felsen bestehen zum größten Theile aus gewöhnlichem, feinkörnigem Granit, und ihre rundgeformten Rücken erinnern an die ähnlichen Granit-bildungen Schwedens. Auf Amsterdam-Eiland geht er in Gneis-granit und Glimmerschiefer über, mit Adern von wirklichem Granit. Wirft man von hier den Blick auf die eigenthümlichen sarg-förmigen Kämme, die dem Festlande eigen, so erkennt man sofort, daß man das Gebiet des Gneises und Glimmerschiefers vor sich hat. Der Gneisgranit ist für den Mineralogen hier von geringem Interesse. Es treten einige Gänge von Urkalk auf mit schön ausgebildeten Mineralien, die man leicht mit den in unseren Kalk-brüchen vorkommenden verwechseln könnte: Idokras, Kalkgranat, Vallastonit, Augit, Skagolit, Chondrodit, Graphit und andere.

Das Jagdboot der Magdalena, welches den 23. seine erste Ausflucht machte, brachte ein Walroß und eine Menge von Vögeln, die sich bei einer solchen Jagd einzufinden pflegen, heim. In der Nacht vorher hatten Dunér und Blomstrand auf einer Boot-excursion zwei Seehunde geschossen. Die Mannschaft war die ganze Zeit über mit der Reinigung des Fahrzeuges von draußen und drinnen und mit anderen nothwendigen Schiffsarbeiten be-schäftigt.

Der Führer unseres Schiffes hatte unsern gegenwärtigen Ankerplatz immer für ein wenig unsicher erachtet: er lag nach dem Meere geöffnet da und war den von Norden her treibenden Eis-schollen ausgesetzt. Die Slupe war schon einmal fertig gemacht, um zur Kobbe-Bai, bei der etwas südlicheren Dansko (Deenes-Eiland) abzugehen, aber man meinte, dem aufgehenden Eise so nahe als möglich bleiben zu müssen, und verweilte daher noch länger hier.

Den 24. Mai wehte ein starker Nordost. Magdalena, die nur vor einem Anker lag, um ihn jeden Augenblick lichten zu können, trieb am Morgen dem Lande zu, zog die Segel auf und ging nordwärts, um das Eis zu untersuchen. Mittlerweile kam von einem nahen nördlichen Hafen ein Schiffer Namens Rönnbäck an, welcher Torell von der Lage des Eises unterrichtete und von

diesem für die Magdalena den Befehl erhielt, zur Robbe=Bai ab=
zugehen, wohin auch er, nach einer kurzen Recognoscirungsfahrt
zu kommen gedachte. Da Magdalena das Eis dichter als früher
gepackt fand, so änderte sie sofort ihren Cours, aber schon hatte
sich ein Treibeisband gebildet, das von den nördlichen Inseln
nach dem Amsterdam=Eiland herunterging. Nach einigem Suchen
glückte es ihr trotzdem eine Straße durch diesen Eisgürtel zu
finden, welchen auch Aeolus durchsegelte. Dieser hatte um 1 Uhr
Nachmittags die Anker gelichtet, nachdem man lange Zeit ver=
gebens auf Nordenskiöld gewartet, der am Morgen mit dem Jagd=
boote und vier Mann auf eine Eisrecognoscirungsfahrt ausgegangen
war. Später am Tage wurde es windstill. Magdalena ankerte
eine Weile in dem kleinen Sunde zwischen dem Amsterdam= und
Deenes=Eiland, Deens=Gat genannt, bis eine schwache Brise ein
im Wege liegendes Eisband auflöste, wurde zwischen der Insel
und deren Schäre, wo sie blos zehn Faden Tiefe fand, weiter bug=
sirt und gelangte schließlich in die Robbe=Bai, wo sie auf vier Faden
Tiefe einen sandigen Ankergrund fand. Der Schoner ward wäh=
rend der Windstille von dreien Booten bugsirt und ankerte die Nacht
gleich außerhalb der Bucht. Nordenskiöld war mittlerweile sammt
seiner Gesellschaft zurückgekehrt. Mit großer Mühe war es ihm
gelungen, durch das noch ganz dichte Treibeis bis zum Sunde
zwischen Norway=Eiland und Vogelsang vorzudringen. Dort traf
er Mattilas, den glücklichsten, stillsten und originellsten aller spitz=
bergischen Walroßjäger. Er war vom Eise im Sunde eingeschlossen
gewesen, aber kurz vor ihrer Ankunft daraus befreit worden. Eine
von seiner Slupe ausgesandte Partie war bis zur Red=Bai ge=
kommen, da sie aber keinen Ausweg nach Osten gefunden, wieder
nach Süden gesegelt. Unsere Reisenden zogen die warme Cajüte
des Schiffes ihrem offenen Boote vor, ließen dasselbe in's Schlepp=
tau nehmen und kamen an Bord, wo Mattilas sie mit einem vor=
trefflichen Kaffee bewirthete. Aber kaum waren sie ein paar
Stunden nach Süden gesegelt, als ihr bis dahin schweigsamer
Wirth zu erkennen gab, obwohl man den Grund davon nicht ein=
sah, daß er seinen Cours zu ändern und nordwärts zu steuern
gedenke, ein bei diesen Eisfahrern nicht ungewöhnlicher Zug einer
launischen, unerklärlichen Neigung zu Veränderungen und plötz=
lichen Entschlüssen. So waren sie gezwungen im Boote heimzu=
kehren. Der Wind wehte nur schwach aus Norden, und das bei

ihrer Ausfahrt angetroffene Treibeis schien theils verringert, theils
verschwunden. Sie zogen einen kleinen zu einem Jagdboote ge=
hörigen Segellappen auf und freuten sich bereits auf eine ange=
nehme Fahrt. Aber das Treibeis war nicht weit gerückt, es hatte
sich vielmehr weiterhin zu einem undurchbringlichen Bande zu=
sammengeschlossen, das sich von Nordosten nach Westen, zwischen
ihnen und dem Ankerplatz des Schoners hinzog. Ueber dieses
eine Viertelmeile breite Band von Packeis mußte das Boot noth=
wendig gezogen werden, eine für fünf Mann keineswegs leichte Arbeit.
Während sie noch damit beschäftigt waren, sahen sie durch das
Fernrohr, wie unsere Fahrzeuge die Anker lichteten und sich zur
Kobbe=Bai begaben, wo die Partie sie der Verabredung gemäß
aufzusuchen hatte, wenn sie bei ihrer Rückkehr Amsterdam=Eiland
verlassen fände. Nach einer beschwerlichen Ruderfahrt, wobei sie oft
das Boot über große Eisschollen zu ziehen genöthigt waren, er=
reichten sie endlich die beiden Schiffe in der Kobbe=Bai.

Während der ganzen Fahrt hatten sie keine Walrosse, sondern
nur Seehunde erblickt, ohne einen zu schießen. Fast wäre dabei
ein Unglück passirt. Eine zum Schoner gehörige Büchse war so
verrostet, daß die Kugel nicht weit genug in's Rohr gestoßen werden
konnte, und als der Harpunirer sie trotzdem abschoß, sprang das
Gewehr in tausend Stücke, glücklicher Weise ohne eine der fünf
im Boote befindlichen Personen zu beschädigen. Nur der Schütze
selbst erhielt eine unbedeutende Contusion am Daumen.

So waren wir denn glücklich in der Kobbe=Bai beisammen.
Die Nacht blieb am Anfange ruhig und schön, und einige Personen
waren auf die Alkenjagd gegangen; mit einem Male brach aber
von Nordosten ein so gewaltiger Sturm herein, daß der Schoner
am Morgen sich genöthigt sah den Hafen aufzusuchen, wo er einige
Hundert Ellen von der Slupe entfernt Anker warf. Die Zoologen
mußten den Versuch, das Schleppnetz auszuwerfen, aufgeben; mit
genauer Noth gelang es, durch Sturm und Wellen einander zu
besuchen; aus reiner Barmherzigkeit mußten wir sogar unsere
Hunde wieder an Bord nehmen, da sie auf dem kleinen Holm,
wo wir sie ausgesetzt, keinen Schutz vor den rasenden Wellen
fanden. —

Danskö, 79° 41′ 59″ nördl. Br. belegen, ungefähr fünf eng=
lische Meilen lang und halb so breit, besteht zum größten Theile
aus steilen, abgerundeten Felsmassen, die nach Norden hin in

Spitzen und endlich bis zu einer Höhe von 1,200 Fuß aufsteigen.
Auf der Westseite schneidet zwischen diese Klippen die **Kobbe=Bai**
(die Robben=Bai der Holländer) zwei englische Meilen weit ein
und bietet dem Segler einen einladenden, ziemlich geschützten und
leicht zugänglichen Ankerplatz dar. Ein kleiner Holm am Eingange
gewährt gegen Westen und Südwesten Schutz. Die Spitzbergen=
fahrer haben auf demselben als Seemarke einen Steinhaufen oder,
wie die Norweger es nennen, ein „Varde" errichtet, welches zu=
weilen auch als Briefkasten benutzt wird. Kommt man von Süden,
so darf man nicht außer Acht lassen, daß vom Seeufer aus ein
Felsriff weit in das Meer schießt, auf welchem schon mancher der
Situation unkundige Schiffer gestrandet ist. Die ganze Kunst
besteht also darin, daß man sich dem Lande nicht zu sehr nähert
und sich nicht zu weit von ihm entfernt, bis man inmitten der
Bucht ist, und daß man vorzugsweise den tieferen und sicherern
Nordstrand aufsucht. Das Felsriff hängt wahrscheinlich mit der
westlich vom Lande zwei englische Meilen entfernten Blindschäre
zusammen, die bei Sturm und aufgeregter See leicht an der
schäumenden Brandung erkannt wird. Kobbe=Bai ist von Alters
her als ein guter Hafen berühmt, der, obwohl dem Nordwest offen,
viele Vorzüge besitzt. Im Frühjahre wird er am frühesten eis=
frei, im Herbste bleibt er am längsten offen. Er bietet auf
3 bis 14 Faden Tiefe einen sichern sandigen Ankergrund und —
was von größter Bedeutung — man erhält hier gutes Trinkwasser.
Auf dem Südufer befindet sich nämlich eine Thalsenkung, welche
die Insel durchschneidet und mit scharfkantigen, schwer zugänglichen
Blöcken bedeckt ist. In ihr liegt ein tiefer Landsee, welcher in
jeder Jahreszeit Wasser enthält; denn alle Spitzbergenfahrer
stimmen darin überein, daß er niemals bis zum Grunde gefriert.
      Diese Angabe, welche uns mit Rücksicht auf die langen
Winter und die präsumtiv niedrige Bodentemperatur unter einem
so hohen Breitengrade fast unglaublich schien, konnten wir als
richtig bestätigen. Wir durchhauten die nicht weniger als 6 Fuß
starke Eisdecke und fanden darunter Wasser von 12 bis 14 Fuß
Tiefe. Der Grund war mit einer hohen Lage von grünem Schlamm
bedeckt, der fast ausschließlich aus kieselschaligen Algen bestand:
Diatomaceen und andere Algen niedriger Ordnungen, Oscillatorien
und Desmidiaceen. Unter ihnen lebte eine Art Insectenlarve,
Chironomus, mikroskopische Crustaceen, Cyklops nebst kleineren

Würmern. Unsere Physiker untersuchten die Temperatur des Wassers und fanden am Boden $+1{,}_1°$ C., an der Oberfläche $0°$ C. und in einem halben Fuß Tiefe $+0{,}_2°$ C. Nach diesen Resultaten kann man mit ziemlicher Gewißheit schließen, daß die Winter — in dieser Gegend Spitzbergens wenigstens — nicht besonders streng sind, und daß die Kälte nicht in eine so beträchtliche Tiefe dringt, als unter gleichem Breitengrade in Sibirien.

Der Hafen wurde von Kuylenstjerna und Lilliehöök aufgenommen. Die Abweichung der Magnetnadel betrug $23° 15'$ W. Die magnetischen Messungen wurden theils in der erwähnten Thalsenkung, theils auf einem Sandriff am Nordstrande neben den Ueberresten einer verfallenen Hütte gemacht. Sie war vordem wahrscheinlich von russischen Jägern bewohnt gewesen, deren Gräber sich dicht dabei befanden. Eine melancholische Stimmung kam über uns, als wir in der stillen Nacht, während die niedrig stehende Sonne ihr eigenthümliches mattes Licht über die wüsten, erstarrten und eisbedeckten Ufer warf, auf eins dieser von schwarzen, flechtenbedeckten Felsen umgebenen Gräber stießen. Ein ellenhoher Pfahl und ein kleiner Steinhügel darum geschüttet, aus welchem noch zwei guterhaltene Stiefel von Rennthierleder mit Walroßsohlen herausstaken, sammt ein paar offenbar von Raubthieren herausgezerrten Beinknochen: — so wird man hier begraben. Denn der Felsboden hat nicht genug Erde, um die Todten gegen die Eisbären und Polarfüchse zu schützen. Nichts deutet das Schicksal an, welchem diese und Tausende von Menschen hier zum Opfer gefallen. Aber an den Todesengel der früheren Zeiten, den Skorbut, denkt man wohl zunächst. Vielleicht waren es dieselben Menschen, zu welchen im Jahre 1818 Franklin's und Buchan's Officiere kamen und deren würdiges Benehmen und wahre Religiosität sie mit so lebhaften Farben schilderten. —

Die unveränderte Lage des Eises nöthigte uns einige Tage in diesem Hafen zuzubringen. Jeden Tag kamen neue niederschlagende Nachrichten von den Fahrern, welche in die Bucht einliefen, unter anderen mit der Brigg Jaen Mayen von Tromsö, die von einer mißlungenen Seehundsjagd nach Jaen Mayen zurückkehrte.

Der Wind, welcher schon nach einigen Tagen sich beruhigt hatte, wechselte seitdem dauernd in Richtung und Stärke. Die Durchschnittstemperatur in den sechs Tagen unseres Aufenthaltes schwankte zwischen —1,7° und —4,6° C. Der höchste Grad betrug +0,6°, der niedrigste —5,4° C.

Die Temperatur des Wassers überstieg in geringer Tiefe die der Luft um 2 bis 3 Grade, wie folgende Tabelle ausweist:

Den 26. Mai betrug die Temperatur

der Luft 4 Uhr Vormittags —3,9° und die des Wassers —0,6°
    12 =   =   —2,4° = = =   =   —0,4°
    10 = Nachmittags—1,8° = = =   =   +—0°
    12 =   =   —2° = = =   =   —0,5°

Erst am 30. Mai, da wir, weiter segelnd, uns von den eis= bedeckten Ufern entfernten, trafen wir wieder auf Wasser, dessen Temperatur über 0° war.

Die Witterung konnte nicht angenehm genannt werden. Neben der unbehaglichen, eisigen, wenngleich nicht heftigen Kälte hatten wir am ersten Tage Sturm, am dritten Nebel und Schlacken= wetter, welches wir — allerdings mit Unrecht — als „Spitz= bergenwetter" bezeichneten. Ueberall war die Landschaft noch mit tiefem Schnee bedeckt und die Aussicht, weiter nach Norden vor= zubringen, sehr schwach. Es schien, als ob ein bis dahin unbekanntes Gefühl von Niedergeschlagenheit sich unserer zu bemächtigen drohte; auf der Magdalena nahm aber die Hoffnung ab, die längst er= sehnte Fahrt längs der Westküste nach Süden anzutreten, als der Leiter der Expedition, aus verschiedenen Gründen, beschloß, daß dieses Schiff auch ferner dem Aeolus nach Norden folgen solle. Es schien nämlich schwer, bei dem Segeln durch das eiserfüllte Meer alle nothwendigen Boote nebst dem erforderlichen Zubehör für die Eisfahrt blos auf dem Aeolus zu transportiren; auch rechnete man auf eine Unterstützung dieser Eisfahrt in den ersten Tagen Seitens der Mannschaft von der Magdalena.

Auf die Vorbereitungen zu dieser Fahrt — lange Zeit das Hauptziel der ganzen Expedition — wurde denn auch alle nicht von den laufenden Geschäften in Anspruch genommene Zeit ver= wandt. Nur mit den Jagdbooten wurden weitere Ausflüge unter= nommen. Dieselben galten besonders den Küsten der Bucht, den nächsten Bergen und dem Thal auf der Südseite. Die steilen Klippen waren damals wenig zugänglich; die Schneekruste machte zwar das Hinaufklettern möglich, aber die Rückfahrt war oft schneller als man wünschte, selbst wenn man sie aus allen Kräften und durch alle möglichen Positionen und Stellungen zu mäßigen suchte, zuweilen selbst nicht ohne Bedenken.

Die Gebirgsart ist hier Gneisgranit, vollkommen mit dem auf Amsterdam-Eiland übereinstimmend. Die botanische Ausbeute blieb gering. Denn vor einem Monat war an keine jungen Pflanzen zu denken und die Moose waren zum größten Theile mit Schnee bedeckt. Die üppige Flechtenvegetation ließ den Reichthum an Arten vermissen. Außer Cetrarien und Umbilicarien beobachteten wir Peltigera aphthosa, canina und venosa, Cladonia bellidiflora; digitata und furcata, Lecanora tartarea, turfacea, chlorophana, varia und cinerea, Lecidea geographica, atroalba, nebst vielen anderen.

Lunnen, Mormon arcticus.

Die Jagd verschaffte uns am 27. einen ungewöhnlich großen Eisbären, welcher während einer Excursion von der Mannschaft des Aeolus harpunirt wurde; den 29. brachte dasselbe Boot zwei große Seehunde heim, und die Jäger der Magdalena erschlugen ein Walroß.

Unsere Vogelschützen versorgten uns mit einer Menge von

Alken und Teiste zur Speise, schossen auch zum ersten Male einen
Lunnevogel, der sich durch seinen hohen, zusammengedrückten, roth
und weißen Papageienschnabel auszeichnet. Zusammen mit dem
sonderbaren Auge und der ganzen steifen Haltung verleiht er ihm
einen eigenthümlichen Ausdruck erstaunlicher Dummheit und Selbst=
gefälligkeit. Man könnte ihn Spitzbergens „Geschworenen" nennen.
Die Jsländer heißen ihn den Pfarrer, wegen seiner ernsten, patri=
archalischen Haltung, mit der er neben seinem Neste sitzt, und
wegen seines schwarzweißen Gefieders. Er ist ein Vogel von
entschieden phlegmatischem Temperament. Stunden lang sitzt er, be=
sonders des Abends, vor seinem Neste, sonnt sich und läßt bald
ein O=ho hören, das einem lauten Gähnen gleicht, bald ein schnar=
rendes Hrro. Oft sitzt er in hockender Stellung; zieht aber etwas
seine Aufmerksamkeit auf sich, so erhebt er sich, die Brust senkrecht
aufgerichtet, und macht mit dem Kopfe allerlei eigenthümliche
Wendungen, als wollte er mit aller Anstrengung seiner Geistes=
kräfte sich mit dem Ereigniß bekannt machen. Er fliegt nicht gerne,
außer in der Zeit wenn er Junge hat. Dann sieht man ihn in
ziemlich schnellem Fluge und mit hastigen Flügelschlägen sich von
seinem Brutplatze in's Meer stürzen, aber wie ein kunstgeübter
Schwimmer mit dem Kopfe voran, als ob der schwere Schnabel
ihn in's Wasser drückte, und für einen Augenblick verschwinden.
Niemals trifft man ihn im Innern des Landes an, sondern nur
am Seeufer, und selten fliegt er höher als bis zu seinem Brut=
platze. Erschreckt man ihn, während er im Wasser ist, so fliegt
er nicht fort, sondern taucht unter, oder flüchtet, halb schwimmend,
halb fliegend fort, und endigt gewöhnlich mit einem Untertauchen,
während dessen er, wie die Teiste und Alken, mit den Flügeln
schwimmt und mit den Füßen steuert. Einzelne Vögel lassen sich
sehr schwer ankommen, weil sie fortwährend untertauchen. Jn
Gesellschaft aber — die sie nicht lieben — verläßt sich der eine
auf den andern, sie werden verwegen und kommen oft bis dicht
an das Boot. Es ist ein komischer Anblick, wenn man unter eine
Schaar schwimmender Lunnen einen Schuß abfeuert: in einem
Augenblick sind alle unter dem Wasser verschwunden, um im
nächsten nahe dem Boot, neugierig, wieder aufzutauchen. Sie
sehen dann im höchsten Grade verwirrt und lächerlich aus; haben
sie sich aber einen Augenblick rings umgesehen, so verbergen sie
sich wieder unter dem Wasser.

Die Lunne ist eigentlich kein arktischer, sondern ein nord-
atlantischer Vogel. In Spitzbergen und Grönland kommt er nicht
häufig vor. Seine südlichste Grenze in Europa möchte Bohuslän
sein, wo einige Paare auf den Wetterinseln brüten, und in Amerika
die Gegend um die Fundy-Bai. Die spitzbergische Lunne ist
größer und hat einen höheren Schnabel als die südlicheren Genossen, gehört aber doch zu derselben Art. In Gesellschaft mit
Alken und Teisten bewohnt sie die am steilsten in's Meer abstürzenden Felswände. Auf den Stufen derselben, wo der Felsboden nicht zu hart oder verwittert ist, gräbt sie mit den Krallen
und dem starken Schnabel einen Gang, der zu einer Art Höhle
führt, groß genug, um zwei oder drei Vögel aufzunehmen. Hier
legt sie ein einziges, im Verhältniß zu ihrer Größe sehr großes
Ei. Hahn und Henne brüten abwechselnd — oft haben sie ein
oder mehrere Brutflecken (liggfläckar) — und warten demnächst
das Junge, so daß wenn der eine zu Hause, der andere ausge-
flogen ist, um Futter zu holen. Die Jungen sind, im Gegensatz
zu denen anderer Schwimmvögel, der Gänse, Enten, Schwäne und
Lummen, bald nach dem Auskriechen so hülflos wie die der Sing-
vögel und müssen noch lange Zeit im Neste geätzt werden. Erst
wenn sie ihre Flaumbekleidung gegen Federn umgetauscht haben,
wagen sie sich auf's Wasser. Gleich den anderen Seevögeln,
welche einen Vogelberg bewohnen, ist die Lunne während der
Brütezeit ihrer Pflicht so hingegeben, daß man sie leicht mit der
Hand greifen und aus ihrem Loche ziehen kann. Ihr häufiges
Vorkommen auf den Inseln Finmarkens, Island und den Faröern,
wo sie für einen großen Theil der Bevölkerung ein wichtiges
Nahrungsmittel abgiebt, hat sie zum Ziele jener berühmten und
sehr gewinnreichen, aber zugleich auch gefährlichen und verhängniß-
vollen Jagden gemacht.

Ihr Hauptbrüteplatz in Finmarken ist die nördliche Fuglö
(Vogelinsel), wo in den letzten Decennien ein wahrer Vernichtungs-
krieg gegen sie geführt worden ist. Auf dieser einem Privatmanne
gehörigen Insel werden nunmehr jährlich 30- bis 40,000 Vögel
umgebracht, unter denen allerdings Alken und Tordmule keinen
unbedeutenden Bruchtheil bilden. Der Fang wird von armen
Gebirgslappen vollführt, welche als Lohn das Fleisch der getödteten
Vögel erhalten, während sie Federn und Eier dem Eigenthümer
abliefern müssen. Beinahe jedes Jahr kommt es vor, daß einer

4*

ober mehrere Lappen von den einige Hundert Fuß senkrechten Fels=
wänden hinabstürzen. Trotzdem melden sich jährlich mehr Fänger,
als der Eigenthümer braucht.

Blos auf einigen Stellen, zum Beispiel auf Westmannö bei
Island, übt man diese Jagd mit einiger Auswahl aus: dort tödtet
man nur die Jungen und läßt die Alten in Ruhe. So weiß
man, daß es im nächsten Jahre an einer Nachkommenschaft wiederum
nicht fehlen wird.

Auf Spitzbergen soll der Fang der Lunne nicht lohnend sein.
Sie stellt nur ein unbedeutendes Contingent zu den Bewohnern
der Vogelberge und tritt vor den ungeheuren Schaaren derselben
ganz und gar in den Hintergrund. —

Obwohl der Wind die ganze Zeit über aus Norden geweht
hatte, also entgegen war, und die Nachrichten von dem Zustande
des Eises immer dieselben blieben, so beschloß Torell doch, es zu
versuchen, nördlich um Spitzbergen vorzudringen. Es zogen uns
vorbei nach Süden große Eismassen; wir durften also vermuthen,
daß sich im Norden einige Veränderungen zugetragen hätten.
Punkt 10½ Uhr am Abend des 30. Mai gingen deshalb unsere
beiden Fahrzeuge unter Segel, gefolgt von der Brigg Jaen Mayen,
und wir begannen bei einem schwachen Nordnordost in der Richtung
nach Norden zu kreuzen. Schon in der Nacht stießen wir auf ein
festes Treibeisfeld, welches, so weit das Auge vom Mastkorbe aus
reichte, sich nach Westen hin erstreckte. Gegen Norden war das
Fahrwasser offen, doch trafen wir auch hier auf vereinzelte Eis=
schollen. Große Schaaren von Teisten, Rotjes und Alken flogen
und schwammen rings um die Eisstücke. Auf einem waren rings
um einen todten Seehund ungeheure Schaaren von „Burgemeistern‟
versammelt und erfüllten die Luft mit betäubendem Lärmen und
Kreischen. Zuweilen hob ganz in unserer Nähe ein Seehund seinen
schönen Kopf über das Wasser. Es kam jedoch seltener vor, als
wir erwarteten, vermuthlich wegen der niedrigen Lufttemperatur,
indem er sich nicht gerne anders an der Oberfläche des Wassers
zeigt, als um Athem zu schöpfen.

Der Wind nahm mehr und mehr ab; aber Magdalena war
in eine nordwärts gehende Strömung gekommen und hatte dadurch
einen bedeutenden Vorsprung vor dem Aeolus gewonnen. Sie
erreichte bald Vogelsang, traf dort auf ein Eisband, wandte nach
Süden und legte vor Amsterdam=Eiland bei, um den Schoner zu

erwarten. Nachdem beide zusammengetroffen, begannen sie Nach=
mittags sich durch das ziemlich sparsame Eis durchzuarbeiten. Der
Wind wurde frischer, und am Abend hatten wir die Höhe der
doppelgipfeligen Klippe Cloven Cliff, Spitzbergens nordwestlichsten
Vorposten erreicht, ohne daß die Schiffe mit dem Eise in schlimmere
Collision gerathen waren. Wir wandten uns nach Osten; die
Rinnen zwischen dem Eise wurden immer schmaler; im Norden
und Nordosten lag eine übersehbare Strecke hoch aufgethürmten
Packeises; kleinere und flachere Stücken umgaben uns auf allen
Seiten, und es bedurfte einer unablässigen Wachsamkeit und Auf=
merksamkeit, um bei dem nunmehr etwas nebeligen Wetter, so gut
es sich thun ließ, den im Wege liegenden Blöcken auszuweichen.
Sehr oft rannten wir zusammen, jedoch ohne Schaden für das
Schiff. Wir zählten den 31. Mai und das Thermometer zeigte
nicht mehr als —6,5° C. Der Wind war eisig kalt und man
konnte kaum auf Deck verweilen. Aber unsere Hoffnungen waren
lebhafter und die Aussicht auf ihre Verwirklichung weit glänzen=
der als das erste Mal, da wir in dieser Richtung vorzudringen
suchten.

Den 1. Juni Vormittags begann die Luft sich aufzuklären
und der Wind nachzulassen. Wir befanden uns der Norskö gegen=
über in 79° 49′ nördl. Br. und waren somit seit dem 22. Mai
nur 3 Minuten weiter nach Norden vorgeschritten. Mittags trat
volle Windstille ein, und das Wetter wurde so milde und schön,
wie wir es bis dahin nicht gehabt hatten. Das Meer lag wie ein
Spiegel da, kein Hauch bewegte die Segel, Magdalena legte sich,
um Aeolus zu erwarten, zwischen der kleinen Norskö und dem
Biscayer Hoek, bei 10 Faden Tiefe, vor Anker. Die Fänger,
Jäger und Zoologen machten sich den günstigen Augenblick zu
Nutze. Das Jagdboot ging nach Rood=Bai (die rothe Bai der
Norweger) ab und kehrte mit einem Seehunde und einem Renn=
thiere (dem ersten!) zurück. Es war eine ausgewachsene, kräftige
Kuh, aber, wie alle Rennthiere in dieser Jahreszeit, so mager, daß
sie nur zu einem Mahle ausreichte. Aeolus erhielt ein 7 Fuß
langes Seehundsweibchen. Es hatte vor Kurzem den größten
Theil seiner alten, grauen, langhaarigen Kleidung abgeworfen, die
nur noch an einzelnen Stellen des Körpers zurückgeblieben war.

Willkommene Windhauche aus Südosten begannen am Abende
die Stille zu unterbrechen; um 9 Uhr lichtete Magdalena den

Anker und begann in Gemeinschaft mit dem Aeolus den Kampf gegen das Treibeis fortzusetzen. Es kam in großen, bis 12 Fuß hoch aus dem Wasser ragenden Blöcken auf uns zu, und alle Mann waren beschäftigt, es mit Bootshaken und Stangen von uns fern zu halten. Es wurde dichter und dichter. Von Grey=Hook aus im Ostsüdosten streckte sich ein undurchbringliches Eisfeld nach Norden, nach Nordost und Nordwest, so daß wir gleich nach Mitternacht uns nach Westen wenden und, nachdem wir eine Stunde zwischen schwimmenden Eisschollen gekreuzt, wieder um= kehren mußten, erwartend, daß das Packeis sich vor Wind und Strom öffnen werde. Den ganzen 2. Juni brachten wir so vor Röbestrand lavirend zu, bei bald mäßigem Winde, bald Windstille, klarer Luft und —2° Kälte. Das in Sicht bleibende Land bietet einen von der Nordwestküste verschiedenen Anblick dar. Weniger zerklüftete Formen, mäßigere Abfälle, regelmäßigere und sanftere Contouren geben zu erkennen, daß hier andere Felsarten als Granit und Gneis überwiegen. Bei Röbestrand — so benannt nach der rothen Farbe des Sandsteins und des Conglomerats, die hier vor= herrschen — steigen, was äußerst selten auf Spitzbergen, die Berge allmählich bis zu einer flachen, einförmigen, weitgestreckten Ebene herab, die in ihrer Schneedecke kaum von dem daneben sich aus= breitenden Eisfelde zu unterscheiden ist.

In der interessanten Grey=Hooks=Kette erheben die Berge sich wieder zu ihrer gewöhnlichen Höhe von etwa 2,000 Fuß und er= scheinen höchst mannigfaltig in ihren eigenthümlichen, mehr oder minder isolirten Gestaltungen, regelmäßigen Pyramiden, abge= rundeten Kuppen, quer durchgeschnittenen oder kesselförmig aus= gehöhlten Kegeln. Oestlich von Wijde=Bai erschien, so weit das Auge nur blicken konnte, ein langsam nach dem Meere sich ab= dachender Schneerücken, von keiner einzigen Bergspitze unterbrochen.

Die Temperatur des Wassers hielt sich etwa auf —1,₅° und seine Farbe spielte bald in's Grüne, bald in's Blaue, letzteres be= sonders bei Grey=Hook. Erst am Morgen des 3. Juni hatte sich das Packeis etwas von dieser ärgerlichen Spitze entfernt. Wir umschifften sie ohne Schwierigkeit in einer schmalen Rinne und gelangten zur Oeffnung der Wijde=Bai, welche jetzt nur aus einer rings von Eis umgebenen kleinen offenen Wasserfläche bestand. Im Süden war das Baieneis kaum aufgebrochen, im Norden er= schien das unübersehbar weite Packeis, das sich im Osten durch ein

Eisband mit dem Flachlande bei Verlegen=Hoek verband. Da=
hinter erblickten wir offenes Wasser. Wir waren also von Neuem
eingesperrt und erwarteten den Aufbruch des Eises, in der Bucht
hin und her lavirend. Die Luft war trübe; von Zeit zu Zeit fiel
etwas Schnee; der Wind wechselnd und schwach; das Thermometer
seit dem Tage vorher im beständigen Fallen; alle Zeichen deuteten
auf einen heftigen Wind, der die Entscheidung bringen und uns
nach Osten zu dem Ziele unserer Wünsche führen oder im Eise
vollends einschließen mußte. So war schon Mancher vor uns in
diesen Regionen gefangen und vom Packeise eingemauert, dann
mastenlos von den mit Wind und Strömung treibenden Eismassen
fortgerissen und schließlich von den erdrückenden Bergen zerquetscht
worden. Für diesen Fall wären die Boote, darauf wir uns zu
jeder Zeit retten konnten, unsere Hülfe gewesen; aber der Zweck
der Expedition war verfehlt. Schon jetzt stand er offenbar auf dem
Spiel. Die Losung des Tages lautete: Wir müssen vorwärts; in
Erwartung des Kommenden blieb Keiner unthätig. Jagd= und
Schleppboote waren in Thätigkeit; man fing große und pracht=
volle Seesterne und Seeigel auf Felsboden in 90 Fuß Tiefe.
Magdalenas Jagdboot kehrte mit einem ausgehungerten Renn=
thiere zurück. Um 9 Uhr Abends erhob sich plötzlich ein frischer
Südsüdost, der uns mit Hoffnung auf Befreiung und Vorwärts=
kommen erfüllte. Er wehte die ganze Nacht, auch den folgenden
Tag, den 4. Juni, während wir etwas tiefer in der Bai kreuzten.
Gegen Abend wuchs er zum vollen Sturme an, die Segel wurden
theilweise eingezogen und wir hielten uns im Schutze des Landes.
Auch am 5. vermochte der Sturm nicht die Lage des Eises zu
ändern. Wir machten am Abende, nachdem der Wind abgenommen,
vergebens den Versuch, uns an Verlegen=Hoek vorbeizuschmiegen,
und mußten zu unserm einförmigen Kreuzen wieder zurückkehren.
Mehrfach befanden wir uns bei Grey=Hook, dessen überall steil ab=
fallendes Plateau eine vortreffliche Seemarke bildet. Gegen Abend
ging eine Excursion nach dem Innern der Bai ab, über deren
Erfolg Nordenskiöld berichtet:

„Die Gelegenheit durch eine Jagd die Langeweile des Kreuzens
zu unterbrechen, aus diesen abgelegenen Regionen einige Natur=
producte zu sammeln und die uns vollkommen unbekannten geog=
nostischen Verhältnisse des Landes zu untersuchen, wurde von
Malmgren, Petersen und mir mit Eifer ergriffen. Als es sich

daher darum handelte, ein Boot an das Land abzuschicken, er=
klärten wir uns zur Mitfahrt bereit und ruderten wenige Minuten
später im Jagdboote, mit vier Mann, dem Oststrande der Wijbe=
Bai zu. So lange wir uns auf dem Schoner befanden, hatten
wir von dem hohen Seegange nicht viel gespürt; in dem kleinen
Boote machte er sich dafür um so mehr bemerkbar, und die für
dergleichen Ausflüge wenig passionirten Seeleute prophezeiten daher,
die Brandung würde uns unbedingt hindern an Land zu steigen.
Wir ruderten trotzdem munter vorwärts. Als wir dem Lande
näher kamen und das Boot über einen schmalen Eisgürtel ge=
zogen hatten, welcher sich einige Tausend Ellen weit von der festen
Eiskante des Strandes, parallel mit demselben, erstreckte, ließen die
Wellen plötzlich nach, so daß wir ohne alle Mühe an's Land ge=
langen konnten. Das Boot wurde ein Ende auf das feste Eis
gezogen und der gutmüthige Quäne Bergström zur Bewachung
zurückgelassen, während die Uebrigen in's Land hineingingen, Jeder
sein Ziel verfolgend, Petersen und Hellstad um Rennthiere zu
jagen, Malmgren um Flechten zu sammeln, ich um zu „geologisiren".

„Das Land auf der Ostseite der Weiten=Bai ist ganz flach und
ohne Vergleich die wüsteste Landschaft, welche ich bis dahin auf
Spitzbergen gesehen. Niedrige, kahle, kaum mit Flechten be=
wachsene Hügel, oder vollkommen unfruchtbare Grus= und Stein=
wälle — nicht zu verkennende alte Moränen — wetteifern mit
einander an Unfruchtbarkeit. Die großartige Wildheit, welche den
steilen Bergspitzen der Westküste eigen und der Landschaft so viel
Reiz und Abwechslung verleiht, fehlt hier durchaus. Die sanft
abfallenden Hügel bieten nicht einmal den Vögeln geeignete Brut=
plätze dar. Darum ist hier auch das Thierleben nur ganz unbe=
deutend. Alles vereinigt sich, um der Landschaft den Stempel un=
beschreiblicher Kälte und Oede aufzudrücken.

„Die lose Erdlage besteht fast ausschließlich aus Granit= und
Gneißfragmenten, welche offenbar durch Gletscher aus dem Innern
des Landes hinuntergeführt sind. Das anstehende Felsgestein ist
dagegen aus senkrechten Quarzitlagen gebildet, welche mit Schichten
von Hornblende und Glimmerschiefer abwechseln. Versteinerungen
führende Bildungen kommen hier nicht vor. Dagegen sind andere
Verhältnisse von großem Interesse. Wie die alten Moränen
nämlich ausweisen, ist das Land früher mit Gletschern bedeckt ge=
wesen, die gegenwärtig beinahe vollständig verschwunden sind. Die

Vertiefungen zwischen den Bergen, Grus= und Steinwällen werden dafür von größeren und kleineren Seen eingenommen, welche, allen Vermuthungen in Betreff der Süßwasseransammlungen unter dem 80. Breitengrade zuwider, im Winter nicht bis auf den Grund gefrieren. Nach den Angaben der Jagdfahrer befindet sich der größte dieser Seen gleich südlich an der Mossel=Bai; aber auch dicht an unserm Landungsplatze trafen wir, einige Tausend Ellen vom Strande entfernt, auf einen ganz bedeutenden, ungefähr 50 bis 100 Fuß über dem Meeresspiegel belegenen See. Er schien eine halbe Meile lang und etwa halb so breit zu sein und wurde noch von einer ebenen, allerdings schon ganz von Wasser durchzogenen Eisdecke bedeckt. Weiter nach dem Lande war er von einem ge= waltigen Gletscher begrenzt, welcher eben so steil gegen den See hin abstürzte als die zum Meere niedersteigenden.

„Nachdem wir einige Stunden längs dieser in klimatischer Hinsicht interessanten Küste gewandert und mehrere vor Hunger ganz ausgemergelte Rennthiere geschossen worden waren, beschlossen wir zu unserm Boote zurückzukehren. Aber der schon vorher frische Wind war seitdem zu einem vollkommenen Sturme ange= wachsen, so daß wir zuvörderst nicht daran denken konnten, mit dem Boote in See zu gelangen. Wir mußten uns ruhig gedulden und mit der Vorstellung trösten, daß unsere Jagdbeute, nämlich die drei Rennthiere, den Anforderungen unseres Magens während des unfreiwilligen Arrestes nothdürftig genügen würden. In der Erwartung nämlich, daß unser Ausflug nur einige Stunden dauern werde, hatten wir keine Fourage mitgenommen, eine große Unvorsichtigkeit bei einer spitzbergischen Bootfahrt, da auf einer solchen der Eßkober ein eben so nothwendiges Zubehör bildet wie Ruder und Steuer.

„Wie schon erwähnt, hatten wir unser Boot, an's Land steigend, auf die Eiskante gezogen, welche noch unzerstört sich neben dem Strande befand. Während unserer Abwesenheit war aber diese Eiskante von den Wogen und dem nach dem Lande zu blasenden Sturme zerbrochen und zerschlagen, und nur mit äußerster An= strengung hatte der allein bei dem Boote zurückgebliebene Mann es vermocht, das Boot weiter auf das Land zu ziehen. Bei unserer Rückkehr fanden wir ihn total ermüdet und ganz ver= zweifelt, auch hätte er noch länger die Arbeit und Anstrengung nicht ertragen. Unsere auf einige Stunden berechnete Excursion hätte sich daher leicht auf einen Wochen langen Besuch dieser kahlen, ungastlichen Küste ausdehnen können. Durch das drohende Mal=heur gewarnt, zogen wir das Boot, bevor wir es von Neuem verließen, hoch auf den Strand und zwar hinter einen vom letzten Herbste her befindlichen Grundeisblock, der gegen Sturm und Treibeis eine sichere Schutzwehr bildete.

„Wir wandten uns darauf wieder der Jagd zu, es wurde aber nur ein Schneesperling und ein großes schönes Schneehuhn geschossen, letzteres von Petersen. Nach einigen Stunden hatte der Wind so weit sich abgestillt, daß wir wiederum an unsere Rückkehr denken konnten. Aber ein neues Hinderniß stellte sich uns in den Weg. Das Treibeis hatte sich nun in beträchtlichen Massen längs dem Strande aufgehäuft, und dieses Eisfeld, das aus lauter kleinen unter unseren Füßen weichenden Stücken bestand, mußten wir, um hinauszukommen, passiren. Das war keineswegs leicht; wir suchten daher, theils um uns ein wenig ausruhen zu können, theils um einen Ueberblick über die Lage des Eises zu bekommen, das hohe Grundeis zu erreichen, welches ein Ende vom Strande entfernt lag. Zwischen diesem und der Eisklippe lag das Treib=eis beinahe ganz still und unbeweglich, und dorthin zu gelangen war zwar mühsam, aber ohne Gefahr. Weiterhin bildete dagegen das Treibeisfeld einen mit unglaublicher Schnelligkeit und starkem Krachen nach der Mündung des Fjords hin eilenden Eisstrom, welcher zum größten Theile aus mächtigen, noch nicht zerbrochenen Stücken bestand. Es war offenbar ein zweifelhaftes Ding, das Boot in diesen Eisstrom zu bringen; wir mußten daher, trotz unserer Ungeduld, noch eine Weile hinter der festen Klippe auf den günstigen Moment lauern, bis das Eis im Strome sich seltener und zerkleinert zeigte, und die Gefahr der Zertrümmerung des Bootes geringer wurde. Dieses traf endlich zu; das Boot wurde in's Wasser geschoben, wir erreichten nach einigen tüchtigen Stößen, nach kurzem aber anstrengendem Mühen, ein Ende vom Strande, den beinahe eisfreien Fjord und mit aufgezogenem Segel auch bald das in der Oeffnung desselben kreuzende Schiff.“

Ich brauche kaum anzuführen, daß man auf dem Aeolus wegen dieser Booterpedition in großer Sorge gewesen. Die Be=fürchtungen waren noch vermehrt bei dem Anblicke der aus dem Innern des Fjordes kommenden Eisdrift. Mit um so größerer

Freude wurden die aus der zweifelhaften Lage unbeschädigt zurück=
gekehrten Gefährten empfangen.

Während des anhaltenden Sturmes machten wir am folgen=
den Vormittage einen neuen vergeblichen Versuch, die Eismassen
bei Verlegen-Hoek zu forciren, und mußten uns daher wieder zum
Kreuzen verstehen.

Endlich vermochte das Eis nicht länger dem starken Drucke
des Südostwindes zu widerstehen. Die Passage nördlich von Ver=
legen-Hoek wurde frei, und am Morgen des 6. Juni segelten wir, bei
schwächer werdendem Winde, an dieser Spitze vorbei und gelangten
in das offene Fahrwasser nördlich von der Treurenberg-Bai und
der Waigats= oder Heenloopen-Straße. Nicht zufrieden mit diesem
Vorwärtskommen, versuchten wir weiter nach Nordosten zu der
Brandwijne-Bai vorzudringen, aber unser alter Widersacher, das
Eis, trat uns sofort entgegen und sperrte uns den Weg. Es
wurde ausführlich berathen, was nunmehr zu thun. Der Weg
war blos niederwärts nach der Heenloopen Strat und Treuren=
berg-Bai offen. Aber aus jener kamen Eisschollen, sogenanntes
Baieneis oder ein Jahr altes Flacheis, und bewiesen, daß dieser
Sund in seinem südlichen Theile noch nicht eisfrei sei. Da wir
für den Augenblick in diesem Sunde nichts zu thun hatten, so
blieb uns nur die Wahl, entweder zwischen dem Treibeise zu
kreuzen oder in der Treurenberg-Bai vor Anker zu gehen. Der
Wind sprang nach Norden um und wir liefen in die Bai ein, um
vor dem Treibeise geschützt zu sein. In der Nacht zum 7. Juni
warfen wir in dieser Bucht, an deren westlichem Strande bei Grafnäs,
Anker, Aeolus auf sechs und Magdalena dicht neben ihm auf
sechzehn Faden Tiefe.

Im Laufe einer Woche hatten wir also eine Strecke zurück=
gelegt, zu der wir unter günstigeren Verhältnissen kaum einen Tag
gebraucht haben würden. Unserm Beispiel folgten vier andere Schiffe,
die am Morgen in der Bucht Anker warfen; ein kluges Unter=
nehmen; denn der Wind war nun vollkommen nach Norden herum=
gegangen.

Viertes Kapitel.

Treurenberg-Bai.

Es war allerdings unsere Absicht gewesen, mit den Schiffen noch weiter nach Norden vorzudringen; aber wie die Verhältnisse einmal lagen, konnten wir uns glücklich schätzen, so zeitig im Jahre nahe dem 80. Breitengrade einen Hafen erreicht zu haben, wo wir während des Nordwindes gegen das Eis geschützt waren, und von wo aus wir bei der ersten günstigen Gelegenheit nach den noch von Pack- und Baieneis gesperrten Küsten des Nord-ostlandes segeln konnten. Treurenberg ist dieselbe Bik, in welcher Parry, der berühmte Polarfahrer, sein Schiff Hecla ließ, um die weltbekannte Eisexpedition, auf welcher er 82° 45′ nördl. Br. erreichte, zu unternehmen, eine Polhöhe, zu welcher weder vor noch nach ihm jemals ein Mensch gelangt ist. Während seiner Abwesenheit vom 21. Juni bis zum 22. August untersuchten seine Officiere die Umgebungen der Bucht nach allen Seiten; wir durf-ten daher nicht hoffen, eine naturhistorische Nachlese halten zu können, da wir diesen Theil Spitzbergens für einen der am besten gekannten halten mußten. Unsere Schiffe ankerten dicht am west-lichen Ufer, ganz nahe der Oeffnung der Bucht, um zu geeigneter Stunde sofort in See stechen zu können.

Nachdem wir ein wenig Raths gepflogen, wie die voraus-sichtlich kurze Zeit unseres Aufenthaltes am besten anzuwenden, gingen wir fast Alle an Land. Neben unserm Ankerplatz erhob sich ein Hügel von etwa fünfzig Fuß Höhe. Es befand sich über ihm auf einem Piedestal von Steinen ein hohes Kreuz, das wir schon aus weiter Ferne, beim Passiren von Verlegen-Hoek, wahr-

genommen und als Seemarke benutzt hatten. Es war keins der
russischen Doppelkreuze, denen man so oft in diesem Lande be=
gegnet, sondern das einfache Kreuz der civilisirten Nationen. Dort=
hin richteten wir unsere Schritte und lasen nicht ohne Ver=
wunderung:

Opsat D. 26ᵗᵉ Juni af	(Errichtet den 16. Juni von
Kapt. J. Holmgren,	Capitän J. Holmgren, der
Skoneren Aeolus af Bergen	Schoner Aeolus von Ber=
Ankom den 5ᵗᵉ Juni och er	gen kam den 5. Juni an und
Omringet af Is.	ist vom Eise eingeschlossen.)

Wie wir von einem Manne unserer Besatzung erfuhren, galt
dieses gerade von unserm Aeolus. Dieses Kreuz wurde im Jahre
1855 während seiner sechs Wochen langen Gefangenschaft auf=
gerichtet. Aber er war schon früher einmal auf derselben Stelle
neun Wochen lang eingesperrt gewesen, beide Male jedoch ohne
Schaden für Besatzung oder Fahrzeug losgekommen. Wir gaben
dem Kreuze daher den Namen Aeoluskreuz. Dicht dabei befand
sich ein „Varde" von älterem, unbekanntem Ursprunge. Erst von
dieser Stelle überblickten wir die vor uns liegende Bucht, diesen
von jeder menschlichen Wohnstatt so weit entlegenen Hafen, in
welcher damals Leben und Bewegung herrschte. Da lagen die
sechs Schiffe mit ihren 102 Mann, eine in diesen Gegenden gewiß
seltene und zahlreiche Bevölkerung. Mehrere Boote waren in Be=
wegung, einige hatten ihre Segel aufgezogen und fuhren in
schneller Fahrt dahin; der Fjord wogte unruhig; Alken, Möwen
und „Seepferde" erhoben sich hier und da über die dunkeln Wogen,
welche im Vergleich mit dem „Eisfuß" des Strandes beinahe
schwarz erschienen und ihn mit ihrem regelmäßig wiederkehrenden
Wellenschlage untergruben. Nahe der Eiskante lagen schon die
Boote vom Aeolus und der Magdalena. Smitt und der greise
Anders zogen bald die „Bodenkratzer" herauf, bald ruderten sie
hinaus, um sie wieder einzusenken, alles mit ihrem lauten Ge=
sange begleitend.

Dieses Gemälde war in einen Rahmen von hochnordischem,
winterlichem und wüstem Charakter gefaßt. Uns gerade gegen=
über auf der andern Seite der Vik erhob sich der stattliche Hecla
Mount, dessen nördliche steile Felswände nach einer Ebene ab=
stürzten. Mit seinem ringsum gelagerten, bald festen, bald zer=
brochenen Eisbande bildete sie ein Schneefeld, das sich mit geringer

Unterbrechung in dem unübersehbaren Eisfelde nach Norden verlor. Je weiter zurück, desto undeutlicher erschienen seine luftigen,
gebrochenen Contouren, theilweise in einen leichten Nebelschleier gehüllt. Im Nordosten schimmerte die nördlichste Spitze des Nordostlandes herüber, aus ungeheuren Eis- und Schneemassen auf-
tauchend. Südlich von der Hecla-Mount-Kette öffnete sich eine
weite Thalsenkung, um sich längs dem südöstlichen Strande weiter
in die Bik hinein zu ziehen. Obwohl ungefähr dreiviertel Meilen von uns entfernt, konnten wir bennoch einen Gletscher erkennen, der sich kaum von der Eis- und Schneebecke, womit die
Hälfte des Fjordes noch bedeckt war, unterschied.

Südwärts von uns breitete sich ein flaches Land aus, darauf
sich einzelne niedrige, abgestumpfte und — wie es schien — isolirte
Kegel erhoben, die sich nach Süden mehr und mehr dem Strande
nähern, bis sie schließlich nur einen schmalen Rand zwischen sich
und dem Meere lassen. Der nächste dieser plateauförmigen Berge,
ausgezeichnet durch seine Kesselform, erhielt nach einem unserer
Schiffe den Namen Magdalenenberg, auch wurde auf ihm ein
Steinhaufe, als Erinnerung an unsern Besuch hierselbst, errichtet.
Gleich vor und nördlich von diesem Hügel befindet sich eine wüste
Ebene, die sich nach dem Strande und auch nach dem Innern des
Landes zu abbacht und beinahe schneefrei ist. Der Boden besteht
aus nichts als Grus und Steinen. Es befinden sich auf ihr dicht
nebeneinander eine Menge kleiner Hügel von Rollsteinen, die
meisten mit einem kleinen Pfahl in der Mitte. Wir erkennen in
ihnen wieder einen hochnordischen Begräbnißplatz. Nördlich und
nordwestlich wird die Aussicht durch kleine abgeschnittene Bergrücken, welche zur Verlegen-Hoeks-Kette gehören, begrenzt. Noch
herrschte hier der Winter. Das Land war größtentheils mit tiefem
Schnee bedeckt. Aber die steilen, schwarzen Abhänge der umliegenden Berge zeigten nur einzelne Flecken, und der Schnee hatte
sich in den Rinnen und Felsklüften angesammelt. Alles erschien
entweder schwarz oder weiß, und diese Farben nebst dem Kreuze
und den Gräbern vereinigten sich, um den Geist des Beschauers
wehmüthig ernst zu stimmen und ihn an jene nun längst vergessenen
Ereignisse zu erinnern, welche vor mehr als hundert Jahren dieser
Stelle den Namen „Treurenberg", das heißt Trauerberg, gaben.

Der Kreuzeshügel besteht aus Hyperit, reich an Titaneisen;
die oberste Lage war von dem festen Gestein losgelöst und in

größere und kleinere Blöcke zersprengt. An manchen Stellen er=
blickt man große Löcher, aus welchen Blöcke von 50 bis 100 Cubik=
fuß Inhalt herausgefallen sind, hauptsächlich in Folge des Ein=
flusses der Kälte und des Eises.

Auf den Felsblöcken und im Gerölle wuchs eine große Menge
von Moosen und Flechten, besonders Encalypta rhabdocarpa,
Hypnum moniliforme, Distichium capillaceum; auch sahen wir
hier zum ersten Male die hochnordische Voitia hyperborea und
andere. Von Flechten zeichneten sich aus: Parmelia elegans,
saxatilis, Lecidea artobrunnea, Solorina crocea und Psoroma
hypnorum. Die Fruchtbildung bei den Moosen schien unter diesem
Breitengrade im Allgemeinen nur langsam vor sich zu gehen;
einen großen Theil aber fanden wir ganz steril.

Der hier und da auf dem Hügel oder in der Nähe schneefreie
Boden entbehrte jeder Krume und bot nur ein paar Halmen von
Cerastium alpinum, dessen weiße Blüthen vom vergangenen Jahre
fast unverändert erschienen, eine dürftige Nahrung dar. Saxifraga
oppositifolia und cornua, Cochlearia, eine und die andere kleine
Draba und die Polarweide, Salix polaris, die einzige baumartige
Pflanze dieser Regionen, die sich indessen auch nur ein paar Zoll über
die Erdoberfläche erhebt, begannen ihre ersten Knospen zu entwickeln;
alle halb verkümmert und isolirt, fast zu einem Nichts verschwindend
zwischen den Steinblöcken, den Trümmerstücken und Geröllmassen.

Wir stiegen zum Begräbnißplatze nieder und zählten fast
30 Steinhügel. Sie waren länglich geformt und etwa 1½ bis
2 Fuß hoch. An dem einen Ende befand sich ein kleiner Pfahl
mit ein paar verrosteten Nägeln, womit eine kleine Tafel befestigt
gewesen war. Wir fanden ein paar derselben auf dem Boden und
lasen auf der einen:

> Hier leut begraven Michel Pieter van
> Silt op t Schip de Mey Boom. Da-
> rop Commandeur Claas Daniels Meijer.

Auf einer andern stand:

> Jacob Hans
> Gestorv op Schip
> de Josua
> Commandeur
> Jan de Ines
> Anno 1730 den 26. Juni.

Die Farbe, mit welcher man die Buchstaben geschrieben, hatte
das darunter befindliche Holz gegen die Witterung geschützt. Die
Buchstaben erschienen daher höher als der übrige Theil der von
Wind und Wetter angegriffenen Oberfläche.

Hier und da lagen zerstreute Knochen neben Brettern von
Särgen, deren Holz sich gut erhalten hatte — so langsam ver-
rottet Alles in diesem Lande — auf welchen noch ein paar Baumflechten, Caloplaca cerina und Lecanora subfusca sich entwickelt hatten.

Es ist offenbar, daß diese Gräber nicht aus einem Jahre,
auch nicht von einem einzigen Schiffe herrühren, die Stelle wird
vielmehr Jahre lang als Begräbnißplatz benutzt worden sein, in
jener Zeit, als Holländer und andere Nationen zu Tausenden nach
Spitzbergen auf den Walfischfang fuhren. Parry fand auf der
Ostseite der Bucht eine ähnliche Tafel mit der Jahreszahl 1690.
Die Stelle erschien jetzt, da ein kalter Nordwind die nackten Grab-
hügel fegte, als ein Bild grenzenlosen Elends. Der Beschauer
glaubt sich selbst in tiefster Einsamkeit und Verlassenheit, wo keine
Hülfe, kein Ausweg zu finden. Auch uns würde der ganze Anblick sicher trübe gestimmt haben, hätte nicht unsere glückliche Ankunft, hier, nahe dem 80. Breitengrade, uns mit der lebhaftesten
Hoffnung erfüllt, daß unsere Wünsche in Erfüllung gehen und
unsere ungehinderte Thätigkeit nunmehr beginnen werde.

Wir machten über das Eis einen Ausflug zur andern Seite
der Bucht nach Hecla Cove, Parry's Hafen, welcher im Norden
vom Cap Crozier und dessen Quarzitberg geschützt wird. Auf
dieser Seite haben Parry und sein Lieutenant Crozier ihre magnetischen und astronomischen Beobachtungen angestellt, auf der Höhe
aber eine Flaggenstange mit einer Kupfertafel errichtet, deren In-
schrift von ihrem Aufenthalte hierselbst Kunde geben sollte. Als
wir dorthin kamen, fanden wir zwar eine Stange, indessen nur
den obersten Theil von Parry's Flaggenstange. Die übrigen Stücke
lagen auf dem Boden und die Kupferplatte war abgerissen und
zerbrochen, so daß wir blos noch unter den Köpfen der Nägel,
womit sie befestigt gewesen war, einige kleine Reste vorfanden,
als ein trauriges Denkmal der barbarischen Zerstörungswuth der
Spitzbergenfahrer. Auf dem niedrigen fast schneefreien Strande
lag eine Menge Treibholz, theils in der Größe gewöhnlichen Lang-
holzes, theils ganze Stämme mit ihren Wurzeln. Fast ohne Aus-

nahme waren die Bäume ihrer Rinde beraubt. Aber das Holz
war geſund, hier und da von Seethieren durchbohrt, ſo daß es
einem Schwamme glich. Wir fanden beſonders zwei Arten: Kie=
fern, welche als Treibholz gern eine rothbraune Farbe annehmen,
und Weiden, die ihre Weiße beibehalten.

Nachdem wir Steinproben und Flechten geſammelt hatten,
nahmen wir unſern Weg zu dem großen runden Berge öſtlich von
Hecla Cove, dem wir den Namen Hecla Mount gaben. Wir
gingen an ſeiner Weſtſeite hin, ſo lange, bis wir glaubten, eine
zu ſeiner Beſteigung paſſende Stelle gefunden zu haben. Wir
waren aber kaum 4= bis 500 Fuß hoch ziemlich ſteil hinauf=
geklettert, als wir erkannten, daß der gewählte Weg beſchwerlich
und gefährlich ſei. So wurde die Rückkehr beſchloſſen. Der Berg=
abhang war nämlich in dem Grade zerriſſen und zerſprengt, daß
er aus lauter kleinen loſen Steinfragmenten zu beſtehen ſchien,
die bei jedem Schritt unter unſeren Füßen wichen und hinab=
rollten. Je weiter nach oben, deſto größere Stücke fanden wir
in dem Gerölle, zuweilen ſogar wirkliche Blöcke, welche, wenn ſie
einmal in's Fallen gekommen wären, einen großen Theil des Ge=
rölles in Bewegung geſetzt und eine wahre Lawine erzeugt haben
würden. Dieſer uns auszuſetzen, erſchien allerdings nicht rathſam.

Von Nordoſten iſt der Berg mehr zugänglich. Er beſteht
aus zwei ungleichen Theilen, von welchen der nördliche, etwa 800
bis 1000 Fuß hohe, einem abgeſtumpften Kegel gleicht, mit bei=
nahe ſenkrecht abfallenden Wänden. Auf ſeinem Gipfel befindet
ſich aber ein Plateau, welches nach dem Innern des Landes lang=
ſam bis zu einer Höhe von ungefähr 1,720 Fuß aufſteigt. Es
beſteht aus verſchiedenen Lagen: grauem, keine Verſteinerungen
führendem Kalk, Quarzit von verſchiedener Structur und wechſeln=
den Farben, einigen ungleichartigen Schieferſchichten, einer eigenthüm=
lichen Miſchung von Thonſchiefer und Sandſtein, endlich aus
Hyperit. Die ſedimentären Lagen ſtreichen meiſt nach Oſten oder
Nordoſten und ſtehen beinahe aufrecht, mit einer geringen Neigung
nach Norden oder Süden. Beim erſten Anblick glaubt man, ſie
ſeien aufgerichtet und umgeſtürzt durch das Zuſammenbrechen der
gewaltigen Hyperitmaſſen, welche ſo häufig in dieſem Theile Spitz=
bergens auftreten. Doch iſt dieſes, wie ſpätere Beobachtungen der
jüngeren, mit Hyperit bedeckten wagerechten Formationen im ſüd=
lichen Theile von Heenloopen Strat ausweiſen, nicht der Fall.

Die Oberfläche des Berges ist durch den Einfluß der Kälte und der Atmosphäre so zerstört, daß man nur an wenigen Stellen das anstehende Gestein erblicken kann. Der größte Theil des weiten, meist schneefreien Plateaus ist ganz und gar von kleinen scharf= kantigen Brocken und Scherben bedeckt, auf welchen sich eine mannigfaltige und verhältnißmäßig reiche Vegetation von Flechten entwickelt hat. Hier und da trat auch Papaver nudicaule auf, der hochnordische Mohn, Ceractium alpinum und Carex misandra, freilich jetzt nur in verwelkten Ueberresten vom vorigen Jahre.

Das Einzige, was an das Thierleben erinnerte, waren einige Mückenschwärme (Chironomus arcticus), welche in einer für Spitz= bergen ungewöhnlichen Menge im Sonnenscheine rings um den Steinhaufen spielten, der wahrscheinlich nach Parry's Aufenthalt auf der Spitze des Berges errichtet war.

Wir hatten eine weite Aussicht: Nach Nordosten und Osten das Nordostland, nach Süden das Innere von Nieuw Vriesland, nach Westen die hohen Bergspitzen auf der andern Seite von Wijde=Bai. Das Nordostland erschien an den Küsten flach, mit Bergkuppen von geringer Erhebung. Sein Inneres bestand aus einem einzigen, ununterbrochenen Schneefelde von ungefähr gleicher oder etwas größerer Höhe über dem Meeresspiegel als der Gipfel des Hecla Mount. Auch das Innere von Nieuw Vriesland wurde von einem ähnlichen zusammenhängenden Schneeplateau ein= genommen. Vom Meeresstrande aus gesehen, hatten die Berge um die Treurenberg=Bai das Aussehen isolirter, abgestumpfter Kegel. Von dem Gipfel des Hecla Mount konnte man dagegen deutlich wahrnehmen, daß sie alle nur Theile eines gemeinsamen Bergplateaus von 1,000 bis 2,000 Fuß Höhe bildeten, welches nach dem Meere zu durch die Einwirkung der Kälte, des Eises und der Ströme in Thäler und abgesonderte Massen geschieden war, daß sie jedoch sämmtlich nach dem Innern zu mit dem Hauptplateau zusammenhingen.

Hecla Mount wurde später ein Hauptziel unserer Ausflüge und Untersuchungen, nicht blos wegen seiner interessanten geolo= gischen Bildung, sondern auch, um von ihm die Lage des Eises zu überschauen.

Während unserer Wanderung längs dem Fuße des Berges weiter nach dem Innern der Bucht überfiel uns ein ziemlich hef= tiger Schneesturm. Wir kehrten daher, etwa noch eine Viertel=

meile von dem Ende der Bai entfernt, um und erreichten unser
Heim, ziemlich ermüdet und reichbeladen mit unserer geognostischen
und mineralischen Ausbeute. Wir nahmen den Weg über das Eis
bis zu dessen Kante, wo wir, auf unser Boot wartend, noch einige
Alken und eine Eismöwe schossen. Unter dem Gestein, das wir
heimbrachten, befand sich auch Hyperit, über den Parry's Expedition schweigt, obwohl er in großen Massen auftritt. Wie schon
erzählt, fand er sich am Aeoluskreuz vor und war mit seinem
Eisengehalt wahrscheinlich die Veranlassung, daß sich bei den magnetischen Beobachtungen mancherlei Abweichungen und Schwankungen
zeigten. Für die Geologen war das Auffinden dieses eruptiven
Gesteins auf der andern Seite der Bucht von großem Interesse,
nicht so für unsere Physiker, deren magnetische Beobachtungen mehr
oder weniger durch sein Vorhandensein afficirt wurden.

Unser Ankerplatz in der Treurenberg=Bai — die Norweger
nennen sie „Sorge=Bai" — befand sich in 79° 56′ 31″ nördl.
Br. und 16° 55′ 30″ östl. L. An der Oeffnung hatte der Fjord
eine Breite von ungefähr zwei englischen Meilen, von Grafnäs bringt
er ein wenig weiter westlich ein und wird breiter. Will man an
dieser Spitze Anker werfen, so muß man gleich hinter dem Holme,
der vor ihr liegt, längs dem Lande steuern, bis man dem Stein=
hügel und dem Kreuze gegenüber ist. Hier trifft man guten Anker=
grund auf 12 bis 15 Faden Tiefe. Südöstlich von Grafnäs
1½ Meilen von der westlichen Küste und eine halbe Meile von
der östlichen entfernt befindet sich eine Steinbank bei 2½ bis
3½ Faden Tiefe. Im Uebrigen beträgt die Tiefe in der Bucht
12 bis 60 Faden. Auf der Ostseite bietet Hecla Cove einen vor=
züglichen Hafen mit gutem Ankergrunde und Schutz vor allen
Winden dar. Ebbe und Fluth wechselt hier in sieben Stunden
und ihr Unterschied beläuft sich auf 4 bis 6 Fuß.

Bald nachdem wir an Land gestiegen und vom Kreuzeshügel
die weite Landschaft betrachteten, landete ein Boot von einem der
Jagdschiffe und machte uns die Mittheilung, daß eine jener Schiffe,
welches versucht habe in See zu gehen, werde von einem die Oeff=
nung der Vik verschließenden Eisgürtel gefangen gehalten. In
der That entdeckten wir ein quer über die Bucht von Osten nach
Westen laufendes weißes Band, und ehe wir von unserer Besteigung
des Hecla Mount zurückgekehrt, hatten wir die Gewißheit, daß wir
vollkommen eingeschlossen waren. Unsere Hoffnung auf baldige

5*

Befreiung war indessen nicht so leicht zu vernichten. Ein Eisband
kann vergehen, eben so schnell als es gekommen. Ein paar Tage
mußten wir uns freilich gedulden und die Untersuchung unserer
Umgebungen fortsetzen.

Es gingen einzelne Partien auf die Jagd und den Fang
aus, doch mit geringem Erfolg. Nur Alken, die in zahlreichen
Haufen die Mitte des Fjordes belebten, fielen den Jägern leicht
zur Beute. Sie waren keineswegs scheu. Mit einem Schusse
tödtete man oft fünf und brachte daher nach einer Jagd von einigen
Stunden mehrere Dutzend heim. Die Alke hat die Größe, doch
nicht das Fleisch einer kleinen Grasente. Ist der Vogel gerupft,
so löst man die Brust und die Flügel los und wirft das Uebrige
als nicht genießbar fort. In Butter gebraten, haben sie einen ganz
guten Geschmack, obwohl nicht einen so feinen als Enten.
Von den übrigen Vögeln Spitzbergens hält man nur die Eider=
gans, die hier keinen Thrangeschmack hat, die wilde Gans und die
Rotjes für brauchbares Jagdwild. Die übrigen eßbaren Vögel
sind theils so klein, wie der Schneesperling und die Schnepfen,
theils so selten, wie das Schneehuhn, daß ihre Jagd wenig lohnend
erscheint. Die Teiste sind oft so trocken und mager, daß man
nur im Nothfalle nach ihnen greift.

Der Wind blieb nördlich und das Eisband im Norden ver=
stärkte sich mehr und mehr. Erst am 9. Juni trat Windstille ein,
und gegen Abend erhob sich ein Südost, der die nächsten zwei
Tage anhielt, auch das Eisband ein wenig mürbe machte, ohne es
jedoch zu lösen. Der 9. war ein Sonntag, sonst überall der
Ruhe geweiht. Aber zwischen den Eisblöcken zeigte sich ein Wal=
roß, und bei solchem Anblick vermag nichts die Lust der Jäger zu
stillen. Vom Jaen Mayen wurde ein Jagdboot ausgesetzt. Es
war ein Weibchen mit seinen Jungen. Das letztere tödtete der
Harpunirer unvorsichtiger Weise zuerst. Bei seinem Aufschrei
stürzte die Mutter in wilder Raserei nach dem Boote, erhob sich
mit einer für ein so unförmliches Thier unglaublichen Gewandtheit
und hieb mit einem seiner Hauer nach dem Schenkel des an der
Bootspitze stehenden Mannes. Glücklicher Weise war die Wunde
nur einen Zoll tief und der Schenkelknochen unverletzt. Für
diesen Mann endigte dieses Abenteuer, das unglücklich genug für
ihn ablaufen konnte, also damit, daß er einige Wochen in seiner
Koje zu Bette liegen mußte.

Einige Stunden nach diesem Ereigniß nahm man einen prächtigen Eisbären mit nankingelbem Pelze wahr, wie er aus dem Innern des Fjordes ruhig und sorglos Hecla Cove zu=schlenderte. Unsere beiden Steuerleute machten sich sofort auf, um dieses schöne Thier zu jagen; aber die Jagd wurde dadurch gestört, daß die Leute von den übrigen Schiffen sich unbefugt in unsere Sachen mischten. Von dem Lärm und seinen vielen Verfolgern erschreckt, begann der Bär sich uns zu entziehen. Wir sahen von unserm Fahrzeuge, wie er bald still stand, um seine unklugen Feinde zu betrachten, bald so schnell als er konnte nach dem Innern der Bik galoppirte. Nun ergriff die Jagdlust auch uns. In einem mit drei Leuten bemannten Boote fuhren wir nach dem festen Eise. Der Nachmittag war schön und herrlich. Auf eine Scholle war ein gewaltiger Seehund gekrochen, um sich an dem milden Sonnenschein zu erfreuen und die erquickende Luft zu ge=nießen, während zwischen den Eisstücken in der Nähe der Eiskante ein paar kleinere Thiere schwammen und von Zeit zu Zeit ihre Köpfe erhoben, als ob sie wißbegierig die fremden Gäste kennen lernen wollten. Nach dem großen Seehund warf Uusimaa in Hast seine Lanze. Die beiden anderen durften ungestört weiter schwimmen. Der Bär war mittlerweile, von einigen Hunden verfolgt, an's Land geflüchtet und verschwand bald zwischen den Bergen. So schloß die erste Bärenjagd, an welcher wir Theil nahmen.

Den folgenden Tag spät am Abend bestiegen Torell, Blom=strand und Dunér Hecla Mount von der Nordostseite. Dort sahen sie, wie der Südostwind in der Heenloopen Strat raste, sich noch über die Mündung unserer Bucht hin erstreckte und das Eis=band daselbst bildete, so daß der nördliche Theil des Sundes und ein kleiner naher Theil des Meeres offen war. Als sie bei der Rückkehr am frühen Morgen, bei Parry's Flaggenstange, mit Nordenskiöld, Lilliehöök und Chydenius, welche die ganze Nacht über mit magnetischen und anderen Beobachtungen beschäftigt ge=wesen waren, zusammentrafen und vernahmen, daß die Temperatur des Wassers gestiegen sei, schienen sich die Aussichten wieder günstig zu gestalten und man freute sich bei der Vorstellung, daß die Eis=fahrt nun bald ihren Anfang nehmen, Aeolus nach dem Nordost=lande und Magdalena nach Süden werde abgehen können. Die letztere war nun zur Abfahrt bereit. Das für die Eisfahrt be=stimmte Boot nebst Zubehör befand sich bereits auf dem Aeolus;

der Pemmikanvorrath war in der Kobbe=Bai untergebracht, und
sie wartete nur auf die Möglichkeit, aus der Vik herauszukommen.
Bei einem lodernden Treibholzfeuer bereiteten wir unsere Mahl=
zeit und vergaßen aller Bekümmernisse, wenn wir der Zukunft
gedachten.

Aber das Eis schien nicht weichen zu wollen. Drei von den
Jachten, die neben uns in der Bucht lagen und am Morgen aus=
gegangen waren, kamen uns nicht einmal aus dem Gesicht. Selbst
die Brigg Jaen Mayen mußte nach kurzer Fahrt wieder umkehren
und sich von Neuem neben uns legen. Schließlich kehrte eine in
das Land zum Recognosciren ausgesandte Partie mit der Nachricht
zurück, das Eis sei nicht „segelbar".

Die Aussichten wurden also schlimmer. Wir beschlossen am
12. die Anker zu lichten und das Eis zu forciren; aber Windstille
und Nebel machten diesen Plan zunichte und — wie wir bald
erkannten — zu unserm großen Glücke.

Von den drei Jachten, welche sich in die Heenloopen=Straße
begeben hatten, kehrten zwei nach beschwerlichem Kreuzen wieder in
die Treurenberg=Bai zurück und ankerten im Schutze des östlichen
Flachlandes, wo sie gleich uns eingesperrt waren; die dritte aber
blieb im Sunde zurück und hatte einen schweren Stand gegen
Sturm und Eis, bis sie am Ende des Monats in das Packeis
eingeschlossen wurde und sich endlich nur mit großer Mühe daraus
befreite.

Bis dahin hatten sich in dem offenen Theile der Bucht blos
vereinzelte kleinere Stücke von Treibeis gezeigt, so daß man mit
den Booten leicht zu der festen Eiskante im Süden und an dem
östlichen Strande gelangen konnte. Als aber die starke Dünung,
verursacht durch den vom Meere wehenden Sturm, diese Eiskante
aufbrach und die losgebrochenen Schollen umher zu treiben be=
gannen, da wurden auch unsere Fahrzeuge von prasselnden Eis=
stücken umgeben und Bootfahrten waren nur schwer auszuführen.

Die Windstille am 12. verkündigte eine Veränderung in der
Windrichtung, und diese ließ nicht lange auf sich warten. Schon
am folgenden Tage begann wieder ein nebliger Nordwind zu wehen
und bereitete uns ein sonderbares Schauspiel. Während ein Jeder
auf seinem Posten beschäftigt war, verzog sich der Nebel ein wenig
und wir nahmen große Blöcke von Treibeis wahr, welche, einer
nach dem andern, von Norden her in heftiger Fahrt in die Bucht

segelten, getrieben von Strömung und Wind. Es war ein eigen-
thümlicher, großartiger Anblick, wie diese Ehrfurcht gebietenden,
20 bis 30 Fuß hohen Eisthürme und Schneemassen, von denen
manche bis zur großen Raa Jaen Mayens reichten, gleichsam von
einer unsichtbaren Kraft bewegt, gerade auf unser Schiff los-
segelten. Es war keine Zeit zu verlieren. Die Boote wurden
auf Deck geborgen, die Ziehboote heimgerufen, während alle Mann
nöthig waren, um das Schiff in Sicherheit zu bringen. Es glückte

Das Schiff im Eise.

dem Aeolus bald, sich an's Land zu holen, wo er in flacherem
Wasser vor den größeren und gefährlicheren Eisstücken gesichert lag.
Ein kleiner Berg von solch aufgethürmtem Eise näherte sich der
Magdalena und würde sie unzweifelhaft mit sich genommen haben.
Aber die Fluth war glücklicher Weise noch nicht bis zu ihrer
größten Höhe gestiegen, und so strandete der Eisberg über dem
Anker, welcher in acht Faden Tiefe lag. Mit der steigenden Fluth
wurde der Eisthurm wieder flott. Aber schon hatte Magdalena

ihr Kabel an der Brigg Jaen Mayen befestigt, die bereits in
Sicherheit lag, und holte sich an's Land. Der Anker war so gut
wie verloren. Man befestigte die Slup mit Eishaken am Lande
und warf den andern Anker auf fünfzehn Faden Tiefe aus, wäh=
rend sie selber in vier Faden tiefem Wasser zwischen zwei großen
Grundeisblöcken lag. Auf diese Art befanden sich beide Schiffe
in einem aus solchen, auf dem Grunde feststehenden Blöcken gebil=
deten Hafen, wodurch sie gegen das treibende „Schraubeneis" und
die flachen, ungefähr 12 Fuß dicken Eisschollen, deren oberer Theil
etwa 4 Fuß die Oberfläche des Wassers überragte, geschützt waren.
Immer mehr wurde der Fjord mit Eis gefüllt, und bevor der
Abend kam, waren wir buchstäblich von den Schollen gefesselt.
Wir konnten kaum mit dem Boot an's Land oder von dem einen
Schiffe zum andern gelangen. Es schien, daß wir sobald nicht
von hier fortkommen sollten. Von unserm Ankerplatze aus, so
weit wir nur nach Norden und Nordosten blicken konnten, thürmten
sich in wilder Unordnung diese Eismassen, scharfkantigen Blöcke,
Spitzen und Schneeberge über und durch einander und trotzten
jedem Versuche über sie hinweg zu gelangen. Das Eis hatte
Alles, was die Natur hier von Behaglichem und Freundlichem be=
sitzt, in kalte, unbewegliche Starrheit verwandelt, und hätten wir
nicht den 13. Juni geschrieben, wir würden eher an Vorbereitungen
zu einer Ueberwinterung als an Excursionen und Sommerarbeiten
gedacht haben.

Unsere Beschäftigungen auf dem Meere wurden nun in hohem
Grade eingeengt. Ebbe und Fluth veränderten wohl zuweilen die
Lage des Eises und öffneten hier und da eine Rinne zwischen
den Blöcken, aber die Arbeit mit den Schleppnetzen mußte auf die
wenigen Oeffnungen in der Nähe des Schiffes beschränkt werden.
Die Alken, Teiste und „Seepferde" verschwanden und zogen nach
den offenen Wasserstellen. Nur verschiedene Möwen blieben zurück.
Auch die Fußwanderungen auf dem Lande und über das Eis
wurden im hohen Grade beschwerlich. Die Schneekruste thaute
unter der stärkeren Einwirkung der Sonnenstrahlen auf und verlor
ihre Tragfähigkeit; das Eis wurde „faul" und brach oft unter
unseren Füßen. Fast bei jedem Schritte sank man bis über die
Kniee ein, so daß der siebente Theil einer Meile dieselbe und viel=
leicht eine größere Kraft in Anspruch nahm, als sonst eine ganze
Meile. Zuerst stießen auf diese Schwierigkeiten Blomstrand und

Smitt, welche am 14. Juni eine Meile weit nach dem Innern der Bik wanderten. Smitt berichtet über diesen Ausflug:

„Der Weg geht längs dem nunmehr schneefreien Strande über Rollsteine, die zu einem Walle aufgehäuft worden, vom Meere durch eine mit Eis und Schnee bedeckte Lagune getrennt. Wo der Fjord weiter nach Westen in's Land bringt, nimmt man den kürzeren Weg über die See. Auf dem Eise liegt ein weicher, wassergetränkter, mit einer dünneren Eislage bedeckter Schnee. Bei jedem Schritte schwankt und bricht diese Eisdecke unter unseren Füßen und wir waten bis an die Kniee in einem mit Eis gemischten Schneebrei. Ein Ende von uns neben einer Bake scheint ein Seehund sich der Stille der Luft und des Sonnenscheins zu erfreuen. Da die Büchse geladen und zur Hand, so können wir ihn unmöglich in Ruhe lassen. Wir nähern uns vorsichtig dem dunkeln Flecke, doch nicht geräuschlos, da das Eis unter jedem Fußtritt bricht. Noch ist er nicht in der Schußweite und schon merkt er Unrath. Er hebt seinen Kopf, blickt unruhig umher und lauscht auf die fremden Laute, die der Wind seinem Ohre zuführt. Hier ist keine Zeit zu verlieren: ein Knie auf's Eis und die Büchse an die Backe. Der Schuß geht los, aber der Seehund taucht ruhig in seine Bake. Wir wollten erfahren, ob Uusimaa Recht habe, welcher uns gestern versicherte: ein nicht verwundeter Seehund komme nach einer Weile wieder herauf. Wohl eine halbe Stunde warteten wir, den Hahn gespannt, aber kein Seehund erschien. Nur ein kaltes Fußbad war der Lohn für unsere Mühe und abgekühlte Jagdlust. — Nach einer Viertelmeile erreichten wir wieder das Land, welches überall die Einwirkung und Spuren früherer Gletscher zur Schau trägt. Ihr Resultat ist das Vorland zwischen dem Strande und der steilen, eine Viertelmeile vom Fjorde im Westen sich erhebenden Bergkette. Man muß über einige Klafter hohe Wälle und Hügel schreiten, die aus Glimmerschiefer- und Quarztrümmern von den nahen Bergen bestehen. Der Andrang des Schneeeises hat diese langgestreckten Wälle gebildet, hier und da von den Frühlings- und Sommerwassern durchbrochen. Noch ist es Winter, aber seine Macht zu Ende. Die von den Bergen stürzenden Lawinen — oft glaubt man in der Ferne eine Kanonade zu hören — erzählen von der Beweglichkeit des durch die Sonnenstrahlen erweichten Schnees. Die Hügel des flachen Vorlandes liegen schon ganz frei da. Die kleine Saxifraga beginnt ihre

Blüthenknospen zu entwickeln und ihre rothen Spitzen schimmern
hier und da freundlich zwischen Geröll und Moos. Der Strand=
kibitz (Tringa maritima), der „Fjaereplytt" der Norweger, springt
pipend zwischen den Steinen umher und streckt nach seiner sonder=
baren Gewohnheit die Flügel aus, bald den einen und bald den
andern. Man nimmt das kleine Wesen wahr; aber bevor der
Hahn gespannt, ist er schon zwischen den Steinen verschwunden,
deren Farbe sich von der seinigen nicht unterscheidet; schließlich
fällt er uns doch als Beute zu. Zwischen den Hügeln ist der
Weg über den mit einer Kruste bedeckten Schnee sehr ermüdend.
Der Fuß durchbricht die schwache Decke und sinkt eine Elle tief
ein. In der Ferne schimmert ein weißlich grauer Fleck, nach dem
Fernrohr ein Rennthier; schneller wird unser Schritt. Aber das
Thier wird zu frühe aufgescheucht, denn ihm genügt der Schimmer
einer menschlichen Erscheinung, um mit der Schnelligkeit des Windes
zu entfliehen.

„Nun mußte der Speisekober hervor. In jeder Vertiefung
des Flachlandes findet man Wasserlachen von geschmolzenem
Schnee. Rings herum, in ungeheurer Menge, springen kleine
stahlgraue Poburen, die sonderbaren Bewohner des ewigen Alpen=
schnees, welche ihre Nahrung wahrscheinlich in der beschränkten
Welt animalischer und vegetabiler Organismen, denen der Schnee
als mütterliche Erde dient, vorfinden. Zu Tausenden schwimmen
die Todten und Lebenden auf dem Wasser, welches kälter und
klarer ist als unser Quellwasser. Man trinkt vorsichtig, aber,
aus Furcht man werde auf eine weitere gleiche Erfrischung lange
zu warten haben, mit tiefen Zügen. „Rathsherren" mit „Burge=
meistern" und Raubmöwen kreuzen in der Nähe. Sie lassen sich
bei den Eingeweiden eines Rennthieres nieder, welches offenbar
erst vor Kurzem durch den von uns in jener Richtung gehörten
Schuß erlegt ist. Der Schütze ist mit seiner ausgewaideten Beute
verschwunden, bald aber läßt er wieder von sich hören, denn zwei
Rennthiere stürzen in wilder Flucht von zweien Seiten her, von wo
der Knall kam. Wir treffen auch bald die Schützen am Ende des
Golfs an. Hallstad, der Harpunirer vom Aeolus, hatte zwei
Rennthiere erlegt, und der Harpunirer vom Jaen Mayen eins.
Da die Gegend arm an Wild ist, so waren sie stolz auf ihren
Erfolg, obwohl die Thiere in dieser Zeit äußerst mager sind.

Wir sagten uns in einem Athem Guten Tag und Lebewohl und
trennten uns.

„Der niedrige Landstreifen wird allmählich schmäler und die
Berge treten dem Meere näher. Von einem hohen Hügel, einer
alten Moräne, blickt man auf einen gewaltigen Gletscher, der in
steilem Absturz, doch ohne eine eigentliche Eiswand, eine Viertel=
meile vom Fjorde endigt. Unmittelbar vor ihm befindet sich ein
mit rundgeschliffenen Schiefer= und anderen Steinen bedecktes
Flachland, nebst zweien kleinen Süßwasserseen, neben denen die
wilden Gänse schon an's Brüten zu denken scheinen. Es gleicht
einem von einer Menge Gletscherbäche durchflossenen Delta. Weiter
nach uns zu geht dieses flache Land in einen etwa 70 Fuß hohen
Thon= und Sandwall über, wahrscheinlich eine alte Stirnmoräne.
An manchen Stellen breitet der Thon sich stromartig aus; vom
Gletscher werden bedeutende Massen von Schlamm und Grus
herabgespült, und das Wasser der Bäche ist davon trübe und dick.
Westlich von hier befindet sich eine schmale Oeffnung zwischen den
Bergen, und wir nehmen unsern Weg nach der steilen, an ihrem
Fuße befindlichen Muhre. Es herrscht hier neben Glimmerschiefer
und Kalk ein röthlichgelber Quarzit vor.

„Die Wanderung wurde immer beschwerlicher, und da die
Ausbeute an Mineralien nur gering blieb, so machten wir uns
auf den Rückweg. Er war so ermüdend, daß wir erst am 15.
Morgens 5 Uhr auf dem Deck der Magdalena anlangten." —

Ueber unserm Fjord lag oft ein erdrückender Nebel, aber klare
und ruhige Tage gehörten auch nicht zu den Seltenheiten, so daß
man es schon in leichter Kleidung beim Arbeiten warm hatte. Das
Licht und die Wärmestrahlen der Sonne wurden dann kräftig von
den blendenden Eisblöcken zurückgeworfen. Sie standen meist
sechs Faden tief fest auf dem Grunde. Auf all' den Irrgängen
und Rinnen, durch die Oeffnungen und Lücken zwischen den weißen,
scheinbar leichten und luftigen Eisklippen mit dem Boote hin zu
fahren, war in der That wunderbar. So weit das Auge nach
Norden reichte, erhoben sich diese zerbrochenen Thürme und Mauer=
trümmer von Schnee und übereinander gestapeltem Eise. Je
weiter man sie verfolgte, um so mehr verwischten sich ihre feinen, aber
bestimmten Linien, bis sie sich verloren und in der weiten Ferne
gleich einer dünnen Schneedecke mit dem reinsten Blau des Hori=
zontes zusammenschmolzen. Das in der Nacht etwas gedämpfte,

aber am Mittage sehr starke, fast blendende Licht wurde Manchem
sehr beschwerlich; Kuylenstjerna mußte sogar mit der in diesen
Regionen oft auftretenden, schmerzhaften Schneeblindheit Bekannt=
schaft machen. Die Meisten von uns waren zwar mit Schnee=
brillen — einem Netze von schwarzem Metalldraht — versehen,
während einer topographischen Excursion hatte aber Kuylenstjerna
es unterlassen, sich ihrer zu bedienen, und mußte diese Unvorsichtig=
keit nicht blos mit einem unerträglichen Schmerz an der Stirn
und auf dem Scheitel büßen, sondern auch seine Arbeiten unter=
brechen und sich sofort in eine Schneewehe niederlegen. Er kam
nur mit Mühe heim, konnte kaum die Augen öffnen, fühlte sich
nach einigen Stunden Ruhe jedoch besser. Ein paar Tropfen
Opiumwein in die Augen gilt bei den Polarfahrern als ein
erprobtes Heilmittel bei Schneeblindheit und wurde mit Erfolg
auch bei Einigen von unserer Mannschaft in Anwendung gebracht.

Während solcher schönen Tage, wenn unsere Bucht und die
nächste Umgebung im klarsten Sonnenscheine dalag, erblickten wir
die Berge im Süden und Südosten meist in dichten Nebel gehüllt.
Er kam aus der Heenloopen Strat und stieg zu den Bergen auf,
welche diese Straße von der Treurenberg=Bai trennen. Die Eigen=
thümlichkeiten dieses Sundes sind schon frühe von den holländischen
Walfischfängern richtig erkannt worden und werden von dem
Hamburger Martens 1671 dahin geschildert: „Das Weyhegat,
oder die Straht von Hindelopen, wird also genennet von den
Winden, weil ein harter Südenwind daraus wehet"*). An einer
andern Stelle erzählt er, wie er und seine Mannschaft an der
Oeffnung dieser Straße — er weiß nicht, ob es ein Sund oder
eine Vik ist — eine begonnene Walroßjagd nicht fortzusetzen ge=
wagt hätten, da ein so starker Nebel sie überfallen, daß sie ge=
fürchtet hätten, ihr Fahrzeug nicht wieder zu erreichen. Dieser
Süd= oder vielmehr Südostwind herrschte die ganze Zeit, da wir
in der Treurenberg=Bucht lagen, in der Heenloopen=Straße,
während in unserer Vik und beinahe an der ganzen Nordküste —
mit geringer Unterbrechung — nur Nordwinde wehten. Er war
immer äußerst heftig und oft von einem unglaublich dichten Nebel
begleitet, der nahe der Oeffnung des Sundes seinen Anfang nahm

---

*) Friedrich Martens Spitzbergische oder Grönländische Reisebeschreibung,
gethan im Jahre 1671. Hamburg 1675. (S. 24.)

und gleich einer dunkeln Wand sich nordwärts bis nach Low=
Island ausdehnte. Auf diese Wolkenbank achteten wir unaus=
gesetzt und wünschten von Herzen, wenngleich vergebens, es möchte
nur ein geringer Hauch von dem Winde, der dort wehte, auch zu
uns gelangen. Ohne das Geringste von dem Sturme zu merken, der
in einer Entfernung von kaum einer halben Meile wüthete und
dessen Brausen doch bis zu uns herüberklang, sahen wir Tage lang
Wolkenmassen ohne Unterbrechung hinter einander in rasender
Eile hinjagen und nordwärts verschwinden. Von diesem eilenden
Wolkenstrome stiegen die Nebel auf, von welchen wir gesprochen,
und deren Entstehung nun leicht zu begreifen. Obwohl das Meer
nördlich von Spitzbergen ganz mit Eis bedeckt war, stieg die
Temperatur nach dem 10. Juni dennoch so schnell, daß sie schon
nach vier Tagen sich über den Gefrierpunkt erhob. An der Ost=
küste von Spitzbergen dagegen und im südlichen Theile von Heen=
loopen Strat bleibt das Meer das ganze Jahr hindurch, oder doch
länger als anderswo auf Spitzbergen, von Eismassen bedeckt.
Denn es bildet gleichsam eine Fortsetzung des sibirischen Eismeeres
und ist daher, nach den Angaben aller Spitzbergenfahrer, auch
kälter als irgend ein anderer Theil der Inselgruppe. Obwohl der
Sund, so weit man ihn von den Höhen überschauen konnte, offen
erschien, so war er es doch nicht in seiner südlichen Hälfte; das
lehrten die von hier kommenden Eismassen, das erfuhren wir
später von einem der Jagdfahrer, welche am 11. Juni unsern
Fjord verlassen hatten. Aus dieser Eisregion strömt nun die
kalte Luft durch den Sund und vermischt sich mit der wärmeren
und dünneren im Norden desselben. Hierdurch wird ein Theil der
in der letzteren enthaltenen Feuchtigkeit, verdichtet, zu Nebel und
so lange weiter getrieben, bis eine wärmere Luftschicht ihn aufzehrt.
Ist das gestörte Gleichgewicht wieder hergestellt, so hört das Phä=
nomen eine Zeit lang auf, und während an dem einen Tage der
dichteste Nebel herrscht, erfreut uns an dem folgenden die klarste
Luft, bei welcher das ferne Nordostland mit erstaunlicher Be=
stimmtheit und Deutlichkeit erscheint; eine Täuschung, der man
so oft in diesen Regionen ausgesetzt ist, wenn es sich um die
Schätzung von Entfernungen handelt.

Das bis dahin passirbare Eis wurde immer unsicherer und
demgemäß auch die Excursionen beschwerlicher. Blomstrand ging
am 19. auf Schneeschuhen nach dem östlichen Strande und nahm

feinen Weg über das allein noch gangbare Eis im Innern der
Bucht. Die Länge des Weges und die Laft der gesammelten Mi=
neralien verzögerten seine Rückkehr; wir warteten die ganze Nacht
auf ihn und machten uns schließlich auf, um ihn aufzusuchen.
Da das Eis an manchen Stellen schon so zerfressen war, daß es
einen Menschen nicht mehr tragen konnte, hatten unsere Befürch=
tungen auch allen Grund. Zu Aller Freude kehrte er nach vielen
überstandenen Schwierigkeiten, und nachdem er 18 Stunden ohne
Nahrung vom Schiffe entfernt gewesen, zurück, von Niemand als
einem treuen Hunde, der freilich durch sein Springen dem auf
Schneeschuhen laufenden Wanderer oft läftig geworden war, be=
gleitet. Am folgenden Tage brachen drei Mann vom Aeolus wirk=
lich durch das Eis, als sie darauf bestanden, einen geschossenen
Seehund an Bord zu schaffen, wurden aber sammt der Jagdbeute
durch den vierten, nicht hineingefallenen Genossen gerettet.

Die Seehunde sind zwar ein wenig neugierig, auch wenn sie
auf dem Eise liegen, und betrachten den Jäger sehr aufmerksam;
zugleich sind sie aber auch äußerft vorsichtig und lassen ihn nicht
zu nahe herankommen. Darum ist die Seehundsjagd auf dem
Eise keine leichte Sache. Aber Petersen lehrte uns, wie man nach
Weise der Grönländer ihnen nahe kommen könne. Auf zwei mit
einander verbundenen kleinen Schlittenkufen befestigt man einen
etwa 1½ Ellen hohen und 1 Elle breiten Holzrahmen, daran,
eine halbe Elle über den Kufen, sich ein Querholz befindet. Ueber
diesen senkrecht stehenden Rahmen hängt man ein Stück weißen,
bis untenhin reichenden Zeuges mit einem Loch, welches mit der
Mitte des Querholzes correspondirt und so groß ist, daß der
Büchsenlauf darin Platz hat. Der Jäger steckt nun den Lauf durch
den Schirm, läßt die Büchse auf dem Querholz ruhen und schiebt
an diesem den ganzen Jagdschlitten vor sich her. So nähert er
sich dem Seehunde, dem das weiße Zeug unverfänglich erscheint,
bis es zu spät ist. Uusimaa, der geübte Schütze, machte von der
Vorrichtung Gebrauch und lernte ihren großen Werth schätzen.

Von Seehunden trifft man auf Spitzbergen drei Arten an:
Storkobbe oder Hafert (Phoca barbata); den gewöhnlichen See=
hund (Phoca hispida), den die Norweger Stenkobbe nennen, und
welcher überall in der Oftsee und dem Bottnischen Meerbusen ver=
breitet ist, und den grönländischen oder Jaen Mayenschen Seehund
(Phoca groenlandica), Sortsiden genannt, der jedoch, wenigstens

rœnlandica.)

an den Nord= und Westküsten und verglichen mit den beiden
ersteren, sehr selten vorkommt. Unter diesen dreien wird Phoca
barbata wegen ihrer Größe und dicken Specklage am meisten ge=
schätzt. Man darf sich indessen nicht vorstellen, daß einer von
ihnen sehr häufig ist; denn schon Martens sagt, „daß in Spitz=
bergen mehr Walrosse als Seehunde leben." Ueberdies hat er,
sowie das Walroß, in Folge der ununterbrochenen, schonungslosen
Jagden in diesen Gegenden seitdem eine beträchtliche Verringerung
erfahren.

Aeolus in Treurenberg-Bai.

Fünftes Kapitel.

Treurenberg-Bai. — Eisbären. — Ankunft des Sommers. — Befreiung.

Der 19. Juni war der Jahrestag der Entdeckung Spitz=
bergens. Freilich wurde er nicht so gefeiert, wie die Erinnerung
an den großen Mann es verdient hätte, welcher den meisten Völ=
kern Europas die Bahn zum Walfischfange eröffnete: während
zweier Jahrhunderte eine solche Quelle des Reichthums, daß man
sie allein mit der Entdeckung der californischen und australischen
Goldlager in unseren Tagen vergleichen kann.

Die Vorstellung, daß je näher dem Pole man das Meer
durchsegle, welches sich nach der Ansicht der Alten ununterbrochen
zwischen Asien und Europa ausdehnte, desto kürzer der Weg nach
Catay oder China sein müsse, hatte die beiden Venezianer Johann
und Sebastian Cabot, Vater und Sohn, um das Jahr 1497 be=
stimmt, von England aus nach Westen zu schiffen, um Catay auf=
zusuchen. Sie kamen nach Labrador oder Newfoundland und
wähnten Catay aufgefunden zu haben. Es war dem jüngeren
Cabot, welcher 1498 seinen Weg über Island nahm, vorbehalten,
in dem gesuchten Catay einen zwischen Asien und Europa gele=
genen Continent zu vermuthen. Diese ersten auf die Entdeckung
einer Nordwestpassage gerichteten Versuche leiteten jene Reihe von
Unternehmungen nach einem Ziele ein, das sich erst in unserm
Jahrhundert als ein imaginäres erweisen sollte. Die Expeditionen
des Portugiesen Gaspar Cortereal und seines Bruders in den
Jahren 1500, 1501 und 1502, welche die Angaben Cabot's in
Betreff des Reichthums der Newfoundländischen Bänke bestätigten
und die großen und zahlreichen Fischereiunternehmungen der Por=

tugiesen und Franzosen im 16. Jahrhundert zur Folge hatten; die Expeditionen der Franzosen Aubert und Jacques Cartier 1508 und 1534; des Spaniers Gomez 1524; des Engländers Thoren 1527, mit der zum ersten Male bestimmt ausgesprochenen Absicht, den Nordpol zu erreichen; Hore's aus 120 Mann, darunter 30 muthigen und wißbegierigen Gentlemen bestehende Expedition; die drei Frobisher's 1576, 1577 und 1578, deren Angedenken noch jetzt bei den an der Bik gleichen Namens wohnenden Eskimostämmen fortleben soll; Georg Weymouth's 1602; James Hall's drei in Dänemark ausgerüstete Expeditionen 1605, 1606 und 1607; John Knight's 1606: — alle diese Vorgänger der späteren nach Nordwest und Norden gerichteten Unternehmungen hatten sämmtlich zwar das Geschick, ihr Ziel zu verfehlen, aber auch das Gute, daß sie unsere geographischen Kenntnisse vermehrten.

Es war Sebastian Cabot nicht gelungen, China auf dem Nordwestwege zu erreichen; er wandte daher seinen Blick nach Nordosten, nach den Nordküsten Asiens. Es hatte sich eine Handelsgesellschaft gebildet, die sogenannte Company of Merchant Adventurers, die spätere Moscovy Company; von ihr wurde Hugh Willougby 1553 mit dreien Schiffen ausgesandt, von denen zweie an der Mündung der Arzina einfroren, so daß die Besatzung sammt dem Führer dem Hunger und der Kälte zum Opfer fiel. Der Befehlshaber des dritten Schiffes, Chancelor, erreichte das weiße Meer und kehrte, nachdem er dem Czaren in Moskau einen Besuch abgestattet, glücklich zurück. Dieser ersten Unternehmung nach Nordosten folgten Chancelor's und Borough's Expeditionen 1556 und 1557, Bassendini's, Woodcock's und Browne's 1568, Pet's und Jackmann's 1580, welche zwar Novaja Semlja erreichten, aber Alle mit demselben ungünstigen Resultat in der Hauptsache zurückkehrten. Sie waren sämmtlich Engländer. An der Spitze des Handels und der Seefahrt standen in Europa aber die Holländer. In Middelburg lebte der große Kaufmann Balthasar de Moucheron, ein belgischer Emigrant, in Amsterdam ein anderer Emigrant, der gelehrte Geograph Peter Plancius, der Stifter einer Navigationsschule, aus welcher die größten Seefahrer jener Zeit hervorgehen sollten: William Barents, Davis, Drake, Jakob van Heemskerk und Nai. Moucheron war der Urheber jener ersten holländischen Expedition, welche 1594 mit dreien Schiffen auslief und gleichfalls den Weg nach Nordosten nahm. Eins der Schiffe,

von Amsterdam, stand unter Barents' Leitung; gemäß Plancius'
Instruction gelang es ihm, Novaja Semljas Nordostspitze bis zu
den Oranien=Eilanden zu umsegeln, während die beiden übrigen
Fahrzeuge nicht weiter als bis zur Kara=Bai gelangten. Im folgen=
den Jahre wurde eine neue Flotille von sieben Schiffen aus=
gesandt, von denen Barents zwei befehligte. Ohne weiter als die
früheren vorzudringen, mußten sie umkehren. Zum dritten Male
wurde 1596 eine Expedition allein von Amsterdam ausgerüstet:
zwei Fahrzeuge, eins unter Heemskerk's und Barents', das andere
unter der Führung von Jaen Cornelis Rijp. Diese Expedition
ist darum von besonderem Interesse für uns, weil sie die Ent=
deckung Spitzbergens im Gefolge hatte.

Wenn man das von Gerrit de Veer geführte Schiffsjournal
als zuverlässig ansieht, so steht diese Reise einzig in ihrer Art da.
Nach seinen Angaben hat — wie auch Beke und Petermann an=
nehmen — Barents ganz Spitzbergen umsegelt, und zwar mitten
im Juni, also zu einer Zeit, wo das Packeis ohne Unterbrechung
Bären=Eiland mit Spitzbergen verbindet und das ganze Meer im
Osten bis Novaja Semlja bedeckt. Die Möglichkeit der Um=
schiffung muß also in den ungewöhnlichen und in jenem Jahre
eigenthümlichen Verhältnissen des sonst festen Eises gesucht werden.
Leider ist de Veer's Journal nicht mit der Genauigkeit geführt,
welche wünschenswerth wäre, um alle gegen den behaupteten Cours
erhobenen Zweifel zu beseitigen.

Er soll folgender gewesen sein.

Von Bären=Eiland segelte das Schiff vor einem West= und
Südwestwinde vier Tage lang nach Norden und Nordnordosten,
bis es am 16. Juni, und nachdem man vermuthen durfte, 120
englische Meilen zurückgelegt zu haben, auf Eis stieß. Man kreuzte
am 17. und 18. nach Süden hin, um die äußerste Spitze einer
nach Südost sich erstreckenden Eiszunge zu umfahren. Am fol=
genden Tage, als man sich in 79° 49′ nördl. Br. befand, er=
blickte man Land. Nun wandte man sich westlich und warf am
21. Anker in 79° 42′ nördl. Br., nahe der Küste und einem
Fjord, der sich nach Norden und Süden erstreckte (Heenloopen
Strat?). Man unternahm hier eine Bootfahrt bis zu ein paar
Inseln (man möchte auf die Foster=Inseln rathen). Den 23. fuhr
man nordwestlich, mußte aber wegen Eises (Verlegen=Hoek?) um=
kehren und ging auf der früheren Stelle vor Anker. Man lich=

tete dieselben wieder und segelte „längs der Westseite des Landes"
(wahrscheinlich wieder in Heenloopen); aber der Südwest hinderte
das Schiff an der Erreichung der Inseln, es kehrte um und legte
sich sechzehn englische Meilen westlich von der großen Bucht in
einer Wik (Treuenberg=Bai?) vor Anker. Den 25. fuhr man
längs des Landes, traf auf eine andere Bucht (Wijde=Bai?), fuhr
in dieselbe hinein und segelte 40 engl. Meilen südwärts; man
kehrte um, erreichte kreuzend am 28. „Vogel=Hoek" (Hakluyts
Headland?) und wandte sich erst nach Süden und dann nach
Westen. Den 29. steuerte man nach Südosten und Osten; in
76° 50' mußte man wegen Eises vom Lande abhalten; den 31.
südwärts, und am 1. Juli erblickte man Bären=Eiland wieder.

Die Entdeckung Spitzbergens war also zugleich zu einer Um=
schiffung geworden, eine Fahrt, welche — so weit man weiß —
Niemand nach Barents während einer einzigen Reise ausgeführt
hat; um so merkwürdiger, wenn man die kurze Zeit der Aus=
führung und die Beschaffenheit der damaligen Schiffe erwägt. Wir
dürfen hier freilich nicht unerwähnt lassen, daß Asher in seiner
interessanten Einleitung zu „Hudson the Navigator" die Rich=
tigkeit der von Beke und Petermann ausgesprochenen Ansicht über
Barents' Reise in Zweifel stellt und zum Gegenbeweise auf eine
Karte von Hondius hinweist (herausgegeben 1611 und 1614), auf
welcher man einen mit be Veer's Bericht nicht übereinstimmenden
Cours angegeben findet, der nur die West= und einen kleinen Theil
der Nordküste bis Wijde=Bai berührt. Dieser selbe Cours findet
sich von einem Holländer mit der Signatur H. G. A., welcher
während des über den Besitz Spitzbergens zwischen Holland und
England geführten Streites 1613 eine Arbeit über dieses Land
und dessen Entdeckung edirte, gleichfalls angegeben. In dieser Ab=
handlung ist er nicht allein von Gerrit de Veer's Bericht ab=
gewichen, behauptend, derselbe sei von Barents selbst geschrieben,
er führt auch — was seine Darstellung sehr verdächtig macht —
den Namen „Spitsberghe" an, eine hier zum ersten Male vor=
kommende, von Barents niemals gebrauchte Bezeichnung. Dieser,
wie seine Nachfolger, nannten die Inselgruppe vielmehr Greene=
land, da sie zu einem Theile des bekannten arktischen Landes
glaubten gekommen zu sein. Später unterschied man zwischen
Greeneland und Groneland oder Engroneland. Hudson, der dies
zuerst that, verstand unter dem ersteren Spitzbergen und unter dem

6*

letzteren Grönland. Er nennt jenes auch Newland — das „Nieu=
land" der Holländer, woraus die Engländer King James his
Newland machten. — —

Nach dieser Abschweifung kehren wir wieder zur Treurenberg=
Bai zurück. Blomstrand, welcher bis dahin beständig auf dem
Lande und den Bergen thätig gewesen und sich durch kein Hinder=
niß hatte abschrecken lassen, beschloß mit dem Steuermann Mack
einen Ausflug nach Westen zu machen. Als sie auf die noch
schneebedeckte Ebene gelangten, nördlich von der Bergkette, welche
Treurenberg=Bai von Wijde= und Mossel=Bai trennt, machte er
— „halb zum Scherz", wie es in seinen Aufzeichnungen heißt —
den Vorschlag, nach der letzteren Bucht hinabzusteigen. Ein Renn=
thier mit stattlichen Hörnern, das sie nach einer Stunde Wan=
derns — auf Schneeschuhen — zu Gesicht bekamen, verleitete sie,
sich nach Süden zu wenden. Aber nach fruchtlosem Jagen kehrten
sie wieder nach Nordwesten zurück. Sie suchten nun, unter Ver=
meidung der eigentlichen Bergkette, eine einzelne aus der Schnee=
fläche aufragende Felsspitze zu erreichen, welche den letzten Vor=
sprung nach der Ebene im Norden zu bilden schien. Bei einem
heftigen Gegenwinde erreichten sie endlich dieses Ziel und bestiegen,
in dem tiefen Schnee freilich ermüdend, die Bergspitze. „Zu mei=
nem Erstaunen" — sagt Blomstrand — „fand ich, daß der ganze
Berg aus einem krystallinischen, äußerst leicht verwitterten Kalk=
gestein von hellgrauer Farbe bestand, an der Außenseite schalen=
artig ausgehöhlt und gefurcht, wahrscheinlich durch die Wirkung
der Wellen, zu einer Zeit, als der Berg die äußerste Spitze Spitz=
bergens bildete."

Nachdem sie eine mit Schnee gefüllte Kluft, welche den Berg
in zwei Theile theilte, überschritten hatten, mußten sie wieder zum
eigentlichen Bergplateau hinaufsteigen, wo sie mit dem Sturm,
dicker und nebliger Luft und den feinen darin befindlichen Eis=
nadeln zu kämpfen hatten. Nachdem sie eine Weile — wie sie
annahmen in der früheren Richtung — weiter gewandert waren,
befragten sie den Kompaß und fanden, daß sie in dem Nebel den
Weg nach Süden genommen hatten. Sie schlugen nun die rechte
Richtung ein und gelangten zu einer mäßig abfallenden Schnee=
fläche. Auf ihren Schneeschuhen glitten sie dieselbe hinab, ohne
bei dem Nebel zu wissen, wohin es ging. Als sie auf diese Weise
an den Fuß des Berges gekommen waren, erkannten sie, daß ihr

gutes Glück sie gerade zu dieser Stelle geführt habe, wo ein Nie=
dersteigen möglich war; denn überall sonst, so weit man sehen
konnte, stürzte das tausend Fuß hohe Plateau beinahe senkrecht
zu der Thalsenkung, darin sie sich nun befanden, hinab. Nachdem
sie sich eine Weile ausgeruht, setzten sie ihre Wanderung fort, erst
auf Schneeschuhen, dann zu Fuß, weil schon bloße, schneefreie
Stellen hier und da hervortraten. Der Weg ging nun weiter
nach Süden längs dem Strande auf der einen, und den loth=
rechten Felswänden auf der andern Seite. Hinter einem Vor=
sprunge hofften sie die gesuchte Mossel=Bai zu finden; lange in=
dessen vergebens. Vier Rennthiere kamen in Sicht; eins wurde
erlegt.

„Bald" — so fährt Blomstrand fort — „öffnen sich neue
Aussichten über neue Flächen, immer aber in dieselbe Schneedecke
gehüllt, die nur von schmalen Grusbänken und niedrigen Berg=
rücken unterbrochen wird. Diese bestehen theils aus Quarzit mit
weißen länglichen Glimmerblättchen, theils aus einem dunkelgrünen
Hornblendeschiefer, oft in scharf begrenzten Lagen, ohne Uebergangs=
bildungen. Noch immer erschien nichts, was auf die gesuchte
Mossel=Bai deutete. „Hinter dem nächsten Vorsprunge haben wir
sie sicher!" — Wir hatten ihn erreicht, und es verdeckte ein
anderer und noch einer den lange ersehnten Fjord. Endlich lag
er vor uns.

„Mossel=Bai ist — wie die gewöhnlichen Seekarten, abweichend
von Parry, richtig angeben — ein von Norden nach Süden tief
in's Land einschneidender Fjord, im Osten durch ein weites etwa
eine Meile breites Flachland von der eigentlichen Bergkette ge=
schieden, welche auf der Westseite dagegen dem Strande ganz nahe
zu treten scheint. Die Grey=Hook=Kette mag sich weiter nach
Norden erstrecken als der letzte niedrige Ausläufer der Bergkette,
welche den Fjord begrenzt." —

Nachdem sie vergebens nach dem eigentlichen Ziele des Aus=
fluges, dem Russenhause, gesucht hatten, welches von der Besatzung
des Aeolus, als er vor einigen Jahren gleichfalls in der Treuren=
berg=Bai eingesperrt war, zu einem Unterkommen, während einer
etwaigen gezwungenen Ueberwinterung, in Stand gesetzt worden,
wählten sie ihr Nachtquartier in einer Felsspalte, die sie mit ihren
Schneeschuhen und Stäben, Steinen und Moosstücken bedeckten.
Nur nothdürftig gegen Wind und Schnee geschützt, vermochte Mack

zwar einzuschlafen; aber Ermüdung und Kälte machten es Blom=
strand unmöglich, der dafür umherstreifte und das Felsgestein in
der Nähe untersuchte, bis sie Morgens um 6½ Uhr ihre Rückfahrt
antraten. Die Luft war klar und der Sonnenschein erquickend.
Sie erblickten nun am Ende des Fjordes auch die Hütte, fanden
jedoch keine Veranlassung mehr sie aufzusuchen.

Bei dem letzten Vorsprunge der Bergkette trafen sie wieder
auf Rennthiere und verwundeten eins, ohne es jedoch weiter zu
verfolgen. Sie hatten überdies an dem geschossenen Thiere genug,
das sie nicht weiter forttragen konnten. Sie ließen es daher
liegen, nachdem sie es zum Schutze gegen Raubthiere mit Steinen
bedeckt hatten. Während sie noch damit beschäftigt waren, ent=
deckten sie dicht am Strande zwei Hütten in dem üblichen Spitz=
bergenstyle, vierkantig, mit plattem Dache, die eine von ihnen noch
gut erhalten, die andere verfallen. Um dieselben näher zu be=
schauen, hätten sie jedoch einen Umweg von etwa einer Meile
machen müssen. Sie gingen daher weiter, und zwar um den
äußersten Bergabsatz. Aber der Schnee war locker und tief, der
Weg wollte kein Ende nehmen, und die Müdigkeit drückte sie zu
Boden. Sie schieden daher von einander unten am Kalkberge.
Der Eine kehrte in den alten Spuren zurück, ein Weg, den die
Rennthiere mittlerweile ganz ausgetreten hatten, der Andere hielt
sich näher am Strande. Beide traf das gleiche Loos, nämlich in
einen tiefen Schlaf zu fallen, als sie sich einmal, um auszuruhen,
ein wenig in den Schnee gelegt hatten. Nach einer Abwesenheit
von sechsunddreißig Stunden, während welcher Zeit sie nur ein
wenig Schiffszwieback genossen, kamen sie ziemlich gleichzeitig am
Aeoluskreuz an, wo ihre Genossen sie mit Freuderufen und
Schüssen empfingen.

Denn es war der Mitsommerabend gekommen, zufällig ein
Sonntag, den wir Alle heilig hielten, und wir waren einig, das
nordische Fest, das Fest der Sonne, in heimischer Weise zu feiern.
An ihrer Wärme und ihrem Lichte hatten wir uns so manchen
Tag erfreut, auch jetzt schien sie klar von dem heitersten blauen
Himmel herab. Aber aus dem stiefmütterlichen Boden hatte sie
nicht vermocht Blätter und Blüthen hervorzurufen, davon wir
einen Kranz winden, geschweige denn eine Johannisstange hätten
schmücken können. Und was war das Fest ohne sie! Die Ver=
legenheit währte indessen nicht lange. Da das Land uns keine

Gewächse zum Schmucke darbot, mußte das Meer sie uns liefern. Dort wuchsen üppige Wälder von Algen, braunen Laminarien mit vier Fuß langen Blättern und fast eben so langen Stielen. Mit ihnen bekleideten wir eine hohe Stange auf dem Aeolushügel und schmückten sie mit allen uns zu Gebote stehenden Flaggen und Standarten. Da wehten die skandinavischen Farben in freund= lichem Wechsel von gelb und blau, roth und weiß; die alte Flagge Schwedens, die Unionsflagge und der Danebrog, so daß der dunkle Grundton der Mitsommerstange schnell in ein Zukunftsbild statt= lichster Art verwandelt erschien. Daneben zündete man ein Freuden= feuer von Treibholz an, einen gewaltigen „Baldersbâl", und an dieser Feuerpyramide, die ihren Rauch hoch zum Himmel schickte, bei dem Donner der Kanonen und dem Lärm der Signaltrompeten, versammelte sich von den drei Schiffen Alles was nur Leben und Odem hatte. Auf einem festen, von der Natur selbst zum Tische bestimmten Felsblock, belegt mit einem Teppich von Flechten, wurden Erfrischungen aufgetragen, auf einem andern trat aber ein Redner auf, uns zu unserer freudigen Ueberraschung zu ver= kündigen, daß Spitzbergens vier größte Dichter um Gehör bäten, zur Ehre des Tages.

Man lagerte sich so bequem als möglich zwischen Steinen, Grus und Schnee, und lauschte den Schöpfungen der Phantasie, Dichtkunst und Musik. Einem ernsten Recitativ folgte ein heiteres Allegro, diesem eine Erinnerung an die verflossenen Ereignisse, zuletzt Anspielungen auf die Gegenwart. Wir genossen dazu Er= frischungen, wurden später am Abend mit Rennthierbraten und anderen arktischen Leckerbissen regalirt, während die Mannschaft eine Extraverpflegung erhielt, und suchten erst spät nach Mitternacht unsere Kojen auf. Es war ein echt skandinavisches Fest vom An= fang bis zu Ende, unvergeßlich für einen Jeden, der daran Theil nahm. Die vier nordischen Völker: Schweden, Norweger, Dänen und Finnen waren hier vertreten, und selbst Lappländer fehlten nicht. Der Scheiterhaufen, die Johannisstange, das Aeoluskreuz und die seltsame von dem Feuer beleuchtete Gesellschaft, der Hügel mit den Gräbern, das unübersehbare Packeis, über welchem die Mitternachtssonne recht im Norden an dem wolkenfreien Himmel strahlte, mild und verheißend: — dieses alles bildete ein wunder= bares Gemälde, das mit seinen Contrasten einen unauslöschlichen Eindruck auf uns machte. Das heitere Spiel und der trübe Ernst

kämpften mit einander, und jenes siegte. „Denn selten haben wohl
Gläser heller und lauter geklungen, als an den Gräbern der
Sorge-Bai.“ —

Während wir noch auf dem Hügel zusammen waren, hatte
ein schwacher Südost unsere Flaggen nach Norden geweht. Mit
Freude nahmen wir diesen Gruß von Süden wahr, denn er weckte
in uns die leise Hoffnung auf einen kräftigen und lange ersehnten
Südwind, der allein das Eis aus dem Fjord treiben und unser
Gefängniß öffnen konnte. Aber die Freude dauerte nicht lange,
denn ein paar Stunden nach Mitternacht ging der Wind wieder
nach Norden herum.

Auch der folgende Mitsommertag führte keine Veränderung
herbei; der Wind blieb nördlich. Nachdem wir uns am Strande
mit Spielen belustigt hatten, versammelten wir uns Abends Alle
auf der Magdalena.

Während wir gerade am wärmsten in der Cajüte bei einander
saßen, hörte man den Ruf: „Ein Bär!“ — Wie wir auf Deck
geeilt waren, erblickten wir in der That einen Eisbären, der ganz
in der Nähe unseres Fahrzeuges einherschlenderte und von einem
Eisstücke zu dem andern sprang. Sofort wurde ein Boot ausgesetzt, von Yhlen, der Harpunirer und einige Mann sprangen
hinein, und bald befanden sie sich an einem hohen Eisberge, hinter
welchem auf einer flachen Eisscholle der Bär gerade stand. Es
dauerte eine Weile, bis das Gewehr in Ordnung war, sodann ver-
sagte es. Mittlerweile setzten die Leute von der Brigg Jaen
Mayen zu unserer Ueberraschung gleichfalls aus, eilten auf den
Bären los, erlegten ihn mit einem glücklichen Schusse und nahmen
die Beute ohne alle Umstände mit sich. Wir waren anfangs über
dieses Verfahren etwas erstaunt, vernahmen aber bald, daß dieses
auf Spitzbergen so üblich. Unsere Jäger waren unzweifelhaft
ärgerlich, daß die Beute ihren Händen entschlüpfte, aber trotzdem
gegen die Leute vom Jaen Mayen nicht im mindesten aufgebracht.
Sie würden es in gleichem Falle geradeso gemacht haben. Man
kann eine Jagdbeute entdecken, lange verfolgen und sogar verwunden, und trotzdem darf eine Partie von einem andern Schiffe
kommen, das Thier tödten und es für sich behalten, ohne daß
zwischen diesen keineswegs leidenschaftslosen und durchaus interes-
sirten Menschen ein Zank entsteht. Die Leute vom Jaen Mayen
kamen vielmehr sogleich, als wenn nichts Ungewöhnliches sich er-

eignet hätte, zur Magdalena und zeigten das große schöne Thier
vor; wir aber, schon ein wenig mit dem spitzbergischen Gewohn-
heitsrechte bekannt, thaten als ob nichts geschehen wäre.

Der Eisbär ist in diesen Gegenden Alleinherrscher und König,
obwohl die norwegischen Walroßjäger ihm den zwar geringeren,
aber nicht weniger bezeichnenden Titel „Spitzbergens Länsmann"
(oder „Amtmann") gegeben haben. Seine Kraft und Behendigkeit,
— trotz seines unförmlichen Aeußern — sein scharfes Gesicht, sein
Geruchsfinn und die Leichtigkeit, mit der er sich über und unter
dem Wasser bewegt, machen ihn zum gefährlichsten Feinde der Seehunde und Walrosse. Er lauert an dem Rande ihrer Waken (Eis-
löcher) dem Raube auf, stürzt sich mit einem gewaltigen Satz —
oft 15 Fuß weit — von irgend einer Eisscholle auf sein Opfer,
und vermag vermöge seiner Kraft ein Walroß fortzuschleppen oder
aus dem Wasser zu ziehen, obwohl es weit schwerer ist als er
selber. Man staunt über seine Stärke, wenn man ihn mit einem
einzigen Schlage seiner Tatze ein Walroß tödten sieht. Die Seehunde und Walrosse halten sich im Sommer gern auf dem Treib-
und Packeise auf. Auch der Eisbär haust hier, macht weite Ausflüge, und kommt mit dem Eise im Winter nach Bären-Eiland,
so daß er oft 20 bis 30 Meilen weit vom nächsten Lande angetroffen wird. Parry fand ihn auf dem Eise noch unter $82\frac{1}{2}°$
nördl. Br. Er besucht daher nicht selten die Küsten Islands.
Ja er ist in älterer und neuerer Zeit sogar an der Nordküste
Norwegens wahrgenommen worden, bei welcher Reise er wahrscheinlich länger als 24 Stunden im offenen Wasser zugebracht
hat. Zuletzt soll ein solcher Emigrant am Kjöllefjord in Ostfin-
marken geschossen sein. Ungefähr acht bis zehn Fuß lang und vier
bis fünf Fuß hoch, von plumper Erscheinung, aber leicht und geschmeidig im Gange, macht er besonders dann einen stattlichen
Eindruck, wenn er mit langsamen Schritten sich zwischen und auf
den „Hummocks" bewegt, oder von den Spitzen der Eisberge lange
Zeit hindurch in die Weite nach Beute schaut. Erregt etwas
Außergewöhnliches seine Aufmerksamkeit, so richtet er sich senkrecht
auf, erhebt seine Schnauze und wittert in der Luft umher.

Man trifft ihn nicht eben selten auch auf dem Lande, in den
Thälern oder auf den Bergabhängen, wo er wahrscheinlich Füchse,
Vögel und Rennthiere jagt, oder nach Eiern spürt, auch wohl im
Nothfalle sich mit Pflanzenspeise begnügt. Hier findet man im

Schnee oft die fußlangen und fast eben so breiten Spuren seiner
Tatzen. Die tiefen und breiten Furchen der Schneeabhänge aber,
welche hinab zu den Thälern laufen, sind seine Rutschbahnen und
er versteht vortrefflich auf ihnen hinabzufahren. Zuweilen trifft
man auf einen ganzen Haufen von Eisbären. Im Jahre 1863
legte ein norwegisches Jagdboot an einer der „Sieben Inseln"
an, wo dieselbe Mannschaft im Herbste vorher eine Menge Wal=
rosse getödtet hatte. Sie trafen diesesmal keine Walrosse an,
wurden dafür aber durch den Anblick der großen Zahl von Bären,
von denen die Insel wimmelte, überrascht. Ein wilder Geselle,
ein Quäne, greift mit seiner Lanze sofort die Schaar an; einige
Bären setzten sich zur Wehr, aber er erlegt einen nach dem
andern. Die im Boote gebliebenen Kameraden, durch sein Beispiel
angefeuert, fallen ebenfalls über sie her, und in kurzer Frist
waren fünfundzwanzig von ihnen getödtet, die übrigen ergriffen
die Flucht.

 . Trifft er auf Menschen, so verräth er keine Neigung sie an=
zufallen, eher eine mit Vorsicht gepaarte Neugier, eine Eigenschaft
fast aller höheren Thiere in Gegenden, wo die Verfolgungen und
die Grausamkeit des Menschen — so zu sagen — noch nicht zur
Tradition bei ihnen geworden sind. Oft nähert er sich ganz dreist,
aber mehr um kennen zu lernen, als um anzufallen. Greift man
ihn dann an, so setzt er sich zwar oft zur Wehr, meist läuft er
aber in vollem Galopp davon. Uebrigens ist sein Charakter und
sein Muth, wie bei den meisten Thieren, sehr ungleich, je nachdem
er durch Hunger, Mutterliebe oder andere Affecte angereizt wird.

 Wir haben nicht viele Nachrichten, daß er Menschen angefallen.
Die Grönländer, welche ihn oft jagen, haben sicher alle Achtung
vor seinem Muth und seiner Stärke, wissen aber doch nichts von
eigentlichen Unglücksfällen zu berichten.

 Wir erinnern uns nur zweier Fälle, in denen der Bär an=
griffsweise zu Werke ging. In Betreff des einen hat de Veer in
seinem auf Barents' zweiter Reise 1595 geführten Tagebuche eine
Beschreibung nebst einer Federzeichnung hinterlassen, ein Ereigniß,
das sich auf Staaten=Eiland, einer kleinen Insel zwischen Novaja
Semlja und dem Festland, zugetragen haben soll.

 „Den 6. September" — erzählt er — „gingen Einige unserer
Leute an Land, um Steine, eine Art von Diamanten, zu suchen,
die dort in großer Menge vorhanden. Während Zwei, hiermit

beschäftigt, sich dicht bei einander befanden, kam ein großer, magerer, weißer Bär ganz still auf sie los und packte den Einen im Nacken. Dieser — nicht wissend wer ihn faßte — rief laut: „Wer greift mir da in's Genick?" — worauf der Andere sich aufrichtete, den Bären erblickend, schrie: „Kamerad, es ist ein Bär!" und sich auf und davon machte. Aber der Bär biß den Kopf des Menschen entzwei und sog ihm das Blut aus. Nun eilten die übrigen am Lande befindlichen Leute, ungefähr zwanzig, zur Stelle, um den Unglücklichen zu befreien oder den Bären von dem tobten Körper zu verjagen, und fielen ihn mit Piken und Gewehren an. Dieser fraß an dem Gefallenen ruhig weiter; als er aber merkte, daß man auf ihn los kam, stürzte er in wilder Wuth auf sie zu und zerriß noch Einen von den Leuten, worauf die Uebrigen die Flucht ergriffen. Wir auf dem Schiffe, die an dem Strande Fliehenden wahrnehmend, warfen uns eiligst in die Boote, um ihnen zu Hülfe zu kommen. Als wir an Land kamen, erblickten wir ein schreck= liches Schauspiel: die beiden von dem Bären zerrissenen Leichname. Wir forderten nun die Leute auf, mit uns zu gehen und mit Flinten, Säbeln und Piken den Bären anzugreifen. Sie weigerten sich aber, es zu thun, indem sie sagten: „Zwei von uns sind schon tobt, und wir werden noch genug Bären antreffen, ohne so große Gefahr zu laufen. Wenn wir unseren Kameraden das Leben retten könnten, würden wir uns gewiß sputen; aber nun hat es keine Noth mehr sich zu beeilen, vielmehr müssen wir auf bessere Zeit warten; denn wir haben es mit einem grimmigen, wilden und blutdürstigen Thiere zu thun." Da gingen Drei von uns auf den Bären los, welcher noch immer fraß und uns durchaus nicht fürchtete, obwohl wir dreißig Mann stark waren, und die Drei waren: Cornelis Jakobs, Steuermann auf Wil. Barents' Schiff, Wil. Gijsen, Lootse auf der Pinasse, und Hans van Nuffelen, Barents' Schreiber. Und nachdem der Steuermann und der Lootse dreimal auf den Bären geschossen hatten, ohne ihn zu treffen, ging der Schreiber noch weiter vor, und als er dem Bären nahe genug war, legte er an und traf ihm in den Kopf, gerade zwischen den Augen. Aber der Bär hielt noch immer den Todten im Nacken fest, hob seinen Kopf auf, den Leichnam im Maule, und begann dabei etwas zu taumeln. Da zogen der Schreiber und ein schottischer Matrose ihre Säbel und schlugen so heftig auf den Bären los, daß dieselben entzweibrachen. Aber auch da

wollte der Bär den Mann nicht fallen lassen. Schließlich kam
Wil. Gissen hinzu und schlug mit aller Macht mit seiner Büchse
auf die Schnauze des Bären. Da fiel er endlich unter furcht=
barem Gebrüll auf den Boden, und Wil. Gissen sprang auf ihn
und schnitt ihm die Kehle durch. — Den 7. September begruben
wir unsere beiden Leute auf Staaten=Eiland, zogen dem Bären
das Fell ab und nahmen es mit uns nach Amsterdam." —

Folgende Geschichte erzählt Scoresby:

„Als ein Capitän Cook auf dem Schiffe Archangel im Jahre
1788 in Spitzbergen an Land ging, in Gesellschaft des Arztes und
Steuermanns, wurde er unvermuthet von einem Bären angefallen,
der ihn im nächsten Augenblicke zwischen seinen Tatzen hatte. In
dieser Gefahr und während der geringste Verzug seinen Tod zur
Folge haben konnte, rief er dem Arzte zu, er möge schießen. Dieser
zielte mit bewunderungswerther Geistesgegenwart und Sicherheit,
drückte ab und traf den Bären in den Kopf. Der Capitän war
gerettet." —

In den Gegenden, wo er sich aufhält, ereignet es sich häufig,
daß er in Folge seines Geruchssinnes und von dem Dampfe und
Rauche angelockt den Wohnplätzen der Menschen einen Besuch ab=
stattet. Die Grönländer und Andere, welche in den arktischen
Gegenden den Winter zugebracht haben, wissen von ihm zu er=
zählen, und auch wir haben dicht an den Eingängen unserer Zelte
mit ihm Bekanntschaft gemacht. So berichtet Rink von einer Es=
kimofamilie in Südgrönland, welche, Nachts von ihren Hunden
aufgeweckt, zu ihrem Entsetzen einen Bären wahrnahm, der zur
Hälfte schon in den zu ihrer Hütte führenden Gang gekrochen
war. Da derselbe ihm aber zu enge wurde, so kroch er wieder
zurück, untersuchte rings die Wohnung, kam wieder, wurde nun
aber von ein paar Kugeln empfangen, schleppte sich bis an den
Strand und verendete. Ein anderes Mal besuchte ein Bär eine
Eskimohütte, um sich an dem außerhalb liegenden Speck und See=
hundsfell gütlich zu thun. Nur die Frau und die Kinder waren
zu Hause; der Mann aber auf der Jagd. Die Frau machte sich
auf einen intimen Besuch des Bären gefaßt, nahm ihre Lampe,
hielt ein Büschel trockenes Gras in Bereitschaft und postirte sich
an ihrem Fenster von Darmhaut. Es dauerte nicht lange, so
steckte der Bär den Kopf durch das Fenster, wurde aber sofort
mit feuriger Lohe empfangen. Er zog sich brummend zurück und

begann an der Wand zu kratzen, um sich einen Weg zu bahnen,
und hatte sich auch eine ziemlich große Oeffnung gemacht, als
zufällig einige Eskimos vorbeikamen und ihn tödteten.

Oft trifft man ihn im Wasser, von einer Eisscholle zur
andern schwimmend, und er ist dann leicht zu harpuniren, was besonders die Grönländer gut verstehen. Aber auf größeren Eisfeldern oder auf dem vom erweichten Frühlingsschnee bedeckten
Lande, wo er sich mit seinen breiten Füßen sehr leicht bewegt,
während der Jäger bei jedem Tritte bis an die Kniee einsinkt, ist
er schwer zu erreichen. Bei einer solchen Jagd auf dem Eise
war es, daß einmal ein Bär seinen Verfolger anfiel.

W. Scoresby, der Sohn, berichtet:

„Vor einigen Jahren, als ein Walfischfänger an der Küste
von Labrador vom Treibeise eingeschlossen wurde, erlaubte sich ein
Bär, der sich schon vorher ganz in der Nähe des Schiffes gezeigt
hatte, bis an das Fahrzeug selbst zu kommen, wahrscheinlich um
sich an den über Bord geworfenen Küchenabfällen gütlich zu thun.
Alle Mann befanden sich unter Deck; eine Wache war nicht aus-
gestellt. Ein dreister Geselle aber, der zufällig den Bären wahrnahm, sprang, blos mit einem Knüttel bewaffnet, auf das Eis,
wahrscheinlich um die Ehre des Tages mit Niemand zu theilen.
Der Bär aber, offenbar rasend vor Hunger, entwaffnete seinen
Gegner sofort, packte seinen Rücken mit den gewaltigen Kiefern
und lief mit seiner Beute so eilig davon, daß, als die bestürzten
Kameraden ihre Mahlzeit verlassen hatten, der Bär mit seinem
unglücklichen Opfer schon auf und davon war. — Ein ähnliches
Abenteuer hatte einen heiterern Schluß. Der Held desselben war
ein Matrose auf dem Schiffe „Neptunus" von Hull, das sich
1820 auf dem Walfischfange bei Grönland befand. Es zeigte sich
auf dem Eise fern vom Schiffe ein großer Bär. Einer von der
Besatzung, der sich zufällig aus dem Glase Courage getrunken,
zog — trotz Aller Abrathen und nur mit einer Walfischlanze bewaffnet — gegen den Bären in's Feld. Nach einem ermüdenden
Marsche über weichen Schnee und geborstenes Packeis kam er
schließlich seinem Gegner auf einige Klafter nahe. Dieser machte,
zu des Matrosen Ueberraschung, Front und schien ihn zum Zwei-
kampfe herauszufordern. Da begann ihm das Herz in die Hosen
zu fallen, theils weil der Spiritus etwas verdunstet war, theils
weil des Feindes Aussehen und unerwartete Taktik ihn verwirrte.

Er fällte seine Lanze und nahm eine Stellung ein, gleich passend
für den Angriff wie die Abwehr. Der Bär rührte sich ebenfalls
nicht. Vergebens nahm unser Held all' seinen Muth zusammen
zum Angriff eines Feindes von solcher Haltung; vergebens schrie
er und streckte seine Lanze vor und affectirte einen Ausfall. Der
Feind, welcher ihn entweder nicht verstand oder seinen Mangel an
Muth verachtete, hielt ruhig Stand. Schon begann der Matrose
an allen Gliedern zu zittern, die Lanze verlor ihre feste Haltung;
der bis dahin sichere Blick begann verlegen umherzuirren; aber die
Scheu, von den Kameraden ausgelacht zu werden, bewirkte, daß
er wenigstens nicht das Hasenpanier ergriff. Der Bär indessen,
weniger zweifelhaft, begann nun vorzugehen. Sein Kommen und
sein sicherer Tritt löschten den letzten, mühsam lebendig erhaltenen
Funken von Muth bei dem Matrosen aus. Er floh. Nun war
aber die Gefahr groß. Die Flucht des Menschen belebte den
Bären. Mehr geeignet und gewohnt auf dem weichen Schnee zu
laufen, erreichte er den Fliehenden bald. Dieser aber warf die
Lanze, seine einzige Waffe, weil sie ihn jetzt hinderte, fort. Jetzt
zog diese des Bären Aufmerksamkeit auf sich, er stand still, be-
tastete sie, biß hinein und setzte dann die Jagd fort. Wieder war
er dem Matrosen auf den Fersen. Dieser hatte aber die gute
Wirkung der Lanze gemerkt und warf einen Handschuh hin. Die
List gelang; aber der Bär verfolgte ihn nach einigen Augenblicken
von Neuem. Nun wurde der andere Handschuh geopfert. Der
Matrose gewann wieder einen kleinen Vorsprung; bald eingeholt,
ließ er nun den Hut fallen, der den Bären so lange beschäftigte,
daß er endlich die zu seinem Beistande herbeigeeilten Kameraden
erreichte." —

Die Bärin sorgt mit Hingebung für ihre Jungen, welche im
Winter geboren werden und ihr mindestens zwei Jahre lang folgen; daher ist es nicht ungewöhnlich, sie in Begleitung eines ein
oder zwei Jahre alten Jungen zu treffen. Diese vertheidigt sie
nun mit Muth und Klugheit. Scoresby erzählt von einer Bärin
und deren beiden Jungen, die auf dem Eise von einigen Matrosen
verfolgt wurden. Sie that Alles, um die Flucht der Jungen zu
beschleunigen, sprang ängstlich bald vor, bald hinter sie, und legte
durch eigenthümliche Laute und Geberden ihre Unruhe und Angst
an den Tag.

Die Grönländer wollen wissen, daß das Weibchen sich beim

Beginne des Winters von ihrer Familie trenne, sich einschneien lasse und aus dem Winterschlafe nicht eher erwache, als bis die Sonne wieder ziemlich hoch steht. Nun gebäre sie meist zwei Junge und sei von dem langen Fasten so schwach, daß sie sich nur mit Mühe aus dem Schnee graben könne und daher den Eskimohunden leicht zur Beute falle. Die nicht trächtigen Weib=chen dagegen sollen ebenso wie die Männchen während des ganzen Winters munter sein.

Die niedrige Stirn, die nach hinten stehenden Ohren und die kleinen Augen verleihen dem Eisbären einen verschlagenen und perfiden Ausdruck; von der intelligenten Physiognomie des braunen Bären besitzt er beinahe gar nichts. Während seiner Jagd auf Seehunde ist er vorsichtig und listig. Zuweilen überrascht er den neben seiner Wake schlafenden Seehund dadurch, daß er unter dem Eise bis zur Wake schwimmt; der Seehund ist erschreckt, weiß keinen Ausweg und springt in's Wasser, fast in den offenen Rachen des Bären. Er versteht sich darauf, gegen den Wind die Seehunde zu beschleichen, indem er die Vordertatzen einzieht und sich nur mit den Hinterbeinen vorwärts schiebt. Man findet daher die Außenseite seiner Vordertatzen oft abgerieben und fast ohne Haare.

Man will auch gesehen haben, daß er, verwundet, mit einer Tatze Schnee genommen und ihn auf die Wunde gelegt habe, wie um das Blut zu stillen. Auch weiß er schlau allen Fallen und Gruben zu entgehen.

Das Fleisch des Eisbären ist, obwohl grobfaserig, recht gut genießbar, die Leber dagegen — wenngleich ziemlich wohlschmeckend — soll nach dem Zeugniß vieler Seefahrer äußerst ungesund sein. Ihr Genuß hat Fieber, Abschülferung der Haut und zu=weilen selbst den Tod zur Folge. Sein Fell und die darunter befindliche zwei Zoll dicke Specklage machen ihn eben so gesucht als das Walroß. Man zahlt für beide bis zehn Speciesthaler (15 preuß. Thlr.) und darüber.

Der Eisbär ist den Europäern frühe bekannt geworden; schon im zehnten Jahrhundert machten die ersten Colonisten in Grönland mit ihm Bekanntschaft und setzten eine gewisse Ehre darein, mit einem Bären gekämpft zu haben. Um 1060 reiste ein Isländer mit Namen Audun nach Grönland und tauschte sich hier für sein ganzes Vermögen einen lebendigen Eisbären ein, welchen er erst

nach Schweden und dann nach Dänemark zum König Sven brachte,
dem er ihn verehrte. Als Ersatz hierfür erhielt Audun eine lebens=
längliche Pension. — —

So viel über die Eisbären. —

Von den vier Schiffen, welche gleichzeitig mit uns in die Treuren=
berg=Bai gekommen waren, hatten — wie schon erwähnt — drei
unsern Ankerplatz bald verlassen und nur die Brigg Jaen Mayen
war zurückgeblieben. Während unseres Zusammenseins empfingen
wir oft Besuch von der Besatzung derselben: zwei Norweger und
zwei Quänen. Die letzteren glichen ganz und gar jenem Mattilas,
mit welchem wir schon Bekanntschaft gemacht hatten. Der eben so
wortkarge Vercola kümmerte sich wenig um das, was um ihn her
passirte. In ihrem Pelze, das unentbehrliche „Priemchen" Kau=
tabak im Munde, ließen sie sich unsere Bewirthung gern gefallen,
den Kopf ohne Zweifel voll von Walrossen, Thran und Species=
thalern. Die Norweger waren mittheilsamer, und Haugan kein
unwillkommener Gast mit seinen Berichten von Eisfahrten, den
Jagden bei Jaen Mayen und den Verheerungen, welche die
„Hinterlader" unter den Seehunden angerichtet hätten. Zuweilen
machte er auch den Wirth und tractirte uns mit „Markknochen",
einem der rarsten Leckerbissen auf Spitzbergen.

Oft werden die hiesigen Schiffe nur von Matrosen und
simpeln Harpunirern geführt, selten von gebildeten Schiffern.
Kaum haben sie eine geringe Kenntniß von Seekarten und Cours=
berechnung. „Sie berechnen den Cours" — wie man sagt —
„mit dem Bootshaken"; noch weniger vermögen sie die Polhöhe
zu bestimmen, — „sie sehen die Sonne" — wenn sie gerade scheint
— „am liebsten durch den Boden einer Flasche". Wie die Zug=
vögel ziehen sie gerade hin nach Norden, und haben sie nur erst
Spitzbergen vor sich, so sind Kompaß, Sextant und Karte über=
flüssig, denn jede Spitze und Klippe ist ihnen bekannt. Hier sind
sie zu Hause die kühnen, unermüdlichen Fischer und Jäger, die,
mit Gefahr im Eise unterzugehen, zu überwintern, Hunger und
Skorbut zu erdulden und so viele andere Leiden zu ertragen, oft
erstaunliche Reichthümer ihren Rhedern zurückgebracht haben. Aber
die Sage weiß auch zu erzählen, daß zuweilen, wenn Wind und
Strömung sie verschlagen, der Nebel zu lange anhält und der
Kompaß, der größeren Bequemlichkeit halber, aus dem Gehäuse ge=

nommen wird, der Spitzbergenfahrer verirrt und nach Jaen Mayen oder den Shetlandsinseln geräth. —

Drei Wochen waren schon verflossen und unsere gezwungene Unthätigkeit wurde immer drückender. Die Zoologen allein konnten, trotz des Eises, ihren Arbeiten dauernd obliegen. Das Schlepp= netz gewährte eine reichliche, wenn auch nicht immer mannigfaltige Ausbeute. Die Uebrigen copirten Karten für spätere Excursionen oder berechneten die gemachten Beobachtungen. Auf dem Aeolus wurden jede Stunde die Thermometerscalen abgelesen und die Temperatur des Wassers bestimmt, auch Ebbe und Fluth gemessen.

Aber unsere Ungeduld wuchs mit jedem Tage und wir spähten eifrig nach jedem leisen Schimmer, der eine Aenderung unserer Lage versprach. Den 27. entfernte sich das Eis endlich ein wenig aus dem Innern der Bucht, und zum ersten Male seit dem 13. konnten wir wieder zu Boote nach dem östlichen Ufer fahren. Am Abend kehrte das Eis mit dem Nordwinde zwar wieder zurück, aber es war nicht mehr so fest und dicht gepackt.

Lilliehöök begab sich nun mit Petersen zum andern Ufer, um die Lage des Eises in dem nordöstlichen Theile der Bucht genauer zu untersuchen. Nach einigen Stunden kehrten sie mit der Nach= richt zurück, daß der Weg noch immer gesperrt und die Lage des Eises dieselbe wie früher, daß dagegen Heenloopen Strat, so weit man nach Süden sehen könne, eisfrei sei. Diese Angabe wurde von Einigen von uns, die sich zum Hecla Mount aufmachten, be= stätigt.

Den 29. wurde beschlossen, zwei Bootpartien auszusenden. Beide waren für alle Fälle mit Proviant auf fünf Tage aus= gerüstet. Es war ein freudiger Anblick, als die starkbemannten Boote unter lautem Hurrah am Abend durch die jetzt nur noch sparsamen Eisstücke hinfuhren. Auch wir genossen schon im Vor= aus die Lust der endlichen Befreiung, die uns so nahe schien.

Nordenskiöld fuhr mit Petersen und vier Mann in dem kleineren englischen Boote. Sie wollten die Verhältnisse des Eises unter= suchen und, wenn ausführbar, an irgend einer Stelle nördlich ein kleineres Proviantdepot einrichten. Als sie zu der Nordostspitze des Bergzuges, welche Heenloopen Strat von der Treurenberg= Bucht trennt, kamen, — welche Spitze nach Nordenskiöld's Be= rechnung in 79° 57' 50" nördl. Br. und 17° 13' 30" östl. L. endigt und von ihm Cap Forster genannt wurde — mußten sie

ihren Plan, über den Sund zu segeln und längs der Westküste
des Nordostlandes vorzudringen, aufgeben, da der Sturm aus der
Heenloopen-Straße in dem Grade wehte, daß er selbst in der
Treurenberg-Bai noch zu merken war. Sie legten deshalb an
einer kleinen Bucht, nicht weit von der Spitze, an, um im Schutze
des Bootes und eines Zeltes günstigere Verhältnisse abzuwarten.

Die zweite Partie ging unter Leitung von Dunér und Chy=
benius ab, um das am weitesten nach Norden ragende Vorgebirge
des eigentlichen Spitzbergen, Verlegen-Hoek, zu erreichen. Sie
sollten auf dem Jagdboote mit dem Zimmermann Nielsson und
vier Mann so weit fahren, als das Eis es zuließ, und sodann
zu Lande bis zur äußersten Spitze vordringen.

„Nach fünf Stunden angestrengter Arbeit im Eise, in schmalen,
tausendfach gekrümmten Kanälen, hatten wir bald nach Mitternacht
drei Viertheile des Weges zurückgelegt. Da das Eis ein weiteres
Rudern und Schieben des Bootes nicht zuließ und der Rest des
Weges nicht mehr lang war, so schafften wir alle Effecten auf den
hier ebenfalls flachen Strand und beluden einen Schlitten damit.
Dieser wurde von fünf Mann gezogen, — zwei blieben beim Boote
— aber in dem weichen, wassergetränkten Schnee ging es nur
langsam vorwärts. Noch schlimmer waren die bloßen Grus= und
Sandstellen. Als schließlich die ganze Ebene an der Spitze schnee=
frei wurde, trugen wir die Sachen bis zum äußersten Punkte und
schlugen Morgens 3 Uhr unser Zelt auf. Die nun überflüssige
Mannschaft kehrte zum Boote zurück.

Die Spitze liegt blos ein paar Fuß über dem höchsten Wasser=
stande, und der kleine anstehende Fels, welcher den äußersten
Vorsprung bildet, ist eben so niedrig. Ein paar Dutzend Faden
von dieser Spitze, auf welcher wir eine Weile die alte schwedische
Flagge aufzogen, schlugen wir ein längliches Zelt auf für die
magnetischen Beobachtungen, und ein Ende davon ein anderes
für uns zum Schlafen. Im Westen zeigte sich eine andere Spitze
mit einigen kleinen Klippen, die sich noch weiter nach Norden zu
erstrecken schien. Nachdem Dunér einige Stundenwinkel und
Monddistanzen genommen, begab er sich dorthin und zwar an den
Strand der Bucht, welche beiden Spitzen scheidet. Chydenius aber
ordnete mittlerweile, was zu den magnetischen Beobachtungen er=
forderlich war. Dunér kam Mittags zurück, nachdem er in der
That gefunden, daß die andere Spitze sich ein wenig weiter nach

Norden erstrecke. Wir begaben uns deshalb zwischen 5 und 6 Uhr
Nachmittags mit unseren Instrumenten dorthin und kamen nach
etwas mehr als einer Stunde an die Bucht, welche wahrscheinlich
dieselbe ist, welche auf alten Karten den Namen Willem=Tolkes=
Bucht führt. Das nordwestlich von ihr gelegene Land ist ebenso
wie der große Vorsprung nördlich von dem Berge, den Blom=
strand besucht hatte, eine einzige Ebene; doch besteht die äußerste
Spitze aus einem fünfzig Fuß hohen Felsen. So weit es bei dem
scharfen und unbehaglichen Südost möglich war, wurden astronomische
und magnetische Beobachtungen angestellt. Bald nach Mitternacht
kehrten wir zu unserm Lagerplatze zurück. Nach Dunér's Messung
liegt die Spitze in 80° 3′ 21″ nördl. Br. und 16° 32′ 15″ östl. L.
Aber ferner im Westen erschien eine dritte Spitze, die sich noch
etwas weiter nach Norden erstreckt.

Während wir unsere Abendmahlzeit bereiteten, nahm der Wind
immer mehr zu. Nicht weit von uns erblickten wir die Jachten
Vercola's und Nielsson's, die mitten in's Packeis und in eine
höchst gefährliche Situation gerathen waren. Ein heftiger Regen
begann; er fiel in großen Tropfen und dicht; aber das Zelt
schützte uns vor ihm. Aus unserer Ruhe wurden wir häufig von
dem Heulen des Sturmes und dem Prasseln des Regens auf=
geschreckt. Oft drohte unser Zelt den Umsturz; wir suchten es
jedoch rings mit Steinen und Treibholz zu beschweren und zu
schützen, und brachten es schließlich zum Stehen. Der Regen hielt
bis zum Nachmittage des 1. Juli an. Wir waren nur erst vor
Kurzem aufgestanden, als wir von bekannten Stimmen über=
rascht wurden, von Boten der Magdalena, um uns an Bord zu
holen. Denn man gedachte die Anker zu lichten und unter Segel
zu gehen.

Nun wurde das Zelt abgebrochen und die Bagage auf den
Schlitten geladen. An Verlegen=Hoek hatte der Wind das Eis
zusammengepackt, darum war es auch unseren Leuten unmöglich,
mit dem Boote so weit zu kommen als vorher. Der Weg zu Lande
wurde dadurch erheblich länger; der Schnee war vom Regen er=
weicht; schließlich mußten wir unsere Sachen tragen, während der
Schlitten mehrere Fuß in den tiefen Schneebrei einsank; so er=
reichten wir das Boot erst nach 4½ Stunden schwerer Arbeit.
Der Wind behielt dieselbe Richtung bei; er durchschnitt die Bucht

7 *

in einer von Südost nach Nordost gehenden Linie; südlich von
dieser war es stille, während nördlich der Sturm raste.

Während unserer Excursion hatten wir keinen andern Vogel
gesehen, als eine Lestris und zum ersten Male einen Phalaropus
fulicarius, der sich in einer kleinen Oeffnung des Eises am Strande
aufhielt. Um nicht diese kleine schöne Schnepfe zu verstümmeln,
forderten wir Uusimaa auf, eine Kugel so dicht über ihrem Kopfe
weg zu schießen, daß sie von der bloßen Contusion falle. Er that
dieses, und in der That, es war ein Meisterschuß. Der Vogel
hatte zwei Brutflecken.

Wir schoben das Boot in's Wasser. Während der drei
Stunden langen schweren Fahrt durch das so dicht gepackte Treibeis, daß wir das Boot oft darüber hinweg schleppen mußten,
sprachen wir von den Ereignissen des letzten Tages und der Möglichkeit einer Befreiung. Unser Bedauern, daß die Beobachtungen
an Verlegen-Hoek so frühe hatten abgebrochen werden müssen,
hörte erst dann ganz und gar auf, als das Boot wieder auf dem
offenen Wasser schaukelte und das Meer im Nordosten, so weit
man nur sehen konnte, offen erschien. „Haben wir den einen ersehnten Platz zum Beobachten verloren, so stehen uns doch tausende
offen, wenn wir endlich wirklich aus unserm Gefängnisse gelangen"
— dachten wir im Stillen. Die Wogen spielten und schäumten
vor unserm Boote, und wir steuerten zu unserm Schiffe, das
bereits seinen alten Platz verlassen und am östlichen Strande der
Bucht Anker geworfen hatte."

Denn der aus der Heenloopen-Straße wehende Wind hatte
das Eis in langsame Bewegung gesetzt, es nach Nordwesten getrieben und rings um Verlegen-Hoek gepackt. Kuylenstjerna war
am 30. Juni zu zweien Jachten am Oststrande hinübergegangen
und hatte von ihnen erfahren, daß in der Heenloopen-Straße kein
Eis zu erblicken. Mit dieser Nachricht kehrte er zurück, und es
wurde der Vorschlag gemacht, um Cap Forster zu segeln und in
der Heenloopen-Straße nach Süden vorzudringen. Aber es schien
mehr als wahrscheinlich, daß der südliche Theil dieses Sundes bei
den Waigatsinseln noch vom Eise gesperrt sei, und da der Südoststurm anhielt, so wurde der Plan verworfen. Mittlerweile beschloß man indessen die Anker zu lichten und zum östlichen Strande
hinüberzugehen, da er freier von Eis war und man von hier aus
leichter die offene See erreichen konnte, sobald das Eis in der

Oeffnung des Fjordes und bei Verlegen-Hoek es zuließ. Magdalena war bald segelfertig; es herrschte eine vollkommene Windstille; die Bugsirboote wurden herabgelassen, und alle Mann an
Bord legten Hand an, um das Eis vom Schiffe abzuhalten und
dieses mit großen Rudern weiter zu bewegen. Selten hat wohl
Jemand, aus langer Gefangenschaft befreit, in volleren Zügen
seine Freiheit genossen, als in jener Stunde die Mannschaft der
Magdalena, und das Gefühl, das in Aller Brust einzog, da nun
das Schiff in offenes, freies Wasser kam, mag leichter vorgestellt
als geschildert werden. Nach einer Stunde Arbeit gelangte das
Schiff ungefähr mitten in der Bucht in offenes Wasser und zugleich in den Windstrom von Heenloopen; die Bugsirboote wurden
eingezogen, und Magdalena segelte vor einer steifen Kühlte an den
Strand bei Cap Forster, wo sie Abends 8 Uhr auf sechs Faden
Tiefe Anker warf.

Als Aeolus gleichzeitig mit der Magdalena zur Abfahrt bereit
war, fand man, daß die Ankerkette unter einem großen Grundeisblock festlag. Die Besatzung mußte den Block zerkleinern, und
erst nach einer Arbeit von fünf Stunden hob er sich so weit, daß
die Kette frei wurde. Mittlerweile hatte das Treibeis sich wieder
nach dem westlichen Strande zu in Bewegung gesetzt, und es gelang ihm erst am folgenden Morgen, die Anker zu lichten und sich
durch das Eis zu bugsiren. Wie die Magdalena kam auch er
bald in den Bereich des von Heenloopen wehenden Windes, hatte
aber kaum die Segel aufgezogen, als der Wind zu einem vollkommenen Sturm anschwoll und ihn wieder dem Eise zutrieb. Die
Gefahr war dringend; Alles was an Bord war, beeilte sich die
Segel zu reffen. Ein paar ausgeworfene Anker brachten ihn
eben so wenig zum Stillstehen wie die Bugsirboote. Zuletzt trettete
ein noch zur rechten Zeit ausgeworfener Eisanker und ein vom
Jaen Mayen zum Beistande herbeigeeiltes Boot unsern Aeolus;
er zog wieder die Segel auf und gelangte glücklich zu dem östlichen Strande, wo er ein paar Kabellängen von der Magdalena
Anker warf.

Wir hofften nun in jedem Augenblicke die Bucht verlassen zu
können, darum wurde der Steuermann Mack mit einem Boote
nach Verlegen-Hoek abgesandt, um Dunér und Chydenius abzuholen. Ueber den Ausflug der Letzteren haben wir schon berichtet;
sie kehrten in der Nacht zum 2. Juli zurück.

Auch Nordenskiöld traf schon am 1. Juli wieder ein, da er durch den Sturm aus der Strat aufgehalten war. Auf dieser Fahrt hatte Petersen ein bearbeitetes Stück Holz mit einigen Zeichen gefunden, das unsere Leute sofort als ein Netz-Schwimmholz von den Lofoten erkannten.

Nachdem die eine der beiden Jachten glücklich aus dem Eise losgekommen und in die Bucht gesteuert war, lagen nun wieder fünf Schiffe auf dem Ankerplatze nördlich von Hecla Cove versammelt. Dem sechsten, Vercola's Jacht, das sich beinahe 48 Stunden außerhalb der Bucht im Packeise befunden hatte, gelang es schließlich durch ein verzweifeltes Manöver, nämlich mit vollen Segeln, sich hindurch zu pressen, indessen auch nur nach Westen in Wijde-Bai. Von hier aus konnte es später sich zu neuen Fahrten aufmachen, welche freilich mit dem Untergange des Schiffes endigten.

Da nunmehr im Fjorde bis Verlegen-Hoek nur wenig Eis vorhanden war, so wurde beschlossen, die Anker zu lichten und vorwärts zu bringen: die Magdalena nach Westen, Aeolus nach Norden.

Am 2. Juli 11 Uhr Vormittags gingen erst zwei von den Jachten aus, um Mittag Jaen Mayen, und gleich darauf begannen Magdalena und Aeolus sich aus der Bucht zu bugsiren. Denn obwohl der Südostwind noch immer in Heenloopen Strat raste, herrschte hier Windstille, nur zeitweise von einigen schwachen Windstößen aus Westen unterbrochen.

Vor der Abreise hatte Kuylenstjerna von Torell folgende Instruction erhalten. Magdalena sollte, sobald Wind und Eis es gestatteten, von Treurenberg-Bai absegeln. Ihr Cours sei von Blomstrand und Kuylenstjerna gemeinschaftlich zu bestimmen. Die Leitung der wissenschaftlichen Arbeiten sollte Ersterer allein haben. An den Stellen, wo die Expedition lande, seien Nachrichten über die bisherige Fahrt und die Schicksale des Schiffes unter einem Steinhügel (Varde) niederzulegen. In erster Reihe müßten besucht werden: der Eisfjord mit der Russenhütte an der Advent-Bai; das Südcap und das südliche Ende des Storfjord; an dem letzteren: Whales Point, an der Ostseite. Wenn angänglich, sollten in zweiter Reihe an folgenden Stellen Nachrichten deponirt werden: am Aeoluskreuz in der Treurenberg-Bai, an den Russenhütten in der Mossel-Bai, der Red-Bai und Wijde-Bai; an dem Südwestende der großen Norskö; am Begräbnißplatze der Magdalena-

Bai; bei Lord Dufferin's Barbe in der Englischen Bai; an der
Nord= und Südspitze von Prince Charles Forreland; im Bel=
Sund auf den Holmen vor Midbel=Hoek oder dem Begräbnißplatze
im Nordhafen; bei den russischen Ruinen im Horn=Sund; am
Whales Head auf der Westseite des Storfjord; bei Ryck Yse's
Inseln auf der südlichen Spitze von Storö. Sollte Magdalena
in der zweiten Hälfte des Sommers mit dem Aeolus nicht zu=
sammentreffen, oder von ihm keine Nachrichten erhalten, so müßte
sie in der Mitte des September die Kobbe=Bai zu erreichen suchen,
wo auch Aeolus — von den nördlichen Küsten zurückkehrend —
die geographische Expedition erwarten würde.

Sollte diese Expedition in Folge unerwarteter Ereignisse so
lange ausbleiben, daß ein längeres Verweilen sich mit der Sicher=
heit des Schiffes nicht vereinigen ließe, so sollte es nach Tromsö
absegeln, vorher aber in der Russenhütte an der Red=Bai den
entbehrlichen Proviant, Gewehre und Munition zurücklassen. So
weit es ferner die Sicherheit des Schiffes zuließe, solle auf der
Magdalena ein Boot mit zwei Mann Blomstrand und Dunér
zur Disposition stehen, ein anderes mit drei Mann aber aus=
schließlich zu den zoologischen Excursionen benutzt werden. Ein
Jagdboot mit drei Mann und dem Harpunirer sei für die große
Jagd zu verwenden.

Schließlich heißt es:

„Genauere Bestimmungen in Ansehung des von hier aus zu
wählenden Weges brauche ich nicht zu treffen, überlasse es viel=
mehr den Herren Blomstrand und Kuylenstjerna, zwischen Heen=
loopen Strat und dem westlichen Wege um Verlegen=Hoek zu
wählen."

Die Trennung von einander, eben so lange ersehnt als unsere
Befreiung, schien nun endlich wirklich gekommen. Gegenseitige
Glückwünsche wurden ausgetauscht. Sämmtliche Aeoliden begleiteten
die Freunde von der Magdalena noch ein Ende in Booten, wäh=
rend des herrlichsten Wetters. Anfangs waren nur unbedeutende
Eisbänder zu durchfahren; bald wurden die Schollen dichter und
größer; die Boote wurden heraufgewunden und das Schiff mittels
Stangen weiter geschoben. Die Begleiter nahmen Abschied und
schieden endlich unter lauten Hurrahrufen. Nach einer Stunde
mühsamer Fahrt durch die Eisblöcke kam Magdalena in offenes
Wasser; zugleich wehte ein guter Wind; es wurden die Segel

aufgezogen, und um 3 Uhr passirte sie das schmale Eisband, welches sich in der Oeffnung der Bucht gleich südlich von Ver= legen=Hoek befand. Vom Marskorbe konnte man keine Oeffnung wahrnehmen; sie steuerte nach Nordosten und gerieth in die Strömung des heftigen, aus der Heenloopen=Straße wehenden nebligen Südoststurmes. Zwischen 5 und 6 Uhr richtete sie ihren Cours daher wieder nach Nordwesten. Als sie aus der Nebelbank auf die Höhe von Verlegen=Hoek kam, erkannte man, daß das um diese Spitze — welche ihren Namen mit Recht führt — gelagerte Eis ununterbrochen mit dem unübersehbaren Packeise im Norden zusammenhing und den Weg sperrte. Sie mußte deshalb wieder nach Osten wenden, kreuzte die Nacht hindurch in der Mündung von Heenloopen, kam dabei einmal dem Nordostlande ganz nahe und konnte die volle Gewalt des Sturmes erproben. Die Tem= peratur sank bis auf —1°, die See ging höher und höher. Da hiernach nichts zu erreichen war, kehrte sie in die alte Bai bei Cap Forster zurück und warf am 3. Juli Morgens 1 Uhr wieder Anker.

Auch Aeolus hatte kurz nach der Magdalena die Anker ge= lichtet und sich bis zur Oeffnung der Bucht bugsirt. Hier legte er sich bei einem Grundeisblock vor Anker und erwartete die Rück= kunft des am Morgen ausgegangenen Jagdbootes. Es kehrte um 6 Uhr Nachmittags zurück. Um 11 Uhr Abends ging Aeolus unter Segel, steuerte nach Osten mitten vor Heenloopen Strat, wandte aber, da das Unwetter so heftig war, daß man es nicht wagen durfte, in dem unbekannten, engen Fahrwasser weiter zu segeln, um 1½ Uhr nach Westen. Da der Wind an Stärke zu= nahm, so beschloß man zu dem früheren Ankerplatz zurückzukehren und ankerte Morgens 4 Uhr neben der Magdalena. Aeolus ge= rieth hier, ohne Schaden zu nehmen, auf den Grund, kam aber mit der Fluth wieder los. So lagen denn die beiden Schiffe in derselben Bucht wieder neben einander, aber das Wiedersehen war auf beiden Seiten kein frohes: unsere Versuche waren mißlungen. Der Südoststurm hielt den ganzen Tag an. Der Himmel war klar, über dem Nordostlande und der Oeffnung des Sundes lag aber, wie gewöhnlich, ein dichter Nebel. Am 3. Juli Mittags begann endlich Sturm und Nebel ein wenig nachzulassen. Aeolus lichtete wieder die Anker und steuerte mit gerefften Segeln nach Norden, mußte indessen nach etwa zwei Stunden guter Fahrt

wieder umkehren, wegen des Packeises, das sich von Shoal Point,
der westlichsten Spitze des Nordostlandes, unübersehbar weit nach
Westen und Norden erstreckte. Nun kreuzte er südlich und legte
um 11 Uhr Nachts bei, während Lilliehöök im Boote nach dem
Nordostlande fuhr, ohne indessen einen geeigneten Ankerplatz zu
finden, da das Treibeis den Strand weit und breit bedeckte. Am
Morgen entdeckten wir schließlich eine kleine Insel am Oststrande
von Heenloopen Strat, nahe dem Nordostlande, wo die drei alten
bekannten Walfischfahrer schon vor Anker lagen. Wir segelten
ebenfalls dorthin und warfen am 5. Juli Morgens 4 Uhr auf
der Ostseite der Insel Anker. Der Schoner und die Slupe
waren nun also von einander getrennt; aber mit freudigen Gedanken, wenn auch nicht mit so stolzen Hoffnungen als früher,
blickten wir in die Zukunft.

Magdalena blieb einige Tage an ihrem Platze neben dem
niedrigen östlichen Ufer der Treurenberg=Bai, gleich nördlich von
Point Crozier, ohne daß der noch immer aus der Straße wehende
Sturm die Lage des Eises veränderte, oder die offene Rinne —
die Fortsetzung des Sundes — erweiterte. Es schien fast, als ob
der Wind aufhörte, sobald er, über das offene Wasser wehend,
die dichtgepackten Eismassen erreichte. Die dunkle niedrige Nebel=
bank, welche das Gebiet des herrschenden Sturmes andauernd be=
zeichnete, endigte am Eise. Kaum kräuselte ein Windhauch die
Oberfläche des Wassers in der Bucht. Bei Verlegen=Hoek, das
einige Meilen von der Windströmung entfernt lag, hatte der Sturm
schon seine Gewalt verloren; auf der andern Seite der Halbinsel
aber, in der Wijde=Bai, wehte — wie wir nachher erfuhren — der
Wind nur an der Westseite. Wir hatten später noch oft Gelegen=
heit, die auf ganz localen Ursachen beruhenden Verhältnisse der
Gebirgswinde, die sich hier so greifbar zu erkennen gaben, zu stu=
diren. Die Strat auf der einen, wie Wijde=Bai auf der andern
Seite sind beide offene, langgestreckte Gewässer, beide von fast
parallel laufenden hohen Gebirgsketten eingeschlossen; man kann
sie daher mit zweien Schornsteinröhren vergleichen, durch welche die
Luft anhaltend heftig strömt, gleichviel ob es rings umher ganz
stille ist. Die beiden Meerbusen treffen bei Verlegen=Hoek in
einem Winkel zusammen; die Kraft der Winde hebt sich hier gegen=
seitig auf, und das Treibeis verharrt in seiner Ruhe, als ob es
von einer unsichtbaren Gewalt zurückgehalten würde. —

Man darf sich indessen nicht vorstellen, daß der Winter noch immer unbeschränkt herrschte, obwohl wir noch ganz vom Eise eingeschlossen waren. Der Sommer nahte mit großen Schritten, denn der Juni ist der Frühlingsmonat auf Spitzbergen. Die Sonne stieg immer höher und ihre Strahlen waren keineswegs kraftlos. Der Schnee wurde erst weich, dann wassergetränkt und verschwand stellenweise ganz. Die Lagunen nahmen allmählich ihren Sommercharakter an und verwandelten sich in kleine Süßwasserseen. Auf dem Hügel am Aeoluskreuz und dem niedrigen Vorsprunge bei den Gräbern, den einzigen Stellen, welche schon bei unserer Ankunft schneefrei waren, begannen am 11. Juni Cochlearia fenestrata und die Polarweide ihre Knospen zu öffnen. Den 22. pflückten wir die erste Blüthe von Saxifraga oppositifolia, ein Zeichen, daß die Hochsommersonne endlich über den Winter den Sieg davon getragen; am 26. aber blühten Draba alpina, Cochlearia, Cardamine bellidifolia und Saxifraga cernua, hier und da auch Oxyria und Weiden, denen sich am Anfange des Juli Cerastium alpinum anschloß. Aber nicht blos Schnee, Eis und Pflanzen empfanden den zunehmenden Einfluß der Sonne, auch das Thierreich wurde durch sie zu neuem Leben gerufen. Kleine Poburen hüpften munter auf dem Schnee; schon am 7. fanden wir auf Hecla Mount, mehr als 1,500 Fuß über dem Meere, eine große Anzahl Mücken, und am 21. fingen wir neben dem Aeoluskreuze Dipteren, welche jedoch — die Wahrheit zu sagen — sich nur ein paar Fuß über den Boden zu erheben wagten. Hier und da traf man auf kleine Spinnen und eine Art Würmer, welche in dem bereits aufgeweichten Boden lebten und unseren Regenwürmern glichen.

Während unseres ganzen Aufenthaltes in der Bucht stand das Thermometer meist auf dem Gefrierpunkte, nach dem 22. Juni sank es niemals darunter. Einmal stieg es in der Sonne sogar bis auf +15° C. Die Durchschnittstemperatur im Juni — mit Einschluß der kalten Tage beim Beginne des Monats, da wir vor der Reb-Bai kreuzten — stellte sich nach den 305 auf dem Aeolus gemachten Beobachtungen auf +1,7° C. heraus.

Die Erwärmung der Luft, das Aufthauen des Bodens, das Schmelzen des Schnees, das Loslösen des Eises in der Bucht und an den Küsten und sein Abschmelzen an den Kanten: — alles war ein Resultat der niemals untergehenden Sonne, welche sich

am Mittage mehr als 30 Grade über den Horizont erhob. Auch
das Wasser, obwohl von kolossalen Eismassen erfüllt, zeigte
eine merkliche Temperaturerhöhung. Während dieselbe sich in der
ersten Woche unter dem Gefrierpunkte gehalten und selbst bis auf
—1,₆° C. erniedrigt hatte, stieg ihre Wärme jetzt oft über 0° und
erreichte zuweilen sogar +2,₆° C., so daß die im Westen schwimmenden Eisschollen merklich schmolzen und demselben dafür Wärme
entzogen. Diese Steigerung, welche man nicht dem unmittelbaren
Einflusse der Sonne allein zuschreiben kann, nahm man besonders
in der Zeit des Tages wahr, wenn die Fluth aus dem Meere in
die Bucht eindrang. Von dort also kam das wärmere Wasser,
das eben so viel als die Wärme der Sonnenstrahlen und der
Wogenschwall zu der Lösung der Eisdecke im Innern der Bucht
beitrug und die Eisschollen in unserer Nähe schmolz, namentlich
den unteren im Wasser befindlichen Theil derselben, welcher sich
dem Einflusse der Sonne entzog. Am Schlusse des Monats hatte
die Kante des festen Eises im Innern der Bucht sich ein wenig
weiter zurückgezogen, als sie — nach Parry's Angabe — bei dessen
Ankunft gewesen war.

Der Niederschlag, in der ersten Hälfte des Juni ganz erheblich, blieb in der zweiten fast ganz aus. Am häufigsten fand er in
der Form von Schnee statt; nur einmal, am 11. Juni, regnete
es, das erste Mal während unseres spitzbergischen Aufenthaltes.
Am 1. Juli brachte ein Südsüdost wieder strömenden Regen.
Am Ende des Monats verschwand auch der Nebel, der uns früher
oft beschwerlich gefallen, wenngleich nicht so oft als der Schnee.
Nur einmal war er so stark gewesen, daß die Signaltrompeten
geblasen werden mußten, damit das vom Aeolus ausgesandte
„Dreggboot" den Weg zurück nicht verfehle.

Bei Beginne des Juli stellte sich auch der Sommer ein, und
zwar mit jener erstaunlichen Schnelligkeit, von der sich ein Bewohner südlicher Regionen kaum eine Vorstellung zu machen vermag. Der Schnee, der noch in den letzten Tagen des Juni Berg
und Thal einhüllte, sowie das Eis in dem Innern der Bucht
schienen mit ihrer Mächtigkeit der geringen Wärme des arktischen
Sommers Trotz bieten zu können. Aber wir waren bald Zeugen,
wie selbst unter dem 80. Breitengrade die Sonne Wunder be-
wirken und gleichsam mit einem Zauberstabe die schlafende Natur
zum Leben erwecken kann. Die Kante der Eismassen, von Dünung

und Wogenschwall untergraben, brach und stürzte in's Meer.
Das Grundeis wurde von den Wogen und Sonnenstrahlen an=
gefressen und verzehrt; es theilte sich in gewaltige Blöcke, die mit
ungeheurem Krachen in die Tiefe stürzten. Fast stündlich konnte
man wahrnehmen, wie die kahlen Flecke an den Abhängen und
auf den Ebenen größer und größer wurden. Wo man eben noch
mit Schneeschuhen umhergeschweift, brausten reißende Ströme her=
nieder, das Erdreich und Gerölle von den Terrassen und Ab=
hängen mit sich führend. Immer größer wurden die Wasser=
ansammlungen auf dem Flachlande. Sie erschwerten die Excur=
sionen und bereiteten Manchem von uns ein unfreiwilliges Bad
in dem eiskalten Wasser. Die Blumen begannen hastig zu sprie=
ßen, Blätter und Blüthen zu treiben, und die Botanisirkapsel
wurde hervorgesucht. Mit einem Wort: der Frühling hatte sein
Werk vollendet und der Sommer war da. Die Temperatur stieg
nun zuweilen auf +11° C. im Schatten; das energische Licht
blendete unsere Augen; die Wärme wurde bei den Arbeiten im
Sonnenschein drückend, und die niederen Luftschichten verloren in
Folge des Höhenrauches ihre Durchsichtigkeit.

Das Vorgebirge, an welchem wir lagen, steigt terrassenförmig
nach dem Hecla Mount auf. Seiner Wintertracht entkleidet, glich
der Erdboden mit seiner lockern Oberfläche von Grus, Schiefer=,
Hyperit= und Kalksteinfragmenten einem umgebrochenen Acker, nur
sparsam von einigen Sarifragen, Draben, Cardamine bellidifolia
und Cerastium alpinum, diesen jetzt in voller Blüthe stehenden
Plebejern der arktischen Flora bewachsen. An den Schneewasser=
teichen erblickte man den Fjäreplytt, Tringa maritima, in kleinen
Haufen, Würmer suchend, hier und da auch den schönen Phalaropus, die in diesem Wasser häufigen, wenngleich noch unentwickel=
ten Algen — Nostoc commune — pickend. Die eine und an=
dere Eidergans hatte in ihrem kunstlosen Neste bereits Eier ge=
legt. Am Strande, und besonders am Ausflusse der Bäche, zeigten
sich große Schaaren von Kryckien, Larus tridactylus, die in Ge=
sellschaft von „Seepferden" und Meerschwalben, Sterna arctica,
stets unruhig und lärmend, Limacinen fraßen, Schnecken, welche
in dieser Jahreszeit in ungeheuren Massen an die Küsten Spitz=
bergens und in das Innere der Fjorde kommen und sich am lieb=
sten in der Nähe der Gletscherabflüsse an der Oberfläche des Wassers
aufhalten. Die Meerschwalben stürzten sich in schnellster Flucht

auf ihre Beute, während die Seepferde, auf dem Wasser schwim=
mend, in aller Gemächlichkeit ihre Nahrung suchten.

Um die Lage des Eises genauer zu untersuchen, fuhr Dunér
mit dem Steuermann Mack im Jagdboote nach Verlegen=Hoek. Die
Rückfahrt gegen den wachsenden Sturm war schwierig; sie berich=
teten, daß das Packeis unverändert und keine Oeffnung vorhan=
den sei. Blomstrand und Smitt hatten schon vorher den Hecla
Mount bestiegen und von ihm aus jenseits Verlegen=Hoek einen
Streifen offenen Wassers gesehen. Er muß sich indessen bald
wieder geschlossen haben, da die Bootpartie ihn nicht mehr wahr=
nahm. Sie schilderten die Hitze bei der Bergbesteigung als drückend
und hatten auf der Spitze vollkommene Stille, während der Nebel=
sturm, wie gewöhnlich, dicht dabei durch den Sund raste. Am
Abend des 4. Juli ging wieder eine Partie nach dem Weststrande
ab, diesesmal von Øhlen mit dem Harpunirer. Sie kehrten am
folgenden Tage mit derselben unangenehmen Nachricht zurück. Die
Jagd war während dieses Ausfluges freilich glücklich gewesen,
denn sie brachten einen Seehund, ein Rennthier, einen Bären und
eine Menge von Pflanzen mit. Ein Gleiches in Betreff der Lage
des Eises berichtete eine Slupe und die Brigg Jaen Mayen, die
beide, nach einem mißlungenen Versuche, Verlegen=Hoek zu pas=
siren, neben der Magdalena Anker warfen.

Den 6. begaben sich Blomstrand und Dunér zu dem Innern
der Bucht, erst mit dem Boote bis zu der festen Eiskante, welche
südlich von Hecla Cove noch dalag, und von hier zu Fuß auf den
festen Eisbänken neben dem Strande. Sie erkannten aber bald,
daß das Fjordeis sie noch zu tragen vermochte, setzten auf diesem
mitten durch die offenen Waken ihren Weg fort und gelangten so
zu dem Ende der Bucht.

Blomstrand berichtet weiter:

„Wir bestiegen einen beinahe 1,200 Fuß hohen Berg, bei
welchem zwei mächtige Hyperitgänge den Thonschiefer und Kalk
durchsetzen, und gingen über die innerste breite Strandebene, eine
Art Fortsetzung der mächtigen Moränenbildung jenes großen
Gletschers, welcher in der Tiefe zum Fjorde niedersteigt und von
zweien Kalkbergen begrenzt wird, deren weiße Farbe, schon von
Ferne gesehen, einen starken Contrast gegen die schwarzen Felsen
der Hecla=Cove=Kette bildet. Von dem einen dieser Kalkberge
aus, dem Gletscher zur Seite, strömte durch eine enge Schlucht und

in wilden Sätzen ein ansehnlicher Gletscherbach, der sich unten in
einer Süßwasser-Lagune verlor. Wir machten den Versuch, auf
die Oberfläche des Gletschers zu gelangen, und kletterten den Berg
hinan durch eine enge, steil abstürzende Kluft, wo wir alle unsere
Kräfte zusammennehmen mußten, um uns über das schneidend
scharfe Steingerölle hinaufzuarbeiten. Die Aussicht von oben war
indessen ein reichlicher Ersatz für unsere Mühe. Im Vordergrunde
die wild zerrissenen jähen Felsabhänge, unter uns die brausende
und schäumende Gebirgsfluth, und in der Mitte des großartigen
Gemäldes die wunderbare, kolossale Eismasse des Gletschers, im
Hintergrunde begrenzt von den vielgestalteten Bergzügen, dem
Fjorde und den Höhen jenseits Verlegen-Hoek, wo zwischen dem
Packeise im Sonnenscheine deutlich eine offene Stelle erglänzte und
uns baldige Befreiung aus unserer langen Gefangenschaft in Aus=
sicht stellte. Um das beschwerliche steile Gerölle zu vermeiden,
machten wir einen Umweg nach Norden hin. Hier mußten wir
zum Schlusse über ein Schneefeld gleiten, ein Beförderungsmittel,
das, wenn man nur erst entschlossen ist, sich der Schwerkraft und
„dem natürlichen Schlitten“ — wie Scoresby es nennt — zu
überlassen, ohne Zweifel auch das bei Weitem schnellste ist.

„Der Heimweg war ermüdend und ohne Abenteuer; die
Augenlider fielen uns zu, und wir erfreuten uns der verhältniß=
mäßig angenehmen Ruhe während der Ruderfahrt über den Fjord.
Der wachsende Sturm machte indessen, als wir aus dem Schutze der
Berge kamen, unseren Armen so viel zu schaffen, daß wir uns
gerne wieder eine Weile auf die Beine gemacht hätten. Obwohl
dicht unter Land, hatten wir eine weite Strecke nichts Anderes zu
thun, als mit aller Kraft gerade auf das Ufer los zu rudern,
bis wir allmählich von dem Strome nach unserm Fahrzeuge ge=
führt wurden.“

Mit Rücksicht auf die glänzenden Schilderungen, welche die
am 4. ausgegangene Jagdpartie von der üppigen Vegetation an
einigen Stellen der Westküste gemacht hatte, unternahm von Yhlen
mit einem Manne am 7. Juli einen botanischen Ausflug quer
über den Fjord. Sie stiegen eine Viertelmeile südlich von unserm
früheren Ankerplatze bei einer Elf an's Land, welche die ungefähr
fünfzehn Fuß hohe, vom Strande steil aufsteigende Grus= und
Thonbank durchschneidet. Die große Menge darin gebetteter fos=
siler Schnecken und Muscheln verräth sofort den alten Meeres=

boden. Außer den im Fjorde noch lebenden Arten trifft man
Schalen von Mytilus edulis, nunmehr auf Spitzbergen ausgestor=
ben, ein interessanter Fund, der später indessen noch oft gemacht
wurde. Eine Schale der Mya truncata mit ihrem Mantel und
Sifonkleide zeigte, daß — im geologischen Sinne — dieses Ufer
nur erst vor Kurzem über die Meeresfläche getreten war. Ueber
diesem Abfalle öffnet sich eine Grusebene und steigt dann in brei=
ten Terrassen zu dem niedrigen Bergzuge im Westen hinan. Der
Boden war fast ganz schneefrei, aber ohne Pflanzen, wie gewöhn=
lich auf solchen Flächen. Aber neben dem Ausflusse der Elf hat
das alte Meer eine bessere Krume zurückgelassen. Hier erfreuen
den Botaniker einzelne Pflanzenbüschel, die zwar nicht so dicht
stehen, um den Boden zu bedecken, indessen für diese Erde und
dieses Klima immerhin stattlich genug erscheinen.

Es sah hier nun schon ganz nach dem Hochsommer aus.
Einige Draben setzten bereits Körner an. Es wechselten in bun=
ten Bouquetten mit einander: Ranunculus nivalis, der groß=
blumige Mohn papaver naudicale, Potentilla pulchella, Saxifraga oppositifolia, nivalis, cernua, rivularis, caespitosa und
flagellaris, Polygonum viviparum, Pedicularis hirsuta, Braya
purpurascens, Silene acaulis, außer den häufigen: Salix polaris, Oxyria reniformis, Cerastium alpinum, Cochlearia fenestrata und Cardamine bellidifolia. Ihre Blüthen waren sparsam
über den schwärzlich grauen Boden von Grus, Thon und Schiefer
zerstreut. Am schönsten war Andromeda tetragona, Spitzbergens
Erika, die kaum der Muttererde zu bedürfen scheint; sie sprießt
zwischen den Schieferbrocken, wo kein Grus vorhanden und keine
andere Pflanze Nahrung findet, und ihre weißen Blüthen nach
Art der Maiblümchen heben sich hell von dem dunkeln Trümmer=
boden ab. Hier und da hatte sogar Dryas octopetala ihre großen
weißen Blüthen entfaltet. Alles prunkte, wenngleich nur in
seiner einfachen Schönheit. Trotzdem aber ging durch diese ark=
tische Blumenwiese mit aller ihrer Milde und Fülle ein Zug ver=
lassener Oede und Erstarrung. Man vermißte die Grasmatte mit
ihrem dichten Grün von Gräsern, die hier allein durch einige Halme
von Carex nardina und rupestris, Juncus biglumis und Luzula
hyperboraea vertreten waren. Ein paar Arten Dipteren um=
schwärmten die Blumen und vervollständigten dieses Bild eines
Lebens, das die Natur gleichsam nur in Miniatur und ohne allen

Wechsel der Formen in's Leben treten läßt, um es nach kurzer Frist wieder auszulöschen. Hier hören die für ihre Schöpfungen nothwendigen Voraussetzungen mehr und mehr auf. Sie kargt mit dem Leben.

Dieses war unser letzter Ausflug in der Treurenberg=Bai. Wir erfuhren von einem Spitzbergenfahrer, daß sich bei Verlegen= Hoek eine Rinne geöffnet habe, lichteten die Anker und gingen mit der Brigg und einer andern Jacht unter Segel.

Es fehlte wenig, so wären wir auch diesesmal nicht durch das Eis gekommen. Der bei Heenloopen Strat frische Wind nahm wie gewöhnlich ab, da wir uns Verlegen=Hoek näherten. Wir stießen auf Eis, hielten es für unmöglich hindurch zu gelangen und warfen in einer der kleinen Buchten an der Spitze der Halb= insel Anker. Bei einem Ausfluge in's Land hinein nahmen wir jedoch wahr, daß man durch das nicht dichte Eis recht gut gelangen konnte. Wir lichteten daher Nachmittags zwei Uhr die Anker und die Magdalena wurde in der Richtung nach Westen bugsirt. Während dieser Fahrt kamen vier Walrosse in Sicht. Die Bugsir= boote wurden sofort in Jagdboote umgewandelt, und selbst vom Jaen Mayen fuhr ein Boot behufs Verfolgung der Thiere ab. Wir konnten von unserm Schiffe die Jagd ganz bequem ansehen. Die Walrosse wälzten sich gleichsam über die Wasserfläche, während die Mutter, — denn es war offenbar eine solche — je näher die Gefahr kam, sich mit ihrer ganzen Schwere über ihr beinahe er= wachsenes Junge warf, um es mit Gewalt unter das Wasser zu pressen, während sie für sich durchaus nichts zu fürchten schien. Unterdessen waren die Jäger näher gekommen und die Harpune bohrte sich in ihren Körper. Wir konnten deutlich wahrnehmen, wie das Boot bei dem gewaltigen Anrucken des Thieres sich bald hob, bald senkte, bis endlich eine wohlgezielte Kugel ihrem Todes= kampfe ein Ende machte. Die Jagdleine wurde an einem Eis= stücke befestigt, die Beute dort gelassen und die Jagd fortgesetzt. Wir hörten, wie das Junge brüllte, gleichsam in Verzweiflung seine Mutter suchte, bis es ebenfalls der Harpune zum Opfer fiel. Die Befriedigung, Zeugen einer Walroßjagd gewesen zu sein, ver= mochte nicht den unangenehmen Eindruck, den dieses Schauspiel zurückließ, aufzuheben. Und was will dieses sagen gegen die Mord= und Schlachtscenen, da man das Walroß auf dem Lande zu Hunderten tödtet, wo das ganze Geheimniß der Jagdkunst darin besteht, daß man die dem Meere zunächst befindlichen Thiere zuerst erschlägt, damit ihre Leichen den übrigen den Weg sperren! — Die Leute vom Jaen Mayen bemächtigten sich der beiden anderen Walrosse; die Beute wurde also brüderlich getheilt. Die Zoologen beeilten sich, das Fell der Thiere, behufs der Ausstopfung, zu retten. Die Walrosse wurden an das Schiff bugsirt und ihnen das Fell ganz abgezogen, während man es sonst in zwei Hälften zu zerschneiden pflegt. Die Wärme des Thieres, obwohl es eine starke halbe Stunde unter Wasser gelegen hatte, betrug +34° C.

Blomstrand und Dunér waren unterdessen an's Land gegangen, um ihre Beobachtungen vom Vormittage zu beendigen, und kehrten nach kurzem Aufenthalte wieder zum Schiffe zurück. Gelassen — denn der Wind war schwach und Magdalena hatte keine Eile — steuerten wir im Zickzack zwischen den Eisblöcken hin. Gegen Abend trat Nebelwetter ein, das uns die Aussicht beinahe ganz benahm und die Nachbarschaft des Eises doppelt bedenklich machte. Kurz vor Mitternacht zeigte sich im Süden, gerade der Sonne gegenüber, ein lichter Hof oder Bogen, der durch die Brechung und das Zurückwerfen der Strahlen an der Nebelbank erzeugt wurde. Der Wind nahm zu, die Fahrt ging schneller, und die häufigen und heftigen Stöße, welche Magdalena empfing, gemahnten uns daran, daß der Raum zwischen den Eisblöcken enger und enger wurde. Noch zur rechten Zeit verlor sich der Nebel, und wir überzeugten uns bald, daß wir bereits tief in's Packeis eingedrungen seien und keineswegs länger nach dem Kompaß segeln dürften. Das Schraubeneis umgab uns von allen Seiten, aber einige Kabellängen entfernt im Süden erschien doch der östliche Theil von Wijde-Bai, so weit man sehen konnte, offen und wir durften uns glücklich preisen, als wir nach einigen Stunden Schiebens und Bugsirens das offene Wasser des Fjordes erreichten.

Aber noch war unsere Gefangenschaft nicht zu Ende. Ein ansehnliches Band Treibeises lag gepackt an dem Weststrande des Fjordes und verband sich über Grey-Hook mit den ungeheuren Eismassen im Norden. Wir kreuzten, um jede sich bildende Oeffnung zu benutzen, den ganzen 9. Juli vor dieser Spitze an der Eiskante hin. Gegen Abend hörte der Wind auf, und es gingen zwei Partien an das Land, die eine um zu botanisiren, die andere um eine an dem Oststrande des Fjordes stehende Russenhütte in Augenschein zu nehmen. Nach einer langen, aber angenehmen Wanderung während der stillen Nacht kehrten sie erst am folgenden Morgen an Bord zurück. Die Windstille hielt an; die Eisblöcke schwammen mit der Fluth in den Fjord, und die Bugsirboote brachten die Magdalena hinter einer Sandbank, nördlich von Albert Dirkse's Bucht, in Sicherheit.

Das Eis hatte also noch einmal einen Strich durch unsere Rechnung gemacht, aber wir durften hoffen, nicht lange hier zu bleiben; ein Jeder ging darum an seine Arbeit, froh, der Sorge-Bai für immer Lebewohl gesagt zu haben.

Sechstes Kapitel.

Der Plan einer Eisfahrt. — Walrosse.

Wir sind den beiden Schiffen bis zu dem Augenblicke gefolgt, da Aeolus nach Osten und Magdalena nach Westen steuerte. Bevor wir unsern Bericht über die Fahrten derselben wieder aufnehmen, wollen wir einen Blick auf das Unternehmen werfen, das Torell bis in alle Einzelheiten hin mit so großer Umsicht erwogen und ausgedacht hatte, das aber durch unsere Monate lange Gefangenschaft in der Treuenberg-Bai zu Wasser wurde: ich meine die geographische Expedition nach Norden. Wir entlehnen seinem officiellen Bericht, in welchem er mit der ihm eigenen Klarheit alle uns von den früheren Polarfahrern überlieferten Angaben benutzt hat, folgende Darstellung:

„Wenn man sich unter dem 80. Breitengrade, also nur hundert schwedische Meilen vom Nordpol entfernt befindet, so tritt ganz von selbst die Frage an uns heran, ob sich der Erreichung des Poles wirklich unüberwindliche Hindernisse entgegenstellen, oder ob nicht mindestens ein Theil des dazwischen liegenden Gebietes durchfahren werden könne. Man wiederholt in seiner Erinnerung alle die Unternehmungen, welche einander gefolgt sind; die neuen Hypothesen in Betreff der physischen Beschaffenheit der Polarwelt, welche die alten beseitigt oder wenigstens erschüttert haben. Noch immer ist das Problem ungelöst, obwohl Männer wie Barrow, Scoresby, Wrangel und Petermann, welche sich durch ihre persönlichen Anschauungen oder durch ihr tiefes Wissen auszeichnen, der Ansicht sind, daß der Nordpol nicht außerhalb des Bereiches der geographischen Entdeckungen liege.

8*

„Es ist daher sehr natürlich, daß gerade wir, Nordenskiöld
und ich, die wir schon früher wissenschaftliche Zwecke in den
arktischen Regionen verfolgt hatten, von derselben Sehnsucht —
wie unsere zahlreichen Vorgänger — ergriffen wurden, bis zu dem
höchsten Norden vorzudringen, und, so viel an uns lag, die
schwedische Wissenschaft bei diesem Streben betheiligt zu sehen.
Ungünstige Verhältnisse stellten sich dieser Arbeit zwar hindernd
entgegen, ich halte mich indessen trotzdem für verpflichtet, über die
Art und Weise, wie die geographische Expedition vorbereitet worden,
Rechenschaft abzulegen.

„Bevor dieses geschieht, wird es nöthig sein, einen Blick zu
werfen auf die Meinungen über die Beschaffenheit des Polar=
meeres, so weit sie wissenschaftliche Geltung erlangt haben; ferner
auf die früher gemachten Versuche, bis zu dem nördlichsten Punkte
der Erdkugel vorzudringen; die Methoden, welche die allmählich
bereicherte Erfahrung für solche Entdeckungsreisen an die Hand
gegeben; endlich auf die Resultate, welche, trotz aller fehlgeschlagenen
Hoffnungen, für die Wissenschaft errungen worden sind.

„In Betreff der Beschaffenheit des Polarmeeres sind lange
zwei entgegengesetzte Meinungen von verschiedenen Schriftstellern
und Reisenden verfochten worden. Auf der einen Seite hat man
behauptet, daß das nördliche Polarmeer entweder ganz eisfrei oder
doch in dem Grade offen sei, daß es von Schiffen durchsegelt
werden könne. Der Geograph Barrington suchte zu beweisen, daß
sogar der 89. Grad von Walfischfängern erreicht sei, und das
englische Parlament setzte im vorigen Jahrhundert große Be=
lohnungen für diejenigen aus, welche die höchsten Breitengrade
erreichen würden, ja sogar eine für die Erreichung des Nord=
poles selbst.

„Unter dem Einflusse dieser Ansichten wurde die große Expe=
dition des Capitän Phipps nach dem Nordpol ausgerüstet. Sie
stieß schon unter dem 80. Breitengrade bei Spitzbergen auf un=
durchbringliche Eismassen und kehrte nach vielen Mühen unver=
richteter Dinge zurück, nachdem die Besatzung einmal schon im Be=
griffe gewesen war, das Schiff zu verlassen. Capitän Buchan's
Expedition 1818, bei welcher John Franklin das eine Schiff be=
fehligte, hatte ungefähr denselben Verlauf.

„Anstatt nördlich von Spitzbergen, oder zwischen Spitzbergen
und Grönland ein eisfreies Meer zu finden, kehrten Phipps und

Buchan mit der Ueberzeugung zurück, daß von Spitzbergens nörd=
lichstem Breitengrade ab die Bahn von undurchbringlichen Eis=
massen gesperrt werde, deren südliche Grenze zwar veränderlich,
überall aber vorhanden sei. Alle Expeditionen von Cook bis auf
uns, welche durch die Behringsstraße nach Norden fuhren, haben
noch südlicher diese unbeweglichen Eismassen angetroffen. Die
Sunde zwischen den amerikanischen Inselgruppen sind ebenfalls
verschlossen gefunden, und das offene Polarmeer, welches Capitän
Penny — nach Maury — im Wellington=Kanal, und Kane im
Smiths=Sund angetroffen, erwies sich voll von Eis, als Belcher
und Hayes es später zu durchsegeln versuchten.

„Maury hat aus rein theoretischen Gründen zu beweisen ge=
sucht, daß das Polarmeer offen und segelbar sei. Petermann trat
ihm bei und bezog sich auf die bis dahin gemachten Erfahrungen.
Mit Ausnahme von Kane und Hayes hat indessen Keiner von den
Männern, welche selbst das Polareis beobachtet, diese Ansicht ge=
theilt. Im Gegentheil, Sir Leopold M'Clintock, vielleicht die erste
Autorität auf diesem Gebiet, hat die Existenz eines offenen Polar=
meeres bestimmt in Abrede gestellt. Die aufgestellte Theorie ist
indessen, in Folge des großen, wohlbegründeten Ansehens der=
jenigen Männer, welche sie adoptirt haben, zu einer wichtigen
Streitfrage in der Wissenschaft geworden und kann nur auf em=
pirischem Wege gelöst werden. Alles was zu ihrer Beantwortung
beiträgt, erscheint von größter Bedeutung. Ich für meinen Theil
bin durch die für die Existenz eines offenen Polarmeeres angeführten
Gründe nicht überzeugt, und da meine ersten Eindrücke und Wahr=
nehmungen in Spitzbergen für das Gegentheil sprachen, schloß ich
mich unbedingt der Ansicht an, daß das nördliche Polarmeer mit
Eis bedeckt, obwohl nicht ohne größere und geringere offene
Stellen sei.

„Außer M'Clintock huldigten dieser Meinung die vieljährigen
Vertrauten des Eismeeres und seiner Natur: Scoresby, Parry
und Franklin. Auf diesem Meere kann man nicht segeln; will
man vorwärts, muß das Eis den Reisenden tragen. — Kann man
aber auf diesem Eise überhaupt vorwärts kommen? — Scoresby
ist, so viel mir bekannt, der Erste, welcher sich ausführlich über die
Art und Weise einer solchen Eisfahrt geäußert hat. Seine lang=
jährigen Erfahrungen, seine Wahrheitsliebe und die gründliche,
für seine Beschäftigung als Walfischfänger ungewöhnliche wissen=

schaftliche Bildung machen ihn zu einer der ersten Autoritäten
auf diesem Gebiet; auch ist er anerkanntermaßen zu Schiffe weiter
als irgend ein Anderer nach dem Nordpol vorgedrungen. Seine
Meinung hat ein um so größeres Gewicht, als er Jahre lang sich
mit der Möglichkeit beschäftigt hat, dieses Polareis mit Schlitten
zu befahren. In einer Reihe von Abhandlungen (in den Memoirs
of Wernerian Society) und in seinem bekannten Werke: Account
of arctic regions sucht er, gestützt auf eigene Erfahrungen und die
Beschaffenheit des Eises, sowie die in Canada und Sibirien aus=
geführten Schlittenfahrten, zu beweisen, daß man von Spitzbergen
aus, auf dem Eise, nach oder gar bis zum Nordpole wohl vor=
dringen könne. Er meint, daß Rennthiere recht gut zum Ziehen
benutzt werden könnten, und daß die großen Eisfelder, die er als
Walfischfänger kennen gelernt habe, keineswegs zu uneben für
Schlittenfahrten seien. Er hatte einmal ein Eisfeld getroffen, das
etwa eine halbe englische Meile lang und so eben war, daß man
darauf hätte mit Wagen fahren können. Andere über die Be=
schaffenheit des Eises befragte Walfischfänger — bevor Parry seine
Nordpolexpedition unternahm — gaben eine ähnliche Antwort.

„Während Capitän Phipps' Expedition bei den sogenannten
Sieben Inseln, nördlich von Spitzbergen, fest im Eise lag, bestieg
Capitän Lutwidge eine der Inseln. Er berichtete, daß nach Norden
hin weder Land noch Wasser zu erblicken gewesen; das Eis wäre
eben und zusammenhängend, „flat and unbroken".

„Sir John Franklin reichte der englischen Admiralität einen
Vorschlag ein, worin er sich bereit erklärte, mit Booten, auf Schlitten
gestellt, den Nordpol zu erstreben. Der Plan fiel, da Franklin
anstatt dessen eine seiner großen Landreisen im arktischen Amerika
antrat. Capitän Parry nahm, nach der Beendigung der drei Reisen
zur Entdeckung der Nordwestfahrt, Franklin's Plan auf und erbot
sich, in der vorgeschlagenen Weise denselben auszuführen. Der
Vorschlag wurde von der Admiralität angenommen, der „Hecla"
zur Fahrt nach Spitzbergen in Stand gesetzt und Boote nebst
Schlitten und anderm Zubehör angeschafft. In Hammerfest nahm
man acht Rennthiere nebst einer Quantität Rennthiermoos als
Futter an Bord. Smeerenbergs Hafen, von wo die Bootexpedition
ausgehen und Hecla deren Rückkehr erwarten sollte, war so mit
Eis angefüllt, daß man einen andern Ankerplatz an der Nordküste
Spitzbergens zu suchen gezwungen war. Die wenigen zuver=

lässigen Karten gaben geringe Auskunft, und so verging über dem
Aufsuchen eines Hafens ein guter Theil der besten Jahreszeit.
Schließlich lief das Schiff in Treurenberg-Bai ein und die Bootexpedition konnte abgehen. Parry traf weit mehr offenes Wasser
an, als wir, und ruderte unbehindert nordwärts, auf Strecken,
wo wir den ganzen Sommer über nur Eis wahrnahmen.

„Als das Eis dichter und dichter wurde, begann die eigentliche Schlittenfahrt. Doch fand man die Beschaffenheit des Eises
ganz anders, als man erwartet hatte. Anstatt aus flachen Schollen
und Feldern, bestand es fast ausschließlich aus Schraubeneis
(hummocks). Unermüdet, wenngleich langsam, arbeitete sich die
Mannschaft indessen vorwärts und erreichte einen höheren Breitengrad als irgend ein Lebender vor oder nach ihnen. Zuletzt merkte
Parry, daß er sogar die Strömung gegen sich habe; die Abnahme
des Proviants gebot die Umkehr; er erreichte glücklich den „Hecla"
und fuhr mit demselben nach England zurück.

„Den Hauptgrund, weshalb Parry nicht weiter kam, findet
er selbst in der Beschaffenheit des Eises. Es war keineswegs
„flach, eben und ununterbrochen", wie Scoresby, die Walfischjäger
und Lutwidge es hatten vermuthen lassen. Dazu kam die ungünstige Meeresströmung, welche das Eis nach Süden trieb, die
weit vorgeschrittene Jahreszeit und der weiche Schnee. Die Boote
waren zu schwer, — 14 Mann gehörten dazu, um nur eines weiter
zu schleppen — die Schlitten von unpraktischer Construction, die
daran angebrachten Räder unbrauchbar. Die Ausrüstung und
Verproviantirung war ungefähr ebenso wie bei den späteren Expeditionen, aber die erstere zu schwer und die letztere unvollständig.
Das Rennthier erwies sich auch nicht als brauchbares Zugthier,
denn es verzehrt täglich vier Pfund Rennthiermoos, während
es nicht mehr als 150 bis 200 Pfund zu ziehen vermag. Es ist
daher für solche Fahrten lange nicht so geeignet als Hunde.

„Parry's Reise blieb einzig in ihrer Art. Ein zweiter Versuch,
auf dem Eise nach Norden vorzudringen, wurde nicht gemacht.
Aber die Reise beschloß keineswegs die Reihe der arktischen Expeditionen. Erst kam Sir John Roß mit der Victoria und entdeckte
den magnetischen Pol; darauf Sir John Franklin's durch ihren
unglücklichen Ausgang berüchtigte Fahrt, und die vielen Unternehmungen, die von England und Amerika 1848 bis 1858 zu
seiner Aufsuchung ausgerüstet wurden, bis es endlich Doctor Rae

und Capitän M'Clintock gelang, den Schleier zu heben, der so lange
über sein Schicksal gebreitet lag. Diese für die geographische
Wissenschaft so wichtigen sogenannten Franklin=Expeditionen
führten auch zu erheblichen Veränderungen bei Ausrüstung arktischer
Schlittenfahrten. Durch M'Clintock, der an drei arktischen Expe=
ditionen Theil genommen, eine befehligt hatte, lernte man, wie
man weite Entfernungen überwinden, sich längere Zeit unter
freiem Himmel aufhalten, die Menge des Proviants berechnen und
die größtmögliche Quantität von Nahrungsstoff in dem kleinst=
möglichen - Raume unterbringen und auf das geringste Gewicht
reduciren könne. Knochenloses, bei solcher Temperatur getrocknetes
Fleisch wurde zerstoßen, mit Fett zusammengeschmolzen und in
großen, hermetisch verschlossenen Blechbüchsen aufbewahrt. Dieser
sogenannte „Pemmican", zusammen mit Speck, geriebenem Brode,
Zucker, Thee, Gewürz und concentrirtem Rum, bildete den Pro=
viant. Bei 2½ bis 3 Pfund solcher Nahrung kann ein Mann
den ganzen Tag in dem arktischen Klima arbeiten. Talg in Säcken
von Segeltuch diente zum Kochen der Speisen und zum Schmelzen
des Schnees, dazu sehr zweckmäßig eingerichtete Kochapparate von
Eisenblech vorhanden waren. Die Kleidung bildete einen wichtigen
Theil der Ausrüstung. Das Erste war: Alle Kleider müssen
dicht anschließen. Darum erwies sich Pelzwerk als ungeeignet.
Man trug also dafür unmittelbar auf dem Leibe Wolle, und darüber
eine Blouse nebst Hosen von feinem Segeltuch. Die Fußbekleidung
bildet einen der wichtigsten Gegenstände bei Reisen im hohen
Norden. So lange der Schnee fest war, brauchte man „Mokassins"
von gegerbtem Leder, darin sich „Wrappers", ein viereckiges Stück
Wollenzeug, befand, und Strümpfe. Sobald der Schnee weich
wurde, bewährten sich Stiefel von Segeltuch am besten. Auf diese
Weise erreichte man die erste und unentbehrlichste Voraussetzung
für lange Märsche, nämlich daß der Fuß weder eingeengt noch
gedrückt, und dadurch Frostschäden vermieden wurden. Außer den
Kleidern auf dem Leibe führte jeder Mann noch sieben Pfund
Extrakleider mit sich, die in kleinen Ränzeln untergebracht waren.
Ein Schlafsack von dickem Filz bildete sein Bett. Unter den
letzteren wurde auf den Schnee oder Boden zuvörderst eine geölte
Decke oder ein wasserdichtes Stück Zeug und darüber ein Büffel=
fell oder eine Filzdecke gebreitet. Alle Mann deckten sich mit einer
gemeinschaftlichen Decke zu. Anfangs brauchte man auch ein Zelt

von Baumwollenzeug, 7 bis 8 Pfund schwer, in welchem sieben
Mann Platz fanden, aber in den letzten Jahren baute man wäh=
rend des Februar und März jeden Abend Schneehütten, nach Art
der Eskimos. Einige Werkzeuge zum Ausbessern des Zerbrochenen
oder Zerrissenen, Gewehre nebst Munition und astronomische In=
strumente vollendeten die Ausrüstung. Alles wurde auf Schlitten
geladen. Die Construction derselben war von größter Bedeutung.
Darum wurden an Stelle der alten schwer zu regierenden, welche
Parry und Franklin benutzt hatten, neue construirt. Dünne mit
Stahlschienen versehene Kufen wurden so gerundet, daß sie beinahe
einen Kreisbogen bildeten. Auf diesen befanden sich Träger und
darüber Langhölzer. Anstatt die Kufen fest mit einander zu ver=
binden, vereinigte man sie blos durch lose Querstücke und be=
festigte diese mit Riemen von Seehundsfell. So gelang es, die
schwer belasteten Schlitten über unebenes Eis zu ziehen, ohne daß
sie zerbrachen. Man bedeckte den Schlitten mit einem so großen
Stücke Segeltuch, daß die Ecken über das Gepäck geschlagen werden
konnten. Am Vordertheil wurden die Leinen mit den Ziehgürteln
für die Männer und den Sielen für die Hunde befestigt. Auf
einem solchen Schlitten konnte ein Mann 200—220 Pfund und
ein Hund 100 Pfund fortbewegen.

„Gewöhnlich wurden auf einen von sieben Mann gezogenen
Schlitten 14—1500 Pfund gepackt. Wo das Land es gestattete,
führte man ein System von Depots ein, wodurch die Reisenden in
den Stand gesetzt wurden, von dem letzten Depot mit so viel Pro=
viant auszugehen, als auf dem Schlitten fortgeschafft werden
konnte. Erfahrungsgemäß vermochten auf diese Weise sieben bis acht
Mann sich für 40 Tage mit Proviant zu versehen, ungerechnet das
Quantum, welches die Depots enthielten oder zurückkehrenden
Partien überlassen wurde. Während M'Clintock auf seiner ersten
Expedition 1848 nicht länger als 40 Tage abwesend sein konnte,
verlängerte er diese Frist während seiner dritten Reise auf 105
Tage und legte 200 schwedische Meilen zurück. Zu einem gleichen
Resultat kamen auch die anderen Officiere. Wenn Franklin's
Mannschaft schon diese Erfahrung besessen hätte, so würde sie sich
wahrscheinlich haben retten können. M'Clintock sagt deshalb auch
in seiner dritten Reise, daß es keinen Punkt der nördlichen Hemi=
sphäre gebe, von welchem aus Menschen nicht menschliche Wohn=
stätten erreichen könnten.

„Erfahrung und Nachdenken hat allmählich dieses Reisesystem für Gegenden, welche man früher für unzugänglich ansah, aus= gebildet und vervollkommnet; auch eignete man sich immer mehr die Sitten der Eskimos an und lernte von ihnen die Kunst, die Schwierigkeiten des Polarmeeres zu überwinden. So adoptirte man zum Beispiel die Sitte, Schneehütten zu bauen. Doctor Rae überwinterte in solchen, und M'Clintock führte in Begleitung von Petersen mit ihrer Hülfe eine der merkwürdigsten arktischen Reisen aus, während welcher er, Petersen und noch ein Mann die Mo= nate Februar und März in solchen Schneehütten schliefen, bei einer Kälte, die oft das Quecksilber gefrieren machte. Noch wich= tiger war eine andere Sitte der Eskimos, die man sich aneignete: die Einführung der Ziehhunde, während bei den früheren Expe= ditionen die Mannschaft selbst ihren ganzen Bedarf fortgeschleppt hatte.

„Admiral Wrangel hatte schon lange vorher in Sibirien ge= zeigt, mit welchem Vortheil Hunde zu Entdeckungsreisen verwendet werden könnten. Carl Petersen lebte seit etwa 20 Jahren in Nordgrönland und verstand nicht nur vollkommen mit Hunden zu reisen, sondern war auch von ihrer Brauchbarkeit überzeugt und nahm deshalb, als er Capitän Parry's Expedition zur Aufsuchung Franklin's folgte, sein Hundegespann mit sich. Es leistete dort so vortreffliche Dienste, daß auch Belcher und Kane Hunde zu ge= brauchen versuchten; bei M'Clintock's letzter Reise aber bildeten sie einen wesentlichen Theil der Ausrüstung und leisteten vollkommen, was man von ihnen erwartete. Ohne sie wäre Franklin's Schicksal wahrscheinlich noch jetzt ein ungelöstes Räthsel. Ein Hund braucht außer seiner Nahrung nichts und vermag bei einem Pfunde Pem= mican täglich 100—150 Pfund zu ziehen, während ein Mann 2½—3 Pfund Nahrung braucht, außer der unnützen Last an Zelten, Kleidern 2c., und dennoch nicht mehr als das Doppelte zu ziehen im Stande ist. Schließlich kann in der äußersten Noth der Hund geschlachtet und verzehrt werden. Von den verschiedenen Racen des Hundes aber hat sich keine brauchbarer erwiesen, als die bei den Eskimos lebende.

„Nach dieser Darstellung wird es klar sein, daß die Kunst, in dem hohen Norden zu reisen, sich nicht mehr auf demselben Standpunkt befindet wie damals, als Parry seine Expedition von Spitzbergen aus in's Werk setzte.

„Es blieb daher die Frage bestehen: Welche Aussicht auf Ge=

lingen hat ein auf Erreichung des Nordpols gerichtetes Unternehmen, und wie muß es eingerichtet werden?

„Parry schließt den Bericht über seine Expedition im Jahre
1827 mit der Erklärung, daß er es nicht für ausführbar erachte.
Aber 1845, also nach vielen Jahren gereisten Denkens und neu
gesammelten Erfahrungen in Betreff von Schlittenexpeditionen, erklärte er in einem an Sir John Barrow *), den Secretär der
Admiralität gerichteten Briefe, daß wenn eine Schlittenexpedition
im Monat April von Spitzbergen ausginge, sie den Nordpol erreichen könnte, weil die drei Hauptschwierigkeiten: die Unebenheit
des Eises, die Weichheit des Schnees und die südliche Meeresströmung, welche sich ihm in den Weg gestellt, dann vermieden
würden. Das Eis werde eine harte und ununterbrochene Oberfläche haben, auf welcher man täglich fünf schwedische Meilen
zurücklegen könne; es werde still liegen und für Rennthiere prak-
tikabel sein. Er schlägt die Bildung von Depots und die Ab-
sendung von Partien vor, die den Rückkehrenden entgegen zu gehen
hätten. Der Mann, welcher allein den Versuch gemacht und ihn
nach dem Mißlingen für hoffnungslos erklärt hatte, kam also
nach langem Erwägen schließlich zu der Ueberzeugung, daß eine
solche Fahrt ausführbar sei. Auch Admiral Wrangel war dieser
Ansicht. Er fuhr in Sibirien auf Hundeschlitten zweimal weit
nach dem Norden, gerieth aber wegen Mangels an Booten in Un-
gelegenheiten. Selbst Neusibirien, das ungefähr fünfzig Meilen
vom festen Lande entfernt ist, erreichte er auf solchen Hundeschlitten.

„Nach dieser historischen Uebersicht der Polarfahrten will ich
weiter berichten, in welcher Weise ich ein gleiches Unternehmen
vorzubereiten und auszuführen mich bemühte. Nicht mich begnü-
gend mit den Mittheilungen und Aufklärungen, welche ich über
die Verhältnisse des hohen Nordens aus der Literatur erhielt,
suchte ich bei praktischen Männern, deren Urtheil und Rath von
Bedeutung sein mußte, weitere Belehrung zu erlangen. Schon
bei meiner Rückkehr nach Hammerfest — von meiner ersten spitzbergischen Reise — äußerte einer der entschlossensten und an-
gesehensten Walroßjäger, welcher wiederholt in Spitzbergen ge-

---

*) Barrow, Voyages of Discovery and Researches within the arctic
Regions. Pag. 313.

wesen, daß er die Erreichung des Poles für ausführbar halten
müsse; auch wünschte er selber daran Theil zu nehmen und sprach
sich sehr lebhaft für die Anwendung von Hunden aus.

„Die naturhistorischen Arbeiten, welche mich nach Island und
Spitzbergen geführt hatten, forderten fortgesetzte Untersuchungen;
ich reiste daher 1859 nach Nordgrönland. Da die Bewohner
dieses Landes sich immer der Hunde zum Ziehen bedienen und viel
auf dem Eise fahren, so hoffte ich mit Recht, dort werthvolle Nachrichten und guten Rath zu erhalten. Die Mittheilungen aller
dort wohnhaften Personen, welche sich mit Hundeschlitten und Eisfahrten bekannt gemacht hatten, bestärkten mich in der That in
meinem Vertrauen auf die Ausführbarkeit einer solchen Expedition.

„Während meines Aufenthaltes in Grönland lernte ich M'Clintock
kennen, der eben von seiner so berühmten Expedition zurückkehrte.
In seiner Begleitung befand sich Carl Petersen, welcher an drei
Franklin-Expeditionen Theil genommen und fünf Winter in den
arktischen Ländern verlebt hatte. An ihn wandte ich mich. M'Clintock äußerte sich über ihn sehr warm. Wenn man erwägt, daß
Petersen nicht blos die englischen und amerikanischen Unternehmungen mitgemacht, sondern auch zwanzig Jahre in Grönland
zugebracht hat, so muß man ihn in der That für einen Mann
ansehen, auf dessen Urtheil man sich verlassen kann. Er kannte
aus dem Grunde die Fahrt mit Hunden und wie weit sie brauchbar, nicht weniger die physikalischen Verhältnisse der arktischen
Länder. Ihm hatte wahrscheinlich Kane's Expedition ihre Rettung
zu danken; vor Allem, er hatte einen ganzen Winter in dem
Treibeise der Baffinsbucht zugebracht, hatte also mit eigenen Augen
sich überzeugt, wie das Eis auf hoher See beschaffen und ob man
darauf mit Hunden fahren könne. Er äußerte sich sehr günstig
über den ganzen Plan und erklärte sich bereit, selbst an der Fahrt
Theil zu nehmen.

„Ich glaubte nun mit Recht zu praktischen Vorbereitungen
schreiten zu können. Die Angelegenheit kam beim Reichstage zur
Sprache. Ich wünschte namentlich mit den naturwissenschaftlichen
Zwecken geographische zu vereinigen und wurde in dieser Ansicht
durch Professor Nordenskiöld bestärkt, welcher an der Expedition
Theil zu nehmen und ihr seine Kräfte zur Disposition zu stellen
sich bereit erklärte. Ich durfte hoffen, wenn nicht besonders ungünstige Verhältnisse sich mir in den Weg stellten, gerade nach

Norden oder nach Nordosten vorzudringen. Trafen wir ein Land, so sollte hier ein Depot errichtet werden. Und wenn alles Andere auch mißglückte, so konnten wir doch mit unseren Booten Vieles zur Erforschung der noch sehr unbekannten geographischen Verhältnisse Spitzbergens beitragen. Ich begann mittlerweile die Vorbereitungen zu der Expedition nach besten Kräften zu treffen und reiste zu dem Zwecke zuvörderst nach England und Finmarken.

„Der Plan für die geographische Expedition war folgender: Wenn wir in der zweiten Hälfte des April von Finmarken ausfuhren und das Eis nicht zu schwer zu durchbrechen war, so konnten wir darauf rechnen, Nordspitzbergen spätestens Mitte Mai zu erreichen. Die Spitzbergenfahrer hatten mir mitgetheilt, daß sie schon Ende April bis zum Nordostlande vorgedrungen waren. Aber selbst wenn wir nicht so weit nach Osten gelangten, so durften wir dennoch hoffen, dieselbe nördliche Breite zu erreichen, wenn wir vom nordwestlichen Spitzbergen aus nach Nordosten gingen. Nordenskiöld, Petersen und ich nebst zwei Mann sollten mit dem eisernen Boote und zweien Hundeschlitten vorbringen. Wir konnten annehmen, daß wir mit drei Gespann der besten Hunde und mit eigenen Kräften ungefähr 3,000 Pfund fortbewegen würden. Das Gewicht des Bootes betrug 400 Pfund, die Bagage der fünf Menschen, nämlich Zelt, Schlafsäcke, Kleider und Kochapparate, ungefähr eben so viel, zusammen 800 Pfund, wozu noch das Gewicht der Ruder kam. Den Rest von 2,200 Pfund bildete der Proviant, wovon jedoch täglich verbraucht wurden: 24 Pfund für die Hunde, 12 Pfund für die Menschen und 3 Pfund Talg als Brennmaterial.

„Nach dieser Berechnung konnten fünf Mann, auch ohne Depots und Reserve, 40 bis 50 Tage auf die Expedition verwenden. Daß diese Annahme nicht zu hoch gegriffen, folgt aus der Thatsache, daß Parry trotz seinem viel schwereren Boote und ohne Hunde 60 Tage von seinem Schiffe entfernt bleiben konnte. Ueberdies durften wir erwarten, daß die Jagd auf Seehunde und Eisbären unsern Proviant verstärken werde. Trotzdem war ich der Ansicht, daß außer unserm eigenen Boote noch zwei andere Reservepartien uns folgen müßten. Diejenige derselben, welche zuerst umkehrte, konnte während 4 bis 5 Tagen die ganze Expedition unterhalten, nämlich 15 Mann und alle mitgenommenen Hunde, und dennoch selber noch so viel Proviant behalten, um wieder zum Schiffe zu gelangen. Die zweite Partie sollte uns 9 bis 10 Tage folgen und dann gleichfalls umkehren. Auf diese Art blieb der Proviant der Hauptpartie 9 bis 10 Tage lang unberührt, und wir konnten um so viel länger fortbleiben. Ein oder mehrere Depots sollten trotzdem an bestimmten Stellen, so weit nördlich als möglich, angelegt werden." — —

So war der Plan dieses neuen Versuches, bis zu den unbekannten Regionen des höchsten Nordens vorzudringen. Torell hatte ihn mit Sorgfalt entworfen und bis in alle Einzelheiten ausgearbeitet. Leider stellten sich seiner Ausführung zwei bedeutende Momente entgegen: die anhaltenden Nordwinde, welche unsere zeitige Abreise von Tromsö verhinderten, und die ungünstige Beschaffenheit des Eises in der Jahreszeit, als wir endlich Spitzbergen erreichten. Schon bei Amsterdam-Eiland fanden wir das Eis im Treiben und unfahrbar; aber das Unternehmen schien uns dadurch gefördert, indem wir hofften, mit dem Schiffe selbst weiter nach Norden vordringen zu können. Die letzten Ausrüstungen wurden daher beeilt, und Magdalena folgte dem Aeolus mit einem Theile derselben, um ihm zugleich Beistand zu leisten, da er an den ersten Tagen der Eisfahrt den größten Theil seiner Besatzung missen sollte. Während der langen Gefangenschaft in Treurenberg-Bai zeigte es sich aber, daß das Eis, welches uns einsperrte, für eine Schlittenfahrt ganz ungeeignet war. Als endlich unser Schiff frei wurde, konnte bei der vorgerückten Jahreszeit und dem ausgedehnten Aufbrechen des Eises an eine Ausführung der Eisexpedition gar nicht mehr gedacht werden. Wenn wir auch nach Wochen langer Arbeit wirklich zu festerem und ebenerem Eise gelangt wären, hätten wir doch keinesfalls einen erheblich hohen Breitengrad erreichen können. Diese Ueberzeugung war um so niederschlagender, als der Erreichung des so nahen Zieles so viele Kräfte gewidmet und alle Arbeiten und Vorbereitungen nun vergebens gemacht waren. Allerdings wurde noch eine Excursion vom Ankerplatze des Aeolus — neben dem Holm am Nordostlande — von Chydenius und Petersen gemacht. Längs dem Lande war ein Ende nach Norden hin offenes Wasser, dann aber kam Eis, das einem Schiffe die Fahrt verlegte, und weiterhin, so weit das Auge reichte, Wasser und Eisbänder, die mit einander abwechselten. Mit Bestimmtheit konnte man nicht erkennen, ob das Eis weiter nach dem Horizonte hin zusammenhänge oder nicht,

Petersen gab indessen sein Urtheil dahin ab, daß die anhaltende ungünstige Beschaffenheit des Eises das Gelingen einer Schlittenfahrt sehr zweifelhaft erscheinen ließe. So mußte man den Gedanken daran ganz und gar aufgeben. Auch auf diese Möglichkeit war von vornherein Rücksicht genommen worden, und der Plan so angelegt, daß, wenn die Eisfahrt nach Norden unterbleiben mußte, die geographischen Untersuchungen an anderen Orten vorgenommen werden sollten. Das nordöstliche Spitzbergen mit seinen Inseln war bis dahin sehr wenig oder beinahe gar nicht bekannt geworden, hier waren also dankbare Forschungen anzustellen. Das Wintereis verschwand von den Fjorden und Küsten; wir durften also auf werthvolle Resultate rechnen. Während daher Lilliehöök und Malmgren an Bord blieben, um auf das Schiff zu achten und wissenschaftliche Untersuchungen fortzusetzen, rüsteten sich Torell und Nordenskiöld mit Petersen zu einer Bootfahrt durch Heenloopen Strat, während Chydenius es übernahm, mit dem kleineren eisernen Boote nach Norden zu gehen und die Recognoscirungsarbeiten für die Gradmessung auszuführen.

Die Insel, an welcher Aeolus nun vor Anker lag — später Depotinsel genannt — liegt in der Mündung einer ziemlich großen, bis dahin unbekannten Bucht, welche den Namen Murchisons-Bai erhielt. Die nördlichste Spitze der Insel liegt nach Nordenskiöld's Bestimmung in 79° 59′ 51″ nördl. Br. und 18° 13′ 30″ östl. L. Schnee lag nur noch hier und da in den Ritzen der niedrigen Felsen, und der Boden verrieth eine außerordentliche Unfruchtbarkeit. Die nicht Petrefacten führenden, leicht zerbrechlichen und undeutlich gelagerten Kalkklippen, welche Kiesel und Quarz eingesprengt enthalten, — aus diesem Gestein bestehen alle Inseln und Umgebungen der Bucht — bedecken den Boden mit ihren gelbgrauen, vegetationsfeindlichen Trümmern und verleihen dieser ungastlichen Landschaft einen unheimlichen Ausdruck von Oede und Verlassenheit.

Nachmittags besuchten Nordenskiöld, Malmgren, Chydenius und Petersen einige der nächsten Inseln und die Umgegend.

„Wir nahmen auf Grund der alten Karten an, daß das Gewässer, an dessen Mündung wir lagen, der Anfang eines Sundes sei, welcher erst nach Osten laufe, dann nach Norden und Süden sich verzweige und das ihm zunächst im Norden und Süden belegene Land von dem eigentlichen Nordostlande trenne, so daß das

Land nördlich die große Steininsel (mit der westlichsten Spitze Shoal Point) sei, das südliche aber die auf den Karten so genannte Nordostinsel. Parry, der keinen andern Theil des Nordostlandes als die Küste bei Shoal Point besuchte, hat auf seiner Karte diesen Sund offenbar als zweifelhaft angedeutet; wir konnten daher nicht viel auf die späteren Angaben geben, um so weniger, als die alten holländischen Karten ziemlich zuverlässig sind. Wir ruderten an der zunächst nordöstlich belegenen Insel vorüber, auf welcher ein ziemlich gut erhaltenes Russenhaus und ein großes griechisches Kreuz steht, weshalb die Spitzbergenfahrer diese kleinen Inseln auch gewöhnlich Russeninseln benennen. Dann steuerten wir auf die dritte Insel in derselben Richtung zu, vermuthend, daß sie mit dem größeren Lande zusammenhänge, konnten mit dem Boote aber nicht weiter als bis zu der festen Kante des Eises gelangen, das die Insel noch ringsum einschloß und sich nach Osten hin fortsetzte. So verließen wir das Boot und begaben uns zu Fuß über das schwache, faulige Eis an das Land, welches wir erst jetzt als eine durch einen eisbedeckten Sund von dem Lande im Nordosten geschiedene und aus demselben Kalkgestein wie die Depotinsel bestehende Insel erkannten. Nordenskiöld blieb auf derselben zurück, um die Polhöhe um Mitternacht zu nehmen; wir Anderen begaben uns über das Eis erst zu einem kleinen Holm, und von hier zu dem Lande, das ziemlich steil gegen das Meer abstürzt, passirten ein Thal, durch dessen mit Schnee bedeckten Boden ein starker Bach rauschte, und bestiegen darauf einen etwa 700 Fuß hohen Berg. Der Blick über die Lage des Eises im Norden nahm uns die letzte Hoffnung auf ein Vordringen in dieser Richtung, so daß wir etwas niedergeschlagen unsern Rückweg antraten. Wir erreichten das Schiff am Morgen während eines starken Windes." —

Den 7. Juli fünf Uhr Nachmittags begaben sich Nordenskiöld und Malmgren wieder auf eine Excursion nach Osten. Nachdem sie in einem Boote bis zur Eiskante gefahren, gingen sie mit einem Mann erst zu der Insel, welche schon besucht worden war, und von hier längs der Südkante des Landes nach Osten. Das Eis war zum Theil schon zerfressen; sie mußten bis an die Kniee in dem Schneebrei waten, kamen jedoch glücklich an das feste Land der Halbinsel, welche auf älteren Karten Große Steininsel genannt wird. Ihr westlicher Theil besteht aus einem von kleinen Kalkfelsen und Steingetrümmer bedeckten Flachlande, welches weiter

im Osten — da, wo die Bootpartie landete — in eine Berghöhe
von jener Bildung übergeht, die wir schon am Hecla Mount gesehen: brüchigen Schiefer, Quarzit, graulich weißen Kalk mit
Kieselkugeln. Das Land erhebt sich in Terrassen, deren Abhänge
bald mit Steingeröllc bedeckt sind, bald steil abstürzen. An den
senkrechten Kalkwänden saßen große Schaaren von Möwen, die
ihre Nester in den Klüften und Ritzen des Gesteins hatten. Zu
oberst erblickte man Kryckien (Larus tridactylus) und Große
Möwen (Larus glaucus), darunter, in einer Höhe von 50 bis
150 Fuß, Eismöwen (Larus eburneus), sämmtlich beim Brüten
beschäftigt. Den bis dahin unbekannten und von den Besuchen
der Naturforscher verschonten Brutplatz der Eismöwen entdeckte
Malmgren's scharfes Auge. Er erblickte die über ihren Eiern
sitzenden Weibchen. Augenblicklich war es aber unmöglich, eine
genauere Untersuchung anzustellen. Erst später sollte es uns gelingen, die Eier und das Nest dieses Vogels kennen zu lernen. —
Nachdem sie eine Ortsbestimmung gemacht hatten, setzten sie die
Fahrt nach dem Innern der Bucht zu fort und nahmen darauf
den Weg über das Eis nach der sogenannten Walroßspitze auf
der Südseite der Bai. Hier machten sie eine zweite Ortsbestimmung und gingen zur Ruhe.

Gruppe von Eisbären.

Die schwedischen Expeditionen nach Spitzbergen.   9

In der Nacht entstand ein Sturm, welcher gegen den Morgen
stärker wurde. Man fand kaum Schutz gegen ihn, brach zeitig
auf und nahm den Weg zurück über das Eis zu einer der kleinen
Kalksteininseln. Hier wurden sie von einer Bärenfamilie über=
rascht, die eben einen Seehund verspeiste und den allein vorhan=
denen Weg über das Eis versperrte. Nur die Bärin mit ihren
beiden Jungen hatte ihre „Fausthandschuhe" auf die Beute gelegt,
während das schwächere Männchen an dem Mahle keinen Theil
nahm. Es hielt sich in gebührender Entfernung, unruhig hierhin
und dorthin schreitend, und offenbar in beprimirter Stimmung,
während seine egoistischen Angehörigen in aller Gemüthlichkeit wie
Hunde dasaßen, ihre blutigen Tatzen beleckten und unsere Wan=
derer mit Seelenruhe beschauten. Diese waren auf die „große
Jagd" nicht eingerichtet und mußten daher die sonst leicht zu er=
langende Beute fahren lassen. Nach einer Weile brach die Fa=
milie auf, wahrscheinlich um eine neue Jagd auf Seehunde an=
zustellen, die in großer Zahl neben ihren Eislöchern lagen.

Nach der Verabredung sollte eigentlich ein Boot vom Aeolus
am frühen Morgen die Gesellschaft von der Eiskante abholen,
aber während des Sturmes waren alle Mann zur Sicherung des
Schiffes, das auf dem offenen Ankerplatze nur an zweien Ankern
lag und beinahe in's Treiben kam, erforderlich. Aus dem süd=
lichen Theile der Bucht kamen mit dem Sturm überdies treibende
Eisblöcke so hastig wie ein mit vollem Dampfe arbeitendes Dampf=
boot. Nur mit Mühe gelang es dem Aeolus, ihnen auszuweichen.
Später wurde er gegen den starken Wogenschwall durch die Depot=
insel geschützt, als der Wind sich mehr und mehr nach Südsüd=
westen wandte. Doch herrschte er mit wechselnder Heftigkeit so
ziemlich während unseres ganzen Aufenthaltes daselbst. Dieser
Umstand zeigt, daß die aus Heenloopen Strat herausstürzende zu=
sammengepreßte Luftmasse sich nach allen Seiten hin ausbreitet und
im nördlichen Theile der Treurenberg=Bai als Südostwind, beim
Nordostlande aber als Südsüdwestwind auftritt.

Nachdem sie von dem Holme noch das Schulterblatt eines
Walfisches geholt, das Nordenskiöld bei der früheren Excursion
vorgefunden hatte, kehrten sie am 8. Juli sieben Uhr Nachmittags mit
dem Boote zurück, welches man ihnen, nachdem der Wind etwas
nachgelassen, an die Eiskante entgegenschickte.

Es war nunmehr erforderlich, die auszuführenden Arbeiten in Uebereinstimmung mit dem abgeänderten Plane der Expedition zu bringen. Die für jede Partie bestimmte Mannschaft wurde noch denselben Abend ausgewählt, und zwar sollte die nach dem Süden bestimmte Excursion zuerst gemacht werden. Es wurde aber vorläufig noch nichts daraus, da aus der Heenloopen Strat, wo — nach dem Berichte eines Spitzbergenfahrers — trotz des heftigen Windes das Eis noch massenhaft auftrat, große Treib= eisblöcke mit der südlichen Strömung ankamen und mit ihnen eine große Menge von Walrossen. Sie nahmen unsere ganze Auf= merksamkeit in Anspruch. Man hörte schon in weiter Ferne ihr wunderliches Geschrei: halb ein Brüllen, halb ein lautes Bellen. Die Jagdboote wurden sogleich ausgesetzt, und man sah mit ge= spannter Erwartung den kommenden Dingen entgegen. In kurzer Frist war ein Thier von der Harpune getroffen und von der Lanze durchbohrt, jetzt ein zweites. Einige von uns bestiegen ein Boot, um das blutige Schauspiel mehr in der Nähe zu betrachten. Die Jäger waren beinahe von allen Seiten von Walrossen umgeben, Uusimaa stieß ihnen eine Lanze nach der andern in den Leib, und es war ein merkwürdiges Schauspiel, da er einmal zu gleicher Zeit fünf dieser Kolosse vor sein Boot gespannt hatte, die es in wilder Fahrt vorwärts zogen. Eine Harpunleine nach der an= dern wurde eingeholt; jedes Thier erhielt mit der Lanze seinen Todesstoß; das Wasser war von ihrem Blute roth gefärbt, und sie wurden auf das Eis gezogen. Dieses Blutbad wurde bis um vier Uhr Nachmittags fortgesetzt; das Eis schwamm mit der rück= kehrenden Strömung nach Süden, die Walrosse folgten ihm, und die Jagd war zu Ende. Vierzehn erwachsene Thiere und ein Junges waren erlegt, und die Mannschaft hatte genug zu thun, um die Beute heimzuführen und abzuziehen. Die ganze Walroß= heerde bestand nur aus Weibchen mit ihren Jungen.

Das Walroß bildet das Glied der Kette, welches die auf dem Lande und im Meere lebenden Säugethiere mit einander ver= bindet. Sowohl ältere wie neuere Untersuchungen, letztere von Bär, Steenstrup und Sundewall, lehren, daß dieses Thier, in An= sehung seines Baues und seiner Art zu leben, der Familie der Ottern ganz nahe steht und im Systeme seinen Platz zwischen ihnen und den eigentlichen Seehunden einzunehmen hat.

Ungefähr zwölf Fuß lang und rings um den Bauch fast eben

9*

ſo dick; mit einem im Verhältniſſe zu ſeiner Größe kleinen Kopfe,
welcher ohne Einkehlung am Halſe aus dem ſackartigen Körper
herausſchießt; mit ſeinen unvollkommenen Extremitäten, welche wie
ein paar Hautlappen ihm an den Seiten hängen, macht es beim
erſten Anblick den Eindruck eines Thieres, das ſich noch nicht voll=
kommen zu entwickeln vermocht hat. Es iſt ein verpupptes Thier,
mit einem Chaos von unförmlichen Organen, und läßt den Ge=
danken an eine plaſtiſch gegliederte Maſſe gar nicht aufkommen.
Darum nennt Keilhau ſie mit Recht bloße Embryonen, Verſuche
zu einem Thiere. Sie ſind gleichſam nur der Block, aus welchem

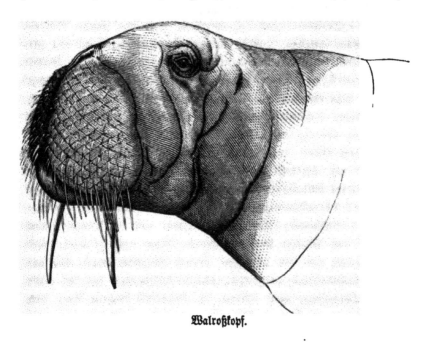

Walroßkopf.

der Künſtler erſt eine Geſtalt zu ſchaffen hat. Die dicke, oft zer=
ſchlitzte und narbige Haut, die am Halſe und den Schultern dicke
Falten bildet, ſobald das Thier ſich bewegt, iſt mehr oder weniger
von ziemlich kurzen hell= und dunkelbraun gefärbten Haaren be=
wachſen, je nach dem Alter des Thieres, indem die älteren immer
heller werden. Genau von vorne geſehen, nimmt es ſich nicht ge=
rade ſchlecht aus. Die bei den Männchen bis zwei Fuß langen,
an der Wurzel drei Zoll dicken, etwas nach hinten und innen ge=
bogenen beiden Hauer; das große Maul, bewachſen mit einem
Barte, daran jedes Haar eine Borſte iſt von vier Zoll Länge und

fast Linien Dicke an der Basis; die glühenden, spähenden Augen mit ihrem röthlichen Weiß, verleihen ihm ein durchaus würdiges Aussehen, wenn es auf dem Eise liegt, seinen Kopf erhebt und das nahende Boot betrachtet.

Es ist leicht begreiflich, daß seine Bewegungen auf dem Lande nur höchst beschränkte sein können und mehr in einem Fortwälzen des unförmlichen Körpers als in einem eigentlichen Gehen bestehen. Es scheint dabei, daß seine Vorderfüße, mit welchen es gleichsam nur den Versuch macht zu gehen, ihm von geringem Nutzen sind. Denn bald hängt der schlottrige Fuß unter ihm, mit der Rückseite nach unten, bald dreht es ihn nach außen, bald nach innen. Auch geht es nicht gern weit auf's Land oder Eis, sondern hält sich dem Wasser so nahe als möglich, damit es mit einer nur ganz schwachen Regung seinen Körper aus dem Gleichgewicht bringen und sich in die See rollen kann. Im Herbste dagegen, wenn es nach seiner Gewohnheit in großen Haufen auf die niedrigen Strand= flächen geht und mehrere Wochen auf dem Lande zubringt, werden die zuerst Angekommenen von den Nachrückenden, oft mit Hauen und Schlagen, hinaufgedrängt, und befinden sich, wenn sie zu= fällig überfallen werden, in einer höchst hülflosen Lage.

Im Wasser schwimmen sie meist in dicht aneinander geschlos= senen Schaaren und heben gleichzeitig ihre Köpfe auf, um zu athmen. Auch stoßen sie wie die Delphine ein Schnauben aus, das weithin zu hören, und es bildet sich vor ihnen eine kleine Wolke von Dunst und Wasserdampf. Aus der Ferne und von vorne gesehen, haben besonders die Jungen — die nicht große Hauer besitzen — Etwas, das an ein menschliches Antlitz erinnert, und es ist, wie Scoresby bemerkt, nicht gerade unwahrscheinlich, daß die Walrosse nicht wenig zu der Entstehung der Sagen von „Meermännern" beigetragen haben, mit welchen die nordische Phan= tasie die Meerestiefe bevölkert. Oft schläft es sogar im Wasser und zeigt dann entweder blos seinen Kopf oder auch einen Theil des Rückens, so daß es in dieser Lage leicht vom Harpunirer über= rumpelt werden kann. Es hält sich nicht gern weit vom Lande, und man trifft es — ebenso wie die Seehunde — niemals jen= seits des weit ausgedehnten Treibeises an der Ostküste Grönlands an. Wahrscheinlich sucht es deßhalb das weniger tiefe Gewässer auf, um vom Grunde seine Nahrung heraufzuholen. Hierüber

und seine sonstige Art und Weise zu leben theilt Malmgren Fol=
gendes mit:

„Wie die Seehunde bewegen sich die Walrosse nur mit Hülfe
ihrer Füße, sowohl auf dem Eise, als auch auf dem sandigen
Vorstrande; darum ist die Annahme, ihre Hauer seien eine Art
Ergänzung der unvollkommenen Extremitäten, eine nicht haltbare
Hypothese. Unzweifelhaft brauchen sie dieselben auch als eine
furchtbare Waffe, aber ihre Bestimmung ist nicht, als Bewegungs=
organe zu dienen, sondern um ihnen ihre Nahrung zu verschaffen.
Ich fand, daß die Walrosse sich ausschließlich von zwei Muscheln
nähren: Mya truncata und Saxicava rugosa, welche, in dem
Thon des Seegrundes 3 bis 7 Zoll eingegraben, bei einer Tiefe
von 10 bis 50 Faden zu leben pflegen. Um zu ihnen zu ge=
langen, muß das Walroß den Grund aufgraben und sie heraus=
scharren. Mit Hülfe seiner Zähne und Zunge nimmt es geschickt
das Thier aus der Schale und verschluckt es ungekaut. Bei vielen
erwachsenen Weibchen von 10 bis 11 Fuß Länge, welche ich Ge=
legenheit hatte zu öffnen, fand ich den Magen stets von diesen
beinahe vollständig erhaltenen Thieren gefüllt, doch meist mehr
Myen als Saxicaven. Die Muscheln waren vortrefflich heraus=
geschält; unter mehreren Tausenden gab es nur eine Mya, an
welcher noch ein Stückchen der Schale saß. Ein einziges Mal
fand ich in dem Magen auch ein anderes, nicht der Klasse der
Mollusken angehöriges Thier: einen riesengleichen Priapulus
caudatus, welcher gleichfalls im Thon des Seegrundes lebt. Doch
war — wie gesagt — der Magen nur bei den erwachsenen Thieren
ganz gefüllt. Die über ein Jahr alten Jungen dagegen, welche
noch der Mutter folgten, hatten entweder nichts darin, oder etwas,
das geronnener Milch glich, oder vielmehr solche war. Ihre
Hauer waren blos ½ bis 1 Zoll lang und reichten nicht bis
unter den Unterkiefer. Sie müssen, damit das Junge sich nach
Art der Alten von Muscheln nähren kann, mindestens 3 bis 4
Zoll lang sein. Diese Länge erreichen sie erst nach zwei Jahren.
Bei zwei Jungen, von denen die Walroßjäger behaupteten, daß sie
drei Jahre alt wären, hatten die Hauer diese Länge und der Magen
war zur Hälfte mit Muscheln gefüllt. Ein zwei Jahre altes
Walroß nährt sich also schon ohne Beihülfe seiner Mutter, während
dieselbe das Junge bis dahin säugt. Ich fand daher in den
Eutern solcher Thiere, welche einjährige und ältere Junge bei sich

hatten, immer reichliche Milch. Hieraus folgt, daß das Walroß=
weibchen das Junge noch weit in das zweite Jahr hinein säugt,
das heißt so lange, bis dessen Hauer so groß geworden, um zum
Aufsuchen der Nahrung zu dienen; ferner, daß das Weibchen nicht
jedes Jahr Junge zur Welt bringt. Solche, die erst vor Kurzem
geworfen haben, halten sich, so lange das Junge noch klein ist,
von den Heerden entfernt; diejenigen aber, welche schon im zweiten
Jahre säugen, trifft man in Haufen mit ihren Jungen an, wäh=
rend die erwachsenen Männchen sich anderswo aufhalten; doch
weiß man nicht, an welchen Orten. Die Walroßjäger meinen,
daß sie in großen Heerden auf den „Bänken" umherstreifen, das
heißt auf dem Meeresgrunde, weiter vom Lande ab, während die
Weibchen mit ihren Jungen die Fjorde besuchen und sich mehr in
der Nähe des Landes halten. Die erwachsenen beider Geschlechter
leben stets in getrennten Haufen, die Weibchen für sich und die
Männchen für sich."

Ihr Lieblingsaufenthalt im Sommer ist das Treibeis, be=
sonders die flachen Eisschollen, auf welchen sie gerne im Sonnen=
scheine schlafen. Bei dieser Gelegenheit kann man oft ihre Formen
und Bewegungen betrachten. Das eine hat seinen Kopf über die
Eiskante gestreckt und schlägt das Eis mit den Hinterfüßen, ein
anderes erhebt sich auf den kurzen Vorderbeinen und kratzt sich
mit einem Hinterfuße den Kopf — eine im hohen Grade über=
raschende und komische Handlung bei einem so unbeholfenen
Fleischklumpen. Die meisten liegen in festem Schlafe. Oft be=
finden sie sich auf einem Eisstücke in so großer Zahl, daß es tief
unter die Oberfläche des Wassers gedrückt wird und das ent=
stehende Gedränge sich nicht recht mit dem Sinne für Frieden und
Eintracht in Einklang bringen läßt. Sie hauen auf einander los
und tragen noch lange die Spuren dieses häuslichen Zwistes.
Glückt es dem Harpunirer, einen auf solcher Eisscholle schwimmen=
den Haufen zu überrumpeln, so macht er meist einen guten Fang;
denn die Neigung dieser Thiere, einander gesellig beizustehen, reißt
noch andere als die zuerst angegriffenen in's Verderben.

Das Boot nähert sich ihnen so still und so nahe als möglich.
In eins der schlafenden Thiere stößt der Harpunirer seine Har=
pune, die mehr einem Bootshaken als einer Pfeilspitze gleicht, und
mit einem losen Schaft versehen ist, welcher sich von der Harpune
loslöst, sobald dieselbe das Thier getroffen hat. An der Harpune

ist eine dünne, aber starke, zehn Faden lange Leine befestigt, welche
durch besondere Einschnitte in dem Vordrande des Bootes läuft.
Wenn nun ein Walroß getroffen ist, so wirft es sich sofort vom
Eise hinab, und der von dem Geräusche natürlich erweckte Rest des
Haufens beeilt sich gleichfalls kopfüber in's Wasser zu stürzen.
In hastigem Lauf taucht das Thier sofort unter, die mit dem einen
Ende am Boote befestigte Leine läuft ab, es raucht um den Ein=
schnitt in der Bootkante, oft brechen Stücke davon los, und die
Spitze des Bootes wird ganz in's Wasser gedrückt. Drei Ruder
halten es mit aller Kraft zurück, aber trotzdem braust es dahin,
gezogen von der gewaltigen Muskel= und Knochenmaschine. Nun

Walroßjagd.

erscheint der breite Rücken des Thieres wieder über dem Wasser,
eine blutige Spur folgt ihm, auch das Fahrwasser des Bootes ist
roth. Es erhebt seinen Kopf über das Wasser, um Athem zu
holen, dreht sich um und stiert seine Verfolger mit den großen,
rothen, herausstehenden Augen an, die wie glühende Kohlen
leuchten. Dann schlägt es das Wasser mit seinen Hinterfüßen und
verschwindet, um nach einigen Augenblicken wieder heraufzukommen.
Seine Kameraden, anfangs etwas verdutzt, eilen zu seiner Hülfe
herbei, sammeln sich rings um das Boot in Schaaren von zehn bis
dreißig Köpfen und erheben ihre schreckenerregenden Blicke, unter

lautem Gebrüll, gegen die Friedensstörer. Jetzt erfordert die Jagd die ganze Geistesgegenwart und Aufmerksamkeit des Jägers. Ist der Harpunirer gut ausgerüstet, so wirft und trifft er, so lange Harpunen und Leinen ausreichen, den einen Zuschauer nach dem andern und fesselt ihn an sein Boot. Dasselbe muß daher oft die Kraftanstrengung von zehn und mehr dieser Kolosse, welche nach allen Richtungen auseinanderstieben, aushalten. Die Gefesselten werden nun nach einander, Stück für Stück an's Boot geholt, der Harpunirer faßt seine zweispitzige Lanze, giebt dem Thiere einen Schlag über den Kopf, damit es sich nach dem Boote hin wende, und senkt die mörderische Waffe tief in seine Brust. Das sterbende Opfer schlägt verzweifelt um sich, das Boot zittert und knarrt in allen Fugen, und das Wasser färbt sich immer mehr mit Blut. Nun folgt dieselbe Scene mit den übrigen Gefangenen. Ist das Thier todt, so schleppt man es auf eine Eisscholle, zieht ihm die Haut mit dem Speck ab, zerlegt es in zwei Hälften und haut den vorderen Theil des Kopfes ab, um die Zähne zu erlangen. Hat ein Harpunirer ein zu einem Haufen gehöriges Thier fest an seinem Boote, so verlangt es der Jagdbrauch, daß kein anderes Boot sich einmischt, weil sonst die Heerde auseinander stiebt. Es soll auf Spitzbergen vorgekommen sein, daß ein Harpunirer einen andern, welcher ihm durch seine Einmischung die Jagd verdarb, mit seiner Lanze getödtet hat. Der Beruf des Walroßjägers ist ein gefährlicher, und Unglücksfälle dabei sind nicht gar so selten.

Uebrigens fällt das Walroß niemals zuerst an. Parry erzählt, daß er bei seiner Nordfahrt von Low Island aus auf große Heerden von Walrossen gestoßen sei, die vom Eise herabsprangen und dem Boote folgten, und sagt dann weiter: „Unter unseren damaligen Verhältnissen hüteten wir uns wohl, sie zu beunruhigen. Denn wäre eins von ihnen verwundet worden, so hätten sie schnell unsere Boote zerstört. Aber ich bin der Ansicht, daß sie Menschen niemals zuerst anfallen."

Im Anschlusse hieran mag angeführt werden, daß das Boot, welches von Phipps' Schiff „Racehorse" ausgegangen war, um Low Island zu untersuchen (1773), während einer Jagd von Walrossen so wüthend angefallen wurde, daß die Besatzung unterlegen sein würde, wenn nicht ein Boot von dem zweiten Schiffe „Carcaß" ihnen zu Hülfe gekommen wäre. Der später so berühmte Nelson war Führer dieses Bootes.

Auch Martens erzählt ein ähnliches Abenteuer von seiner
Reise 1671. Nachdem zehn Walrosse auf dem Eise vor Heenloopen
Strat getödtet worden waren, „kamen die anderen rings um das
Boot und schlugen Löcher durch die Bretter, so daß viel Wasser
hereinfloß; wir mußten vor dieser Menge die Flucht ergreifen,
denn je länger es dauerte, um so mehr versammelten sich und
folgten uns, so lange wir nur blicken konnten." — Eins der ge=
fährlichsten Abenteuer mit diesen Thieren bestand ein Boot unter
Buchan's und Franklin's Expedition 1818, in der Nähe von
Cloven Cliff. Sie fielen eine auf dem Eise schlafende Walroß=
heerde an; aber die Thiere stürzten mit einer solchen Gewalt in's
Wasser, daß die Mannschaft sich auf die Flucht begeben mußte.
Hierauf machten sie einen so heftigen Angriff auf das Boot, daß
man nicht mehr Zeit hatte die Büchsen zu laden, sondern sich mit
Aexten und Lanzen wehren mußte, so gut es gehen wollte, bis
endlich Einer, welcher ein Gewehr hatte, dasselbe in den Rachen
des Thieres, welches — nach Aller Ueberzeugung — den Anfall
leitete, abschoß. Nun versammelten sich alle Thiere um den ver=
wundeten Anführer, hielten ihn mit ihren Zähnen über Wasser
und entfernten sich so schnell als nur möglich. Nur ein kleines
Junges, noch ohne Zähne, blieb zurück und setzte den Anfall fort,
indem es wie rasend mit dem Kopfe gegen das Boot rannte.
Obwohl durch mehrere Lanzenstiche verwundet, ließ es nicht nach
und verfolgte seine Gegner so lange, bis es endlich verendete.

„Sie sind beherzte Thiere und stehen einander bei bis zum
Tode" — sagt Martens, und die alten Reiseberichte, sowie die
norwegischen Walfischjäger wissen noch mehr Proben von ihrem
Muthe und ihrer Hingebung für einander zu erzählen. Es ist
nicht ungewöhnlich, daß während des Kampfes mit einem Walrosse
das Boot mehrere Löcher und Lecke erhält, und wäre es noch so
stark. Dieses Loos traf während unseres Aufenthaltes auf Spitz=
bergen auch den Schiffer Nielsson, welcher mit einem Boote seinen
Harpunirern zu Hülfe eilte, als sie gerade mitten im Kampfe mit
einer Walroßheerde waren. Einige der Thiere wandten sich sofort
gegen ihn, durchbohrten sein Boot mit fünf Löchern, und er mußte
machen, daß er wieder sein Fahrzeug erreichte. Die beste Art, sich
in dieser mißlichen Lage zu vertheidigen, besteht nach Scoresby
darin, daß man den Thieren Sand in die Augen streut, worauf
sie sich von dem Boote entfernen. Die norwegischen Jäger er=

zählen aber auch eine Geschichte von der Geistesgegenwart eines
ihrer Berufsgenossen, dessen Boot während einer Walroßjagd durchbohrt wurde. Aber der Harpunirer hatte keine Lust, das Schlachtfeld zu räumen; er warf seine Jacke ab, stopfte das Loch zu, griff
wieder zur Lanze und machte reiche Beute.

Wie wir schon gesehen, besitzt das Weibchen große Hingebung
für ihr Junges. Während einer Gefahr ergreift sie es mit dem
Vorderfuß, drückt es an ihren Leib, taucht mit ihm unter und
kommt mit ihm auf dem Rücken wieder herauf. Wird das Junge
zuerst gefangen, so sucht sie es wieder aus dem Boote heraus-
zuholen, und die Walroßjäger wissen eine Geschichte zu erzählen,
daß sie, an Stelle des Jungen, den Harpunirer mit ihrem Fuße
ergriffen und mehrmals untergetaucht habe, bevor sie ihren Irrthum bemerkte. Dieses soll, ohne daß es weitere üble Folgen für
ihn hatte, einem Quänen passirt sein.

Das Walroß ist, wie der Eisbär, ein hochnordisches Thier
und kommt in größerer oder minderer Zahl an den meisten Küsten
des Polarmeeres vor. Man findet — so weit unsere geringe
Kenntniß von diesen Gegenden eine solche Annahme gestattet —
gleichwohl einige Lücken in dieser Verbreitungszone: an den Küsten
Sibiriens zwischen der Mündung des Jenisey und Kolyma, im
arktischen Amerika zwischen Cap Barrow und Prince Regents
Inlet. Die Gegenden um die Behringsstraße, das nordwestliche
und nordöstliche Amerika, wo sie das Hauptnahrungsmittel der
Eskimos bilden, Novaja Semlja und Spitzbergen dürften die
Plätze sein, wo sie noch immer häufig auftreten; obwohl die
Menschen Alles gethan haben, um sie auszurotten. Im Osten
läuft ihre südliche Verbreitungsgrenze gleich nördlich von den
Aleuten oder zwischen dem 56. und 57.° nördl. Br., im Westen
ging sie, wenigstens noch im vorigen Jahrhunderte, bis zur
Mündung des St. Lorenz, also bis zum 48.° nördl. Br. hinab.
An Grönlands bewohnten Küsten zeigt es sich selten. Nur an der
unbewohnten Strecke der Ostküste, zwischen den Districten Nord-
und Südgrönlands, soll es jährlich seine Herbststation haben und
an's Land gehen, ohne indessen gejagt zu werden. Schon die alten
Skandinavier in Grönland haben mit Walroßzähnen einen lebhaften Handel getrieben und wahrscheinlich nicht wenig zu ihrer
Ausrottung beigetragen. Auf der andern Seite der Baffins-Bai
kommen sie wieder häufiger vor, und zwar in den größeren und

kleineren Buchten, dem nördlichen Theile der Hudson=, Repulse=
und Jones=Bai.

Von Bären=Eiland ist das Walroß so gut wie verjagt.
Dasselbe Geschick erwartet es auf Spitzbergen, wo schon 1820 —
in welchem Jahre die Jagd der Norweger im Eismeere eigentlich
begann, nachdem sie längere Zeit geruht hatte, — acht bis fünfzehn
kleine von Hammerfest und Tromsö ausgesandte Fahrzeuge den
von anderen Stationen, besonders den Russen, geführten Ver=
nichtungskrieg gegen die Walrosse fortsetzten. Uns fehlen genauere
Angaben, wie viele Thiere während der drei nächsten Decennien
getödtet worden, wir besitzen indessen einen Bericht für die Jahre
1820 bis 1829, nach welchem in keinem dieser Jahre weniger als
340 Thiere erlegt sind, durchschnittlich aber 500, und im Jahre
1829, da die Jagd von 16 Schiffen ausgeübt wurde, sogar 1,302
Thiere als Opfer fielen. Diese Zahl erscheint an sich klein, ist
aber eine sehr große im Verhältnisse zu dem beschränkten und schon
früher stark ausgebeuteten Jagdgebiete, und mit Rücksicht auf die
geringe Vermehrung des Thieres. Die früher so reichen Jagd=
plätze an der Westküste, Prince Charles Vorland, die Croß=
und Kings=Bai, die Magdalenen=Bai und der Bellsund, von
welchen ältere Berichte erzählen, sind nun so gut wie aufgegeben.
Noch um 1820 erlegte der ältere Scoresby in der Magdalenen=Bai
120 Walrosse; während Buchan's Expedition sah man große
Heerden in dieser Bucht, und nur wenige Jahre später tödtete
man dort 200 Walrosse. Jetzt sind sie nach der Nordküste ge=
drängt, aber auch nicht mehr so zahlreich als früher, und wir haben sie
niemals in größeren Haufen als von 30 bis 40 Köpfen gesehen.
Die nordöstlichen, östlichen und südöstlichen Küsten dagegen, welche
den größten Theil des Jahres durch das Eis gesperrt und höchstens
im Herbste zugänglich werden, bieten dem Walrosse eine einiger=
maßen vor den Jägern geschützte Freistatt dar. Hier kommen sie
noch in großen Schaaren vor. Mit Gefahr, ihr Schiff im Eise zu
verlieren, machen die Walroßjäger hier noch immer reiche Beute.
Aber von einer so gewaltigen, wie Rijke Jse sie um das Jahr
1640 an den Inseln, welche noch jetzt seinen Namen tragen,
machte, hört man nichts mehr.

Das Walroß kommt auch an der östlichen Küste des weißen
Meeres vor und wird von den bortigen finnischen Stämmen gejagt.
Wahrscheinlich verirrt es sich von hier zuweilen an die Küsten der

russischen Lappmark und — wie ältere und neuere Berichte lauten — auch bis zu den norwegischen Finmarken. Aus älteren Zeiten berichten dieses Kund Leem und Pantoppidan; im Jahre 1816 wurde aber eins bei Lurö im Nordlande erlegt, und sogar noch 1827 eins bei Ingö angetroffen. Daß es in vorhistorischer Zeit seinen eigentlichen Aufenthalt in Finmarken gehabt und Gegenstand der Jagd gewesen, ist eine Behauptung, die sich auf ein Mißver= ständniß gründet. In des Orosius, von König Alfred bearbeiteter Weltbeschreibung findet man den Bericht über eine Reise, welche Other, ein Norweger aus Halogoland, um das Jahr 870 längs der norwegischen Küste bis Bjarmaland, das heißt die Landschaften am weißen Meere, nach Vikingsart ausgeführt hatte, wahrscheinlich um sich Walroßzähne, einen damals hochgeschätzten Handels= artikel, zu verschaffen. Er hat Alfred diese Reise mündlich erzählt; er schildert ihren Verlauf, das Walroß — „horshvaelum" — als ein ihm bis dahin unbekanntes Thier, das von den Bewohnern des Bjarmalandes gejagt wird, spricht zum Schlusse von seinem Privatleben und stellt sich als einen reichen Mann dar, an welchen die Skritafinnen, oder die Lappen Finmarkens, jährlichen Tribut entrichteten, unter Anderm Fischbein — hvales bane — und Schiffstaue von Wal= oder Delphinhaut, — hvales hyde — wie es in dem angelsächsischen Urtext lautet. Diese Worte sind von Forster in der Mitte des vorigen Jahrhunderts mit Walroßzähnen und Walroßhaut wiedergegeben, und man hat geschlossen, daß das Walroß von diesen Tributpflichtigen gejagt worden sei. Wie wir gesehen haben, braucht aber Other ganz verschiedene Bezeichnungen für Walfisch und Walroß, und aus seinem Bericht geht nicht im mindesten hervor, daß irgend einmal, oder während seiner Zeit, an Finmarkens Küsten die Walroßjagd betrieben worden sei. Eben so zweifelhaft sind die Angaben, welche auf einen früheren Walroßfang bei den Orkney=Inseln oder Island deuten.

Die ältesten Nachrichten über das Walroß datiren von Other's Reisebericht; es wurde den civilisirten Nationen also etwa hundert Jahre früher bekannt, als Grönland von den skandinavischen Stamme colonisirt wurde. Seine älteste angelsächsische Bezeichnung war „horshvaelum" oder „Pferdewal"; im Speculum regale, einer Arbeit aus dem dreizehnten Jahrhundert, wird er Rostungur ge= nannt, wahrscheinlich nach der Bezeichnung der grönländischen Colonisten. Sein gegenwärtiger Name ist holländisch und be=

zeichnet ganz dasselbe wie der angloſächſiſche. Es dauerte gleich=
wohl lange, bis das Aussehen und das Leben des Walrosses in
Europa genauer bekannt wurden; der „See=Elephant", Elephas ma-
rinus, wie er von den mittelalterlichen Gelehrten genannt wurde,
blieb der Gegenstand höchst abenteuerlicher Abbildungen und Be=
ſchreibungen. So ſpricht der gelehrte Pole Mathias Machowius
in der Mitte des 16. Jahrhunderts von Fiſchen im Eismeere,
genannt Morß — die finniſche und ſlaviſche Benennung, wovon
das franzöſiſche Morse kommt — welche mit Hülfe ihrer Zähne
auf die Berge klettern, und ſich von ihnen hinabwerfen, um zu
fliegen; Olaus Magnus in Rom weiß aber zu berichten von
„Fiſchen in der Größe von Elephanten, welche Morſt oder Ros=
mari genannt werden, ſich auf die Menſchen am Meeresſtrande
ſtürzen und dieſelben mit ihren Zähnen zerreißen."

Wir können hier nicht alle Berichte aus der Zeit des Mittel=
alters anführen, einer immer unglaublicher als der andere, wir
verweiſen denjenigen, welcher ſich genauer mit der Geſchichte des
Walroſſes bekannt machen will, auf Baer's gelehrte und höchſt
intereſſante Abhandlung in den Memoiren der Petersburger Aka=
demie für 1838. Erſt durch die Expeditionen der Engländer und
Holländer nach dem Eismeere im 16. Jahrhundert erhielt man
zuverläſſige Nachrichten über das Walroß, bis es — wie ſchon
früher erwähnt — am Anfange des 17. Jahrhunderts lebendig
nach London gebracht wurde. Von dieſem Zeitpunkte ab datirt die
eigentliche Kenntniß dieſes merkwürdigen Thieres.

Damals begann auch erſt die Jagd auf Walroſſe bei Spitz=
bergen, vorzüglich um ſeiner Zähne willen, wovon das Pfund auf
3 Gulden geſchätzt wurde, ein mittelgroßer Zahn von 3 Pfunden
alſo 9 Gulden. Ein größerer Zahn koſtete verhältnißmäßig mehr,
einer von 5 Pfund bis zu 25 Gulden. Der Werth des Specks
wurde bei einem mittelgroßen Thiere auf 18 Gulden berechnet, ſo
daß ein Walroß überhaupt gemeinhin 36 Gulden werth war.
Dieſer Preis ſchwankte indeſſen, je nachdem der Fang in dem Jahre
ausfiel, zwiſchen 25 und 70 Gulden. Das Fell wurde als un=
brauchbar bei Seite geworfen. Der Fang an Walroſſen, See=
hunden und Weißfiſchen auf zweien holländiſchen Schiffen, welche die
Engländer 1613 bei Spitzbergen kaperten, wurde 130,000 Gulden
werth geſchätzt, mit Einſchluß der Geräthſchaften und der Boote.
Jetzt macht beſonders der Speck und die Haut das Walroß zu

einem so gesuchten Handelsartikel. Die Specklage unter der Haut
ist etwa drei Zoll stark, unter dem Bauche aber etwas dünner;
ein erwachsenes Thier liefert daher ungefähr eine Tonne Thran.
Die Haut bildet, roh oder gegerbt, mit das stärkste Material zu
Geschirr= und Maschinenriemen, und steht sehr hoch im Preise.
Die jährliche Ausfuhr solcher rohen Waare aus Norwegen beläuft
sich auf 100= bis 130,000 norwegische Skaalpfunde, wovon mehr
als die Hälfte nach Rußland geht, um als Sielenzeug verwendet
zu werden. Der Rest wird nach Altona, Hamburg und Bremen
abgesetzt. Die Zähne, welche an Weiße und Härte mit dem Elfen=
bein wetteifern, werden nach Hamburg und Altona im Betrage
von 500 bis 1,500 norwegischen Skaalpfunden ausgeführt. Der
Preis für ein ganzes Walroß zur Stelle wechselt zwischen 10 und
20 Speciesthaler.

Wie der Seehund, wird es jung leicht gezähmt, aber bis jetzt
ist es nicht gelungen, es in dem europäischen Klima lange am
Leben zu erhalten. Sein Fleisch ist wie das des Seehundes
dunkel von Farbe und grob, aber nicht von schlechtem Geschmack
und läßt sich daher in Ermangelung einer bessern Speise wohl
genießen.

Siebentes Kapitel.

Torell's und Nordenskiöld's erste Bootfahrt.

Den 10. Juli war die Ausrüstung des kleinen englischen Bootes vollendet. Es war Proviant für sieben Mann auf vier Wochen eingenommen und das Boot mit Allem versehen, was in diesen wüsten Gegenden bei einer längeren Fahrt erforderlich sein mochte: ein Kochapparat und Talg zur Feuerung, Werkzeug, Leinen, eine Harpune, Munition, ein Zelt, Schlafsäcke und Anderes, namentlich auch astronomische Instrumente und Wrede's Apparat zu magnetischen Bestimmungen. Vor der Abreise gab Torell an Lilliehöök einige Instructionen, nach welchen Aeolus sich an der Nordspitze von Spitzbergen zwischen Wijde-Bai im Westen und Brandewijns-Bai und Cap Fanshaw im Osten halten sollte. Der Cours des Schiffes sollte von Lilliehöök, nach Berathungen mit Chydenius und Malmgren, bestimmt werden. Beim Verlassen eines Hafens wäre in einem leicht zu erkennenden „Varde“ die nächste Bestimmung des Schiffes anzugeben. Wenn die Sicherung des Schiffes nicht etwas Anderes erforderte, sollte ein Boot mit drei Mann für Chydenius bereit bleiben und ein gleiches Malmgren zur Hand gehen. Für den Fall, daß keine der abgegangenen Bootpartien vor dem 20. August zurückgekehrt sei, sollten geeignete Maßregeln zu ihrer Aufsuchung getroffen werden. Trotzdem dürfte sich das Schiff zum Zwecke solcher Aufsuchungen in dem Gewässer nördlich von Spitzbergen nicht länger aufhalten, als sich mit seiner Sicherheit vereinigen ließe, vielmehr, wenn die Beschaffenheit des Eises und der Jahreszeit es erforderten, zurückkehren, nachdem es am Aeoluskreuz genügenden Proviant nebst Munition zurück=

gelassen. Außerdem ging die Verabredung dahin, daß der Schoner an dem gegenwärtigen Ankerplatze ein kleines Depot errichten solle.

Um 7 Uhr Abends stiegen Torell, Nordenskiöld, Petersen und vier Mann in das Boot und verließen unter gegenseitigen Glückwünschen das Schiff. Diese Fahrt wird von Nordenskiöld nachstehend geschildert:

„Wir nahmen unsern Weg von dem Ankerplatze nach Süden, an der Oeffnung der Murchisons-Bucht vorbei, nach dem nördlichen Theile der sogenannten Nordostinsel. Vor der Bucht legten wir an einem kleinen Holme an, auf dessen Mitte russische Jäger ein hübsches Kreuz mit einer Menge von Inschriften, Zeichnungen von Lanzen und Anderm errichtet hatten. Nachdem wir hier einige Peilungen gemacht, ruderten wir zu dem Lande, welches auf alten Karten Nordostinsel genannt wird und einen erheblichen Theil der Südwestküste des Nordostlandes bilden soll. Wir kamen um 6 Uhr Morgens dort an und wählten unsern Ruheplatz an dem nordwestlichen Strande. Nachdem das Boot auf's Land gezogen und das Zelt ausgespannt worden war, gingen wir in's Land hinein zu einigen ziemlich hohen Kalkfelsen am südlichen Strande der Murchisons-Bai, von welchen man eine weite Aussicht über den ganzen von Holmen erfüllten Fjord genießt. Gleichwohl konnten wir den Anfang des Sundes, welcher nach den Karten die Nordostinsel vom Nordostlande trennen soll, nicht entdecken. Das Felsgestein war ein geschichteter Kalk ohne Petrefacten, die Lager im hohen Grade unregelmäßig und oft verworfen, eine Folge der Eruptionen des Hyperits, welcher sie mehrfach durchsetzt hatte. Am Strande lagen zerstreut erratische Blöcke von anderen Gebirgsarten: eine auf Spitzbergen oft zu beobachtende Erscheinung. Sie zeigt, wie das Eis die Steine von einer Stelle zur andern fortgeführt hat, und beleuchtet die Frage in Betreff des Auftretens der erratischen Blöcke in Europa. Uebrigens bestand der Boden zum größten Theile aus scharfkantigen Steinen und Geschieben: eine Folge der Kälte, welche das festeste Gestein sprengt. Auf Spitzbergen bedecken beinahe überall ungeheure Massen von losen Steinen sowohl das flache Unterland bei den Küsten und Thälern als auch die Abhänge der Berge bis zu mehreren Hundert Fuß Höhe.

„Zu unserm Boote zurückgekehrt, nahmen wir unser Frühstück ein, krochen in unsere Schlafsäcke und schliefen auf dem Boden

des Bootes ganz gut bis zum Abend, wo wir von dem für den
ersten Reisetag ernannten Koch zu einem duftenden Kaffee erweckt
wurden. Die Verpflichtung, für die Gesellschaft zu kochen, lag
nämlich unserer Mannschaft der Reihe nach ob. Wer „die Jour“
hatte, mußte daher zeitiger aufstehen, um unser warmes Morgen=
mahl — meist Kaffee — zu bereiten, und durfte sich nicht eher
niederlegen, als bis er alle unsere — allerdings nicht vielen —
Hausgeräthe ausgewaschen und in Ordnung gebracht hatte. Die
übrige Mannschaft war natürlich, lange bevor der Koch damit
fertig, in ihre Schlafsäcke gekrochen; und da, wie man leicht denken
kann, die Ruhezeit nur sehr knapp zugemessen werden konnte, so
wäre das Amt eines Koches ein sehr drückendes gewesen, wenn
die Verpflichtung dazu nicht täglich gewechselt hätte. Wir schliefen
fast immer in dem Boote, über welches während der Ruhezeit ein
dünnes, dachartiges Baumwollzelt gespannt und an dem Boots=
rande so gut befestigt war, daß wir selbst während des stärksten
Sturmes keinen Zugwind spürten. Auch gegen den Regen schützte
das Zelt, wenn es gut angebracht worden war. Ueber den Boden
des Bootes wurde ein ölgetränktes Stück Zeug von demselben
Stoffe wie die Zeltleinwand gebreitet; auf diesem schliefen wir,
ein Jeder an seiner bestimmten Stelle, in warmen Schlafsäcken
von dickem Filz, welche rings zusammengenäht waren und nur an
einem Ende eine Oeffnung von etwa einer halben Elle hatten,
durch welche man hineinkroch. Selbst wenn man nur halb be=
kleidet — wie es gewöhnlich der Fall war — in diesen Säcken
schlief, war das Bett ganz warm, und man ruhte in ihm eben so
gut als auf den besten Matratzen; nur freilich, daß der weder
weiche noch ebene Holzboden sich ein wenig fühlbar machte.

„Da die Sonne während unseres Aufenthaltes in diesen Ge=
genden niemals unter den Horizont sank, war der Unterschied
zwischen Tag und Nacht ganz gering, es kam also auch nicht darauf
an, welchen Theil der vierundzwanzig Stunden wir dem Schlafe
widmeten. Indessen war die Temperatur fast immer bei Tage
höher als in der Nacht; so wurde es denn zum Gesetze, während
des kälteren Theiles, der Nacht, zu reisen und bei Tage zu rasten.
Kaffee ging, wie schon erwähnt, jedem Aufbruche voraus; um
Mitternacht genossen wir kalte Speisen; Morgens aber, bevor
man sich zu Bette legte, wurde das Hauptmahl eingenommen,
gewöhnlich aus einer warmen Suppe, oft aus Wildpret bestehend,

welches am Tage vorher geschossen war. Während der ersten
Hälfte dieser Bootfahrt trafen wir auf keine Rennthiere; aber
schon am Cap Fanshaw wurden einige stattliche Thiere geschossen,
und später sorgte Petersen's vortreffliche Büchse dafür, daß der
Koch niemals ohne frisches Rennthierfleisch war, welches wir immer
dem Fleische der Eidergänse, Alken und Fischmöwen vorzogen.
Fast überall diente das im Ueberfluß vorhandene Treibholz zur
Feuerung. Uebrigens war die Art zu reisen und die täglichen
Bedürfnisse zu befriedigen Tag aus Tag ein dieselbe, und ich
würde mir eine genauere Beschreibung erspart haben, wenn sie
nicht darlegte, wie man in einem rauhen Klima, und ganz und
gar auf eigene Hülfsmittel angewiesen, nicht blos ohne alle
Schwierigkeit weiter kommen, sondern auch mit einem gewissen
Grade von Bequemlichkeit reisen kann.

„Den 11. Vormittags ruderten wir weiter nach Süden. Nach
einer Weile gingen wir an's Land, um von einem Hügel, der
nicht weit entfernt schien, einen Ueberblick zu gewinnen. Wie so
oft in diesen hochnordischen Gegenden hatten wir uns in Bezug
auf die Entfernung aber geirrt, und unsere Wanderung wurde
wider Erwarten ziemlich lang. Wir hatten gehofft, von diesem
Hügel den Sund zu erblicken, welcher die Nordostinsel vom Nord=
ostlande trennen soll, fanden aber, daß das mit Eis und Schnee
bedeckte Land sich zu einem Eiskamme erhebt, welcher in ununter=
brochener Verbindung mit den Gletschern im Innern des Nord=
ostlandes steht. Ueberall zeigten Spuren, daß das Land in einer
erst späteren Periode gehoben worden. Walfischknochen und Muschel=
schaalen von noch lebenden Arten befanden sich häufig weit über
dem gegenwärtigen Meeresspiegel.

„Erst um Mitternacht kehrten wir zu dem Boote zurück und
ruderten noch ein Ende nach dem Innern des Sundes. Walroß=
weibchen mit ihren Jungen zeigten sich hier und da und die Jäger
begannen ihre grausame Jagd. Ein Weibchen wurde schnell das
Opfer seiner Mutterliebe. Das Junge konnte nämlich nicht rasch
genug folgen und die Mutter wollte ihren Liebling nicht verlassen.
So nahm sie es zwischen ihre Vorderfüße und tauchte unter, ver=
lor es in dem Eifer zu entkommen, mußte wieder zur Oberfläche
und tauchte von Neuem mit dem Jungen unter, oder trieb es
mit Püffen aus der gefährlichen Nachbarschaft. Dies wiederholte
sich mehrere Male, bis zuletzt ein glücklicher Harpunwurf die Jagd

10*

änderte. Das nunmehr mittels der Harpune und der ſtarken
Leine vor das Boot geſpannte Walroß riß uns mit unglaublicher
Schnelligkeit fort, immer gefolgt von ſeinem Jungen. Nach einer
Weile wurde es müde, die Fahrt langſamer, das Thier zum Boote
„geholt“ und mit einigen Lanzenſtichen getödtet. Darauf zogen
die Jäger es auf eine Eisſcholle und zogen es ab, das heißt, be=
raubten es ſeiner Haut und ſeines Speckes. Auch das Junge
wurde getödtet, ſank indeſſen auf den Grund. Da unſer Boot
ſchon vorher ſtark beladen war, ſo ließen wir das Fell mit dem
noch daran ſitzenden Speck auf einem Holm bis zu unſerer Rück=
kehr und bedeckten es zum Schutze mit großen Steinen.

„Der Theil des Nordoſtlandes, ſowie die daneben liegenden
kleinen Holme und Schären, welche wir bis dahin beſucht hatten,
beſtehen ausſchließlich aus einer einförmigen, für die Geologen und
Botaniker wenig intereſſanten Kalkformation, in welcher keine
Spur einer Verſteinerung zu erblicken. Eine ſchwarze Spitze, die
ſüdlich vom feſten Lande auszugehen ſchien, indeſſen — wie wir
bei der Rückkehr ſahen — eigentlich eine Inſel in der Wahlenberg=
Bucht war, bot uns eine angenehme Abwechslung in dieſer Ein=
förmigkeit dar, und wir beſchloſſen, dort unſer Tagquartier zu
nehmen. Nach einer ſehr langen Ruderfahrt erreichten wir dieſe
öſtlichſte Spitze. Wir hatten einige Mühe, an dem ſteilen Strande
einen Platz für unſer Boot zu finden, und mußten noch lange
rudern, bis wir endlich das Boot auf's Eis ziehen konnten. Dieſe
Art das Boot zu bergen ſtellte ſich ſeitdem als die geeignetſte
heraus; es wurde immer mit Treibholz, oder was ſonſt zur Hand
war, unterſtützt, ſo daß es auf dem Kiele ſtand.

„Der Hyperit herrſchte mehr und mehr vor und ſtieg vom
Meere in lothrechten Wänden von zwei= bis dreihundert Fuß Höhe
auf, oft zerſprengt in die dem Baſalt eigenthümlichen Formen: gi=
gantiſche, aufrecht ſtehende, meiſt vierkantige Pfeiler. Der ſchwarze
Boden ſah hier weit fruchtbarer aus, als der nackte gelbgraue
Kalkſtein; eine zwar dürftige aber ſchöne Vegetation zeigte ſich in
den Klüften, welche von großen Schaaren Alken, Teiſten und
Möwen bewohnt waren, wenngleich nicht mit der ungeheuren
Vogelcolonie zu vergleichen, welche wir ſpäter auf einem großen
Hyperitberge an der andern Seite des Sundes antrafen. Wir
hätten nun am Ende der ſogenannten Nordoſtinſel ſein müſſen,
fanden aber, daß ſie blos ein vortretender Theil des Nordoſtlandes

sei. Der auf alten Karten eingezeichnete Sund ist also offenbar
eine bloße Vermuthung gewesen. Wir rasteten hier, verspeisten
unsere während der Nacht geschossenen Eibergänse und Alken, und
ruderten am 12. Nachmittags 4 Uhr an der tiefen nun beginnen=
den Bucht vorüber, welcher wir den Namen Wahlenberg=Bucht
gaben. Hier trafen wir auf Massen von Eis und legten an einem
hohen Grundeisblock an, um uns von seiner Spitze zu orientiren
und einen Ausgang zu finden. Im Hintergrunde der Bucht schienen
sich noch drei Fjorde in das Land zu erstrecken. Der Weg zu den
Fosterinseln erschien ziemlich frei, und so wurde dorthin gesteuert.
Unsere Weiterfahrt wurde wieder durch ein schon ganz zermorschtes
Eisfeld gesperrt, durch welches wir uns brechen mußten. Wenn
nämlich das Eis nicht stark genug ist, um das Boot darüber zu
ziehen, so muß man sich einen Weg durch dasselbe bahnen, ver=
mittels Schaukeln des Bootes, Schlagen mit Rudern und Eis=
äxten und Anderm. Es ist eine äußerst ermüdende Arbeit und
wir waren froh, als wir wieder in offenes Wasser kamen. Eine
Menge von Walrossen erschien, sehr neugierig und ganz nahe.
Während wir das Boot weiter schaukelten, erhob sich ein Wal=
roßweibchen, mit einem kleinen Jungen zwischen den Vorderfüßen,
hoch über das Wasser, neugierig, den Grund des ungewöhnlichen
Lärmes kennen zu lernen. Diesesmal blieben die Walrosse in=
dessen in Ruhe. Um Mitternacht kamen wir zu den Fosterinseln.

„Wir bestiegen die Spitze der einen ein paar Hundert Fuß
hohen Insel und genossen die großartigste Aussicht. Hohe Berge
mit senkrechten Wänden begrenzen hier beide Seiten der Heenloopen
Strat. An mehreren Stellen erblickt man gewaltige Gletscher,
von denen einer, über eine Meile breit, mit seinem senkrechten Ab=
sturz bis in's Meer steigt. Zwischen dem Eise hielten sich un=
geheure Schaaren von Alken auf, um dort Nahrung zu suchen.
Aus der Richtung ihres Fluges konnte man erkennen, daß sie ihre
Brutstätten auf der Westseite von Heenloopen hatten. Eine Menge
Walrosse zogen schnaubend durch den Sund. Die prachtvolle Be=
leuchtung durch die in dieser Jahreszeit nicht untergehende Sonne
und der Reichthum der Thierwelt verliehen der ganzen Natur
einen großartigen Charakter, der seines Eindrucks auf den Be=
schauer nicht verfehlte.

„Von diesen in der Mitte von Heenloopen Strat belegenen,
an Leben und Vegetation armen Hyperitklippen steuerten wir den

13. Juli 2 Uhr Nachmittags durch den am meisten eisfreien Theil
des Sundes zu dem Lande südlich von der Wahlenberg-Bucht.
Schon aus der Ferne konnten wir erkennen, daß diese Küste in
geologischer Hinsicht ganz verschieden sei von den einförmigen Gegenden, welche wir bis dahin besucht hatten. An Stelle der im
nordwestlichen Theile des Nordostlandes öben Kalkhügel erblickt
man hier 1,500 bis 2,000 Fuß hohe, gegen das Meer hin steil
abstürzende Berge, zu unterst aus horizontalen, regelmäßigen
graulichen Lagen bestehend, denen weiter nach oben eine mächtige,
dunkle Hyperitschicht folgt, auf welcher hier und da wieder weißliches
Kalk= und Kieselgestein ruht. Wir landeten an mehreren Stellen
der Küste und fanden, daß die sedimentären Bildungen abwechselnd
aus Kalk=, Sandstein= und Quarzitlagen bestanden. An dem
Ausflusse eines Baches entdeckten wir erst in dem Strandgerölle
Petrefacten, durchschritten dann das niedrige Unterland und fanden die schönsten Versteinerungen unter dreien Kalksteinpfeilern,
welche sich aus einer Masse losen Gesteins erhoben. Dieser Fund
erfreute uns um so mehr, als wir vorher Versteinerungen führende
Schichten auf Spitzbergen nicht angetroffen hatten. Aus den hier
vorgefundenen schlossen wir, daß sie der permischen Formation
angehörten.

„Nachdem wir ein paar Meilen längs der Küste gerudert
hatten, ruhten wir eine Weile an einer Stelle, wo die Hyperit=
bildung sogar bis an den Meeresstrand reicht und einen einige
Hundert Fuß hohen schwarzen Kegel bildet, welcher nach dem Ufer
zu langsam abfällt. Von seiner Spitze aus konnten wir erkennen,
daß das Eis fest und ohne Unterbrechung den ganzen südlichen
Theil des Sundes bedecke. So weit das Auge reichte, war das
Eis ganz eben und kein Wasser zu erblicken. Der Plan, rings
um das Nordostland zu rudern, mußte also aufgegeben werden;
wir beschlossen dafür an der Westküste der Heenloopen Strat zu
unserm Schiffe zurückzukehren, um, wenn das Eis es zuließe, von
dort eine neue Bootfahrt zu den Sieben Inseln und der Nordküste
des Nordostlandes zu unternehmen.

„Etwas nach Mitternacht (13. zum 14. Juli) steuerten wir nach
den Waigats=Inseln. Wir hatten erst eine kleine Weile gerudert,
als ein dicker Nebel sich über die ganze Gegend legte, so daß wir
jede Landmarke verloren und es schwer genug wurde, blos mit
dem Kompasse den Weg durch die Eisflarden zu finden. So sehr

verwirrt der Nebel in diesen Regionen. Unzählige Walrosse tummelten sich im Wasser oder lagen dicht neben einander auf den ringsum zerstreuten, flachen Schollen. Oft war eine einzige von Walrossen so vollgepackt, daß nicht blos das Eisstück, sondern auch ein Theil ihrer Körper unter die Oberfläche des Wassers ge= drückt wurde, während andere Walrosse rings herum schwammen und, da sie keinen Platz mehr fanden, mit ihren großen Hauern den einen und andern ihrer ruhenden Kameraden fortzutreiben suchten. Einmal, da wir mit unserm Boote, im Nebel, einer solchen mit 30 bis 40 Walrossen bepackten Eisscholle ganz nahe kamen, ohne daß sie sich um uns oder das nahende Boot im mindesten kümmerten, stieß Einer von der Mannschaft plötzlich einen Schrei aus. Sofort stürzten sich die Walrosse in großer Verwirrung und mit vielem Lärm in's Wasser, kamen aber bald wieder hinter einem nahegelegenen Eisstück in die Höhe, schienen sehr neugierig, traten gleichsam Wasser, so daß sich ein Drittheil ihres Körpers über die Oberfläche erhob, und machten mit ihren kolossalen Körpern und langen Hauern eine höchst sonderbare Figur.

„Nachdem wir viel mit Cours und Strömungen zu thun gehabt und mehr als einmal einen von Erde geschwärzten Eisberg, der ganz nahe bem Boote trieb, für ein fernes großes Land mit Berg= spitzen und Gletschern gehalten hatten, erreichten wir endlich die Wahlberg=Oe, die größte der Waigats=Inseln. Wir zogen das Boot auf die feste Eiskante, der Nebel verzog sich und Torell be= stieg die Spitze der Insel. Hier fand er eine frische Vegetation, ja es wuchs etwas tiefer, etwa 200 Fuß über dem Meere, eine solche Menge des arktischen Mohns — Papaver nudicaule — daß der Boden davon beinahe bedeckt war. Um Mittag, nach ein paar Stunden Schlafes, kroch ich wie gewöhnlich aus meinem Schlaffack, um die Sonnenhöhe zu bestimmen. Während ich die Instrumente verwahrte, bemerkte ich eine Bärin mit ihren Jungen, welche von einem naheliegenden Eisstücke aus den Beobachter und das Boot betrachtete und wahrscheinlich schon lange betrachtet hatte. Da kein Gewehr zur Hand war, weckte ich Einen der Leute im Boote; bevor aber die Büchsen geladen wurden, merkte die Bärin Unrath und begab sich auf die Flucht. Der Harpunirer Hellstab verfolgte sie eine Weile, ohne sie zu erreichen, und nahm

in der Entfernung noch ein Bärenmännchen wahr, das wahr=
scheinlich diese Familie vervollständigte.

„Den folgenden Nachmittag machten wir einen Ausflug nach
dem Innern der Insel, das ziemlich ausgedehnt ist und ein un=
gefähr hundert Fuß hohes Hyperitplateau bildet, aus welchem sich
ein kleinerer Kegel — das Ziel unserer Wanderung — zu einer
Höhe von etwa 500 Fuß erhebt. Schon während seines letzten
Ausfluges hatte Torell einige Junge des Fjeldhundes, Canis lagopus, bemerkt, welche so zahm oder so wenig an den Anblick
von Menschen gewöhnt waren, daß eins von ihnen vor Torell's
Füßen hin und her sprang und mit einem soeben gefangenen
Schneesperling spielte. Auf dem Gipfel eines kleineren Alkenberges
trafen wir nun auf einen beträchtlichen Fuchsbau, welcher den
Zufluchtsort einer großen Colonie solcher Thiere zu bilden schien.
Der Boden war nach allen Richtungen von kleineren Gängen
durchzogen, in welchen sich Knochen und halb verfaulte Körper
von Alken begraben fanden. Wenn wir die Jungen aus ihren
Höhlungen verjagten, so nahmen sie ihren Weg meist zu dem nach
dem Meere hin senkrecht abfallenden Alkenberge und dessen Klüften;
manche blieben auch ein Ende von der Stelle, wo sie aus der
Erde gekrochen, hinter einem Stein stehen und ließen sich dort in
aller Ruhe nieder, um uns zu betrachten. So wurden ein paar
von ihnen, die ganz fett waren, geschossen. Während dieser Jahres=
zeit hat der Blaufuchs auf Spitzbergen reichliche Nahrung, indem
er die Alken und die auf dem Flachlande brütenden Eidergänse
heimsucht; denn gewöhnlich bauen die letzteren ihre Nester auf
solchen Holmen, welche während der Brütezeit zu Eise nicht zu=
gänglich sind. Man begreift dagegen kaum, wo er im Winter
seine Nahrung findet, da mit Ausnahme des nur seltenen Fjeld=
huhns alle Vögel von hier fortziehen. Er liegt auch nicht etwa im
Winterschlaf, denn die Leute, welche auf Spitzbergen überwintert,
haben ihn oft in großer Menge gefangen.

„Wir spähten noch immer nach dem Sunde, welcher sich zwischen
Heenloopen Strat und dem Nordfjorde befinden soll, konnten ihn
indessen nicht entdecken. Wir zählten acht Gletscher, die zwischen
der östlichen Spitze des eigentlichen Spitzbergen und Duim Point
bis zum Meere reichten. Im Osten und Südosten erschien nur
Eis. Das Meer dort ist so gut wie unbekannt.

„Am Abende ruderten wir zurück zu dem an Versteinerungen

reichen Berge auf der Südwestseite des Nordostlandes, den wir
Angelinsberg tauften. Bei der Ueberfahrt erblickten wir wieder
unzählige Walrosse, deren Anblick die Lust unserer Jäger in dem
Grade erregte, daß wir endlich die schon lange erbetene Erlaubniß
zur Jagd geben mußten. Bald war eins der friedlichen, nichts
Böses ahnenden Thiere mit Leine und Harpune vor unser Boot
gespannt, ermüdet, eingeholt und getödtet. Während dieses Wal=
roß, ein Weibchen, uns noch bugsirte, eilte sein Junges zu den
anderen hin, und plötzlich sammelten sich von allen Seiten über
fünfzig Walrosse rings um das Boot und schwammen in einem
Halbkreise, fast in Schußweite, uns nach. Selbst der an die
nordische Thierwelt so gewöhnte Petersen wurde bei diesem Anblicke
anfangs etwas betreten und bat uns, alle Büchsen in Bereitschaft
zu halten, um wenigstens mit Ehren zu fallen. Aber sie waren
nicht zur Rache, sondern nur aus Neugier gekommen und folgten
uns in allem Frieden, indem sie oft ihre unförmlichen Köpfe so
hoch als möglich über das Wasser hoben, um unser Vorhaben
besser überschauen zu können. Selbst als wir das getödtete Wal=
roß auf ein Eisstück gezogen hatten, um es abzuhäuten, betrachteten
seine Kameraden uns noch immer, indem sie zwischen den schwimmen=
den Eisschollen umherpatschten, bis endlich das in's Wasser
strömende Blut sie vertrieb.

„Nachdem wir am Angelinsberge eine möglichst große Menge
von Versteinerungen eingesammelt hatten, ruderten wir am 16.
Morgens 3 Uhr von dort zur Westseite des Sundes, um zu sehen,
ob es nicht möglich wäre, weiter nach Süden zu dem neu entdeckten
Sunde zwischen dem Storfjord und der Heenloopen Strat vorzu=
bringen. Während dieser Fahrt überfiel uns wieder einer jener
in dem arktischen Meere so häufigen und so störenden Nebel. In=
dem er sich uns entgegenwälzte, nahmen wir bald nichts Anderes
mehr wahr, als das Boot und die nächsten Eisschollen. Trotzdem
erschien uns in kurzer Frist ein lebhaftes Schauspiel. Auf einem
Eisstücke, das wahrscheinlich auf dem Grunde stand, entdeckte
Petersen's scharfes Auge eine Bärin mit ihren beiden Jungen; er
schickte ihr sofort eine Büchsenkugel zu, ohne sie jedoch tödtlich zu
verwunden. Zur größten Freude der Mannschaft, welche be=
hauptete, „daß der Bär trotz seiner Unbeholfenheit zu Wasser sich
für einen großen Seemann hält und deshalb, wenn die Gelegen=
heit dazu sich darbietet, seine Zuflucht zur See nimmt, wo er

jedoch rettungslos verloren und eben so leicht zu tödten ist wie
ein Schaf" — sprangen alle Bären von dem Eisstücke sofort in's
Wasser und schwammen davon. Wir ruderten an den Jungen
vorbei, welche uns anschnoben, erreichten die Mutter und erlegten
sie. Als sie in's Boot gezogen war, ruderten wir den Jungen
nach, von denen ich eins schoß. Es dauerte nicht lange, so war
auch das andere getödtet. Denselben Tag sahen wir im Süden
auf dem festen Eise noch einen Bären. Während wir nun weiter
über die spiegelglatte See ruderten, erblickten wir unermeßliche
Schaaren von Alken zwischen den Eisschollen. Im Allgemeinen
ist es eine sonderbare Erscheinung, daß man im Meere ein reiches
Thierleben nur bei und zwischen dem Eise findet. Dieses gilt
nicht blos von solchen Thieren, welche sich daselbst, um auszuruhen,
verweilen, wie Seehunde und Walrosse, sondern auch von anderen.
Der Grönlandswal, eins der größten uns bekannten Thiere,
findet nur zwischen dem Eise hinreichende Nahrung, ebenso der
Narwal. Die meisten Seehunde fängt man in Grönland in den
sogenannten Eisfjorden, wo das Binneneis im Meere mündet.
Man kann sicher sein, bei den Eisbergen Seepferde und andere
Vögel zu finden, welche hier ihre Nahrung suchen, und die Alken
machen lange Wege, um wieder Eis zu erreichen, sobald dasselbe
in der Nähe ihrer Nester aufgebrochen ist.

„Um Mittag erreichten wir den Weststrand des Sundes und
legten an einem hohen und prachtvollen Berge an, welcher große
Aehnlichkeit mit Angelinsberg hat, obwohl er weit höher und groß=
artiger ist. Dieser Berg ist auf der Karte mit Lovén's Berg be=
zeichnet. Sein oberer, zum größten Theile aus Hyperit bestehen=
der Theil hat mit seinen ebenen, steil abstürzenden dunkeln Seiten=
flächen große Aehnlichkeit mit einem Dache. Die unter dem Hyperit
horizontalen hellen Kalk= und Sandsteinlagen, mit ihren nach dem
Sunde fast lothrecht abfallenden Seiten, geben dem ganzen Berge
das Aussehen eines regelmäßigen, kolossalen Bauwerks. Zu
unterst ist sein Fuß von steil abfallendem Geröllé bedeckt, das
unter den Füßen bei jedem Tritt fortgleitet, und nur an wenigen
Stellen dürfte eine Ersteigung des Berges überhaupt möglich sein.
Die ganze Bildung unterscheidet sich durchaus von denen des
Granits und Gneises, dagegen ist die Aehnlichkeit mit dem Kinne=
kulle und den anderen westgöthischen Bergen, obwohl sie weit
niedriger sind, in die Augen fallend. Sowohl die Kalkstein= als

auch die Sandsteinschichten waren reich an Versteinerungen, die ersten besonders an kolossalen Arten des Geschlechtes Productus.

„Ein Berg, gleich im Norden von diesem, zeigt, wie das Eis auf seine Unterlage einwirkt. Der geschichtete Kalk war zum Theil mit Hyperit bedeckt und zu oberst ruhte ein Gletscher. So weit der Hyperit reichte, war seine Form unverändert, ebenso die Gestalt des Berges; denn der Hyperit ist ein äußerst hartes Gestein. Dagegen waren auf der andern, nicht vom Hyperit geschützten Seite des Berges die horizontalen Kalklagen zum großen Theile abgenutzt, so daß er halb rund erschien. Ebenso sind wahrscheinlich auch bei unseren westgöthischen Bergen die silurischen Lagen einst von Gletschern abgeschliffen und fortgeführt, so weit der feste Trapp ihnen keinen Schutz verlieh, und ihre Trümmer später über das Flachland bis zu der norddeutschen Ebene zerstreut. Wir sahen hier, welche große Massen von kleinen Steinen ein einziger kleiner Gletscher vor sich her zu schieben vermag, wenn seine Unterlage aus einem lockern Gesteine besteht. Wanderungen neben oder auf solchen Bergen sind ziemlich gefährlich. Oft kann man bedeutende Bergfälle sehen und hören. An einer Stelle, über die wir Tags zuvor gewandert waren, stürzte eine ungeheure Steinmasse mit Donnergetön vom Berge hernieder in die See. Frost, Eis und Wasser sind in dauernder Thätigkeit, um diese prachtvollen Denkmäler einer längst dahingegangenen Thierwelt zu zerstören und zu zersplittern.

„Nachdem wir eine große Menge von Versteinerungen gesammelt hatten, ruderten wir am Abend des 17. Juli weiter nach Süden, um womöglich den neu aufgefundenen Sund zwischen dem Storfjord und der Heenloopen Strat zu erreichen und näher zu untersuchen. Wir fuhren an zweien Gletschern vorüber, von denen der eine ein halbmondförmig vortretendes Flachland vor sich zu haben schien, gebildet von den durch die Gletscher beständig hernieder geführten Stein- und Grusmassen. Sie bestanden aus scharfbegrenzten, etwa einen Fuß dicken Schichten, welche möglicher Weise die Menge der jährlichen Schneeanhäufung bezeichnen. Diese Gletscher zeigten überdies sehr gut, daß das Eis sich nach seiner Unterlage zu formen vermag, ohne zu brechen. Denn in ihrer Mitte waren die Lagen beinahe wagrecht, näher dem Ende aber, wo sie zwischen den Bergabhängen zusammengedrängt wurden,

gingen sie in unregelmäßige Linien über, welche offenbar nichts
Anderes waren als die Fortsetzungen jener Lagen.

„Nach ein paar Stunden weiteren Ruderns setzte das ununter=
brochene, selbst mit dem Lande noch in Verbindung stehende feste
Eis unserm weiteren Vordringen eine nicht zu überschreitende
Grenze. Wir kehrten daher zurück, wie wir gekommen, und hielten
uns an das westliche Ufer von Heenloopen Strat. Um einen
breiten Gletscher, der steil in's Meer stieg, zu passiren, brauchten
wir eine ganze Stunde. Dann kam ein anderer, welcher wie eine
Gebirgsschicht auf einem senkrechten Hyperitberg ruhte und mit
seinen Eisklippen hinab in das Wasser stürzte. Wir fanden den
Hyperit schön abgeschliffen und gefurcht; hier, wie an manchen
anderen Stellen, ein Beweis, daß das Eis auf Spitzbergen sich
einst weiter ausgedehnt hat als gegenwärtig.

„Von einer starken Strömung begünstigt, erreichten wir bald
Duim Point und zogen das Boot auf das Land. Auf einem
nahen Holme hatte eine Schaar Eidergänse ihre Nester, in denen
wir trotz der vorgeschrittenen Jahreszeit noch frische Eier fanden:
ein willkommener Fund, da wir in den letzten Tagen — wenn wir
von dem Versuche absahen, einen der erlegten jungen Eisbären zu
verzehren — fast nur Alkensuppe genossen und sie etwas über=
drüssig bekommen hatten. Obwohl die meisten Eier schon Junge
enthielten, so verzehrte die Mannschaft doch auch diese mit gutem
Appetite. Die große Möwe — Larus glaucus — hatte schon bei=
nahe flügge Junge.

„Am Abende des 18. Juli ruderten wir zum Cap Fanshaw.
Ungefähr in der Mitte des Weges passirten wir den größten Vogel=
berg, welchen wir bis dahin gesehen hatten. Schwarze 800 bis
1,000 Fuß hohe Felswände stürzen hier in einer Breite von etwa
einer Viertelmeile vollkommen senkrecht in's Meer, bewohnt von
Millionen Alken, welche dicht aneinander gedrängt alle Ritzen und
Vorsprünge und Klüfte besetzt halten. Wenn man nach einem
solchen Alkenberge hin ein Gewehr abschießt, so verdunkeln die auf=
fliegenden Schaaren in der eigentlichsten Bedeutung die Luft, ohne
daß man doch bei den Zurückbleibenden die geringste Verminderung
merken kann. Die meisten bleiben so ruhig dasitzen, daß man den
unten Nistenden mit dem Boote nahen und sie mit den Händen
ergreifen kann. Ueberdies fanden wir stets zahlreiche Schaaren

von Alken auf und zwischen den Eisschollen, um dort ihre Nahrung zu suchen.

„Zwischen unserm Wendepunkte, 1½ Meilen südlich vom Lovénberge und Cap Fanshaw, herrschen Kalk und Hyperit vor. Der mehr als 2,000 Fuß hohe Lovénberg besteht, wie schon oben erwähnt, aus abwechselnden Lagen von Kalk= und Sandstein, welche derselben Bildung angehören, wie die Versteinerungen führenden Schichten am Angelinsberge und an der Mündung des Bellsundes. Durch ein mächtiges schwarzes Hyperitband ist dieser weißlichgraue untere Theil des Berges von dem während des größeren Theiles des Jahres mit Schnee bedeckten Scheitel getrennt, der aus Kalkstein besteht. Auf beiden Seiten des Lovénberges steigt der Hyperit hinab, so daß er im Norden schon vor Duim Point das Niveau des Meeres erreicht. Am großartigsten tritt dieses Gestein jedoch am Alkenberge, mitten zwischen Duim Point und Cap Fanshaw auf. Vollkommen lothrecht erhebt sich eine Felswand etwa tausend Fuß hoch über dem Meere, überall in verticale, basaltartige, aufrecht stehende, vier= und achtkantige Pfeiler gespalten, welche oft mit einem großen Theile ihrer ganzen Länge vollkommen frei stehen, oder nur mit einer schmalen Kante am Hauptberge festsitzen, während ihr oberster Theil zuweilen aus einer Lage von graulich= weißem Kalk besteht und gleichsam als Capitäl die Säule zum Abschluß bringt.

„Geologische Arbeiten nahmen den ganzen Tag in Anspruch. Zu unterst lag hier ein weißer und dunkelrother Sandstein mit undeutlichen Abdrücken niederer Meerespflanzen, darüber ein grauer Kalkstein in beinahe horizontalen Schichten mit Petrefacten, welche den früher untersuchten nahe kamen. Ueber diese Lagen breitete sich eine mächtige Hyperitmasse aus, auf welcher wieder eine, zuweilen von Hyperitgängen durchsetzte Kalkschicht ruhte. Der Kalk enthielt eine große Menge Kieselkugeln und Drusen mit Kalkspathkrystallen. Solche Bildungen treten auf dem Oststrande der Lomme=Bai, ein Ende im Fjorde auf, während der westliche Strand geologisch an Hecla Mount erinnert: dieselben fast senkrechten Schichten von dunkelgrauem Kalk ohne Versteinerungen, brauner und grauer Schiefer. Im Norden, an dem Ausgange der Bucht, trifft diese Bildung auf einen Gletscher, den größten, welchen wir bis dahin auf Spitzbergen gesehen hatten. Er schießt bogenförmig in den Sund hinab und stürzt in seiner ganzen, fast

eine halbe Meile langen Ausdehnung in das Meer. Die Lagen
des Eises waren bei ihm wagrecht.

„Nachdem wir Cap Fanshaw passirt hatten, suchten wir anfangs vergebens nach einer geeigneten Raststelle. Die Trümmer-
abfälle und Muhren gingen bis zum Meeresstrande nieder, und
der Eisfuß, das heißt der nach dem Aufgehen des Meereises noch
übrig gebliebene Theil des Wintereises, auf welches wir bis dahin
gewöhnlich unser Boot gezogen hatten, war hier schon ganz und
gar geschmolzen. Nachdem wir etwa eine Meile in die Lomme-
Bai gerudert waren, erreichten wir einen schmalen, niedrigen,
zwischen dem Steingerölle und dem Fjorde belegenen sandigen Vorstrand, auf welchen wir unser Boot ziehen konnten. Etwas weiter
nach dem Innern des Fjordes entfernt sich der Bergkamm noch
mehr vom Strande, und seine Seiten bilden nicht mehr steile Abhänge, sondern bestehen aus terrassenförmigen, im Vergleiche mit
anderen Theilen Spitzbergens grasreichen Absätzen, welche ein
Lieblingsaufenthalt der Rennthiere sind. Gleich nachdem wir gelandet waren, ging Petersen auf die Jagd und erlegte binnen
Kurzem drei große, prächtige Thiere. Wir hatten Mühe uns vor-
zustellen, daß dieses dieselben Rennthiere wären, welche wir vor
kaum vier Wochen in der Sorge-Bai geschossen hatten. Denn
diese waren damals so mager, als ob sie nur aus Haut, Knochen
und Sehnen beständen, wogegen diese an Feistigkeit mit einem ge-
mästeten Ochsen auf einer englischen Thierausstellung wetteifern
konnten; das größte hatte auf den Lenden eine vier bis fünf Zoll
dicke Fettlage.

„Den 19. Juli Abends ruderten wir über den Sund zu der
Insel, auf welcher bei der Hinreise das Fell des erlegten Walrosses deponirt worden war. Obwohl wir mit Absicht unsere
Beute auf einer Insel, von welcher das feste Eis sich schon losgelöst, und überdies unter einem Haufen großer Steine verwahrt
hatten, war die Stelle der Witterung der Bären nicht entgangen.
Die in zwei Hälften getheilte Haut fanden wir nur schwer wieder.
Sie hatten die Steine fortgewälzt, die eine Hälfte und den Kopf
in's Wasser, die andere Hälfte aber ein Ende weggeschleppt und
den Speck überall abgenagt. Nur der Kopf, offenbar zu zähe
selbst für Bärenzähne, war unbeschädigt.

„Von dieser Insel segelten wir mit gutem Winde weiter zur
Depotinsel in der Murchisons-Bucht. Aeolus war nicht mehr da;

dagegen hatte Lilliehöök, der Verabredung gemäß, in einem Varde
ein kleines Depot und ein Schreiben zurückgelassen, in welchem
er von den wichtigsten Begebenheiten während unserer Abwesen=
heit, dem genommenen Course 2c. Nachricht gab. Wir waren schwer
beladen mit Walroß=, Bären= und Rennthierfellen nebst einer
Menge von Mineralien. Um unsere Last zu erleichtern, ließen wir
daher einen Sack mit Versteinerungen, ein nicht nöthiges Brod=
faß und die von den Bären abgespeckte Walroßhaut zurück, und
segelten ohne Aufenthalt weiter bis zum 20. Abends, wo wir
Shoal Point erreichten.

„Diese Spitze wird von einem niedrigen Sandlande, einer Art
Sandbank (daher auch der Name), gebildet, aus welchem nur hier
und da kleine Kalkfelsen, — wie bei den Russeninseln und der
Nordostö, zu Tage treten. Der Strand ist überall mit einer un=
erhörten Masse von Treibholz bedeckt, zwischen welchem man Stücke
von Bimstein, Birkenrinde, Kork, Floßhölzer von den Lofoten und
andere durch südliche Strömungen dorthin geführte Dinge findet.
Das Treibholz lag in einer langen Linie längs dem Strande.
Weiter hinauf befand sich ein anderer Wall, wohin das Wasser
kaum mehr, selbst nicht während einer Springfluth, reicht. In
diesem, wahrscheinlich mit dem Lande gehobenen Walle war das
Treibholz viel älter und schon im Begriff zu zerfallen. Während
Torell dieses alles untersuchte, fand er unter Anderm eine wohl=
erhaltene Bohne von Entada gigalobium, eine westindische Hülsen=
frucht. Diese im Durchmesser 1½ Zoll große Bohne kommt mit
dem Golfstrome über den Atlantischen Ocean, wird nicht selten
an den Küsten Norwegens ausgeworfen und bildet den besten Be=
weis, daß der Golfstrom auch die Nordküsten Spitzbergens erreicht.
Wir hatten diese Raststelle offenbar zu einer glücklichen Stunde
erwählt, denn wir fanden dicht dabei ein Varde mit einem Briefe
Lilliehöök's, des Inhalts, daß Aeolus nur Tags zuvor von hier
abgesegelt sei und seinen Cours nach der Branntwein=Bucht ge=
nommen habe. Wir fuhren daher gleichfalls nach Norden, ver=
suchten erst zwischen Lågö und dem Nordostlande durchzubringen,
mußten aber, durch das feste Eis am Weiterkommen gehindert,
umkehren und westlich um die Insel fahren. Nach einer durch
Nebel und ein weit in's Meer vortretendes Kalkriff verzögerten
Fahrt kamen wir am 21. Juli zu der Nordseite dieser großen
niedrigen Insel, welche sehr treffend Low Island, Het laage Ei=

land genannt worden ist. Auch hier trafen wir den Aeolus nicht,
dagegen den Quänen Mattilas mit seiner Jacht. Er theilte uns
mit, daß Lilliehöök die Nacht vorher zur Strat abgesegelt sei und
daß man von der Mastspitze der Jacht mit dem Fernrohr Chy=
benius' Boot an dem Rande des festen Eises, das noch immer die
Branntwein=Bucht bedecke, erblicken könne.

„Am Anfange unserer Reise durch den Sund waren wir von
einem außerordentlich klaren und schönen Wetter begünstigt wor=
den. Aber schon bei den Südwaigatsinseln begann der Nebel sich
zeitweise einzustellen, und während unserer Fahrt vom Cap
Fanshaw bis Low Island herrschte ununterbrochen ein feiner
Nebelregen. Unsere Sachen waren davon so durchweicht worden,
daß wir uns auf der Insel nothwendig etwas länger aufhalten
mußten, um uns zu trocknen. Es wurde ein großes Feuer
von Treibholz angezündet, das hier, wie bei Shoal Point, an
dem Strande häufig vorkommt, und unser kleines Bootssegel
zum Schutze gegen den Wind ausgespannt. Auch Haar und Bart
wurden verschnitten, und wir fühlten uns — wie die Eng=
länder sagen — so comfortable, als die Verhältnisse es nur ge=
statteten.

„Nachdem wir uns so ausgeruht und dem Mattilas unsere
Walroß= und Bärenfelle übergeben hatten, ruderten wir am 22.
Morgens weiter zur Branntwein=Bucht, um Chydenius aufzu=
suchen. Wir steuerten anfangs in der von Mattilas angegebenen
Richtung bis zu einem Vorgebirge, das im Süden den Fjord be=
grenzt. Als wir ihm näher kamen, konnten wir am Rande des
festen Eises deutlich das von Chydenius benutzte kleine rothe
eiserne Boot erkennen. Wir ruderten sofort dorthin und fan=
den ihn im Begriff, einen Ausflug zum Cap Hansteen zu
unternehmen. Nachdem wir über unsere Erlebnisse der letzten
Wochen kurz berichtet und Chydenius uns mitgetheilt, daß Lillie=
höök in Kurzem zu diesen Gegenden zurückkehren werde, be=
schlossen wir am Strande, nördlich vom Fjorde, seine Ankunft ab=
zuwarten und steuerten deshalb durch ein ziemlich dichtes Treibeis
sofort dorthin.

„Das Land zwischen der Bird= und Branntwein=Bucht wird
ganz und gar von hohen Bergen eingenommen, welche bis zum
Meeresstrande gehen und hier entweder in steil abfallenden Fels=
wänden oder in ungeheuren Muhren endigen. An dem Eisfuße

einer folchen zogen wir unfer Boot auf das Land. Gleich weft=
lich erhob fich ein hoher Berg, den wir beftiegen. In einer Höhe
von 1,500 Fuß kamen wir auf ein faft schneefreies Plateau, wel=
ches im Norden nach der Bird=Bai im fenkrechten Abfall nieder=
ftürzt. Aus diefem Plateau erhob fich eine mit tiefem Schnee,
oder beffer mit lofem, feinkörnigem Eife bedeckte Kuppe, von deren
höchften Spitze wir bei dem herrlichen Wetter eine außerordentlich
weite und großartige Ausficht genoffen. Im Norden dehnte fich
bis zum Horizonte ein endlofes Eisfeld hin, in welchem wir felbft
von diefer Höhe keine Oeffnung erkennen konnten, und deffen
Monotonie nur an einzelnen Stellen von den im Norden des
Nordoftlandes belegenen Infelgruppen, den Sieben Infeln, Wal=
den Island, dem großen und kleinen Table Island und dem
Lande unterbrochen wurde, welches auf Parry's Karte als „Diftant
Highland" bezeichnet wird. Im Often trat dem Auge die hohe
öde Schneeebene entgegen, welche das ganze Innere des Nordoft=
landes einnimmt. Im Weften konnte man, trotz des großen Ab=
ftandes, deutlich die Contouren der Berghöhen um die Norsköer und
Cloven Cliff erkennen. Im Südweften erschien Grey=Hook nebft
Hecla Mount, und füdlich von diefen Bergen zwei isolirte, fehr
hohe, fpitzige, schneebedeckte Gipfel, welche an dem Nordftrande
des Storfjord zu liegen schienen.

 „Den 23. Juli konnten wir durch das Fernrohr wahrnehmen,
daß zwei Schoner bei Low Island Anker geworfen hatten. Wir
vermutheten, daß der eine von ihnen der Aeolus fei, und be=
schloffen fofort dorthin zu rudern, fobald das Treibeis, welches
zur Zeit dicht gepackt in der Bik lag, angefangen hätte fich mit
der veränderten Strömung ein wenig zu vertheilen. Nachdem wir
ein paar Stunden gewartet, schoben wir unfer Boot in's Waffer.
Mit dem Strome, zwischen den Eisftücken schwimmend, kam auch
eine Bärin. Alle Mann griffen fofort haftig nach den Rudern
und begannen die Wettfahrt. Bald wurde es offenbar, daß die
Bärin unterliegen müffe. Sie felber schien diefes einzufehen, denn
fie fuchte den Strand zu erreichen und wandte oft schnaubend
ihren Kopf, um zu fehen, wie der urfprüngliche Vorfprung, den
fie gehabt hatte, immer kleiner wurde. Schließlich, als wir ihr
auf 20 bis 30 Schritte nahe kamen, jagte ihr Peterfen eine Kugel
durch den Kopf. Nachdem die Jagd beendigt, ruderten wir wieder

zu unserer Raststelle und von hier nach Süden zu, bis wir auf
Chydenius trafen.   In seiner Gesellschaft gelang es uns durch das
endlose Labyrinth von einzelnen Eisschollen, welche das ganze
Meer westlich von der Bird= und Branntwein=Bucht bedeckte, hin=
durch zu kommen.   Den 23. Juli waren wir wieder auf unserm
Aeolus und fanden an Bord Alles wohl."

Achtes Kapitel.

Chydenius' Bootexcursion.

Wir kehren zu dem 10. Juli zurück, dem Tage, an welchem die im vorhergehenden Kapitel geschilderte Bootpartie vom Aeolus abging. Es war beschlossen, Chydenius solle mit einem eisernen Boote nordwärts bis zu den letzten Inseln Spitzbergens und, wenn möglich, nach Osten vordringen, um die Voraussetzungen für eine Gradmessung festzustellen. Den 11. Juli war seine Ausrüstung fertig, mit Proviant für vier Mann auf vier Wochen und mit einer Reserve von Pemmikan auf zwei Wochen versehen, wie die am Tage vorher abgegangene Partie. Die Mannschaft bestand aus dem Zimmermann Nielsson und den Matrosen Norager und Brandt. Vor seiner Abreise hinterließ er ein Schreiben, um, im Falle eines Unglückes, einen Jeden von aller Verantwortung zu befreien. Mit Rücksicht auf die Ausrüstung des Bootes und die Ordres, welche Torell Lilliehöök gegeben, bestimmte er die Zeit um den 20. Juli für seine Rückkehr zu dem damaligen Ankerplatz des Aeolus. Unter gegenseitigen Glückwünschen trat er am Abend seine Fahrt an und steuerte mit gutem Winde nach Norden.

Am Ankerplatz errichtete Lilliehöök ein Varde und deponirte darin, nach Vorschrift, einige Vorräthe, bestehend aus zwei Kisten Pemmikan, vierzig Pfund Brod und einiger Munition, ferner eine Flasche mit einem Schreiben, worin er mittheilte, daß er erst nach Westen zu gehen beabsichtige, um zu sehen, ob Magdalena noch in der Treurenberg-Bai liege, und darauf versuchen wolle, die Branntwein-Bucht zu erreichen. Die Insel wurde hiernach

11*

Depotinsel benannt. Den 12. Juli 3½ Uhr Nachmittags segelte
er ab und warf um 8 Uhr Abends auf unserer alten Stelle in
der Treurenberg=Bai Anker. Magdalena hatte damals — wie
wir wissen — die Bucht schon verlassen. Lilliehöök begab sich bald
nach der Ankunft mit dem Boote auf die Jagd, nachdem er am
Aeoluskreuz einen für Torell bestimmten Rapport niedergelegt
hatte; seine Jäger harpunirten sechs Walrosse und ein Junges;
am folgenden Tage 11 Uhr Vormittags ging er aber wieder unter
Segel und fuhr mit einem Südsüdostwind bei klarem Himmel und
leichtbewegter See nach Nordosten. Bei Shoal Point ließ der
Wind nach; eine Menge Treibeis lag westlich von dieser Spitze,
und am Abend ging Aeolus an dem Südweststrande derselben
vor Anker.

Mattilas kam an Bord mit der Anzeige, daß er unter einem
Haufen Treibholz am Strande einen Fund gemacht. Es war ein
Depot, welches vor vierunddreißig Jahren dort bei Parry's Expedition errichtet worden war: ein Gewehr, jetzt unbrauchbar, eine
hölzerne Munitionskiste, innen mit Blei ausgeschlagen, mit scharfen
und einfachen Patronen, Zünder und Pulver, alles vollkommen
erhalten, nebst elf hermetisch verschlossenen Büchsen. Wir waren
sehr neugierig, zu erfahren, wie ihr vierunddreißig Jahre alter
Inhalt dem Verderben widerstanden hätte. Mattilas hatte schon
eine Büchse geöffnet, und wir fanden in ihr ein in Gelée und
Fett gehülltes gebratenes Fleisch, so gut erhalten, als wäre es
erst gestern hineingethan. Auf den größeren Blechdosen befanden
sich die Worte „Seasoned Beef" eingestempelt; die kleineren hatten
einen ähnlichen leckern Inhalt: Unordered rounds of Beef; eine
enthielt ein wenig verdorbenen Kaffee. Auf der sorgfältig gearbeiteten Munitionskiste konnte man deutlich das Wort „Hecla"
unterscheiden, und das Holz war, wie beinahe alles Holz auf
Spitzbergen, von der Luft nicht im mindesten angegriffen. Die
Büchse, die Munitionskiste, einen der beiden Enterhaken und ein
paar Blechbüchsen mit Fleisch überließ der Finder als für jeden
Polarfahrer werthvolle Reliquien dem Aeolus.

Auf dem wüsten, mit hellgrauen Kalksplittern bedeckten Flachlande gab es fast gar keine Pflanzen. Nur Mohn nebst Saxifraga oppositifolia und cernua und einige Arten von Moosen
und Flechten vermochten hier eine Art hinsiechenden Lebens zu
führen. Die Botaniker fanden gar keine Ausbeute, die Geologen

eine geringe. Ungefähr eine Viertelmeile von dem Meeresstrande traf Malmgren am Fuße eines kleinen Kalkhügels eine dünne Lage von aufgeschwemmtem Lehm und Sand, darin eine Menge von fossilen Muschelschalen, ausschließlich Mytilus edulis, eingebettet war, theils wohl erhalten, theils zerbrochen, doch von erheblicher Größe. Solche Funde wurden an mehreren Stellen auf Spitz= bergen gemacht, und sie beweisen nicht blos unwiderleglich, daß das Land sich verhältnißmäßig sehr rasch erhebt, sie deuten auch an, daß in der Bildung der Ufer und möglicher Weise im Klima eine Veränderung stattgefunden hat, welche gegenwärtig diesen das Gebiet der Ebbe neben dem Strande bewohnenden Thieren die Möglichkeit der Existenz raubt.

Das Meer bei Shoal Point ist sehr flach, meist nur acht Faden tief, und selbst drei bis fünf Meilen vom Lande trifft man niemals eine Tiefe über zwölf Faden an. Die Schleppnetze waren unausgesetzt in Thätigkeit und gewährten eine ziemlich reiche Aus= beute. In einer kleinen Bucht südlich von der Spitze lag noch etwas Eis, auf welchem eine große Zahl von Seehunden sich sonnte.

Da wir wegen des Eises nicht — wie beabsichtigt war — nach Norden segeln konnten, blieb unser Schiff noch bis zum 17. Morgens, da auch Chydenius wieder an Bord zurückkehrte, vor Anker.

Ueber diese Fahrt berichtet derselbe Folgendes:

„Nachdem meine Ausrüstung durch Lilliehöök's Umsicht auf's Beste besorgt und die Sachen von der Mannschaft in's Boot ge= schafft worden waren, nahm ich von den Unsrigen herzlichen Ab= schied und steuerte vor einem guten Winde nach Norden, um zuerst das Land bei Shoal Point zu besuchen und dort, je nach der Lage des Eises, einen weiteren Beschluß zu fassen. Es ging ganz munter vorwärts, so daß wir in weniger als zwei Stunden unser erstes Ziel erreicht haben würden, wenn nicht ein breites Band gewal= tigen Packeises sich vor die südwestliche Küste gelegt und die starke Dünung, die wir schon eine Weile vorher kennen gelernt, einen noch stärkeren Wind angekündigt und uns die Fahrt zwischen den einzelnen Eisstücken unmöglich gemacht hätte. Es schien mir daher am besten, die Spitze zu umfahren und das Land auf der Leeseite aufzusuchen, wo das Eis wahrscheinlich bereits verschwunden war. Das Boot segelte gar nicht übel mit halbem Winde, obwohl sein Aussehen es nicht vermuthen ließ. Wir nahmen ein Schiff im

Norden wahr und betrachteten mit Vergnügen eine Schaar Wal=
rosse, welche einige Ellen von uns schnaubend und brüllend sich
aus dem Wasser erhoben, dann wieder verschwanden, immer aber
unserm rothen Boote, das sie besonders zu interessiren schien,
folgten. Wir fuhren noch eine Weile weiter, bis wir in die starke
Strömung aus der Heenloopen Strat kamen und der Sturm immer
mehr zunahm. Das Boot, nur 14½ Fuß lang und 4½ Fuß
breit, war schwer beladen, so daß sein Bord nur einen halben
Fuß über Wasser ragte. Es hielt sich trotzdem sehr gut. Aber
da das Eis nicht aufhören wollte und wir uns bereits auf der
Höhe von Shoal Point befanden, der Wind auch immer stärker
wurde, so daß das Boot schließlich Wasser schöpfte, hielten wir es
für das Gerathenste, zwischen die Eisschollen zu laufen und das
Boot auf eine derselben zu ziehen. An Rudern war nicht zu
denken; es würde uns nicht um eines Haares Breite weiter ge=
bracht haben. Wir warteten eine Weile, benutzten ein zufälli=
ges Nachlassen des Windes, segelten fast eine Stunde westlich und
wendeten uns nach Osten, um eine Oeffnung in dem Eise zu
suchen. Es verging eine gute Weile, ohne daß wir eine fanden.
Das Eis lag wie eine Mauer vor uns; die Wogen brachen sich
daran in klafterhohen Brandungen mit einem Donnergetöse, das
in Verbindung mit dem der zusammenstürzenden Eisstücke nahezu
betäubend wirkte. Mit Hülfe von Rudern und Segel hielten wir
uns ein paar Klafter von dieser unbehaglichen Nachbarschaft entfernt;
immer mehr füllte sich das Boot mit Wasser; es war hohe Zeit,
als wir nach einer halben Stunde Arbeit um zwei Uhr des Mor=
gens eine Oeffnung zwischen zwei Grundeisblöcken fanden, hinter
welchen sich eine kleine eisfreie Bucht befand, sonst hätten wir den
größeren Theil unserer Ladung über Bord werfen müssen. Wir
hielten in die Oeffnung, und nachdem wir in einem Kanale län=
gere Zeit zwischen dem Eise gefahren, befanden wir uns in einem
verhältnißmäßig ruhigen Wasser. Denn das Eis milderte, wie
gewöhnlich, den Wogenschwall und hob sich blos langsam und
majestätisch mit der Dünung. Darauf zogen wir das Boot über
eine flachere Eisscholle und fuhren bis Morgens fünf Uhr damit
fort, es theils über das Eis zu schleppen, theils in den offenen
Rinnen zwischen den Eisstücken weiter zu schieben. Wir rasteten
nun und nahmen alle Sachen aus dem Boote auf das Eis, um
zu untersuchen, ob sie keinen Schaden genommen. Ein Theil des

Brodes, welches naß geworden, wurde weggeworfen. Während man Kaffee kochte, machte ich mit einem Manne den Versuch, zu Fuß die ersten losen Eisstücke zu übersteigen und sodann auf das feste Eis am Lande zu gelangen. Es war aber unmöglich und ich kehrte wieder zum Boote zurück. Es wurde wiederum Alles ein= gepackt, und wir begannen um 7 Uhr das Boot über und zwischen den Eisstücken hindurch zu schleppen; so erreichten wir um 11 Uhr schließlich wirklich das feste Eis und schlugen daselbst unser Lager auf.

„Ich begab mich von hier in's Land und erkannte, daß das Eis trotz des Sturmes noch ein gutes Stück westlich von Shoal Point lag, ebenso daß die See ein Ende nördlich von dem Lande, auf welchem ich mich befand, offen war, und daß Nielsson's Jacht darin vor Anker lag. Das Land erhob sich nur etwa 40 bis 50 Fuß über das Meeresniveau, und das Felsgestein — derselbe Kalk wie auf der Depotinsel — trat nur an wenigen Stellen anstehend zu Tage. Auf dem höchsten Theile dieses Flachlandes fanden wir kleine Süßwasserteiche, in welchen Eidergänse schwammen. Ich machte einige trigonometrische Messungen, ging bis zu dem Ende einer kleinen nach Norden in das Land einschneidenden Bucht, sammelte dabei einige Pflanzen, kehrte zum Boote zurück, aß, und schlief einige Stunden. Sodann ging ich wieder in's Land bis zur äußersten Spitze und traf dort den Schiffer Nielsson auf der Vogeljagd. Er folgte mir zu unserm Boote, es zu besehen; wir tranken unsern Thee und nahmen das Zelt herunter, um durch das Eis um die Spitze herum zu fahren. Am Morgen um 12½ Uhr brachen wir auf, gingen durch eine offene Rinne, welche ich vom Lande aus hatte sehen können, und befanden uns um 2 Uhr, nördlich von der Spitze, in offenem Wasser. Längs dem Lande war der Weg frei, aber nach Norden hin gesperrt; wir segelten deshalb nach Osten, bis wir um 4 Uhr auf Eis stießen, das sich bis zum Lande hin erstreckte. An dem Strande lag eine unermeßliche Menge von Treibholz, größer als wir irgendwo bis dahin gesehen, auch fand ich bei einem Hügel eine für Kalkgestein ungewöhnlich üppige Vegetation. Schwarzen Marmor mit rothen und weißen Adern suchte ich vergebens; obwohl wir uns nunmehr auf der Stelle befinden mußten, wo Parry solchen entdeckt zu haben angiebt. Das Eis ließ sich wieder umfahren. Nach einer Stunde Ruderns kamen wir an seiner Spitze vorbei, hielten nach

Nordosten, stiegen einen Augenblick an einem kleinen Holme aus
und kamen um 5½ Uhr, denselben Cours haltend, zu einer andern
kleinen Insel. Dort saß hinter einen Stein gekauert ein Fjeld=
fuchs, der wegen seiner hellen Frühlingstracht von der Mannschaft
anfangs für einen jungen Bären gehalten wurde. Er ergriff
schnell die Flucht und suchte uns schwimmend zu entkommen. Ich
erlegte ihn indessen mit einem Schusse, eine freilich etwas späte
Wohlthat für die auf der Insel befindliche Colonie von Vögeln,
in deren Nestern ich nichts als zerbissene Eier fand. Das sonst
so unfruchtbare Kalkgestein war auf diesem Holme von den zahl=
reichen Vögeln in einen verhältnißmäßig fruchtbaren Boden ver=
wandelt worden und daher ganz von Moos und Pflanzen be=
wachsen, welche in dem klaren, warmen Sonnenscheine einen sehr
behaglichen Eindruck machten. Am vergangenen Tage hatten wir
blos ein paar Stunden geruht; ich ließ daher die Mannschaft nach
dem Abendbrod zur Ruhe gehen, sammelte Pflanzen, nahm einen
kleinen See in Augenschein, den eine Schaar des schönen Phalaropus belebte, und legte mich um 9 Uhr Vormittags zur Ruhe.
Wir schliefen in unseren Schlafsäcken auf dem Strande und fühlten
uns dort sehr wohl; denn im Sonnenschein stieg das Thermometer
bis auf $+10°$ C. und hielt sich im Schatten auf $+4°$ bis $5°$ C.,
wie überhaupt die ganze Zeit, seitdem wir Treurenberg=Bai ver=
lassen hatten. Nachdem wir zu Mittag gegessen und uns zur
Abreise gerüstet hatten, bekamen wir fünf Uhr Nachmittags Aeolus
in Sicht, welcher von seinem Ausfluge zur Treurenberg=Bucht
zurückkehrte. Vergebens aber zogen wir eine Flagge auf der
höchsten Spitze des Holms auf, um von unserer Anwesenheit
Kunde zu geben; sie wurde nicht wahrgenommen, eine Antwort
erfolgte nicht, und das Schiff steuerte wieder nach Süden. Wir
nahmen dagegen den Cours weiter nach Nordosten. Nach einer
Weile ließ der Wind nach, wir griffen wieder zu den Rudern und
kamen mit ihrer Hülfe um 11 Uhr Nachmittags zu der Spitze,
welche vom Shoal=Point=Lande ein Ende nach Norden geht. Nach=
dem wir einige Winkel genommen und andere Beobachtungen gemacht
hatten, begab ich mich zu einem genau im Norden belegenen
kleineren Berge, um zu sehen, wie das Eis beschaffen. Von einer
andern Stelle war ein solcher Ueberblick unmöglich, da das Land
sich nur 10 bis 15 Fuß über dem Meere erhebt. Die schmale
Landzunge, auf deren Spitze wir uns befanden, war weit von dem

Meere eingeschnitten, oder bildete vielmehr eine Lagune mit einer
nur einige Klafter breiten Oeffnung nach Westen. In diese La=
gune fiel ein kleiner Bach, gebildet von dem Schnee, welcher noch
auf der Nordseite des von mir erstrebten Berges lag. Schon ein
wenig daran gewöhnt, Entfernungen auf Spitzbergen zu tariren,
glaubte ich nicht, daß ich von der durchsichtigen Luft so getäuscht
werden würde, als ich in Wahrheit wurde; denn der Berg schien
mir ganz nahe zu liegen, während seine wirkliche Entfernung, —
wie ich auf dem Rückwege durch Messen bestimmte — 15,000 Fuß
betrug.

„Ich mußte über einen zwar nicht tiefen aber reißenden Bach
schreiten, welcher an Größe von einem andern, der in die noch mit
Eis bedeckte Bucht, östlich von der Landzunge, mündete, übertroffen
wurde; denn dieses war ein auf den entfernten Bergen ent=
springender wirklicher Fluß. Der Schnee am Fuße des Berges
war gehbar, obwohl weich; von dem Gipfel sah ich, daß das Eis
nach Norden und Nordosten in getrennten Massen auftrat. Selbst
Low Island wurde ein wenig sichtbar, und der Weg dorthin schien
kaum ein paar Stunden Zeit zu erfordern. Der Rückweg war
öde und einsam; überall nichts als Eis und kahles Kalkgestein.
Als ich am 14. Morgens 4 Uhr zu unserm Boote zurückkehrte,
fand ich die Mannschaft schon auf den Beinen und unruhig wegen
meines langen Ausbleibens. Ich wünschte, wenn es anginge, den
ganzen Tag unsere Fahrt fortzusetzen, daher befanden wir uns
um 7 Uhr Morgens schon wieder auf dem Wege. Das nördliche
Eis war mittlerweile vom Strome uns entgegen, nach Süden,
geführt und daher ein wenig vertheilt. Da ich unter allen Um=
ständen vorwärts wollte, aus den Reden unserer Leute aber schon
am Tage vorher entnommen hatte, daß sie keine große Neigung
hatten, sich weiter durch das Eis zu brechen, und auch jetzt eine
große Gleichgültigkeit bei ihnen bemerkte, so setzte ich mich selber,
wie schon oft geschehen war, an das Steuer und richtete den Cours
nach Nordwesten, um entweder nach Low Island zu kommen, das
uns gerade im Norden lag, oder in das offene Wasser westlich zu
gelangen, welches freilich im Norden, auf der Höhe der genannten
Insel, vom Eise begrenzt war.

„So ruderten wir ein Ende vorwärts, und jagten eine Weile
auf Möwen, von denen verschiedene Arten sich neben einem todten
Walroß niedergelassen hatten. Das Eis lag so, daß wir uns nur

land genannt worden ist. Auch hier trafen wir den Aeolus nicht,
dagegen den Quänen Mattilas mit seiner Jacht. Er theilte uns
mit, daß Lilliehöök die Nacht vorher zur Strat abgesegelt sei und
daß man von der Mastspitze der Jacht mit dem Fernrohr Chy=
benius' Boot an dem Rande des festen Eises, das noch immer die
Branntwein=Bucht bedecke, erblicken könne.

„Am Anfange unserer Reise durch den Sund waren wir von
einem außerordentlich klaren und schönen Wetter begünstigt wor=
den. Aber schon bei den Südwaigatsinseln begann der Nebel sich
zeitweise einzustellen, und während unserer Fahrt vom Cap
Fanshaw bis Low Island herrschte ununterbrochen ein feiner
Nebelregen. Unsere Sachen waren davon so durchweicht worden,
daß wir uns auf der Insel nothwendig etwas länger aufhalten
mußten, um uns zu trocknen. Es wurde ein großes Feuer
von Treibholz angezündet, das hier, wie bei Shoal Point, an
dem Strande häufig vorkommt, und unser kleines Bootssegel
zum Schutze gegen den Wind ausgespannt. Auch Haar und Bart
wurden verschnitten, und wir fühlten uns — wie die Eng=
länder sagen — so comfortable, als die Verhältnisse es nur ge=
statteten.

„Nachdem wir uns so ausgeruht und dem Mattilas unsere
Walroß= und Bärenfelle übergeben hatten, ruderten wir am 22.
Morgens weiter zur Branntwein=Bucht, um Chydenius aufzu=
suchen. Wir steuerten anfangs in der von Mattilas angegebenen
Richtung bis zu einem Vorgebirge, das im Süden den Fjord be=
grenzt. Als wir ihm näher kamen, konnten wir am Rande des
festen Eises deutlich das von Chydenius benutzte kleine rothe
eiserne Boot erkennen. Wir ruderten sofort dorthin und fan=
den ihn im Begriff, einen Ausflug zum Cap Hansteen zu
unternehmen. Nachdem wir über unsere Erlebnisse der letzten
Wochen kurz berichtet und Chydenius uns mitgetheilt, daß Lillie=
höök in Kurzem zu diesen Gegenden zurückkehren werde, be=
schlossen wir am Strande, nördlich vom Fjorde, seine Ankunft ab=
zuwarten und steuerten deshalb durch ein ziemlich dichtes Treibeis
sofort dorthin.

„Das Land zwischen der Bird= und Branntwein=Bucht wird
ganz und gar von hohen Bergen eingenommen, welche bis zum
Meeresstrande gehen und hier entweder in steil abfallenden Fels=
wänden oder in ungeheuren Muhren endigen. An dem Eisfuße

einer solchen zogen wir unser Boot auf das Land. Gleich west=
lich erhob sich ein hoher Berg, den wir bestiegen. In einer Höhe
von 1,500 Fuß kamen wir auf ein fast schneefreies Plateau, wel=
ches im Norden nach der Bird=Bai im senkrechten Abfall nieder=
stürzt. Aus diesem Plateau erhob sich eine mit tiefem Schnee,
oder besser mit losem, feinkörnigem Eise bedeckte Kuppe, von deren
höchsten Spitze wir bei dem herrlichen Wetter eine außerordentlich
weite und großartige Aussicht genossen. Im Norden dehnte sich
bis zum Horizonte ein endloses Eisfeld hin, in welchem wir selbst
von dieser Höhe keine Oeffnung erkennen konnten, und dessen
Monotonie nur an einzelnen Stellen von den im Norden des
Nordostlandes belegenen Inselgruppen, den Sieben Inseln, Wal=
den Island, dem großen und kleinen Table Island und dem
Lande unterbrochen wurde, welches auf Parry's Karte als „Distant
Highland" bezeichnet wird. Im Osten trat dem Auge die hohe
öde Schneeebene entgegen, welche das ganze Innere des Nordost=
landes einnimmt. Im Westen konnte man, trotz des großen Ab=
standes, deutlich die Contouren der Berghöhen um die Norsköer und
Cloven Cliff erkennen. Im Südwesten erschien Grey=Hook nebst
Hecla Mount, und südlich von diesen Bergen zwei isolirte, sehr
hohe, spitzige, schneebedeckte Gipfel, welche an dem Nordstrande
des Storfjord zu liegen schienen.

„Den 23. Juli konnten wir durch das Fernrohr wahrnehmen,
daß zwei Schoner bei Low Island Anker geworfen hatten. Wir
vermutheten, daß der eine von ihnen der Aeolus sei, und be=
schlossen sofort dorthin zu rudern, sobald das Treibeis, welches
zur Zeit dicht gepackt in der Vik lag, angefangen hätte sich mit
der veränderten Strömung ein wenig zu vertheilen. Nachdem wir
ein paar Stunden gewartet, schoben wir unser Boot in's Wasser.
Mit dem Strome, zwischen den Eisstücken schwimmend, kam auch
eine Bärin. Alle Mann griffen sofort hastig nach den Rudern
und begannen die Wettfahrt. Bald wurde es offenbar, daß die
Bärin unterliegen müsse. Sie selber schien dieses einzusehen, denn
sie suchte den Strand zu erreichen und wandte oft schnaubend
ihren Kopf, um zu sehen, wie der ursprüngliche Vorsprung, den
sie gehabt hatte, immer kleiner wurde. Schließlich, als wir ihr
auf 20 bis 30 Schritte nahe kamen, jagte ihr Petersen eine Kugel
durch den Kopf. Nachdem die Jagd beendigt, ruderten wir wieder

und ein paar Ranunkeln oder Mohnpflanzen sich erheben. Auch
auf dem aus Quarzit und Sandstein bestehenden Berge wuchsen
Moose und Flechten. Der Berg ist, wie Parry angiebt, ungefähr
150 Fuß hoch und bietet eine gute Aussicht über die Insel und
die Umgegend dar. Ich nahm einige Stundenwinkel und wanderte
mit den gesammelten Pflanzen und Mineralien zum Boote zurück.
Ein Fjeldfuchs und einige Vögel waren die einzigen lebenden
Wesen, die uns zu Gesicht kamen. Ein Bär war während unseres
Schlafes dem Boote ganz nahe gekommen und hatte — wie die Spuren
auswiesen — umhergeschnuppert und seine Untersuchungen daselbst
angestellt. Wir bekamen ihn nicht zu sehen; aber weit fort konnte
er nicht sein. Denn als ich gegen Abend zu den zurückgelassenen
Instrumenten zurückkam, um die Beobachtungen fortzusetzen,
fand ich einen Instrumentenkasten, den ich mit dem Schlosse nach
oben hingestellt hatte, genau umgekehrt; auch erkannte man in dem
gebeizten Holze die Spuren seiner Klauen. Der Bär hatte es
nicht der Mühe werth gehalten, den Kasten entzwei zu schlagen,
ihn vielmehr — wenn auch das Unterste zu oberst — wieder auf
seinen Platz gestellt.

„Von dem Berge aus konnte ich wahrnehmen, daß Aeolus
sich noch auf seiner alten Stelle bei Shoal Point befand. Das
Eis lag nach Westen hin weder gepackt, noch erstreckte es sich weit
in die See. Ich beschloß daher, mich zu dem Schiffe zu begeben,
bevor es weiter segelte, um wenigstens in Betreff eines der Leute
einen Wechsel vorzunehmen; denn Furcht und widerwilliges Be=
tragen hatten sich allmählich wiederum eingestellt. Das feste Eis
war nun überdies so morsch, daß, wenn man recht sicher darauf
zu stehen wähnte, man plötzlich bis zur Brust einsank. So konnte
eine weitere Eisfahrt, zumal mit einer solchen improvisirten Kufe,
keine großen Erwartungen aufkommen lassen. Als ich daher am
16., 9 Uhr Vormittags, zum Boote zurückkehrte, ruhte ich erst
einige Stunden aus und begab mich dann um Mittag, bei dem
klarsten und herrlichsten Wetter, direct nach Westen. Bald er=
kannte ich jedoch an der undurchsichtigen Luft und dem dunkeln
Rande am westlichen Horizonte, daß ein Nebelwetter heraufziehe;
wir beeilten uns daher, so viel wir nur vermochten, und erreichten
das offene Wasser, aber nicht früher, als bis der Nebel, von einem
ziemlich starken Winde begleitet, etwa um 5 Uhr Nachmittags, uns
überfiel und uns Land und Sonne und alle Gegenstände in einer

Entfernung von 40 bis 50 Ellen verhüllte. Wir konnten daher
nur nach dem Kompaß steuern. Leider mußten wir fürchten, daß
wir mit diesem Winde zugleich durch größere Eismassen zu fahren
haben würden, und wir trafen auf mehr als wir vermuthet hatten;
denn als der Nebel sich einen Augenblick hob, konnte ich von
einem hohen Eisberge wahrnehmen, daß wir bis zum offenen
Wasser noch eben so weit hätten, als am Anfange, da wir unsere
Fahrt antraten. Das Eis war nun überdies so gepackt, daß wir
das Boot unaufhörlich darüberschleppen, oft uns sogar einen Weg
mit der Eisaxt bahnen mußten. Die Strömung führte das Eis
überdies nach Norden, so daß unsere Lage unter Umständen ganz
gefährlich werden konnte, wenn wir uns nicht rasch aus dieser
Situation herausarbeiteten. Schon lange hörten wir das Brausen
der Wogen und ihr Anschlagen an die Eiskante, aber bevor wir
dieses ersehnte Ziel erreichten, mußten wir noch das Baieneis
passiren, welches einen Fuß unter der Oberfläche des Wassers,
das heißt gerade so lag, daß das Boot nicht schwimmen konnte,
vielmehr geschleppt werden mußte. Und das alles während eines
feinen Nebelregens, der unsere Kleider mit Eis überzog! Um 12
Uhr Nachts kamen wir endlich in offenes Wasser. Wir setzten
unsere Ruderfahrt bis um 3 Uhr Morgens (den 17. Juli) fort,
in der Richtung nach Südwesten, immer bei demselben Nebel.
Wir merkten bald, daß wir uns in dem flachen schärenreichen
Fahrwasser zwischen Shoal Point und Low Island befanden.
Um uns nicht etwa zu verirren, ließ ich an einer Holmklippe anlegen,
an deren Strande Eidergänseriche, reihenweise, zu Tausenden und
dicht neben einander, saßen und alle so laut schrieen, als sie nur
konnten. Sie hatten nach ihrer Gewohnheit sich dort versammelt,
um zu anderen Regionen zu ziehen, während die Gänse zurück=
geblieben waren, um zu brüten und die Jungen zu pflegen. Wir
versuchten uns dieser lauten Schaar zu nähern und hofften,
wenigstens ein paar von ihnen zu erlangen. Aber sie waren
wachsam, erhoben sich bei unserer Annäherung und verschwanden
südlich im Nebel. Das Land bei Shoal Point zeigte sich auf
Augenblicke und verschwand dann wieder. Wir konnten nun nicht
mehr weit bis zum Aeolus haben, aber wir waren Alle zu er=
müdet, um ein paar Stunden Ruderns behufs des Aufsuchens
des Schiffes zu riskiren, und befestigten daher das Boot hinten
mit einem Anker, vorne aber an der Klippe, nahmen einen Theil

der Sachen heraus, brachten das Zelt über dem Boote an, und schliefen, ohne an irgend welche Nahrung zu denken, fast im nächsten Augenblicke ein.

„Am Morgen, da der Nebel sich etwas verzogen hatte, er=blickten wir den Aeolus in unbedeutender Entfernung von uns. Nachdem wir in Eile ein Frühstück eingenommen, machten wir uns um 9 Uhr auf den Weg und waren um 10 Uhr an Bord. Der Nebel hielt noch den ganzen Tag und die folgende Nacht an, es war daher an eine neue Fahrt nicht zu denken, obwohl wir alle Vorbereitungen dazu trafen. Das vom Wasser beschädigte Brod — etwa 16 Pfund — wurde gegen anderes umgetauscht, und um das Boot zu erleichtern, ließen wir die dazu gehörige Kratze nebst 120 Faden Tauwerk und anderes überflüssiges Zeug zurück, und nahmen dafür die Schlittenkufen des Bootes mit, Brooke's Tiefmessungsapparat, nebst 50 Faden feiner Leinen, die nur sechs Pfund wogen, und etwas Proviant. Brandt mußte an Bord bleiben und wurde von Jakobsson, der sich schon vorher dazu bereit erklärt hatte, ersetzt. Etwa um 1 Uhr Nachmittags waren wir wieder bereit nach Norden abzugehen, aber der Wind blies so scharf aus Süden, daß die Abreise noch aufgeschoben werden mußte. Mittlerweile fiel die Temperatur, die seit Monaten nicht unter +2° gewesen, auf +1,2° C. Aber wir lagen auch mitten in dem aus Heenloopen Strat kommenden Luftstrome.

„Wir hofften, daß der Wind bis zum Eise reichen und es nach Norden treiben werde, so daß wir möglicher Weise mit dem Aeolus bis zur Branntwein=Bai gelangen könnten; ich beschloß daher demselben vorerst zu folgen und später erst die Bootexcursion anzutreten. Wir ließen einen Bericht für Torell in einem Varde zurück, lichteten die Anker und befanden uns um Mittag in 80° 13' nördl. Br., oder fast auf der Höhe der südlichsten Spitze von Low Island. All' das Eis, welches vor zwei Tagen westlich von dieser Insel sich befunden und uns so viel Beschwerde gemacht hatte, war nun vollkommen verschwunden. Nachmittags ging der Wind nach Norden; wir kreuzten nördlich in dem nun offenen Wasser, und der Wind sprang nach Osten herum. Am Abende in 80° 25' nördl. Br. verließ ich das Schiff, um meine Bootfahrt anzu=treten. Nach einer Stunde Ruderns erreichten wir einen schmalen Treibeisgürtel, den wir durchbrachen, und steuerten auf das ge=packte Treibeis los. Ich stieg auf einen Eisberg und erblickte

nichts als Packeis. So steuerte ich denn nach Westen; aber überall,
so weit man nur sehen konnte, hatte das Eis dieselbe schlimme
Physiognomie. Nach Osten hin schien es etwas besser zu sein,
wir ruderten in dieser Richtung bis um 11 Uhr; da auch dieser
Weg gesperrt wurde und der hereinbrechende Nebel uns alle
Aussicht nach Osten hin benahm. Ich steuerte zu einem isolirten
Grundeisblock in ungefähr 80° 26' nördl. Br., etwa 1½ Meilen
vom Nordostlande entfernt, befestigte an ihm das Boot und blieb
hier die Nacht. Dieser Eisberg war der größte von allen bis
dahin gesehenen; er hielt zehn Faden im Umkreise, stand auf dem
zehn Faden tiefen Grunde und erhob sich vier Faden über die
Wasserfläche. Seine höchste Spitze stieg vom Boden senkrecht in
die Höhe und dachte sich dann weiter bis zur Oberfläche des
Wassers ab. Seine über dem letzteren befindliche Masse hatte
daher nicht einen so bedeutenden kubischen Inhalt, als seine Höhe
vermuthen ließ. Oben war er mit Schnee bedeckt, aber seine
Seiten zeigten ein reines hellblaues Eis. Nachdem wir neben
diesem nicht ganz ungefährlichen Nachbar ruhig geschlafen und
unser Frühstück eingenommen hatten, steuerte ich am 20. nach
Nordosten bis zu dem Eise, welches sich nach Norden und Osten
hin ein wenig entfernt hatte, aber sich noch immer so schwierig
zeigte, daß ich den Versuch, weiter nach Walden Island, das von
uns etwa noch 1¾ Meilen entfernt lag, zu gehen, nicht wagen
mochte, vielmehr mich nach Westen wandte, um, wenn es anginge,
die Eisspitze zu umschiffen und womöglich Little Table Island oder
Ross Islet zu erreichen. Während dieser Fahrt kam ich zum
Aeolus, der bei der Windstille und Gegenströmung noch auf demselben Punkte lag, wo ich ihn gelassen, und erhielt von ihm die
Nachricht, daß, so weit man von dem Mastkorbe sehen könne, das
Eis westlich von Walden Island festliege. Ich steuerte deshalb
nach Nordosten zu der Eisbucht, von welcher ich am Morgen ausgegangen, in der Hoffnung, hier am ehesten weiter zu kommen.
Meine Hoffnung trog mich nicht; denn als ich am Nachmittage
dorthin gelangte, hatte sich nach Nordosten hin in der That eine
Rinne gebildet. Ich drang in ihr ein Ende vor, traf aber schließlich auf festes Eis und konnte nach allen Richtungen nichts Anderes
wahrnehmen, als schweres Schraubeneis. Walden Island hatte
ich im Ostnordost, in 1½ Meilen Entfernung, befand mich also
mindestens in 80° 34' nördl. Br.; denn die Nordwestspitze dieser

Insel liegt, nach Parry, in 80° 35' 38''. Die Sieben Inseln
mit ihren hohen, stattlichen Bergen bildeten gleichsam eine ununter=
brochene Mauer im Osten und Nordosten. Beverly=Bai und
Bird=Bai lagen vor mir im Südosten. Da es mir endlich ge=
lungen war, so weit nach Norden vorzudringen, fiel es mir schwer,
von einer Fahrt nach Walden Island abzustehen. Aber das Eis
war während des letzten Tages in starke Gährung gekommen, die
Entfernung noch immer groß, und die Gefahr, mit dem Eise in
Trift zu kommen, augenscheinlich, um so mehr, als wir uns weit
in demselben befanden. Nachdem ich noch eine Weile gewartet,
kehrte ich auf demselben Wege zurück; denn das Eis wollte sich
nicht öffnen und der Strom und der Südwestwind packten es
sogar immer mehr zusammen, so daß die Gefahr einer Einschließung
nahe lag. Als wir aus dem Eise heraus waren, steuerte ich nach
Südosten gegen den Berg südlich von der Branntwein=Bucht und
gelangte zu dem festen Eise unterhalb desselben um 10 Uhr Abends.
Die Bucht selbst war nur noch mit morschem Eise bedeckt, aber
auf der Nordküste von Low Island und im Sunde zwischen der
Insel und dem Nordostlande wurde das Eis gerade aufgebrochen,
trieb nach Norden und vergrößerte die Treibeismasse, aus welcher
ich also noch gerade vor Thores Schluß herausgekommen war.
Eine Nebelschicht folgte nun der andern; das den ganzen Tag
über so schön gewesene Wetter wurde kalt und unbehaglich.

„Obwohl auch am folgenden Tage noch Alles voll Nebel war,
begab ich mich auf den Berg, südlich von der Vik, an dessen Fuß
unser Boot lag. Er bildet eine Spitze, welche wir Cap Hansteen
benannten. Es gelang mir nur schwer vorwärts zu kommen, denn
das Eis war schon ganz „krank"; aber mit einiger Vorsicht ver=
mochte ich doch den Strand zu erreichen. Nachdem ich zwei Gletscher
passirt, welche von Nordwesten niedersteigen, konnte ich längs einer
Landzunge und der nördlichen Kante des Gletschers ganz bequem
auf den Berg gelangen, welcher eine Höhe von etwa 1,300 Fuß
hatte. Auf dem vollkommen schneefreien Bergplateau sammelte ich
Pflanzen, unter ihnen die schöne Flechte Usnea melaxantha.
Aber vergebens wartete ich fünf bis sechs Stunden, daß der Nebel
sich nur so weit verziehe, um mich über die Lage des Eises zu
vergewissern oder einige Beobachtungen zu machen. Ich stellte
deshalb die Instrumentenkisten so, daß wenn ein Bär sich bis auf
diese Höhe wagen sollte, er sie nicht gleich bei seiner Ankunft die

senkrechte Felswand nach dem Meere zu niederrolle, und kehrte zu unserm Boote zurück, indem ich es um 5 Uhr Nachmittags erreichte. Gegen Morgen wurde es klarer. Während ich auf das vollstän= dige Verschwinden des Nebels wartete, erblickte ich ein Boot, das von Low Island herankam. Es war Torell nebst Nordenskiöld und der nach Süden gegangenen Bootpartie, welche gerade zum Schoner zurückkehrten. Nachdem wir uns von unseren Schicksalen Mittheilung gemacht, stieg ich wieder auf den Berg. Die Aus= sicht war jetzt klar. Das Eis hatte seine Lage nach Norden hin verändert. Da, wo ich zuletzt gewesen, befand sich nur noch ein Gürtel festen Eises um Walden Island. Ich erhielt hier vortreffliche Winkel für die Karte und die projectirte Gradmessung, welche zusammen mit den schon genommenen, und mit Zuhülfe= nahme der Karte Parry's, mir die Ueberzeugung verschafften, daß das trigonometrische Netz bis zur Mündung der Heenloopen Strat fortgesetzt werden müsse. Während die andere Partie eine Ex= cursion zum nördlichen Strande machte, bestimmte ich die Lage der Spitze. Sie befindet sich in 80° 17′ 15″ nördl. Br. und 19° 34′ 45″ östl. L. Als ich darauf hinaus auf die Vik ruderte, um mit den Kameraden zusammen zu treffen, erlebte ich ein Aben= teuer, das mitgetheilt zu werden verdient.

„Während der ganzen Zeit, daß wir mit unserm Boote am Cap Hansteen lagen, hatte sich in der Nähe zwischen dem Eise ein einzelnes Walroß aufgehalten. Es befand sich offenbar in einer sehr schlechten Stimmung, denn es brüllte und schnob und zeigte sich unruhig bald hier bald dort. Als wir uns nun auf der Ruderfahrt nicht fern von unserm Rastplatze befanden, merkten wir, daß das Hinterende des Bootes tief in's Wasser gedrückt wurde, und nahmen unsern alten Bekannten wahr, welcher sich mit seinen Zähnen in den über den Rand des Bootes ragenden Mast und ein Ruder eingehauen hatte. Als nun einer von der Besatzung, der auf demjenigen Theile derselben, welcher sich im Boote befand, saß, aufstand, sank das Walroß sofort in das Wasser und verschwand eine Weile, hörte aber nicht auf, uns zu verfolgen. Die See war etwas bewegt, so daß man nicht sicher zielen konnte. Wir legten deshalb an einem Treibeisstücke an, um ihm von hier aus einen Denkzettel zu geben, im Falle es noch ferner Lust verspürte, unser Boot zu beunruhigen. Es dauerte nicht lange, so tauchte es ganz in der Nähe auf und erhielt von mir eine Kugel, die, wie es schien, eine gute Wirkung gehabt hatte, denn es begab sich nun quer über die Bik und verließ seine Lieblingsstelle. Nach diesem Abenteuer kehrte ich zu unserer früheren Raststelle zurück, wo bald darauf auch Torell und Nordenskiöld eintrafen. Sodann begaben wir uns nach Low Island zu unserm alten Freunde Aeolus."

Aeolus hatte ungefähr anderthalb Tage vor einem schwachen Südsüdwest gelegen, dann war er mit einem „labbern" Südwest zu seinem früheren Ankerplatz an der Depotinsel gesteuert. Man sah aus Wijde=Bai große Massen von Baieneis mit dem Strome nach Norden treiben. Am Abend trat starker Nebel ein, Aeolus legte vor dem Holme bei, klarere Luft abzuwarten. Die Jagd=boote wurden an's Land geschickt, um daselbst Rapporte nieder=zulegen und frisches Wasser einzunehmen. Der Nebel nahm mehr und mehr zu. Aeolus ging daher am Morgen des 22. wieder in seinem früheren Hafen vor Anker. Man machte Excursionen in's Land hinein und erhielt bald Kenntniß von dem kurzen Aufenthalte des „Südbootes" daselbst und dessen neuer Fahrt nach Norden. Die Jagdboote kehrten am Abend mit vier alten und einem jungen Walroß zurück; spät in der Nacht traf auch Malmgren ein, welcher mit dem Steuermann einen Ausflug zum nördlichen Theile der Murchison=Bucht gemacht hatte. Wieder wurden die Anker gelichtet und vor einer frischen südlichen Brise nach Nordwesten gesteuert, um nach der Bootpartie zu spähen und ihr zur Hand zu sein. Als man am Morgen Shoal Point pas=sirte, kam der Schiffer Nielßson an Bord, um Lebewohl zu sagen, denn er beabsichtigte wieder nach Tromsö zurückzukehren. Wir konnten also mit ihm Nachrichten von uns in die Heimath mitgeben. Am 23. Mittags erreichte man die Höhe der Branntwein=Bucht. Lilliehöök legte bei und ging im Boot nach Low Island, wo der Schiffer Rosendahl mit seinem Schoner vor Anker lag. Dieser machte die Mittheilung, daß er vor Kurzem beide Bootpartien in der Branntwein=Bucht gesehen habe, Lilliehöök steuerte sofort dort=hin, konnte aber nicht die geringste Spur von ihnen entdecken; so kehrte er wieder an Bord zurück und ging gleich östlich von Low Islands nördlicher Spitze vor Anker. Lange aber hatte Aeolus dort nicht gelegen, als Abends um 8 Uhr beide Boote beim Fahrzeuge anlangten. So fanden sich nun wieder Alle am Bord des Aeolus zusammen. —

Wieder wurden Vorbereitungen zu neuen Bootreisen getroffen.

Torell und Nordenskiöld sollten ausgehen, um so weit als möglich die unbekannten Küstenstrecken des Nordostlandes zu untersuchen, Chydenius aber seine Recognoscirungsarbeiten fortsetzen und das Gradnetz so weit nach Süden ausdehnen, als die Verhältnisse es nur gestatteten. Während dessen machten wir Excursionen auf Low Island. Chydenius hatte bei seinem ersten Besuche zu finden gemeint, daß wenn einmal in diesen Gegenden eine Gradmessung vorgenommen werde, es möglich wäre, auf Low Island in der Richtung von Südost nach Nordwest eine Standlinie von einer Viertel- bis einer halben Meile Länge zu messen; eine nähere Untersuchung der Insel bestätigte diese Vermuthung vollkommen. Die Länge derselben beträgt ungefähr eine Meile. Nahe der Nordspitze wurde die Breite auf 80° 20′ 11″ bestimmt; die Inclination der Magnetnadel betrug an eben derselben Stelle 80° 40′ und die westliche Declination 17° 42′.

Den 26. Abends war die nördliche Bootpartie zum Abgehen bereit, mit Proviant auf vier Wochen ausgerüstet, im Uebrigen nur mit dem Allernothwendigsten. Da das Eis im Norden noch festlag, so wurden die Kufen mitgenommen. Für den Fall, daß die Boote im Eise verloren gingen oder verlassen werden mußten, beschloß man ein Depot und das Eisenboot am Strande der Branntwein-Bucht zu errichten. Der Wind, welcher am Tage vorher als Sturm aus Südwesten aufgetreten war, stillte sich im Laufe des Tages ab. Es gingen daher am Abend Torell und Nordenskiöld mit demselben Boot und derselben Mannschaft wie während der früheren Reise ab. Aeolus hatte vor der Trennung die Instruction erhalten, sich zu seinem früheren Ankerplatz bei den Russeninseln zurück zu begeben, um von der Depotinsel die zurückgebliebenen Effecten der Booterpeditionen abzuholen und Malmgren und Chydenius die Gelegenheit zu geben, in diesen Gegenden einige Excursionen zu veranstalten. Später sollte er zu dem südlichen Theile der Heenloopen Strat abgehen und bis zum 24. August sich auf geeigneten Ankerplätzen zwischen den Foster- und Südwaigatsinseln aufhalten, nach dem 24. August aber in der Lomme-Bai ankern, um hier die zurückkehrende geographische Expedition zu erwarten. Sollten das Treiben des Eises oder andere unvorhergesehene Umstände es nothwendig machen, so sei die Bootexpedition an folgenden Stellen — der Reihe nach — zu erwarten: bei den Russeninseln, der Mündung der Wijde-Bai, der

Red=Bai, den Norsköer und der Kobbe=Bai. Bliebe die Expe=
dition so lange aus, daß der Schoner bei einem längeren Aufent=
halte an der Nordküste Gefahr liefe sich einer Ueberwinterung
ausgesetzt zu sehen, dann solle er langsam zu den südlichen Häfen
Spitzbergens und von dort nach Norwegen segeln. Uebrigens seien
die in den früheren Instructionen gegebenen Vorschriften, be=
treffend die wissenschaftlichen Arbeiten, die Niederlegung von Rap=
porten und Proviant u. s. w., zu befolgen.

Lilliehöök, Malmgren und Chydenius nebst einem Manne
folgten den Abreisenden in dem norwegischen Boote. Das Jagd=
boot, welches in derselben Vik auf den Fang ausgehen sollte,
bugsirte erst das dänische Eisenboot, worin der Proviant und die
Bagage sich befand, welche zur Bildung eines Depots bestimmt
waren. Der ganze Zug, vier Boote mit sechzehn Mann, steuerte
direct auf die Westspitze des Nordstrandes an der Branntwein=
Bucht los.

„Als wir der Bucht näher kamen, sahen wir, daß ein großer
Theil des Eises verschwunden und das zurückgebliebene größten=
theils schon zersplittert war. Nach Norden hin hatte das Packeis,
in Folge des letzten Sturmes, sich fast ganz verloren. Um 12 Uhr
erreichten wir die Mitte des Einganges zur Bucht, das norwegische Boot
nahm das Eisenboot in's Schlepptau, das Jagdboot ging auf den
Fang aus und kehrte mit zweien Seehunden und einem Walroß
zurück. Mit dem Nordostwinde begann nun ein starker Nebel sich
auszubreiten, der während unserer Weiterfahrt durch die Vik mehr
und mehr zunahm. Schließlich wurde er so dicht, daß jede Land=
marke verschwand, und als wir nach einer Stunde Ruderns zu
einem Gürtel von Treibeis gelangten, konnten wir die Eisstücke
nicht eher wahrnehmen, als bis wir uns dicht bei denselben be=
fanden. Zwischen diesem Treibeise hauste eine Menge Walrosse
und Seehunde (Phoca hispida), welche von den Norwegern Stein=
kobbe genannt wird. Diese Seehundsart ist auf Spitzbergen nicht
verbreitet und wurde von uns nur ein paarmal an der Nord=
küste angetroffen. Er hält sich im Sommer immer im Treibeise
und nahe dem Wasser auf, in welchem er seine Nahrung sucht,
bestehend in kleineren Krebsen und Fischen, besonders dem kleinen
hochnordischen Dorsch Merlangus polaris. Den Winter bringt er
in den Fjorden zu, in deren Eisdecke er zum Athemholen Löcher
macht. Von allen Säugethieren ist er es, der in den nördlichsten

Breitengraben wahrgenommen worden, denn Parry sah ihn auf
seiner Polarreise in 82° 45′ nördl. Br. Es ist derselbe Seehund,
welcher in der Ostsee und deren Busen, ja selbst im Laboga und
anderen Seen, namentlich Finnlands, den Gegenstand einer ziemlich großen und einträglichen Jagd bildet, während er in Spitzbergen wegen seiner geringen Größe wenig geschätzt und der
größeren und fetteren Storkobbe oder Hafert — Phoca barbata —
nachgesetzt wird. — Große Schaaren von Seepferden, Möwen,
Teisten und Rotjes schwärmten zwischen dem Eise, die meisten um
Nahrung für ihre eben ausgekommenen Jungen zu suchen.

„Die Boote wurden zufällig ein wenig getrennt, verloren
einander aus dem Gesicht und konnten nur mit Mühe denselben
Cours weiter fortsetzen. Durch Rufen wurden wir endlich einander gewahr, als wir uns gerade unter einer senkrecht in's Meer
stürzenden Felswand befanden, die wir nicht eher erkannten, als
bis wir nur noch ein paar Klafter von ihr entfernt waren. Dann
folgten wir dem Ufer, bis wir zu einer nach Südwesten vortretenden niedrigen Felsspitze kamen, welche fast ganz aus Hyperit bestand, eben so zersprengt wie der bei Low Island und dem Aeoluskreuz. An dem Oststrande dieser Spitze legten wir um 3 Uhr
Nachmittags des 27. Juli an. Die zum Depot bestimmten Sachen
wurden an's Land geschafft, das eiserne Boot heraufgezogen, ein
Treibholzfeuer angezündet und ein einfaches Mahl eingenommen,
um uns zu der langen Ruderfahrt zu stärken. Torell suchte eine
Stelle für das Depot aus und überzeugte sich, daß sie ebenso zu
Wasser wie zu Lande erreichbar sei. Mittlerweile ließ der Nebel
nach; Hellstab ging auf die Jagd und kehrte mit zweien der schönsten Rennthiere zurück. Denn es gab auch hier vortreffliche Weiden für diese Thiere.

„Ein Endchen von unserm Rastplatz stieg ein steiler Bergkamm auf; Malmgren fand auf ihm reiche Ausbeute von Pflanzen. Keiner von allen bis dahin besuchten Punkten hatte, was
Mannigfaltigkeit und Ueppigkeit betrifft, eine so reiche Vegetation
dargeboten, wie diese Stelle. Auf den unteren Abhängen, welche
hier, wie überall wo das Gestein aus Gneis oder Granit besteht,
den Fuß der Berge umgeben, wandert man zuweilen über feuchte,
weiche Stellen von dem lieblichsten Grün, zum größten Theil aus
Mosen: Aulacomnium turgidum und Hypnum uncinatum gebildet, welche wie eine dicke Decke sich über ein schwarzes Torflager

von einem Fuße Mächtigkeit ausbreiten. Auf dieser feuchten Grund=
lage wachsen in Menge auch einige Gräser: Alopecurus alpinus,
Dupontia Fischeri, Poa cenisia. Besonders zeichnete sich der
kleine Ranunculus hyperboreus aus. Fußhohe Oxyria reniformis
und großblätteriges Skorbutkraut, Cochlearia fenestrata, wuchsen
in erstaunlicher Ueppigkeit auf den niedrigeren Stellen, vermischt
mit dem stattlichen Ranunculus sulphureus, deren große gelbe
Blüthen dem Wanderer bis an's Knie reichten. Wir übergehen
die übrigen Günstlinge des sonst so kargen arktischen Bodens:
Cerastium alpinum, Potentilla emarginata, welche auf dem Vogel=
berg wuchsen und einen so starken Gegensatz zu den verkommenen
Stiefkindern auf den Grus= und Trümmerflächen bildeten. Aber
auch die allertrockensten Stellen waren nicht leer ausgegangen.
Gelbe Draben und Mohn neben Saxifragen, Cardamine bellidifolia, die Zwergweide und Dryas wechselten freundlich ab mit
den röthlichen Flecken eines bis dahin unbekannten Grases, Catabrosa vilfoidea, und erschienen wie Bouquette über den grau=
braunen Boden zerstreut. Unter den Moosen zeichnete sich die
amerikanische Pottia hyperborea aus, und unter den Flechten die
in Nord= und Südamerika, mit Ausnahme der Cordilleren,
auftretende Usnea melaxantha, welche ebenso wie viele an=
dere Pflanzen dem östlichen Spitzbergen eigenthümlich sind, wäh=
rend sie auf der Westküste fehlen. So verschieden ist die Natur
dieser beiden, nur durch ein verhältnißmäßig schmales Hoch=
land geschiedenen Küsten. Auch die steilen Abhänge der Berge
waren mit einer, wenn auch nur sparsamen Vegetation bedeckt;
denn von 1,500 Fuß Höhe brachte Torell noch einige Exemplare
von Luzula hyperborea, Mohn und Stellaria Edwardsi mit.
Die Stelle war aber auch sehr günstig. Der Berg fiel nach Süden
steil ab und Millionen von Alken und Teisten brüteten dort.

„Gegen Mittag verschwand der Nebel, und man machte sich an
die Niederlegung des Depots. Mitten auf der Spitze wurde in
den Sand eine Grube gegraben, daselbst der Proviant hineingelegt
und mit Grus und Steinen bedeckt. Sodann wurden alle zum
Boote gehörigen Sachen darauf gepackt, das Boot darüber ge=
wälzt und rings mit Steinen umgeben. Das daselbst errichtete
Depot bestand außer dem eisernen Boote mit Segel, Kufen, Zelt,
Rudern, Steuer, vier Ziehgürteln und einer Schaufel zum Auf=

graben des Proviants, aus neun Büchsen, welche 43 Pfund Pem=
mikan enthielten, und einer Tonne mit 70 Pfund Schiffszwieback.

„Das norwegische Boot verließ zuerst diese Stelle, welche wir
Depotspitze nannten, um 2 Uhr Nachmittags und ruderte in
rascher Fahrt zum Schiffe. Die Expedition blieb noch eine Weile
zurück, um einige weitere Anordnungen zu besorgen und sich dem=
nächst zu den Regionen zu begeben, welche bis dahin nur Phipps
besucht hatte."

Boot über Eis gezogen.

Neuntes Kapitel.

Torell's und Nordenskiöld's zweite Bootreise.

Ueber den Verlauf dieser Reise entnehmen wir den Aufzeich=
nungen Torell's und Nordenskiöld's Folgendes:

„Wir ruderten aus der Branntwein=Bucht und nahmen unsern
Weg nach Norden. Das Eis hatte während der Stille der letzten
Nacht sich so dicht vor die Birb= und Beverly=Bai gelegt, daß wir
oft nur mit großer Mühe durch die schmalen Oeffnungen zwischen
dem Eise und dem festen Lande gelangen konnten. Unsern ersten
Ruheplatz nahmen wir am Nordcap, der nordwestlichsten und nörd=
lichsten Spitze des Nordostlandes.

„Von hier begaben wir uns am 28. Juli 1 Uhr Nachmittags
weiter. Als wir den nördlichsten Vorsprung der Spitze passirten,
stiegen wir einen Augenblick an's Land, um eine Uebersicht des
Eises und der Beschaffenheit der Umgegend zu erlangen. Wie
wir schon vor einigen Tagen von der Spitze des Schneeberges
gesehen hatten, lag noch im Norden des ganzen Nordostlandes
dicht gepacktes Treibeis; aber der Südsturm, welcher seitdem ge=
rast, hatte in zweien Tagen alles Eis zur Walden= und den
Sieben Inseln getrieben. Große schwimmende Eisfelder trieben
freilich noch zwischen den letzteren und dem festen Lande, so
daß wir es für gerathen hielten, diesen Tag nicht weiter zu
fahren als bis zu einer der südöstlich vom Nordcap belegenen
Inseln, welche wir Castrén's Inseln nannten. Hier bot sich auch
die lang ersehnte Gelegenheit, durch Mond=Distanzen eine absolute
Längenbestimmung zu erhalten.

„Nordenskiöld sollte hier eine sonderbare Sinnestäuschung er=

fahren. Indem ich, erzählt er, von dem östlichen Ende der Insel das Cap Platen betrachtete, glaubte ich auf dieser Spitze einige Leute in weißen Hembeärmeln und Südwestern zu sehen, welche mit der Errichtu:g einer Steinvarde beschäftigt waren. Die Aehnlichkeit war |ι auffallend und die Figuren bewegten sich so natürlich, daß ich schon vollkommen überzeugt war, es sei eine der in unseren Zeitungen erwähnten englischen Expeditionen von Osten her bis zu dieser Spitze vorgedrungen, und die Mannschaft zur Erinnerung dessen mit der Errichtung einer solchen Stein= pyramide beschäftigt. Ich rief den Harpunirer Hellstab herbei, welcher ebendasselbe erblickte und sogar einen Schiffer von Tromsö oder Hammerfest zu erkennen glaubte. Plötzlich erlitt die Illu= sion doch einen bedeutenden Stoß durch die Bemerkung, daß die Entfernung zwischen beiden Punkten zu groß sei, als daß die Fi= guren, welche sich auf dem Cap Platen bewegten, Menschen von gewöhnlicher Größe sein könnten, und bald löste sich auch Alles in eine in diesen nördlichen Regionen so oft vorkommende „Hägring" (Fata morgana) auf. Die Luftschicht, welche die sehr zerklüfteten Klippen an der äußersten Spitze von Cap Platen um= gab, war während des stillen und schönen Tages erwärmt und in eine zitternde Bewegung gekommen. Die dadurch entstandene un= gleiche Strahlenbrechung gab sogar den Klippen eine scheinbare Bewegung, und die Illusion wurde vollkommen durch die eigen= thümliche Gestalt dieser Felsen. Die alleräußerste Spitze bildete die Steinpyramide, eine nach dieser vortretende Felswand den Südwester, einige Schneefelder die weißen Hembeärmel u. s. w.

„Wir bestiegen die Spitze des 900 bis 1,000 Fuß hohen Berges, aus welchem die größere Castrén=Insel besteht und deren südwestlicher, jetzt schneefreier Abhang langsam nach dem Meere niederstürzt. Von dieser Höhe hatten wir eine gute Aussicht über das ganze Meer zwischen den Sieben Inseln und dem Festlande. Anstatt — wie wir erwartet — sich zu vertheilen, hatte das Eis sich von Neuem zwischen uns und den Sieben Inseln angehäuft, so daß uns für den Augenblick wenig Hoffnung blieb, vorwärts zu kommen. Am folgenden Tage, den 29. Juli, wagten wir bei dem herrlichen Wetter gleichwohl den Versuch, uns zwischen dem dichten, in heftiger Bewegung begriffenen Packeise durchzuschmiegen, und zwar mit dem Erfolge, daß wir, ohne das Boot über ein Eisstück zu schleppen, nach einigen Stunden glücklich an unserm

Bestimmungsorte ankamen. Aber — „det var s'gu Held og ei Forstand" — es war bloßes gutes Glück, nicht Verstand — meinte Petersen.

„Das Erste, was uns entgegenkam, da wir uns den Sieben Inseln näherten, war ein großer Eisbär, ber auf dem zwischen diesen noch festliegenden Eise mit der Jagd auf Seehunde beschäftigt schien. Wir legten sofort am Rande eines Eisfeldes hinter einem hohen Schraubeneisberge an und warteten dort eine Weile still und ruhig. Bald merkte der Bär jedoch unsere Anwesenheit und begann sich fortzuschleichen, jetzt mit der Nase umherwitternd, jetzt sich auf den Hinterbeinen erhebend, um mit Hülfe seiner Augen sicherer als mit der Nase hinter die Sache zu kommen. Sein Gang und seine Bewegungen waren geschmeidig wie die einer Katze. Nach unzähligen Wendungen und Posituren, welche uns offenbar Furcht einjagen sollten, befand der Bär sich endlich in Schußweite. Petersen schoß zuerst, Hellstad gleich darauf, Beide jedoch ohne zu treffen. Der Bär machte sofort Kehrt und floh so schnell er konnte. Zuletzt warf er sich in's Wasser, um das Land zu erreichen, und wir ruderten so schnell als möglich nach derselben Richtung, um ihm den Rückzug abzuschneiden; jedoch ohne Erfolg.

„Wir landeten denselben Tag 3 Uhr Nachmittags auf der Südspitze der Parry=Insel. Nordenskiöld benutzte das schöne Wetter, um die Lage der Spitze zu bestimmen, und machte noch einige kleinere Ausflüge. Am folgenden Tage bestieg Torell die höchste Spitze der Insel, während Nordenskiöld eine Wanderung längs dem Strande vornahm, welche wider Vermuthen äußerst beschwerlich und gefährlich wurde.

„Das Gebirge stürzt auf der Nordwestseite so steil in's Meer, daß man, um vorbei zu gelangen, längs dem schmalen, nunmehr ganz unsichern Eisfuß gehen oder, wo derselbe fehlte, seinen Weg über die losen Eisstücke nehmen mußte, welche ziemlich dicht gepackt, aber in beständiger Bewegung den Strand umgaben. Als schließlich an einer Stelle, ungefähr eine Viertelmeile von dem Anker=platze des Aeolus, sowohl der Eisfuß als auch das lose Eis fehlte, und zugleich der Rückweg — indem mittlerweile das Treibeis sich verringert hatte — abgeschnitten war, blieb nichts Anderes übrig, als die nächste senkrechte Felswand in die Höhe zu klettern, sich fest in die Klüfte und Ritzen zu schmiegen und auf diese Weise längs diesem immer gleich steilen Felsabhange zu wandern. Um

8 Uhr Vormittags war ich ausgegangen, und erst um 2 Uhr Nachts kehrte ich zurück, naß bis zum Gürtel, müde und hungrig. In der Voraussetzung, daß der Ausflug nur ein paar Stunden dauern werde, hatte ich nämlich nichts zu essen mitgenommen, und überdies auf den Rath Petersen's, welcher niemals eine große Neigung für Bergwanderungen verrathen hatte, Schuhe statt der Stiefel angezogen, um mit größerer Leichtigkeit auf den Bergen klettern zu können. Für diesen Zweck war eine solche Tracht allerdings ganz passend, dagegen äußerst unangenehm, als ich — was mehrere Male des Tages passirte — bis über die Kniee im eiskalten Wasser waten mußte. Als Torell und ich uns am folgenden Morgen unsere Wanderungen erzählten, mußten wir uns zu unserm Grauen gestehen, daß ungefähr zu derselben Zeit, als ich auf dem Eisfuße längs der steilen Felswand ging, Torell und seine Leute von der Spitze des Berges große Steine hernieder in's Meer gerollt hatten.

„Parry's Insel bildet ein Oval von etwa einer schwedischen Meile Länge und ist fast ganz von zweien über 1,500 Fuß hohen Bergen gebildet, welche durch ein tiefes Thal getrennt werden. Letzteres setzt sich auf der östlichen und nördlichen Seite der Insel in zweien, bei unserm Besuche noch mit Eis belegten Buchten fort. Das Gestein besteht aus Gneis, durchkreuzt von Granitadern, in welchen man hier und da Krystalle von Turmalin findet. Obwohl die geologische Bildung dieselbe war wie in dem nordwestlichen Spitzbergen und der Unterschied in der nördlichen Breite kaum einen Grad betrug, so erschien dennoch der Unterschied im Pflanzen= und Thierleben höchst auffallend. Sehr wahrscheinlich wird dieses Verhältniß durch den kalten Meeresstrom, welcher von Osten herkommt, bestimmt. In dem Thale war die Vegetation äußerst ärmlich, und sogar auf den mit Vogelmist gedüngten Felsabhängen ganz unbedeutend, indem sie nur aus einigen Arten von Phanerogamen bestand, ein paar gelben Mohnpflanzen und kümmerlichen Flechten. Hier und da fanden wir auch ein wenig Grün; an einer Stelle weideten drei Rennthiere, welche geschossen wurden. Von Vögeln sahen wir hier zahlreiche Teisten, Rotjes und Großmöwen, aber nur wenige Eismöwen und Alken. Im Sande fanden wir Fuchsspuren.

„Das schöne Wetter, welches bis dahin mit geringer Unterbrechung unsere Bootfahrten begünstigt hatte, nahm nun ein Ende,

wir hatten von jetzt ab fast beständig mit Regen und Nebel zu
kämpfen. Wegen dieses schlechten Wetters mußten wir bis zum
31. bei Parry's Insel liegen bleiben. Am folgenden Tage konn=
ten wir nur mit großer Anstrengung durch den Nebel und das
dicht gepackte Eis bis zur östlichsten der Sieben Inseln, der Mar=
tens=Insel, vordringen, und auch an den beiden folgenden Tagen
hielt das Regen= und Schneewetter an, so daß keine geographischen
Beobachtungen gemacht werden konnten. Der Nordsturm trieb
das Eis nach Süden, und es blieb uns nichts Anderes übrig, als
eine Wendung zum Bessern abzuwarten. Unsere Hoffnung, zu
Parry's Distant High Land zu gelangen, wurde dadurch zunichte,
daß sich das Eis zwischen dieses und uns legte. Wir bestiegen
in diesen Tagen den höchsten Berg der Martens=Insel, konnten
aber nichts Anderes wahrnehmen als Nebel und Schneetreiben;
beim Niedersteigen hatten wir sogar Mühe, unsern Weg durch den
dichten Nebel zu finden. Die Steine auf der Spitze des Berges
waren auf der Windseite mit einer lose sitzenden, offenbar durch
den Niederschlag von Wasserdunst entstandenen, glänzenden Eis=
kruste von einigen Linien Dicke bedeckt, welche bei der geringsten
Berührung sich löste und unter Geräusch in tausend Stückchen zer=
sprang. Ein Schneefeld konnten wir bei 500 bis 800 Fuß Höhe nicht
entdecken. Auch auf dieser Insel wurde ein Rennthier von Peter=
sen geschossen. Während dieser Jagd stieß er auf das Nest eines
kleinen schönen Sumpfvogels, Charadrius hiaticula, welcher hier
zum ersten Male auf Spitzbergen gesehen wurde.

„Einen Morgen, da wir bei dem Unwetter unter unserm
Bootzelte hielten, wurden wir plötzlich von einem Büchsenschuß er=
weckt. Wir sprangen hinaus, um zu erfahren was los sei, und
fanden den Tageskoch triumphirend mit seiner Büchse neben einem
soeben erlegten Bären stehen. Der Koch, welcher nach Vorschrift
früher als die Anderen aufgestanden war, um Kaffee zu kochen,
hatte, wie er aus dem Boote stieg, einen großen Bären erblickt,
welcher sich anschickte, eine Untersuchung unseres Fleischvorrathes an=
zustellen, und ihn mit einer wohlgezielten Kugel für solche Frechheit
sofort bestraft. Ein anderer Bär kam noch näher an das Boot
heran, bevor wir ihn wahrnahmen. Petersen traf ihn in den
Kopf; der Schuß war zwar nicht augenblicklich tödtlich, aber nach
einer kurzen Jagd wurde er doch erlegt.

„Den 4. August hatte sich das Wetter endlich ein wenig auf=

gellärt, so daß Stundenwinkel und Mittagshöhen genommen wer=
den konnten. Den 5. begaben wir uns weiter zu der nördlichsten
der drei großen Sieben Inseln, der Phipps=Insel. Sie besteht,
wie die Martens=Insel, aus mehreren einzelnen, ungefähr 1,800
Fuß hohen Bergen, welche durch ein niedriges, mit Treibholz und
Schiffstrümmern bedecktes Flachland mit einander in Verbindung
stehen. Wie bei Shoal Point fanden wir auch hier zwischen dem
Treibholz eine Menge Bimsstein, Stücke von Birkenrinde Nutz= und
Floßhölzer mit lateinischen Buchstaben. Ueberreste von Walfisch=
skeleten entdeckten wir, hoch über dem gegenwärtigen Niveau des
Meeres, auf der niedrigen Spitze der Martens=Insel und auf
dem Strande der von Osten einschneidenden Bucht der Parry=
Insel. Alles deutet darauf hin, daß das Land, seitdem die hol=
ländischen Walfischfänger es zuerst besuchten, beträchtlich auf=
gestiegen ist.

„Wir pflogen nun Rathes, was weiter zu thun. Der heftige
Nordsturm hatte das Eis nach Süden gepreßt, so daß es unter
Umständen schwer halten konnte, durch das mit Wind und Strom
treibende Packeis zum Nordostlande zu gelangen. Wir hatten un=
sere Reise mit Proviant für vier Wochen angetreten. Unser Vor=
rath an Pemmikan war in Folge der Jagdausbeute noch un=
berührt; wenn wir aber längere Zeit auf den Sieben Inseln auf=
gehalten würden, konnten wir nur noch auf Bärenfleisch rechnen.
Denn es gab hier weder Rennthiere noch Alken. Sonderbar, daß
wir nicht ein Mal auf Walrosse oder auf Seehunde stießen! —
Wir mußten deshalb nothwendig zum Nordostlande zurückkehren.

„Nachdem wir eine der höchsten Bergspitzen der Insel bestie=
gen und eine Ortsbestimmung gemacht hatten, kehrten wir am
7. August wieder zu den Castrén=Inseln zurück. Als wir Parry's
Insel passirten, stiegen wir an unserer früheren Raststelle an's
Land. Während Nordenskiöld behufs Regulirung des Chrono=
meters einige Sonnenhöhen nahm, kletterten Torell und Petersen
auf einige nahegelegene Berge, um die Lage des Eises zu über=
schauen. Sie berichteten, daß man eine offene Wasserstraße im
Treibeise nach dem Nordostlande zu wahrnehmen könne, und hofften,
wir würden bei unserer Rückkehr auf keine bedeutenderen Hinder=
nisse stoßen. Wir schoben deshalb sofort unser Boot in's Wasser
und steuerten nach der Richtung, wo das Eisfeld am meisten offen
schien. Aber sei es, daß wir von dem niedrigen Boote die Oeff=

nung nicht recht sehen konnten, oder daß — was wahrschein=
licher — die schmale Oeffnung sich bald wieder geschlossen hatte,
genug, wir waren kaum eine Viertelmeile gerudert, als die Kanäle
kürzer und immer gewundener wurden und unser Boot auf allen
Seiten dicht vom Eise umgeben war. Es blieb uns nichts An=
deres übrig, als abwechselnd unsere Sachen aus dem Boote zu
laden, sie über ein Eisfeld zu tragen und das Boot nachzuziehen;
dann wieder, wenn ein schmaler Kanal sich öffnete, von Neuem
die Sachen in das Boot zu packen und es mit den Rudern weiter
zu schieben, denn von einem eigentlichen Rudern konnte nicht die
Rede sein. Erwägt man, daß wir vom Boote aus keine weitere
Aussicht hatten und also beinahe auf's Gerathewohl fuhren, und
daß das in beständiger Bewegung befindliche Eis sich bald öffnete,
bald schloß, und zwar oft mit einer solchen Schnelligkeit, daß wir
nur mit der äußersten Sorgfalt das Boot vor dem Zerdrückt=
werden bewahren konnten, so kann man sich leicht vorstellen, wie
ermüdend und gefährlich eine solche Fahrt durch ein Feld von
Packeis ist. Besonders ein Mal wurde unser Boot so hart mit=
genommen, daß wir es kaum noch zu erhalten glaubten. Die
Eismassen preßten es nämlich so gewaltig zusammen, daß es
seine Form veränderte, das Wasser durch die Ritzen eindrang
und die Sachen darin umherschwammen. Das zähe amerikanische
Ulmenholz bestand indessen die Probe. Als das Wasser wieder
ausgeschöpft war, zeigte sich das Boot, mit Ausnahme ein paar
kleiner Brüche, wieder eben so gut als früher. Ein großes Eis=
feld, auf welchem sich ein paar hoch aufgethürmte Hummocks be=
fanden, leistete uns während des schlimmsten Theiles der Fahrt
gute Dienste. Von den Eisbergen konnten wir nämlich in die
Weite sehen und erkennen, wo das Eislabyrinth sich im Süden
zu öffnen begann. Während wir so uns langsam vorwärts arbei=
teten, trieben wir mit dem Eise nach Osten und erreichten erst
nach zwölf Stunden schwerer Anstrengung das offene Wasser, und
zwar in der Nähe derjenigen Insel, welche wir später besuchten
und nach Scoresby benannten. Wir steuerten von hier zu den
Castrén=Inseln, wo wir am 8. August fünf Uhr Morgens an=
kamen und glücklicher Weise eine Menge Treibholz fanden. Sofort
zündeten wir ein großes Feuer an und trockneten unsere nassen
Kleider; denn die Meisten von uns waren während der Fahrt
durch das Packeis und bei dem Hinüberspringen von einem Eis=

stücke zum andern zwischen dieselben gefallen und hatten ein mehr
oder weniger kaltes Bad erhalten. Während dieser Tour war
uns auch das eigenthümliche Schauspiel von Nebensonnen zu Theil
geworden, welches freilich in den Polargegenden häufig genug ist,
wenn auch nicht so häufig im Sommer als im Winter.

„Obgleich die Hoffnung, weit vorzudringen, nur schwach sein
konnte, so setzten wir doch am folgenden Tage unsere Ruderfahrt
nach Osten fort. Es dauerte nicht lange, so war das Eis wieder
so dicht gepackt, daß nur ganz in der Nähe des Landes eine schmale
Rinne übrig blieb, welche sich übrigens auch bald schloß. So
kehrten wir zu der nur vor Kurzem passirten Spitze zurück, welche
auf älteren Karten mit Unrecht als die nördlichste dieses Landes
bezeichnet ist und aus diesem Grunde den jetzt so wenig passenden
Namen Extreme-Hook erhalten hat. Wir kletterten die allmählich
aufsteigenden Berghöhen hinan und konnten uns bei der Umschau
davon überzeugen, daß der auf älteren Karten eingetragene Sund,
welcher die große Steininsel und die Halbinsel — deren nördlichste
Spitze das Nordcap bildet — von dem eigentlichen Nordostlande
trennt, entweder niemals existirt hat, oder in Folge des Aufsteigens
des Landes, oder des Vorschreitens der Gletscher geschlossen ist.
Der Raum, auf welchem dieser Sund — nach den alten Karten —
sich befinden soll, wird nunmehr von flachen Thalvertiefungen ein=
genommen, in welche von den angrenzenden hohen Eisbergen kleine
Gletscher niedersteigen. Ringsum auf dem Meere lag Eis, und
nur ein kurzes Ende erschien offenes Wasser. Der Theil des
Nordostlandes, welchen wir überschauen konnten, bildete ein hohes
Schnee= und Eisplateau, das sich langsam zum Meere herab=
senkte; ein Seitenstück also zu der Eishochebene des inneren Grön=
lands, wenn auch nicht von demselben großartigen Charakter.
Denn ebenso wie diese hat die Eismasse des Nordostlandes ihren
Abfall, oder so zu sagen ihren Ausfluß — welcher sich vorherr=
schend auf der Ostseite des Landes befindet — da, wo nach den
alten Karten mächtige Gletscher in gewaltigen Abstürzen hervor=
treten und längs dieser ganzen Küste in senkrechten Eiswänden
aus einem Meere aufsteigen, das beinahe immer durch Packeis und
die ungeheuren in den Sommermonaten herabstürzenden Massen
des Binneneises unzugänglich gemacht ist.

„Den 9. August versuchten wir es vergebens, weiter nach
Osten vorzubringen. Wir stießen bald auf dichtes Eis, mußten

umkehren und landeten auf dem westlichen Strande der zwischen Extreme=Hook und dem Nordcap belegenen Bucht, wo wir uns von einem Berge aus über die Lage des Eises, des Landes und der Insel zu vergewissern suchten. Bis zur Spitze dieses Berges trafen wir jene eigenthümlichen runden Vertiefungen von einer bis anderthalb Ellen Durchmesser an, welche man in Schweden jättegrytor (Riesentöpfe) nennt. Sollte es feststehen, daß der= gleichen Löcher immer durch Wasserströmungen verursacht werden, welche einen in der Vertiefung befindlichen Stein in kreiselnder Bewegung erhalten und dadurch die Wände des Grapens ab= schleifen, so würde das Vorkommen der Riesentöpfe auf diesen mindestens 1,500 Fuß hohen Bergen beweisen, daß ihre Spitzen sich einst unter dem Wasser befunden haben und vielleicht mit Gletschern bedeckt gewesen sind.

„Während der Nacht wurde das Eis von einem heftigen Süd= sturme in Bewegung gesetzt, und am Morgen lag Scoresby's Insel frei vor uns. Wir beeilten uns, diesen günstigen Zufall zu be= nutzen, nahmen unsere Jagdbeute — einen von Petersen erlegten Bären, den siebenten, den wir auf unseren Bootreisen geschossen — an Bord und segelten mit gutem Winde nach Osten. Er stürzte zu= weilen von den Bergen mächtig herab in das Segel; aber das Boot war gut, und Petersen ein vortrefflicher Seemann; so erreich= ten wir, ohne weiter auf Eis zu stoßen, eine der kleinen zwischen Cap Irminger und Cap Lindhagen belegenen Inseln, welche auf der Karte nach Sabine, den um die Kenntniß des hohen Nordens so verdienten Physiker, benannt sind.

„An diesem Morgen stieß Nordenskiöld ein ziemlich unbehag= liches Abenteuer zu: „Ohne mit irgend einer Waffe versehen zu sein, bestieg ich die Spitze des Inselberges, um von ihr aus einige trigonometrische Winkel zu messen. Als ich noch ungefähr fünfzig bis sechzig Schritt vom Gipfel entfernt war, erkannte ich, daß ein Bär schon vor mir diesen Platz eingenommen hatte, vermuthlich um nach Beute auf den ringsum liegenden Eisfeldern zu schauen. Auch er hatte mich schon wahrgenommen. Ich wagte daher nicht, zum Boote zurückzukehren, sondern ging dreist auf ihn zu, in der Erwartung, er werde erschrecken und ebenso davonlaufen, wie es die Eisbären bis dahin immer gethan hatten, wenn ihnen Menschen genaht waren. Aber ich hatte mich verrechnet. Der Bär näherte sich mir langsam in einem Bogen, und bald befanden wir

uns so nahe, daß ich hätte nach ihm mit einem Stocke schlagen
können. Er stand etwas höher auf einem Felsblock, schnob und
trampelte mit den Vorderfüßen; ich, etwas tiefer, rief und schrie
aus Leibeskräften und warf große Steine nach ihm, ohne daß er
jedoch die mindeste Notiz davon nahm. Endlich traf ihn ein
großer Stein gerade an den auf den Felsen gestützten Vorderfuß,
und der Schmerz, oder vielleicht weil er seine Neugierde befriedigt,
veranlaßte ihn, sich zurückzuziehen. Ich folgte ihm ein Ende, bis
er hinter einer hervorragenden Klippe verschwand, und stürzte
sodann im hastigen Laufe zurück zu unserm Boote. Noch hatte
ich meinen Bericht über das Abenteuer nicht beendigt, als Torell
ausrief: „Da ist er!" — und auf einen ein paar Hundert Ellen
entfernten Felsen deutete, von dessen Höhe der weiße Beherrscher
der Insel uns betrachtete. Zwei von den Leuten wurden zur Verfolgung abgesandt, aber der Bär ergriff, als sie nahten, sofort die
Flucht und wir sahen ihn nicht wieder."

„Von Sabine's Insel ruderten wir unter dem Nordostlande
bis zu einer Spitze. Bis dahin hatten auf dieser Nordküste nur
Gneis und Granit vorgeherrscht; jetzt nahmen geschichtete Gebirgsarten ihren Anfang, doch enthielten sie keine Versteinerungen.
Auch die Formen der Berge waren andere und ihre Färbung oft
sehr grell.

„Den 11. August setzten wir die Fahrt nach Osten hin fort,
begünstigt von gutem Winde und eisfreiem Wasser, und landeten
in Kurzem an einer neuen Spitze. Um zu sehen, ob der dahinter
liegende Fjord nicht möglicher Weise einen Sund bilde, der Heenloopen Strat mit dem nördlichen Eismeere verbinde, bestiegen wir
den hohen Berg, welcher den westlichen Theil einer der drei nördlich vom Nordostlande hervortretenden Landzungen einnimmt, und
entdeckten, daß der vom Eise freie Fjord weiter nach dem Lande
zu in zwei Armen endigte. Der ungefähr eintausend Fuß hohe
Berg fällt nach Osten senkrecht zum Meere ab und war nun, mit
Ausnahme einer Seite, frei von Eis und Schnee. Nach Westen
hin dacht er sich nach dem Unterlande ab, einer mit lauter Steingetrümmer bedeckten Ebene, welche in einem steilen, acht bis zehn
Fuß hohen Ufer endigt, das aus Sand, Rollsteinen und darin
gebettetem Treibholz besteht; ein eigenthümliches Verhältniß, aus
welchem wir erkennen können, wie einer Formation leicht ein
durchaus fremder Bestandtheil beigemischt werden kann. Eine

ähnliche Erscheinung kommt zuweilen in Norwegen vor, nämlich Thonlager, in denen man außer Schalthieren von hochnordischen Arten Baumstämme antrifft, welche sicher nicht in diesem Lande gewachsen sind.

„Nachdem wir auf dem Gipfel des Berges eine hohe Stein=pyramide errichtet und darin einige schriftliche Nachrichten nieder=gelegt hatten, stiegen wir wieder hinab und fuhren Nachmittags mit unserm Boote weiter. Das Fahrwasser war nun vollkommen eisfrei, so daß wir Abends an der von Parry als Distant-High-Land bezeichneten Küstenstrecke, welche wir so lange vergebens zu erreichen gesucht hatten, landeten. Wir nannten sie Prinz Oskar's Land. Der Eisfuß, welcher am längsten der Wärme des Sommers Widerstand zu leisten pflegt, und gleich einem weißen Gürtel die Küsten noch immer umgiebt, auch wenn der Schnee längst von den Bergen verschwunden ist, war nun endlich zergangen und hatte da, wo der Strand aus Sand und Grus bestand, eigen=thümliche Spuren seiner Existenz zurückgelassen. Ueberall im Ge=rölle sahen wir konische Vertiefungen von 4 bis 6 Fuß im Durch=messer, welche wahrscheinlich dadurch entstanden waren, daß das vom Schmelz= und Fluthwasser bewegte und gehobene Eis einen größeren Steinblock mit sich fortgeführt hatte.

„Bis dahin hatten wir unser Boot immer auf den Eisfuß ge=zogen, aber von jetzt ab ließ es sich nur noch selten thun; wir pflegten vielmehr eine passende Stelle am Strande aufzusuchen, zogen das Boot dort hinauf und legten Treibholz unter den Kiel. Auch hier, auf dem abgelegensten Theile des Nordostlandes, war kein Mangel an Treibholz; dagegen fanden wir keine Sachen mehr, die aus Norwegen stammten, mit Ausnahme von ein paar Harpunenschaften oder Rudern, nach Petersen Geräthe der Walfisch=jäger, welche wahrscheinlich durch die Küstenströmung hierher ge=führt waren. Vegetation und Thierleben erschienen gleich dürftig, so daß im Vergleich mit dieser Gegend das westliche Spitzbergen den Eindruck eines reichen Landes macht.

„Am folgenden Tage begaben wir uns in östlicher Richtung über Land, um den Gipfel eines Berges, welcher — nach dem Augenmaß — zwei Meilen entfernt war, zu erreichen. Das Terrain bestand aus allmählich aufsteigenden Berghöhen, welche von einander durch vollkommen kahle, mit Schieferfragmenten be=deckte Thalvertiefungen getrennt werden. Sie verriethen bei

unserm Besuche keine Spur weder von Thier= noch Pflanzen=
leben, Schnee oder Eis.   Bei Regen und Nebel wanderten wir
eine Meile weiter durch diese wüste Landschaft, bis wir plötzlich
auf einen tiefen, von Norden nach Süden gehenden Fjord stießen,
welcher uns von dem hohen Berge, dem Ziele unserer Wanderung,
trennte.   Der Eisgang hatte bereits begonnen; es blieb uns daher
nichts Anderes übrig, als den Fjord zu umgehen.   Da wir aber
von dem Sprühregen bereits ganz durchnäßt waren und fürchten
mußten, bei dem schlechten Wetter von dem zu besteigenden Berge
keine Aussicht zu haben, so beschlossen wir umzukehren.

„Den 13. August steuerten wir nach Norden und landeten
gleich südlich von Cap Wrede.   Während der letzten Tage waren
wir ohne Wild gewesen und hatten unsern Vorrath an Pemmikan
angreifen müssen.   Ein auf dem Strande weidendes Rennthier
bildete daher eine willkommene Jagdbeute.   Bald nachdem wir
das Boot an's Land gezogen hatten, zeigte sich auch ein Eisbär
ein Ende von uns zwischen den „Hummocks", aber wir warteten
vergebens, daß er bis zum Strande komme.   Sieht man den Eis=
bären, wie er mit geschmeidigem und leichtem Gange sich zwischen
den aufgethürmten Eisbergen bewegt, so macht er eine viel statt=
lichere Figur, als in einem zoologischen Garten.   Selbst auf dem
Lande schon erscheint er viel plumper.   Obwohl er seine Nahrung
ausschließlich auf dem Eise und im Wasser sucht, trafen wir doch
zuweilen seine Spuren hoch auf den Bergen an.

„Um in die Lage des Eises, östlich von dieser Spitze, Einsicht
zu bekommen, bestiegen wir einen 1,800 bis 2,000 Fuß hohen,
beinahe schneefreien Berg, und hatten von hier eine weite Aus=
sicht.   Wir konnten weit in der Ferne, fast am Horizonte, zwei
kleine Inseln wahrnehmen, von denen die eine hohe steile wahr=
scheinlich mit Table Island identisch ist.   Sie sind auf der Karte
mit den Namen Karl's XII. Insel und der Trabant bezeichnet und
bilden, wie man sich überzeugen kann, die äußersten Vorposten
der spitzbergischen Inselgruppe nach Nordosten hin.   Unburchdring=
liche Massen von Treibeis umgaben sie noch von allen Seiten,
aber uns näher hatte sich das Eis bei dem heftigen Südwinde in
den letzten Tagen etwas gelöst, so daß das Meer ziemlich offen
lag und uns die Weiterfahrt nach Osten gestattete.   Die Bildung
der Berge erinnert an Hecla Mount: sie bestehen aus geschichtetem
Schiefer und Kalk, die unteren Schichten beinahe senkrecht, die

darüber lagernden aber beinahe wagrecht. Da auf die Berg=
besteigung eine ziemlich lange Zeit hinging, so kamen wir diesen
Tag nicht weit, sondern wählten unsern Rastplatz, nach kurzer
Fahrt, auf dem Weststrande derjenigen Spitze, welche auf der
Karte Cap Platen benannt ist. Am folgenden Tage fuhren wir
weiter, passirten die nördlichste Spitze von Prinz Oskar's Land
und steuerten nach Osten. Trotz des anhaltenden Windes waren
wir dauernd von Eis umgeben, so daß wir nicht segeln konnten,
sondern zu den Rudern greifen mußten. Nachdem wir die Spitze
passirt hatten, steuerten wir nach Südosten. Wir waren noch
nicht weit gekommen, so wurde das Eis immer dichter und schließlich

Karl's XII. Insel und der Trabant.

so fest gepackt, daß wir nicht länger glaubten das Wagstück fort=
setzen zu dürfen, zumal auch Petersen ernstlich davon abrieth.
Wir kehrten daher um und legten auf der Ostseite des Cap Platen
an. Von einem nahen, 8= bis 900 Fuß hohen Berge erblickten
wir nach Norden hin nichts als zusammenhängendes Packeis; nur
in einer Breite von zwei bis drei Meilen war es doch so vertheilt,
daß wir dazwischen rudern konnten. Nach Osten hin hatte das
Eis dieselbe Physiognomie; dagegen erschien es nach Süden hin
weniger gepackt. Es war also allerdings eine Möglichkeit vorhanden,
weiter nach Osten vorzudringen und zum Sammelplatze in der
Lomme=Bai zu gelangen, indem wir das ganze Nordostland um=

schifften. Aber ernste Bedenken stellten sich diesem Unternehmen
entgegen. Wir hatten keine Kenntniß von der Ausdehnung der
östlichen Küste des Nordostlandes, welche überdies, nach den Karten,
von Gletschern bedeckt ist; so daß, wenn das Eis mehrere Tage
lang von dem Ostwinde gegen das Land gepreßt wurde, wir
vielleicht nicht einmal eine Stelle zum Landen vorfanden und
möglicher Weise den Rückweg ganz verloren. Ueberdies hatte
wahrscheinlich derselbe südöstliche Wind, welcher uns freie Bahn
verschafft, den Sund der Heenloopen=Straße mit Eis versperrt;
so daß, wenn es uns auch glücken sollte, die ganze Ostküste zu
passiren, uns kein anderer, als eben dieser Weg, für die Rückkehr
blieb. Ebenso konnten wir leicht durch einen Nordwind abge=
schnitten werden. Unser Proviant war endlich für eine lang=
wierige Einschließung in diesen wüsten Gegenden zu mitgenommen.
So beschlossen wir denn, unsern ursprünglichen Plan fallen zu
lassen und wieder nach Westen zurückzukehren. Und es war die
höchste Zeit, diesen Beschluß in's Werk zu setzen, denn schon am
folgenden Tage ging der Wind nach Nordwesten herum.

„Am Morgen des 15. August machten wir uns daher auf den
Weg, um so schnell als möglich die Lomme=Bai zu erreichen.
Einige Stunden vor unserm Aufbruche erhielten wir noch Besuch
von zwei Eisbären, einem sehr großen Männchen und einem etwas
kleineren Weibchen. Wir begrüßten sie mit ein paar Büchsen=
schüssen, jedoch nur mit dem Erfolge, daß der größere Bär eine
Kugel in den Leib bekam und, stark blutend, sich langsam ent=
fernte. Die Bärin folgte ihm und leckte das Blut auf, das aus
seiner Wunde floß.

„Einige Freunde in Stockholm hatten uns vor der Abreise ein
paar Büchsen mit eingelegten Haselhühnern und ein paar Flaschen
alten vortrefflichen Weines geschenkt, welche mit der Fregatte
Eugenie die Reise um die Welt gemacht hatten. Diese Delicatessen
sollten nun hier verzehrt werden. Als wir daher zum zweiten
Male Cap Platens schwarze, hohe zerklüftete Felsen passirten,
stiegen wir an das Land, um hier das Festmahl einzunehmen.
Als Tisch diente ein großer, flacher Stein; ein reines Handtuch
als Tischtuch; ein paar flache kleinere Steine vertraten die Teller,
unsere Taschenmesser die Tischmesser, der „Dieb" einer Flasche die
Weingläser, welche wir in früheren besseren Tagen wirklich be=

seſſen hatten, — nun längſt zerſchlagen, — aber es war doch ein
feſtliches Mahl, dem weder Reden noch Toaſte fehlten. —

„Wir ruderten weiter über das nun beinahe eisfreie Meer nach
Scoresby's Inſel, ſahen uns aber in Folge einer heftigen Gegen=
ſtrömung genöthigt, eine Weile am Cap Wrede anzulegen,
um eine Aenderung in der Richtung derſelben abzuwarten. Gleich
den übrigen nach Norden vortretenden Spitzen des Norboſtlandes
beſteht auch Cap Wrede aus prachtvollen, hohen, ſenkrecht ab=
ſtürzenden Bergen, deren unterer Theil von einem feinen ſchwarzen
Schiefer gebildet wird. Ein ſchmaler Landſtreifen, der ſich zwiſchen
dem Fuße des Gebirges und dem Meere hinzieht, beſteht aus
Fragmenten jenes durch Waſſer und Froſt geſprengten Schiefers.
Aus ſeiner Mitte erhebt ſich ein ſehr hoher, iſolirter, vollkommen
ſchwarzer Schieferfels, deſſen Umriſſe, in einer gewiſſen Richtung
geſehen, eine ſonderbare Aehnlichkeit mit der Statue des erſten
Napoleon haben, welche ſich auf der Vendômeſäule befindet.
Dieſes ungeheure Felsbild, das mit ſchwimmenden Eisbergen be=
deckte Meer an ſeinem Fuße, im Hintergrunde die hohen Berge
und die blendend weißen Schneefelder im Innern des Landes
vereinigten ſich hier zu einem der großartigſten Gemälde Spitz=
bergens.

„Nach Ablauf einiger Stunden hatte der Strom ſeine Richtung
verändert und floß mit derſelben Heftigkeit nach Weſten, wie
früher nach Oſten. Wir ſchoben unſer Boot in's Waſſer und er=
reichten mit dieſer günſtigen Strömung nach einer verhältnißmäßig
kurzen Ruderfahrt den nördlichen Strand der Scoresby=Inſel, wo
wir die Nacht zubrachten. Am Morgen des folgenden Tages
fanden wir eine kleine Süßwaſſerpfütze mit dünnem, neugebildetem
Eiſe überzogen, welches auch den ruhigen Meeresſpiegel bedeckte.
Wir ſetzten die Fahrt fort und ſtiegen einen Augenblick an einer
Gneisfelsſpitze aus, um einige Beobachtungen zu machen, worauf
wir zwiſchen ziemlich vertheiltem Schraubeneiſe und kleinen Feldern
flachen Eiſes zu den Caſtrén=Inſeln ſteuerten. Die Eisfelder
ragten meiſt nur 2 bis 3 Fuß — ein Siebentheil ihrer wirklichen
Dicke — über den Waſſerſpiegel, während das aufgethürmte Eis
mit ſeinen bizarren Formen ſich bis 20 Fuß erhob. Nachmittags
hatten wir ſtilles Wetter. Es bildete ſich eine Eiskruſte auf dem
Waſſer, welche uns das Rudern nicht wenig erſchwerte. Gegen
Abend erhob ſich ein ſo ſtarker Nebel, daß wir das einige Tauſend

Fuß hohe Land erst dann wahrnahmen, als wir uns nur noch ein paar Hundert Ellen von demselben entfernt befanden.

„Wir wählten unsern Ruheplatz bei diesen Inseln. Es regnete beinahe die ganze Nacht und den folgenden Vormittag hindurch, aber unser dünnes Zelt schützte uns vollkommen. Erst gegen Mittag konnten wir weiter reisen. Während eines eben so starken Nebels wie am Tage vorher umschifften wir das Nordcap, ließen nun die Nordküste hinter uns, segelten an der Birb= und Beverly= Bai vorüber und kamen erst ziemlich spät am Abend zur „Depot= spitze". Bei dem hier niedergelegten Boote ließen wir einen Schlitten, den wir mit uns geführt hatten, eine Blechbüchse mit 43 Pfund Pemmikan und einige Taue zurück. Wieder brach das schlechte Wetter herein, so daß wir erst am 18. weiter reisen konnten. In der Vermuthung, daß ein Sund von dem südlichen Theile der Branntwein=Bucht bis zu den Russen=Inseln durchgehe, ruderten wir anfangs in das Innere des großen, nunmehr eisfreien Fjordes. Wir trafen keinen Sund an, überzeugten uns aber davon, daß der Fjord einen guten Winterhafen darbiete. Wir brachten die Nacht an dem Südoststrande der Bucht zu, ruderten am folgenden Tage — den 19. — wieder aus ihr hinaus und legten einige Stunden mitten bei ihrem südlichen Strande an, um einige Orts= bestimmungen zu machen. Die Berge, welche den Eingang be= grenzen, waren nun zum größten Theile eis= und schneefrei; aber gegen Norden hin befand sich ein ziemlich mächtiges Eis= und Schneefeld, welches wahrscheinlich niemals schmilzt. Wir trafen den Schiffer Rosendahl von Hammerfest und erhielten von ihm einige angenehme und befriedigende Mittheilungen über unsern Aeolus.

„Gerade Low Island gegenüber schneidet wieder eine tiefe Bucht, deren innere Hälfte noch mit Eis bedeckt war, in das feste Land ein. Wir ruderten auch in diese Bucht, um noch einmal den auf alten Karten angegebenen Sund aufzusuchen, fanden ihn aber nicht. Walrosse, welche wir während unserer ganzen Fahrt längs der Nordostküste des Nordostlandes nicht gesehen hatten, zeigten sich hier in Menge und bereiteten sich — nach der Aussage der Har= punirer — nunmehr darauf vor, auf das Land hinauf zu gehen. Auf dem südlichen niedrigen Ufer, wo wir rasteten, gab es eine Menge Treibholz.

„Die Nacht vom 19. zum 20. August brachten wir auf dem

nördlichen Strande von Shoal Point zu. Trotz des starken
Regens, heftigen Nordwestes und dichten Nebels segelten wir am
20. zur Depotinsel in der Murchison=Bucht. Wir nahmen hier die
niedergelegten Vorräthe ein, nebst Lilliehöök's Rapporten, und
setzten unter anhaltendem Nebel und heftigem Winde unsere Segel=
fahrt nach der Heenloopen=Straße fort. Wir passirten den letzten
der großen Gletscher, welche auf der Westseite des Sundes gleich
nördlich von der Lomme=Bai herabstürzen. Südlich von ihm tritt
ein anderer gleich großer Gletscher auf, bis zu seiner unteren Hälfte
gleich und eben, während der andere zerklüftet und zackig ist.
Beide hatten große Massen reinen Eises von sich abgestoßen,
welche uns nun überall im Wege lagen und während der Fahrt
unsere ganze Aufmerksamkeit in Anspruch nahmen, um sie zu ver=
meiden und von uns fern zu halten. Es ging indessen Alles
ganz gut, und wir liefen in eine kleine Bik der Lomme=Bai
ein. Der Schoner hatte sich an der verabredeten Stelle noch nicht
eingefunden, aber schon an demselben Tage Mittags konnte man
von einer nahebelegenen Höhe wahrnehmen, daß ein Schiff am
westlichen Strande der Lomme=Bai, in der Bucht gleich südlich vom
Eiscap, vor Anker lag. Wir ruderten dorthin und begrüßten, zu
unserer großen Freude, unsern Aeolus wieder.

„Chydenius befand sich noch auf seiner Bootexpedition in der
Lomme=Bai und wurde erst am 24. August zurückerwartet. Um
die beiden noch übrigen Tage zu benutzen, machten wir, Torell,
Malmgren, Petersen und ich, einen Ausflug in das Innere der
Bucht. Ein paar Meilen vom Fahrzeuge begegneten wir Chyde=
nius, auf seiner Rückfahrt von der innersten Bik des Fjordes,
welche tief in das Land einschneidet. Anstatt unsere Fahrt weiter
fortzusetzen, richteten wir unsern Cours nach dem südlichen, mit
Treibholz bedeckten Strande des eigentlichen Fjordes und blieben
daselbst die Nacht. Die „Treibholz=Rhede" befand sich in 79°
26' 22" nördl. Br. und 18° 12' östl. L.

„Wir fanden in dieser Bucht ein vortreffliches Jagdgebiet, auf
dem Petersen und der Harpunirer neun Rennthiere erlegten. Diese
Thiere waren nun in so hohem Grade feist, daß sie unser Boot
vollkommen belasteten; sie bewiesen, wie schnell und verhältniß=
mäßig kräftig die Pflanzen= und Thierwelt sich während des arkti=
schen Sommers entwickelt. Damit die Jagd ihren ungestörten
Fortgang habe, lag das Boot während des größten Theiles des

Tages unthätig, und wir hatten daher Gelegenheit, die geologischen Verhältnisse der Umgegend zu erforschen. Auf dem westlichen Strande erhoben sich aufrecht stehende Schichten eines grauen Kalk=gesteins ohne Versteinerungen, während die ganze Ostseite aus derselben Bildung wie Cap Fanshaw besteht, nämlich aus Kalk mit Hyperitgängen. Es war uns interessant, hier im Detail das Verhältniß des eruptiven Hyperits zum Kalkgestein zu erkennen. In einer tiefen Schlucht, welche einen guten Durchschnitt darstellte, zeigte sich deutlich, wie die aus der Entfernung gesehenen horizon=talen Kalkschichten in einem Winkel von mehreren Graden gehoben waren, während der Hyperit sich zwischen die Lagen gedrängt hatte. In der Nähe des Hyperits war der Kalk heller, sehr hart und ohne Versteinerungen, ein Verhältniß, das wahrscheinlich dem Einflusse des geschmolzenen Hyperits zuzuschreiben ist. Man kann indessen als sicher annehmen, daß der Hyperit den schon ge=bildeten Kalkstein durchbrochen habe, und daß er — im geologischen Sinne — jünger als dieser sei.

„Nachdem wir die geschossenen Rennthiere im Boote unter=gebracht, ruderten wir aus dem Fjorde hinaus zum Cap Fan=shaw, nach welcher Richtung schon vorher Torell und Malm=gren sich zu Fuß begeben hatten. Als wir ungefähr ein Drittheil des Weges zwischen der Treibholz=Rhede und Cap Fanshaw ge=rudert waren, erreichten wir sie und legten am Strande an. Es war mittlerweile ein starker Nordsturm entstanden, der uns hinderte, die Fahrt zum Schiffe fortzusetzen. Nicht ohne Mühe zogen wir das Boot auf den ungünstigen Strand, um ruhigeres Wetter zu erwarten, und erst am folgenden Tage, den 24. August, gelangten wir, nach einer in Folge des anhaltenden Sturmes und der starken Dünung sehr ermüdenden Fahrt, zum Aeolus."

Zehntes Kapitel.

Chydenius' zweite Bootfahrt.

Gemäß der Instruction, welche Lilliehöök bekommen, hatte sich Aeolus während der Abwesenheit Torell's und Nordenskiöld's meist nördlich von der Heenloopen=Straße aufgehalten. Die Partie, welche das Depot in der Branntwein=Bucht errichtet hatte, kehrte den 27. Juli nach Low Island zurück und lichtete sofort die Anker. Lilliehöök kreuzte anfangs gegen einen schwachen südlichen Wind, später in der Oeffnung der Heenloopen=Straße gegen Sturm und schwere Seen bis zur Depotinsel, wo erst am 29. Juli um Mitternacht Anker geworfen wurde. Während dieser Fahrt erhielt man eine Reihe von Beobachtungen in Betreff der Temperatur des Wassers, welche nicht ohne Interesse sind und das Auftreten des Golfstromes nördlich von Spitzbergen bestätigen. In der Bucht südlich von Low Island, in der Treurenberg=Bai, und überhaupt in dem ganzen Bassin nördlich von Spitzbergen geht der durch Ebbe und Fluth verursachte Strom in der Haupt= sache von Norden nach Süden und umgekehrt, und so ist auch, wie schon vorher angedeutet, das Verhältniß in der Heenloopen= Straße. Nördlich von der Mündung des Sundes vermischt sich also das Wasser in dem nördlichen Bassin mit dem Wasser des Sundes, und da diese Wassermassen sehr ungleiche Wärmegrade haben, so muß ein merklicher Unterschied in der Temperatur, an der Stelle, wo die Mischung stattfindet, und an anderen nahe be= legenen Punkten, zu erkennen sein. Dieses war gerade der Fall. In 80° 20' nördlich von Low Island betrug die Temperatur des Wassers $+2{,}75°$ bis $+3°$ C. und hielt sich beinahe constant auf dieser Höhe bis zu 80° 8' nördl. Br., indem sie nur um einen Zehntelgrad fiel, wenn man weiter nach Osten kam. Aber von diesem Punkte ab gerechnet begann eine Temperaturerniedrigung sich beinahe überall zu zeigen, wo die Wasservermischung ohne Hinderniß stattfinden konnte, doch so, daß Ebbe und Fluth einige Schwankungen verursachten. Sie fiel während der Ebbe und wenn das Wasser aus dem Sunde kam; sie stieg während der Fluth und wenn der Strom nach Süden hin ging. Außerdem war die Temperatur in der Mitte des Sundes stets niedriger als an seinen Ufern. Am deutlichsten merkte man diesen Unterschied in der Mündung der Treurenberg-Bai, wo die Temperatur +2,6° C. betrug, außerhalb des Sundes aber +1° C., während sie den 30., das heißt den Tag nach unserer Einfahrt in die Mur=chison-Bik, während eines nordwestlichen Windes auf +3° C. stieg. Den 31. wiederum, an der Depotinsel, da das Treibeis während eines Südwestwindes aus Heenloopen Strat kam, sank die Temperatur des Wassers bis auf +1,25° C., offenbar in Folge des Stromes aus dem Sunde, welcher im Süden noch voll von Eis war und in ununterbrochener Verbindung mit dem sibiri=schen Eismeere steht.

Während das Schleppboot in Arbeit war, machte Malmgren eine Excursion zu dem Nordstrande der Bucht, um zu versuchen, ob er von den dort brütenden Eismöwen nicht Eier erhalten könne. Nachdem er die steilen Felswände hinaufgeklettert, kehrte er zurück sowohl mit den Eiern als auch den Jungen dieses schönen Vogels, welcher, von der Größe einer Taube, mit seinem durchweg mehlweißen Gefieder, seinen schwarzen Füßen, dem bläulichen, an der Spitze hellgelben Schnabel und den carmoisinrothen Libränbern einer der schönsten Vögel ist, die man nur sehen kann. Seine Brutplätze sind bis dahin unbekannt gewesen. Der einzige, wo wir ihn in größerer Zahl angesiedelt fanden, war eine senkrechte Felswand am Ende der kleinen Bucht, westlich von der Seehunds=spitze in der Murchison-Bai. Dort entdeckte Malmgren sein kunst=loses, fast rohes Nest, eine flache, 8 bis 9 Zoll breite Vertiefung in der lockern, thongemengten Erde, ausgekleidet mit trockenen Pflanzen, Gräsern und Moosen und ein paar Federn. In jedem Neste befand sich nur ein ziemlich großes Ei, fast von derselben Form und Zeichnung wie das der gewöhnlichen Fischmöwe. In

ben letzten Tagen des Juli und in den ersten des August zeigten
sich die Jungen.

Die Eismöwe ist ein echter hochnordischer Vogel. Seine geographische Verbreitung möchte mit der des Eisbären und Walrosses zusammenfallen; nur ausnahmsweise trifft man ihn in dem
nördlichen Eismeere, entfernt vom Treibeise an. Nordgrönlands,
Spitzbergens, Novaja Semljas Küsten sind die eigentliche Heimath dieser Möwe. Bei Spitzbergen kommt sie häufig vor, obwohl sie, was die Zahl betrifft, weit hinter ihren Geschlechts-
genossen, der Großmöwe — Larus glaucus — und Krychie — Larus
tridactylus — zurückbleibt. Auch tritt sie weit zahlreicher an den
mit Eis bedeckten nördlichen und östlichen Küsten und im Storfjord
auf, als an der Westküste. Auf Bären-Eiland ist sie nicht hei-
misch, aber von Süden kommende Schiffe treffen sie gewöhnlich
bei dieser Insel im Frühling und ersten Sommer, wenn das Meer
noch mit Treibeismassen erfüllt ist. Sobald dieses verschwindet,
ziehen die Eismöwen sich nach dem Norden zurück und man erblickt sie in der zweiten Hälfte des Sommers und im Herbst nicht
mehr so weit südlich, weil das Meer dann dort eisfrei ist. In
Finmarken brütet sie nicht; aber man trifft sie doch dort wie bei
Newfoundland und den Faröern zuweilen im Spätherbste und im
Winter, besonders bei Nordstürmen, und hat sie in strengen Wintern selbst noch bei Gefle und Götheborg geschossen. In ihrer
Lebensweise gleicht sie der Großmöwe und dem „Seepferde" darin,
daß sie Speck und todte Körper verzehrt, ohne gleichwohl — wie
diese — zu den Raubvögeln zu gehören. Auf Speck ist sie besonders versessen. Sie findet sich deshalb auch überall ein, wo
eine Abspeckung von Seehunden oder Walrossen vorgenommen
wird. Dann erblickt man sie aber nicht, wie ihre Kameraden, die
Großmöwe und das Seepferd, auf dem Wasser, — denn schon der
alte Martens bemerkt, daß man sie selten oder niemals schwimmend
finde — sie hält sich vielmehr entweder mit ihren Schwingen
in der Schwebe, oder sitzt auf der Kante eines nahen Treibeisstückes
und läßt ihr melancholisches, monotones, pfeifendes Tschii, Tschii
hören. Sie ist nicht scheu, läßt sich mit ausgeworfenen Speck-
stückchen leicht herbeilocken, so nahe als man nur will, wobei sie
den Speck sehr geschickt von der Oberfläche des Wassers zu ergreifen versteht, und ist so einfältig, daß die Eskimos sie auf folgende Art leicht zu fangen vermögen. Sie legen sich auf den

Rücken, liegen ganz still und strecken nur die Zunge aus. Wenn sie dieselbe hin und her bewegen, kommt das Thier so nahe, daß sie es mit einem Kajakruder todtschlagen können.

Eismöwe, Larus eburneus.

Chydenius unternahm in derselben Zeit eine Bootfahrt zum Innern der Murchison=Bucht. Hierüber berichtet er Folgendes:

„Nordenskiöld und Malmgren waren am 7. und 8. längs dem Nordstrande gewandert, jedoch erst weit im Osten auf einen Sund gestoßen, und ich hatte schon früher den Nordstrand besucht. Ich steuerte daher zuerst nach Süden zu dem südlich von der Depotinsel belegenen Holme und ruderte — immer den Nord= strand in Sicht behaltend — nach Osten. So gelangte ich zu einem Berge, welchen ich für einen zur Grabmessung sehr geeigne= ten Punkt ansah. Dann passirte ich die weiter nach Osten lie= genden Inseln und kam zu der Landzunge, auf welcher Norden= skiöld seine Ortsbestimmungen gemacht hatte. Erst hier traf ich auf die ersten Spuren von Eis, und auch dieses nur an der West= seite des Sundes, welcher sich nach Nordwesten zu erstrecken scheint. Ich stieg nun an Land, um direct zu dem Berge zu gehen, welcher sich im Osten erhob. Als ich aber auf den höchsten Theil der Landzunge, ungefähr 120 Fuß über dem Meeresspiegel, gelangt war, fand ich, daß die innere, vollkommen eisfreie Bik mich noch

von dem Berge schied und daß nach Süden hin kein Sund vor=
handen sei, während dieses in der Richtung nach Nordosten noch
ungewiß blieb. Die vorherrschende Gebirgsart war Kalk, doch
fand ich in 80 Fuß Höhe auch einige Stellen Thon mit fossilen
Muscheln. Am Strande lag Bimsstein. Wir steuerten mit dem
Boote nach dem Innern der Bik. Auf dem festen Eise lagerten
eine Menge Walrosse, allerdings nicht zu vergleichen mit der großen
Zahl, welche wir zu Gesicht bekamen, nachdem wir die Walroß=
spitze passirt hatten. Es waren meist Mütter mit ihren Jungen.
Sie spielten in dem warmen Sonnenschein und betrachteten neu=
gierig unser Boot. Der Vorstrand, zu welchem wir nunmehr
kamen, war ganz schmal und niedrig, darüber erhoben sich die
starrenden, fast senkrechten Felswände des über 1,500 Fuß hohen
Berges. Es war nun ungefähr drei Uhr Nachmittags, und ich
ging, während die Leute das Mittagessen bereiteten, längs dem
Strande nach Süden spazieren. Die Vegetation ist hier nicht so
dürftig, und besonders die Zahl der vorkommenden Arten nicht
so gering, als man auf Spitzbergen zu sehen gewohnt ist. Auch
an Treibholz war kein Mangel. Ich sammelte von beiden, was
mir von Interesse schien. Zugleich erkannte ich, daß das nach
Nordosten einschneidende Gewässer eine an seinem Ende vollkommen
abgeschlossene Bucht bilde. Ich kehrte zum Boote zurück, ließ
einen Mann als Wache daselbst und begann mit Nielsson den Berg
zu besteigen.

„Ich folgte erst einer Schlucht, welche von Osten nach Westen
ging, und gelangte auf eine Terrasse des Berges, ungefähr 1,100
Fuß über dem Meere. Hier lag auf den Abhängen noch etwas
Schnee, zwar weich und im Schmelzen begriffen, aber den scharfen
und spitzen Steinfragmenten bei Weitem vorzuziehen. Schließlich
erreichte ich den Gipfel, ein vollkommen schneefreies, mit unglaub=
lich großen Steinen bedecktes Plateau, von Norden nach Süden
ungefähr 500 Fuß lang und etwa halb so breit. Es war ohne
alle Vegetation, aber die Aussicht bei dem klaren Wetter im höch=
sten Grade großartig. Nach Westen das offene eisfreie Meer mit
der Murchison=Bucht, übersäet mit Inseln und Holmen, im Süden
begrenzt von senkrechten in den prachtvollsten Farben, roth und
grün, strahlenden Felswänden; im Norden die eisbedeckte Bucht,
östlich von Low Island, mit den Bergen, welche die Branntwein=
Bai einschließen. Im Osten breitete sich ein anderes Gemälde

aus. Zunächst ein eiserfülltes Thal, in welchem weiterhin ein
Gewässer schimmerte; dahinter erhob sich eine senkrechte Eiswand
von 1,500 bis 1,600 Fuß, die eine Seite des schnee- und eisbedeckten Hochlandes bildend, welches später bis zu 2,000 Fuß
aufsteigt. Im Süden zog sich diese Eiswand und das Hochland
etwas nach Westen hin, so daß Heenloopen Strat wie ein schmales blaues Band zwischen den eisbedeckten Ufern erschien, während
einige schneefreie Berge mit ihrer schwarzen Farbe einen sonderbaren Contrast zu dem unübersehbaren Schneefelde bildeten. Hätte
das Auge nicht auf der weiten Meeresfläche ausruhen, nicht der
nördlichen Küstenstrecke, an Verlegen-Hoek vorbei, folgen und ein
wenig bei der schönen Bik, dicht unter dem Berge, verweilen
können, so würde das Bild dieses Nordostlandes und der Heenloopen-Straße bei aller Größe leicht von einem quälenden Ein-
drucke geworden sein, so öde, so wüst lag diese unermeßliche
Landschaft rings um uns gebreitet.

„Ich zeichnete sie in der Vogelperspective, nahm einige Winkel
und errichtete eine Steinpyramide wie auf Cap Hansteen. Am
Fuße des Berges, auf der Nordseite, befand sich ein schneefreies
Thal, welches in der Entfernung grünlich erschien. Als wir zu
dem Thalboden, der ungefähr 200 Fuß über dem Meere lag, gelangten, fand ich gar keine Phanerogamen, sondern nur eine kleine,
wenig entwickelte Flechte, welche ein mühseliges Leben auf den
grasgrünen Steinen des Thales führte. Während unseres Weges
dorthin fand ich an mehreren Stellen eine Art rothen, gährenden
Thons, welcher in Folge des Druckes des Schmelzwassers aus
dem Boden herausquoll.

„Von diesem Thale ging ich über ein angrenzendes Schneefeld
nach einem Hügel im Nordosten, von welchem sich erkennen lassen
mußte, ob es weiter einen Weg zu dem steilen Eiswalle im Osten
gebe. Es war nun ein Uhr Nachts und es hatte etwas gefroren,
trotzdem sank ich zuweilen tief in den wassergetränkten Schnee, in
welchem hier und da ein kleines Rinnsal in einem Bette von
reinem Eise sich befand und zu der nach Nordwesten sich ausbrei-
tenden Schneefläche niederrann. Während dieser Wanderung nahmen wir eine seltsame Hägring wahr. Von dem bloßen Felsboden
des Hügels, nach welchem wir gingen, und selbst von einem Theile
des Schnees stiegen in Folge des Einflusses der Sonne Dampf-
wolken auf und bildeten eine zitternde und schwankende Hülle,

wie man sie oft über einer Wasserfläche wahrnimmt. In dieser wärmeren und mit Wasserdünsten gefüllten Luftschicht brachen sich die Lichtstrahlen, so daß eine ganze Reihe von Hügeln — welche unser Ziel noch verdeckte — darüber erschienen, obwohl ich vorher noch nicht das Mindeste von ihnen gesehen hatte; und dieses Schauspiel wiederholte sich und dauerte zuweilen mehrere Secunden.

„Wir erreichten hierauf den Hügel und kamen auf ein anderes Schneefeld, von dem eine Reihe niedriger Berghöhen sich von Nordwesten nach Südosten erstreckte. Längs dieser war die Möglichkeit, die Eiswand im Osten und das von der Spitze des Berges gesehene Gewässer zu erreichen, größer. Aber dieser Weg war noch schwieriger als der bisherige. Der Schnee wurde immer weicher; tiefe Bäche durchschnitten ihn; schließlich mußten wir durch einen wassergetränkten und lockern Schneebrei von einem bis zwei Fuß Tiefe, darunter festes Eis lag, waten. Trotzdem kamen wir glücklich zu einer schneefreien Landfläche, welche ungefähr 150 Fuß über dem Meere lag, und folgten ihr eine Weile, bis ich das Brausen eines Wasserfalles vernahm. Aus der Wasseransammlung eines Schneefeldes, welches sich nach Osten hin bis zur Eiswand hinzog, strömte ein Bach und fiel zu einer 50 Fuß tieferen Schneeterrasse im Süden herab. Das Schneefeld dehnte sich etwa eine Zehntelmeile aus; gleich dahinter kam die Eiswand. Da ich indessen erkannte, daß dieser im Winkel von mindestens 75 Graden sich erhebende Absturz zu besteigen nicht möglich sei, unternahm ich eine Wanderung längs dem Rücken oder der Reihe von Hügeln, auf welchen wir bis dahin vorgedrungen waren, doch etwas mehr nach Norden hin, um mich davon zu überzeugen, ob das vor uns liegende Schneethal bei Lady Franklin's Bucht endige, und zugleich festzustellen, ob es nicht möglich wäre, weiter nach Norden hin auf die Eiswand, aus der zwei dunkle Berge hervorragten, zu gelangen. Je mehr ich nach Norden kam, desto höher wurde der Rücken; der nächste Hügel überragte den, auf welchem ich stand, um 5 bis 10 Fuß, und ebenso war es nach Nordosten hin, wo die Aussicht von einem andern Rücken verdeckt wurde. Endlich gelangten wir zu der Schneeebene und bekamen die Bucht zu Gesicht, welche noch ebenso als vor zwei Wochen, da ich nach Low Island fuhr, ganz mit Eis bedeckt war. Das Thal schloß mit einem Gletscher, welcher dem Fuße der Eiswand folgte und anfangs nur langsam zur Bucht hinabstieg, später aber im gewaltigen Absturz die Bucht erreichte und deren Eisdecke vor sich her schob. Von dem einen der auf der Karte eingezeichneten Berge, welche aus der Eisfläche herausragten, zog sich ein schneefreier Felsgrat herab; und da derselbe nicht eben besonders steil war, so wäre es möglich gewesen, auf diesem Wege den Gipfel zu erreichen. Aber wir hatten noch eine gute halbe Meile dorthin, es war über sieben Uhr Morgens, und wir befanden uns mindestens 1½ Meilen von dem Boote entfernt. Ich beschloß daher umzukehren und ein andermal, wenn wir zur Branntwein- oder Lady-Franklin-Bucht kämen, eine Excursion dorthin zu machen. In dieser Bucht zeigten sich jetzt noch mehr Holme als das erste Mal, wo sie wahrscheinlich mit Schnee bedeckt waren. Ich konnte auch die Spitze überschauen, wo ich am 14. Juli gewesen, und die ganze Küstenstrecke bis Shoal Point, so daß ich eine gute Uebersicht dieser durch ihre Untiefen, Holme und Eismassen unzugänglichen und ungastlichen Bik erhielt. Sie stand mit der von der Heenloopen-Straße einschneidenden Wahlenberg-Bucht keineswegs durch einen Sund in Verbindung, wie ältere Karten vermuthen lassen. Sowohl die Höhe der Schneeflächen, als auch der Wasserfall und der Gletscher machten dieses evident, obgleich es frei steht, anzunehmen, daß vor langer Zeit sich hier wirklich ein Sund befunden habe, welcher seitdem mit dem Lande aufgestiegen und mit Eis erfüllt ist. Was den stahlgrauen Eisabfall anlangt, so läßt unsere Kenntniß von der Plasticität des Eises vermuthen, daß er nicht ganz und blos aus Eis bestehe. Die zwei hervortretenden Bergspitzen sprechen vielmehr dafür, daß eine darunter befindliche Bergmasse ihm seine Form gegeben habe.

„Den Rückweg nach unserm Boote nahm ich in südsüdwestlicher Richtung so direct als möglich über die Schneefläche, welche sich bis zur nordöstlichen Einbuchtung der Murchison-Bik hinzog. Reißende Bäche und Eisbette von mehr als Klaftertiefe, und zuweilen eben so breit, machten den Weg äußerst beschwerlich. Zuletzt mußte ich sogar umkehren, da es sich zeigte, daß das Gebirge beinahe senkrecht wieder zur Bucht stürzte und auf einen schmalen Eisfuß unten nicht mehr zu rechnen war. Wir klommen deshalb den Berg von Neuem hinan, um auf der andern Seite sofort hinabzusteigen, und kamen beim Boote kurz vor Mittag an, wo der heiße Kaffee, welcher uns erwartete, nach der langen, ermüdenden Wanderung vortrefflich mundete. Wir steuerten hierauf längs dem Strande zu dem südöstlichen Einschnitt der Murchison-Bucht. Als die Fluth kam, fiel uns das Rudern gegen den Strom und das Treibeis so schwer, daß wir nur mit großer Anstrengung die äußere Bil erreichten. Zugleich erhob sich ein so starker Sturm aus Südwesten, daß wir selbst mit Ballast in dem engen Fahrwasser und zwischen den vielen Holmen nicht zu segeln vermochten, indem die Windstöße bald von der einen, bald von der andern Seite kamen. Wir mußten deshalb wieder zu den Rudern greifen, bis wir weiter im Westen in freieres Fahrwasser gelangten. Der Sturm blies aus der Heenloopen-Straße gar gewaltig und warf uns nach Norden, obwohl wir uns so viel als möglich gegen den Wind zu halten versuchten. Da wir uns zuletzt auch an dem Holme mit dem Russenhause nicht halten konnten, ließen wir das Segel fallen und ruderten gegen den Wind dem Aeolus zu. Aber nun erhob sich, um das Maß voll zu machen, ein solcher Nebel, daß Schiff und Inseln unserm Auge entschwanden. Trotzdem hielten wir die Richtung recht gut ein, denn wir befanden uns plötzlich bei dem Fahrzeuge und kamen so um halb fünf Uhr Nachmittags am 31. Juli wieder an Bord."

Nachdem die Bootexcursionen und das Jagdboot mit sechs erlegten Walrossen in der Frühe des 1. August zurückgekehrt, Wasser eingenommen und ein Rapport für Torell deponirt worden, verließ der Aeolus die Depotinsel und steuerte vor einem labbern nordwestlichen Winde südlich nach der Heenloopen-Straße. Das Wetter war anfangs außerordentlich schön; wir segelten längs der Ostküste des eigentlichen Spitzbergen, welche Foster — während Parry auf seiner Schlittenexcursion begriffen war — bis zu den nach ihm benannten Inseln untersucht und gezeichnet hat, erfreut, daß wir so leicht unserm Ziele näher kamen. Wind und Wellen nahmen allerdings bald zu; als wir Nachmittags zur Mündung der Lomme-Bucht gelangten und Mattilas' Slup zu Gesicht bekamen, konnte das Boot, welches die ihm früher in Verwahrung gegebene Jagdbeute abholen sollte, nur mit großer Mühe an seinem Schiffe anlegen.

Der Sturm, welcher nun hereinbrach, nahm mehr und mehr zu und raste mit größerer und geringerer Kraft noch bis zur Nacht des 7. August. Bald wehte er aus Norden, bald aus Nordwesten, immer jedoch von einem undurchbringlichen Nebel, von Regen, Schnee und Hagel begleitet. Das Fahrwasser war unsicher und besonders nach Süden hin ganz unbekannt, so daß uns nichts übrig blieb, als direct auf das Treibeis zu halten, welches von dem starken Strome nach Süden geführt wurde. In Lillie=hööl's Augen kam während der ganzen Zeit kein Schlaf. Die Mannschaft hielt sich sehr brav, war aber auch nach jeder Wache vollkommen ermüdet. Nur Uusimaa befand sich anhaltend auf Deck. Er war der Einzige, welcher das Fahrwasser ein wenig kannte und wußte, wie weit man sich dem Lande mit kurzen Schlägen nähern dürfe, obwohl auch er das Loth nicht aus der Hand ließ. Essen konnte während dieser Zeit wegen des schweren Rollens nicht gekocht werden, auch gelang es uns nicht, die Sachen in der Cajüte zu befestigen. So war denn die Aufregung bei Allen sehr groß, zumal wir von Mattilas hörten, daß Vercola's Jacht, welche mit genauer Noth dem Eise am 2. Juli bei Verlegen=Hoek entronnen war, hier am 28. Juli bei dem schönsten Wetter, eingepreßt zwi=schen zwei Eisberge, verloren gegangen und so schnell gesunken sei, daß die Mannschaft sich kaum aus ihrem Schlafraume, von ihren Kleidern aber nicht das Mindeste habe retten können. Glück=licher Weise war damals der Aeolus nicht das einzige Schiff im Sunde; denn Jaen Mayen und ein anderes Schiff von Hammer=fest kreuzten uns so nahe, daß wir — wenn nicht der Nebel sich hindernd dazwischen legte — uns dauernd in Sicht behielten.

Am Abend des 1. August segelten wir mitten zwischen die Fosterinseln, in der Hoffnung, in ihrem Schutze Anker werfen zu können. Wir fanden aber keinen geeigneten Ankergrund, versuch=ten vergebens bei einer andern Insel gegen den starken Strom zu kreuzen und mußten wiederum beilegen. Gegen den Morgen hin lichtete sich der Nebel und der Wind ließ nach; aber die hohen Wogen und die Gegenströmung, welche eine Masse Treibeis nach Süden hin führte, hinderten uns, uns durch Kreuzen zu halten. Um nicht etwa zu den Waigatsinseln mit ihren vielen Holmen und Schären und durchaus unbekanntem Fahrwasser getrieben zu wer=den, fuhren wir um zwei Uhr Morgens mit vollen Segeln an den Fosterinseln vorüber und setzten das Kreuzen nordwärts bei dich=tem Nebel fort. Bald nach Mitternacht brach der Sturm wiederum mit voller Wuth herein; die Wellen spülten über Deck und waren nahe daran, das große englische Boot fortzureißen. Wir ver=mochten es zwar zu sichern, nicht aber — wegen der starken Seen — auf Deck zu nehmen. Noch bis zum Abend kreuzten wir zwi=

schen Cap Fanshaw und dem Nordostlande. Da erblickten wir
auf unserer Leeseite den Jaen Mayen, welcher in der Richtung
nach der Wahlenberg=Bucht hielt. Lilliehöök beschloß ihm zu folgen
und setzte einige Segel bei, um ihn in dem Nebelwetter nicht aus
dem Gesichte zu verlieren. Die See war hier mehr gebrochen,
aber wie bei den Fosterinseln nicht unter zwanzig Faden tief.
Weiter in der Bucht fanden wir endlich, gleich westlich von dem
ersten Gletscher, einen guten Ankergrund bei vier Faden Tiefe.
Hier war es beinahe ganz still, obwohl der Sturm noch immer
längs dem Sunde raste. Die Temperatur sank, schwankte zwischen
dem Gefrierpunkte und $+1{,}8^0$ C., hielt sich aber meist unter 1^0 C.
Selbst die Wärme des Wassers, welche in der Mündung des
Sundes $+1{,}25^0$ C. betragen hatte, fiel bis auf $+0{,}125^0$ und
$+0{,}75^0$ C.

Bevor wir am 3. August Nachmittags in die Wahlenberg=
Bucht einfuhren, sahen wir in der Nähe der Fosterinseln, zum
ersten Male während unserer Reise, einige Heerden der den Eski=
mos so unentbehrlichen grönländischen Seehunde, Phoca groenlandica. Sie hielten sich in dicht geschlossenen Schaaren von 30
bis 40 Köpfen, schwammen mit außerordentlicher Schnelligkeit und
hoben, um Luft zu holen, alle zugleich ihre etwas spitzen Köpfe
aus dem Wasser, tauchten dann sofort wieder unter, um nach
einigen Minuten dasselbe flinke Maneuvre auszuführen, immer
aber in beträchtlicher Entfernung von der früheren Stelle. Dieser
Seehund spielt in dem Haushalte der Eskimos fast dieselbe wich=
tige Rolle wie das Rennthier bei den Lappen und ist für die Jagd
im Eismeere und den Handel von großer Bedeutung. Er, und
vor Allem die neugeborenen, mit weißer zarter Wolle bekleideten
Jungen, bilden das Ziel jener großartigen Jagdunternehmungen,
welche nun schon seit mehreren Decennien während der Monate
Februar, März und April von Schotten, Engländern, Norwegern
und Deutschen in den Gewässern von Jaen Mayen betrieben wer=
den und fortdauernd einer großen Anzahl von Schiffen Beschäf=
tigung geben. —

In der Wahlenberg=Bucht blieb Aeolus mehrere Tage vor
Anker, theils wegen des anhaltenden Sturmes, theils um Wasser
einzunehmen und die erbeuteten Thiere abzuspecken.

Neben dem Ankerplatze erhob sich ein etwa 600 Fuß hoher,
aus Geröll gebildeter Berg, in welchem sich große Hyperitblöcke

befanden; auf jeder Seite desselben floß ein Gletscher zum Meere
hernieder, und über ihnen ragte ein 1,400 bis 1,500 Fuß hohes
Schneegebirge auf. Von dem Schneewasser getränkt, nach Süden
hin steil abstürzend und aus fruchtbarerer Erde, als sonst auf
Spitzbergen, bestehend, bot dieser Hügel eine reiche, bis zu seiner
Spitze kaum abnehmende Vegetation dar. Während Malmgren
botanisirte, bestieg Chydenius das Schneegebirge, um — wenn
möglich — einen Ueberblick über die Einsenkung zu erlangen,
welche sich nach Süden am Fuße der großen Eiswand des Nord=
ostlandes erstreckt, und deren nördlichen Theil er schon vor acht
Tagen besucht hatte. Bei der herrschenden Kälte und dem starken
Nebel konnte indessen nur so viel ermittelt werden, daß die Thal=
senkung bei der Wahlenberg=Bucht endige und durch einen von
dem Schneegebirge ausgehenden Gletscher ausgefüllt werde. Als
wir bei der Rückkehr auf einem andern Wege als dem gekommenen
— was man bei solchen Partien in der Regel vermeiden muß —
niederstiegen, trafen wir nahe dem Bergfuße auf ein Schneefeld,
über welches wir, wie gewöhnlich, ganz unbekümmert niederstiegen,
als plötzlich der Schnee unter Malmgren's Füßen wich und er
in eine Gletscherspalte sank. Glücklicher Weise hatte er Geistes=
gegenwart genug, die Arme auszubreiten und so sich in der Schwebe
zu halten, bis unsere vereinten Kräfte ihn aus dieser gefährlichen
Situation befreiten. Bei näherer Untersuchung fand sich, daß die
Spalte ungefähr siebenzig Fuß tief und beinahe vier Fuß breit war.

Schwere Windstöße stürzten oft von dem Schneegebirge
herab auf den vor Anker liegenden Aeolus; die Heenloopen=
Straße war dauernd in Nebel gehüllt, und das Brausen und
Rauschen der Wogen verkündete deutlich, daß der Sturm noch
immer mit gleicher Heftigkeit dort hause. Am 7. August, als der
Wind etwas nachgelassen hatte, gingen wir wieder unter Segel,
steuerten hinaus in den Sund und warfen Abends, südlich neben
der kleinsten der Fosterinseln, Anker. Wir machten einige Excur=
sionen auf die Holme, legten einige Rapporte in einem Steinvarde
nieder und hatten auf dem Schleppboote gute Ausbeute. Da in=
dessen die südlichere Inselgruppe von größerem Interesse sein sollte,
segelten wir am 8. um zwei Uhr des Morgens weiter und warfen,
von einer starken Strömung begünstigt, schon um neun Uhr Vor=
mittags bei der nördlichsten der Waigatzinseln Anker.

Am Nachmittage ging Chydenius mit dem großen englischen

Boote und drei Mann, nebst Proviant auf drei bis vier Wochen, auf eine westliche und südliche Excursion aus.

Vom 8. bis zum 20. August blieb Aeolus bei den Walgats-Inseln liegen. Die zoologischen Arbeiten hatten unter Malmgren's unermüdlicher Leitung fast ununterbrochenen Fortgang. Seine schöne Sammlung von Seethieren war von um so größerem Interesse, als der Unterschied zwischen der Meeresfauna des östlichen und westlichen Spitzbergen — so auffallend, daß sie die Aufmerksamkeit des Naturforschers sofort fesselt — sich hier ganz besonders bemerkbar machte. Der Grund hierfür ist sowohl in der Richtung der Meeresströmungen, als in der verschiedenen Beschaffenheit des Meerwassers zu finden. Hier trifft man auf Thiere, welche ausschließlich der grönländischen Fauna angehören und selten, oder niemals, auf der Westküste vorkommen. Die Thierwelt war hier so reich vertreten, daß selbst der alte Anders Jakobsson, welcher in dieser Beziehung nicht leicht zufrieden zu stellen, erklärte: „Der Boden sei gut." Auch einige botanische Excursionen wurden nach den nahen Holmen gemacht. Da sie aber ausschließlich aus Hyperit bestanden, so war die Ausbeute nur gering.

Die Temperatur blieb eine sehr niedrige; zuweilen fiel sie unter den Gefrierpunkt; niemals stieg sie über $+3^{\circ}$ C. Die des Wassers schwankte zwischen $+1{,}_2^{\circ}$ und $0{,}_1^{\circ}$ C., je nachdem die Strömung von Norden oder Süden kam. Das Wetter war unbeständig. Oft zog der Nebel vom Lande heran, ungefähr in der Richtung des Storfjordes, und mit ihm eine Masse Treibeis — zum großen Theile Gletschereis — obwohl der ganze südliche Theil des Sundes bereits eisfrei war. Es herrschte nunmehr die wärmste Zeit des ganzen Jahres. Die Gletscher hatten eine bei Weitem stärkere Bewegung als sonst. Wo sie im Meere endigten, „kalbten" sie fortwährend — wie es in Grönland heißt, — das heißt die Eismassen stürzten in das Wasser hinab. Diesen Eisblöcken zu begegnen, ist für ein Schiff nicht ohne Gefahr. Sie sind nämlich so durchsichtig, daß sie nur mit Mühe von dem Wasser unterschieden werden können, und so hart wie Marmor. Aber obwohl auf Spitzbergen viele Gletscher mit hohen senkrechten Wänden in's Meer stürzen, sind sie doch nicht mächtig genug, um solche Berge von sich abzustoßen, wie man bei Grönland und in der Baffins-Bai antrifft. — —

Den 13. kehrte Chydenius von seiner Recognoscirungsfahrt
zurück, über welche er Folgendes berichtete:

„Ich steuerte zuerst direct nach Westen zu Lovén's Berg, um
südlich von demselben an der Moräne eines gewaltigen Gletschers
zu landen, welcher mit einem über hundert Fuß hohen senkrechten
Absturze nach dem Meere zu endigte. Da sich die Wellen zu heftig
am Strande brachen, so suchten wir einen andern Landungsplatz
in einer kleinen Bucht auf, zwischen dem Gletscher und der Seiten-
moräne. Hier war das Boot weniger dem Wogenschwalle ausgesetzt, auch konnte es ganz und gar auf das Land gezogen werden.
Gegen Abend bestieg ich von Norden her den Berg, mußte aber
zuweilen die vollkommen senkrechte Felswand hinaufklettern, besonders dann, als ich ungefähr 300 Fuß hoch gekommen war, wo
der von der früheren Bootexcursion bekannte Kalk endigte und die
darüber befindliche Hyperitschicht ihren Anfang nahm. Als ich ungefähr zwei Drittheile des Weges zurückgelegt hatte, begann ein
starker Nebel sich über den Berg zu breiten, so daß ich erst nach
dreien Stunden mühevollen Kletterns das Plateau auf der nördlichen
Seite des Berges erreichte. Hier wartete ich sieben Stunden lang
vergebens auf das Fallen des Nebels. Er blieb so dicht, daß ich
kaum ein paar Dutzend Fuß vor mir sehen konnte. Ich sammelte
mittlerweile Pflanzen, die hier sehr üppig wuchsen, meist Moose
und Flechten, selbst noch in der Nähe des ewigen Schnees, welcher
von dem höher liegenden Schneeberge an einer Stelle bis zu der
senkrechten Felswand hinabreichte. Endlich müde, länger zu warten,
kehrte ich zum Boote zurück, um nach einigen Stunden Ruhe und
da auch der Nebel gegen die Nacht hin sich etwas zu verziehen
schien, den Berg von Neuem zu besteigen; diesesmal freilich in
der halben Zeit, da ich fast jeden Schritt bereits kannte. Aber
auch jetzt war mir das Glück nicht gewogen. Denn wenn auch
zuweilen die nächste Umgebung aus dem Nebel heraustrat, der aus
Südwesten kommend die Thäler auf beiden Seiten des Berges erfüllte und sie mit einem undurchbringlichen Schleier bedeckte, so
blieben doch alle übrigen Berge und Partien, auf welche es mir
ankam, unsichtbar. Ich vermochte deshalb auch nicht einen einzigen
Winkel zu bestimmen, obwohl ich wiederum acht bis zehn Stunden
auf dieser Höhe zubrachte. Nur einmal gelang es mir die Wai-
gats-Inselgruppe und die Strat bis zur Südspitze des Nordostlandes zu überschauen, und weiterhin das Meer, welches jetzt,

ebenso wie der südliche Theil des Sundes, vollkommen eisfrei schien. Der Gletscher weiter nach oben, zu welchem ich einen kurzen Ausflug machte, war in allen Richtungen geborsten und zerspalten, die einzelnen Spalten aber nicht von erheblicher Größe. Beim Herabsteigen machte ich den Versuch, längs der Kante des Gletschers zu gehen, welcher fast in einem Halbkreise sich um die Ost- und Nordseite des Berges zwängt. Er war an einzelnen Stellen schmal und zerklüftet, an anderen breiter und spaltenfrei. Obwohl die Neigung des Weges nicht gerade groß war, so konnte man sich doch eines gewissen unbehaglichen Gefühls nicht erwehren; denn wenn man einmal ausglitt und den Gletscher hinabfuhr, ließ sich nicht im Voraus bestimmen, wo die Reise endigen werde. Da ich also auch das zweite Mal unverrichteter Dinge zurückkehrte, beschloß ich bis auf Weiteres diese Stelle zu verlassen und zu Boote nach dem mit dem Storfjord in Verbindung stehenden sagenhaften Sunde zu suchen, welchen ich wegen des Nebels von dem Berge aus nicht hatte wahrnehmen können.

„Der Bericht über das Vorhandensein eines solchen Sundes, welcher Heenloopen Strat mit dem sogenannten Storfjord verbinden soll, hat große Wahrscheinlichkeit für sich und ist auch nach England gedrungen, so daß er sich auf der im Jahre 1861 herausgegebenen Karte von Spitzbergen mit dem Bemerken eingezeichnet findet: „Zwei schwedische Schiffe sollen ihn 1859 passirt haben.'' Der wahre Sachverhalt ist der, daß im Jahre 1860 zwei norwegische Schiffe durch einen, nördlich von Walter Thymen's Fjord, vom Storfjord ausgehenden Sund in die Heenloopen-Straße gekommen waren. Zwei von den Personen, welche diese Fahrt mitgemacht hatten, befanden sich damals gerade auf Spitzbergen: der Schiffer Nielsson, der Capitän eines jener Schiffe, und sein Steuermann Mack, der jetzt auch Steuermann auf der Magdalena war. Nach ihren übereinstimmenden Berichten ging der Sund von Westsüdwest nach Ostnordost und seine östliche Mündung befand sich gleich südlich von der „Bären''- oder „Lomme-Bai'' benannten Bucht. Von hier aus, so erzählten sie, habe man die Südspitze des Nordostlandes gerade im Osten und könne die Berge an der Treurenberg-Bai erblicken. Der Sund sei übrigens von ganz geringer Breite und Länge.

„Eben dieser Sund war es, den ich aufzufinden wünschte; eine Bucht in Südwesten, ein Ende südlich vom Lovénberg, aber

die Stelle, wo ich ihn zu suchen hatte; denn Nordenskiöld, wel=
cher von der Wahlenberg=Insel aus diese damals gerade mit Eis
bedeckte Bucht gesehen, hatte die Vermuthung ausgesprochen, daß
hier der Sund zu finden sei; ich aber mußte die schweren Nebel=
wolken, welche anhaltend aus der Tiefe dieser Bucht kamen, als
eine Bekräftigung jener Vermuthung ansehen. Zuerst begab ich mich
gleichwohl ein Ende nördlich vom Lovénberg, denn auch über der dort
endigenden Thalvertiefung zogen unausgesetzt die Nebel hin, und
nach der Beschreibung hatte man den Sund überall in dieser
Gegend zu suchen. Er konnte möglicher Weise gleich südlich von
dem Gletscher seinen Anfang nehmen, und damals, als die erste
Bootpartie hier passirte, von diesem oder dem längs der Küste sich
hinziehenden Eisbande verdeckt worden sein. Nach einer Fahrt
von einigen Stunden, erschwert durch die nach Süden gehende
Strömung, hatte ich die Ueberzeugung gewonnen, daß zwischen
dem Berge und dem Gletscher kein Sund, sondern nur eine un=
bedeutende Bucht vorhanden sei. Ich steuerte deshalb wiederum
nach Süden und kam bald weit genug, um die ganze Tiefe der ge=
nannten Vik zu überschauen, erblickte aber nichts als einen großen
Gletscher, welcher eine nach Westsüdwest sich hinziehende Thalver=
tiefung einnahm und mit dem Binneneise im · Zusammenhange
stand. Es schien mir nicht geeignet, auf's Gerathewohl nach der
weit östlich vortretenden Spitze des eigentlichen Spitzbergen zu
steuern, und von dort nach Süden, um den Sund aufzuspüren,
da ich mich mit den zur projectirten Gradmessung erforderlichen
Triangulirungs= und Recognoscirungsarbeiten noch im Rückstande
befand; ich beschloß dafür einen Ausflug nach dem Innern des
Hochlandes zu unternehmen, um von dort möglicher Weise den
Sund und auch den Storfjord wahrzunehmen, und eine Ueber=
sicht zu bekommen, wie das Gradnetz bei der Heenloopen=Straße
einzurichten sei. Mitten in der Nacht vom 10. zum 11. August
ruhte ich bei einer Seiten= oder, besser gesagt, Mittelmoräne,
welche sich südlich von dem dicht an die Vik tretenden Gletscher
befindet. Der südliche Theil der Heenloopen=Straße war nun von
Nebel frei, so daß ich Winkel nehmen konnte, auch die Berge er=
blickte, welche für die Triangelpunkte brauchbar erschienen. Die
Südspitze des Nordostlandes hatte ich bereits im Norden; bei der
Weiterführung der Triangulation war es mir also nicht mehr von
fernerem Nutzen. So sprach Alles für eine kurze Recognoscirung

in das Innere des Landes. Ich begab mich deshalb gegen den Mittag
des 11. Auguſt, von Nielsſon begleitet, zu dem höheren Theile der
Moräne, welche an die in der Wahlenberg=Bucht erinnerte, und
weiter hinauf auf das darüber befindliche Schneegebirge. Ich
hoffte von hier eine Ueberſicht der Thalſenkung zu erhalten, welche
ein paar Hundert Fuß tiefer ſich nach Weſten hinzog und eine
Fortſetzung des von dem Gletſcher in der Tiefe der Bit ausge=
füllten Thales bildete. Die Ausſicht von dieſem ungefähr 1,500
Fuß hohen Schneeberge wurde nach Weſten hin von einem einige
Hundert Fuß höheren, den ich während der Beſteigung nicht hatte
wahrnehmen können, verdeckt. Die Thalſenkung zog ſich noch bis
jenſeits dieſes höheren Berges fort und ich folgte eine Weile ihrem
Rande.   Je weiter ich kam, deſto tiefer wurde der auf der
Eisunterlage befindliche Schnee. Ich beſtieg auch den zweiten
Berg.   Hier zeigten ſich nach Weſten und Südoſten immer höhere
Schneeberge, welche ſich allmählich von dem zwiſchen mir und
ihnen befindlichen Thale erhoben. Ich ſtieg zu dem letzteren wieder
hinab und änderte die Richtung meines Weges nach Weſtnordweſt.
Das Thal beſtand — wenn ich mich ſo ausdrücken darf — aus
einem Eismoraſt. Ein zwei bis drei Fuß tiefer lockerer Brei
von kleinen Eiskörnern bedeckte das feſte Eis, darüber aber lag
friſchgefallener Schnee, vom Sturme in einzelne Haufen zuſammen=
geweht, die einzigen Stellen, wo wir feſten Boden unter unſeren
Füßen hatten; denn Eiskörner und Schnee waren hier zu einer Maſſe
zuſammengefroren. Ueberall ſonſt ſanken wir bei jedem Schritte
zwei Fuß tief ein; doch belebte mich die Hoffnung, bald offenes
Waſſer zu erblicken. Denn ſchon ſtiegen leichte Nebelwolken im
Weſten auf, und ein paar Raubmöwen — außer uns die einzigen
lebenden Weſen in dieſer wüſten Landſchaft — zogen über die
Schneeberge nach Weſten. Auch ſtießen wir ein paarmal auf
Fuchsſpuren. Als ich endlich auf das wahrſcheinlich über 2,000
Fuß hohe Gebirge gelangte, erblickte ich auch jetzt wiederum im
Weſten und Südweſten eine ganze Reihe kahler Berggipfel, welche
aus dem Schneefelde herausragten, und ein von Nordoſten nach
Südweſten gehendes Thal. Ich begab mich über das allmählich
aufſteigende Binneneis zu einem zunächſt im Weſten belegenen
Berge von geringerer Entfernung und kam ſchließlich zu einer
Stelle, wo der Abfall jäher und die Eismaſſe gletſcherartig zer=
ſprungen war. Von dieſem Punkte konnte ich ein wenig offenes

Waſſer, in welchem ein paar Eisſtücke nach Norden hin ſchwammen,
entdecken. Die Thalſenkung ſchien ſich, ſo weit ich ſehen konnte,
nach Südweſt fortzuſetzen. Die Berge nach dieſer Seite hin ſind
hoch und kahl; nach Süden nehmen ſie eine mehr ſpitze Form
an, welche an die auf der Weſtküſte vorherrſchende erinnerte, doch
ſtanden die Berge hier weder ſo dicht neben einander, noch waren
ſie ſo ſpitz als dort.

„Der 12. Auguſt verging ſchnell. Am 24. ſollten wir uns
bereits ſämmtlich auf dem Aeolus einfinden, um, wenn es wünſchens=
werth erſchien, die Heenloopen=Straße zu verlaſſen. Ich hatte
mich übrigens nur für einen Eilmarſch eingerichtet und weder
doppelte Kleidung noch Proviant mitgenommen. Wieder begannen
die Nebel aufzuſteigen, und die Kälte wurde auf den Höhen und
während der Nacht ſo ſcharf, daß man in dauernder Bewegung
bleiben mußte, um nicht zu erſtarren. Dieſe Umſtände beſtimmten
mich, von dem Verſuche, zu dem Strande des in der Ferne er=
blickten Gewäſſers niederzuſteigen, Abſtand zu nehmen. Denn
wenn wir in dem Nebel irre gingen, ſo konnten uns die Kräfte
verlaſſen, und an ein längeres Ausruhen war hier nicht zu denken.
Das Gewäſſer zog ſich von Nordoſten nach Südweſten hin, ſeine
Mündung in die Heenloopen=Straße mußte ſich alſo etwas nörd=
lich von der Stelle befinden, wo ich den Sund zuerſt geſucht hatte.
Wenn ich mit dem Boote dorthin fuhr, konnte ich weit mehr aus=
richten, als zu Fuß. Das hieſige Terrain erſchien übrigens für
die Weiterführung des Triangelnetzes geeigneter, als der ſüdliche
Theil der Strat, und das neue Gewäſſer führte unzweifelhaft weit
ſchneller zu dem Storfjord als irgend eine andere Straße. Ich
mußte alſo unter allen Umſtänden eine Bootfahrt dorthin unter=
nehmen. Unverzüglich begaben wir uns auf den Rückweg und
erreichten auf einem etwas kürzeren Wege unſer Boot um Mitter=
nacht. Wir waren, in gerader Richtung nach Weſten gerechnet,
ungefähr zwei Meilen weit in das Innere des Landes vorgedrungen.
Unſere Wanderung in dieſer nebligen Jahreszeit mußte den beiden
bei dem Boote zurückgebliebenen Männern etwas abenteuerlich er=
ſcheinen, ſie hatten daher auch unſerer Rückkehr mit großer Unruhe
entgegen geſehen. Eine während unſerer Abweſenheit geſchoſſene
Gans gewährte uns eine vortreffliche Abendmahlzeit. Wir zogen
das Boot ſo hoch als möglich auf das Land, um nicht, wie früher,

von den Wogen beunruhigt zu werden, und legten uns unter dem
Bootzelte zur Ruhe.

„Am Mittage des folgenden Tages begannen wir uns zur
Abreise zu rüsten. Ich saß im Boote, damit beschäftigt, die am
Tage vorher gesammelten Pflanzen — darunter die zum ersten
Male hier gefundene Wahlbergella apetala — einzulegen, wäh=
rend Zwei von der Mannschaft ein Ende entfernt waren, um
Schnee zum Kaffeekochen zu holen, und Nielßon Feuer anzumachen
versuchte. Plötzlich kam Letzterer zur Oeffnung des Zeltes und
sagte, es seien Bären in der Nähe. Obwohl nur halb angekleidet,
ergriff ich meine Büchse und sprang hinaus. Anfangs vermochte
ich nichts Ungewöhnliches wahrzunehmen, aber Nielßon versicherte,
sie seien dicht bei uns. Als ich nun an die Bootspitze ging, wo ich
um das Zelt sehen konnte, erblickte ich auf der andern Seite des
Bootes, unmittelbar neben dem Rande desselben, eine Bärin mit
ihren beiden Jungen, von denen das eine zwei, das andere ein
Jahr alt sein mochte. Die Bärin stand aufrecht auf den Hinter=
beinen und mir so nahe, daß ich sie mit dem Ende des Büchsen=
laufes hätte berühren können. Den Blick fest auf das Thier ge=
heftet, trat ich einen Schritt zurück, um zu schießen, als mir plötz=
lich einfiel, daß ich seit meiner Rückkehr von der Wanderung weder
neu geladen, noch neue Zündhütchen aufgesetzt habe. Ich wollte
mich deshalb zur Oeffnung des Zeltes zurückziehen, um im Falle
eines Fehlschusses eine Art zu ergreifen, die sich im Boote auf
einer bestimmten Stelle befand. Ich brauchte blos zwei Schritte
zu thun, um die Zeltöffnung zu erreichen, aber eine jede hastige
Bewegung konnte auch den Muth des Thieres vermehren und mich
am Schießen hindern. So stand ich denn still, abwartend, was sie
thun würden, bereit, zum Angriffe überzugehen, sobald sie die ge=
ringste Neigung dazu verriethen. Die Bärin ließ sich auf ihre
Füße nieder und entfernte sich mit ihren Jungen ein Ende vom
Boote, wie wenn es ihr nicht paßte, dasselbe anzugreifen, oder
auch weil ihr der Muth dazu mangelte. Ich folgte ihren Be=
wegungen. Sie befanden sich nun auf derselben Seite des Bootes
wie ich, etwa fünf Ellen weit von mir entfernt, und ich verlor sie
nicht aus dem Gesicht, wenn ich in's Boot stieg. So trat ich
denn einen Schritt zurück, stand still, und sah sie wie vorhin fest
an. Da sie sich nicht in einer geraden Linie, sondern in einem
Bogen vorwärts bewegten, so trat ich noch einen Schritt zurück

und stand nun — wie ich wünschte — mit dem ganzen Körper in
der Zeltöffnung.

„„„Die Büchse wird mir versagen, denn ich habe die Zünd=
hütchen nicht gewechselt, und brauche darum die Axt" — sagte ich
zu dem hinter mir stehenden, durchaus unbewaffneten Manne,
denn eine ungeladene Vogelflinte, auf welche er ein Zündhütchen
gesetzt hatte, war wohl kaum der Rede werth. In diesem Augen=
blicke machte das Thier Halt; alle wandten sich nach mir. Der
Mann aber rief: „Schießen Sie!" und drückte — ich weiß nicht
warum — den Hahn ab. Die Bärin stutzte, stand unbeweglich,
brummte ein wenig und hob ihren Kopf nach mir. Ich zielte
nach dem letzteren, und als ich mich vollkommen sicher glaubte, —
ich hatte auf meiner letzten Tour das Visirkorn verloren und zielte
längs dem Lauf — drückte ich in dem Augenblicke ab, als sie sich
auf den Hinterfüßen langsam aufrichtete. Der Schuß fiel, sie
stürzte nieder, in der Richtung nach mir, streckte ihre Füße von
sich — ein Seufzer — und war todt. Die Jungen berochen sie,
stießen wilde, eigenthümliche Schreie aus und begannen sich lang=
sam davon zu machen. Als ich mich überzeugt hatte, daß die Mutter
todt sei, versetzte ich dem älteren Jungen einen Schuß in das
Hinterbein. Während ich von Neuem lud, zogen sie ihres Weges
längs dem Strande und wandten sich oft um, als wollten sie ihre
Mutter rufen. Dann aber wurden sie von den zum Boote zurück=
kehrenden Männern verscheucht und stürzten sich in's Wasser. Ich
maß die Entfernung zwischen dem Kopfe der Bärin und dem
Rande des Bootes; sie betrug $3\frac{1}{2}$ Ellen. Mittlerweile hatte
Nielsson das Zelt abgenommen und das Boot in's Wasser
geschoben, um die Jungen zu verfolgen. Nicht weit vom Strande
kletterten sie auf einen ziemlich steilen Eisberg; denn das kalte
Bad schien auch dem älteren Jungen den Gebrauch seines Hinter=
beines wiedergegeben zu haben. Als wir uns ihnen näherten,
warfen sie sich von Neuem in's Wasser und schwammen nach
dem Strande. Das jüngere, welches langsamer vorwärts kam,
schoß ich durch den Kopf. Es wurde an's Land gezogen. Ich da=
gegen verfolgte das andere, das die Moräne hinanstieg. Es
sprang noch recht gut, so daß ich es nicht einholte; dann warf es
sich wieder in's Wasser, erreichte ein Eisstück, ein zweites, und
wandte sich, von dem Boote bedrängt, dem Lande und der Stelle
zu, wo seine Mutter lag, offenbar unwillig, daß es sich von ihr

trennen sollte. So erreichten wir es bald und jagten ihm eine
Kugel durch den Kopf.

„Wir nahmen das durch diese Episode unterbrochene Kochen
des Kaffees wieder auf und stellten fest, daß die Art sich nicht an
ihrer bestimmten Stelle im Boote, sondern ein paar Ellen hinter
dem Platze, wo die Bärin fiel, befunden hatte. Nachdem wir die
erlegten Thiere eingeladen und zu Mittag gegessen, begaben wir
uns etwa um sechs Uhr Nachmittags (den 12. August) auf den Weg
nach Osten, weil ich zuvörderst die südlichste der 23 Waigatsinseln besuchen und dort einige Winkel für die Karte nehmen, sodann mich aber zum Schiffe zurückbegeben wollte, um das Boot
von der schweren, unerwarteten Ladung zu erleichtern.

„Schon bei einem Holme in der Mitte unseres Weges konnte
ich erkennen, daß wir Nebel bekommen würden, was auch bald
eintrat. Ich versuchte von der Südspitze des niedrigen Terrains,
welches den Kern der Insel umgab — ein etwa zweihundert Fuß
über dem Meere aufsteigendes Plateau — mehrere Winkel zu erhalten; doch mit geringem Erfolg. Auch war es unmöglich, zu
dem Innern der Insel zu gelangen, denn die Hyperitwand erwies
sich als durchaus unersteiglich. Mit dem Nebel vereinigte sich
schließlich ein heftiger Regen. Bei der Rückfahrt konnten wir
zwischen den Inseln uns zuweilen der Segel bedienen, und gelangten so am 13. August Morgens wieder an Bord.

„Derselbe heftige Nebel hielt noch bis zum 14. Nachmittags an,
da der südöstliche Wind ein wenig zunahm und das Wetter aufklärte. Sobald dieses geschehen, begab sich Malmgren mit dem
norwegischen Boote und dreien Mann zu Lovén's Berg; Chydenius
dagegen nahm, mit derselben Besatzung und demselben Boote,
seine durch die Bärenjagd und den Nebel unterbrochene Fahrt
wieder auf. Beide Boote begaben sich zu dem früheren Landungsplatze. Wir schlugen den jetzt wohlbekannten Weg zu der Spitze
des Berges ein, zwischen gewaltigen Kalkfelsen, welche vollkommen
isolirt und nur einige Klafter im Umfange halten, sich bis über
hundert Fuß erheben und in ihrer äußeren Erscheinung Ruinen
von Menschenwerk gleichen, während ihr Inneres voll ist von den
versteinerten Ueberresten einer untergegangenen Thierwelt. Das
Wetter war klar und herrlich. Ueber uns lag der Gletscher und
der von den dunkeln Hyperitinseln übersäte südliche Theil des

Sundes, begrenzt von großen, zwischen Bergspitzen herabsteigenden Gletschern.

„Endlich erreichten wir das Plateau. Malmgren sammelte einige Pflanzen, welche hier und da auf der obersten bräunlichen Kalkschicht wuchsen, während auf den steilen Hyperitklippen Flechten in großer Zahl vorkamen. Ich maß einige Winkel, theils von dem Plateau, theils von dem ungefähr 400 Fuß höheren Eisberge im Westen aus. Als wir uns am 15. August Nachmittags zum Niedersteigen anschickten, bemerkten wir, daß große Massen von Eis aus Süd= osten in den Sund kamen. Wir schossen unter den ruinenartigen Kalkfelsen einen Teist in seiner Wintertracht. Einen solchen hatte Chydenius bereits bei seinem früheren Besuche des Berges gesehen. Diese Vögel, welche in den steilen Klüften der Felswände brüten, hatten schon flügge Junge und machten von den höchsten Spitzen aus, wo sie sich für gewöhnlich, und namentlich bei Nebelwetter, aufhielten, ihre Ausflüge, bald um die steilen Felswände herum, bald hernieder zur See. Im Herabsteigen fanden wir auch einen kleinen Dorsch, gadus polaris, welcher wahrscheinlich von den Teisten, oder einem andern Vogel, zu dem neben dem Gletscher befindlichen, weniger steilen Stein= und Bergrücken heraufgetragen war.

„Wir aßen noch mit einander und schieden dann. Malmgren wandte sich zum Aeolus zurück, „dreggte" unterwegs und kam um halb sechs Uhr Vormittags an Bord. Das Schiff mußte wegen der Windstille den ganzen Tag über ruhig liegen bleiben. Am folgenden Tage lichtete es die Anker, ging vor einem schwachen Südost zu einer andern der nördlichen Waigatsinseln, nachdem man auf der Wahlenberginsel Mittheilungen deponirt hatte, und blieb hier bis zum Morgen des 20. August.

„An diesem Tage sprang der Wind nach Norden herum. Das Barometer war während der vergangenen Tage ununterbrochen gefallen, so daß man einem ähnlichen Unwetter wie am Anfange des Monats entgegensehen konnte. Der ganze südliche Theil der Strat lag voll von Treibeis, das mehr und mehr nach Norden drängte. Aeolus lichtete daher am Nachmittage seine Anker und begann im Nebel und Regen gegen einen heftigen Nordwind zu kreuzen. Zwischen dem Nordostlande und den Fosterinseln lag das Treibeis noch so dicht, daß hier nicht Anker geworfen werden konnte. Man legte bei, schickte ein Boot an's Land, um Rapporte zu deponiren, und setzte dann das Kreuzen fort. In der Nacht

begegneten wir Rosendahl's Schiff und erfuhren von ihm, daß die
nördliche Bootpartie am Tage vorher in der Branntwein=Bucht
gewesen. Das Nebelwetter hielt an; der Regen peitschte unsere
Segel, und erst am folgenden Tage kam uns das spitzbergische
Festland in Sicht. Wir versuchten allmählich in die Lomme=Bai
zu laviren und warfen am Mittag des 21. August auf der West=
seite derselben, neben dem niedrigen Strande, gleich südlich von
einem Gletscher, welcher mit einem Absturz von 51 Fuß Höhe in
die Bik herabfällt, Anker. Hier hatte der Schoner nur erst einige
Stunden gelegen, als Torell und Nordenskiöld mit ihren Ge=
nossen, Alle frisch und wohlbehalten, an Bord anlangten."

Wie wir uns noch erinnern werden, gingen Torell, Nordenskiöld
und Malmgren am 22. mit einem Boote nach dem Innern der
Lomme=Bai und trafen hier mit Chydenius zusammen. Der Letztere
berichtet über seine Fahrt, nachdem er am 15. von Lovén's Berg
abgesegelt war, Folgendes:

„Als Malmgren am Morgen des 15. August mich verlassen
hatte, stellte ich einige magnetische Beobachtungen an und ruderte
gleich nach Mittag während des schönsten Wetters nach Norden.
Nach einer Fahrt von drei Stunden kamen wir zu Duim Point.
Da der Sturm uns entgegen und Einer der Leute etwas unwohl
war, so rasteten wir hier eine Weile. Ich bestimmte einige Winkel
für die Karte und ging ein Stückchen in das Land hinein, längs einem
schneefreien Thal, spazieren. Ein Ende vom Strande, etwa 70 bis
80 Fuß über der See, stieß ich auf einige Thonlager mit
Muscheln. Ein paar Raubmöwen (Lestris parasitica) hatten
hier ihr Nest, und das Weibchen suchte auch jetzt, wie sie es sonst
gewohnt ist, die Aufmerksamkeit von demselben dadurch abzulenken,
daß sie sich mir ganz nahe auf den Boden niederließ und mit
ausgebreiteten Flügeln, aufgekrausten Federn und heftigen Be=
wegungen allmählich nach einer entgegengesetzten Richtung entfernte.
Wenn ich ihr folgte, so flog sie weiter und weiter. Achtete ich
dagegen nicht auf sie, so schwang sie sich auf und flog mit lautem
Geschrei dicht um meinen Kopf herum. In dem Neste fand ich ein
eben ausgekommenes Junge, das zufällig erdrückt sein mochte.
Trotz dem Geschrei der Mutter, nahm ich es mit mir, um mit ihm
unsere Sammlung zu bereichern.

„Von Duim Point fuhren wir weiter nach Norden, an dem
schon von Nordenskiöld beschriebenen Alkenberge vorbei, welcher in

seiner ganzen Höhe von ungefähr 800 Fuß von oben bis unten mit Vögeln besetzt war. In großen Schaaren machten sie von hier aus ihre Ausflüge. Aber da sie nunmehr auch ihre Jungen schon auf das Wasser hinausführten, so war nicht bloß der Berg, sondern auch die ganze Wasserfläche beinahe vollständig mit Vögeln bedeckt. Erst wenn das Boot ihnen bis auf Ruderlänge nahe war, tauchten sie unter. Ihre ungeheure Zahl kann wohl kaum anders als nach Hunderttausenden geschätzt werden; auch wird Niemand sich von diesem Leben und Lärm einen Begriff machen können, wer es nicht mit eigenen Augen gesehen hat. Die Berge fielen hier alle in beinahe senkrechten Felswänden zum Meere ab und trugen mit ihrem gewaltigen Vordergrunde zu der Großartigkeit des wunderbaren Gemäldes bei. Bald nach Mitternacht fanden wir endlich westlich von der äußersten Spitze des Cap Fanshaw eine Stelle, wo eine Landung möglich war. Aeußerst ermüdet von dem langen Rudern mit dem großen Boote und gegen die Strömung, die schließlich so stark wurde, daß wir kaum vorwärts zu kommen vermochten, legten wir uns sofort zur Ruhe.

„Nachdem wir uns ausgeruht und ich einige Nachrichten von uns und dem Schoner in einem Steinvarde deponirt hatte, bestieg ich mit Nielsson den Berg beim Cap Fanshaw und beauftragte die beiden anderen Leute, mittlerweile das Boot ein Ende weiter nach Süden in die Bucht zu rudern, wo ein niedriger Landstreifen einen geeigneteren Landungsplatz darbot. Die Stufen des Berges waren auf seiner Südostseite weniger steil als an vielen anderen Stellen, wo ich sonst gewesen, auch seine Vegetation weit reicher, als ich bis dahin gesehen; denn sie reichte von dem breiten Strande an seinem Fuße ununterbrochen bis zu dem schneefreien, 1,200 bis 1,300 Fuß hohen Gipfel. Besonders fanden sich Gräser und Halbgräser in zahlreichen Repräsentanten vor. Ich hatte noch immer nicht die Mündung des gesuchten Sundes gefunden, und da ich wußte, daß er weiter nach Norden nicht mehr existiren könne, maß ich, so weit es der Nebel zuließ, einige Winkel und beschloß den Versuch zu machen, ob nicht das Grabnetz über diese nach Südwesten hin noch nicht untersuchte Bucht ausgedehnt werden könne. Denn ich hegte noch immer die Vermuthung, daß die Vik nach dieser Richtung hin mit dem Storfjord in Verbindung stehe. Mindestens durfte ich annehmen, daß das Gewässer, welches ich einige Tage vorher bei meinem Ausfluge in das Innere des Landes gesehen

hatte, mit diesem Fjord zusammenhänge, daß es einen Sund bilde
und also die Möglichkeit gewähre, in jener Richtung nach dem
Storfjord vorzudringen. Nach einer Wanderung, langwieriger als
ich erwartet hatte, kehrte ich wieder zum Boote zurück und be=
schloß hier ruhig bis zum folgenden Morgen zu bleiben, um die
gefundenen Pflanzen und Mineralien einzulegen und einzupacken.

„Am Morgen des 17. August ruderten wir nach Süden und
stiegen bei Foot's Insel, einem Kalksteinfelsen, welcher im Jahre 1827
von Foster auf seiner Excursion von der Treurenberg=Bai entdeckt
und von ihm nach einem seiner Begleiter benannt worden war,
an's Land. Ich vermochte hier einige Winkel zu messen und setzte
die Fahrt zu der Spitze auf dem westlichen Strande, da wo die
Bik sich nach Südwesten wendet, fort. An dieser Spitze, wo wir
unser Mittagessen bereiteten, fanden wir ungeheure Massen von
„Treibsachen" vor: Bäume, Floßhölzer, Bimsstein und Birkenrinde,
selbst Trümmer von dem neulich untergegangenen Schiffe, was
mich alles noch mehr in der Hoffnung bestärkte, im Südwesten
einen Sund zu finden. Ich maß einige Winkel, setzte die Fahrt
in die Bik hinein fort und nahm schließlich an ihrem Ende einen
Gletscher wahr. Da wir Gegenströmung hatten, so legte ich Abends,
etwa um 8 Uhr, am Südstrande an und machte mich zu Fuß
zu dem Gletscher auf, um zu sehen, ob nicht vielleicht ein Arm
der Bik neben ihm hinlaufe, so daß man mit dem Boote weiter
kommen konnte. Nach einer halbstündigen Wanderung erkannte
ich, daß dieses nicht der Fall sei; dafür bekam ich hier einen
Gletscher zu sehen, von einer Breite und Höhe, wie ich bis dahin
noch keinen geschaut hatte. In seiner majestätischen Größe erschien
er mir gleichsam als ein Veteran unter den Gletschern. So gab
ich ihm im Stillen diesen Namen und erinnerte mich zugleich, daß
der 17. August jener Tag sei, an welchem Runeberg's „Veteran"
meine Landsleute bei Alavo siegen sah. *)

„Am folgenden Tage herrschte starker Nebel mit Regen, es schien
mir daher nicht zu lohnen, weiter nach Süden über die Bik zu den
hohen Bergen zu fahren, welche einen brauchbaren Triangelpunkt
bildeten, und sodann meine Untersuchung fortzusetzen. Ich ließ das
Boot ruhig liegen, kletterte eine Schlucht hinauf zu der ein paar
Hundert Ellen vom Strande sich hinziehenden Bergkette, sammelte
Steine und Pflanzen und machte einige magnetische Beobachtungen.

---

*) Vergl. Runeberg, Fähnrich Stål's Erzählungen.

Die geologische Bildung schien der bei der Treurenberg=Bucht gleich zu sein, obwohl der Hyperit in den unteren Schichten fehlte. Der Strand war dagegen ganz mit herabgestürzten Hyperitblöcken bedeckt.

„Da der Nebel am folgenden Tage nachzulassen versprach, ging ich weiter zu dem südlichen, oder besser, zu dem südöstlichen Strande, konnte aber den ganzen Tag über wegen des Nebels nichts ausrichten. Er hinderte mich sogar daran, mit einiger Ge= wißheit die Stelle zu entdecken, wohin ich zu kommen wünschte. Eine reiche Ausbeute an Pflanzen bildete so ziemlich den einzigen Gewinn des ganzen Tages. Den 20. August ging es nicht besser; allerdings gelang es mir nach vielen Mühen, wie ich gewünscht, auf den Berg zu kommen und während der flüchtigen Momente, da die Landschaft nicht in Nebel eingehüllt war, einige Beobachtungen zu machen. Auch kam ich zu der Ueberzeugung, daß eine Fort= setzung der Triangulation bis zum Storfjord nicht unmöglich sei; denn von den weiter im Süden befindlichen Bergen mußte man offenbar die Berge am Storfjord wahrnehmen können.

„Am folgenden Tage widmete ich dem Gletscher in der Tiefe der Bucht eine nähere Betrachtung. Aus einiger Entfernung ge= sehen erscheint er als eine schwärzlichgraue Eismasse, welche in einer Breite von einer Viertelmeile das sich nach Südwesten er= streckende Thal einnimmt. Das letztere wird von Bergketten begrenzt, deren Rücken sich ununterbrochen, ohne einzeln aufragende Berg= spitzen, hinziehen. Die Abhänge dieser Berge sind in senkrechter Richtung gleichsam eingekerbt, und zwar dadurch, daß die kleinen Gletscher und die Bergflüsse mit Hülfe des Frostes einen Theil des Abhanges weggerissen oder fortgenagt und eine Kerbe gebildet haben, welche entweder ganz kahl daliegt, oder von einem Gletscher oder einer Schneelawine ausgefüllt ist. Diese Thalsenkung kann man mit dem Auge ungefähr eine Meile weit verfolgen; die Ober= fläche des Gletschers erscheint in dieser ganzen Ausdehnung als eine sich allmählich nach der Bik zu senkende Ebene, welche nur an einer Stelle, nahe dem Ende des Gletschers, abbricht und einen ziemlich steilen Eisfall von 40 bis 60 Fuß Höhe bildet. Die Oberfläche des Eises ist, so weit man sehen kann, beinahe ganz frei von Spalten und hat infolge der Einbettung von Grus und Steinen eine graulichweiße Färbung erhalten, welche zu den braunen und oft beinahe schwarzen Abhängen der einschließenden Berg= abhänge einen starken Contrast bildet. Das letzte, fast schwarze

15*

Ende des Gletschers und sein Absturz ist dunkler als die obere
Hälfte, erreicht den Fjord nicht und wird an seinem Fuße auf
den Seiten und an der Stirn von ungeheuren Grus= und Stein=
wällen verdeckt, Moränenmassen, welche während der Fluth einen
Strandgürtel von 100 Faden, während der Ebbe aber einen von dop=
pelter Breite bilden.   Wenn man sich dem Gletscher nähert, erkennt
man deutlich, daß er früher eine weit größere Ausdehnung gehabt
hat, denn man trifft auf eine Moräne nach der andern, die alle in
der Richtung quer durch das Thal gehen; kommt man aber an
den Fuß des Gletschers, so wird es offenbar, daß die neu sich bil=
dende Moräne mit jenen älteren ganz gleich ist.   Im Gletscher
befinden sich nämlich überall Gerölle und scharfkantige Steine, —
die größten von etwa 8 Kubikfuß — welche zugleich mit dem sie
einschließenden Eise allmählich herabstürzen und nach dem Schmelzen
des Eises große Stein= und Geröllbänke bilden.   Erst wenn man
an den Fuß des Gletscherabsturzes gekommen, erkennt man, wie
gewaltig und großartig er ist, denn von dem blos einige Fuß über
der Wasserfläche liegenden Boden ragt er senkrecht ungefähr 150 Fuß
auf.   An einzelnen Stellen springt aus einem Loche oder einer
Spalte, hoch oben in der Eiswand, ein Wasserstrahl hervor, der
im Herabstürzen sich in lauter einzelne Tropfen auflöst; an der
Kante oben aber hängen überall lose Eisblöcke und Steine und
zeigen, von wo die unten liegenden hergekommen.   Südlich, wo
der Gletscher sich gegen die Bergwände drängt, trifft er auf eine
Felsklippe von 70 bis 90 Fuß Höhe, über welche er zum Theil
hinwegschreitet.   Auch sie ist mit Grus und Steinen bedeckt.   Am Fuße
des Gletschers, und zwar von dieser Klippe und Moräne herab,
stürzt ein Gletscherbach in dreien Fällen, der erste 20 bis 25, der
andere ungefähr 40 und der dritte 20 Fuß hoch.   Diese Kaskaden
mit ihrem krystallhellen Wasser tragen nicht wenig zu dem groß=
artigen Charakter der ganzen Scenerie bei.

„Ich wünschte längs der Thalsenkung und dem Gletscher zu
einem Berge im Südosten zu gelangen, welcher etwa 1½ Meilen
von der am vorigen Tage bestiegenen Bergspitze entfernt sein
mochte.   Der Gletscher berührte nämlich weiterhin den Thalabhang
nicht unmittelbar, sondern fiel nach dem Boden des Thales mit
einer 60 bis 100 Fuß hohen Eiswand ab, und ließ also zwischen
sich und dem Berge eine große Kluft.   In eben dieser wollte ich
den Versuch wagen, zu meinem Ziele vorzudringen; offenbar ein

kürzerer Weg, als wenn ich über die Berge hinwegging. Nachdem ich
fast eine halbe Meile zurückgelegt hatte, nöthigten mich die Hinder=
nisse, denen ich beinahe bei jedem Schritt begegnete, an die Rückkehr
zu denken. Von dem Bergabhange stürzten nach dem Thalboden kleine
Gletscher herab, über welche man eben so schwer, als um sie herum
gelangen konnte, da das Steingerölle hier wie überall in Moränen
aufgehäuft war. Manche von diesen Gletschern erstreckten sich bis
zum Fuße des großen Gletschers; aber in die Nähe dieses letzteren
zu gehen erschien nicht räthlich, da die losen, an seiner oberen Kante
hängenden Eisblöcke jeden Augenblick herabzustürzen drohten, ein
Fall, der nicht blos früher sich oft ereignet hatte, sondern auch während
meiner Wanderung eintraf. Dazu mußten die Abflüsse der Gletscher,
welche bald unter dem Fuße verschwanden, bald wieder zu Tage tra=
ten, jeden Augenblick durchwatet werden. Diese Schwierigkeiten ließen
sich allerdings überwinden, aber sie raubten so viel Zeit, daß ich
fürchten mußte, am folgenden Tage nicht mehr das Boot zu erreichen.

„Der Nebel, welcher fast ununterbrochen den ganzen Tag
über geherrscht hatte, fiel, da ich Abends zum Boote zurückkehrte,
als ein feiner, dichter Regen herab. Mit den erlangten Resultaten
wenig zufrieden, wanderte ich längs dem südöstlichen Strande,
um aus den ungeheuren Massen von Treibholz ein paar Proben
auszusuchen. Ich mußte den Tag so gut wie für verloren er=
achten. Da stieß ich plötzlich auf eine Glaskugel, von derselben Art,
wie man sie in Norwegen beim Aussetzen der Netze braucht, und
ich eignete mir diesen neuen Beweis dafür, daß der Golfstrom bis
zu den Küsten Spitzbergens vordringt, mit großer Freude an. In
demselben Augenblicke zerriß plötzlich der Nebel über den Bergen
im Nordwesten, die Sonne beschien den noch in Nebel getauchten
Strand, auf welchem ich wanderte, und erzeugte ein eben so schönes
als seltenes Licht=Phänomen: einen äußerst hellen und prachtvollen
Regenbogen, welcher mit seinen beiden Enden bis in die unterste Luft=
schicht reichte. Ueber ihm befand sich ein anderer, die Farben jedoch
in umgekehrter Reihenfolge. An dem inneren Rande des unteren
Bogens zeigte sich ein sonderbarer Farbenwechsel, und einige Augen=
blicke später, als dessen unmittelbare Fortsetzung, ein dritter Bo=
gen, wiederum mit umgekehrten Farben. Sein rother Streifen
war nur wenig sichtbar, und die Farben — matter als bei dem
ersten Bogen — wechselten an Intensität, so daß bald der eine, bald
der andere stärker hervortrat. In Folge dessen erschienen sie so, als

ob sie sich mit einander vermischt hätten. Aber die violette und die
grüne Farbe blieben doch die vorherrschenden. Nach oben hin war der
Bogen unterbrochen; die Farben erschienen am lebhaftesten an den
Endpunkten. Nach dem bloßen Augenmaß zu urtheilen, war seine
Breite etwas geringer als die des ersten; aber ich kam nicht dazu,
sie zu messen. Denn kaum war ich zu dem Boote geeilt, um meine
Instrumente zu holen, als alle Bogen verschwanden und die ganze
Landschaft wieder in ihrer Nebelhülle dalag. Dieses schöne Phä-
nomen dürfte bis jetzt noch nicht seine Erklärung gefunden haben.

„Im Laufe dieses Tages waren zwei Rennthiere geschossen
worden, von denen das eine uns eine vortreffliche Mahlzeit
verschaffte. Es war ein „gezeichnetes" Rennthier, das heißt, seine
Ohren waren an der Spitze gleichsam abgeschnitten. Schon früher
hatten wir derartige Thiere gefunden, und den Walroßjägern ist
ihr Vorhandensein auf Spitzbergen wohlbekannt. Unter dem
„gezeichnet" verstehen die Leute keine Handlung des Menschen.
Früher hat man freilich, in der Voraussetzung, daß dieses wirklich
der Fall sei, hierauf die Hypothese gegründet, daß sie von bewohnten
Regionen des Continents nach Spitzbergen gewandert seien. Und
da das Land der Samojeden das nächste ist, in welchem zahme
Rennthiere gehalten werden, — denn Novaja Semlja ist bekanntlich
unbewohnt — so hat man geglaubt annehmen zu müssen, das
Meer zwischen dem östlichen Spitzbergen und dem Lande der Samojeden sei mit unbekannten Inseln erfüllt, welche im Winter durch
das Eis mit einander verbunden werden, so daß die Rennthiere
in dieser Jahreszeit von einem Holme zum andern und schließlich
nach Spitzbergen gelangen könnten. Diese Ansicht war oft zum
Gegenstande unserer Unterhaltungen gewählt worden. Während
Aeolus beim Nordostlande und in der Heenloopen-Straße sich
aufhielt, schossen unsere Jäger mindestens vier oder fünf sogenannte
„gezeichnete" Rennthiere. Auch überlieferten wir drei Felle von
diesen Thieren später dem Reichsmuseum. Bei allen diesen waren
beide Ohrenspitzen in derselben Höhe quer abgeschnitten, aber die
Schnittflächen nicht gleich und eben, auch überdies eben so stark
mit Haaren bewachsen wie das übrige Ohr. Alle Jäger, welche
solche Rennthiere geschossen haben, berichten übereinstimmend, daß
stets beide Ohren in derselben Höhe über der Ohrwurzel gestutzt
sind. Auch bei der späteren Expedition im Jahre 1864 wurden
einige ganz eben so gezeichnete Rennthiere erlegt. Nimmt man

an, daß diese „Marken" von Menschenhand herrühren und mit einem Messer gemacht sind, zu welcher Annahme die unebenen bewachsenen Schnittflächen nicht berechtigen, und daß die Thiere irgend einmal zu einer Nomadenwirthschaft gehört haben, so müssen alle bis jetzt auf Spitzbergen geschossenen „gezeichneten" Renn= thiere von der Heerde eines einzigen Eigenthümers herstammen, denn die Marke ist mindestens während der letzten zwanzig Jahre unverändert dieselbe geblieben. Da nun die Anzahl der „Ge= zeichneten" auf Spitzbergen so groß ist, daß sie sicher ein Zehntheil der jährlich erlegten beträgt, und da man die Zahl der letzteren ohne Uebertreibung auf mindestens tausend annehmen kann, — manches Jahr wohl bis fünfzehnhundert — so werden hier jährlich, schlecht gerechnet, hundert gezeichnete Rennthiere erlegt. Eine solche Heerde aber, welche allein durch Auswanderung jährlich hundert Köpfe verlieren sollte, würde sich schwerlich lange Zeit halten. Außerdem ist zu erwägen, daß wenn die hochnordischen Völker ihre Rennthiere im Ohre zeichnen, sie nur einen Einschnitt oder ein Loch machen, immer aber nur, so weit bekannt, in eines der beiden Ohren; und ganz unwahrscheinlich erscheint es, daß Jemand seine Heerde durch das Abschneiden beider Ohren zeichnen sollte. Die gezeichneten Rennthiere auf Spitzbergen unterscheiden sich übrigens weder durch Größe, noch durch Verästelung der Hörner, noch durch irgend etwas Anderes von den nicht .gezeichneten, das heißt, sie ge= hören alle der spitzbergischen Race an, welche durch ihre weit

Rennthierkopf.

geringere Größe und andere sofort in die Augen fallende Eigen=
thümlichkeiten von den auf dem Continente lebenden abweicht.
Auch findet man in ihrer Haut niemals die Spuren der Oestrus=
Larve, welche in der des europäischen Rennthieres so häufig an=
getroffen wird. Es giebt übrigens noch einen andern naheliegenden
Grund für die abgestutzten Ohren: die in manchen Jahren ein=
tretende scharfe Kälte während der Frühlingsmonate, wenn die
Rennthierkälber noch zart und ihre Ohren für den Frost empfänglich
sind. Es beruht nämlich auf einer in Finnland und Lappland
gemachten Erfahrung und wird von vielen glaubwürdigen Personen
berichtet, daß selbst dort in den höheren Gebirgsgegenden den zarten
Rennthierkälbern in den kalten Frühlingsnächten die Ohren ab=
frieren, so daß sie niemals wieder ihre normale Form erlangen
und bei den erwachsenen Thieren wie abgeschnitten erscheinen. — —

„Ich kehrte noch einmal zum Gletscher zurück, um die Temperatur
der Gletscher= und Gebirgsbäche zu messen. Ein Bach hatte eine
Temperatur von $+0{,}75^{0}$, ein anderer von $+1{,}75^{0}$ C., während
die Wärme der Luft $+2{,}5^{0}$ C. betrug. Derselbe Gletscherbach bei
seinem ersten Fall $+0{,}05^{0}$ C., und dicht unter dem Gletscher,
zwischen herabgefallenen Eisstücken, $+0{,}75^{0}$ C. Bei seiner Mündung
hatte ein Arm $+0{,}1^{0}$ C. und ein anderer $+0{,}25^{0}$ C. Die
Wärme des Wassers dicht neben der Mündung blieb constant auf
$+1{,}6^{0}$ C., und ein Ende weiter $+1{,}75^{0}$ C. Vorher hatte ich die
Wärme des Wassers im Fjorde zwischen $+1{,}57^{0}$ (während der
Ebbe) und $5{,}5^{0}$ C. (während der Fluth) schwankend gefunden.
Die Temperatur der Luft stieg während meines Besuches aber
niemals über $+6{,}5^{0}$ C. Die einströmenden Bäche trugen also
zur Verminderung der Temperatur des Fjordwassers bei, während
die Wärme der Luft und der Fluth, welche aus dem Bassin
nördlich von Spitzbergen kommt, sie erhöhte.

„Nachdem ich von meiner ermüdenden Wanderung am Fuße
des Gletschers ausgeruht, kehrte ich zu unserm Schiffe zurück und
traf hier — wie der Leser sich noch erinnern wird — mit Torell
und Nordenskiöld zusammen. Nach einer kurzen Unterredung
schieden wir von Neuem und ich begab mich zu Foot's Insel, wo
ich noch vor Nacht landete. Auf der Südseite der Insel fand ich
eine Grotte, welche die Wogen in dem Kalkgesteine gebildet hatten,
indem das Wasser durch eine beinahe kreisrunde Oeffnung, von
etwa sechs Fuß Durchmesser, hinein= und herausströmte. In

ihrem Innern befand sich eine topfartige Aushöhlung, also eine
sogenannte Jättegryta, ungefähr sechs Fuß unter der Ober=
fläche des Wassers. Am Vormittage des 23. August verließ ich
diese Insel, hatte gegen den Nordwind schwer zu kämpfen und war
um die Mittagszeit wieder beim Aeolus. Am folgenden Tage traf
auch Torell's Bootpartie ein, so daß wir uns nun wieder Alle
wohlbehalten an Bord befanden.

„Die Lomme=Bai war reich an Leben. Nicht weit von der
Küste weideten Rennthiere, und wir erlegten während unserer
kurzen Anwesenheit daselbst elf. Auch das auf Spitzbergen sonst
seltene hochnordische Schneehuhn zeigte sich hier in einigen Exem=
plaren. Im Wasser tummelten sich Weißfische — Delphinus leucas
— und einer wurde erlegt. Dieser schöne, über 13 Fuß lange Wal
ist ein Bewohner des eigentlichen Polarmeeres. Er hält sich gerne
in der Nähe des Eises auf und kommt bei den grönländischen
Colonien niemals, wie hier, im Sommer vor. Sie leben, wie die
anderen Delphine, in Rudeln und sind so scheu, daß sie nur selten
gefangen werden. Die Norweger bedienen sich hierzu einer Art
Harpune, einer sogenannten „Skottel", welche sich von der zur
Jagd der Walrosse bestimmten unterscheidet. Der Weißfisch hält
sich gerne in der Nähe der Gletscher auf, weil hier das Wasser
von dem feinen „Bergmehl", welches von dem Gletscher bei dessen
Wanderung gemahlen und von den Bächen in die See geführt
wird, trübe und molkig ist. In diesem Wasser kann er aber den
Harpunirer und dessen Boot nicht wahrnehmen und wird daher
leicht erlegt. Aus der Ferne gesehen gleicht der im Wasser be=
findliche Weißfisch einem Seehunde. Das erwachsene Thier ist
milchweiß und überaus schön. Die Jungen haben dagegen eine
mehr dunkle Farbe. Im klaren Wasser vermag man zwar auch
oft ihnen nahe zu kommen, aber sie wissen sich der Gefahr äußerst
schnell durch die Flucht zu entziehen. Die Russen fingen sie wäh=
rend unserer Anwesenheit in großen Netzen, geradeso wie in
Grönland, wo man jährlich mehrere Hunderte fischt. Der Weiß=
wal kommt an den Küsten des Eismeeres vor und geht an der
Ostküste Asiens bis zum 52. Grade nördl. Br.; in Amerika fängt
man ihn noch in der Lorenz=Bucht. Oft unternimmt er die Flüsse
hinauf weite Wanderungen, um Fische zu fangen; im Amurflusse
soll er sogar vierzig Meilen weit hinaufgehen."

Elftes Kapitel.

Die Fahrt des Aeolus bis zur Kobbe-Bai.

Die Jahreszeit war nun so weit vorgeschritten, daß bereits
die sicheren Zeichen für das Nahen des Herbstes erkennbar
wurden. Der Weg nach Süden durch die Heenloopen-Straße war
gesperrt, aber auch den Rückweg drohte der anhaltende Nordwind,
welcher das Eis hereintrieb, uns zu verlegen. Zwar hatten wir
von der Lage des Eises im Westen keine Kunde, aber wir mußten
diesen Weg einschlagen, um mit Magdalena zusammen zu treffen;
auch hielt es Torell an der Zeit, die Nordküste Spitzbergens zu
verlassen. Er hätte freilich noch gerne den Versuch gemacht, von
der Heenloopen-Straße aus die Ostküste des Nordostlandes zu
untersuchen, aber die Zeit erlaubte es nicht mehr, und unsere
Bootexcursionen waren somit zu Ende.

Die Heenloopen-Straße sowie die westliche und nördliche
Küste des Nordostlandes waren untersucht und geographisch bestimmt, ansehnliche Sammlungen von Mineralien und Versteinerungen gemacht. Auf Grund derselben ließ sich eine Geologie
des höchsten Nordens bearbeiten und eine geologische Uebersichts-
karte entwerfen. Vor unseren Bootreisen gab es keinen thatsächlichen Beweis für das Vordringen des Golfstromes bis Spitzbergen, geschweige bis zu dessen nördlichsten Küsten. Lange hatte
die Vorstellung sich behauptet, daß die Schneegrenze im nördlichen
Spitzbergen bis zum Niveau des Meeres herabsteige. Während
unserer vielen Gebirgswanderungen führten unsere Beobachtungen
zu einer Berichtigung dieser Vorstellung, was nicht blos für die
physische Geographie im Allgemeinen, sondern auch für die Er-

Klärung wichtiger geologischer Verhältnisse in Skandinavien von
Bedeutung sein möchte.

Während alle anderen wissenschaftlichen Mitglieder auf ihren
Bootexcursionen abwesend waren, blieb Malmgren ohne Unter=
brechung auf dem Aeolus, überall mit zoologischen und botanischen
Arbeiten beschäftigt. Im Logbuch des Aeolus kann man fast von
jedem Tage lesen, wenn das Schiff vor Anker lag, daß die Schlepp=
boote in Gange waren, das heißt, daß der alte Anders Jakobsson
mit seinem Boote, mit seiner Mannschaft und Bodenkratze draußen
war und aus jeder nur erreichbaren Tiefe die Producte des
Meeres in großer Menge heraufholte. Es war keine kleine Arbeit,
alles dasjenige, was er auf diese Weise zum Schiffe brachte und
was das Land im Uebrigen an Pflanzen und Thieren darbot,
auszusuchen, unterzubringen, zu ordnen und zu verzeichnen. Für
die erlangten reichen Resultate haben wir allein dem unermüdlichen
Fleiße Malmgren's zu danken.

Der Anker wurde am späten Abend des 24. August gelichtet
und wir begannen längs der Heenloopen=Straße nach Norden zu
kreuzen. Dieses dauerte ohne merklichen Erfolg einen ganzen Tag,
bis endlich der Wind nach Westen, dann nach Süden herumging,
so daß wir in der Frühe des 26. August, nachdem wir in der
Mündung der Strat noch auf einige verborgene Klippen — jedoch
ohne Schaden zu nehmen — gestoßen waren, auf dem alten Platze
an der Depotinsel Anker werfen konnten. Nach der Rückkehr des
Jagdbootes, welches an's Land gegangen, weil die Walrosse in
dieser Zeit — bei dem Mangel an Eisschollen zum Ausruhen —
auf das Land zu kriechen pflegen, nachdem ferner Wasser einge=
nommen und Chydenius von einem kurzen Ausfluge auf die Insel
an Bord zurückgekommen war, gingen wir am Nachmittage desselben
Tages wieder unter Segel und wandten nunmehr der Heenloopen=
Straße und dem Nordostlande — dem eigentlichen Felde unserer
bisherigen Thätigkeit — den Rücken. Wir steuerten anfangs,
von einem gleichmäßigen Winde begünstigt, nach Nordwesten. Bald
sprang der Wind jedoch hierhin und dorthin, es folgte Schnee=
wetter, und am Abend trat vollkommene Windstille ein. Wir
lagen nun nordwestlich von Shoal Point und hatten gute Ge=
legenheit, von hier aus das ganze Flachland, welches in diese Spitze
verläuft, mit seiner Schneedecke zu übersehen. In seinem Con=

traste mit dem schwarzen Gewässer erinnerte es an den Winter in
Norwegen.

Am folgenden Tage segelten wir anfangs mit günstigem Winde
nach Norden und kamen nunmehr zu dem nördlichsten Punkte,
welchen das Schiff auf dieser Reise erreichte, nämlich bis zu 80°
30' nördl. Br.   Wir hatten beabsichtigt, in der Branntwein=Bucht
Anker zu werfen, änderten aber später diesen Beschluß, in der Be=
fürchtung, wir könnten, wenn der Wind zu ungünstig werden sollte,
vom Eise eingeschlossen werden.   Wir wandten daher, als der Wind
nach Nordwesten herumging, um neun Uhr Vormittags nach Süden.
Eine Weile wehte der Wind frisch, gegen Abend aber hörte er
wiederum auf.   Während der Windstille ging das Schleppboot aus
und „breggte" in dem tiefen Wasser gerade vor der Mündung
der Treurenberg=Bai.   Den ganzen Tag über herrschte mehr oder
weniger Nebel= und Schneewetter.   Die Temperatur der Luft hielt
sich in der Nähe des Gefrierpunktes und sank sogar bis — 0,7° C.
Während der Nacht kreuzten wir ein wenig nach Norden, nahmen
aber am 28. Vormittags, als der Wind nach Süden und nach
Westen herumging, den Cours nach Westen, schritten nur langsam
vorwärts und ließen mit wehmüthigen Empfindungen alle die
Landschaften, mit welchen wir während elf Wochen bekannt und
vertraut geworden waren, eine nach der andern hinter uns.   Als
wir die niedrige flache Insel Moffen in Sicht bekamen, beschloß
Torell, an ihrer Westseite Anker zu werfen.   Das Schleppboot
wurde in's Wasser gelassen und Malmgren, Nordenskiöld und
Chydenius gingen an's Land, um einige Beobachtungen zu machen
und, was von Interesse, zu sammeln.   Auch das Jagdboot fuhr
in der Hoffnung aus, die Walrosse würden sich jetzt, da das Eis
verschwunden war, auf dem Lande befinden, traf aber keine Spur
von ihnen an.   Das Schleppboot fand, daß der flache und sandige
Boden rings um die Insel überaus arm und dürftig sei.

Lange schon den Holländern bekannt, wird die Insel Moffen
unter dem Namen Muffen=Eiland von Martens erwähnt.   Er er=
zählt, daß die Walroßjäger, wenn ihre Jagd fehlgeschlagen, sich
hierher zu begeben pflegten, um die in großen Schaaren auf das
Land gegangenen Walrosse zu erlegen.   Von den erschlagenen
bilde man dann eine Brustwehr oder Schanze und lasse nur einige
Stellen, gleichsam ein paar Thore, offen, durch welche die Thiere
hinein zu bringen versuchten. Auf diese Art tödte man oft ein paar

Hundert, welche die ganze Reise bezahlt machten, indem die Zähne
— das Einzige, was man damals an dem Thiere schätzte — einen
großen Werth hätten. Der Name Muffen=Eiland für das blos
sechs Fuß über dem Meere aufsteigende Land scheint der Miß=
achtung entsprungen zu sein, welche die Schiffer, im Hinblick auf
die nahen gewaltigen Küsten Spitzbergens, empfanden. Phipps'
Expedition (1773) beschrieb diese Insel als ein fast kreisrundes
Flachland, von etwa zwei englischen Meilen im Durchmesser, mit
einem sehr flachen See oder großen Teiche in der Mitte, der bis
auf 30 oder 40 Ellen Entfernung vom Strande überall gefroren
war. Die Breite des Landes zwischen der See und diesem Teiche
betrug eine halbe Kabellänge bis eine Viertelmeile. Die ganze
Insel war mit Sand oder Gerölle bedeckt, ohne das mindeste
Grün oder irgend welche Vegetation. Sie fanden hier ein Stück
Treibholz, ungefähr drei Klafter lang, noch mit seinen Wurzeln
und von der Dicke des Besanmastes ihres Schiffes. Es war über
den höheren Theil des Landes geworfen und lag auf dem Abhange
nach dem Teiche zu. Sie sahen hier auch drei Bären, eine Menge
Eidergänse und andere Seevögel, Vogelnester über die ganze Insel
zerstreut, und das Grab eines Holländers, welcher hier im Juli
1771 begraben worden war. — Parry hat die Insel auf seiner
Reise blos aus der Entfernung gesehen.

Nordenskiöld stellte die Lage der westlichen Spitze auf 80° 1'
6'' nördl. Br. und 14° 33' 15'' östl. L. fest. Scoresby, dessen
Beschreibung der Insel mit der von Phipps übereinstimmt, giebt
ihre Lage auf 80° 1' nördl. Br. und 12° 43' östl. L. an. Die
magnetische Inclination beträgt 80° 27' 53''. Wir fanden die
Insel ganz so, wie Phipps es berichtet. Die Lagune war voll=
kommen eisfrei und stand auf der Westseite durch einen einige
Klafter breiten Sund mit dem Meere in Verbindung, so daß ihr
Wasser gleichzeitig mit der Ebbe und Fluth sank und stieg. Auch
fanden wir eine ebensolche Glaskugel wie in der Lomme=Bai
unter dem Treibholze. Die Menge des letzteren — auf dem
Strande zwischen Meer und Lagune — war indessen nicht so groß,
als man nach der niedrigen Gestalt der Insel erwartet hätte. Da=
gegen lagen überall kleine Steine, Trümmer des auf dem nahen
Lande anstehenden Gesteins; auch fanden die Botaniker eine ganz
unbedeutende Ausbeute. Auf der einförmigen Fläche vermochten
wir in der Ferne etwas Weißes zu unterscheiden, das einem Kalk=

felsen ähnlich war. Einige von uns eilten dorthin, um zu sehen,
was es sei. Hier ward uns ein so sonderbarer Anblick, daß wir
ihn schwerlich jemals vergessen werden. Die ganze weiße Masse
bestand aus nichts als Walroßskeleten, zu hunderten, oder viel=
mehr tausenden auf einander gehäuft, und man konnte deutlich
erkennen, daß viele von ihnen blos um ihrer Zähne willen ge=
tödtet und im Uebrigen unberührt dem Winde und Wetter zum
Spiel und zur Zerstörung überlassen worden waren. Dieser Knochen=
haufen konnte allerdings eben so gut aus den letzten Decennien
als aus Martens' Zeit herstammen, denn ungefähr so, wie
Martens die Walroßjagd darstellt, wird sie noch heutzutage hier
betrieben. Wenn die Walrosse nach dem Verschwinden des Eises
müde werden und sich nicht mehr in See halten können, gehen sie
zu hunderten und tausenden auf das Land, um sich auszuruhen.
Denn obwohl sie auch im Wasser, mit dem halben Kopfe über der
Oberfläche, zu schlafen vermögen, wie man oft wahrzunehmen Ge=
legenheit hat, so ist es doch wahrscheinlich, daß sie sich auf diese
Art nicht vollkommen ausruhen. Die Walroßjäger passen nun
den rechten Augenblick ab, suchen unbemerkt an Land zu kommen,
tödten mit den Lanzen die zunächst liegenden und bilden dadurch
einen Wall gegen die entfernter befindlichen Thiere. Diese müssen
nun sehen, wie sie über die Leichname ihrer Genossen kommen, werfen
sich voller Verzweiflung hinüber, wälzen sich den Strandabhang
hinab in's Meer und schlagen in der Verwirrung einander todt
oder erdrücken sich. Der erste Angriff verlangt einen hohen Grad
von Muth und Entschlossenheit, besteht aber mehr in einem
Schlachten als einer Schlacht, und von den vielen Hundert der
erlegten Thiere fallen bei Weitem nicht alle von der Hand des
Jägers. Nun füllt man das Schiff mit Häuten und Speck; kann
man nicht Alles mitnehmen, so haut man den zurückbleibenden
wenigstens die Zähne aus; das blutige Schlachtfeld aber mit
seinen gräßlichen Spuren verscheucht auf Jahre die Walroßheerden
von dieser Stelle. So zerstört man oft die besten Jagdplätze.
Diese Art zu jagen, so gewinnbringend sie auch sein mag, sollte
man daher abschaffen, wenn es allerdings denkbar wäre, irgend
eine Ordnung oder Aufsicht in Betreff der spitzbergischen Jagden
einzuführen, hier, wo alles Lebendige einen Geldwerth hat: Eider=
und andere Vögel, Walrosse, Seehunde, Rennthiere und Eisbären;
alles fällt rettungslos der Gewinnsucht zum Opfer, unter dem Vor=

wande: „Thue ich es nicht, so thut es ein Anderer." Die Gefahr
liegt nur zu nahe, daß in einigen Jahrzehnten das Walroß an
allen zugänglichen Küsten Spitzbergens eben so ausgerottet sein
wird, wie es bereits bei Bären=Eiland geschehen ist, oder so selten
wird, wie an der Westküste Spitzbergens; und dasselbe Loos muß
bald allen anderen Thieren zu Theil werden.

Die Mitternachtssonne beleuchtete prachtvoll die leichten Wolken
über den hohen Bergspitzen der Wijde=Bai im Süden. Hier sahen
wir auch zum ersten Male auf Spitzbergen ihre Scheibe unter den
Meereshorizont tauchen.

Seit unserer Ankunft in diesen Regionen bis in die Mitte
des August hinein hatten wir vom östlichen Spitzbergen aus un=
unterbrochen im Norden Eis gesehen. Während unserer letzten
Bootfahrten war das Wetter zwar immer so neblig gewesen,
daß wir von den Bergen, welche wir bestiegen, keine weite Aus=
sicht nach Norden hatten, wir fanden jedoch, daß nach Westen
hin immer eher offenes Wasser war, als im Norden des östlichen
Spitzbergen. Nun hatten wir erwartet, der Nordwind, gegen
welchen wir aus der Heenloopen=Straße kreuzen mußten, werde
das Eis gegen die Nordküste getrieben haben. Dieses war jedoch
nicht der Fall. Denn während unserer ganzen Fahrt aus der
Strat bis Low Island und von dort nach der Moffen=Insel konnten
wir auch nicht den geringsten Schimmer irgend welchen Treibeises
entdecken. Wir nahmen nicht einmal irgend einen „Eisblink"
wahr, jenen hellen Schein, den das mit Schnee bedeckte Eis
an den Himmel wirft und welcher schon in sechs bis acht Meilen
Entfernung das Vorhandensein des Eises verräth. Es war daher
in der That höchst verlockend, von hier direct nach Norden zu
segeln, so weit man eben offenes Wasser vor sich hatte. Es
wurde das Unternehmen auch einer ernsten Berathung unter=
zogen. Torell und die wissenschaftlichen Mitglieder waren alle
dafür. Sehr wahrscheinlich konnte man bis zum 82. Breitengrade,
wenn nicht weiter gelangen. Einmal wäre es von großem Interesse
gewesen, die südliche Grenze des Treibeises im Herbste festzustellen;
dann durfte man auch hoffen, andere werthvolle Beobachtungen
zu erlangen.

Torell äußert hierüber Folgendes:

„Ich bin davon überzeugt, daß das Eis in jener Zeit auf
der Höhe von Cloven Cliff weit ab von uns lag, und hätte uns

die Dampfkraft zur Verfügung geſtanden, ſo würde die ſchwediſche
Flagge wahrſcheinlich in der höchſten Breite, welche bis dahin je ein
Schiff erreicht, geweht haben. In dem arktiſchen Amerika hält
man für die eigentliche offene Jahreszeit die zweite Hälfte des
Auguſt und die erſte des September. Zu dem weſtlichen Spitz=
bergen kann man zwar ohne Ausnahme ſchon im Frühlinge ge=
langen, aber es ſcheint doch, daß zugleich mit der offenen Jahres=
zeit im arktiſchen Amerika auch eine große Veränderung mit dem Eiſe
bei Spitzbergen vor ſich geht. Parry erzählt in ſeiner Polarreiſe,
daß er gerade im September zwiſchen der Treurenberg=Bai und
Cloven Cliff kein Eis geſehen habe, und daß er es nicht für
eben ſchwer erachte, auf der Höhe der Sieben Inſeln bis zum
82. Grade zu ſegeln. Ferner ſagte mir Capitän Haugan von
der Brigg Jaen Mayen, daß das Eis im Auguſt verſchwinde,
man wiſſe nicht wie und wohin. Daß das Küſteneis in äußerſt
kurzer Zeit ſchmelze, konnten wir ſelber wahrnehmen, und wahr=
ſcheinlich trägt die ſtarke Strömung hierzu am meiſten bei. Sie
iſt vermuthlich auch der Hauptgrund für die ſtarke Verminderung
des Meereiſes. Das Waſſer hat nämlich im Spätſommer eine
viel höhere Temperatur. Während unſerer letzten Fahrt war ſie
niemals unter 2° C. gefallen; meiſt hatte ſie höher geſtanden.
Sobald alſo ein offenes Meer und eine wärmere Strömung die
Eisblöcke umſpült, muß ihr Volumen ſchnell verringert werden.
Man darf daher annehmen, daß eine in dieſer Jahreszeit unter=
nommene Expedition nicht blos ganz Spitzbergen umſegeln, ſondern
auch ſehr ſchöne Reſultate und Entdeckungen erzielen werde, voraus=
geſetzt, daß ihr die Dampfkraft zu Gebote ſteht. Da indeſſen alle
bisherigen Expeditionen nicht länger als bis zum Beginn des
Herbſtes ſich hier aufgehalten haben, ſo hat man in dieſer Be=
ziehung noch keine Erfahrung. Die Walfiſchjäger beendigen ihre
Jagd gewöhnlich ſchon in der erſten Hälfte des Sommers, und
es iſt ſehr glaublich, daß der Grönlands=Wal, welcher ſich ſtets
in der Nähe des Treibeiſes aufhält, ſpäter weiter nach dem
Norden zieht." —

Die Seeleute und die Matroſen waren unſerm Plane aber
aus dem Grunde entgegen, weil Aeolus kein guter Segler ſei; er
werde bei einem zu befürchtenden Herbſtſturme möglicher Weiſe
dem Treibeiſe nicht entgehen können, und wohl gar von demſelben
den Winter über eingeſchloſſen werden. In wenigen Tagen würde

auch das Sonnenlicht während der Nächte aufhören und deren
Länge gegen den Herbst hin sehr schnell zunehmen. Dieses alles
mache eine solche Reise aber sehr bedenklich. Die Mannschaft hatte
schon seit längerer Zeit sich nach südlicheren Gegenden gesehnt und
zeigte keine Lust sich auf eine solche Fahrt einzulassen. Auf Grund
dessen beschloß Torell, nicht nach Norden zu steuern, vielmehr statt
dessen nach Westen zu gehen und die Untersuchungen auf der Westküste bis zum Zusammentreffen mit Magdalena fortzusetzen. Wir
lichteten deßhalb am 29. August gleich nach Mitternacht die Anker,
um nach der Smeerenberg-Bai zu gehen. Der Wind wehte nur
schwach aus Südosten; die aus Nordosten kommende starke Dünung
bewies aber, daß das Eis nach dieser Seite weit entfernt lag.
Während des herrlichsten Wetters fuhren wir Abends zwischen den
majestätischen Inseln der Nordwestküste hindurch und gelangten
Nachts zum Einlaufe der Smeerenberg-Bucht. Da der Wind zu
wehen aufhörte, so bugsirten wir das Schiff am folgenden Vormittage in die Smeerenberg-Bai und warfen bei Amsterdam-Eiland
mitten in dem zwischen dieser Insel und dem eigentlichen Spitzbergen befindlichen Sunde Anker.

Während dessen wurde von Torell und Malmgren eine Bootexcursion gemacht. Sie landeten in der Little Red Bay, wo die
Dünung sehr hoch ging, und unternahmen eine längere Wanderung
längs dem Strande. Der Fjord findet sich bereits in der Parry'-
schen Karte eingezeichnet, doch stimmt die Wirklichkeit nicht sehr
mit jener Aufnahme überein. Er hat seinen Namen von einem
ziegelrothen Sandstein erhalten, welcher mit seinen fast horizontalen Schichten einen hohen Berg auf der Ostseite des Fjordes
bildet. Versteinerungen sucht man hier vergebens. Seine Schichten berühren unmittelbar den Gneis, aus welchem der innerste
und westliche Theil des Fjordes besteht. Hier fanden sie eine
lange Düne, die einen ausgezeichneten Hafen bildet und von einem
kleinen Flusse durchbrochen wird. Auf derselben lag eine ungeheure Zahl von Walroßskeleten; alle Zähne waren fort; viele
hatten noch ihre Haut. Einer unserer Harpunirer sagte, die Russen
hätten diese Niederlage unter den auf das Land gekrochenen Thieren
angerichtet. Auf dem Strande befand sich ein großes, von denselben aufgeführtes Blockhaus, in welchem die letzte russische Expedition auf Spitzbergen überwintert hatte. Es war auf schlechtem Grunde erbaut und muß daher auch sehr ungesund gewesen

sein. Mehrere Gräber mit russischen, das heißt griechischen, Kreuzen deuteten genugsam den unglücklichen Ausgang der Expedition an. Ebenderselbe Harpunirer war auch einmal mit einem norwegischen Walroßjäger zu diesem Fjord gekommen und hatte einen großen Theil der zu einer solchen russischen Expedition gehörigen Mannschaft todt und den Ueberrest vom Skorbut ergriffen gefunden. Die Letzteren wurden sämmtlich am Leben erhalten. Die Russen besuchten Spitzbergen ehemals sehr oft; man trifft deshalb auch an vielen Stellen ihre hohen Kreuze und alten Hütten an. Sie kamen vom Weißen Meere, überwinterten und wurden im Frühjahre von einer neuen Partie abgelöst. Doch erzählt man von einem Russen, der ununterbrochen viele Jahre auf Spitzbergen zugebracht und schließlich daselbst auch sein Grab gefunden hat. Sie jagten auf Walrosse, fingen Weißfische in ihren großmaschigen Netzen, schossen Rennthiere und stellten Fallen für die Füchse, deren Sommerfell werthlos, während der Winterpelz sehr schön ist und — besonders bei den blauen — sehr hoch bezahlt wird. In der That fand man auch hier eine Menge verdorbener Fuchsfelle. — Auf dem Strande lag Treibholz in ungeheuren Massen.

In der Red Bai sollte Magdalena, wenn sie dort gewesen, einen Rapport und Proviant niedergelegt haben; ein solcher war jedoch nicht vorhanden. Die Partie ruderte deshalb zu dem Norway Island (Norskö) und traf noch Spuren von dem Observatorium Sabine's an, welcher im Jahre 1823 Spitzbergen besuchte, um die Schwingungen des Pendels zu beobachten und magnetische Untersuchungen anzustellen. Am folgenden Tage erreichte sie wieder den Aeolus in der Smeerenberg=Bai, dem vielleicht besten Hafen Spitzbergens, zugleich historisch berühmt seit der Zeit, da das Land das nordische Batavia genannt wurde. Hier war es, wo die Holländer mehrere Gebäude aufgeführt hatten und wo während des Sommers der Hafen voller Schiffe lag. Man hat berechnet, daß zuweilen 12,000 Walfischfänger diese Stelle besucht haben. Von den großen Thransiedereien sind blos noch geringe Spuren übrig. Wie an so vielen Stellen auf Spitzbergen, erinnern nur noch die Gräber an die zahlreichen Menschen, welche sich einst — wenn auch nur vorübergehend — an diesen Küsten aufgehalten haben.

Im Osten und Süden wird die Smeerenberg=Bucht von dem Festlande begrenzt, das mehrere Gletscher zu dem Meere hinab=

ſchickt, im Weſten von Amſterdam=Eiland und der Däneninſel. Das Wetter war überaus ſchön. Mit Ausnahme des 1. Sep= tembers, welcher Schnee brachte, hielt ſich die Temperatur über dem Gefrierpunkte, der Wind blieb meiſt ſüdlich, immer aber ungewöhn= lich warm und mild. Wir lagen hier einige Tage vor Anker, arbeiteten an Bord, machten Excurſionen und „dreggten''. Oft befanden ſich zu dem letzteren Zwecke zwei Boote draußen, ſowohl Vor= als auch Nachmittags, ſo daß die Fauna der Smeerenberg= Bucht und des Sundes ſo genau als nur möglich unterſucht wer= den konnte. Es wurde ferner Waſſer und Treibholz eingenommen und auf der niedrigen Nordoſtſpitze von Amſterdam=Eiland ein Depot errichtet, beſtehend aus dem größeren engliſchen Boote und fünf Rudern, einem Steuer, Segel, Maſt, Zelt nebſt Stangen, einer Ballaſtſchaufel, einem getheerten Plane, ſechs Ziehgürteln mit Leinen, einem Schlitten und fünfundzwanzig Schachteln Pemmikan. Dieſes Depot konnte einer ſpäteren Expedition zum weſentlichen Vortheil gereichen. Unterblieb ſie, ſo vermochte einer der Walroß= jäger es ohne alle Mühe nach Norwegen abzuholen.

Nach Amſterdam=Eiland wurden viele Excurſionen gemacht. Nordenſkiöld unternahm eine Ruderfahrt zu dieſer Inſel und zur Kobbe=Bai, um — was ſich hier erwarten ließ — Nachrichten von der Magdalena einzuziehen. Aber er fand nichts. Am 31. Auguſt ging Chydenius nach Norway Island, ſuchte den Ort auf, wo Sabine ſeine berühmten Unterſuchungen angeſtellt hatte, und fand, daß die Inclination 80° 34' 7'' betrug, während ſie zu Sabine's Anweſenheit 80° 11' ſtark geweſen. Durch den herein= brechenden Sprühregen in ſeinen weiteren Beobachtungen gehindert, kehrte er in der Nacht zum Schiffe zurück. Schon ſank die Sonne eine Weile unter den Horizont. In dem uns ungewohnten Dämmerlichte der Mitternacht nahmen die paar Eisblöcke, welche von den Gletſchern ſtürzten, und die ſeltenen, gleichſam vergeſſenen Treibeisſtücke, welche wogend hin und zurück ſchwammen, höchſt eigenthümliche Formen und Geſtaltungen an.

Auf einer Bergſpitze der Däneninſel lag noch Schnee; Chy= benius maß den Winkel und fand, daß die Schneekante ſich 900 Fuß über der Meeresfläche erhob.

Am Abend des 3. September lichteten wir die Anker, um nach Süden zum Eisfjord zu gehen und dort mit Magdalena zu= ſammen zu treffen. Den folgenden Tag war es bald ſtill, bald

wehte ein schwacher Wind, und wir wurden von der Strömung
nordwestlich, fast bis auf die Höhe von Cloven Cliff getrieben.
Am 5. blies ein heftiger Südwind, gegen den wir vor der Oeff=
nung der Kobbe=Bai kreuzen mußten. Während dieser Fahrt
durchschnitt das Schiff mehrere Wassergürtel von ungleicher Tem=
peratur. In der Smeerenberg=Bai hielt sie sich ungefähr auf
+3° C. und schwankte blos um einige Zehntelgrade, je nachdem
Ebbe und Fluth eintrat. Als wir aber in die offene See kamen,
passirten wir eine Stunde lang ein Band von $+2{,}7°$, eine andere
einen Gürtel von $+2{,}6°$, dann einen von $+4{,}1°$, $+3{,}1°$ u. s. w.
Man sieht hieraus, wie das wärmere Wasser gleichsam bandartig
in das kältere einschneidet. Wir fuhren sodann ein Ende in die
Bucht und sandten ein Boot aus, um zu erforschen, ob Magdalena
vielleicht in den letzten Tagen dort gewesen sei; da aber auch hier
nichts zu entdecken war, gingen wir wieder in See. Den 6. schwankte
der Wind fortwährend und brachte bald Nebel, bald Schnee. Die
Strömung nach Nordwesten war sehr stark; das Barometer ver=
kündigte Sturm; so ging denn am 7. um Mitternacht Aeolus in
seinem alten Hafen in der Kobbe=Bai vor Anker, um günstigeres
Wetter abzuwarten. Die See war während der ganzen Zeit sehr
bewegt gewesen, namentlich in Folge der starken Dünung, die zu=
weilen gegen den Wind ging.

Am 7., 8. und 9. raste ein furchtbarer Sturm aus Südosten
mit Schnee und Nebel. Er stürzte gewaltig von den Bergen
herab und wühlte die See auf. Der Herbst war nun in der That
gekommen. Die Vogelberge standen verlassen da, ihre zahlreichen
Bewohner hatten sich bereits nach dem Süden begeben. Keine
einzige Alke ließ sich mehr blicken, und die ernste Stille der Nacht
wurde nicht mehr wie sonst von dem lärmenden Geschrei der Vögel
unterbrochen. Der Felsboden, das Land war überall kahl und
bloß, außer auf den höchsten Bergen und in den tiefsten Klüften,
welche noch immer von einem hart gewordenen, stellenweise roth
gefärbten Schnee — bekanntlich das Resultat einer mikroskopischen
Alge — bedeckt wurden. Diese Alge, Protococcus nivalis, ist
es, welche sowohl in den Polarländern als auch auf den höchsten
Spitzen der Alpen den „rothen Schnee" berühmt gemacht hat.
Die Süßwasserseen, welche Ende Mai noch mit klafterdickem Eise
bedeckt gewesen, waren während der letzten drei Monate eisfrei
geworden, aber ihre Temperatur betrug an der Oberfläche doch

nur $+1{,}_2{}^0$ C. und auf dem Grunde $2{,}_2{}^0$ C. Zuweilen wurden sie auf kurze Zeit von einer Lumme oder einer Gans besucht. Das Schleppnetz lieferte hier keine neuen Resultate. Die Ausflüge in das Land hinein und die magnetischen Beobachtungen wurden fortgesetzt. Endlich war unsere Einsamkeit zu Ende, indem am 9. September in der Frühe des Morgens Magdalena mit vollen Segeln in die Bucht steuerte.

Zwölftes Kapitel.

Wijde-Bai.

Wir sind bis dahin dem Aeolus auf seinen Fahrten im Nor=
den und Nordosten von Spitzbergen gefolgt und haben, so weit sich
dieses mit dem Plane und den für diese Arbeit gesteckten Grenzen
vereinigen ließ, versucht, ein Bild von der Thätigkeit der Theil=
nehmer an der Expedition und eine Schilderung der bis dahin so
gut wie unbekannten Gegenden zu entwerfen. Es bleibt uns nun=
mehr übrig, in derselben Weise die Magdalena auf ihrer Segelfahrt
längs der Westküste Spitzbergens zu begleiten. Der Leser wird
sich erinnern, daß wir sie in der Mündung der Wijde=Bai ver=
ließen, wo sie in Gesellschaft von zweien Walroßfängern — darunter
die Brigg Jaen Mayen — durch das Pack= und Treibeis ge=
hindert wurde, Grey=Hook zu passiren und weiter nach Westen
vorzudringen. Ein drittes Jagdschiff, ein Schoner, lag schon seit
fünf Wochen im Eise fest. — Es war am 9. Juli. —

Um nicht die rechte Gelegenheit zu versäumen, im Falle sich
irgend eine benutzbare Rinne öffnen sollte, hielt sich Magdalena den
ganzen Tag über kreuzend vor dem Eise, welches vom Innern
des Fjordes aus, fast ununterbrochen, wenngleich nur in geringer
Breite, sich längs dem Strande hinzog und bis zu den gewaltigen
Massen Packeises im Norden fortsetzte. Es waren die letzten
Trümmer des Wintereises, welches nunmehr aufbrach und die im
Uebrigen, so weit man nach Süden sehen konnte, vollkommen offene
Bucht verließ. Gegen den Abend hin ließ der Wind nach, die
Luft wurde klar. Man machte daher mit zweien Booten einige
Ausflüge in das Land östlich bei der sogenannten Albert Dirkses

Bucht, wo ein noch ziemlich guterhaltenes „Russenhaus" schon aus der Entfernung die Aufmerksamkeit auf sich zog.

Mit einer gewissen, leicht zu erklärenden Neugierde — so schreibt einer der Theilnehmer — nähert man sich in diesen wüsten Gegenden solchen Ueberbleibseln von Menschenwerken; Denkmäler, die von Leiden und Mühen mancherlei Art Kunde geben könnten. Darum bemüht man sich auch, aus diesen Trümmern die Ereignisse zu lesen, von denen sie, wenn auch nur unvollständig und in fragmentarischer Weise, Zeugniß ablegen. Das dortige Russenhaus ist unbedeutend, zehn Ellen lang, vier breit und kaum drei Ellen hoch; eine Hütte mit einem flachen Dache, innen in zwei Räume getheilt. Eine Thüre in der nordwestlichen Ecke des Gebäudes führt zu einer äußeren Abtheilung, darinnen sich blos zerbrochene Tonnen und Bretter befinden; das Dach darüber ist zerfallen. Durch eine drei Fuß hohe Thüre gelangt man von hier in den inneren Raum, der das Wohnzimmer gewesen zu sein scheint. Auf seiner Südseite befindet sich ein kleines Fenster; rings an den Wänden stehen Bänke; ein Kamin ist links von der Thüre angebracht, ihm gegenüber ein Regal. Noch sind einige Hausgeräthe vorhanden: hölzerne Schalen und Büchsen, auch ein Kerbstock, der als Kalender gedient hat; denn jeder Tag ist darauf mit einer Kerbe verzeichnet, die Wochentage mit schrägen, die Sonntage mit geraden. Danach können wir berechnen, daß sie 26, wahrscheinlich recht lange, Wochen hier gehaust haben. Auch gehauenes Holz ist vorhanden, und auf einer Bank findet sich ein russischer Name eingeschnitten, und daneben die Jahreszahl 1839, so daß die Hütte noch in ziemlich neuer Zeit bewohnt gewesen sein mag. Nahe diesem Gebäude, in einer Felsritze, fanden wir eine in 64 Felder getheilte Tafel mit russischen Buchstaben und Zahlen auf jedem, wahrscheinlich ein Damen- oder Schachbrett, das während der langen Ueberwinterung die einzige Zerstreuung abgegeben hat.

Die Stelle liegt dem Ufer eines nicht unerheblichen Flusses nahe, welcher in eine, wahrscheinlich von ihm selber gebildete, Lagune mündet. Dieselbe wird von der See durch einen niedrigen Grusund Steinwall getrennt, steht im Süden aber mit der Bucht in Verbindung. Wir folgen dem Ufer des Flusses, da wo er die mit Steinen bedeckten Schiefer- und Quarzithöhen durchbrochen hat, welche die Aussicht nach dem Innern zu hindern, und haben bald

ben überraſchenden Anblick eines kleinen ſchönen Landſees von
ungefähr einer Achtelmeile Länge, in welchen von der entgegen=
geſetzten Seite ein waſſerreicher Bach fällt. Steigt man weiter
auf eine Höhe, ſo liegt ein anderer See vor uns, rings von ſteilen
Felswänden umgeben, welcher ſich, ſo weit die Felſen es wahrzu=
nehmen geſtatten, nach Oſten und Weſten erſtreckt, ſpäter aber ſich
nach Norden zu beugen ſcheint, wenn nicht etwa da, wo die Fels=
wand eine andere Richtung nimmt, hinter einigen eigenthümlich
geſtalteten Bergſpitzen, ein neuer See an ſeine Stelle tritt. Auf
der andern Seite, hinter einer weiter im Norden belegenen Berg=
höhe, welche nach allen Seiten eine freie Ausſicht über dieſe eigen=
thümliche Landſchaft gewährt, erſcheint parallel mit jener Thalſenkung
eine andere, wiederum mit zweien erheblichen Landſeen, verbunden
durch einen größeren Fluß, welcher nach einem kurzen Laufe ſich
über die ſteilen Strandklippen in das Meer ſtürzt und einen ſchönen,
weithin vernehmbaren Waſſerfall bildet. Zuſammen mit der La=
gune und einigen kleinen Teichen auf der Ebene im Süden, zählten
wir nicht weniger als ſieben beſondere, zur Zeit unſeres Beſuches
vollkommen eisfreie Süßwaſſerſeen: eine überraſchende Erſcheinung
unter dem 80. Breitengrade! Wären die Berge mit Wald bewachſen
geweſen, oder hätten ſie die Spuren einer von Menſchenhand zer=
ſtörten Vegetation getragen, ſo hätten wir wähnen können, uns
in einer der Berglandſchaften unſerer Heimath zu befinden, z. B. in
der Grenzlandſchaft von Weſtergöthland und Bohuslän. Aber die
äußerſt dürftige Vegetation, die hier und da herabſteigenden Gletſcher,
und vor Allem die unüberſehbaren Eismaſſen im Meere erinnerten
uns nur zu ſehr daran, daß wir uns in dem äußerſten Norden
befanden. Der humusarme Geröllboden giebt den vereinzelten
Pflanzen einer kleinen blaſſen Roſe, Taracacum phymatocarpum,
— eine der wenigen auf der Nordküſte Spitzbergens vorkommenden
Synantherien — einigen Draben und Potentilla emarginata nur
eine dürftige Nahrung. Neben den Rinnſalen und wo der Bo=
den von dem beſtändig niederrieſelnden Gebirgswaſſer gewäſſert
wird, wachſen Ranunculus sulphureus und zwiſchen Mooſen:
Ranunculus pygmaeus, Juncus biglumis, Eriophorum capitatum,
Saxifraga rivularis und andere, alle klein und ſelten mehr als
drei Zoll hoch. Ein paar Eidergänſe hatten auf dieſer Ebene vor
Kurzem ihre Eier gelegt, was auffallend genug iſt, da dieſe Vögel
ſonſt nur auf abgelegenen Holmen zu niſten pflegen.

Nachdem wir die in vielen Beziehungen interessanten Um=
gebungen des Russenhauses untersucht hatten, wandten wir uns
nach Süden und bestiegen den nächsten Gletscher. Auf seiner
Nordseite war derselbe ganz ebenso wie der in der Treurenberg=Bai
beschaffen, und bildete, wie jener, eine wellige, ununterbrochene Eis=
masse, bedeckt mit Steinen und Gerölle, daraus später eine ziemlich
weit vorspringende Landzunge entstanden war. Spalten kamen hier
nur wenig vor, um so mehr aber auf dem südlichen, weit bedeu=
tenderen Theile des Gletschers, welcher in einem Absturz von bei=
nahe 200 Fuß unmittelbar in's Meer fällt und aus malerischen
Spitzen, Nadeln und kühn aufeinander gethürmten Eisblöcken be=
steht, so daß der Beschauer sich unwillkürlich in gebührender Ent=
fernung hält. Auf seinem ebenen Theile, den wir so weit bestiegen,
als die bald auftretenden großen Spalten es erlaubten, war das
Eis anfangs, bis auf eine größere Tiefe hin, klar und durchsichtig,
weiterhin bildet es ein Conglomerat kleiner Eisschollen. Zuweilen
vernahm man eigenthümliche Laute, welche an den Ton der
Aeolsharfe erinnerten. Es schien uns nicht zweifelhaft, daß sie
von den überall durch die Eisspalten rinnenden Wasseradern
herrührten.

Die Rückkehr zu unserm Schiffe Nachts war, wie dieser ganze
Ausflug, von dem herrlichsten Wetter begünstigt. Wer kennt nicht
den Reiz einer Ruderfahrt über einen spiegelblanken See in einer
stillen Sommernacht! Aber wer könnte sich eine Vorstellung von
einer Sommernacht machen auf dem friedlichen Wasser der „Weiten
Bai", welche rings von hohen Gebirgen und leuchtend weißen
Eismassen eingeschlossen wird. Die Sonne steht hoch am Himmel,
ihre blendenden Strahlen verbreiten eine angenehme Wärme, und
dennoch giebt Alles zu erkennen, ohne daß man anzugeben vermag
wodurch, daß nicht der Tag, sondern die Nacht um uns waltet.
Still und ruhig ist diese Natur immer; der Lärm und das Geräusch
des Tages machen sich hier selten bemerkbar; aber sei es daß das
Sonnenlicht, trotz alles seines Glanzes, gedämpfter ist, oder daß
es nur eine Folge unserer eigenen Stimmung, wir können jenes
unnennbare Gefühl von Frieden und Ruhe, welches die Stille der
Sommernacht so gerne mit sich führt, nicht für eine bloße Ein=
bildung halten. Ohne jede Unterbrechung ist freilich diese vor=
herrschende Stimmung nicht. Noch lange, wenn wir uns mit
regelmäßigem Ruderschlage entfernen, hören wir das Gebrause

eines schäumenden Flusses, der über die Felsen des Strandes sich
beinahe unmittelbar in das Meer stürzt; oft vernimmt man das
seltsame Schnaufen eines Walfisches, welcher in meilenweiter Entfernung seinen schäumend weißen Wasserstrahl emporbläst — auch
er befindet sich wie wir in dem Kerker des ihn einschließenden
Eises —; und zuweilen vernehmen wir das Echo der stürzenden
Gletscher, wie es donnerähnlich die senkrechten Felswände auf der
andern Seite des Fjordes entlang rollt. — —

Es trat vollkommene Windstille ein; einzelne Eisberge waren
mit dem Strom in die Bik gedrungen, und die Bugsirboote mußten
die Magdalena ein Ende weiter hinter die Sandzunge schleppen,
welche nach Norden hin Albert Dirkses Bucht begrenzt. Dort
wurde am Vormittage Anker geworfen.

Wijde-Bai ist nicht blos einer der schönsten, sondern auch der
größten Fjorde Spitzbergens; er erstreckt sich genau von Norden
nach Süden ungefähr zehn Meilen lang und hat eine Breite von
1½ bis 2 Meilen. Auf dem Oststrande im Norden, da wo der
Fjord eigentlich schon aufhört, beginnt die Mossel-Bai, welche man
als eine selbständige Bucht betrachten kann. Im Uebrigen findet
man bei ihr keine bedeutenderen Buchten oder Einschnitte; die Küsten
laufen fast ohne Unterbrechung einander parallel bis zu der etwa
sechs Meilen von der Oeffnung der Bai entfernten Midterhuk,
deren hoher Gebirgskamm den Fjord in zwei Arme theilt, von
denen man den östlichen als den Hauptarm ansehen kann. Erst
hier treten vereinzelt ein paar Inseln auf, während sie bis dahin
durchaus fehlen. Die Gebirge, welche auf beiden Seiten den Fjord
begrenzen, zeigen stellenweise einen im hohen Grade verschiedenen
Charakter, welcher auf die Ungleichheit der geologischen Verhältnisse
deutet. Die Ostseite, eine Fortsetzung jener Schieferbildungen,
welche wir schon im Vorbeigehen bei der Treurenberg-Bai und
Mossel-Bai kennen gelernt haben, bildet ein einziges gleichmäßiges
mit Schnee und Eis bedecktes Hochland, welches in der Nähe des
Meeres durchschnittlich gegen tausend Fuß aufsteigt. Die steil abstürzenden Schichten sind von breiten Thalgängen durchschnitten,
durch welche das Binneneis in mächtigen Gletschern, breiten Eisströmen, in das Meer mündet. Hier hat entweder von jeher eine
Bergspalte existirt, oder das Eis hat sich mit Gewalt einen Weg
durch die Felsen gebrochen, geradeso wie die Eismasse in ihrer
nivellirenden Thätigkeit die Quarzit- und Hornblende-Schiefer-

Schichten abgeschliffen und ein einziges Plateau ohne irgend welche daraus aufsteigende Bergspitzen gebildet hat. Schon weit auf der See nimmt man „die drei Eisberge" wahr, deren weiße Eismassen einen starken Contrast zu den umgebenden dunkeln Felswänden bilden. Die Westseite der Bucht dagegen, bestehend aus der in Grey=Hook endigenden beträchtlichen Landzunge, welche Wijde=Bai von Liefde=Bai trennt — die Kjärlighedsbugt (Liebesbucht) der Norweger —, stellt die bizarrste Sammlung von einzelnen, nicht durch Querthäler geschiedenen, prachtvollen Bergspitzen dar: terrassen= artig in Reihen oder concentrischen Kreisen geordnet; Kegel mit abgerundeten Spitzen; Kämme mit geradlinigen Umrissen, als wären sie nach dem Lineal gezogen, mit einem Wort: sie ist un= endlich reich an Formen, wozu noch der rothe und grüne Sandstein im bunten Wechsel tritt, der namentlich in der Nähe das Auge gar sonderbar berührt. Die Höhe der Berge auf dieser Seite ist er= heblich größer und geht weiter im Innern des Fjordes sicher bis 3,000 Fuß und darüber. Mit diesem so überaus verschiedenen Charakter bilden die beiden Küsten den prachtvollsten Rahmen, der den weiten, klaren, von keinen Inseln unterbrochenen Wasserspiegel des Fjordes umschließt. Man wird an die stillen sonnigen Sommer= tage am Wettersee erinnert, wenn kein Windhauch seinen klaren Wasserspiegel trübt. Auch wir erlebten hier solche Sommertage, freilich wie die arktische Natur sie zu bieten vermag. Leichte Wölkchen zogen über die Spitzen der Berge, und die tieferen Luftschichten waren von einer Durchsichtigkeit, wovon man sich bei uns zu Hause kaum eine Vorstellung machen kann. Dazu die gewaltigen Gebirgs= massen der Küsten, welche mit den im Sonnenscheine glänzenden, zum Meere niederfließenden Gletschern abwechseln; die ruhige Monotonie des Wasserspiegels unterbricht hier und da ein schwim= mender Eisblock, der sich nur oben, unter gewaltigem Donner, von einem der nahegelegenen Gletscher losgelöst hat und das Auge mit seinen wunderbaren Formen und seinem wechselnden Farben= spiele fesselt.

Die Ostseite der Wijde=Bai ist den Spitzbergenfahrern als einer der besten Jagdplätze bekannt. In den mehr oder weniger grünen Thälern, besonders zwischen und in der Nähe der drei Gletscher, weiden zahlreiche Rennthierheerden, welchen man am Anfange des Sommers, bevor sie von den Jägern beunruhigt werden, leicht bis auf Schußweite nahe kommen kann. Unser

Jagdboot kehrte denn auch eines Tages nach einer dreitägigen Ex=
curſion mit nicht weniger als 24 ziemlich feiſten Thieren zurück.
Während einer kürzeren Bootfahrt erlegte Kuylenſtjerna vier, und
ſelbſt die eifrigen Jäger Smitt und Dunér ſahen ſich zufrieden
geſtellt. Unſer Proviant wurde hierdurch nicht blos vermehrt,
ſondern ſogar überreichlich, ſo daß wir unſere Lebensweiſe auf gut
Spitzbergiſch einrichteten.

Die eingeſalzenen Vorräthe wurden bei Seite geſtellt, oder
vom Rennthierfleiſche — in allerlei Geſtalten zubereitet — und
von den leckeren Markknochen verdrängt. „Die Begierde des Eſſens
iſt auch hier größer als in anderen Ländern", ſagt ſchon Martens;
und er hat Recht; denn der Appetit war vortrefflich, und die
Mahlzeiten nahmen ſolche Dimenſionen an, daß man ſie nur
mit denjenigen vergleichen konnte, über welche die Reiſenden
unter den fleiſchliebenden Stämmen der Hottentotten und Kaffern
berichten. Auch war es ein Vergnügen, zu ſehen, wie trotz der
anhaltenden Arbeiten die Geſichter von Tage zu Tage runder und
blühender wurden.

Wie Treurenberg=Bai hat auch Wijde=Bai keinen eigentlichen
Vogelberg, doch hielten ſich hier und da auf den ſteilen Abſätzen
einige Haufen von Rotjes und Teiſten auf und trieben ihr Un=
weſen in Geſellſchaft von ein paar Burgemeiſtern, Rathsherren
und „Seepferden". Dagegen hatten die Kryckien ſich in zahlreichen
Schaaren auf dem Waſſer niedergelaſſen, um in den Mündungen
der Gletſcherbäche und den durch ſie gebildeten Gletſcherhöhlen nach
Limacinen zu ſuchen. Oft erhoben ſie ſich dann unter betäuben=
dem Lärm wieder in die Luft, um der Gefahr des Zerſchmettert=
werdens zu entgehen, wenn ein Eisblock herab=, oder die Grotten=
wölbung einſtürzte. Der Schneeſperling hatte ſchon ziemlich große
Jungen mit Daunen; an den Süßwaſſerteichen brüteten Pilgänſe,
Lommen und Fjäreplytten, hier und da auf der Ebene auch eine
Raubmöwe, auf dem Holme an der Midterhuk aber Eidervögel
und Meerſchwalben (Tärnen). Zuweilen zeigten ſich Weißfiſche
und Seehunde in dem Fjord. Die Tage waren ſo warm, daß
wir die Cajüten nicht mehr zu heizen brauchten und draußen ſogar
gerne in Hemdärmeln arbeiteten. Das Thermometer ſtieg im
Schatten bis auf +13° und in der Sonne bis auf +28° C.

Die Umgebungen der Albert Dirkſes Bucht, eine der ſonder=
barſten Landſchaften auf Spitzbergen, veranlaßten mit ihren kleinen

Landseen uns zu täglichen neuen Ausflügen. Der Süßwasser=
teich, welchen wir Ende Mai in der Kobbe=Bai besuchten,
war uns mit seinem Thierleben von großem Interesse gewesen,
obwohl wir Thiere höherer Ordnungen dort nicht angetroffen
hatten. Auch konnten wir nicht erwarten, solchen irgendwo in
diesen eisigen Gebirgswassern zu begegnen. Unsere Ueberraschung
war daher nicht gering, als unser Steuermann eines Tages mit
der Nachricht zurückkam, er habe eine ganze Menge Fische in dem
nächsten Teiche gesehen, manche bis einen Fuß lang. Zur Be=
kräftigung dessen brachte er einen ausgedörrten, drei Zoll langen
jungen Fisch, einen Berglachs, Salmo alpinus, mit sich, den er auf
dem Ufer gefunden hatte. Wir selber vermochten uns bald über
die Sache Gewißheit zu verschaffen. Von Yhlen suchte mit einem
Netze zu fischen, aber ohne ein Boot mußte er ein kaltes Bad
riskiren, zumal der tiefe See in seiner Mitte noch mit einer porösen
Eiskruste belegt war. Der Versuch lief fruchtlos ab, da der Grund
sehr schnell abnahm, das Netz auf dem steinigen Boden hängen
blieb und das kalte Wasser einen längeren Aufenthalt darin ge=
fährlich machte. Auch sollte von Yhlen dieses Unternehmen büßen;
denn er empfand am folgenden Tage große Schwäche in den Knieen,
es bildeten sich ringsum harte Knoten, und er mußte „die Ca=
jüte" hüten. Nach kurzer ärztlicher Behandlung wurde er jedoch
wieder hergestellt.

In demselben Gewässer lebten auch kleinere Crustaceen aus
der Ordnung der Entomostraceen und Insectenlarven, darunter
eine Art „Lachsmücke", Limnophilus arcticus Boheman, welche
mit ein paar anderen Fliegen aus dem Geschlecht Tachina und
Aricia hier und da über den unfruchtbaren Boden irrte. Das
Meer war sehr reich an Thieren; während der täglichen Excur=
sionen mit dem Schleppboote hatten wir oft Gelegenheit, zu be=
obachten, wie ungleich das Leben sich hier auf verschiedenen Tiefen
und auf einem andern Boden gestaltet. In der Mündung der Bai
und vor Albert Dirkses Bucht, wo die Tiefe des Meeres bis 90
Faden beträgt, war von dem steinigen Boden nichts Anderes zu
holen, als einige Seesterne, Ophiuren und Bryozoen, wogegen der
feine, von den Gletschern niedergeschwemmte Thon, welcher weiter=
hin den Boden bedeckt, das diesen Gegenden eigenthümliche reiche
Thierleben enthielt. Der Boden unmittelbar neben dem Gletscher,
wo das Wasser dick und trübe, ist arm, da der Schlamm sich hier

in mächtigen Schichten niederschlägt und die Entwicklung alles
organischen Lebens, so zu sagen, erdrückt. Weiter vom Gletscher
aber, wo das Wasser weniger trübe und der Schlamm, äußerst fein
vertheilt, wie eine leichte Decke sich über den Meeresgrund breitet,
gedeiht diese Thierwelt vortrefflich. Dem Gletscherthon angehörig,
ist sie zwar reich an Individuen, aber arm an Arten. Von
Muscheln kommen vor: **Mya truncata, Saxivaga rugosa, Astarte,
Yoldia, Tellina** und vor Allem **Arca glacialis;** von Würmern:
Antinoë Sarsi Kinb., einige Arten von **Torebella** und **Phyllodoce,**
und von Seesternen: **Ctenodiscus crispatus** u. a. Rings um
den Gletscher, bis auf eine Viertelmeile Entfernung und darüber,
ist das Meer von den herabgeschwemmten Sinkstoffen gefärbt, und
man kann sicher sein, in dieser Entfernung immer gute Funde zu
machen, besonders in einer Tiefe von 30 Faden.

Am 12. Juli unternahmen Blomstrand und Dunér einen
längeren Ausflug zu Boot nach dem Innern des Fjordes. Ueber
diese Fahrt berichtet der Erstere Folgendes:

„Wir verließen das Schiff Vormittags, folgten dem östlichen
Strande und nahmen unser Nachtquartier gleich nördlich von dem
zweiten der drei Eisberge in einer Thalöffnung neben einem großen
daselbst mündenden Flusse. Am Mittage des folgenden Tages pas=
sirten wir den Gletscher, welcher zwar kleiner als der erstere ist,
aber, von der See aus gesehen, einen weit großartigeren Anblick
darbietet, da er weiter in das Meer vordringt und in seiner ganzen
Breite zerklüftet und gespalten ist. Dem dritten Gletscher fuhren
wir mit gutem Winde vorbei und stiegen dann an's Land, theils
um Treibholz zu sammeln, theils um auf Rennthiere zu jagen,
von denen wir in kurzer Frist drei schossen. Hierauf steuerten
wir auf Midterhuk los, aber der Wind ließ vollkommen nach,
und wir beschlossen daher zu einem Russenhause zu gehen, welches
wir auf dem westlichen Strande des Fjordes wahrnahmen, um
daselbst unser zweites Nachtquartier zu wählen. Die Lage dieses
Hauses war, aus der Ferne gesehen, besonders einladend; denn
es befand sich an der Mündung eines Flusses, und die Berg=
abhänge, welche es rings umgaben, glänzten freundlich in grün
und rothen Farben. Wir rechneten auf saftige Wiesen und eine
üppigere Vegetation, fanden uns aber in allen unseren Hoffnungen
betrogen. Das Russenhaus, welches übrigens dem früher be=
schriebenen glich, lag auf einer wüsten, trockenen Sandebene, die

wahrscheinlich früher einen Theil des Meeres gebildet hatte, ob=
wohl sie jetzt das Niveau desselben um ein Bedeutendes überragte.
Weite Strecken waren mit einer Salzkruste bedeckt. Es ist aber,
nach der Lage des Russenhauses zu schließen, unwahrscheinlich, daß
der Boden noch jetzt zeitweise unter Wasser gesetzt werde. Das
hier und da auf den Bergabhängen deutlich hervortretende Grün
gehörte dem Gesteine selbst an, und der Elf, sowie das Wasser
weit in die See hinein, war von dem mitgeführten Schlamme voll=
kommen roth, so daß wir uns glücklich schätzen mußten, daß wir
in der Nähe des Strandes noch einen Grundeisblock antrafen,
welcher uns das nöthige Wasser lieferte.

„Während unseres Aufenthaltes auf dieser Raststelle kamen
Boote von den beiden Schiffen, welche unsere Gefangenschaft in
der Bik theilten, an uns heran. Das eine Boot war bis zum
Ende des südöstlichen Armes der Bucht vorgedrungen und hatte
gefunden, daß es mit einem Gletscher schließe. Das andere,
welches mehrere Wegestunden in den westlichen Arm gefahren,
hatte das Ende nicht erreichen können. In Folge dieser Berichte
änderten wir unsern Plan und beschlossen, nicht den östlichen,
sondern den westlichen Arm zu besuchen. Nachdem wir uns eine
Weile auf einer kleinen Insel in der Mitte des Fjordes aufgehalten
und trotz der vorgeschrittenen Jahreszeit einige Eier von Meer=
schwalben und Eidergänsen gesammelt hatten, schlugen wir unsern
Weg, an dem hohen Gebirgskamme der Midterhuk vorbei, zum
westlichen Fjordarme ein. Es dauerte nicht lange, so war das
Wasser blutroth; die gewaltigen, scharfgeschnittenen Bergrücken
wechselten in Rothbraun und Grün, und die ganze Umgebung bot
in dem hellen Sonnenscheine einen eigenthümlichen Anblick dar.
Schaaren von Weißwalen zeigten sich neben uns, bald zur Rechten,
bald zur Linken, und spritzten schnaufend ihre Wasserstrahlen in
die Luft. Ein schwache nördliche Brise, nur gerade geeignet, die
Wasserfläche zu kräuseln, führte uns unserm Ziele näher, das wir
indessen noch ziemlich weit wähnten, um so mehr, als wir auf der
andern Seite einer schmalen Landzunge, welche — aus der Ferne
gesehen — den Fjord in seiner ganzen Breite zu durchschneiden
schien, einen neuen Wasserspiegel von derselben Breite vor uns
sahen, weiter aber, in der innersten Bucht, eine vorspringende
Bergspitze wahrnahmen, hinter welcher der blaue Duft der Ferne
auf eine Fortsetzung des Fjordes deutete. Die angenehme Fahrt

wurde indeſſen, und zwar da wir es am wenigſten erwarteten,
plötzlich unterbrochen.

„Wir ſprachen gerade über die Möglichkeit, die Magdalena
nach Weſten zu führen, als die Bewegung des Bootes, ohne er=
kennbaren äußeren Grund, mit einem Male aufhörte und wir in dem
rothen dünnen Thonbrei feſtſaßen. Nach verſchiedenen vergeblichen
Verſuchen, wieder tieferes Waſſer zu erreichen, hielten wir es zuletzt
eben ſo gerathen als nothwendig, da zu bleiben, wo wir uns be=
ſanden, bis die ſteigende Fluth uns wieder erlöſen würde. Die
Ebbe hatte bald ihren niedrigſten Stand erreicht, und das Waſſer
fiel mit großer Geſchwindigkeit. Der rothe Meeresſpiegel wurde
in einen ſeichten, verſchwindenden Fluß verwandelt. Bald trat
hier, bald dort ein neuer Theil des braunrothen Bodens mehr
und mehr hervor. Es dauerte nicht lange, ſo befanden wir uns
ſo gut wie auf dem Trocknen, nur daß die kleineren nach den
Tiefen ſtrebenden Rinnſale und die von den Ufern kommenden
breiteren Zuflüſſe mit ihren tieferen Waſſerfurchen den Meeres=
grund durchkreuzten.

„Während im vorderen Raume des Bootes Feuer angezündet
und Kaffee gekocht wurde, hatten wir die beſte Gelegenheit, unſere
ſonderbare Umgebung und Situation zu betrachten. Es war bei=
nahe Mitternacht. Die Sonne, welche von einer hohen, ſenkrecht
zum Meere abfallenden Felswand im Nordweſten verdeckt wurde,
goß durch ein mit einem Gletſcher erfülltes Thal ihr mildes Licht
über die innere Bucht und die Berge rings herum, nur hier und
da von den tiefen Schlagſchatten der Berge unterbrochen. Gleich
hochrothen, planlos hingeworfenen Seidenbändern, um ſo be=
ſtimmter moirirt, je mehr der Bodenſchlamm aufgerührt wurde,
glänzten die Waſſerſtreifen in dem hellen Sonnenſcheine. Die be=
leuchteten rothen Abhänge der Berge bildeten einen lebhaften
Gegenſatz zu den dunkeln braunrothen Schatten, da wo ein Vor=
ſprung des Berges ſich mit erſtaunlicher Schärfe abzeichnete, wäh=
rend nach Norden hin der weite Waſſerſpiegel ſammetbraun oder
hell ziegelroth, je nach der verſchiedenen Beleuchtung der Berge,
erſchien. In Wahrheit, ich hätte mir niemals vorgeſtellt, daß die
Wirklichkeit ein Seitenſtück zu jenem wunderbaren Anblicke liefern
könne, der ſich uns darbietet, ſobald wir eine ſonnenbeglänzte
Landſchaft durch ein rothes Glas betrachten. Außer dem reinen
Blau des Himmels, welcher ſich über die Landſchaft wölbte, gab

es, mit Ausnahme von ein paar grünen Streifen auf den sonnen=
beschienenen Abhängen der Berge, nur Nuancen in Roth. Der
Grund für diese Erscheinung ist in dem rothen Sandsteine zu
finden, aus welchem die gewaltigen Bergmassen ringsum be=
stehen, sowie in dem feinen thonhaltigen Schlamme, welcher, in=
folge der Zersprengung der Felsen durch den Frost und das
Abschleifen der Gletscher, von den Wassern in das Meer ge=
führt wird.

„Nach einigen Stunden Ruhe machten wir uns am frühen
Morgen auf, um mit der Fluth unsern unfreiwilligen Ankerplatz

Rennthierjagd.

wieder zu verlassen. An eine Weiterfahrt in den seichten Fjord
hinein war nicht zu denken. Wir kehrten deshalb zu der erwähn=
ten Sandzunge zurück, welche die Grenze nach dem tieferen Wasser
hin zu bilden schien, obwohl dessen Tiefe auch hier wenig über
einen Faden betrug. Es wurde das Zelt aufgeschlagen, ein
tüchtiges Feuer von Treibholz, womit der Strand bedeckt war, an=
gezündet und die Vorbereitungen zu einer Fußpartie nach dem
Innern des Fjordes getroffen. Die Jagdlust meiner Reisegenossen
brachte uns allerdings noch einen Aufenthalt. Es weideten näm=
lich in aller Ruhe, und ohne durch unsern Besuch irgend wie ein=

geschüchtert zu werden, zahlreiche Rennthiere auf den üppigen
Matten, die aus Dryas, Polarweiden und anderen vor Kurzem
durch die Sonne hervorgelockten Pflanzen des steinfreien Sand=
bodens bestanden. Zwei von den Thieren fielen, nicht weit von
unserm Lagerplatze, ihrer Neugierde zum Opfer. Selbst die Weiß=
wale, welche wir eine Weile für schwimmende Eisblöcke ansahen,
kamen am Ende so nahe, daß wir sie mit ein paar Schüssen be=
grüßen konnten. Bald spielten sie munter in dem von den Sonnen=
strahlen erwärmten flachen Wasser, bald lagen sie ohne irgend eine
Regung, den Körper halb über dem Wasser, ruhig in der Sonne
da, — wir zählten einmal dreißig Stück in dieser Stellung, und
sie erschienen um so weißer, als sie einen starken Contrast zu
dem dunkelrothen Meere bildeten — nur daß sie dann und
wann einen Augenblick ihre Köpfe hoben, um Wasser in die Höhe
zu blasen.

„Die Wanderung nach dem Innern des Fjordes war an=
strengend und ermüdend. Schließlich erreichte ich das Ende des=
selben. Er zieht sich, nach einer starken Biegung, um die oben er=
wähnte Bergspitze, noch ungefähr eine halbe Meile weit westlich hin,
bis er von einem großen Gletscher begrenzt wird, der seinen Haupt=
zufluß aus einem gewaltigen Cirkus erhält und — wie überall
wo die Fjorde sich allmählich verflachen — nicht mehr bis zum
Wasser reicht. Ein starker, aus dem Innern der Berge strömen=
der Fluß, wie der Fjord blutroth, woraus sich ergiebt, daß die
Sandsteinbildung noch weit in's Land sich fortsetzt, machte allem
weiteren Vordringen ein Ende. Ich kehrte daher um und kam zu
unserm Lagerplatze nach Mitternacht, worauf wir am folgenden
Morgen uns zeitig aufmachten und in der Nacht zum 16. Juli
unser Schiff erreichten.

„Ich will noch anführen, daß während dieses Ausfluges in
das Innere des Thales die Wärme im Schatten bis auf + 16° C.
stieg, die höchste, welche wir während des ganzen Sommers be=
obachtet haben." — —

Die in den ersten Tagen unserer Anwesenheit in der Wijde=
Bai herrschende Windstille machte einem schwachen Nordwinde Platz,
daß Eis packte sich immer dichter um die Mündung des Fjordes,
und selbst nach Osten hin, um Verlegen=Hoek, war uns der Weg
gesperrt, wie uns einer der dorthin abgegangenen Walfischjäger
mittheilte. Erst am 14. begann der Wind sich nach Süden zu

brehen; die Luft wurde trüber und kühler; die See ging hoch.
Wir wechselten daher unsern Ankerplatz und suchten nördlich von
der Landzunge Schutz. Gegen Abend wuchs der Wind zum
vollen Sturme an, so daß wir auch den zweiten Anker auswarfen.
Wir hofften, der Wind werde wenigstens das Eis in der Oeffnung
des Fjordes auseinander treiben, dieses war aber durchaus nicht
der Fall. Am folgenden Tage, als es wieder still wurde, kam
das Eis mit der Strömung sogar in den Fjord hinein und beinahe
bis zu unserm Ankerplatze. Gegen Mittag blies ein Nordwind,
der uns das Eis noch mehr auf den Hals trieb. Blomstrand
war von seiner Excursion zwar noch nicht zurückgekehrt, aber wir
mußten nothwendig vor dem Eise Schutz suchen, und setzten Segel
bei, um womöglich Grey=Hook vorbei nach der Liefde=Bai zu gelangen. Wir errichteten daher auf dem Strande eine Steinpyramide, legten dort eine Mittheilung über unsern Plan nieder,
lichteten die Anker und kreuzten nach Grey=Hook zu. Aber das
Eis war hier nicht zu durchdringen. Wir kehrten daher zu unserm
alten Ankerplatze, südlich von dem Vorsprunge an der Albert
Dirkses Bucht, zurück.

Der Nordwind ging erst am 18. in eine frische Kühlte über,
die längere Dauer und für uns ein Ende unserer Gefangenschaft
in Aussicht stellte. Darum kehrten auch alle Excursionen von ihren
längeren Ausflügen zurück. Am 19. gegen Morgen erschien uns das
Packeis bereits etwas vertheilt. Wir steuerten deshalb zum
zweiten Male gegen das Eisband im Westen, diesesmal mit dem
festen Vorsatz, wenn möglich, nicht mehr zurückzukehren. Wir gelangten auch bald in eine offene Rinne, fuhren in dieser parallel
dem Strande mit günstigem Winde weiter bis Grey=Hook, und
hatten am 19. Juli um acht Uhr die Wijde=Bai endlich hinter uns.
Gegen Westen und Norden lag der unübersehbare Wasserspiegel
rein und eisfrei da; nur ein weißer Streifen im Norden deutete
die Grenze an, welche unserm Vordringen nach jener Richtung hin
gesteckt war.

Der Wind ging sodann weiter nach Nordost herum und nahm
mehr und mehr ab. Wir unternahmen daher am Vormittage zu
Boot einen Ausflug zur Grey=Hook, oder, wie die Holländer sie
nennen, Dore=Hoek.

An dieser Bergspitze traten ganz andere Gesteine auf, indem
sie selbst sowohl als auch die aus der Ebene aufsteigenden Hügel,

17*

welche den Fuß des Berges umgeben und ſich noch ein Ende in die See fortſetzen, aus einem ſchwarzblauen, glimmerhaltigen Thon=ſchiefer, abwechſelnd mit Schichten eines grauen, in der Luft gelb=lichen, feſten Sandſteines, beſtehen. Ter Thonſchiefer iſt deshalb beſonders intereſſant, weil er einige, wenngleich äußerſt geringe organiſche Einſchlüſſe, kleine Bivalven und Fucoiden, enthält, welche ſonſt der ganzen hieſigen Sandſteinbildung zu fehlen ſcheinen. Ob die vorherrſchende Richtung der Schichten eine weſtliche oder öſtliche ſei, war hier ſehr ſchwer feſtzuſtellen, da nicht blos die letzten niedrigen Küſtenberge, ſondern auch das eigentliche Ge=birge viele Unregelmäßigkeiten und Faltungen zeigten. Dieſes eigenthümliche Verhältniß fällt ſchon in der Ferne, wenn man von der Seeſeite das Grey=Hook=Gebirge in Sicht bekommt, in's Auge.

Auf dem Rückwege landeten wir an einem von Grus und Rollſteinen gebildeten kleinen Holme, auf welchem einige Eider=gänſe und Meerſchwalben brüteten, und kehrten, nach einer Ab=weſenheit von ſechs Stunden, wieder zur Magdalena zurück.

Wir ſollten nunmehr auch mit einer, unſere Geduld auf die Probe ſtellenden, Fahrt während einer Windſtille Bekanntſchaft machen. Bald herrſcht vollkommene Ruhe, bald weht eine Weile ein ſchwacher Windhauch, das eine Mal aus Süden, das andere Mal aus Norden, und ſo rings um die ganze Windroſe Iſt die Strömung entgegen, ſo wird das Schiff zurückgetrieben; immer aber ſtampft es heftig bei der ſtarken, von der hohen See kommenden Dünung. Bis dahin hatten wir nicht mehr als zwei Tage mit Regen und Schnee zu kämpfen gehabt; die Luft war faſt immer klar geweſen. Nachdem wir aber an Grey-Hook vorbei und wieder in blaues Waſſer, das heißt in den Golfſtrom, gekommen waren, begegneten wir einer kalten Luft und den in dieſer Zeit auf Weſt=ſpitzbergen ſo häufigen Regengüſſen.

Die ganze Nacht zum 20. trieben wir vor der Red=Bai, auch der ganze folgende Tag ging zu Ende, bevor wir endlich, unter Be=nutzung der ſchwachen Windſtöße, die Höhe der Norwegiſchen Inſeln erreichten.

Um doch in etwas die Zeit, welche wir durch dieſe Fahrt verloren, zu erſetzen, gingen Blomſtrand, Smitt und Dunér an's Land zum Fuße eines großen Granitberges, welcher im Norden an die unter dem Namen Plate=Hoek bekannte Bergſpitze — im Weſten von der Mündung der Red=Bai begrenzt — anſtößt.

Hier hatten wir zum ersten Male Gelegenheit, einen wirklichen Alkenberg mit seinen Myriaden von Vogelcolonien kennen zu lernen. Zuerst hört man von den steilen, hohen Absätzen des Berges ein anhaltendes Brausen, das dem Donnern eines entfernten Wasserfalles gleicht. Die sämmtlichen Stimmen der verschiedenen Arten vereinigen sich hier zu einem einzigen Tonmeere, das jeden einzelnen Laut verschlingt. Noch kann das Auge kaum mehr als ein paar Möwen unterscheiden, die neben der Felskante schweben, jetzt aber im Schatten des Berges verschwinden. Man kommt näher, und der Lärm wird immer betäubender; die Disharmonien lösen sich in einzelne Stimmen auf. Man vernimmt das Knurren der Alken, das widerliche Girren der Rotjes; aber unzählige andere, nicht zu unterscheidende, wunderliche Laute mischen sich in dieses Chaos, gebildet durch diese Millionen leidenschaftlich bewegter Thiere, deren stärkster Naturtrieb hier bis auf's Aeußerste gesteigert ist. Tiefe, fast menschliche Stimmen, heisere Rufe, wehklagende Laute hallen von diesen Felswänden wieder. Plötzlich erklingt ein neuer und so seltsamer Ton, daß der Hörer unwillkürlich zusammenfährt, so gellend trifft er sein Ohr. Das ist der Gebirgsfuchs, wenn er mit seinem Schrei die Vogelcolonie begrüßt, ein Ton, der bald ein Hohnlachen, bald ein Angstruf scheint. Wie man ihn auch auffassen mag, die alten holländischen Walfischjäger hielten diesen Ruf für den des Teufels, der ihres Vorhabens spotte, und betrachteten ihn als ein schlimmes Omen.

Wir kletterten den Bergabhang unten ein Ende hinan, um die großartige Werkstatt des Lebens mehr aus der Nähe zu betrachten. Die Alken bilden den Stamm der Colonie. Sie sitzen in langen Reihen dicht an einander gepackt auf den unzugänglichsten Vorsprüngen der Felswand. In allen Klüften, auf allen Absätzen erhebt sich Brust an Brust, und nur der äußerste Rand der Klippe, wohin möglicher Weise der Gebirgsfuchs gelangen könnte, bleibt frei. So macht auch die Thiere die Erfahrung klug. Es scheint aber fast, als ob der Berg blos für die Hälfte seiner Bewohner Platz hätte; denn eben so unermeßlich ist die Zahl derjenigen Vögel, welche umherschwärmen und zu dem Meere hin und zurück fliegen. Wollen die zuletzt ankommenden sich niederlassen, so müssen immer eben so viele von den sitzenden ihren Platz aufgeben.

Auf den mehr niedrigen und mehr zugänglichen Absätzen haben

einzelne Schaaren von Teisten ihre Wohnstatt aufgeschlagen, und die Rotjes, oder der Seekönig, dieser hochnordische schöne Schwimm= vogel, nicht größer als ein kleiner Enterich, macht so oft als mög= lich seine Ausflüge in Schaaren von 20 bis 30 Köpfen. Wie die Mauerschwalbe wirft er sich hastig in einem Bogen hinab, mit einem lauten Schrei, darein sich eine Art von Wiehern mischt. In einer senkrechten Spalte hat eine kleine Schaar von Kryckien — Larus tridactylus — ihre Colonie. Die „Seepferde", diese Friedens= störer der Vogelberge, sind immer zur Plünderung bereit. Kaum hat eine Kryckie ihr Nest einen Augenblick unbewacht gelassen, so stürzt er darauf zu. Nun beginnt ein blutiger Streit, der oft damit endigt, daß der Räuber hinausgezerrt und unter lautem Schreien mit den Flügeln in die Flucht geschlagen wird. Zu oberst auf den freistehenden Kanten hat die Großmöwe ihr Nest angelegt, das von einem der Gatten bewacht wird, während der andere um die Felswand schwärmt. Sobald er den Beschauer wahrnimmt, fliegt er mit heiserem Schreien ein paarmal um das Nest und läßt sich auf der nächsten Spitze nieder, als wollte er seine Bewegungen bewachen. Oft sitzt er auch Stunden lang auf dem höchsten Kamme des Berges ganz friedlich neben den Alken, obwohl er ohne Widerrede ihr schlimmster Feind ist und ihre Nester plündert.

Wir fanden uns hier auch angenehm überrascht von der üppigen Vegetation zwischen den gewaltigen Steinen und Blöcken auf den Abhängen an der See. Der Vogelberg hatte sie in's Leben gerufen. Cochlearia und Oxyria digyna, dieses vortreff= liche Gemüse auf der hochnordischen Tafel, wuchsen hier breit= blätterig und freudig, die erstere Pflanze einen halben, diese einen Fuß hoch. Ranunculus sulphureus war noch größer. Von dieser Art ist immer die Vegetation an den Vogelbergen.

Man kann im Allgemeinen, je nach den Familien, welche da= selbst brüten, dreierlei Arten dieser Vogelberge unterscheiden. Die Colonien der „Seepferde" bleiben gewöhnlich ganz einsam auf ihren stinkenden Felsen; die Möwen wählen ihre besonderen klip= pigen Plätze; die Alken, Teiste und Rotjes, welche mit den Möwen unausgesetzt sich im Kriege befinden, haben wiederum ihre eigenen Berge, und nur selten findet man ein Paar von der einen Colonie bei der andern. Die Eidergänse und Meerschwalben su= chen fast immer die flachen Inseln auf.

Dunér bestieg die Höhe des Vorgebirges, in welche das schneebedeckte Gebirge verläuft; die Aussicht, besonders über Fair Haven und seinen auf allen Seiten von Klippeninseln und Bergen eingeschlossenen Wasserspiegel, war prachtvoll. Nachdem wir unsere botanischen und geognostischen Untersuchungen beendigt hatten, steuerten wir der äußeren Norwegischen Insel zu, die Magdalena zu erwarten, welche gegen die Nacht hin endlich so viel Wind erhalten hatte, um durch Kreuzen in den Sund zwischen den beiden Inseln zu gelangen. Hier wurde Anker geworfen.

Dreizehntes Kapitel.

Die Norwegischen Inseln. — Magdalenen-Bai.

Es war unsere Absicht gewesen, uns in dem Sunde zwischen den Norwegischen Inseln nur ein paar Tage aufzuhalten, um so rasch als möglich seine Umgebungen zu untersuchen und festzustellen, ob die Localität sich für den Beginn eines trigonometrischen Netzes an der Westküste eigne. Aber das Wetter blieb ungünstig, es wechselten Südweststürme mit vollkommener Windstille ab, und wir mußten einige Tage unthätig verweilen.

Die westliche Norwegische Insel ist den Spitzbergenfahrern als ein „Eidervär", das heißt als eine Stelle bekannt, wo die Eidergans in großen Colonien nistet. Auf dem flachen Lande nach Norden hin fanden wir viele Gänse, die meisten Eier ausgebrütet, die Jungen zum Theil schon ausgekrochen. Die Mütter sind in dieser Zeit kaum scheuer als die zahmen Gänse und verlassen ihr Nest erst dann, wenn sie in Gefahr kommen von dem Fuße des Jägers getreten zu werden. Gewöhnlich wählt die Eidergans nur kleine und niedrige Inseln, wo sie von den Einbrüchen des Gebirgsfuchses verschont bleibt. Es scheint sogar, als ob sie beim Abschiede von diesen Brutplätzen jedesmal genau erwägt, ob ihr Holm dem Fuchse zugänglich sein könnte; denn hat das Eis ihn etwa mit dem Festlande oder den größeren Inseln verbunden, so verläßt sie diesen Platz sicher. Ihre Nester bleiben indessen den gefährlichsten ihrer Feinde, den nach Gewinn gierigen, jährlich wiederkehrenden Jägern immer zugänglich und ihre Eier und Daunen werden auf das Rücksichtsloseste geplündert. Man nimmt Alles ohne Unterschied, die Eier mögen frisch oder halb ausgebrütet sein,

und bringt sie in ganzen Tonnen auf's Schiff. Erst hier unter=
sucht man, ob die Beute brauchbar; ist dieses nicht der Fall, so
wirft man sie ohne Weiteres in die See. Ist man vielleicht zu
spät bei dem „Wehr" eingetroffen, so kommt es wohl vor, daß
man im Aerger darüber und um seiner Zerstörungslust Genüge
zu thun, Steine in die Nester wirft und dadurch dem Vogel die
Lust benimmt, an derselben Stelle von Neuem seine Eier zu legen.

Nicht weniger verderblich als die Gier nach den Eiern, welche
frisch eine vorzügliche und kräftige Nahrung bilden, ist das noch
vortheilhaftere Einsammeln der Daunen. Die Handvoll, welche
der Vogel selbst aus seiner Brust rupft und womit er die kleine
Vertiefung im Kies — sein kunstloses Nest — ausfüttert, beträgt
etwa zwei bis drei Loth. Um also zehn Pfund Federn zu liefern,
müssen 100 bis 160 Gänse ihre Nester verlassen und zugleich ihre
Eier verlieren, welche — durchschnittlich sechs Stück auf jedes Nest
gerechnet — 600 bis 960 Junge geben würden. Die Folgen
einer solchen rücksichtslosen Jagd machen sich auch bereits sehr
fühlbar; denn die Eiderholme, welche noch in Menschengedenken
tausend Pfund und mehr lieferten, geben jetzt kaum so viel, als
zu ein paar mäßigen Kissen erforderlich ist. Darum hat das Ein=
sammeln der Daunen jetzt auch seine Bedeutung, die es noch vor
wenigen Decennien hatte, als es einen nicht geringen Beitrag zu
dem Gewinne aus der Walroß= und Rennthierjagd lieferte, wohl
gar das Hauptziel einiger Spitzbergenfahrer bildete, ganz und gar
verloren. So rüsteten im Jahre 1830 ein paar Fischer aus dem
Norblande eine in ihrer Art einzige Daunenexpedition aus, denn
ihr Schiff bestand aus einem kleinen gedeckten Boot, „Ottring"
genannt, auf welchem sie das Eismeer durchfuhren, Spitzbergen
besuchten, und — das ganze Boot voller Daunen — glücklich
wiederkamen. Berechnet man den Werth eines Pfundes Daunen
auf zehn Reichsthaler (à 11¼ Sgr.), so war ihr Unternehmen
allerdings gut bezahlt.

Heutzutage ist es sehr selten, daß man um die Herbstzeit
einige größere Schaaren junger Eidervögel antrifft. So verschwin=
den sie auf Spitzbergen mehr und mehr, und die Zeit ist nicht
fern, da dieser schöne Vogel nur noch in einzelnen Individuen vor=
handen sein und, wie so viele andere Thiergeschlechter, die dasselbe
Schicksal gehabt haben, ein warnendes Zeugniß für die Gier der
Menschen nach Gewinn ablegen wird.

In den steilen Geröllabhängen der Insel hatten zahlreiche Rotjes und Teiste ihre Nester mit schon längst ausgekommenen Jungen; auf den höchsten Spitzen saß aber die Großmöwe mit ihrer Familie draußen vor dem Neste. Als ein Beweis für die Gier dieser Raubvögel mag angeführt werden, daß ein von uns erlegtes Junge vor Kurzem ein ganzes mit Daunen bekleidetes Eidergänschen verzehrt hatte.

Hier sahen wir auch zum ersten Male grüne Matten von Polarweiden, Moos und Gräsern, Aira alpina und Festuca hirsuta, zwischen welchen Wahlbergella apetala und Potentilla emarginata zerstreut aber üppig wuchsen.

Den 21. Juli unternahmen Blomstrand und Dunér mit dem Steuermanne Mack und einem Matrosen eine Bootexcursion, mit Proviant auf acht Tage versehen, und der Verabredung, mit unserm Schiffe in der Magdalenen-Bai zusammen zu treffen.

„Vor einer schwachen nordöstlichen Brise fuhren wir erst durch den Sund zwischen den Norwegischen Inseln und darauf längs der nach Fair Haven liegenden Küste der östlichen Insel bis zu dem in geographischer Hinsicht merkwürdigen Punkte, wo Phipps im Jahre 1773 und Sabine — nach welchem die Stelle gewöhnlich Sabine's Observatorium genannt wird — im Jahre 1823 seine Beobachtungen angestellt hat. Nach kurzem Aufenthalte daselbst setzten wir unsere Fahrt zu einem kleinen Holme fort, genannt Hvidö, welcher in dem Sunde zwischen den Norwegischen Inseln und dem festen Lande liegt. Die Strömung in diesem Sunde ist sehr stark; jetzt aber, da der Wind ihr entgegen wehte, hatte das kleine Boot schwer gegen den starken Seegang zu kämpfen. Auf diesem Holme fanden wir Eidergänse in Menge; auch seine geologische Bildung war von nicht geringem Interesse, da seine Hauptmasse aus einem feinen, weißkörnigen Granit, durchsetzt von Kalkgestein und gröberem Granit, bestand.

„Nachdem wir den offenen Fjord passirt hatten, besuchten wir die Insel Vogelsang. Der Wind wehte anhaltend schwach aus Nordosten. Es dauerte aber nicht lange, so kamen uns gewaltige Wogen aus Südwesten entgegen, welche in Gemeinschaft mit der in derselben Richtung befindlichen schweren Wolkenbank auswiesen, daß weiterhin ein Sturm raste. Wir schlugen daher an einer kleinen freien Stelle mitten in dem furchtbaren Steingerölle, aus welchem die niedrigeren Theile der Insel bestehen, unser Zelt auf.

Es wurde sodann von den Resten eines verunglückten·Schiffes am Rande ein Feuer angezündet und das Abendbrod gekocht. Hierauf ging Dunér zu dem Gebirge. Selbst ein Land wie Spitzbergen hat wenige Stellen aufzuweisen, die an Wildheit und grauenvoller Oede mit dieser einen Vergleich aushalten können. Die ganze Insel, die sich 1,000 bis 1,200 Fuß über dem Meere erhebt, ist nichts als ein einziger Steinhaufen und die Vegetation selbst für eine Granitregion überaus dürftig. Gleichwohl soll man hier im Jahre 1820 dreißig Rennthiere geschossen haben. Wir nahmen keine anderen lebenden Wesen wahr als Rotjes und den Fjeld= fuchs, der mit seinem ängstlichen wilden Schrei uns einen Augen= blick die Befürchtung eingab, es möchte dem umherkletternden Dunér ein Unglück zugestoßen sein. Die Aussicht von der Höhe war wild und großartig. Jenseits Fair Haven erschien ein Theil der Smeerenberg= und die in der Ecke zwischen beiden belegene Foul=Bai, in welcher man bis sechzehn kleinere Inseln zählen konnte. Das Festland erschien als ein wildes Durcheinander von zackigen, schwarzen Spitzen, die unteren Abhänge fast immer von Gletschern bedeckt, seltener bis zur Spitze in Schnee gehüllt; ein wenig zufrieden stellender Anblick in Betreff der projectirten Grad= messung, welche, wenn sie an der Westküste vorgenommen werden soll, nothwendig ihren Ausgang von Vogelsang nehmen muß.

„Frühe am Morgen fuhren wir weiter zum Cloven Cliff und untersuchten hier ein mächtiges Kalkbett, das den Granit durch= bricht. Um dem Sturme, der draußen vor Vogelsang wüthete, zu entgehen, gaben wir die Weiterfahrt auf und kehrten zu unserm Schiffe zurück, das wir am 23. Juli sechs Uhr Morgens er= reichten.“ —

Abwechselnde Südwestwinde, Windstille und Nebelwetter stell= ten sich unserer Weiterreise entgegen. Die Jagd= und Dreggboote machten Excursionen zur Red=Bai, doch ohne wesentlichen Erfolg. Endlich am 25. sprang der Wind nach Nordosten herum, das Wetter klärte sich etwas auf und wir gingen am frühen Morgen unter Segel. Schon am Abende vorher hatten wir eine Stein= pyramide mit einer weißen Stange auf der Ebene der äußeren Norwegischen Insel errichtet und darunter für den Führer der Expedition einen Bericht niedergelegt. Die Fluth war uns ent= gegen und die Fahrt daher abscheulich.

Der Sund zwischen den beiden Norwegischen Inseln ist durch=

schnittlich 8 bis 9 Faden tief, aber es gehen von ihnen ein paar Steinriffe aus, und man muß sich daher mit dem Schiffe in der Mitte der Rinne halten. Bei sehr niedrigem Wasserstande ist ein Theil des Riffes, welcher die Fortsetzung der Westspitze der inneren Insel bildet, sichtbar, doch kann man sich mit kleineren Schiffen mitten zwischen diese Schär und die Insel wagen, wenn man nur genau in der Mitte der engen Passage bleibt.

Am Vormittage wurde das Excursionsboot ausgesetzt, und Blomstrand und Dunér nahmen ihre durch den Sturm vor zweien Tagen unterbrochene Fahrt wieder auf.

Während eines kurzen Aufenthaltes auf der Nordseite des Amsterdam-Eilands versuchte Dunér in der Nähe eines Gletschers eine Bergbesteigung. Hier entging er kaum einer offenbaren Lebensgefahr, indem ein großer Felsstein, der aus dem Gerölle ragte, wenige Augenblicke nachdem er ihn passirt hatte, von seiner Stelle wich und mit ungeheurem Donner in die Tiefe stürzte. Während des Nebels und Sprühregens wurde die Fahrt fortgesetzt, dann aber wieder gelandet, um, so weit der Nebel es zuließ, den Gletscher in näheren Augenschein zu nehmen.

Es haben hier mehrere Eisströme sich zu einem einzigen vereinigt, der auf eine steile Felswand trifft und einen Eisfall bildet; dann sammelt er sich wieder und stürzt von Neuem über einen Abhang, worauf er in mäßigem Abfall langsam zur See niedersteigt. Doch mündet er nicht unmittelbar in dem Meere, sondern in einem durch ein schmales Riff davon vollkommen getrennten Landsee, dessen Tiefe so bedeutend ist, daß Eisblöcke, welche sich vom Gletscher losgelöst hatten und nach ungefährer Berechnung 36 Fuß unter die Wasseroberfläche reichten, vollkommen frei darin umherschwammen. Die Entstehung dieses tiefen Bassins ist schwer zu erklären. Blomstrand vermuthet, daß von jeher in der Oeffnung der Meeresbucht eine flache Stelle gewesen, und daß die vom Gletscher sich loslösenden Eisstücke allmählich Steine und Geröll darauf abgelagert haben. Nahe dem Gletschersee im Osten traf man einen gewaltigen Block von dunkelrothem Granit, der ungefähr noch um 12 Fuß den Meeresspiegel überragte und wahrscheinlich einen ganz andern Ursprung hat, als der rings anstehende graue Gneisgranit.

Auf der weiteren Fahrt längs der Ostküste der Insel wurde auch die Stelle besucht, wo einst Smeerenberg, die Hauptstation

er in innern er ag a enen-Buch

der holländischen Walfischfänger, belegen war. Ungefähr sechzig
Gräber mit umhergestreuten Menschen- und Walfischknochen waren
das Einzige, was an die ehemalige Bedeutung dieser Stelle erinnerte. Ein Ende von hier, an Danes Gate, dem Sunde zwischen dieser Oe und der Dänischen Insel, fand man noch einige
Ueberbleibsel der alten Thransiedereien. Nachdem sie einige Stunden auf einer kleinen Insel mitten im Sunde ausgeruht, fuhren
sie, jetzt mit günstigerer Strömung, unter anhaltendem Regen,
längs der Ostküste der Däneninsel und weiter durch South Gat,
dem Sunde zwischen der Insel und dem Festlande — der ebenfalls einen der Hauptplätze der Walfischfänger gebildet hat —, bis
sie endlich, nachdem sie wiederholt an's Land gestiegen und überall
denselben Gneisgranit angetroffen, Magdalena-Hook passirten und
den Fjord gleichen Namens glücklich erreichten. Die Magdalenen-
Bai ist unzweifelhaft einer der interessantesten Punkte auf Spitzbergen, indem man hier auf einem verhältnißmäßig kleinen Raume
Alles zusammen hat, was für die großartige Natur dieses Landes
charakteristisch ist; hohe, bizarre Gebirge und Gletscher in allen
nur denkbaren Formen und Abstufungen.

„Nachdem wir längs dem nordöstlichen Strande längere Zeit
vergeblich nach einem geeigneten Landungsplatze gesucht und überall
auf tosende Brandungen, steile Felswände und ungastliche Gletscher
getroffen, erreichten wir endlich eine durch ein Sandriff mit dem
Lande verbundene Halbinsel, welche nach innen zu einen ganz vorzüglichen Hafen bildete. Allerdings bedrohte uns auf der einen
Seite der bis untenhin gehende Endgletscher, von welchem unaufhörlich größere und kleinere Eisstücke abbrachen, auf der andern
Seite aber ein von dem Gebirge, fast über unseren Häuptern,
herabhängender zweiter Gletscher. Doch waren alle diese Gefahren
mehr in der Einbildung vorhanden.

„Von unserer Lagerstätte auf der Halbinsel — wo eine Menge
Gräber von Engländern deren frühere häufige Besuche bezeugen —
wurde gleich nach Mittag ein Ausflug zu dem nächsten in der
Bucht mündenden Gletscher unternommen und dessen innere Seite
bis zu einer bedeutenden Höhe bestiegen. Größere und kleinere
Spalten, vorherrschend in verticaler Querrichtung, durchschnitten
ihn, oft erheblich lang und einige Fuß breit, so daß man bedeutende Umwege zu machen gezwungen war, wenn nicht hartgefrorene
Schneemassen eine Art natürlicher Brücken bildeten, über welche

man wandern konnte. Freilich mußte das Auge sich erst an den schwindelnden tiefblauen Abgrund, der unter den Füßen gähnte, gewöhnen. Die kleineren Risse und Spalten waren oft bis zu den Rändern mit Wasser gefüllt. Diese Erscheinung zeigt, wie dicht das compacte Gletschereis ist, obwohl es dem äußerst lockern und porösen Schnee seinen Ursprung verdankt.

„Später unternahmen wir noch einen Ausflug zu dem hohen Berge im innersten nordöstlichen Winkel der Bucht gleich neben dem großen Endgletscher, welcher aus fünf mit einander verbundenen Eisströmen entstanden ist und doch keine Spur von Mittelmoränen zur Schau trägt.

„Während wir den vergeblichen Versuch machten, ein unter einem großen Steine befindliches Fuchsloch aufzudecken, ließ der Wächter des Bootes sich verleiten, seinen Posten zu verlassen. Der Gletscher bewegt sich, es stürzt ein großes Eisstück in die See und rührt sie weit und breit auf; die Dünung füllt das Boot zur Hälfte mit Wasser und wirft es auf einen Steinwall am Ufer, so daß das Steuer zerbricht. Die Rückkehr wurde daher um so mehr beschleunigt, als Magdalena schon seit ein paar Stunden in der Mündung des Fjordes sichtbar war. Auf dem alten Ruhe= platze trafen wir mit von Yhlen zusammen, der mittlerweile dort hingekommen, worauf wir uns Alle an Bord begaben."

Wir kehren nunmehr zur Slupe zurück, wo wir sie verlassen, nämlich in dem Sunde zwischen den Norwegischen Inseln. Erst gegen Mittag nahm man Hackluyt's Headland im Südosten wahr, und die Slupe richtete ihren Lauf nach Süden. Der Wind wehte ziemlich frisch aus Ostnordost, aber der Gegenstrom wurde immer stärker, so daß das Schiff weiter in See gehen mußte. Die Luft wurde nebelig, ein Sprühregen hüllte die ganze Landschaft ein und der Wind hörte vollkommen auf. Wir lagen nun ungefähr acht englische Meilen vom Lande entfernt in blauem Wasser, unsere „Arche" stampfte und rollte bei der starken westlichen Dünung, die nassen Segel hingen schlaff herab oder flatterten dann und wann in dem leichten Ostwinde, der uns nur wenig vorwärts=, während die Strömung uns oft lange Zeit hindurch zurückbrachte. Solche Stunden sind an Bord nicht sehr angenehm; und wenn nicht ein= mal die Cajüte gegen den durch das Skylight eindringenden Regen geschützt ist, und der Geruch des Thranes, der Skelete und des

Bodenwassers die Luft verpestet, so ist es am besten, sich in seiner Koje dem Schlafe zu überlassen.

So blieben wir beinahe 24 Stunden auf derselben Stelle, bis endlich am Vormittage des 26. eine nordöstliche labere Brise die Luft zu reinigen und das Segel zu füllen begann. Die Dünung hörte auf, mit ihr das Stampfen der Magdalena, und wir konnten unsere Fahrt fortsetzen.

Wir passirten bald die Kobbe-Bai und South Gat, den Sund zwischen der Dänischen Insel und dem festen Lande, waren am Abende vor Magdalena-Hook und steuerten in den längst ersehnten Hafen. Es dauerte aber nicht lange, so trat wieder vollkommene Windstille ein. Die Bugsirboote wurden ausgesetzt, aber das Wasser strömte aus der Bucht hinaus, so daß wir wenig ausrichteten und daher am Abend mitten in der Oeffnung der Magdalenen-Bai auf zwölf Faden Tiefe Anker warfen. Am folgenden Tage wurde sie dann zu einem bessern Ankerplatz bugsirt, den Kuylenstjerna am nördlichen Ufer, dem westlichsten der Gletscher, welche auf der Südseite des Fjordes herabstürzen, gerade gegenüber gewählt hatte. Das Jagdboot ging sofort unter von Yhlen's Führung in das Innere der Bucht ab. Er besuchte die erwähnte Sandbank, auf welcher das Jahr zuvor zweihundert Walrosse erlegt worden waren, und traf hier mit Blomstrand und dessen Gesellschaft zusammen.

Die Magdalenen-Bai, unter 79° 34' 11'' nördl. Br. und 11° 14' 52'' östl. L. belegen — die Steinpyramide an der Gräberspitze als Standpunkt genommen —, ist ungefähr sechs englische Meilen lang und an ihrer Oeffnung vier, im Innern aber zwei Meilen breit. Der beste Ankerplatz ist der erwähnte englische Hafen, mit gutem Thon- und Sandboden auf neunzehn bis vier Faden Tiefe. Vor der Spitze des Sandriffs liegen zwei Klippen, welche bei niedrigem Wasserstande trocken sind, mitten in der Bucht aber eine Schär, Vogelö genannt. Von dem Bergzuge, welcher im Norden den Einlauf der Bucht begrenzt, tritt ein kleines Vorgebirge heraus, das sich in einer von Westen nach Süden gehenden Untiefe fortsetzt. Eine halbe englische Meile gerade im Norden von Magdalena-Hook, der westlichsten Spitze des Südufers, liegen drei kleine Klippen. Im Uebrigen ist das Fahrwasser frei von Schären, und die durchschnittliche Tiefe am Lande beträgt zehn bis sechsundzwanzig, weiter nach dem Gletscher am Ende der Bit aber bis achtzig Faden.

Der Fjord ist vorzugsweise bekannt von Buchan's und Franklin's Aufenthalt daselbst im Jahre 1818 und dem der französischen Expedition unter Gaimard 1839. Wir waren während der beiden Tage unserer Anwesenheit von dem herrlichsten Wetter begünstigt; es war ruhig und klar; die Temperatur stieg bis +11° C., sank aber in den Nächten, wenn die Sonne hinter die Berge trat, auf +5° C. Die Jagd- und Dreggboote hatten gleichwohl geringen Erfolg; auf dem vorherrschenden Steinboden fand man nichts Außergewöhnliches, und der feine Thon von den tiefsten Stellen erwies sich als sehr arm. Besser fiel ein Versuch mit dem Fischerneße aus, den von Yhlen machte; die großen schönen Gründlinge, welche er an Bord brachte, benahmen uns die langgehegte Vorstellung von der Armuth dieser Gewässer an Fischen. Das Land und die Berge gaben reichlich Gelegenheit zu interessanten Ausflügen, von denen nur eine Bergbesteigung genannt werden mag, welche Blomstrand in Gemeinschaft mit Smitt und Dunér unternahm. Er hatte bei einer früheren Excursion sich zuvörderst mit der ganzen Situation und dem Wege, auf welchem man allein die Spitze des hohen Magdalena-Hook-Berges — unter welchem wir vor Anker lagen — erreichen konnte, bekannt gemacht. Nachdem sie den erwähnten mächtigen Strandwall und das Plateau dahinter passirt hatten, bestiegen sie den eigentlichen Berg, erst über Gerölle, sodann aber in einer schmaleren Spalte, auf beiden Seiten von senkrecht aufsteigenden, wilden Bergwänden eingeschlossen, in welcher sie bis zur Spitze des Berges gelangten.

In fünfzehnhundert Fuß Höhe wird der Granit von einer ungefähr dreihundert Fuß mächtigen Schicht krystallinischen Kalkgesteins durchsetzt. Der Granit war überall zerbrochen und zersprengt, der Kalk dagegen weniger angegriffen, weßhalb man auch in dem Gerölle am Fuße des Berges selten einen Kalksteinblock antrifft. Die Spitze des Berges wird von einem kleinen, ziemlich ebenen, etwas nach Westen abfallenden Plateau gebildet, das im Norden und Süden, wo der Aneroidbarometer eine Höhe von 2,310 Fuß angab, ungefähr 24 Fuß breit ist. Einen Theil dieses Plateaus nahm eine kleine niedrige Schneebank ein, im Uebrigen war es, wie fast der ganze Felsabhang, auf welchem die Besteigung erfolgte, vollkommen schneefrei und von einer Schicht

loſer Steine bedeckt. Dieſes fand ſogar bei den anderen dreien, ſo
gut wie ſenkrecht abſtürzenden, Bergſeiten Statt, welche nament=
lich höher hinauf einer äußerſt ſtarken Zerſprengung und Zer=
ſplitterung ausgeſetzt ſchienen.

Die Ausſicht von oben war großartig und gewaltig. Im
Süden, auf der andern Seite des Fjordes, breitet ſich eine zu=
ſammenhängende Eismaſſe aus, aus welcher keſſelförmig gruppirte,
zackige Granitrücken, nach Art der Zäune auf einer ſchneebedeckten
Ebene, hervorragen. Die fernſten erheben ſich nur noch mit ihren
Spitzen über den weißen Grund, während die näheren, durch
größere oder kleinere Zwiſchenräume von einander getrennt, nach
dem Fjorde abſtürzen und die Eismaſſen — welche dem Beſchauer
unten nur in deren einzelnen Abflüſſen, den Gletſchern, ſichtbar
werden — begrenzen. Mitten über der Eis= und Gebirgsmaſſe, zur
Linken von der höchſten Bergſpitze, ſchimmert ein Streifen des
tiefblauen Meeres, dahinter aber die prachtvolle Reihe der Berg=
ſpitzen von Prinz Charles Vorland herüber.

Nach Südoſten zu bildet die Tiefe des Fjordes die Haupt=
ſache. Wie eine Karte liegt er vor dem Auge des Beſchauers da.
Nur die Berge, welche den Endgletſcher der Bucht umſtehen, offen=
baren denſelben Charakter wie die eben beſchriebenen; die dahinter
liegenden deuten durch ihre Geſtaltung wie die im Sonnenſcheine
deutlich hervortretende rothe Farbe auf eine ganz andere Formation
hin. Diejenigen Berge, welche im Norden den Fjord begrenzen
und den Vordergrund bilden, haben, obwohl ſie der Granitformation
angehören, ein von den Bergen im Süden ganz verſchiedenes Aus=
ſehen, indem die Pyramidenform vorherrſcht und die Keſſel=
geſtalt nur nebenbei auftritt. Von mehreren der niedrigen Berg=
rücken, welche von der Höhe, darauf wir uns befinden, nach
dem Innern des Fjordes fortlaufen, ſteigen nach beiden Seiten
Gletſcher herab, für welche die Bezeichnung als „Sattelgletſcher‟
vortrefflich paßt.

Die vielleicht reichſte und mannigfaltigſte Ausſicht bietet die
Höhe nach Oſten und Nordoſten dar: ein vollkommenes Chaos
von Rücken und zackigen Kämmen, verbunden, oder von einander
getrennt, je nachdem man es will, von weiten nach allen Richtungen
herabhängenden Eisfeldern. Rothe und hellgelbe Berge nehmen
den ganzen Hintergrund des Gemäldes ein. Im Norden zieht

sich zuletzt der Archipel des Nordwestlandes hin, dessen mehr
kuppenförmige Berghäupter sich wesentlich von den wilden charak=
teristischen Formen des Granits unterscheiden, bis zuletzt der Blick
auf der endlosen Wasserfläche des Meeres ausruht, nur hier und
da von einem schneeweißen Bande unterbrochen, auf welchem das
freundliche Licht der Mitternachtssonne gleichsam concentrirt er=
scheint, während das Meer in seiner unmittelbaren Nähe doppelt
dunkel und unheimlich blickt.

Wir errichteten auf dem Berge einen zehn Fuß hohen Varde,
welcher unten drei Ellen im Durchmesser hatte, und legten zu
oberst zwischen einige flache Steine ein Stück Papier mit unseren
Namen, Datum und Jahreszahl.

Auf den Abhängen des Berges hatten wir die beste Gelegen=
heit, eine Menge von Pflanzen zu sammeln, von denen viele nur
unmittelbar unterhalb des obersten Plateaus, also in einer Höhe
von 2,500 Fuß über dem Meere, wuchsen, so z. B. Cochlearia
fenestrata, Cerastium alpinum, Luzula hyperborea und einige
Arten Saxifragen. Weiter unten, besonders wo das lose Geröll
nicht hindernd in den Weg trat, befanden sich zwischen den Stein=
blöcken kleine weiche Teppiche von der Polarweide, Alsine biflora
und verschiedenen Gräsern. Aus dem Gerölle erhob sich, bisweilen
fußhoch, die seltene Saxifraga hieraciifolia und Pedicularis hirsuta
mit ihren röthlichen Blumenähren, abwechselnd mit gelben Ranunkeln
und der hochrothen, zarten Silene acaulis. Die mächtig treibende
Sonne des hohen Nordens hatte manche Blume bereits verblühen
und welken lassen, aber auch mehrere Draben und die hier seltene
Arabis alpina zur Blüthe gebracht und die Frucht entwickelt; eine
Mahnung für uns, daß der Herbst nahe sei. Hoch oben wuchs
Erigeron uniflorus, die schöne Pflanze, welche zwischen Moos und
Gras ihre purpurfarbigen, innen gelben Blüthen — von denen
nur erst wenige aufgebrochen — verbarg, woraus wir entnehmen
konnten, daß die Sonne noch lange nicht ihr Werk für diesen
Sommer vollendet hatte.

Der Schnee auf dem Plateau befand sich in dem Zustande
der Auflösung; von der Spitze des Berges bis zu seinem Fuße
rannen und murmelten kleine Rinnsale, oft von einem lebhaften,
aus Moos, Saxifraga rivularis, Stellaria Eduardsi und ein paar
Arten Poa gebildeten grünen Saume eingefaßt. Es verdient Be=
achtung, daß die Vegetation mit der Höhe über dem Meere nur

sehr unbedeutend abnahm, so daß alle Pflanzen, welche in der
Nähe des Meeresstrandes wuchsen, auch noch bei 2,000 Fuß Höhe
vorkamen. Das anhaltende Sonnenlicht und der geringe Unter=
schied in der Temperatur ist offenbar der Grund für diese Er=
scheinung. Daher erscheint es ganz ungeeignet, hier von einer Schneegrenze zu reden, obwohl man sonst gewöhnlich annimmt, daß sie
bis zum Niveau des Meeres reiche.

Die großen Granitblöcke und Steinfragmente, welche den eigen=
thümlichen Strandwall bilden, von dem die Gebirge an der
Meeresküste beinahe überall begrenzt werden, ist mit der üppigsten
Vegetation von Moosen und Flechten bedeckt. Der graue, oft sechs
Zoll dicke Teppich besteht zum größten Theile aus Flechten:
Sphaerophoron fragile und Cladonia gracilis, Stereocaulon
paschale, Cetraria islandica (isländisch Moos), Bryopogon juba-
tum, Alectoria thulensis, Umbilicaria arctica, Solorina crocea
und vielen anderen. Von Mosen fand man: Racomitrium lanuginosum mit neun Zoll langen Stengeln, Encalypta rhapto-
carpa, Gymnomitrien und Bryen, Polytrichum alpinum und
Dicranum fuscescens u. s. w., welche sämmtlich bereits Körner
ansetzten. — —

Kuylenstjerna hatte während unseres Ausfluges auf dem
Gräbervorsprunge einen Varde errichtet und darin Nachrichten für
Torell niedergelegt.

Den 29., bei dem herrlichsten Wetter, wanden wir den Anker
herauf. Eine Wolkenbank im Westen zeigte, daß auf dem Meere
ein frischer Wind wehe, während bei uns in der Bik vollständige
Windstille herrschte; wir kamen indessen mit Hülfe der Strömung
und der Bugsirboote doch heraus. Hier blies eine labere, nörd=
liche Brise, wir hatten eine gute Fahrt und befanden uns bald
mitten vor den „Sieben Eisbergen“, wo Blomstrand an's Land
ging. Gegen Abend hörte der Wind auf; die Magdalena trieb
hierhin und dorthin und stampfte bei der aus Westen kommenden
starken Dünung.

Die „Sieben Eisberge“, wie die Karten die Küstenstrecke
zwischen der Magdalenen= und Croß=Bai bezeichnen, bilden eine
einzige Reihe der gewaltigsten Gletscher, von denen einer mindestens
eine halbe Meile breit ist. Man kann eigentlich sagen, das ganze
Land sei mit Eis bedeckt, aus welchem nur hier und da einzelne
Bergspitzen aufragen.

18*

Wir nahmen unsern Weg längs einem dieser Gletscher gegen eine der besonders in's Auge fallenden Bergspitzen hin, welche nach unserer Ansicht die Hamburger Bai begrenzte. Wir fanden indessen später, daß es das bekannte Cap Mitra, die Bischofsmütze sei — nach seiner eigenthümlichen Doppelspitze so benannt —, welche Scoresby, der nur wenige Male hier an's Land gegangen, bestiegen hat. Wie er erzählt, mußte er sich oben, um sich zu halten, auf den Bergkamm wie ein Reiter setzen. Die unbedeutende Bucht, welche von dieser Bergspitze im Süden und dem großen Gletscher im Norden gebildet wird, blieb schließlich das Ziel für Blomstrand's Excursion, auch wurden die ringsum belegenen Berge näher in Augenschein genommen.

Das aus sehr charakteristischen Gneis= und Glimmerschiefer= bildungen bestehende Gestein gab zu erkennen, daß wir über die eigentliche Granitregion, von welcher man annehmen kann, daß sie gleich südlich von der Magdalenen=Bai aufhöre, schon hinaus waren. Irgend eine bestimmte Grenze kann man zwischen den beiden Bildungen indessen nicht ziehen, denn schon auf Amsterdam= Eiland und der Dänen=Insel beginnt der Granit eine mehr oder weniger gneisartige Structur anzunehmen. Die Form der Berge ist indessen von derjenigen des eigentlichen granitischen Gebietes sehr verschieden; die Berge treten weniger isolirt auf, langgestreckte Gebirgsrücken kommen häufiger vor, während die Kesselform mehr zurücktritt. Die Gebirgskämme sind nicht mehr so wild zerrissen, und das verhältnißmäßig viel geringere Steingerölle am Fuße der Berge giebt zu erkennen, daß der Gneis und die ähnlichen Gebirgs= arten dem Einflusse des Frostes und der Kälte besser zu wider= stehen vermögen.

Im Anschlusse hieran dürfen wir wohl noch Einiges über die Hauptform der Granitbildung, welche kurz vorher als Kesselform charakterisirt ist, mittheilen. Man hat darunter eine größere isolirte, schalenartig ausgehöhlte Bergmasse zu verstehen, mit zacken= und cirkelförmig gestellten Bergwänden, welche nur an einer Seite ge= öffnet sind, um dem in dem Kessel angesammelten Eise einen Aus= fluß zu gestatten. Beim flüchtigen Anblick erinnern diese Berg= formen unwillkürlich an eine Kraterbildung, und es ist nicht eben schwer, Gründe für ihren vulkanischen Ursprung zu entwickeln, so unberechtigt diese Annahme auch bei einer näheren Untersuchung erscheinen muß. Bei dem schönen kesselförmigen Berge bei Foul

Point beſtand nämlich ſowohl die Moräne, welche von dem Gletſcher
aus dem Innern kam, als auch der größere Theil des davor auf
dem Flachlande befindlichen Gerölles, ſo gut wie ausſchließlich, aus
einem feinkörnigen grauen Granit, während die umgebenden Fels=
wände aus Gneis und ſchieferartigem Geſtein gebildet waren.
Man fand ſich verſucht, anzunehmen, es habe hier einmal eine
mächtige Graniteruption ſtattgehabt. Es muß aber offenbar das
Auftreten der verſchiedenen Geſteine als ganz zufällig angeſehen
werden. Die Erſcheinung beruht auf dem zerſtörenden Einfluſſe
des Eiſes und des Froſtes, welchem das ſchieferartige Geſtein eine
größere Widerſtandskraft entgegen zu ſetzen vermag. Eine zu=
fällige Aushöhlung des Berges iſt die Veranlaſſung geweſen, daß

Küſte des feſten Landes bei der Smeerenberg-Bai.   Granit.

ſich darin ein Gletſcher gebildet hat, und infolge deſſen die Keſſel=
form. Aehnliche Keſſelberge kommen übrigens ſehr häufig vor,
nicht blos bei der Magdalenen=, ſondern auch der Smeerenberg=
Bai, auf dem feſten Lande gerade über der Norwegiſchen Inſel,
auch an der Weſtſeite der Grey=Hooks=Kette bei der Liefde=Bai und,
wie ſchon früher erwähnt, tief am Ende des weſtlichen Armes der
Wijde=Bai, ſo daß es den Anſchein hat, es ſei nicht einmal der
Granit eine nothwendige Vorausſetzung für das Vorkommen von
dergleichen Formen. —
    Am folgenden Tage, den 30. Juli, lag das Schiff noch auf
derſelben Stelle, und erſt gegen Abend begann eine Briſe aus
Südweſten unſere Segel zu füllen. Obwohl wir alſo Gegenwind
hatten, waren wir doch mit der Beendigung der unſere Geduld
auf die Probe ſtellenden Windſtille einverſtanden.

Endlich, am 31. Juli, wehte ein mehr gleichmäßiger, nörd=
licher Wind. Wir umsegelten Abends das rothe, eigenthümlich
gebildete Vorgebirge Mock=Hook, welches im Norden die Mündung
der Croß=Bai, darin wir nunmehr einfuhren, begrenzte. Die aus
der Bucht kommende starke Strömung nöthigte uns, am Abend
bei dem nördlichen Ufer Anker zu werfen.

Vierzehntes Kapitel.

Croß- und Kings-Bai.

Sobald der Anker gefallen, waren wir zu neuer Arbeit bereit. Das Boot wurde hinabgelassen und wir begaben uns mit Büchse und Mappe an's Land, um wieder eine unbekannte Küste zu betreten, über Steinfelder zu klettern und ein paar Blumen zu pflücken. Die Flora war nicht reicher als in der Treurenberg=Bucht, aber der Eifer und die Lust, etwas zu sammeln, durch die unfreiwillige Muße der letzten drei Tage bedeutend geschärft.

Gleich über dem Strande, einer senkrechten, fünfzig Fuß hohen Bergwand, erhebt sich das Land zu einem mit kleinen, scharfkantigen Steinen bedeckten Plateau, wie es überall, wo ein hartes Schiefer=gestein vorherrscht, der Fall ist. Während unserer Wanderung kamen wir zu einer größeren, von Südwesten nach Nordosten gehen=den Kluft, wo wir die geologischen Verhältnisse leichter untersuchen konnten. Auf der Nordwestseite dieser Kluft lag zuoberst eine Schicht von Kalk, darunter wechselten Quarzit mit Thonschieferlagen ab. In den letzteren zeigten sich eigenthümliche Grotten, welche einen Zug von Poesie in dieses im Uebrigen so prosaische Steinmeer brachten. Wir traten in eine derselben ein, über eine Schneewehe, durch ein drei Klafter hohes Thor schreitend, vor Kälte schauernd. Drinnen brach sich das Tageslicht an den Eiskrystallen, womit die dunkeln, feuchten Wände bedeckt waren, in wechselnden Farben. Weiter nach innen im Halblichte zeigten sich stalagmitenartige Eisbildungen, und wir standen eine Weile bewundernd vor den regelmäßigen, seltsamen Gestaltungen. Draußen herrschte der tiefste Frieden der

hellen Sommernacht; von einem Thierleben ließ sich nicht das Ge=
ringste spüren.

Auf der Rückfahrt lächelte uns das Glück, da wir hier zum
ersten Male in Spitzbergen auf das Schlangengras — Cystopteris
fragilis — stießen. Es war ein interessanter Fund. Aber trotz
aller unserer Aufmerksamkeit gelang es uns doch nur zwei kleine
Exemplare zu entdecken. Mittlerweile war es Mitternacht geworden;
Magdalena hatte ihre Flagge an dem Topmast aufgehißt: — also
an Bord! — und bald lagen wir Alle in tiefem Schlafe.

Wir fuhren weiter, in der Absicht bei dem niedrigen Vor=
sprunge am Strandwalle einen sichern Ankerplatz zu suchen, aber
der Wind war schwach und das Bugsiren brachte uns erst am
Morgen des 1. August zu der erwünschten Stelle. Wir warfen
auf 2½ Faden Tiefe, und zwar auf moorigem Grunde Anker. Der
Vorsprung besteht aus einem ungefähr vier Fuß hohen, aus Steinen
und Gerölle gebildeten Riffe, welches eine ziemlich große und zwei
Faden tiefe Lagune einschließt, zu der man von Norden durch eine
enge Oeffnung gelangt. Ihr Boden trägt eine ungewöhnliche
Menge von Algen, zwischen denen viele Kroppfische leben, nebst
ein paar Arten Schnecken, Krebsen und Seesternen. Ganz in der
Nähe des südlichen Strandes findet man die Ruinen einer Hütte
und daneben einige Gräber. Im Nordosten der Lagune ist der
eigentliche Hafen, ein großer, durch das Riff und den flachen Strand
gebildeter Halbkreis, aus welchem einzelne Spitzen vortreten. Die
nördlichste derselben wurde am Ende des vorigen Jahrhunderts von
den Holländern als Begräbnißplatz benutzt. Ihre Lage ist 79°
16′ nördl. Br. und 11° 57′ östl. L.

Erst hinter der Gräberspitze, welche die Aussicht vom Hafen
aus fast ganz begrenzt, öffnet sich der eigentliche Fjord, welcher
zwar kaum länger als eine schwedische Meile, aber in mehr als
einer Hinsicht einer der interessantesten Fjorde ist, welchen wir be=
sucht haben. Wie Wijde-Bai, an welche er in gewissem Sinne
erinnert, wird er von einem hohen Gebirgskamme (gewöhnlich
Midterhuk genannt) in zwei Arme getheilt, welche von der Rich=
tung des Hauptfjordes wenig abweichen, während von der Midter=
huk noch ein kleiner Arm sich nach Osten erstreckt. Diese drei=
theilige Gestalt hat dem Fjorde wahrscheinlich die Bezeichnung
Croß-Bai oder Kreuzbucht — norwegisch Krybs-Bai — verschafft.
Auf seiner Westseite herrscht ein bröckliger hellgelber Kalkstein

vor, abwechselnd mit dünnen Schichten eines harten Quarzit. Er
tritt meist in mehr oder weniger unregelmäßigen, pyramidalisch
gestalteten einzelnen Bergen, mit gerablinigen Contouren auf.
Oestlich vom Fjorde sind dagegen Kieselschiefer und krystallinischer
Kalk die vorherrschenden Gesteine, welche der Gestaltung der Berge
daher auch einen ganz andern Charakter verleihen. Die schwarzen,
scharfgepackten Quarzitberge, in langen parallelen Ketten aneinander
gereiht, abwechselnd mit helleren, unregelmäßig abgeschliffenen Kalkbergen, geben ein solches Bild des Schichtenwechsels im Großen, wie
man es wahrzunehmen selten Gelegenheit haben möchte; zugleich
bilden sie mit ihren von allen Abhängen niederhängenden, oder bis
zum Meere herabsteigenden Gletschern die prachtvollste Landschaft.

Dieser Reichthum an Gletschern ist es, was der Croß=Bai
ihren Hauptreiz verleiht, und sicher würden wenige Punkte auf
Spitzbergen eine gleich gute Gelegenheit darbieten, um ihre Phänomene zu studiren. Vor allen ist es der große Gletscher am
Ende des nordwestlichen Armes, welcher sich die Aufmerksamkeit
des Beschauers erzwingt, lange bevor man ihn zu Gesichte bekommt,
und zwar durch die selbst hier unerhört großen Eisblöcke, welche
ununterbrochen aus dem Fjorde am Ankerplatze vorbeikommen
und ihren Weg nach dem offenen Meere nehmen. In ihrer Höhe
von 40 bis 50 Fuß über dem Wasserspiegel und ihrer Länge und
Breite von 150 bis 200 Fuß können sie mit Recht als wahrhafte
Eisberge bezeichnet werden, mit denen die von den Gletschern in
Wijde=Bai, Magdalenen=Bai, den Sieben Eisbergen u. s. w. losgebrochenen Eismassen auch nicht den entferntesten Vergleich aushalten.

Es wurden zwei längere Bootfahrten nach dem Innern des
Fjordes unternommen, um womöglich in der Nähe diesen großen
Gletscher zu untersuchen. Ueber den ersten, am 2. August von
Blomstrand, Dunér und von Yhlen unternommenen Ausflug be-
richtet einer der Theilnehmer wie folgt:

„Heftige, aus dem Innern des Fjordes kommende Gebirgswinde machten die Fahrt schon an und für sich ziemlich abenteuerlich. Sie wurde es um so mehr, als stellenweise beinahe der
ganze Fjord von schwimmendem Gletschereise bedeckt war. Wir
passirten es indessen glücklich, obwohl das Boot sich einmal in der
großen Gefahr befand, auf einen Eisberg zu rennen, welcher bei
der schnellen Fahrt und vom Segel verdeckt unserer Aufmerksamkeit

entgangen war. Nicht im Stande, Midterhuk zu erreichen, wohin
wir unsern Cours gerichtet hatten, steuerten wir auf gutes Glück
nach der östlichen Küste. Die Brandung machte es unmöglich, an
Land zu steigen; indem wir aber mit großer Anstrengung längs
dem Strande gegen Wind und Wellen ruderten, erreichten wir
endlich den nach Osten einschneidenden kleineren Fjordarm, der
gegen den Wind geschützt war und nunmehr zu unserm Ziele er=
wählt wurde. Indem wir uns fast einundzwanzig Stunden in
diesem kleinen schönen Fjord mit seinen prächtigen Bergen und
zahlreichen Gletschern, welche an die Magdalenen=Bai erinnerten,
aufhielten, hatten wir Zeit genug, seine Umgebungen und besonders
die Gletscher in Augenschein zu nehmen.

„Von der Höhe des in der Richtung des Fjordarmes fort=
laufenden Gebirgsrückens hatten wir einen vortrefflichen Ueber=
blick. Im Nordwesten lag der große Endgletscher mit seinen ge=
waltigen Eisbrüchen frei vor unserm Blick; nur daß ein kleiner
Theil von dem vortretenden Midterhuksgebirge, welches, obwohl
es mit dem festen Lande zusammenhing, oder wenigstens davon
durch Wasser nicht getrennt war, von hier gesehen als eine isolirte,
in der Richtung des Fjords streichende, bedeutende Gebirgsinsel
erschien. Zu unserer Rechten, am Ende des östlichen Fjordarmes,
breitete sich eine unerhörte Eisfläche aus, welche weit von Osten
her kommend, — wenn auch nach innen zu von den hohen
Strandgebirgsketten und nach Norden von den zerstreut auf=
schießenden Bergspitzen verdeckt — diesem Fjordarm vorbei, im
rechten Winkel zu seiner Richtung, sich hinzieht, und, ohne von
Midterhuk aufgehalten zu werden, erst weiter im Westen ihren
eigentlichen Abfluß hat. Vor unseren Augen liegt unter uns der
kleine Fjordarm mit seinen steilen Quarzitbergen und den deutlich
erkennbaren Eismassen, welche von dem Endgletscher und dessen
schönen Umgebungen kommen. Nach Süden, auf der andern
Seite der Höhe, trifft der Blick auf die Berge und Gletscher an
der Südseite der Kings=Bai; weiter, zur Rechten von den fernen
Bergen des „Vorlandes", welche aber die Aussicht begrenzen,
steigt an der Fjordmündung, von demselben Kalkgebirge, an
welchem auch in der Nähe unseres Ankerplatzes ein Gletscher
herabhängt, ein anderer mächtiger Gletscher zum Meere hernieder.

„Der Bergrücken, von welchem uns diese Aussicht zu Theil
wurde, besteht aus Glimmerschiefer, durchschnitten von breiten

Bändern eines weißen, körnigen Kalks. Unter den Geschieben befanden sich große Blöcke feinkörnigen Granits, welche von weit entfernten Gegenden herrührten und aus jener Zeit stammten, als die Gletscher eine weit größere Ausdehnung als gegenwärtig hatten.

„Um neun Uhr Abends traten wir unsere Rückreise an. Der Wind hatte zwar etwas nachgelassen, war indessen noch immer so stark, daß wir uns seiner nur zur Heimkehr bedienen durften. Wir segelten mit dem guten Ballast und doppelt gereeften Segel vortrefflich, bis wir den östlichen Fjordarm verließen und nun mit den Rudern uns durch die dichten, schwimmenden Gletschereismassen hindurch zu arbeiten gezwungen waren. Wir kamen zwar glücklich davon, doch hätte ein kleines unerwartetes Abenteuer bald schlimme Folgen haben können. Von Yhlen, der es übernommen, an der Spitze des Bootes auszuschauen, ruft plötzlich: „Geschwenkt! Eis dicht vor uns!" Kaum ist dieses gesagt und das Boot demgemäß gelenkt, so werden wir von einem heftigen Stoße überrascht und zugleich von einem Sturzregen überschüttet. Eine gewaltige Schwanzflosse, die dicht an unserm Boote ein paar Augenblicke in der Luft erschien, ließ uns über den Grund dieser Erscheinung nicht lange im Unklaren. Ein großer Weißwal (je älter, desto heller wird er) hatte wahrscheinlich im Wasser geschlafen, und wir waren — Dank von Yhlen's Aufmerksamkeit — der unmittelbaren Berührung mit ihm zwar entgangen, ihm aber doch schon nahe genug gekommen, um ihn in seinem behaglichen Schlummer zu stören. Hätte der Wal bei seinem plötzlichen Sprung in die Tiefe sich nur einige Zoll dem Boote näher befunden, so würden wir ihm vielleicht sämmtlich Gesellschaft geleistet haben. Aber die Gefahr war mit ihrem Eintritt auch vorbei, und das kleine Abenteuer bildete nur eine neue Episode in dieser in vielen Beziehungen so interessanten Excursion, bei welcher es uns freilich nicht gelungen war, den großen Fjordarm zu erreichen und zu untersuchen.

„Bei einem neuen Ausfluge am folgenden Sonntagsabend konnten wir wenigstens bis zur Midterhuk und dem nordöstlichen Hauptarme gelangen, aber Wind und Eis hinderten uns auch diesesmal an der Erreichung des großen Armes.

„Zufällig besuchten wir noch einmal den früheren Lagerplatz in dem kleineren Fjordarme. Während unseres dortigen Aufenthaltes, welcher eigentlich nur auf ein paar Stunden berechnet war, hatten wir sogar die Verwegenheit, daß von einem Gletscherbache gebildete Eisthor eines bis zum Meere niedersteigenden Gletschers zu besuchen, — ein allerdings lange gehegter Plan — um hier in größter Nähe die so interessanten Phänomene zu studiren. Ich brauche kaum zu sagen, daß die Situation auf einem brausenden Strome unter einer Eiswölbung eigenthümlich genug war. Der Versuch lief indessen glücklich ab. Eine Weile nachdem wir aus dieser Eisgrotte zurückgekehrt, setzte eine von dem Gletscher herab- stürzende Eismasse das Wasser des Fjordes in solche Bewegung, daß unser Boot, obwohl weit auf das Land gezogen, beinahe ver- loren ging. In der That eine ernste Mahnung!

„Der nordöstliche Fjordarm endigte mit so flachem Wasser, daß wir den letzten Theil desselben zu Fuß neben den Midterhuks- bergen passirten. Der Versuch, sie zu besteigen, um wenigstens von oben einen Blick auf den großen Gletscher zu erhalten, blieb fruchtlos, da überall kleinere Gletscher die Zwischenräume der steilen Felsabhänge einnahmen. In einem größeren dieser Gletscher — eigentlich ein nur weit hinabgehender Hänggletscher — gestattete eine eigenthümliche klaffende Spalte ein Ende hinein freien Zu- gang, bis der Weg von einem Eisblock gehemmt wurde, über welchen ein Bach strömte, der in der engen, auf allen Seiten ge- schlossenen, dunkelblauen Eiskluft den prachtvollsten Wasserfall bildete.

„Sowohl auf der Hin= als auch der Rückfahrt besuchten wir den am weitesten nach Norden vortretenden Theil der Midterhuk. Es ist eine in vieler Hinsicht interessante Bergspitze. Ihre kühnen Formen würden ein dankbarer Vorwurf für einen Maler sein. Die zahllosen Vogelschaaren, welche in den senkrechten Felswänden brüteten, — der Vogelberg bei Flat=Hook erschien im Vergleich mit ihm ganz unbedeutend — verfehlten nicht die Augen der Zo= ologen zu bezaubern; aber auch der Botaniker fand schließlich sich zufrieden gestellt durch die unglaublich reiche und saftige Vegetation, welche die Abhänge vor den Vogelcolonien bedeckte, wo auch der Landwirth — wenn es dessen heutzutage noch bedürfte — den be= deutenden Nutzen des Vogelguanos kennen lernen könnte. Außer ihrer in der That erstaunlichen Ueppigkeit bot hier die Vegetation noch manches Andere von speciellem Interesse, zum Beispiel die für Spitzbergen neue Pflanze Ranunculus arcticus.“

Obwohl alle Versuche, den großen Gletscher in der Croß-Bai zu erreichen, fehlschlugen, so ist er, als vor allen hervorragend, doch so oft genannt worden, daß wir nothwendig seine, im Vergleich mit den anderen von uns besuchten spitzbergischen Gletschern eigenthümlichen Verhältnisse zu erklären uns bemühen müssen. Man möchte den Grund für die gewaltigen Dimensionen der losgebrochenen Eisstücke einfach darin finden, daß der Gletscher überhaupt größer als gewöhnlich ist und demgemäß auch die in's Meer niederfließende Eismasse. Ein Blick auf die Karte zeigt indessen sofort, daß nach der Croß-Bai durchaus nicht so große Eisfelder ihre Abflüsse niedersenden als anderswo, zum Beispiel nach der Wijde-Bai. Der Grund kann also nur in der größeren Tiefe des Fjordes, in welchen der Gletscher mündet, gefunden werden. Ueberhaupt darf man annehmen, daß auf Spitzbergen von den großen im Meere endenden Eisfeldern die bei Weitem meisten auf dem Meeresgrunde, also auf fester Unterlage ruhen, weßhalb für gewöhnlich auch immer nur kleinere Stücke losbrechen. Ist dagegen das Wasser so tief, daß er nicht bis zum Grunde reicht, sondern gleichsam auf dem Wasser schwimmt, so können auch viel größere Eismassen mit einem Male abbrechen. Daher die gewaltigen Eisberge, welche aus den tiefen Fjorden Grönlands hinaus in's Meer segeln; daher auch die mit ihnen in gewissem Grade zu vergleichenden Eismassen, welche in und vor der Croß-Bai schwammen. Die Tiefe der letzteren bestimmten unsere Zoologen aber auf 250 Faden, was alle anderen uns bekannten Tiefen auf Spitzbergen bei Weitem übersteigt. Wenn man also in diesem Theile des hohen Nordens so selten von Eisbergen redet, so beruht dieses nicht auf der Kleinheit der Gletscher und der geringen Ausdehnung des Binneneises, sondern ganz einfach auf der flacheren Bodengestaltung der Küsten. Die größeren Eismassen der Croß-Bai erreichen wahrscheinlich nie die offene See, indem sie viel zu tief liegen, als daß sie über die Untiefen an den Küsten hinweg könnten. Sie bleiben vielmehr hier zurück in der Gestalt des sogenannten Grundeises.

Früh am Morgen des 8., nach einer kalten Nacht, lichteten wir wieder die Anker. Die schwache Brise aus Nordosten hörte bald auf, es wurden daher die Bugsirboote ausgesetzt. Wir waren aber noch nicht aus dem Hafen gekommen, als wir merkten, daß die Magdalena stille stand, obwohl die Leute in den Booten ihre

Kräfte nicht sparten. Wir waren auf ein Riff, eine flache Stein=
bank, gerathen, über welcher das Wasser nur sieben Fuß hoch stand.
Der Versuch, uns an einem Tau in's tiefere Wasser zu holen,
schlug fehl, und die Fluth war noch immer im Fallen. Endlich,
gegen elf Uhr Vormittags, begann dieselbe wieder zu steigen, eine
halbe Stunde später waren wir flott und bereit unter Segel zu
gehen, sobald sich ein Lüftchen erheben werde. So lagen wir biß
zum Abende; es erhob sich ein frischer Südwest, der uns trübe
Luft und Sprühregen brachte; die Segel wurden aufgezogen und
wir lavirten aus der Croß=Bai hinaus. Da aber vom Vorlands=
sunde aus schwerer Wogengang in die Bucht drang, konnten wir
erst um Mitternacht in die Kings=Bai wenden. Der Wind nahm
bei anhaltendem Regen mehr und mehr zu, die Segel wurden ver=
ringert, und da der Strom aus dem Fjorde kam, so gewannen
wir durch Kreuzen nicht viel. Gegen den Morgen hin nahm der
Wind ab und am Mittage trat vollständige Stille ein, die uns
wieder zum Bugsiren zwang. Erst um vier Uhr Nachmittags
kamen wir zum Lande und ließen den Anker an dem Südstrande
des Fjordes, hinter einem Sandriff, das eine Lagune umschloß,
fallen. Vom Vorlandssunde aus begann der Wind wiederum hohe
Wellen in unsern Hafen zu treiben, weshalb wir auch den zweiten
Anker auswarfen.

Die Kings=Bai hat ungefähr dieselbe Größe wie die Croß=
Bai, und mit dieser dieselbe Mündung. Auch die geologischen
Verhältnisse stimmen in der Hauptsache überein, wenn auch die
Gruppirung der verschiedenen Bergpartien in Folge der Richtung
des Fjordes eine etwas andere ist. Auf der Südseite, näher der
offenen See, erheben sich hohe kegelförmige Kalkberge von der=
selben Art wie am Weststrande der Croß=Bai. Der am weitesten
vorspringende ist die den Schiffern wohlbekannte Quad=Hoek.
Weiter nach innen folgen schwarze Schieferberge. Die größeren
einzelnen Bergmassen sind von einander durch Gletscher und von
dem Meere durch ein flaches Band getrennt, welches längs dem
Strande um den ganzen Fjord läuft. An der Nordseite erkennt
man die parallel laufenden Bergketten des Oststrandes der Croß=
Bai, aus welchen, ungefähr in der Mitte des Fjordes, eine hohe
Spitze aufragt, an deren Rücken sich ein verhältnißmäßig un=
bedeutender Fjordarm befindet. Das Ende des Fjordes wird schließ=
lich in seiner ganzen Breite von einem mächtigen Gletscher ein=

genommen, von dem man sagen kann, daß er durch die niedrige
Felskette in der Mitte in zwei getheilt werde, da hinter derselben
sich Alles zu einem einzigen Gletscherbette zusammenschließt. Aus
diesem erheben sich, ziemlich weit vom Strande, die eigenthümlich
gestalteten, isolirten Bergspitzen, welche unter dem Namen „Drei
Kronen" die Kings=Bai von Alters her berühmt gemacht haben.
Eigentlich ist es eine Gebirgsgruppe, aus welcher die drei Spitzen
blos hervorragen und mit ihrer bestimmt ausgeprägten Kegelform
dem Ganzen diesen Namen verleihen.

Aus Professor S. Lovén's Tagebuch seiner Reise nach Spitz=
bergen entnehmen wir folgende, das Innere dieses Fjordes be=
treffende Aufzeichnungen. Es war am 24. Juli 1837. An dem
Nordstrande der Croß=Bai, auf welchem man drei Jahre vorher
über tausend Walrosse angetroffen, von denen infolge der Un=
geschicktheit der Harpunirer indessen nur dreihundert erlegt wurden,
lag der Schoner Enighed (Einigkeit), Capitän Anders Michelsen
von Hammerfest, und von ihm aus unternahm man den Ausflug
zur Kings=Bai.

„Wir ruderten erst zu einem, vor der Südspitze der Croß=
Bai belegenen Holme, auf welchem sich eine Menge Eidervögel be=
fanden. Sie flogen bei unserer Ankunft auf und die Leute plün=
derten ihre Nester. Darauf ruderten wir längs der Küste. Der
Strand — die Fortsetzung des Gebirgsfußes — war etwa 10 bis
12 Fuß hoch, senkte sich ein wenig nach dem Wasser zu und wurde
von einer Menge Bäche durchströmt, in deren Nähe etwas Grün
und Moos sich befand. Während wir weiter zu der Spitze
ruderten, von welcher man das Ende der Kings=Bai sehen kann,
ging ich an Land und folgte dem Strande. Der Boden war fast
ganz bloß, hier und da standen ein paar Büschel von Draba hirta
oder Saxifraga oppositifolia in dem scharfkantigen Geröll, das
in der Hauptsache aus einem Conglomerat kleiner Steine bestand,
in einen röthlichen Kitt zusammengebacken, aber so locker, daß sie
von dem Eise und dem schmelzenden Schnee leicht losgebrochen
werden. An manchen Stellen hatte das Eis Geröll und Steine
in der Art zusammengehäuft, daß es Menschenwerken glich. Wo
der Strand aber breiter, waren von dem Wogenschwall und dem
Eise mannigfaltige Höhlen und Kammern gebildet. Wir fuhren
darauf mit dem Boote in den Fjord zu dem ersten Holme, einem
guten „Dunvär", obwohl es in diesem Sommer mindestens schon

zweimal geplündert worden war. Der Eidervogel wohnt stets in
großen Colonien, ganz einsam und immer auf Inseln; nur selten
findet man in seiner Gesellschaft die Große Möwe oder Raub=
möwe — Anser bernicla. Die Meerschwalbe, welche hier so
häufig, hält sich gleichfalls allein, und nur ein paar vereinzelte
Individuen von Tringa maritima und Phalaropus fulicarius
hausen mit ihr. Nähert man sich einem Daunenwehr, so hat man
einen sonderbaren Anblick. Auf dem flachen Holme sieht man
Hunderte von Gänsen, denn in dieser Zeit haben die Männchen sich
von den Weibchen getrennt und leben in großen Schaaren auf
dem Wasser. Einige erheben sich, um zu sehen, wer sie beunruhigt,
andere bleiben ungestört sitzen, bis man ihnen ganz nahe kommt.
Hier aber, wo man sie so oft aufscheucht, war dieses selten der
Fall. Wenn das Boot sich näherte, reckten sie ihre Hälse und
entfernten sich in ihrem watschelnden Gange. Mit einem Male flog
dann die ganze Schaar auf, kreuzte ein paarmal um das Boot
und warf sich in die See, während die Große Möwe auf einer
vorspringenden Spitze saß und ihr „Gliy‟ ertönen ließ, bis auch
sie davon flog. Unsere „Räuber‟ sprangen auf den Holm, um zu
plündern. Es war traurig, zu sehen, wie arm an Daunen die
Gänse waren, welche wir schossen; wo aber in den Nestern nicht
mehr als ein oder zwei Eier lagen, hatten sie eine Schnecke, Buc-
cinum glaciale, daneben gelegt. Ich fand mehrere noch ganz
warm in den eben verlassenen Nestern.

„Der nächste Holm, zu welchem wir kamen, war höher und
bestand aus demselben Conglomerat. Die dem Gletscher zugewandte
Seite schien eingestürzt und vielfach zerklüftet. Hier brüteten die
Kryckien.

„Unter einer steilen Felswand fanden wir eine geeignete
Stelle zum Kochen. Wir besorgten uns Wasser, hingen den
Kessel über die Flamme und kochten Vögel und Eier. In unserer
Nähe standen Salix polaris, Saxifraga nivalis und hieraciifolia
in schönster Pracht, auch Polygonum viviparum mit seinen weißen
Blüthenähren. Bald kamen wir wieder zu einem andern Holme,
auf welchem nur Meerschwalben und Tringa maritima brüteten.
Hier fanden wir zahlreiche Spuren von Rennthieren und Füchsen,
auch wuchs hier üppig Saxifraga hirculus mit den schönen gold=
gelben Blüthen. Als wir auf einem andern Holme landeten,
sprang ein Bergfuchs auf, er wurde sofort verfolgt und mit einer

Ladung Vogeldunst, für die Schnepfen bestimmt, erlegt. Es war ein Männchen, in seinem Sommerkleide, mit einzelnen weißen Haaren, und offenbar hierher geschwommen, um die Eier und Jungen der Vögel zu fressen.

„Mit dieser Beute beladen fuhren wir zu der letzten und merkwürdigsten dieser kleinen Inseln. Niedrig auf der Seite wo wir landeten, stieg sie allmählich auf, reich an allerlei Moosen und Büscheln von Dryas octopetala, zwischen denen auch ein paar Phalaropus fulicarius standen. Ich ging nach ihrer inneren Seite

Im Innern der Kings=Bai.

und hatte plötzlich eine höchst wunderbare Landschaft vor mir. Von dem nach dem Ende des Fjordes und dem Gletscher zu gerichteten eisbedeckten Strande erhob sich der rothbraune, vollkommen bloße Sandsteinboden bis zu einer Gruppe kleiner Felsberge in den kühnsten Formen, bald in senkrechten Wänden, bald in Spitzen oder Kämmen von den seltsamsten Gestaltungen. Ueberall schlossen diese „Diminutivalpen" von 30 bis 40 Fuß Höhe in ihren Thälern kleine Seen ein; aber nirgends fand man die geringste Spur einer Vegetation. Es war eine durchaus neue

Bildung. Der feine braunrothe Sand schloß eine unzählige Menge
anderer Gesteine ein: scharfe und abgeschliffene; hoch oben saß
sogar einer von der Größe eines Kubikfußes. Es war nicht schwer,
einen Punkt zu finden, wo ich im Vordergrunde ein solches Thal,
und im Hintergrunde, auf der andern Seite des etwa tausend Fuß
breiten Fiordes, den großen Gletscher und das gewaltige Alpen=
gebirge vor mir hatte. Ein majestätischer Anblick!

„Weiter im Hintergrunde erblickt man, wenn der Nebel es
gestattet, einige hohe, fast ganz mit Schnee bedeckte Bergspitzen,
und weiter im Osten die drei Kronen, wunderbare, pyramiden=
förmige Berge mit Stufen, bald schneebedeckt, bald senkrecht auf=
steigend und in der Sonne gelblich schimmernd. Unten sind sie
von steil abfallenden, in Schnee gehüllten Gletschern eingeschlossen.
Dem Fiorde näher, fast in der Mitte des Landschaftsbildes, er=
hebt sich ein Bergklumpen von röthlichem Gestein, mit Schichten,
deren Steigung 20 bis 30 Grade beträgt. Er wird auf allen
Seiten von einem Gletscher umschlossen, der an Schönheit und
Größe kaum seines Gleichen auf Spitzbergen hat, mit einem min=
destens zweihundert Fuß hohen Absturz und ausgezeichnet durch
seine basaltartigen Sprünge und Klüfte, deren Schatten in's
Grünliche spielen. Vor der senkrechten Eiswand dieses Gletschers
befinden sich ungeheure Eisblöcke in den wunderlichsten Formen,
welche sich von ihm losgelöst haben, oder mit Donnergekrach von
ihm herabgestürzt sind. Rings um diese Blöcke bildet das Buchteneis
eine Art Schärenflur, darauf Ruggggänse und Anser bernicla sich
tummeln. In einem der kleinen Teiche auf dem Holme schwamm
eine Lumme — Colymbus septentrionalis. Sie flog schon in
der Ferne auf. Als ich ihr nachschoß, wurde der Knall von dem
Gletscher und einem ungeheuren Eisstücke, das sich infolge der
Lufterschütterung loslöste und in den Fjord stürzte, erwiedert.
Dieser Fall brachte einen solchen Aufruhr des Wassers hervor,
daß, trotz des dazwischenliegenden Buchteneises, die Fluth sich
wiederholt auf den Strand wälzte; sie sowohl, wie der Schaum,
waren röthlich gefärbt von dem braunrothen Thone, daraus der
Meeresboden besteht. Nun glaubte ich die Entstehung des Con=
glomerats und der Sandberge, zwischen welchen ich mich befand,
zu erkennen. Wenn der Gletscher „kalbt" und die Eisberge, einer
nach dem andern, niederstürzen, so daß der flache Fjord davon
aufgerührt, sie selber aber gewälzt und umgekehrt werden, so daß

ihr Fuß nach oben zu stehen kommt und einen Theil des Bodens mit sich nimmt, dann schwimmen sie nach dem Holme und legen hier ihre Ladung nieder. Der Holm ist daher nichts Anderes als eine zum Gletscher gehörige, wenn auch etwas abgelegene Sand= moräne. Der feine rothe Schlamm, der Grus und das Gerölle bilden erst eine lockere Masse; wenn sie aber von dem schmelzen= den Schnee getränkt und geebnet worden, wird sie allmählich fester und härter, und zuletzt zu einer Art Conglomerat, daraus hier überall die Holme bestehen.

„Während meiner Wanderung zum Boote stieß ich in einer Strandbucht auf zwei Exemplare von Anser segetum. Im Boote lagen schon Alle im Schlafe; auch ich legte mich nieder. Wir wurden aber bald wieder vom Lappen Samuel geweckt, welcher bemerkte, daß wir im Begriff waren von dem Eise eingeschlossen zu werden, das sich von dem nordöstlichen Strande — wo es bei unserer Hinfahrt in einem breiten Bande zwei Inseln um= schloß — losgelöst hatte. Wir mußten daher zu einem andern Holme rudern, den wir vorher nicht besucht hatten. Hier zündeten die Leute Feuer an, um zu kochen, während ich und Michelsen uns noch ein wenig auf's Ohr legten. Aber auch hier wurden wir bald vom Eise eingeschlossen, das sich rings um uns packte, und wir mußten mehrere Stunden warten, bis es weiter trieb. Das Eis war von einem starken nordöstlichen Winde, der nun zum Sturme anwuchs, losgerissen worden. Sobald es daher die Lage desselben gestattete, begannen wir so weit als möglich unter Land zu ru= dern, um einen Hafen zu finden, und erreichten mit angestrengter Arbeit einen solchen in der That. Hier blieben wir einige Stun= den, bis es stiller wurde, und kehrten dann rudernd zu unserm Schiffe zurück." — —

Wir nehmen unsere eigenen Fahrten wieder auf. —

Im Sandsteine auf dem flachen Südstrande fand Blomstrand ein nicht unbedeutendes Steinkohlenlager, welches zugleich mit den im Sandstein befindlichen Abdrücken von Blättern und anderen Pflanzentheilen offenbart, daß es in der Geschichte unseres Erdballs einst eine Zeit gegeben hat, wo schattige Wälder, die wahrscheinlich aus einer Art von Ahornbäumen bestanden haben, überall die Thäler und Abhänge bedeckten, während dieselben jetzt entweder ganz und gar von mächtigen Eismassen eingenommen werden, oder

als einzigen Repräsentanten der Baumwelt die längs dem Boden
kriechende zollhohe Polarweide aufzuweisen haben.

Indem wir verschiedene andere Ausflüge übergehen, wollen
wir nur noch der Umgebungen des oben genannten kleineren Fjordarmes Erwähnung thun, woselbst man sich in dem Gebiete des
krystallinischen Kalkes befindet, der in der Gestalt eines blaugrauen
oder ziegelrothen Marmors auftritt, aus welchem z. B. die große
Bergspitze — dahinter die kleine Bucht — in ihrer ganzen Masse
besteht. Man hatte hier die beste Gelegenheit, die beim Kalk so
oft hervortretende Neigung, Grotten und Höhlungen zu bilden, —
wenn auch in viel geringerem Grade als bei den berühmten Kalk-
grottenbildungen im südlichen Europa — zu beobachten. Eine
solche schon von Scoresby beschriebene Grotte befindet sich an der
Außenseite der erwähnten Bergspitze. Wohl sind die Dimensionen
weit geringer, als er sie angiebt, — die Länge beträgt 63, die
Breite 40, die Höhe des Gewölbes 13 und die Tiefe des Wassers
12 Fuß — doch ist sie immerhin interessant genug. Besonders
war die Aussicht über den Fjord und die dahinter liegenden Gebirge, eingefaßt in den Felsrahmen der Grottenöffnung, von eigen-
thümlichem Zauber. Fahren wir mit einem Boote weiter in die
Bucht, so treffen wir eine Reihe von Höhlen an, eine immer
sonderbarer wie die andere. Ausgezeichnet ist namentlich eine
größere Grotte, von ungefähr derselben Größe wie die oben erwähnte, mit einer runden Oeffnung in dem Gewölbe, wodurch,
besonders bei starkem Sonnenlichte, der Contrast des durchsichtigen
smaragdgrünen Wassers in der Höhle und der hochrothen Felsmassen, welche in schweren, phantastischen Draperien über den durch
einen vorspringenden Bogen zum Theil verdeckten Eingang nieder-
hangen, von einer großartigen Wirkung ist.

Auf der andern Seite der Bucht, wo ein weites Hügelland
das eigentliche Gebirge vom Meere trennt, trafen wir auf neue
Beweise von dem Vorhandensein des Grottenkalkes. Es ist bekanntlich eine keineswegs seltene Erscheinung in solchen Gegenden,
daß die Flüsse sich einen Weg unter der Erde suchen und oft
spurlos auf einer Stelle verschwinden, um auf einer andern wieder
eben so plötzlich zu Tage zu treten. Dies zu beobachten hat man
hier die beste Gelegenheit, indem die Ströme theils unmittelbar
aus dem Massiv der Berge, theils aus kleinen, dicht am Strande
belegenen Lagunen kommen, ohne daß man sieht, woher sie ihre

Zuflüsse erhalten. Ein solcher kleiner See, welcher durch eine Sandbank kaum einen Büchsenschuß weit vom Meere liegt, speist einen schäumenden Elf. Nur die Luftblasen, welche von dem Boden des kleinen Landsees ununterbrochen aufsteigen, deuten darauf hin, daß das abfließende Wasser in irgend einer Weise ersetzt wird. Auf einer andern Stelle strömt ein Fluß brausend aus einer unbedeutenden Erhöhung. Ein Ende weiter nach oben wird die Wassermenge immer geringer, bis schließlich das Gerölle, womit der Abhang bedeckt ist, vollkommen trocken daliegt. Es ist also gerade umgekehrt, als es sonst zu sein pflegt, wenn man ein fließendes Gewässer allmählich im Sande verrinnen sieht. Ein dritter Elf wird durch seine malerische Umgebung interessant. Er strömt auf der

Westseite der Kings-Bai.

hier ziemlich hohen, senkrechten Strandklippe unmittelbar in das Meer, in zweien schönen Kaskaden, deren weiße Bänder sich schon aus der Ferne lebhaft von den dunkeln, mit Flechten bedeckten Felsen abheben. Besteigen wir nun das Bergplateau, so sind wir überrascht zu sehen, daß die Ströme ihren Ursprung fast unmittelbar an derjenigen Stelle der Felswand haben, wo sie niederstürzen, nämlich aus einem kleinen, rings von steilen Felsen umgebenen Bassin. Es muß schon eine Quelle mit starken Zuflüssen sein, welche so bedeutende Wassermassen liefert. Denn außer den beiden erwähnten Armen, welche in's Meer stürzen, verliert sich noch ein dritter in einem runden Loche des Kalkgesteins und sucht auf diesem Wege weniger bemerkt abzufließen. — —

Theils ungünstiger Wind, theils Windstille hielten uns noch immer zurück. Es verging ein Tag nach dem andern, ohne daß etwas Sonderliches ausgerichtet werden konnte; die Zeit verstrich uns ohne Nutzen, und den Jägern, die nach besseren Jagdplätzen verlangten, wurde sie sogar lang. Es wurde daher beschlossen, daß Blomstrand und von Ohlen der Magdalena voraus nach dem Eisfjord, unserm nächsten Reiseziele, gehen sollten, indem von Ohlen, der seiner Privatinteressen halber der Expedition nicht weiter folgen konnte, hoffte, dort einen Schiffer zu treffen, mit welchem er vor dem Ende des August nach Norwegen zurück= kehren könnte.

Fünfzehntes Kapitel.

Der Eisfjord.

Die Jagdboote waren bald ausgerüstet und den 21. August fuhr man ab. Ueber diese Excursion schreibt Blomstrand:

„Nachdem wir während eines immer dichter werdenden Nebels und nach langem Rudern aus der Kings-Bai gekommen, begann ein günstiger Wind zu wehen, das Segel wurde aufgezogen und die Fahrt ging schneller von Statten, als sich mit einem genaueren geognostischen Studium des Landes vereinigen ließ. Wir erreichten in Kurzem die Englische Bai. Da aber der Wind gut und das Verlangen, endlich vorwärts zu kommen, groß war, steuerten wir weiter. Trotz der Entfernung nahmen wir einen breiten rothen Streifen oben an den Bergen in der Nähe der Bucht wahr, welcher zu erkennen gab, daß der rothe Sandstein auch hier noch immer vorkomme.

„In demselben Verhältniß als der Nebel dichter, wurde der Wind frischer; wir durchstrichen in hastiger Fahrt den Vorlands-sund, indem wir uns bald dem einen bald dem andern Ufer näher-ten, ohne indessen vor Regen und Nebel etwas deutlich zu er-kennen. Die Strandflächen, welche die Berge von dem Meere trennen, schienen, je weiter wir nach Süden kamen, immer breiter zu werden. Es springen die niedrigen Ausläufer weit in das Meer vor und nöthigen den Schiffer, sich von den Bergen noch ferner zu halten. Bald haben wir die schmalste Stelle des Sundes, bei dem sogenannten Langör, erreicht, finden aber kein tiefes Wasser, sondern gerathen in die Brandung. Ein weißer Streifen gerade vor uns deutet eine Blindschär an, die in unserm Wege liegt; aber

schon ist es zu spät, ihr auszuweichen. Im nächsten Augenblicke
sind wir daran. Wilde Sturzseen überstürzen einander. Es sieht
fast so aus, als ob die Wogen sich verirrt und ihre Richtung ver=
loren hätten. In rastloser Eile folgen sie einander und stellen
sich zugleich in den Weg. Der weiße Schaum bespritzt uns, aber
— noch ein paar Sturzwellen, ein sonderbares Gefühl von Be=
klemmung, das uns ein paar Augenblicke erfaßt, — und wir be=
finden uns wieder in tieferem Wasser, wo der Kampf zwischen
Wellen und Strömung sich weniger bemerkbar macht, die Wellen
wie früher ihren gleichmäßigen Gang gehen und der weiße Schaum=
streifen schon weit hinter uns liegt.

„An verschiedenen Stellen suchten wir an's Land zu steigen,
wurden aber überall von Gletschern und Brandungen daran ge=
hindert. Wir mußten die See halten, segelten indessen dem festen
Lande so nahe als möglich. Die Felsen bestehen meist aus einem
harten Schiefergestein. Wir steuerten in St. John's Bai, um
hier unser Nachtquartier zu nehmen. Auf dem Strande dieser
kleinen, schönen, kaum drei Viertelmeilen langen, durch einen End=
gletscher geschlossenen Vik machten wir einen Ausflug und schossen
einen Fuchs. Die Felsen bestehen aus einem grobkörnigen Conglo=
merat von rundgeschliffenen Quarzitstücken, welches mit Schichten
eines bald grünen, bald schwarzen, schön glänzenden Schiefers
abwechselt. Wir erkannten bald, daß es unmöglich sei, irgendwo
am Lande mit dem Boote anzulegen, befestigten dasselbe daher
etwa acht Uhr Morgens am Grundeise in der Nähe des Strandes
und legten uns zur Ruhe.

„Mittlerweile lichtete sich der Nebel und der Wind ließ nach,
so daß wir ein Ende längs dem Strande rudern konnten. Bald
wehte jedoch der Wind wieder stärker; wir ließen Spitze um Spitze
hinter uns und erreichten das niedrige Riff, welches den Eisfjord
nach Norden hin begrenzt und den unheimlichen Namen „Död=
mansören", auf Grund eines daselbst vor mehreren Jahren be=
gangenen Mordes, führt. Wir steuerten auf Green=Harbour los,
die westlichste der in den Südstrand des Eisfjordes einschneiden=
den Buchten, um irgend ein Schiff anzutreffen, das zur Rückfahrt
bereit wäre und nach der Gewohnheit der spitzbergischen Jäger hier
sich noch mit Rennthieren versehe. In der That lag hier der schon
früher mehrfach erwähnte Mattilas mit seiner Jacht. Wir be=
fanden uns bald nach Mitternacht am 23. August an seiner Seite

und gingen an Bord. Wir wurden von dem freundlichen Finnen
gastlich aufgenommen, mit Rennthierbraten bewirthet, und erhielten
Grüße und Nachrichten vom Aeolus. Hierauf legten wir uns in
unserm Boote zur Ruhe.

„Der Eisfjord, wenn wir vom Storfjord absehen, der eigent=
lich als ein Sund zu erachten, ist ohne alle Frage der größte
Meerbusen Spitzbergens und bietet schon mit seiner weiten pracht=
vollen Wasserfläche, ganz abgesehen von den rings umgebenden
Bergen, einen überraschenden Anblick dar. In einer durchschnittlichen
Breite von fünf bis sechs Meilen schneidet er mit einer Reihe von
Armen tief in das Festland ein, im Süden der schon genannte
Green=Harbour, die Advent=, Coal= und die noch ansehnlichere
Sassen=Bai. Nach Osten hin findet er eine mehrere Meilen lange
Fortsetzung in zweien durch eine „Midterhuk" getrennten Armen.

„Die Gebirgsbildung beim Eisfjord ist in vieler Hinsicht in=
teressant. Nur in der Nähe der Meeresküste, und vor Allem auf
der Nordseite, behält die Bergbildung den gewöhnlichen Spitz=
bergencharakter bei, wie er vorzugsweise auf der Westküste auf=
tritt: wild zerrissene, von mächtigen Gletschern unterbrochene Berg=
spitzen. Kalk und Quarzit, in mehr oder weniger steilen, gebro=
chenen, bogenförmig gelagerten Schichten, bleibt auch noch auf der
Nordseite die vorherrschende Gebirgsart. Auf dem Südstrande
dagegen, bei Green=Harbour und so weit man von hier nach Osten
sehen kann, deuten schon die abweichenden Formen der Berge an,
daß hier andere Gesteine mit wesentlich verschiedenen Lagerungs=
verhältnissen auftreten. Thonschiefer und Sandstein, mit einander
in vollkommen horizontalen Lagen abwechselnd, haben einen be=
stimmenden Einfluß auf die Plateauform der Berge, welche wie=
derum von Thälern rechtwinklig durchschnitten werden. Durch die
über einander vortretenden Sandschichten, welche in merkwürdiger,
regelmäßiger Wiederkehr von dem herabfallenden Gerölle durch=
brochen und gefurcht werden, erhalten die Berge nicht selten das
Aussehen kolossaler Gebäude mit mehreren Etagen. Nur hier und
da steigen einzelne Berge auf in Pyramidenform und mit scharfen
Grenzlinien, gleichsam die Thürme dieser Bergstadt, in einer Ein=
fachheit des Styls, welche vortrefflich mit der Ruhe und dem ern=
sten Charakter des Ganzen übereinstimmt. Das auffallende Fehlen
der Gletscher in diesem ganzen Berggebiete, trotz der breiten und
tief einschneidenden Thalgänge, könnte scheinbar seinen Grund in

der mehr südlichen Lage und dem milderen Klima haben. Es ist
jedoch kaum einem Zweifel unterworfen, daß hier einfach die Ge=
birgsart von entscheidendem Einflusse gewesen. Den deutlichsten
Beweis bildet der Green=Harbour=Fjord, welcher sich in der Mitte
beider Gebirgsformationen befindet. Auf dem von Quarzitgestein
gebildeten westlichen Strande steigen drei bedeutende Gletscher herab.
Nach Osten hin laufen zwei Thäler, wohl eine schwedische Meile
weit, in die Sandsteinregion hinein, auf allen Seiten von Bergen
umgeben, welche unter anderen Verhältnissen die Thalvertiefungen
unzweifelhaft mit Eis ausgefüllt haben würden; aber der dunkle,
tiefe und lockere, so zu sagen warme Erdboden, welcher aus einer
Mischung des äußerst leicht verwitternden Thonschiefers und Sand=
steingruses besteht, ist der Bildung des Eises ungünstig. Die
Gletscher bleiben so gut wie ganz aus oder treten in einem äußerst
untergeordneten Grade auf. Wir besitzen von den Gletscherregionen
des südlichen Europa bereits sichere Beobachtungen, betreffend
den intimen Zusammenhang dieser Gletscher mit dem Felsboden,
auf welchem sie ruhen. Andererseits braucht kaum bemerkt zu
werden, daß ein solcher warmer Boden eine Vegetation hervorrufen
mußte, welche an Reichthum und Ueppigkeit die anderswo und
unter den gewöhnlichen Verhältnissen auftretende bei Weitem
übertrifft. —

„Mittags machten wir einen Ausflug nach dem Innern der
beiden Thäler. Mehrere früher nicht gesehene Gräser, und vor
allen die üppig blühende Arnica alpina, welche auf den steilen
Strandklippen in ungefähr fünfzig Fuß Höhe wuchs, gaben mir
den ersten Beweis von der ungewöhnlichen Fruchtbarkeit des Bo=
dens. Meine Genossen machten sich auf die Rennthierjagd, während
ich umherstreifte und nach dem Ursprunge der Steinkohlenbrocken,
welche ich an dem Fuße des Berges angetroffen hatte, suchte.

„Nach einer beschwerlichen und theilweise sogar gefährlichen
Wanderung glückte es mir, zu einer Höhe von siebenhundert Fuß
zu kommen und hier dicht unter der obersten Sandsteinschicht ein
Kohlenflötz zu entdecken. Es war mir jedoch nicht möglich, seine
Mächtigkeit und übrigen Verhältnisse festzustellen, da der steile
Fels überall, wo nicht ein härterer Sandstein zu Tage trat, mit
einer dicken, augenblicklich hartgefrorenen Schicht festen Thongruses
bedeckt war. Er kam von dem mit dem Sandstein in mächtigen
Lagen abwechselnden, leicht zerreiblichen Thonschiefer her. Ich mußte

mich mit der Thatsache begnügen, daß die Steinkohle hier wirklich in Flözen auftritt, und, so weit die ungünstigen Verhältnisse es zuließen, mich auf die Untersuchung der nächsten Gesteine beschränken. In dem feinkörnigen, gleichsam grauwackenartigen, glimmerhaltigen Sandsteine fand ich — außer verschiedenen anderen nicht zu bestimmenden Pflanzenresten, als verkohlten Zweigen und Holzstücken, sowie Blattabdrücken u. s. w. — auch ein deutliches, wenngleich nicht vollständiges Blatt eines Laubbaumes, welches in allen Beziehungen an das früher erwähnte in der Kings-Bai erinnerte, das ich gleichfalls in der unmittelbaren Nähe der Steinkohle gefunden hatte.

„Auf der andern Seite des Thales, näher der Mündung des Fjordes, fand ich eine eigenthümliche lockere Schicht von ungefähr sechs Zoll Dicke, zwischen Lagen eines außerordentlich harten Sandsteins, wie es schien, aus gewöhnlichem blauen Thon bestehend. Bei näherer Untersuchung zeigte sich aber, daß er in seiner ganzen Masse von feinen, metallisch glänzenden Schwefelkiesen durchzogen war, und eine chemische Analyse ergab, daß dieselben ungefähr 83 Procent ausmachten. Daß das äußerst fein vertheilte Mineral, welches in einer unermeßlich langen Zeit dem Einflusse der Luft und der Feuchtigkeit ausgesetzt gewesen war, nicht die mindesten Spuren eines unter solchen Verhältnissen leicht eintretenden Verwitterungs- oder Rostprocesses zeigte, ist offenbar schwer zu erklären. Ein Theil der Petrefacten, welche in dem harten Sandsteine dicht dabei vorgefunden wurden, bestand gleichfalls aus Schwefelkies.

„Als ich von diesem Ausfluge heimkehrte, waren die Jäger, mit ihrer Jagd wenig zufrieden, auch schon zurück. Wir verließen deshalb am 24. Nachmittags die Bucht, diesesmal aber auf der Westseite. Um möglicher Weise die Uebergangsformen der verschiedenen Gebirgsarten und den Ursprung der an Petrefacten reichen Moränensteine am Strande zu entdecken, stieg ich bei dem mittleren Gletscher an's Land, während meine Genossen die Fahrt fortsetzten, um weiter im Norden einen bessern Jagdgrund zu finden.

„Nach einer ermüdenden Wanderung erreichte ich den Rücken des Gletschers und stieg auf ihm bis zu dem aus dem Eise ragenden Felskamm. Er bestand, wie ich erwartet hatte, aus einem äußerst kieselhaltigen Kalkgestein, stellenweise aus reinem Quarzit, besonders ein Theil der Schichten, welche mit Petrefacten von

Brachiopoden und den Arten Spirifer und **Productus** förmlich ge=
spickt waren. Die Neigung der ziemlich gebogenen Schichten von
Norden nach Süden betrug 60 bis 30 Grad. Da das Eis die
Felsen auf allen Seiten umschloß, so war die unmittelbare Grenze
des Sandsteins nicht zu entdecken.

„Der hier anstehende, feine, bräunlichgraue Sandstein hatte,
bei andauernder Streichung nach Norden, ungefähr einen Fall von
35 Graden nach Osten. An einer andern vom Eise entblößten
Stelle war der Sandstein gröber, grau, an der Luft gelb, mit
einer östlichen Neigung von 45 Graden. Darüber ruhte ein fein=
blätteriger, grauer Thonschiefer, welcher bald eine intensive roth=
braune Farbe annahm und unwillkürlich an gebrannte Ziegel er=
innerte. Seine feinen Lamellen standen in allen Richtungen, bald
senkrecht, bald nach Osten und Westen, während die Hauptneigung
eine östliche blieb. Ich habe nirgends Gelegenheit gehabt, einen
gleich augenscheinlichen Beweis des Einflusses starker Hitze auf
eine sedimentäre Bildung zu beobachten. Ungefähr fünfzehn Fuß von
der Grenze, wo dieser Farbenwechsel im Thonschiefer seinen An=
fang nahm, zeigte sich auch die nicht zu verkennende Ursache dieser
Erscheinung in Gestalt einer geschichteten, von Norden nach
Süden streichenden, ungefähr 30 Fuß mächtigen Bank eines ziem=
lich grobkrystallinischen, in große Blöcke und Würfel gespaltenen
Diorits. Indem er zwischen die Schichten gepreßt worden, zeigte
er dieselbe Neigung nach Osten. Ein Ende später trat der fein=
körnige Sandstein von Neuem zu Tage, mit zerstreuten Petrefacten,
kleinen Bivalven; weiterhin war das ebene Bergplateau nach dem
Meere zu ohne Unterbrechung dicht mit Steingetrümmer bedeckt.

„Ich wandte mich deshalb nach Norden, wo ich bald, ungefähr
in der Mitte der Thalsenkung, zwischen den Eisbergen und dem
nächsten dem Fjorde zulaufenden Bergrücken, in einer beinahe
ununterbrochenen Folge lauter freistehende Gesteinsschichten vorfand.
Ein ansehnlicher Gebirgsstrom hatte nämlich die Lagen senkrecht,
zuweilen bis auf eine Tiefe von 40 Fuß durchschnitten. Der
Sandstein erschien hier besonders reich an allerdings nicht erkenn=
baren Pflanzenresten, welche theils aus Blattabdrücken, theils
stengelartigen Fragmenten, theils Resten von Stämmen und grö=
ßeren Zweigen bestanden.

„Weiter im Osten trat ein mächtiges Bett von blauem Thon=
schiefer auf, welches an das bei dem Kohlenflötze in der **Kings=**

Bai erinnerte und wie dieses von schmalen, härteren, glimmer=
haltigen Schichten durchsetzt war — was bei allen ähnlichen Bil=
dungen der Fall zu sein scheint —, auch einige Spuren von Schup=
pen und anderen Fischfragmenten enthielt. Nach einer Lage Sand=
steins folgte wieder eine mächtige Schicht eines harten Thonschiefers,
welcher aus unregelmäßigen Stücken mit glatten abgerundeten
Flächen bestand und hier und da vielfache, doch nicht zu be=
stimmende Pflanzenabdrücke enthielt. Nicht selten war sie auch
mit eigenthümlichen meist kugelförmigen, birnen= oder flaschen=
artigen Concretionen gespickt, welche von einem Zoll bis zu einem
Fuß groß waren und ihrer Masse nach vorherrschend aus Kiesel
bestanden. Diese Schichten wurden in der Nähe des Strandes
von einer andern fast senkrechten eines weißen Sandsteins durch=
setzt, welche längs dem ganzen Fjordarme sich hinzieht und na=
mentlich bei der Einfahrt in Green=Harbour sofort die Aufmerk=
samkeit auf sich zieht, indem sie ein Ende weit in die See vorspringt.

„Die obengenannte Schlucht, welche der Strom gebildet hatte,
war stellenweise von hartgefrorenem Schnee überbrückt. Meist
traten aber die Felsschichten frei zu Tage. Man hatte hier eine
vortreffliche Gelegenheit, die Lagerungsverhältnisse zu beobachten,
namentlich wie die Schichten ihre Neigungswinkel veränderten, oft
in die Verticale übergingen und häufig gebogen, gebrochen und
verworfen waren.

„Es möchte kaum einem Zweifel unterliegen, daß alle diese
über dem Quarzit gelagerten, mehr oder weniger nach Osten ge=
neigten Sandstein= und Thonschieferschichten derselben Bildung
angehören, welche nach dem Augenmaß 2,000—2,300 Fuß mächtig
ist. Offenbar sind die Bildungen auf der andern Seite des
Fjordes von diesen in keiner Weise verschieden. Wir haben hier
also eine Fjordkluft vor uns, welche sich wesentlich von anderen
unterscheidet, z. B. von der bei der Croß=Bai, wo die Schichten
beinahe senkrecht nach verschiedenen Richtungen niedersteigen, wäh=
rend bei Green=Harbour sie auf der einen Seite ihre ursprüngliche
horizontale Lage beibehalten haben, auf der andern dagegen voll=
kommen senkrecht gegen den Horizont gestellt sind. Man kann sich
den Grund hierfür kaum anders denken, als daß eine von der
Seite, und zwar von Westen her, wirkende Kraft die Schichten zu=
gleich aufgehoben und zusammengepreßt hat, bis sie schließlich auf
einem Punkte, wo sich jetzt der Fjord befindet, quer durchgerissen

wurden, wodurch die bewegende Kraft weiter nach Osten hin sich
nicht mehr geltend zu machen vermochte.

„Auf der andern Seite könnte man mit Recht annehmen, daß
die gewaltsamen Stöße, welche hier stattgefunden, einer weit ent=
legenen Periode angehören und zugleich die gegenwärtige Lage des
Quarzits und des darüberliegenden Sandsteins und Thonschiefers
bestimmt haben. Schon früher habe ich sowohl beim Quarzit wie
bei den relativ jüngeren Bildungen auf die offenbare Ueberein=
stimmung beider im Streichen und Fallen hingewiesen. Dieselben
Verwerfungen, gebrochenen und gebogenen Schichten — welche
z. B. beim blauen Thonschiefer so deutlich hervortreten — kommen
in noch größeren Massen in den hohen Quarzitbergen weiter im
Westen vor. Es liegt auf der Hand, daß die treibende Kraft
viel mächtiger gewesen sein muß, als daß ihre Wirkungen eine
Folge blos des Durchbruchs, etwa der genannten Dioritbank, sein
könnten. Wahrscheinlich hatte der Diorit sogar schon seine gegen=
wärtige Stelle eingenommen, als der große Stoß erfolgte. Aus
demjenigen, was ich früher von ihm angeführt, folgt offenbar,
daß der Einfluß, welchen diese und andere eruptive Massen auf
die umgebenden sedimentären Schichten ausgeübt haben, von unter=
geordneter und durchaus nur localer Bedeutung gewesen ist. Doch
darf man unbedenklich annehmen, daß sie erst dann jene Schichten
durchbrochen haben, als sie sich bereits in ihrer jetzigen Stellung
befanden. — —

„Ich kehrte zum Strande zurück, suchte aber vergebens nach
dem Boote und seiner Mannschaft. Lange wanderte ich längs
dem schmalen Strande zwischen der steigenden Fluth und den
senkrechten Bergwänden, traf schließlich auch das aufgeschlagene
Zelt und ein Küchenfeuer an, aber keinen Menschen. Endlich
fand sich Einer der Leute ein und erzählte, daß er zurückgeblieben,
während von Yhlen sich mit dem Boote zur Magdalena begeben
— die jetzt im Eisfjorde ankere —, um dort Abschied zu nehmen
und dann mit Mattilas nach Norwegen abzusegeln.

„Am 25. Morgens kam das Boot zurück. Während die
Mannschaft Nachmittags ausruhte, unternahm ich noch eine Ex=
cursion, und zwar nach dem Innern des Thales, in welchem wir
unsern Lagerplatz gewählt hatten. Ich folgte dem Flusse, welcher
nicht weit von jener Stelle ein Delta bildete. Er nahm seinen
Lauf durch ein Hügelland und stürzte sich an mehreren Stellen in

kühnem Sprunge über die Absätze, die immer höher wurden, je weiter man in's Land und in die dort vorherrschende Quarzitregion kam. Nachdem ich etwa eine halbe Meile gewandert war, gelangte ich zu dem Ursprunge des Flusses, einem außerordentlich schönen, von steilen Bergen eingeschlossenen See, in dessen klarem Wasser sich Rennthiere mit vielem Behagen spiegelten. Zurückgekehrt, verließ ich das Land, um die Fahrt weiter nach der Advent=Bai fortzusetzen, wo wir unser Schiff anzutreffen hoffen konnten.

„An Green=Harbour haften, außer seinen Erinnerungen von der „Walfischzeit" her, welche jetzt freilich so gut wie vergessen ist, noch mancherlei andere. Hier haben — nach Lovén — die Norweger einst ein Etablissement gehabt, wo sie überwinterten. Er fand dieses Haus noch bei seinem Besuche im Jahre 1837 vor. Auch die Hauptstation der Russen für die Winterjagd hat hier ge= standen. In der noch vorhandenen Russenhütte durchlebte der russische Jäger Starastschin — nach der Angabe des englischen Generalconsuls Crove, welcher sich viel mit Spitzbergen beschäftigt hat — 39 Winter, einmal 15 hintereinander, und wurde hier auch zuletzt begraben. Lovén, welcher sein Grab unter den vielen an= deren aufzufinden versuchte, hatte von den Norwegern erfahren, daß er ein kleiner, munterer, röthlicher Mann mit weißem Haar gewesen, eine Art von Patriarch. So wie er hat wohl Niemand hier gehaust, und Wenige möchten es wagen. So lange indessen Green=Harbour besteht, sollte man ihm eine freundliche Erinnerung bewahren. Diese Bucht ist übrigens auch im Jahre 1858 von Torell, Nordenskiöld und Quennerstedt besucht worden.

„Während wir die Mündung von Green=Harbour passirten, stießen wir auf Treibeis, welches uns wenig behinderte, aber die Gelegenheit gab, einen von den vielen Seehunden, welche ihm folgten, zu schießen. Am Oststrande der Vik erschienen einige Rennthiere. Wir legten am Lande an und erbeuteten zwei fette prächtige Thiere, worauf wir unsere Fahrt fortsetzten. Wir hatten nunmehr eisfreies Wasser vor uns und segelten mit gutem Winde längs dem Lande nach Osten, bis wir zu der zweiten nach Süden einschneidenden Bucht, der Kohlen=Bai, kamen. In der Mitte der Mündung, eine Viertelmeile vom Lande entfernt, trafen wir auf ein schwimmendes Rennthierkalb, das uns zur leichten Beute fiel. Dann schlugen wir unser Nachtlager am Strande auf.

Der 16. August trat mit Schnee und kaltem, stürmischem

Wetter auf, so daß die Reise nicht fortgesetzt werden konnte. Ich benutzte den Aufenthalt, um einen längeren Ausflug in's Land hinein zu wagen und einen Berg zu besteigen. Hierbei machte ich die eigenthümliche Entdeckung, daß das schöne blaue Polemonium pulchellum noch 400 Fuß über dem Meere vorkam.

„Als das Schneewetter aufgehört und der Wind etwas nachgelassen hatte, gingen wir wieder unter Segel. Wir passirten, nachdem wir die Vik verlassen, die östliche Küste und kamen dicht an einigen verlassenen Altenbergen vorüber, welche mit einer senkrechten Höhe von 2,000 Fuß in's Meer niederstürzten.

„Der harte Sandstein herrschte hier durchaus vor; selbst der nur sehr untergeordnet auftretende Thonschiefer war grobblättrig und hart. Er enthielt Glimmerblättchen und zuweilen eingesprengte Schwefel- und Arsenikkiese, woher die bei den norwegischen Spitzbergenfahrern verbreitete Sage herstammen mag, daß die Vogelberge in der Kohlen-Bai durch ihren Reichthum an Kupfererz ausgezeichnet seien. Senkrecht, zuweilen sogar überhängend, fallen diese Berge, aus denen hier und da eine Schicht weiter vorspringt, nach dem Meere ab. Rudern wir ein Ende hinaus, so erblicken wir eine neue Felswand, welche sich über die erstere erhebt, dahinter aber einen prachtvollen schneebedeckten Kegel, der in einer Höhe von 3,000 Fuß das Ganze überragt. Auf der andern Seite dieser Berge trifft man in der festen lothrechten Felswand ein Steinkohlenlager von ungefähr einer Elle Mächtigkeit, sechs Fuß über der Meeresfläche bei der Ebbe, in einem schwachen Bogen aufsteigend, bis es zuletzt unter dem Steingerölle verschwindet. Weiter nach oben folgen drei bis vier schmälere Steinkohlenbänder, in parallelen Streifen, vier bis zehn Fuß von einander entfernt.

„Im Falle einer nothwendigen oder freiwilligen Ueberwinterung in der nahen Advent-Bai könnte dieses Steinkohlenflötz vielleicht gute Dienste leisten, theils wegen seiner vortrefflichen Lage unmittelbar am Strande, welcher bei stillem Wetter für Boote einen guten Landungsplatz darbietet, theils wegen seiner leichten Zugänglichkeit, — so lange wenigstens nur von einer geringen Ausbeutung die Rede ist, denn die darüber befindliche, fast überhängende Sandsteinwand läßt Brüche befürchten. Sollte später einmal wieder von einer Ueberwinterung die Rede sein — eine Thatsache, welche sich früher während der russischen Spitzbergenperiode so oft ereignet hat, und — wie ich mich hier vielfach überzeugt habe —

in neuester Zeit von den norwegischen Fahrern oft in Abrede ge=
stellt wird, so würde kein Punkt in allen Beziehungen so große
Vortheile darbieten, als die genannte Bucht des großen Eisfjordes.
Die gewinnbringende Rennthierjagd gegen den Herbst hin kann
allerdings leicht dazu verlocken, die Rückkehr zu verschieben. Ist der
Fjord die eine Woche eisfrei, wie er es etwa den ganzen Sommer über
war, so kann er — nach unserer eigenen Erfahrung zu urtheilen — in
der nächsten vom Meereise so gut wie gesperrt sein, da dieses beim
Nahen des Winters von Osten her um das Südcap zu kommen
und sich vor den Fjorden der Westküste anzuhäufen pflegt. —

„Da der Wind mittlerweile aufgehört hatte, so legten wir den
übrigen Theil des Weges rudernd zurück und trafen am Morgen
des 27. August in der Advent=Bai ein." —

Unsere Magdalena war schon vor uns angelangt. Wir ha=
ben sie verlassen, da sie vor Anker in dem kleinen Fjordarme der
Kings=Bai lag. Erst am 23. August änderte sich der Wind; es
wehte eine frische Brise aus Nordwesten, welche den ganzen Vor=
mittag über anhielt. Bald Nachmittags wurde der Himmel klarer,
wir hißten die Segel auf und fuhren aus dem Hafen, indem wir
lavirten. Das Fahrwasser war enge, Magdalena, die nicht schnell
wandte, wurde zurückgeworfen und blieb auf einer Blindschär fest=
sitzen. Die Dünung ging hoch, jede Woge stieß das Schiff
ziemlich heftig auf den Grund. Indessen gelang es nach einiger
Zeit doch, sie flott zu bekommen. Sie hatte schon härtere Kämpfe
gegen das Eis bestanden, ohne Schaden zu nehmen, und bewährte
sich auch diesmal. Die ganze Nacht setzten wir das Kreuzen fort;
am Morgen des 24. hatten wir Quad=Hoek erreicht und fuhren
mit frischem, günstigem Winde weiter.

Um den langen Umweg westlich um Prinz Charles Vorland
zu vermeiden, beschlossen wir durch den Sund zu gehen. Die
Morgensonne beleuchtete klar die wilden Alpen des Vorlandes —
sie gehören zu den höchsten des westlichen Spitzbergen — mit
ihren kegelförmigen Spitzen und gewaltigen Gletschern, welche in
den Thalrinnen niedersteigen und in ungeheurer Ausdehnung gegen
den Strand hin abstürzen. Der südlich von Langören befindliche
nimmt fast eine Meile ein. Die unzugänglichen wüsten Bergabhänge
und ewigen Eismassen, welche keinen Raum für ein grünes Plätz=
chen übrig lassen, verleihen dem großartigen Gemälde einen un=
beschreiblichen Ausdruck von Kälte und Erstarrung. Es ist durchaus

nicht einer der wechselnden Scenerien, mit welchen wir früher
Bekanntschaft gemacht haben, zu vergleichen. Der Kanal bei
Langören ist schmal, kaum drei Faden tief, und überall nimmt
man schon aus der Entfernung den hellen Sandgrund wahr, der
den Schiffer warnt, langsamer zu fahren und das Senkblei zur
Hand zu nehmen. Hat er guten Wind, so braucht er einfach nur
die Mitte zwischen beiden Küsten zu halten; dagegen ist es wegen
der oft starken Strömung und des schweren Wogenganges nicht
räthlich, den Sund bei schlimmem Wetter zu passiren.

Mit wenigen Segeln, beständig ausschauend und lothend
hatten wir schon um neun Uhr die engste Stelle hinter uns und
steuerten weiter durch den breiten Vorlandsfjord, der nördlich auf
allen Seiten von hohen Bergen und Gletscherabstürzen begrenzt wird,
während im Süden von St. John's Bai weit ausgedehnte Ebenen
folgen, die sich bis zur Südspitze des Vorlandes erstrecken, wo sich
wiederum eine gewaltige Alpenmasse erhebt, während das Festland
fast durchweg aus einem Flachlande besteht. Um fünf Uhr Nach=
mittags hatten wir das weit vortretende Oerland und das kleine
Schärenband, welches im Norden die Mündung des Eisfjordes
umschließt, passirt. Der Wind ließ nach. Die Nacht war außer=
gewöhnlich schön, der Himmel blau und klar; die Sonne ging
prachtvoll unter und warf ihren röthlichen Schein über die dunkeln
abgerundeten Berghäupter. Die einzelnen Schneeflecken an den
Spitzen und in den Klüften der Abhänge aber übergoß sie mit
einem solchen Purpurschimmer, daß man sie durch ein rothes Glas
zu sehen wähnte. Der bleiche Mond spiegelte sich auf der dunkeln,
kaum von einem Windhauche gekräuselten Meeresfläche. Darüber
aber, einige Meilen weit nach Westen, wurde ein „Eisblink"
sichtbar, der Wiederschein von einem Packeisfelde, welches wahr=
scheinlich um das Südcap gekommen war und nun nach Norden
trieb. Wir konnten von dem Mastkorbe aus sogar einzelne Spitzen
erkennen, die über die Wasserfläche hervortraten. Ueber dem
Ganzen weilte der wunderbare Frieden und die majestätische
Stille, welche dem hohen Norden eigenthümlich sind.

An der Südseite des Fjordes erblickten wir eine Yacht, die
hinaussteuerte; es war unser alter Freund Mattilas auf seiner
Heimreise. Ein wenig nach Mitternacht kam von Yhlen von seiner
Excursion zurück, um uns Lebewohl zu sagen. Wir trieben mit
dem Strome, je nachdem er wechselte, bald vorwärts bald zurück,

bis der Wind gegen Mittag (den 25.) gleichmäßiger wurde und wir
nach der Advent=Bai fahren konnten. Vor der Kohlen=Bai begeg=
neten wir einer großen Heerde von Walrossen und einigen Weißwalen;
da aber der Harpunirer und das Jagdboot noch nicht zurückgekehrt
waren, so ließen wir sie ruhig ihre Wanderung nach dem Meere
fortsetzen. Die Berge zeigten immer mehr die eigenthümliche Form
großartiger Tempel und Bauwerke. Zuweilen traf der Blick auf
ein grünes Feld an ihren dunkeln Abhängen. Als wir Abends
in die Advent=Bai steuerten, wurden wir sehr angenehm über=
rascht von der für Spitzbergen auffallend reichen Vegetation,
welche die Berge des Weststrandes noch bis zur Spitze bekleidete
und in den Thälern und Vertiefungen üppig gedieh. Um sieben
Uhr Abends ließen wir den Anker fallen und gingen an's Land,
um zu botanisiren.

In der Nähe des Strandes trafen wir ein Feld von Schiefer=
steinen mit Geröll und Erde. Hier wuchs Stellaria humifusa
neben der kleinen anspruchslosen Cochlearia fenestrata. Die
grünen und gelben Matten, welche nur stellenweise von dem feinen,
grauen Schiefergeröll unterbrochen waren, wurden von kleinen
Kanälen aus den Gletscherbächen bewässert und boten dem Bo=
taniker die reichste Abwechslung dar, denn mindestens zwei Dritt=
theile aller Phanerogamen Spitzbergens hatten sich hier nieder=
gelassen. Es wechselten hier im freudigen Wachsthum mit einander
ab: Poa pratensis, cenisia und stricta, Aira alpina, Alopecurus
alpinus, Calamagrostis stricta und Trisetum subspicatum mit
dem hier großblumigen Polygonum viviparum, Andromeda tetragona, Dryas octopetala und breite gelbe Bänder von Saxifraga
hirculus und flagellaris neben Potentilla emarginata, Ranunculus sulphureus und dem ganzen Reste der arktischen Pflanzen=
plebejer: Draba alpina und hirta, Salix polaris, Luzula hyperborea, Juncus biglumis, Eriophorum capitatum und vielen anderen.
Die feuchtesten Stellen wurden, wie gewöhnlich, von den Moosen
eingenommen: Polytrichum alpinum, Pottia latifolia und anderen;
dazwischen Chrysosplenium tetrandrum und die aus unserer Ju=
gend bekannte Cardamine pratensis, allerdings ein wenig anders
an Größe und Gestalt, aber trotzdem leicht erkennbar. Der Aus=
flug war so angenehm, daß wir uns nur mit großer Mühe von
der Stelle losrissen und erst spät in der Nacht an Bord zurück=
kehrten.

Die Advent=Bai ähnelt in der Hauptsache den beiden früher
besprochenen Fjorden und bildet einen der besten Häfen auf Spitz=
bergen, indem man hier gegen Wind und Wetter durchaus ge=
schützt ist. Sie mag acht englische Meilen lang und fünf breit
sein. Fährt man durch ihre etwa 1½ englische Meilen breite
Mündung, so darf man keiner der beiden Küsten zu nahe kommen,
indem sich von der Strandebene aus Riffe unter dem Wasser fort=
setzen. Hat man aber die Spitze des Weststrandes mit der darauf
befindlichen Russenhütte passirt, so kann man längs dem Strande
nach der Mündung des Bergelf — welcher jetzt gegen den Herbst
hin beinahe ausgetrocknet war — fahren. Drei Kabellängen vom
Lande hat man hier einen vorzüglichen Ankergrund auf sechs bis
zehn Faden Tiefe. Die größte Tiefe der Bucht beträgt etwa
30 Faden; weiter nach Süden wird sie immer flacher und bei niedri=
gem Wasserstande schließlich ganz trocken. Das Ende unterscheidet
sich wesentlich von den Fjorden, welche wir bis dahin besucht ha=
ben, indem es fast überall aus dem Schlamm eines noch thätigen
Gletschers bestand. Hier aber sind die Gletscher zum größten Theile
verschwunden; der Schlamm erhält nur einen verhältnißmäßig ge=
ringen Zuschuß an organischen Stoffen von den Bergflüssen; er
ist gewissermaßen alt zu nennen, und seine dunkelgraue Farbe und
das moderartige Aussehen schreibt sich von den vielen in ihm ver=
theilten Organismen her. Hier ist ein, wenn auch nicht an For=
men, reiches Thier= und Pflanzenleben zur Entwicklung gekommen:
Muscheln — Cardium, Astarte, Tellina, Crenella und Schnecken
— Natica und Tritonium; sie erreichen hier eine verhältnißmäßig
koloffale Größe und kommen in unglaublicher Menge vor. Das=
selbe war der Fall mit den übrigen niedrigeren Thiergruppen und
den Algen, unter welchen sich eine ungewöhnlich große Menge
hochnordischer Fische aus dem Geschlechte Cottus und Lumpenus
neben der Brut von Gadus aeglefinus und Drepanopsetta pla=
tessoides befand.

Das Wasser wimmelte von Quallen, den hochnordischen
Beroe und Cydippe, welche gegen den Herbst hin ihre größte
Entwicklung erlangen, außerdem einer Menge anderer. —

Den 27. kehrte Blomstrand mit unseren Jagdleuten zurück,
denen es gelungen war, vier Rennthiere und einen Seehund zu
erlegen. Immer befanden sich nunmehr ein paar von uns auf
der Jagd, jedoch ohne einen wesentlichen Erfolg; denn die heim=

kehrenden Walroßjäger, darunter namentlich einer aus Hammerfest, waren uns zuvorgekommen; sie hatten ihre Yachten ausschließlich mit Rennthierfleisch und Fellen beladen. Der an Rennthieren sonst so reiche Eisfjord war so gut wie verlassen, und die wenigen Thiere, auf welche wir stießen, hielten nicht Stand. Es glückte uns indessen doch, bis zum 1. September neun Stück zu schießen. In dieser Jahreszeit ist das spitzbergische Rennthier so fett, daß es eine hinreichende Last für zwei Mann abgiebt, während es im Frühjahre mit Leichtigkeit von Einem getragen werden kann. Im Allgemeinen ist es kleiner als das zahme skandinavische Rennthier, von diesem auch durch die Bildung seiner Beine und dadurch verschieden, daß es in der zweiten Hälfte des Sommers zwischen Fleisch und Haut eine zwei bis drei Zoll dicke Lage eines ziemlich festen, weißen und wohlschmeckenden Specks erhält, welcher gesalzen die Stelle der Butter vertritt. Dieses Fettpolster erlangt es in ganz kurzer Zeit. Schon Ende Juli hat das magere, kaum eßbare Juni-Renn seine Speckhülle bekommen, von welcher es wahrscheinlich während des langen Winters, da es eingeschneit im Winterschlafe liegt, sein nur mattes Leben fristet. — —

Den 1 September unternahmen Blomstrand und Dunér mit dem Steuermanne und einem Manne von der Besatzung einen längeren Ausflug zu dem Innern des Eisfjordes.

„Nach einer langen, ermüdenden Ruderfahrt kamen wir zu der genannten Midterhuk, einer weiten Ebene, die sechs bis sieben Fuß hoch vom Meere allmählich nach dem Innern zu aufsteigt. Wir gingen hier einige Male an's Land, um Rennthiere zu jagen, allein ohne Erfolg. Nach einigen weiteren Stunden und nachdem wir die Mündung eines Elf passirt, wo sich Tausende von Gänsen — Anser bernicla — versammelt hatten, wahrscheinlich um gemeinschaftlich die Rückreise nach südlicheren Regionen anzutreten, wählten wir unsern Lagerplatz neben einer Spitze, wo wir endlich einen Blick über den erwünschten Fjordarm, welcher nach vielfachen Mittheilungen der längste des Eisfjordes sein sollte, erhielten. Der Boden bestand hier aus einer tiefen Schicht von zerriebenem, ungewöhnlich lockerm Thonschiefer, welchen wir schon unterweges an mehreren Stellen in ganzen Hügeln angetroffen hatten, ferner aus zerstreuten, oft sehr bedeutenden Sandsteinfragmenten. Beide Bergarten mußten unseren Zwecken dienen. Eine Sandsteintafel bildete den schönsten Tisch für unser Mahl,

und der Thonfchiefer lieferte uns das befte Material zur Ver=
ftärkung unferes Feuers, das von dem naffen, mühfam zufammen=
gebrachten Treibholze nur kümmlich unterhalten werden konnte.
Einen folchen bituminöfen Thonfchiefer hatte ich hier noch nirgends
gefunden. Nachdem wir unfere Mahlzeit eingenommen und die
zahlreichen frifchen Spuren, welche nach allen Richtungen in den
feuchten Boden eingedrückt waren — nicht blos von Renuthieren,
Füchfen u. a., fondern auch von einem ganz refpectabeln Eis=
bären — unterfucht hatten, fetzten wir unfere Reife nach dem
Innern des Fjordes fort. Wir verfprachen uns Alle das leb=
haftefte Vergnügen von einem etwaigen Zufammentreffen mit dem
„Amtmann" Spitzbergens, den wir feit unferm Aufenthalte in der
Treurenberg=Bucht nicht mehr zu Geficht bekommen hatten. Bald
glaubten wir auch einen Bären auf einem Berge zu erkennen,
ftiegen an's Land und eilten hinauf. Aber das befchwerliche
Klettern war der einzige Lohn für unfern Eifer, denn von dem
Bären fahen wir auch nicht die Spur weiter.

   „Wir fuhren nun zu einer weit in den Fjord vortretenden
Landzunge, auf welcher fich eine Ruffenhütte befand. Nachdem
wir eine halbe Stunde lang gerubert, erblickten wir am Strande
elf Renuthiere und gingen an's Land, um unfer Jagdglück zu ver=
fuchen. Aber auch diefesmal hatten wir keinen Erfolg: die Thiere
waren ungewöhnlich fcheu und ergriffen die Flucht, lange bevor fie
uns in Schußweite gekommen, ein ficheres Zeichen, daß wir heuer
nicht die Erften hier waren. Wenig zufrieden mit diefem Aus=
gange fetzten wir unfere Fahrt zu der Ruffenhütte fort. Diefelbe
war mit außergewöhnlicher Sorgfalt aufgeführt und die Wände
mit Rafen, auf welchem Cochlearia außerordentlich üppig wuchs,
bekleidet. Hier fchlugen wir unfer Zelt auf und rafteten einige
Stunden. Als wir uns zur Abfahrt bereiteten, erreichte uns der
Nebel, welchen wir vorher in der Geftalt eines filberweißen
Streifens vor dem Fjorde gefehen hatten, und umgab uns auf
allen Seiten. Das Innere des Fjordes lag ziemlich offen vor
uns, und da er, wie es fchien, fchmaler und auf allen Seiten von
Bergen umfchloffen wurde, fo hätte wohl ein Verfuch gemacht
werden können, die Reife weiter fortzufetzen. Aber die Vorftellung,
daß wir dadurch möglicher Weife die Abfahrt des Schiffes ver=
zögerten, mahnte uns, wie fchon in fo vielen früheren Fällen, an
die Heimkehr. Dazu kam noch ein äußerer Zufall, der uns zur

Eile nöthigte. Wir hatten nämlich unser Boot nicht genügend
weit auf's Land gezogen; die Fluth war gekommen, hatte die
Stützen des Bootes fortgeschwemmt und das letztere selber umge=
worfen, so daß ein Theil unserer Sachen in dem Wasser umher=
trieb. Nachdem wir Alles geborgen, traten wir unsere Rück=
reise an und blieben die Nacht zum 3. September, wegen des an=
haltenden Nebels, auf einem etwa vier Fuß hohen Sandriffe,
welches sich neben dem obengenannten Elf befindet. Eine Fortsetzung
der Fahrt über den drei Meilen breiten Fjord war unmöglich, da
wir es unterlassen hatten, einen Kompaß mitzunehmen. Unsere
Jagd hatte keinen Erfolg gehabt, Fleisch war nicht vorhanden, so
mußten wir uns mit einem spitzbergischen Pudding begnügen,
welchen der Steuermann aus erweichtem, in Butter geschmortem
Schiffszwieback bereitete, ein vortreffliches Gericht, das wir allen
in einer gleichen Lage Befindlichen empfehlen können.

„Das Zelt war auf der höchsten Stelle des Sandriffs auf=
geschlagen und wir legten uns zur Ruhe. Wir wurden aber bald
von dem Rufe unseres Bootwächters erweckt und sahen, daß die
Fluth uns wieder einen Streich gespielt hatte. Das Wasser stand
rings um das Zelt, das Boot lag weit davon, durch ein über drei
Fuß tiefes Wasser vom Lande getrennt, und es schien, daß
kaum noch ein trockener Fleck übrig bleiben werde. Aber die
Fluth hatte bereits ihre größte Höhe erreicht, das Wasser be=
gann zu fallen, und wir konnten uns wieder ruhig dem Schlafe
überlassen.

„Erst am Vormittage lichtete sich der Nebel so weit, daß wir
unsere Rückreise anzutreten wagten. Sie ging am Anfange längs
der Küste. Nach einer Weile entdeckten wir Rennthiere, und der
Steuermann schoß zwei; aber sie waren für uns wenigstens von
keinem Nutzen mehr, denn wir fuhren nunmehr glücklich über den
Fjord; erst in der Advent=Bai wurde der Nebel wieder dichter.
Wir konnten ununterbrochen das Land wahrnehmen und trafen
um neun Uhr Abends an Bord an. Nach unserer Berechnung waren
wir, vom Schiffe aus gerechnet, fünf Meilen weit in das Innere
des Fjordes vorgedrungen." — —

Die Witterung blieb außerordentlich veränderlich. Kalte und
regnichte Tage, Schlackenwetter und Nebel wechselten mit stillen,
klaren und sonnigen Tagen ab. Die Temperatur stieg einmal
über $+4{,}_6°$; der Wind wurde gegen Abend meist durchdringend

kalt; die Bäche und selbst der Fjord am Strande belegten sich
hier und da während der nunmehr schon einige Stunden dunkeln
Nacht mit einer Eiskruste; am Morgen lag der Reif auf den
grünen Hügeln, verschwand aber stellenweise wieder bei Tage. Mit
einem Wort: der Sommer war zu Ende und der Herbst gekommen.
Wir warteten nur noch, an welchem Tage nun das Land wohl
sein wirkliches Winterkleid anlegen werde.   Im Uebrigen waren
wir bereit, den Eisfjord so bald als möglich zu verlassen; aber die
anhaltende Windstille, welche mit dem September eingetreten,
stellte sich uns hindernd in den Weg.   Die Jäger gingen mittlerweile am 5. auf die Jagd zur Kohlen-Bai, und verabredeten mit
uns, zur Magdalena entweder hier oder in Green Harbour zu
stoßen.   Aber kaum waren zwölf Stunden verflossen, so kehrten
sie mit der Nachricht zurück, daß der Weg von der Kohlen-Bai zum
Green Harbour durch ein Eisband gesperrt und die ganze Oeffnung
des Eisfjordes vom Eise geschlossen sei.

Die Spitzbergenfahrer haben im Allgemeinen eine große
Furcht vor dem Herbsteise, und das vielleicht mit Recht, indem sie
sich der häufigen unfreiwilligen Ueberwinterungen und des unglücklichen Ausganges derselben — oft eine Folge der zu kärg-
lichen Ausrüstung — erinnern.   Es war deshalb nicht zu verwundern, daß, als wir am Morgen auf Deck kamen, wir nur be-
sorgte Mienen zu sehen und muthlose Aeußerungen in Betreff der
Zukunft zu hören bekamen.   Ein Vorschlag folgte dem andern.
Unser alte gute Bootsmann meinte, wir sollten, so lange der Boden
noch nicht gefroren sei, und während wir noch Kräfte genug hätten,
unsere Gräber graben, um doch unserm so gut wie gewissen
Schicksal wenigstens mit dem Bewußtsein entgegen zu sehen, daß
wir in einem anständigen Grabe ruhen würden.   Ein Zweiter, der
nicht so trübe in die Zukunft sah, gab den mehr praktischen Rath,
sich sofort auf die Ueberwinterung einzurichten, auf die Berge zu
steigen und Rennthiere zu jagen.   Ein Dritter war allerdings der
Gescheidteste, indem er den Vorschlag machte, sich zu überzeugen, ob
die Jäger auch recht berichtet, ob sie nicht infolge ihrer erregten
Phantasie blinden Lärm geschlagen hätten.   Sofort begaben sich
daher zwei Partien an's Land, um einige Berge zu besteigen und
zugleich der Rennthierjagd obzuliegen.   Die Jagdpartie, welche aus
Smitt, dem Steuermann Mack und drei Matrosen bestand, nahm
ihren Weg auf das Bergplateau, wo sie die aus den Thälern ver-

jagten Rennthiere anzutreffen hofften. Dunér und Blomstrand folgten dem Abhange nach der Oeffnung des Fjordes hin und nahmen hier von einem etwa 500 Fuß hohen Berge wahr, daß das Eis sich fast über den ganzen äußeren Fjord ausbreitete, aber, wie es den Anschein hatte, sodünn und vertheilt, daß sie eine Fahrt, mindestens längs dem Lande im Norden, für ausführbar hielten. Die Jäger hatten das Eis wahrscheinlich blos vom Wasser aus gesehen, wo es den durch die Angst vor einer Ueberwinterung ein wenig verwirrten Augen als eine dicht zusammengepackte Masse er= schienen war. Die Partie kam Mittags, zwar ohne Jagdbeute, aber mit um so besseren Nachrichten zurück. Uebrigens hatten sie nicht weit vom Hafen ein Steinkohlenlager entdeckt, das uns von gutem Nutzen geworden wäre, wenn das Eis aus dem Spiele Ernst gemacht und uns wirklich eingesperrt hätte. Die Partie, welche mit Hülfe der grönländischen Hunde drei Rennthiere erbeutet hatte, bestätigte Blomstrand's und Dunér's Angaben in Betreff des Eises.

Obwohl für den Augenblick beruhigt, beschlossen wir doch in jedem Falle von dem Südwestwinde, so contrār er auch war, Nutzen zu ziehen und uns von den Gefahren des Fjordes zu befreien. Die Strömung war günstig, der Wind frisch; aber die Jagdpartie kam nicht vor acht Uhr Abends zum Schiffe zurück; wir mußten daher noch bis zum andern Morgen liegen bleiben, um die veränderte Strömung abzuwarten. Die physikalischen Instrumente und andere Effecten waren mittlerweile schon Nach= mittags an Bord gebracht, Nachrichten für Torell in der Russen= hütte niedergelegt und Alles zur Abfahrt fertig gemacht worden. Wir gingen daher viel ruhiger zu Bette, als wir aufgestanden waren. In der Frühe des 6. September hißten wir die Segel, hatten Mittags die Advent=Bai verlassen und begannen im Eis= fjorde zu kreuzen. Da ein „laberer" Wind aus Südwesten wehte, so ging es nur langsam vorwärts. Das sehr vertheilte Eis bildete kein wesentliches Hinderniß; es zog sich überdies mehr nach der südlichen Küste hin und füllte die Advent=Bai. Am Morgen des 7. befand sich Magdalena der Kohlen=Bai gegenüber, aber erst um fünf Uhr Nachmittags in der Mündung des Eisfjordes; hier traf sie wieder auf Eis und mußte darin noch die ganze erste Woche über am 8. September segeln. Um acht Uhr Vormittags war das Eis passirt; im Westen und Norden lag das Meer vollkommen

offen da, und nur in Südosten erschien das Treibeis gepackt und
sperrte wahrscheinlich die südlichsten Fjorde Spitzbergens, den Bell=
und Hornsund.

Dorthin sollte nun der Weg gehen. Die Naturforscher der
Magdalena, Goës und Smitt, welche überall mit unermüdetem
Eifer die Producte des Meeres und Landes gesammelt hatten,
sehnten sich danach, auch diese Buchten zuletzt noch zu untersuchen.
Blomstrand durfte, im Hinblick auf die schönen von ihm gemachten
Entdeckungen, auf wichtige, die Geologie des Landes betreffende
Aufschlüsse rechnen; — aber die Zeit war abgelaufen, Magdalena
mußte dem Aeolus entgegenfahren. Da überdies Torell und
Nordenskiöld schon 1858 diese Fjorde untersucht hatten, so wurde
der Plan aufgegeben und mit dem frischen Südwinde nach Norden
— diesesmal westlich vom „Vorlande" — gesteuert. Die Kühlte
nahm im Laufe des Tages mehr und mehr zu; ein Schneeschauer
löste den andern ab; mit Mühe konnte man das Land im Auge
behalten, und am Morgen des 9. wüthete der Sturm mit der ihm
hier eigenen Gewalt. Später wurde die Luft klarer; die Berge
der Kobbe=Bai kamen in Sicht; es lag dort ein Schiff vor Anker:
unser Aeolus. Um nicht auf den Strand zu gerathen, hielten wir
uns vom Lande entfernt und segelten mit halbem Winde. Da=
durch, sowie infolge des Gegenstromes kamen wir aber in Gefahr,
auf den Grund getrieben zu werden. Noch ein paar Kabellängen
und Magdalena hätte festgesessen. Aber ein paar geschickte Ma=
növer befreiten uns aus der Gefahr. Wir erreichten wieder tiefes
Wasser und befanden uns um sechs Uhr Morgens am 9. September
neben dem Aeolus.

Man eilte von einem Schiffe zu dem andern. In der Freude
des Wiedersehens, nach zehnwöchentlicher Trennung, Alle frisch
und munter, verging der erste Tag schnell genug. Wie viel war
nicht zu erzählen, was hatte man nicht gesehen, was erfahren!
Alle hatten abenteuerliche Fahrten durchgemacht, ein Jeder unver=
drossen zur Erreichung des Allen gemeinschaftlichen Ziels das
Seinige beigetragen. Man zeigte einander, was man von dem
Eingesammelten für das Interessanteste erachtete, von Gesteinen,
Pflanzen und Thieren, und die Vorstellung, daß wir infolge unserer
emsigen Bemühungen zur Kenntniß dieser hochnordischen Natur
ein größeres Material zusammengebracht, als irgend eine Expedition
vor uns, gab der Freude des Wiedersehens einen Zug wahrer Zu=

friedenheit, welche nur begreifen kann, wer einmal an einem solchen Augenblicke Theil genommen hat. Aber Alle stimmten darin überein, daß der Sommer zu kurz gewesen, daß so Vieles nicht gesehen und ununtersucht geblieben, und die Rückkehr zu nahe sei.

Der Tag hatte übrigens noch eine besondere persönliche Bedeutung für den Leiter unserer Expedition; er wurde deshalb auch mit einem Festmahl am Bord des Aeolus und einer Extraverpflegung der Mannschaft gefeiert. Beide Schiffe hatten zu seinen Ehren geflaggt.

Sortepynt auf Prinz Charles Vorland.

Sechzehntes Kapitel.

Aus der Geschichte von Spitzbergen.

Die wenigen Tage, die wir in der Kobbe=Bai zubrachten, hatten wir benutzt, um verschiedene Ausflüge zu machen, unter Anderm zu der schon früher erwähnten Smeerenberg=Bucht. Die Erinnerung an die lebhafte Bewegung, welche einst an dieser Stelle herrschte, mag uns Veranlassung geben, einen Blick auf die Geschichte Spitzbergens, dieses so sonderbaren, unbewohnten Landes zu werfen.

Nachdem Barents im Jahre 1596 Spitzbergen entdeckt, wurde es erst nach elf Jahren wieder von dem berühmten arktischen Seefahrer Henry Hudson besucht, welcher im Jahre 1607 von der sogenannten Moscovy Company ausgesandt wurde, um einen Weg nach China zu entdecken. Nach einer sechs Wochen langen Fahrt, oft durch Treibeis, erreichte er 80° 23′ und wandte sich erst ostwärts, dann aber bald nach Süden, wegen des vielen Eises. Nachdem er noch eine Bootexcursion in einen der Häfen auf der Nord= oder Nordwestküste Spitzbergens unternommen, und ein Ende nach Nordosten gefahren war, kehrte er mit der Ueberzeugung zurück, daß in dieser Richtung eine Passage nicht zu finden sei.

„In der Bucht, von welcher ich früher gesprochen,“ — sagt Hudson — „und ringsum an den Küsten schwammen mehr Seehunde, als ich sonst irgendwo zuvor wahrgenommen hatte.“

Er war also der Erste, der die Aufmerksamkeit auf Spitzbergen als einen guten Jagdplatz lenkte. Er spricht von dem Reichthum an Treibholz, dem blauen und grünen Meerwasser und

dem Eisblink, widerlegt auch die zu seiner Zeit herrschende Ansicht
der Geographen, daß Grönland umschifft werden könne.

Drei Jahre später wurde von derselben Compagnie Jonas
Poole, welcher schon früher an den sechs Expeditionen nach Bären-
Eiland unter Bennet und Welden, 1603—1609, Theil genommen,
ausgerüstet. Er kam den 16. Mai nach Spitzbergen und ankerte
vor einer Bucht, welche den Namen Hornsund erhielt, und
zwar nach einem am Strande gefundenen Rennthierhorn. Einem
südlich von ihr gelegenen Berge, dem ersten, welchen er wahrnahm,
gab er den Namen Moscovy Mount. Von diesem Ankerplatze begab er sich nach Nordosten zu einer Insel in 78° 37′ nördl. Br.,
deren Spitze Fair Foreland genannt wurde. Auf einem kleinen
Holme vor einer Bucht — Deersund — schoß er einen Eisbären und entdeckte hier zugleich sehr gut brennende Steinkohlen.

Beim Amsterdam-Eiland ging er in die von ihm Fair Haven
benannte Bik, jagte Rennthiere und Walrosse und kehrte am Ende
des Juli zurück. Während seiner ganzen Reise erblickte er in der
Nähe der Küsten eine große Zahl von Walfischen, unzweifelhaft
seine wichtigste Entdeckung, denn von Poole's Reise 1610 datirt
der Walfischfang auf Spitzbergen.

Daß die Kunst Nimrod's schon frühe gegen die größten
Thiere der Welt in Anwendung gekommen, ist bekannt. Schon
Alfred der Große erzählt, daß Other von Halogoland in der
Nähe von Drontheim auf dem Walfischfang gewesen „und so weit
nach Norden gegangen, als die Walfischfänger für gewöhnlich
kommen.“ Biscayer, Spanier, Franzosen und Flamänder jagten
schon frühe auf Walfische in der Nähe ihrer Küsten, und seit 1575
auch in entfernteren Regionen. Die Engländer, welche erst 1594
den Walfischfang an den Küsten Nordamerikas zu treiben begannen,
und später bei Island und dem Nordcap, wandten sich nun mit
aller Energie Spitzbergen zu.

Die Moscovy Company rüstete sogleich nach Poole's Rückkehr zwei Schiffe aus, unter Leitung von Poole und Stephen
Bennet, nebst Edge als „Factor“ und sechs biscayischen Harpunirern. Sie hatten eine höchst abenteuerliche Fahrt. Die Schiffe
wurden von einander getrennt, Poole fuhr nach Norden bis zum
80. Grade, sodann nach Grönland und nach Bären-Eiland. Edge
dagegen wurde, nachdem er einen Wal erlegt, in Foulsund
vom Eise eingeschlossen und kochte hier aus dem Speck des Thieres

Thran. Sein Schiff ging verloren, er aber begab sich mit zweien Booten erst zum Hornsund, wo er ein Schiff von Hull antraf, das ihm seine Ladung abnahm, und sodann weiter nach Bären=Eiland. Nachdem er vierzehn Tage lang gesegelt, erreichte er nicht blos diese Insel, er traf auch wunderbarer Weise mit Poole und dessen Schiff zusammen. Sie kehrten nun Alle zum Foulsund zurück, wo sie den 14. August anlangten, und fanden hier das Schiff von Hull und den Rest der Besatzung, welche in den Booten nicht Platz gefunden hatte, noch vor. Dann gingen sie nach Bären=Eiland zurück, verloren durch Unachtsamkeit auch das zweite Schiff und kehrten mit dem Huller Schiffe nach England zurück. Die ausgestandenen Gefahren müssen auf sie keinen großen Ein= druck gemacht haben, denn im folgenden Jahre, als von der Mos= covy Company eine neue Expedition nach Spitzbergen ausgerüstet wurde, war Poole wieder zur Theilnahme bereit. Sie machten einen guten Fang: 17 Wale und einige Walrosse, welche zusammen 180 Tonnen Thran gaben. Zwei holländische Schiffe, welche vor ihnen dort waren, wurden an der Ausübung der Jagd gehindert und zuletzt vertrieben. Ein Kaufmann Kijn, welcher sich auf dem einen dieser holländischen Schiffe befand, verunglückte bei einer unvorsichtigen Bergbesteigung auf Prinz Charles Vorland. Ein spanisches Fahrzeug war gleichfalls dort und machte einen guten Fang in Green Harbour, aber sein Lootse, der Engländer Wood= cock, mußte nach seiner Rückkehr nach England das Verbrechen, auf einem fremden Schiffe gedient zu haben, mit sechsmonatlichem Gefängniß büßen. Solche Anschauungen hatte man damals vom Handel und der Concurrenz. Aber in den folgenden Jahren wurde es noch viel schlimmer, so daß fast anhaltend eine Art von Kriegs= zustand zwischen den Engländern und den übrigen Nationen auf Spitzbergen herrschte. Die englische Handelsgesellschaft erhielt 1613 ein Royal Charter, durch welches sie das Recht erlangte, mit Aus= schluß aller anderen Engländer und der Fremden, bei Spitzbergen den Fang und die Jagd zu betreiben. Um ihr Monopol aufrecht zu erhalten, rüstete sie sieben bewaffnete Schiffe aus, von denen das Hauptschiff zwanzig Kanonen führte. Sie stießen auf acht spanische, vier oder fünf holländische, fünf französische, vier englische und mehrere biscayische Schiffe. Da diese der Flotte der Compagnie nicht gewachsen waren, so wurden sie geplündert und vertrieben, mit Ausnahme zweier französischen, welche gegen Erlegung eines Tri=

butes die Erlaubniß erhielten, weiter zu jagen. Ueberdies wurde ein holländisches Schiff mit englischer Besatzung als gute Prise aufgebracht; sein Werth betrug ungefähr 130,000 Gulden. Die Holländer, welche sich mit Recht über dies Verfahren beschwerten, benahmen sich übrigens genau ebenso gegen die Spanier. Es mag hier noch angeführt werden, daß der später so berühmte Baffin, welcher damals der englischen Flotte folgte, mit scharfem Blicke die außerordentlich ungleiche Strahlenbrechung in den verschiedenen Luftschichten entdeckte, indem er sagt: „Ich vermuthe, daß die Strahlenbrechung größer oder minder ist, je nachdem die Luft dichter oder dünner ist; doch überlasse ich die Entscheidung hierüber den Gelehrten." —

Im folgenden Jahre 1614 war die holländische Jagdflotte von vier Kriegsschiffen begleitet und dadurch den Engländern über= legen. Es kamen keine Streitigkeiten oder Gewaltthaten vor; man machte vielmehr auf beiden Seiten reiche Ausbeute. Die Holländer hatten achtzehn Schiffe, die englische Flotte bestand aus zwölfen, unter dem Befehl von Fotherby, mit dem Auftrage, auch eine Ent= deckungsreise weiter nach Norden zu machen. Sie wählten Fair Haven zu ihrem Standquartier, bestimmten die Lage von Magda= lena=Hook auf 79° 34' und drangen mit Booten durch das Eis zur Red Beach vor, fanden jedoch die ganze Nordküste von Eis umschlossen. Darauf gingen sie zu Schiffe „acht starke Seemeilen", von Vogelsang ab gerechnet — damals Cape Barren genannt — nach Nordosten, bis sie auf Eis trafen. Auf dieser Fahrt geschah es, was sonst seltener in den kälteren Gegenden sich zu ereignen pflegt, daß das Meer in der Nacht zum 15. August sich mit Eis bedeckte, „von der Dicke eines Thalers".

Im Jahre 1615 wurde Baffin wieder ausgesandt, doch kam er nicht weiter als bis zu Hakluyt's Headland. Er nahm eine Karte von den Küsten auf und giebt als das Ergebniß seiner Reise an, daß er trotz des vielen Eises eine Fahrt zwischen Spitzbergen und Grönland für möglich halte. Er räth auch der englischen Ge= sellschaft, jährlich 100 bis 200 Pfund Sterling auf die Ausrüstung eines kleinen Schiffes, mit 100 Mann Besatzung, zu verwenden, um das Meer zwischen Grönland und Spitzbergen zu erforschen. Ein besserer Rath konnte wohl auch kaum gegeben werden, denn mit kleinen Schiffen wird man in diesen Gewässern immer viel besser vorwärts kommen, als mit großen.

Die Holländer waren auch dieses Jahr stärker als die Eng=
länder und hatten einen guten Erfolg, während er den letzteren,
die noch dazu vom Eise eingeschlossen waren, fehlte. Jetzt traten
aber auch die Dänen mit dreien großen Kriegsschiffen auf und
forderten als Besitzer von Grönland — wozu nach der damaligen
Ansicht Spitzbergen gehörte — von den Engländern Tribut. Diesen
Ansprüchen stellten die Engländer ihr gewöhnliches Argument ent=
gegen, daß ihr Landsmann Willoughby das Land entdeckt habe.
Die Zwistigkeiten hatten kein anderes Resultat, als daß die
Dänen beschlossen, den Walfischfang bei Spitzbergen nunmehr selbst
zu betreiben.

Da die Engländer mit einer Flotte von acht Schiffen im
Jahre 1616 einen sehr guten Fang machten, die Holländer mit
blos vieren aber einen sehr schlechten, so kamen nun die ersteren
im folgenden Jahre mit vierzehn Schiffen an und erbeuteten nicht
weniger als 150 Walfische, oder 1,800 bis 1,900 Tonnen Speck,
außer einer großen Menge, die sie aus Mangel an Raum zurück=
lassen mußten. Edge, welcher den Befehl über die Flotte führte,
erlaubte sich wieder Gewaltthätigkeiten gegen ein holländisches
Fahrzeug, das sich auf seine Aufforderung hin nicht entfernen wollte,
und der alte Streit loderte von Neuem auf. Dazu kam, daß das
Patent, welches König Jakob von England im Jahre 1618 aus=
gefertigt hatte, und nach welchem Engländer, Schotten und Hol=
länder für gleichberechtigt angesehen werden sollten, nicht beobachtet
wurde. Die aufgebrachten Holländer sandten daher eine Flotte
von 23 Schiffen nach Spitzbergen, schlossen alle Häfen und ver=
hinderten die Engländer, Jagdboote auszuschicken. Zuletzt fielen
fünf holländische Schiffe drei englische in einem Hafen des „Vor=
landes" an, schossen ihre Takelage zu Schanden, tödteten einen
Theil der Besatzungen, nahmen die Kanonen und Munition fort,
verbrannten die Fässer und führten die Schiffe als gute Prise mit
sich. Nach Hause gekommen, gaben sie dieselben indessen später
wieder zurück. Dieses war aber auch das Ende der Streitigkeiten,
die Regierungen legten sich dazwischen, und man beschloß, alle
damals noch gleich guten Häfen zu vertheilen. Im Jahre 1619
wurde die Theilung vollzogen. Die Engländer bekamen nicht blos
zu wählen, sondern auch mehr Häfen als die anderen. Sie nahmen
Bellsund, Safe Haven im Eisfjord, Hornsund und die Magda=
lenen=Bai. Nach den Engländern wählten der Reihe nach die

Holländer, die Dänen, die Hamburger und zuletzt die Biscayer. Die Holländer ließen sich bei Amsterdam=Eiland nieder, die Dänen stationirten sich in der Kobbe=Bai und bei der Däneninsel, und die Hamburger, welche bald nach den Dänen ihr erstes Jagdschiff ausgesandt hatten, wählten die kleine Hamburger Bai. Die Spanier und Franzosen, obwohl sie zu den ersten Walfischjägern auf Spitzbergen gehört hatten, mußten sich mit den Häfen an der Nordküste begnügen. An sie erinnert der Name „Biscayer=Hoek" noch heute.

Seitdem blieb es hier im Allgemeinen friedlich und still. Dieser Zustand wurde wohl zuweilen unterbrochen, doch nur infolge der anderswo auf Erden herrschenden Kriege, nicht aber aus sonstigem Neid oder Mißgunst beim Walfischfange. Um bessern Wind abzuwarten, oder in Unglücksfällen, durften die Schiffe auch in fremde Häfen einlaufen, indessen während ihres Aufenthaltes sich keiner Jagd hingeben. Die Regierungen der Staaten, von welchen Schiffe auf den Fang ausgingen, wetteiferten nun mit einander, durch Belohnungen das Unternehmen aufzumuntern, und nur zwischen den in den einzelnen Ländern gebildeten Jagd= und Handelsgesellschaften ging der Wetteifer oft in Neid und Intriguen über. Unermeßlich war der Gewinn, wenn Alles wohl vorbereitet ausgeführt wurde, groß aber auch die Verluste, wenn es dem Unternehmen an Geschick und Leitung fehlte. Wer die Walfisch= jagd und ihre Geschichte gründlich kennen lernen will, mag Sco= resby's berühmte Arbeit, welche in der Hauptsache der folgenden Darstellung zu Grunde liegt, zur Hand nehmen.

Werfen wir zuerst auf die Geschichte des englischen Walfisch= fanges einen Blick, so finden wir, daß nach dem ungünstigen Jagdjahre 1619 die East India Company, welche sich mehrfach mit der Moscovy oder Russia Company associirt und in das Unternehmen 120,000 Pfund Sterling gesteckt hatte, in die Lage kam, sich von demselben durchaus zurückzuziehen. Hierauf über= nahmen vier Mitglieder der Moscovy Company das Geschäft und betrieben die Walfischjagd mit wechselndem Glücke. Außer der Compagnie hatten die schon einige Jahre vorher in Hull gebildete Gesellschaft, auch einige Privatleute in London Schiffe auf den Fang geschickt. Man erkannte bald die Nothwendigkeit, Wohn= häuser und Thransiedereien zu erbauen, und suchte den Plan der Holländer, aus den bloßen Jagdstationen dauernde Ansiedelungen

zu bilden, auszuführen. Mindeftens follten zum Unterbringen
der Jagdgeräthe und der Thrantonnen die geeigneten Schuppen
errichtet werden. Eine große Belohnung wurde denjenigen ver=
sprochen, welche zu überwintern verfuchen würden. Aber noch fand
sich Keiner, der den Muth dazu gehabt hätte.

In einem Jahre des dritten Decenniums erwirkte sich die
Moscovy Company die Erlaubniß, einige zum Tode verurtheilte
Verbrecher auf Spitzbergen überwintern zu laffen. Aber obwohl
man ihnen Begnadigung versprach, wenn fie dort blieben, konnte
man fie nicht dazu bewegen, als fie diefes fremde und unheimliche
Land kennen lernten. Sie baten wieder zurückgebracht zu werden
und zogen es vor ihre Strafe zu erleiden.

Einige Jahre fpäter ließ ein Schiff von London, das fich vor
dem Eife retten mußte, neun Mann in einer Bucht des Eisfjordes,
in Bottle Cove, zurück. Sie kamen fämmtlich elendiglich um;
man fand von ihnen im folgenden Jahre nichts als ihre von
wilden Thieren verftümmelten Glieder. Solche unfreiwillige Ueber=
winterungen kommen in der Gefchichte Spitzbergens nicht felten
vor. Schon im folgenden Jahre 1630 ereignete es fich, daß der=
felbe Capitän Wil. Goodler wieder acht Mann zurückließ, welche
wunderbarer Weife den ganzen Winter aushielten und Alle wohl
und gefund nach London zurückkehrten. Einer diefer Leute, Pellham,
„gunnersmate“ auf dem Schiffe Salutation, gab 1631 eine Be=
fchreibung diefer merkwürdigen Ueberwinterung heraus, welche
allerdings nicht die einzige geblieben ift. Der andere Bericht,
welcher im Jahre 1855 von der Hakluyt Society herausgegeben
worden, und aus welchem wir einen Auszug mittheilen, lautet:
„God's power and providence in the preservation of eight men
in Greenland*), nine moneths and twelve dayes.“

Den 15. August wurden fie an's Land in der Nähe des
Eisfjordes gefchickt, um Rennthiere zu jagen, während das Schiff
in der Mündung der Bucht kreuzte. Schon den erften Tag erlegten
fie 14 Rennthiere. Als fie am andern Morgen erwachten, herrfchte
ein fo dichter Nebel, daß fie das Schiff nicht mehr fehen konnten.
Die Mündung des Fjordes hatte fich mit Treibeis gefüllt. Sie
begaben fich deshalb in dem Boote längs der Küfte bis Green
Harbour, wo fie ein anderes Schiff zu finden hofften, das, wie

---

*) D. h. Spitzbergen.

ihr eigenes, unter dem Befehle Goodler's stand, und wohin zwanzig
Mann von der Salutation geschickt worden waren. Unterwegs
schossen sie wieder acht Rennthiere. Als sie aber nach Green Harbour
kamen, fanden sie zu ihrer Ueberraschung, daß das Schiff den
Hafen bereits verlassen hatte. Nun begaben sie sich zum Bellsund, wo nach der Verabredung ihre Schiffe sich treffen sollten,
warfen, um das Boot zu erleichtern, ihre Jagdbeute über Bord,
kamen aber im Nebel ohne Compaß zu weit südlich zum Hornsund. Einer von ihnen, der schon sechs- oder siebenmal auf
Spitzbergen gewesen, war Lootse, kannte aber den Weg doch nicht
genau, weshalb die Anderen ihn bestimmten, umzukehren. So
fuhren sie denn ein Ende nach Norden, das Wetter klärte sich auf
und der Lootse versicherte, sie wären auf dem falschen Wege. Nun
gingen sie wieder nach Süden. Zuletzt erhielten sie die Ueberzeugung, daß der Lootse Unrecht habe; Pellham ergriff das Steuer,
und sie wandten sich wiederum nach Norden. Der Wind kam
ihnen zu Hülfe, und am 21. August erreichten sie Bell Point.

Aus dem Fjorde blies ein so steifer Nordost, daß sie Schutz
vor dem Winde und einen Hafen für ihr Boot suchen mußten.
In Bellsund bei „Rynier's Bai" war einige Jahre vorher von
den Holländern ein größeres Vorraths-Etablissement errichtet worden, aber seitdem von den Engländern benutzt und als ihr Eigen-
thum angesehen. Es bestand aus mehreren Häusern, von denen
eines 80 Fuß lang und 50 breit und mit Dachpfannen gedeckt
war, auch mehrere Oefen zum Kochen und Sieden enthielt.
Pellham und seine Begleiter hofften hier das Schiff mit ihren Kameraden zu finden; es wurden deshalb zwei Mann dorthin geschickt. Sie kehrten indessen bald mit der traurigen Nachricht
zurück, daß das Schiff auch von dort abgefahren sei. Als der
Sturm etwas nachgelassen hatte, ruderten sie nach Bottle Cove
auf der andern Seite des Bellsund, fanden aber auch hier
nichts. Die schrecklichen Empfindungen, welche gerade diese Stelle
in ihnen erregen mußte, denn sie wußten, welches der Ausgang
ihrer Berufsgenossen im letzten Jahre eben hier gewesen war, lassen
sich kaum schildern. Pellham sagt von dieser Lage: „Als wären
wir schon zu Eis erstarrt, wie dieses Land selbst, standen wir da,
ohne Empfindung und ohne Besinnung, und blickten nur düster
und voll trauriger Theilnahme einander an." So entblößt sie
auch von Allem waren, ohne Nahrung, Kleider und Wärme, faßten

sie doch bald Muth und beschlossen einhellig, nach Green Harbour
zurückzukehren, um ihren Bedarf für den bevorstehenden Winter
zu schießen. Denn an eine Heimkehr in dem Boote war nicht
zu denken.

Sie hielten sich im Eisfjord bis zum 3. September auf,
schossen 19 Rennthiere und 4 Bären, hätten aber bei einem Sturme
in Bottle Cove beinahe Alles verloren, indem die beiden Boote,
— eins hatten sie bei Green Harbour gefunden — auf denen
sich die Jagdbeute befand, in einer stürmischen Nacht mit Wasser
angefüllt wurden, so daß sie in dem aufgeregten Meere umher-
waten mußten, um das Verlorene wieder zu sammeln. Als sie
zum Bellsund zurück kamen, wählten sie als ihre Wohnung
das erwähnte Bretterhaus, welches früher als Tonnenbinder-
Werkstatt benutzt worden war.

Ein in der Nähe befindliches Haus zum Thrankochen lieferte
ihnen das genügende Bauholz nebst Ziegeln; sie führten in der
Tonnenbinderwerkstatt ein Haus auf, von denen zwei Wände mit
den schon vorhandenen verbunden wurden, und zwar ganz und gar
von Ziegeln. Die beiden übrigen Wände machten sie von doppelten Brettern und füllten den einen Fuß breiten Zwischenraum
mit Sand aus. Die Kälte war oft so stark, daß der Mörtel,
um nicht zu gefrieren, erwärmt werden mußte.

Auf solche Art erhielten sie eine ziemlich geräumige, 20 Fuß
lange und 16 Fuß breite Stube. Freilich war sie ohne Fenster
und das Licht kam nur durch die ungefähr vier Fuß lange
Schornsteinröhre. Das Dach bestand aus fünf- und sechsfachen
Brettern, die Thüre aber wurde mit einer zufällig vorgefundenen
Matratze verdeckt. An den Wänden richteten sie vier Kojen ein,
jede für zwei Mann; die Felle der geschossenen Rennthiere ver-
traten die Stellen der Betten. Zur Feuerung dienten die zu dem
Etablissement gehörigen sieben nicht mehr brauchbaren Boote, welche
von Walfischfängern zurückgelassen waren, nebst Tonnen u. A.
Doch vermieden sie solche Dinge zu verbrauchen, welche für die
Jagd im folgenden Jahre von irgend welchem Nutzen sein konnten.

Am 12. September, als sie alles dieses verrichtet hatten, kam
etwas Treibeis in die Bucht. Auf einem Stücke lag ein Walroß
mit seinem Jungen. Mit einer alten Harpune erlegten sie beide,
und fühlten sich sehr glücklich, als sie eine Woche später noch
ein Walroß erhielten. Nun überrechneten sie ihren Speisevorrath

und fanden, daß er nur für die halbe Zeit ihres Aufenthaltes ausreiche. Sie kamen deshalb überein, blos fünfmal in der Woche und nur einmal täglich zu essen, am Mittwoch und Freitage zu fasten, indessen so, daß es einem Jeden freistand, von den Ueberbleibseln der Walfische, die man auf dem Strande vorfand, zu genießen. Nachdem sie mit Nadeln aus Fischbein und Hanffäden ihre Kleider in Ordnung gebracht hatten, gab es nichts mehr vorzubereiten. Aber nun begann sich die Sorge einzustellen, besonders als nach dem 10. October die Kälte die Bucht ringsum mit Eis belegte. Sie faßten indessen wieder Muth, und gottesfürchtig wie sie Alle waren, verdoppelten sie ihre Bitten um Kraft und Geduld in ihrem Elende.

Um den geringen Vorrath von Brennmaterial besser zu sparen, brieten sie nun jeden Tag ein halbes Renn und packten es in einem Fasse ein; doch ließen sie so viel ungebraten, daß sie einen Sonntag im Monat und zu Weihnachten frischgebratenes Fleisch haben konnten. Aber sie fanden nun weiter, daß der Vorrath nicht ausreichen werde, wenn sie so viel wie bisher äßen; sie beschlossen daher, sich von jetzt ab an vier Tagen der Woche von den Ueberbleibseln der Walfische zu nähren, eine schon an und für sich scheußliche Kost, welche nun überdies zu verderben begann, so daß man sie kaum noch zu genießen vermochte. Aber es heißt ja: „Noth kennt kein Gebot," oder besser: Noth ist ein harter Lehrmeister.

Am 14. October ging die Sonne unter und kam vor dem 3. Februar nicht wieder zum Vorschein. Anfangs schimmerte es noch etwa acht Stunden täglich; aber auch dieses Licht nahm täglich um zehn Minuten ab bis zum 1. December; dann herrschte bis Neujahr eine vollkommen dunkle Nacht; nur zuweilen zeigte sich am südlichen Himmel bei klarem Wetter ein weißer Streifen, wie von Schnee, der sie daran erinnerte, daß ihre Verwandten und Freunde in der Heimath sich nun des Tageslichtes erfreuten. Um nicht von der Dunkelheit gemartert zu werden, die nach allen Beschreibungen die größte Qual und der schlimmste Feind bei einer solchen Ueberwinterung sein soll, fertigten sie drei Lampen aus einem Stücke Zinn und erhielten sie die ganze Zeit über brennend. Der Docht bestand aus Hanffäden von Tauenden, statt des Oeles aber brannten sie Walfischthran. Zwar hätte der Mond scheinen sollen; aber für gewöhnlich war die Luft so dick und

neblig, daß er die eisige Landschaft nicht zu beleuchten vermochte.
Am 1. Januar nahmen sie wieder eine Dämmerung wahr, die
täglich länger wurde. Bis zum Januar war die Kälte erträglich,
dann nahm sie aber mit jedem Tage zu, und wahrscheinlich haben
sie dieselbe nicht übertrieben, wenn sie sagen: „sie sei so streng
gewesen, daß sie Blasen auf der Haut bekamen, wie wenn sie sich
verbrannt gehabt hätten." Noch bis zum 10. Januar hatten sie
eine Wake in einem kleinen Teiche am Strande offen erhalten, aber
nun fror er bis zum Boden zu, und sie mußten — bis zum 20.
Mai — um Wasser zu bekommen, eine heiße Stange Eisen in den
Schnee stecken.

Am letzten Januar hatte die Dämmerung schon eine Länge
von sieben bis acht Stunden. Sie erkannten nun, daß ihr Mund=
vorrath nicht mehr länger als sechs Wochen ausreichen könnte;
aber wenn die Noth am größten, ist die Hülfe am nächsten: am
3. Februar kam eine Bärin mit ihrem Jungen zu ihrem Hause;
dieselbe stürzte, wahrscheinlich von demselben Hunger, wie diese
Menschen, getrieben, auf sie los und wurde mit Spießen erlegt.
An diesem Tage beleuchtete auch die Sonne zum ersten Male
wieder die Spitzen der Berge, und „die Klarheit der Sonne und
der Glanz des Schnees waren so gewaltig, daß sie hätten einen
Todten erwecken können". Mit dem Lichte verbesserte sich all=
mählich auch ihre Lage. Es kamen sehr viele Bären zu ihrem
Hause heran, — man zählte bis 40 Stück — es wurden sieben
erlegt, und sie begannen wieder zwei= und dreimal des Tages zu
essen, so daß sie ihre alte Kraft wieder erlangten. Sie hüteten
sich jetzt, die Leber zu verzehren, wie sie es das erste Mal gethan;
denn sie waren davon krank geworden und hatten die Haut ver=
loren. Anfangs März fanden sich auch Alken ein und Füchse.
Sie errichteten Fallen, legten Köder von Alken hinein, die sie auf
dem Schnee fanden, und erbeuteten etwa fünfzig Füchse. Die Alken
fingen sie in der Art, daß sie ein Bärenfell, die innere Seite nach
oben, ausbreiteten und darauf Schlingen anbrachten, mit Spring=
federn von Fischbein. So erhielten sie etwa sechzig Stück. Am
24. Mai erblickten sie ein Rennthier und versuchten die Hunde,
welche ihre Gefangenschaft getheilt hatten, auf dasselbe zu hetzen.
Sie waren aber so fett und schwerfällig geworden, daß sie das
Thier nicht einzuholen vermochten. An demselben Tage fanden sie
auch 30 Eier eines Vogels (Willock), und beabsichtigten am fol=

genben Tage mehr zu holen, als ein eigenthümliches Ereigniß
eintrat.

Sie waren in der letzten Zeit jeden Tag auf einen Berg
gestiegen, um nach einem Schiffe zu spähen. Diesen Tag wehte
aber ein so heftiger Wind aus Nordosten, und es war so kalt,
daß sie sich drinnen hielten. Der Wind trieb das von den West=
winden schon zerbrochene Eis aus der Bucht, und es kamen zwei
Schiffe von Hull hinein, um zu sehen, ob die Unglücklichen noch
lebten. Die ausgeschickten Leute trafen erst auf das Boot unserer
Helden, das zur Walroßjagd ausgerüstet dalag, und eilten zum
Hause. Als die von draußen ihr übliches „Hoi" riefen und die
drinnen es mit lautem „Ho" beantworteten, blieben sie anfangs
ganz erschreckt stehen. Aber schon waren die glücklichen, überraschten
Bewohner des Hauses draußen, führten ihre Landsleute hinein
und boten ihnen all' ihr Bestes an: vor vier Monaten gebratenes
Rennthierfleisch und frisches Wasser.

Nach vier Tagen, am 28. Mai, kam die Londoner Flotte an.
Der Admiral behielt unsere Helden zwei Wochen lang bei sich, und
sie wurden in dieser Zeit so vollkommen wiederhergestellt, daß vier
von ihnen auf seinem Schiffe Dienste nahmen, die übrigen aber
bei einem andern Schiffer, der sie allerdings auf das Unfreund=
lichste empfing, „indem er sie Ausreißer nannte und mit anderen
rohen und unchristlichen Namen, die sich für einen gebildeten
Menschen nicht ziemen, belegte." Erst am 21. August verließen
sie Spitzbergen und durften nach glücklich überstandenen Mühen
ihr Vaterland wiedersehen.

Die Namen dieser Ueberwinterer verdienen der Nachwelt er=
halten zu werden. Sie sind: Wil. Fakely, gunner (d. h. Constabel);
Edward Pellham, gunnersmate; John Wise und Robert Goodfellow,
Matrosen; Thomas Ayers, specksynder, d. h. Speckhauer; Henrik
Bett, Böttcher; John Daves und Richard Kellet, Thransieder. — —

Wir kehren zu dem Walfischfange der Engländer bei Spitz=
bergen zurück. Er wurde nach dem Jahre 1623 matter betrieben,
obwohl die Moscovy Company 1635 von Karl I. das Privilegium
erhielt, ausschließlich Thran und Fischbein in England einzuführen.
Trotzdem wurde nur gelegentlich das eine und andere Schiff nach
Spitzbergen gesandt, mitunter fand man hier kein einziges englisches
vor, wogegen die Holländer und Hamburger drei= bis vier=
hundert hatten. Die Regierung nahm daher die Sache 1672 in

die Hand und erließ eine für zehn Jahre gültige Acte, nach welcher
jeder einheimische Walfischfänger von Zöllen befreit sein und die
Erlaubniß haben solle, die Hälfte der Besatzung aus Ausländern
zu wählen. Diese Bestimmung hatte jedoch keinen andern Erfolg,
als daß ein paar Privatpersonen einige Versuche wagten. Sieben
Jahre später befand sich der Walfischfang wieder in derselben
Agonie.

Man machte nunmehr den Vorschlag, eine Actiengesellschaft zu
gründen, aber es blieb bei dem Vorschlage. Im Jahre 1690
wurden die Privilegien von 1672 auf vier weitere Jahre erneuert,
doch kam es nicht zur Ausrüstung eines einzigen Schiffes. Im
Jahre 1693 brachte endlich William Scaves mit 41 Personen die
Summe von 40,000 Pfund zusammen und bildete eine Gesellschaft,
welche von dem Parlamente auf den Zeitraum von 14 Jahren,
unter der Bezeichnung: „The company of merchants of London
trading to Greenland" anerkannt wurde, Zollfreiheit und das
Recht, die halbe Schiffsmannschaft aus Ausländern zu wählen,
erhielt. Sie betrieb den Walfischfang aber mit so geringem Er=
folge, daß, obwohl sie 1703 wieder 42,000 Pfund zusammenschoß,
nach einigen Jahren, hauptsächlich wegen des Ungeschicks und der
Sorglosigkeit der Befehlshaber, und der zu kostspieligen Ausrüstung,
von dem eingelegten Capital nichts mehr übrig war und mit der
Jagd aufgehört werden mußte. In derselben Zeit hatten aber die
Holländer — und zwar im Jahre 1697 — 121 Schiffe bei Spitz=
bergen, welche 1,252 Wale erlegten. Die Hamburger erhielten
mit 54 Schiffen 515 Wale, die Bremer mit 15 Schiffen 119, die
Embdener mit 2 Schiffen 2 Wale; zusammen 192 Schiffe mit
1,888 Walfischen.

Durch solche Verluste muthlos geworden, machten nun die
Engländer keinen weiteren Versuch, die Jagd fortzusetzen, bis im
Jahre 1724 die bekannte „South Sea Company" — infolge des
Jahre langen, energischen Anbringens von Henry Elking und
John Eyles, die theils den Walfischfang kannten, theils die Ver=
luste erwogen, welche ihrem Lande durch die Einführung so
nothwendiger Artikel wie Thran und Fischbein vom Auslande her
zugefügt wurden — die Wiederaufnahme der Angelegenheit beschloß.

Zum Beweise, daß jene Beiden nicht Unrecht hatten, mag
angeführt werden, daß in der Zeit von 1715 bis 1721 jährlich
blos nach London 150 Tonnen Fischbein importirt wurden, nach

den übrigen englischen Häfen aber ungefähr 100 Tonnen. Der Preis einer Tonne belief sich aber zuweilen auf 400 Pfund Sterling. Aber obwohl das Parlament der Compagnie auf sieben Jahre die früheren Freiheiten verlieh, und diese zwei Jahre später noch mehr erweitert wurden, indem sie auch auf den Fang in der Davisstraße in Amerika, von wo man die Holländer seit dem Jahre 1719 zu vertreiben angefangen, ausgedehnt wurden, und obwohl die Zollfreiheit sich auch auf Speck, Felle und Zähne der Walrosse u. A. erstrecken sollte, — trotzdem mußte die Compagnie infolge der kostspieligen Ausrüstungen, schweren Verluste und des schlechten Fanges mit der Walfischjagd im Jahre 1732 aufhören. Man hatte die Sitte eingeführt, die Harpune auf die Walfische nicht zu werfen, sondern zu schießen, aber es wollte nicht recht gelingen, weil die holländischen Harpunirer von ihren alten Gewohnheiten nicht abgehen mochten. Nur 1733 wurde auf einem Privatschiffe die Kanone so oft angewandt, daß man zwei Drittheile der Walfische auf diese Art erlegte. Der Hauptgrund, weshalb die Compagnie so bedeutende Verluste erlitt, bestand in der großen Zahl von Ausländern, welche man für sehr hohe Sätze heuern mußte, besonders die kostspieligen Harpunirer, die sonderbarer Weise alle aus Föhrde in Holstein stammten. Im Jahre 1733 erklärte die Regierung, daß sie als Prämie für jede Tonne eines Walfischfängerschiffes über 200 Tonnen 20 Schilling zahlen werde. Aber es half nicht viel. Im Jahre 1749 wurde die Prämie verdoppelt, wobei die Schiffe der amerikanischen Colonien unter gewissen Voraussetzungen dieselben Berechtigungen erhielten, und die protestantischen Ausländer, welche drei Jahre an Bord eines englischen Walfischfängers gedient hatten und naturalisirt worden waren, in dieser Beziehung den Briten gleichgestellt sein sollten.

Dieses hatte den gewünschten Erfolg; denn nun begannen die Schotten an dem Fange Theil zu nehmen, und im Jahre 1756 war die Zahl der vereinigten englischen und schottischen Schiffe auf 83 gestiegen; im Jahre 1775 sogar auf 105. Obwohl infolge dessen der Ertrag bedeutend zunahm, fiel der Preis doch nur unerheblich. Es ist dieses unzweifelhaft dem ungeheuren Verbrauch von Fischbein zu den Reifröcken der Damen zuzuschreiben, gerade so wie heutzutage die Crinolinen unerhörte Massen von Stahl verschlingen.

Aus den zahlreichen Bestimmungen in den Parlaments-

beschlüssen aus dieser Zeit mag nur Folgendes angeführt werden.
Jedes Schiff mußte mit Proviant auf drei Jahre versehen sein.
Schiffe unter 200 Tonnen sollten ebenfalls die Prämie erhalten.
Als die Prämie vom Jahre 1777 ab von 40 auf 30 Schilling
herabgesetzt wurde, gingen im Jahre 1781 nur noch 39 Schiffe
auf den Fang. Infolge dessen stellte man 1782 den alten Betrag der Prämie her, worauf die Zahl der Schiffe 1786 wieder
185 betrug. Von 1749 ab bis zu diesem Jahre hatte der Staat
nicht weniger als 1,265,000 Pfund Sterling an Prämien gezahlt.

In der Zeit von 1750 bis 1788 gingen 2,879 Schiffe auf
den Walfischfang aus, davon der bei Weitem größte Theil in die
spitzbergischen Gewässer. Auf das Jahr 1788 kamen von diesen
Schiffen allein 255. Im Jahre 1810 liefen von England und
Schottland 97 aus, 1814: 143 und 1818: 157 Schiffe; in den
Jahren 1814—1817: 586, wovon nur 8 verunglückten; sie erlegten 5,030 Walfische, das heißt, es trafen auf jedes Schiff durchschnittlich 8,₆ Walfische jährlich. Diese Mittheilungen sind allerdings nicht so zu verstehen, als ob alle diese Schiffe Spitzbergen
besuchten.

Der Wal oder der „Eilandsche Walvisch", wie er von den
Holländern genannt wird, hält sich stets in der Nähe des Treib-
oder auch des festen Eises auf, wenn es von Treibeis umgeben
ist, am liebsten aber bei dem Baieneise, welches so schwach ist, daß
er zum Athemholen ein Loch hineinstoßen kann. In der ersten
Zeit erlegte man ihn daher mit Leichtigkeit und in großer Zahl,
im Frühlinge, an den Küsten und in den Buchten, wo noch solches
Baieneis vorhanden war. Nachdem er aber dreißig Jahre lang
ununterbrochen verfolgt worden, scheint er sich in der Mitte des
17. Jahrhunderts zurückgezogen und mehr in der Nähe des Treibeises aufgehalten zu haben. Die Schiffe mußten daher gleichfalls
die hohe See aufsuchen, obwohl sie auch oft zum Lande zurückkehrten, um Thran zu sieden. Später ging man nur noch selten
an Land, hielt sich in dem Treibeise zwischen Spitzbergen und
Grönland auf und brachte den Fang in rohem Zustande nach
Hause. Da das Eis sich immer weit westlich und nordwestlich
von dem spitzbergischen Archipel hält und die Wale im Uebrigen
die Stellen, wo sie so schonungslos verfolgt worden waren, mie-
den, so wurde auch der Besuch in den spitzbergischen Gewässern
immer geringer. Man hatte dafür einen neuen Jagdplatz entdeckt:

die Davisstraße, wo die Jagd mit großem Erfolge betrieben wurde und die Schiffe der Holländer schon 1719 erschienen waren.

Es ist nicht bekannt, seit wann die Engländer die Davis= straße besuchten; im Jahre 1777 hatten sie nur 9 Schiffe dort, die anderen 77 gehörten anderen Nationen an. Die Zahl nahm aber jährlich beträchtlich zu, so daß sich 1814 in der Davis= straße 67 und bei Spitzbergen — oder vielmehr westlich davon — 76 Schiffe befanden. Nach dem Jahre 1820 dürften nicht mehr viele englische Walfischfahrer in die Nähe von Spitzbergen ge= kommen sein, wie man denn überhaupt mit diesem Jahre den Walfischfang daselbst für beendigt ansehen kann.

In dieser Zeit war es, daß Scoresby, Capitän der Rosolution — welche schon vorher 10 Jahre lang von seinem Vater geführt worden war, — später mit mehreren anderen Schiffen von Whitby — einer Stadt, die schon seit 1753 den Walfang stark betrieben hatte — seine berühmten Fahrten unternahm, auf denen er seine interessanten und genauen Beobachtungen der arktischen Natur gemacht, mit eben so erstaunlicher Vielseitigkeit als überraschen= dem Scharfsinne seine Aufmerksamkeit nach allen Seiten ge= richtet und kaum irgend einen Zweig der Naturforschung unberührt gelassen hat. Die Früchte seiner Arbeiten sind in seinem aus= führlichen Werke niedergelegt: An account of arctic regions, with a history and description of de northern Whale Fishery, wel= ches 1820 in Edinburg in zweien Theilen herauskam.

Der Walfisch war von einem seiner Hauptplätze vollkommen vertrieben, denn heutzutage ist es eine große Seltenheit, wenn man ihn in Spitzbergen antrifft. Der Kampf wird jetzt in viel ungast= licheren und kälteren Gegenden fortgesetzt, um wahrscheinlich auch dort mit einer vollständigen Ausrottung zu endigen. Von Eng= land aus wurde diese Verfolgung niemals in dem Umfange be= trieben als von den Holländern, deren Antheil an dem Walfisch= fange wir nunmehr noch kurz berühren wollen. Zahlen reden be= kanntlich eine allgemein verständliche Sprache. Dieselben künden nun zwar von der Höhe, zu welcher der Unternehmungsgeist der Holländer die Angelegenheit entwickelt hatte, zugleich aber auch von dem Eigennutz und der Gier der Menschen nach Gewinn.

Man theilt, mit Scoresby, die Geschichte des holländischen Walfischfanges am besten in vier Perioden, ganz verschieden von

einander in Ansehung der Ausrüstung der Schiffe und des Aus=
ganges der Unternehmungen.

Die erste Periode geht bis zu dem Punkte, da die Wale bei=
nahe schon vollständig aus den Buchten verschwunden waren. Ihre
Hauptstation hatten die Holländer seit der Theilung der Häfen im
Jahre 1619 bei Smeerenberg, oder — wie es auch heißt —
Smeerenburg, auf dem Amsterdam=Eiland, wo sie in der Erwar=
tung, daß der Fang niemals aufhören werde, mit ungeheuren
Kosten Häuser aufführten, deren Zahl allmählich so zunahm, daß
sie ein Dorf oder eine kleine Stadt bildeten. Die Resultate über=
trafen jede Erwartung, oft war es unmöglich, die ganze Jagd=
beute nach Hause zu schaffen.

Bei der holländischen Grönlandscompagnie tauchte nunmehr
der Plan auf, eine dauernde Station auf Spitzbergen zu errichten.
Nachdem Pellham und dessen Begleiter die Ueberwinterung glück=
lich überstanden, setzte sie 1633 eine Belohnung für den aus,
welcher hier oder auf Jaen Mayen, wo die Holländer schon seit
dessen Entdeckung 1611 den Walfischfang betrieben und Thran=
siedereien errichtet hatten, überwintern würde. Sofort meldeten
sich Mehrere dazu. Sieben von ihnen wurden für Spitzbergen und
eben so viele für Jaen Mayen bestimmt. Die Ersteren landeten
am 30. August auf Amsterdam=Eiland. Sie schildern — nach
Zorgdrager — Herbst und Winter folgendermaßen: Den 3. Oc=
tober begannen die Vögel zu ziehen; die Möwen versammelten
sich, um wärmere Länder aufzusuchen. Nach dem 13. trat ein so
strenger Frost ein, daß das Bier in den Fässern drei Zoll dick
gefror und den Boden heraustrieb. Obwohl es nur acht Fuß
vom Kamine entfernt stand, war es doch bald vollkommen ge=
froren und mußte, behufs des Aufthauens, in Stücke gehauen
werden. Den 15. erschien noch die Sonne gerade über einem
Berge im Süden, den 27. waren an Stelle des Tages nur noch
7 bis 8 Stunden Dämmerung getreten. Am 26. November war
es so kalt, daß ein Eisloch 2 bis 3 Stunden nachdem es auf=
gehauen worden, schon wieder mit handdickem Eise belegt war.

Den 7. December war die Kälte noch strenger. Sie konnten
sich in den Kojen nicht erwärmen und mußten sich rings um das
Feuer setzen. Der 24. und 25. brachte ein prachtvolles Nordlicht.
In den letzten Tagen dieses Monats wurden sie oft von den
Bären besucht, aber der Schnee war so tief, daß sie dieselben nicht

verfolgen konnten. Am Anfange des Januar erlegten sie zwei. Den 25. dauerte die Dämmerung 6 bis 7 Stunden. Während des Februarmonats schossen sie wieder einige Bären. Am 22. erschien die Sonne wieder über einem Berge. Den 3. März hatten sie einen Strauß mit einem Eisbären; er wurde von zweien Kugeln verwundet, fiel nieder, „stopfte aber die Wunden mit seinen Tatzen zu". Man griff ihn darauf mit einer Lanze an. Aber der Bär setzte sich zur Wehre, schlug seinem Gegner die Lanze aus der Hand und warf ihn zu Boden, worauf die Anderen ihm zur Hülfe kamen und der Bär die Flucht ergriff. In der zweiten Hälfte des Monats schoß man viele Füchse und einige Bären. Den 7. April brachte man wieder das Boot in's Wasser und harpunirte ein Walroß. Nun trat bald Kälte, bald mildes Wetter ein. Den 1. Mai fand sich ein Seevogel ein, eine Bergente (Eibergans?); später kamen noch mehrere Vögel. Man beschäftigte sich nun mit der Jagd auf Bären, Walrosse, Seehunde und Vögel bis zum 27. Mai, da die ersten Walfischfänger von Holland ankamen.

Die Holländer, welche auf Jaen Mayen den Versuch der Ueberwinterung gemacht hatten, fielen im Laufe des April und am Anfange des Mai sämmtlich dem Skorbut zum Opfer. Sie hatten einen verhältnißmäßig milden Winter, namentlich bis zum 7. December. Der Rest des December war kalt, der Januar dafür milde mit heftigem Schneefall. Februar und März waren erträglich. Sonnenschein wechselte mit Schneewetter ab. Anfangs April befanden sich Alle, mit Ausnahme von Zweien, krank. Den 16. starb ihr „Buchhalter", mit dem 30. schließt ihr Tagebuch. Die sechs Anderen lebten damals zwar noch, aber ohne Hülfe. Als am 4. Juni das erste Schiff ankam, waren sie Alle todt.

Dieser zweifelhafte Ausgang des Colonisationsversuches hielt die Holländer indessen nicht ab, noch einen zweiten zu wagen. Im folgenden Jahre erklärten sich wiederum Viele zu einer Ueberwinterung bereit, und wie das erste Mal wurden Sieben ausgewählt und nach Spitzbergen geschickt. Obwohl sie mit allem Nothwendigen versehen waren, hatte sich dennoch schon im October und November der Skorbut eingeschlichen. Den 14. Januar war ihm bereits Einer erlegen. Am 26. Februar — mit welchem Tage ihr Tagebuch schließt — waren nur noch Vier übrig, Alle in hülflosem Zustande. Vermuthlich sind sie Alle bald darauf gestorben. Seitdem gab man den Versuch einer Colonisation Spitzbergens auf.

Mit dem Jahre 1635 hatte die Ausbeute der holländischen Grönlandscompagnie bei Spitzbergen ihren Höhepunkt erreicht. Bald darauf begannen die Wale sich zurückzuziehen; die bedeutenden Kosten, welche die Ausrüstung der Schiffe und die Errichtung der Thransiedereien bei Smeerenberg erforderte, verzehrten die Einnahmen; es trat eine Zeit der Verluste ein, welche indessen nur einige Jahre dauerte, indem 1642 das Monopol der holländischen Grönlandscompagnie — infolge des Anbringens mehrerer niederländischen Genossenschaften — aufgehoben wurde. Die Zahl der Walfischfahrer vermehrte sich nun außerordentlich — die privilegirten Gesellschaften hatten niemals mehr als 30 Schiffe im Sommer ausgesandt — und es trat eine dritte Periode ein, welche sich durch eine weniger kostspielige Ausrüstung der Schiffe und eine genauere Berechnung des Gewinnes und der Ausgaben bemerkbar machte. Jeder Handwerker, welcher in irgend einer Art an der Ausrüstung Theil nahm: Bäcker, Segelmacher, Böttcher u. a., erhielten im Falle eines guten Erfolges doppelte Bezahlung, wogegen sie sich aber auch verbindlich machten, den Verlust mit zu tragen.

In dieser Zeit stand Smeerenberg in seinem höchsten Glanze. Man sott hier zwar keinen Thran mehr und konnte auch nicht mehr in der Nähe jagen; aber es war hier doch noch immer der Sammelplatz, und zuweilen lagen hier zu gleicher Zeit 2= bis 300 Schiffe mit über 12,000 Mann Besatzung. Hier hatten sich Kaufleute und Handwerker mit allem Erforderlichen etablirt; die Schiffe holten täglich ihr frisches Brod vom Lande, und die Bäcker pflegten durch ein Signal anzudeuten, wenn es gebacken war. Diese Periode, welche mit der zweiten Hälfte des 17. und fast dem ganzen 18. Jahrhundert zusammenfällt, währte ungefähr 130 Jahre. Wie ungeheuer der Gewinn der Holländer in dieser Zeit war, geht aus folgenden Zahlen hervor.

Von 1669 bis 1778 gingen 14,167 Schiffe auf den Fang aus, vorzugsweise in den Gewässern westlich und nordwestlich von Spitzbergen, und erlegten 57,590 Wale, davon der reine Gewinn 44,292,800 Gulden oder 3,691,066 Pfund Sterling betrug. Von diesen 109 Jahren lief in wenigstens sechs Jahren wegen des herrschenden Krieges kein Schiff aus. Es gingen von den Schiffen nur 561 zu Grunde, das heißt vier Procent; immerhin noch mehr

als in der Davisstraße, wo die Holländer nur zwei und die Eng=
länder ein Procent verloren.

In dieser Periode — Ende des 17. und Anfang des 18.
Jahrhunderts — war es, daß der ausgezeichnete holländische Wal=
fischfänger Zorgbrager seine Reise nach Spitzbergen und dem West=
eise unternahm. Seine Erfahrungen hat er in einem großen
Werke über die Wale und ihre Jagd niedergelegt.

Die vierte und letzte Periode zeichnet sich durch große Ver=
luste aus. Schon mit dem Jahre 1770 begann der Fang ab=
zunehmen, und von 1785 bis 1794 wurden jährlich blos noch
etwa 60 Schiffe nach Spitzbergen und der Davisstraße gesandt.
Sie fingen zwar noch 2,295 Wale, aber der Verlust betrug jähr=
lich doch 248,978 Gulden. Während der Kriege der französischen
Republik und Napoleon's ging kein einziges Schiff auf den Wal=
fischfang aus, und obwohl die Regierung 1814 als Prämie für
jedes Schiff 4,000 Gulden, und überdies 5,000 aussetzte, wenn
es nichts erbeutete, wurde im Jahre 1815 kein einziges und in
den folgenden drei Jahren jährlich nur ein Schiff ausgerüstet,
so daß man hiermit die Reisen der Holländer als geschlossen an=
sehen kann.

Die Spanier und Biscayer dienten mehr bei anderen Na=
tionen als auf eigenen Schiffen. Wir haben über sie nur geringe
Kunde. Im Jahre 1721 sandten sie 20 Schiffe aus, am Ende
des Jahrhunderts scheinen sie aber damit ganz aufgehört zu haben.

Französische Schiffe finden wir schon im Jahre 1613 bei
Spitzbergen, und zwar im Streite mit der Moscovy Company;
1636 wurden 14 von den Spaniern genommen. Sie scheinen sich
meist in der offenen See gehalten zu haben. Thransiedereien be=
saßen sie nicht. Im folgenden Jahrhundert wurde die Jagd ganz
und gar aufgegeben, bis Ludwig XVI. in Dünkirchen sechs Schiffe
ausrüsten ließ, die mehrere Reisen unternahmen und einen guten
Fang machten. Auch später noch wurden Schiffe nach verschiedenen
Richtungen hin ausgesandt, aber nach der Revolution hörte jede
Thätigkeit auf diesem Gebiete auf.

Dänemark, welches im Jahre 1615 Ansprüche auf Spitzbergen,
als zur Krone Norwegen gehörig, erhob, begann bald darauf den
Walfischfang zu betreiben. Der König stiftete eine Compagnie,
welche zwar zwei Schiffe aussandte, dieses aber nicht länger als
vier Jahre fortzusetzen vermochte. Im Jahre 1632 ließ König

Christian IV. die dänischen Schiffe durch eine Kriegsbrigg begleiten, und sandte 1638 zu demselben Zweck Corfitz Ulfeldt mit dreien Kriegsschiffen aus. Die Gesellschaft erhielt dadurch wieder neues Leben, jagte aber nicht blos auf Walfische, sondern suchte auch nach Gold und Silber. Wahrscheinlich war es in dieser Zeit, daß der „Reichshofmeister" von Dänemark, um seine Wißbegier zu befriedigen, einen gewissen Leonin nach Spitzbergen schickte, von Geburt ein spanischer Hidalgo, dessen Reise uns in einer an wunderlichen Fabeln reichen Beschreibung vorliegt.

Im Jahre 1697 gingen noch vier Schiffe auf den Fang aus; nach einer Gewinn verheißenden Verordnung vom Jahre 1751 nahm aber die Rührigkeit in dem Grade zu, daß 90 Schiffe an verschiedenen Stellen mit dem Fange beschäftigt waren und 344 Wale erbeuteten. Hierauf nahm der Fang wieder ab, bis im Jahre 1785 eine Prämie von ungefähr 50 Reichsthalern für eine jede Tonne ausgesetzt wurde; ausländische, auf den Walfischfang ausgesandte Schiffe sollten Zollfreiheit haben. Infolge dessen blühte die Industrie wieder auf, so daß zum Beispiel im Jahre 1803 nicht weniger als 35 Schiffe ausgingen.

Die Hamburger, welche die Bucht gleichen Namens als Station erwählt hatten, begannen etwas später als die Dänen mit dem Walfischfange, betrieben ihn aber in weit größerem Umfange. So schickten sie zum Beispiel von 1670 bis 1710 nicht weniger als 2,289 Schiffe nach Spitzbergen aus und fingen 9,976 Wale. Sie verloren davon allerdings 84 Schiffe, das heißt 3,7 Procent, während der Verlust der Holländer nur 1,8 Procent betrug; trotzdem kam der Gewinn, auf die einzelnen Schiffe vertheilt, für beide Nationen ziemlich gleich hoch zu stehen.

Die Geschichte des Hamburger Walfischfanges aus jener Zeit hat eine in wissenschaftlicher Hinsicht höchst interessante Episode aufzuweisen. Im Jahre 1671 ging nämlich das hamburgische Fahrzeug „Jonas im Walfisch" nach Spitzbergen, auf welchem sich als Schiffschirurg Friedrich Martens befand, einer der scharfsinnigsten und energischesten Naturforscher, welche jemals Spitzbergen besucht haben. Im Jahre 1675 erschien seine kurze aber inhaltreiche „Spitzbergische oder Grönländische Reisebeschreibung", worin er — nachdem ein Tagebuch über den Gang der Reise vorausgeschickt worden — mit ungewöhnlicher Genauigkeit, in einer klaren, prägnanten, zuweilen humoristischen Sprache seine Be=

obachtungen, betreffend Land und Meer, Thier- und Pflanzenleben, niedergelegt hat. Er spricht zuerst über die geographische Lage Spitzbergens und zeigt sich hierin sehr unterrichtet. Er selbst hat den nordwestlichen und nördlichen Theil Spitzbergens besucht und den 81. Grad nördl. Br. erreicht. Smeerenberg war zu seiner Zeit schon lange verlassen. Er erzählt: „Es standen daselbst noch mehrere Häuser, die eine Art Dorf bildeten; einige waren abgebrannt. Gerade über Smeerenberg befanden sich auch ein paar Häuser und eine Siedepfanne. Diese Stelle wird „Harlinger Kocherey" genannt. Die Häuser haben folgende Form: nicht groß, mit einer Vorstube und dahinter eine Kammer, so breit als das Haus. Die Packhäuser waren etwas größer; wir fanden darinnen einige zersprungene Fässer; die Eisklumpen hatten noch die Form derselben. Ein Amboß, Zangen und andere Werkzeuge, die zur Kocherei gehört hatten, lagen eingefroren im Eise. Die Pfanne war noch fest eingemauert und der Trog von Holz stand neben ihr."

Weiter beschreibt Martens mit großer Genauigkeit das Eismeer und dessen verschiedene Färbung, welche er von dem Wechsel des Himmelslichtes herleitet; das Treibeis mit seinen phantastischen Formen und schönen Farben; das großartige Schauspiel der Bildung des Schraubeneises; das Bersten der schwimmenden Blöcke, den Eisblink und die Fahrt durch das Treibeis. Er stellt seine meteorologischen Beobachtungen zusammen, betreffend die Nebel, die oft von Eisnadeln angefüllte Luft und die daraus fließenden Lichterscheinungen, sowie die verschiedenen Formen des Schnees. Er handelt von den Pflanzen, von denen er — zwar roh aber doch ziemlich treu — ungefähr vierzehn Arten beschreibt und abzeichnet, und kommt dann zu seinem Lieblingskapitel: den spitzbergischen Thieren. Er beschreibt erst die Vögel, von denen er vierzehn Arten kennen gelernt hat, berührt ihre Art und Weise zu leben und führt die meisten in Abbildungen vor. Sodann wendet er sich zu den Säugethieren, von welchen er — außer den Walen — fünf kennt und abzeichnet. Darauf giebt er ein Kapitel von den wirbellosen Thieren und den Fischen, und zuletzt eine ausführliche Abhandlung über den Walfisch, sein Aussehen, den Unterschied von dem Finwal, seine Lebensweise, den Fang und die Thranbereitung; ganz am Schlusse aber die Beschreibung einiger im Eismeere vorkommenben charakteristischen Mollusken und Medusen: Clio borealis, Cydippe und eine andere Art von Acalepher.

So ist Martens' Reisebericht eine der ältesten und zugleich besten Quellen für unsere Kenntniß der arktischen Natur. Man findet hier auf einem kleinen Raume die Resultate einer reichen Erfahrung, welche die sparsamen Mittheilungen der arktischen Reisenden unseres Jahrhunderts bei Weitem übertrifft., Neben der ausgezeichneten Arbeit Scoresby's wird er stets den classischen Mittelpunkt dieser ganzen Literatur bilden.

Vom Jahre 1719 ab, das ganze folgende Jahrhundert hinburch, betrieben die Hamburger den Walfischfang gleichmäßig fort. Im Jahre 1795 hatten sie 25 Schiffe draußen; sodann verminderte sich die Zahl allmählich und 1802 erschienen nur noch 15 in den spitzbergischen Gewässern. Aber noch 1821 fuhren sie fort, Schiffe auszuschicken, und es darf nicht unerwähnt bleiben, daß der deutsche Naturforscher Dr. Martin Wilhelm Mandt in diesem Jahre auf dem vom Engländer John Rose geführten „Blücher" seine arktische Reise ausführte. Er kam allerdings gar nicht an das Land, da die Schiffe in dieser Zeit nur noch sehr selten bei Spitzbergen anlegten.

Von Altona, Glückstadt, Bremen und einigen anderen kleineren Hafenstädten an der Elbe und Weser wurden gleichfalls Schiffe auf den Walfischfang geschickt, deren Gesammtzahl sich bis zum Jahre 1818 vermehrte, während sich die Zahl der von den einzelnen Plätzen ausgesandten verminderte. Als Beispiel mag angeführt werden, daß von Bremen im Jahre 1697: 12 Schiffe ausliefen, 1721: 24, und im 18. Jahrhundert etwa 7 das Jahr, wogegen 1817 von allen Häfen zusammen 30, 1818 aber 40 Schiffe ausgingen. Wie es scheint, verschmähten sie nicht, wie die anderen Walfischfänger, auch Seehunde zu jagen; sie werden also auch wohl eine bessere Ladung heimgebracht haben.

Daß Deutsche oft auf englischen Schiffen bienten, ist schon früher mitgetheilt worden.

Wir wollen schließlich nicht unerwähnt lassen, daß auch der schwedische Name einen, wenngleich nur höchst bescheidenen Platz in der Geschichte des Walfischfanges einnimmt. Unter Gustav's III. Regierung wurde in Stockholm eine Grönländische Handelsgesellschaft mit ausschließlicher Berechtigung zum Fange bei Spitzbergen und in der Davisstraße, und mit einer Staatsunterstützung von

300,000 Reichsthalern, gegründet. Schon früher, in der Mitte des 18. Jahrhunderts, hatte sich in Gothenburg eine Grönländische Compagnie gebildet, welche zum ersten Male 1755 ein Schiff auf den Fang aussandte. Diese Compagnie ist uns darum von besonderm Interesse, weil eins ihrer Schiffe im Jahre 1758 zum ersten Male einen schwedischen Naturforscher in die arktischen Regionen führte. Es gereicht derselben zur Ehre, daß eines ihrer Mitglieder, Pehr Samuel Bagge, aus Interesse für die Sache den Vorschlag machte, ihre Schiffe möchten einem Gelehrten die Gelegenheit darbieten, die Natur des unbekannten hohen Nordens zu studiren. Der damalige Studiosus der Medicin Anton Rolandsson Martin, ein Schüler Linné's, wurde von der Akademie der Wissenschaften behufs der Untersuchung des Eismeeres und der Natur seiner Küsten ausgerüstet und erhielt zu dem Zwecke 600 Thaler Kupfermünze, einen Thermometer und — Pontoppidan's dickleibiges Werk über Norwegen, von Privatpersonen aber noch einen Quadranten und einen Azimuthkompaß. Sein Tagebuch befindet sich noch jetzt in der Bibliothek der Akademie. Er begab sich am 17. April mit dem Schiffe „de Visser", einem Holländer, geführt von Jan Dircks Claessen, auf die Reise. Am 6. Mai begegneten sie dem ersten unbedeutenden Eise, „das am Anfange wunderlich aussah, aber" — setzt Martin hinzu — „ich bekam es zuletzt doch überdrüssig." Er beschreibt die Fahrt durch das Treibeis in folgender Art:

„Es wurde das große Segel aufgezogen; der Commandeur stieg, um sich umzuschauen, den Mast hinan; ein Jeder stand an seiner Stelle bereit, um Taue und Segel zu handtiren. Die beiden wachthabenden Harpunirer geben auf die ankommenden Eisstücke Acht und commandiren: Rechts, Links, Brassen u. s. w. Das muß wie ein Uhrwerk gehen. Man braßt, lavirt zwischen den Eisblöcken und wendet bald das Fock-, bald das Marssegel, wenn man von dem einen zum andern kommen will. Damit das Schiff an einen Eisberg nicht anstoße, braucht man das Kreuz- und Hintersegel. Trotz aller Vorsicht ereignet es sich aber doch, daß man anrennt, so daß das Schiff in allen Fugen kracht und man auf dem Deck zu Boden fällt."

Am 9. Mai befanden sie sich in 77° 15′ nördl. Br. und befestigten — wie es damals Sitte war — das Schiff an einem Eisberge. Er spricht von dem Süd- und Westeise der Walfisch-

jäger. „Unter dem ersteren verstanden sie dasjenige, welches von
dem Südcap Spitzbergens kam, unter dem letzteren aber das Polar=
eis. Jenes ist kleiner, dieses größer." Man mache sogar einen
Unterschied in Betreff des Fanges bei dem einen oder andern Eise,
zwischen dem „Südijsvisch" und dem „Westijsvisch". Der erstere
habe einen weicheren Speck und sei, obwohl nicht so scheu als der
andere, mit der Harpune nur schwer zu fangen; auch habe er einen
platteren Rücken als der Westijsvisch. Es ist nicht bekannt, ob
ein solcher Unterschied mit Recht gemacht werden darf.

Die höchste Breite, welche Walfischfänger gewöhnlich erreichen,
ist — nach Martin — der 81., selten der 82. Grad. Er spricht
von den Vortheilen, wenn man den Walfisch neben größeren Eis=
feldern oder meilenlangen Treibeisstücken jagen kann, von der
Ruhe des mit Eis angefüllten Meeres, auch wenn ein heftiger
Sturm wüthet. Den 11. Mai erreichten sie den 78. Grad und
fuhren Prinz Charles Vorland vorbei. Die Kälte war sehr heftig,
das Wasser fror in den Kesseln, Töpfen und Tonnen, so daß man,
um Wasser zu bekommen, einen glühenden Eisenring um den
Zapfen legen mußte; ja man glaubte sogar zu bemerken, daß die
Taschenuhren bei der Kälte fünf Minuten schneller gingen.

Die Schneesperlinge begannen allmählich sich einzufinden.
Den 14. machte man das Schiff von Neuem fest und bekam zum
ersten Male über 20 Walfische zu sehen, ohne einen zu erlegen.
Den 15. hatte man Wind und 20 Grad Kälte, „das Meer gerann
rings um uns, so daß das Schiff, obwohl es unter Segel ging,
beinahe festfror. Das Eis war 1½ Zoll dick, und sah wie runde,
nach der Mitte aufwärts gebogene Platten aus."

Den dritten Tag nach Pfingsten hatten sie einen schweren
Sturm mit Schnee und Hagel, bei welchem elf Schiffe, vier hol=
ländische, fünf englische, ein flensburgisches und ein hamburgisches
im Eise untergingen. Man schloß mit einem Hamburger das
Uebereinkommen, Gewinn und Verlust bei dem Unternehmen zu
theilen, trotzdem wollte es keinen gedeihlichen Fortgang nehmen.
Den 1. Juni erlegte man zwischen dem Treibeise einen Seehund
(Cystophora cristata). Martin erzählt, daß ihr Harpunirer einmal
mit einem solchen in Kampf gerathen sei, unter ihn zu liegen
gekommen, und daß ihm dabei die Hosen zerrissen worden.
Er beschreibt ausführlich einen, von einem holländischen Schiffe
gefangenen Walfisch, den er jedoch genauer nicht untersuchen

konnte. Den 7. Juni legten sie an einem Eisfelbe von einer
Viertelmeile Länge an, mußten aber bald darauf wieder weiter,
weil das Treibeis sie auf allen Seiten umgab, so daß sie, um sich
vor den größeren Eisblöcken zu bergen, ein Stück aus dem flachen
Eise aussägten und das Schiff hier, wie in einem Hafen, unter=
brachten. Zwei holländische Schiffe retteten sich auf dieselbe Art. Die
Arbeit war allerdings beschwerlich; die Leute mußten dabei im Wasser
stehen, fielen hinein und wurden von den anderen herausgezogen.

Weiter spricht Martin von den Eisbären, von denen er zwei
Felle auf einem holländischen Schiffe sah, und erzählt, daß die
Walfischfahrer den Bären mit einem Köder von Walfischspeck an
das Schiff zu locken pflegen, so daß sie ihn leicht schießen können.
„Wird er aber nicht so getroffen, daß er sofort stirbt, so soll er
Schnee nehmen, in die Wunde stopfen und seines Weges gehen."

Den 11. Juni wurde das Eis von einem Westwinde etwas
gelockert. Man hält ihn für den günstigsten, weil er das Eis am
ehesten zu zerstreuen pflegt. Sie kamen aber nicht weit und
mußten wieder in ihren Eishafen zurückkehren. Am folgenden
Tage machten sie mit besserm Erfolge den Versuch, aus dem Eise
zu kommen. Am 14. waren sie aber mit 20 anderen Schiffen
wieder ganz eingeschlossen. Erst am 20. gelang es ihnen, nach
einer zwei Tage langen Arbeit mit Schieben und Bugsiren, dem
Eise zu entrinnen. „Wir kamen also das dritte Mal aus dem
Eise, ohne die Hoffnung noch etwas zu fangen, denn die Jagdzeit
ist bald nach dem Mitsommer zu Ende. Die Walfische pflegen sich
nämlich in dieser Zeit von Spitzbergen westlich nach der Davis=
straße zu ziehen. Wir beschlossen daher nach Hause zurückzu=
kehren." Den 25. passirten sie das „Vorland"; Martin beobachtete
Finwale und bemerkt, daß ihr Erscheinen bei Spitzbergen den
Schluß der Walfischjagd anzeige. Den 27. peilten sie Quad=Hoek
und beabsichtigten weiter nach Norden zu Hakluyts Headland zu
segeln; sie hörten aber, daß dort das Eis noch fest am Lande
liege. Sie versuchten nun in die Kings= oder Croß=Bai zu gehen,
aber das Eis schloß auch die Fjorde. Zwischen dem 26. und 29.
Juni hatten sie Sonnenschein und 8 Grade Wärme. Den 1. Juli
bot sich Martin endlich die Gelegenheit dar, auf einige Holme, in
der Nähe des Vorlandes, zu gelangen. Der Schnee lag noch zum
großen Theile auf den Ebenen fest, aber die Hügel waren bereits
schneefrei. Er sah hier Eidergänse zu Tausenden auf ihren Eiern

sitzen — man erlegte 30 Stück und sammelte 1½ Tonnen Eier sowie eine halbe Tonne Daunen — und pflückte einige noch nicht ausgeschlagene Stengel von Cochlearia, Saxifraga caespitosa und oppositifolia, ein paar Flechten und Algen. Man befand sich aber kaum drei Stunden an Land, so erhob sich ein starker Wind und nöthigte sie wieder zum Schiffe zurückzukehren.

Damit endigte Martin's Untersuchung Spitzbergens; denn eine Partie, welche am 3. Juli an's Land ging, um Walrosse zu jagen und Wasser zu holen, wurde durch den aufsteigenden Nebel daran gehindert. Man beschloß daher die Rückkehr. Den 4. Juli steuerte man nach Süden. In 76° nördl. Br. untersuchte Martin die Temperatur des Wassers, acht Faden unter der Oberfläche, in= dem er den Thermometer in eine mit Sand gefüllte Bütte steckte und sie eine Zeit lang unter dem Wasser hielt. Die Temperatur betrug +3 C. Er holte auch verschiedene Proben Wasser aus einer Tiefe von 18 Faden herauf.

Den 29. Juli ankerte das Schiff bei Gothenburg. —

In diesem Jahre waren 250 Schiffe braußen bei Spitzbergen gewesen; 150 von Holland, 80 von England, 17 von Hamburg, 2 von Bremen, 1 von Flensburg und 3 von Kopenhagen. Martin hat uns auch eine gute Beschreibung der Walfischjagd hinter= lassen. Sie stimmt mit der Darstellung von Martens, Zorgdrager und Scoresby überein, so daß diese Kunst während der beiden letzten Jahrhunderte keine besonderen Veränderungen erlitten zu haben scheint.

Sie geschah auf folgende Art. Das Schiff legte sich entweder vor Anker, oder dicht an das Treibeis, oder fuhr ein Ende zwischen die kleineren Schollen, die Lieblingsstelle der Walfische, hinein. Jedes Schiff führte 3 bis 6 Jagdboote mit 6 bis 10 Rudern mit sich, und in jedem Boote befanden sich 6 Mann: ein Harpunirer, ein Steuermann, ein Mann für die Leine und drei Ruderer. Der Harpunirer an der Spitze des Bootes hatte es lediglich mit der Harpune zu thun. Seine Waffen bestanden in sechs Lanzen oder Harpunen, von denen jedes Boot drei zu haben pflegte, mit seinen „Vorläufern", das heißt einer biegsamen Leine von 5 bis 7 Ellen Länge, welche mit ihrem einen Ende an der Harpune und mit der andern an der großen Jagdleine befestigt war. Ein jedes Boot besaß eine solche, in drei bis vier und mehr Theile getheilt, jeder 100 bis 200 Klafter lang, sorgfältig in einer Kiste oder Tonne, welche sich an dem Hinterende des Bootes befand, untergebracht. Außerdem lagen ein paar Hundert Klafter Reserveleinen vorn im Boote. Die Lanzen waren sechs Fuß lang und an dem einen Ende mit einer Hülse für eine acht Fuß lange Holzstange versehen. Die Harpunen hatten die Pfeilform, starke Widerhaken und einen 2½ bis 3 Fuß langen Schaft, welcher, in der Mitte dünn, sich nach oben in eine trichterförmige Hülse erweiterte, in welcher die ungefähr acht Fuß lange hölzerne Harpunstange lose stak.

Lag nun das Schiff fest vor Anker oder im Eise, so wurden ein bis zwei Boote mit ihrer Besatzung und Ausrüstung auf die „Brandwacht" geschickt, um sich bereit zu halten und den Walfisch, sowie er sich nur zeigte, anzufallen. Die besten Jagdplätze waren an den Rändern der großen Eisfelder; man konnte hier den harpunirten Wal leichter verfolgen. Denn wenn er unter das Eis tauchte, so war man gewiß, daß er auf der andern Seite wieder zum Vorschein kommen werde. Zwischen den Eisblöcken entkam er oft, die Harpune ging verloren und die Boote konnten ihm nur schwer folgen. Erscheint ein Wal, so rudern die wachthabenden Boote leise heran und halten sich ihm so nahe als möglich; der Harpunirer macht sich bereit und wirft aus einer Entfernung von zwei bis drei Klaftern die Harpune in den Rücken des Walfisches. Nun folgt eine lebhafte Scene. Der Wal taucht sofort unter; 12 Fuß der Leine laufen in einer Secunde ab; der Leinenhalter muß fortwährend Wasser auf die Bootkante gießen, darüber sie geht, und ist bei dem geringsten Hindernisse, oder wenn sie plötzlich zu Ende gehen sollte, bereit sie zu kappen — denn sonst wäre das Boot verloren. In den meisten Fällen reichen aber die Reserveleinen aus, und laufen auch sie ab, so geben die anderen Boote ihre Leinen her. Sind etwa 800 bis 1000 Klafter abgelaufen, so kann man die Leine ruhig am Boote befestigen; denn nun dauert es nicht lange, so muß der Wal wieder auf, um Luft zu holen. Es nähert sich ihm ein anderes Boot; er erhält eine zweite Harpune in seinen Körper, und dasselbe Schauspiel wiederholt sich. Aber schon ist er müde; er muß in kurzer Zeit wieder hinauf, um zu athmen. Jetzt greift man ihn mit den Lanzen an und sticht sie fünf Fuß tief in seinen Körper, um das Herz zu treffen. Nunmehr wird das Schauspiel, aber auch die Gefahr größer. Das fünfzig bis sechzig Fuß lange Thier schwimmt hierhin und dorthin, umkreist von unzähligen Möwen und „Mallemucken";

es taucht wohl auch einen Augenblick unter, aber um sofort wieder
herauf zu kommen; es peitscht das Wasser verzweifelnd mit Schwanz
und Flossen, schleudert Kaskaden von Blut durch sein Spritzloch
und besudelt damit Boote und Menschen. Das Wasser schäumt.
Das Tosen, sein Blasen und Schlagen mit dem Schwanze ist
meilenweit hörbar. Die Harpunirer schreien: „Ruder an — streich!“
— je nachdem sie dem Thier einen neuen Lanzenstoß versetzen
wollen oder einen Schlag von seinem Schwanze zu befürchten
haben, da Alles verloren wäre. Bald ist der Wal verendet
und wendet sich mit seinem Bauche nach oben. Nun hört man
laute Freudenrufe von den Booten, Alle schwingen ihre Mützen
und schreien laut: „Geluk dem Commendeur, Geluk toe dem
Vische“! Der Capitän des Schiffes erwiedert: „Ok u allen, dappere
Mannen!“ Das Schiff zieht die Flagge auf, zum Zeichen, daß die
Beute ihm gehört. Ein oder zwei Boote, welche keine Harpune
ausgeworfen haben, rudern weiter, um die Leinen loszumachen,
die nun eingeholt und aufgerollt werden sollen; keine kleine Arbeit,
da der Wal auf dem Rücken liegt. Der „Specksnijder“ schneidet
den Schwanz ab, durchbohrt die Flossen und bindet sie sowie den
Schwanz fest am Bauche an, damit sie beim Bugsiren des Wals
kein Hinderniß bilden. Es wird in die Haut neben dem Schwanzende
ein Loch eingeschnitten und die Leine darin befestigt. Nun beginnen
die Boote das Thier zu ihrem Schiffe zu bugsiren. Hier werden
sie mit einem Glase warmen Branntweins empfangen. Zeigt sich
kein anderer Wal in der Nähe — in welchem Falle man eine neue
„Brandwacht“ ausstellt — so macht man sich an's Abziehen des
Opfers. Man befestigt einen Haken in dem Unterkiefer und dem
Schwanzende, um den Wal ein wenig über die Oberfläche des
Wassers zu heben. Dann steigt der Speckschneider mit Stiefeln,
in denen sich Eissporen befinden, auf den Wal, unterstützt von
zweien Booten, deren Besatzung „Mallemucken“, d. h. Möwen,
genannt wird. Mit einem zwei Fuß langen Messer macht er in
den Speck, so weit er sich über dem Wasser befindet, 1½ bis
2 Fuß von einander entfernt, tiefe Schnitte, sodann aber längs
dem Wasser einen Längenschnitt, welcher die ersteren im rechten
Winkel kreuzt. In jede Furche, welche auf diese Weise gebildet
wird, bohrt er in der Nähe der Wasseroberfläche ein Loch in die
Haut; es wird ein Haken mit einer Leine eingehakt, und der
Speck, wenn er mit dem Messer abgelöst ist, in die Höhe gehoben

und abgeschnitten, sobald ein sechs Fuß langes Stück vom Körper losgetrennt ist. Ein solches Speckstück giebt 1½ Tonnen Thran. Dabei ertönen die heitersten Lieder. Die großen Stücke werden gereinigt, auf dem Deck in fußlange Streifen zerschnitten und in den Schiffsraum geworfen, woselbst der „Speckkönig", von Kopf bis Fuß von Thran triefend, sie in Empfang nimmt und in Tonnen packt. Ist die eine Seite des Wals auf diese Art ab= gespeckt, so wird er umgedreht, so daß die andere Seite und ein Theil des Rückens nach oben kommt, und dieselbe Operation wiederholt. Nun aber wendet man sich zu den Barten, schneidet sie aus, zieht sie hinauf, reinigt und sortirt sie. Dann kehrt man den Wal vollständig um und behandelt das letzte Drittel wie früher. Sind mehrere Walfische auf einmal getödtet worden, so bleibt das Verfahren dasselbe, nur die Reihenfolge der einzelnen Arbeiten ist ein wenig anders.

Das Ganze bildet ein Fest für den Capitän und die Be= satzung; man bekommt eine Extraverpflegung und vergißt darüber den Schlaf. Aber so roh auch die Sache immerhin sein mag, so hat sie doch schon als Gegenstand für eine poetische Darstellung, oder besser eine „Reimschmiederei", dienen müssen. Zorgdrager theilt uns ein langes Gedicht mit, welches den ganzen Fang, das Bugsiren, Speckschneiden u. s. w. schildert, ein Seestück in niederlän= discher Manier, nicht ohne anregende Frische und lebendigen Vortrag.

Es läßt sich von vornherein annehmen, daß die Geschichte einer so blutigen Jagd wie diese eine Menge interessanter Aben= teuer mit mehr oder weniger glücklichem Ausgange aufzuweisen haben werde, und die Chronik Spitzbergens ist so reich daran, daß wir uns hier auf dieses Kapitel kaum einzulassen brauchen. Es wird genügen, wenn wir hervorheben, daß Schiffbrüche zwischen dem Treibeise keineswegs zu den Seltenheiten gehören. Im Jahre 1746 gingen bei einem Sturme hier 33 Schiffe verloren, drei Engländer und drei Holländer. Dazu kommen die nächsten Folgen solcher Unglücksfälle: Abenteuerliche Bootfahrten mit un= zähligen Leiden, Hunger und Kälte; Umhertreiben auf Eisschollen u. A., was z. B. im Jahre 1646 fünf Mann von der Besatzung eines Walfischfahrers bei Spitzbergen passirte. Sie retteten sich auf ein Treibeisstück und irrten vierzehn Tage hoffnungslos um= her. Einer von ihnen starb vor Hunger, die anderen wurden schließlich von einem Holländer aufgenommen.

Es liegt auf der Hand, daß ein solches mit Gefahren und Opfern verbundenes Unternehmen, wie der Walfischfang, nicht besonders verlockend sein möchte, wäre nicht die Ausbeute von so erheblichem Werthe. Um hiervon ein ungefähres Bild zu entwerfen, wollen wir nur einige Zahlen anführen, wobei wir vorausschicken, daß die Ausrüstung eines Schiffes mit 26 bis 40 Mann von Zorgdrager auf etwa 11,000 Gulden berechnet wird.

Ein Wal von 55 Fuß Länge liefert durchschnittlich 80 bis 90 Kardel Speck oder 60 bis 70 Kardel Thran. Doch giebt es auch Wale, bei welchen die Ausbeute an Speck 100 Kardel beträgt. Ein Kardel enthält zwei Tonnen. Wird nun jedes Kardel Thran mit 60 Gulden — dies war der Preis am Ende des 17. Jahrhunderts — bezahlt, so beträgt der Thranwerth eines Wals durchschnittlich 3,600 Gulden. Hierzu kommt der Werth des Fischbeins, welchen man auf die Hälfte des Thranwerthes, also auf 1800 Gulden berechnen kann. Ein großer Wal repräsentirt also einen Werth von 5,400 Gulden. — —

Nach dieser Abschweifung wenden wir uns einem andern Reisenden zu, dem „Engländer von schwedischer Abkunft" John Bacstrom (wahrscheinlich Bäckström), von welchem man im Uebrigen weiß, daß er 1779 dem Sir Joseph Banks einige Zeichnungen von Walfischen lieferte, welche Lacepède zu seiner Arbeit über die Wale benutzte. Das Original: Account of a voyage to Spitzbergen in 1780 by John Bacstrom, London 1800 8vo ist eine große Seltenheit; es existirt aber davon eine deutsche Uebersetzung in Archenholtz' „Minerva" für 1802.

„Ich wurde — schreibt Bacstrom — als Feldscheer auf dem Schiffe the rising sun, geführt von Capitän W. Souter, angestellt. Es war ein tüchtiges, wohlausgerüstetes Schiff von 400 Tonnen, mit etwa 40 Mann Besatzung und 20 neunpfündigen Kanonen. Wir fuhren von London Ende März 1780 ab und liefen Lerwick, die Hauptstation der Shetlandsinseln an. Nachdem wir daselbst Wasser und einen guten Vorrath von Federvieh, Eiern, Wachholderbranntwein u. A. eingenommen, lichteten wir wieder die Anker und steuerten weiter nach Norden.

Die Nächte wurden immer kürzer. Beim Nordcap in 70° 10' nördl. Br. hörten sie ganz auf. Hier überfiel uns ein schrecklicher Nordweststurm, welcher drei Tage und drei Nächte anhielt. Unser Schiff wurde mehrere Male ganz auf eine Seite

gelegt, so daß wir wähnten, es werde sich nicht wieder aufrichten
können. · In diesen hohen Breitengraden ist der Sturmwind so
außerordentlich kalt, daß es unmöglich ist, ihm das Gesicht zuzu-
wenden. Er durchdringt Alles und macht die Haut zerspringen.
In ungefähr 76° nördl. Br. trafen wir das erste Treibeis, runde
Flarden, welche die Matrosen „Pasteten" nennen, und kamen durch
dieses Eis in stilleres Wasser.

Das Meerwasser, welches nördlich von Holland grünlich,
nordwestlich von den Shetlands= und Fär=Inseln blau ist, nimmt
hier eine tiefere Farbe an und erscheint beinahe schwarz. Wir
fuhren mehrere Tage zwischen den „Eispasteten" hindurch; in
einem noch höheren Breitengrade öffnete sich uns aber wieder ein
freies Meer von dunkler Färbung. Als wir in die Region des
77. oder 78. Breitengrades kamen, trafen wir wieder auf Treibeis.
Dasselbe besteht aus großen, 20 bis 30 Klafter dicken Blöcken,
von denen manche fünf= bis sechsmal so groß als unser Schiff
waren. Mit großer Sorgfalt sucht man diesen Massen, welche ein=
ander zuweilen so nahe kommen, daß nur ein schmaler Kanal für
das Schiff offen bleibt, auszuweichen. Ich beobachtete dieses Schauspiel
einen ganzen Tag lang. Bei einer solchen Gelegenheit steigt der
Capitän auf den Fockmars — auch wohl noch weiter hinauf — und
theilt seine Befehle aus. Eine solche Fahrt ist mit großen Gefahren
verbunden, indem das Eis zuweilen zwei bis drei Klafter weit unter
dem Wasser sich erstreckt, ohne daß man es wahrnehmen kann.

Nachdem wir diese Treibeismassen durchkreuzt hatten, erblickten
wir im Osten die Küste Spitzbergens. Man sieht sie schon in
unglaublicher Weite, oft in 20 Meilen Entfernung, ein Beweis,
daß ihre Höhe sehr bedeutend ist. Gewöhnlich erscheint sie in einem
wunderbaren Glanze, wie das Licht des Vollmondes, während Luft
und Himmel weißlich aussehen.

Unter dem 79. oder 80. Grade wurden wir von einer festen,
zusammenhängenden Eismasse, oder vielmehr einer Ansammlung
von Eisfeldern, von denen manche mehrere Meilen lang sind,
aufgehalten. Man befestigt das Schiff an diesem Eise mit Ankern
und beginnt in zwei oder drei Booten, welche beständig auf Wacht
sind, nach den Walfischen auszuschauen.

Kein Schiff würde im Stande sein, die unermeßlichen Treib=
eismassen zu durchfahren, wenn das Meer hier nicht immer so
ruhig wäre, wie der Wasserspiegel der Themse. Die unregelmäßig

zerstreuten Eismassen hindern das Wasser, dem Druck des Windes nachzugeben und Dünungen zu bilden, welche mit der Zeit zu hohen Wogen anschwellen müßten.

Sobald wir dieses ruhige, etwa 25 bis 30 Meilen vom Lande entfernte Meer erreicht hatten, machten die Kälte und die Strenge des Klimas, welche wir in einem viel niedrigeren Breitengrade erfahren hatten, einer milderen Luft Platz. Das Wetter wurde zuweilen so warm, daß die von den großen Eisblöcken herabhängenden Eiszapfen zu schmelzen anfingen. Im Juni erbeuteten wir mehrere große Walfische und liefen in die Magdalenen-Bucht ein, um sie abzuspecken und unsere Tonnen damit zu füllen.

Wenn man sich den Küsten Spitzbergens nähert, so wähnt man sie in 3 bis 4 Stunden zu erreichen, während man doch in Wahrheit vielleicht noch 7 bis 8 Meilen davon entfernt ist. Diese Täuschung hat ihren Grund in der ungeheuren Höhe der Schnee- und Eisberge, welche vom Meere aus aufsteigen. Daher sehen große Häfen auch nur wie kleine Bassins aus und die größten Schiffe darin wie Spazierboote.

Die Magdalenen-Bucht ist groß genug, um die ganze Flotte Großbritanniens aufzunehmen; infolge der ungeheueren Berge aber, welche sie rings umgeben, macht sie den Eindruck einer kleinen Bik. Wir hielten uns in derselben 3 Wochen lang auf. Während die Besatzungen mit allen den Arbeiten beschäftigt sind, welche zur Unterbringung und zum Transport der Jagdbeute erforderlich, besuchen die Capitäne und Feldscheere von den verschiedenen Schiffen einander und unterhalten sich so gut es geht. Diese Besuche nehmen zuweilen eine Ausdehnung von 24 Stunden an, denn hier giebt es keine Nacht, welche die Unterhaltung und das Vergnügen unterbräche.

Das Erste, was in diesen Gegenden die Aufmerksamkeit des Beschauers auf sich zieht, ist die feierliche Stille, welche hier herrscht. Nur zuweilen wird sie von einem Krachen, einem fernen Donner unterbrochen, infolge des Falles eines Eis- oder Felsblocks, welcher von Stufe zu Stufe nieder in das Meer stürzt.

Ich unternahm es, einen dieser Berge, Rockehill, zu besteigen, doch erreichte ich nur die Hälfte seiner Höhe, und auch dieses nur nach mehrstündiger schwerer Anstrengung. Die Felsen waren mit Vogeleiern von verschiedener Größe bedeckt.

Man findet hier viele Bäche und Wasserfälle mit vortrefflichem

Waffer, welche sich beim Aufthauen des Schnees bilden. Von Pflanzen traf ich hier oft Cochlearia, „wilden Sellerie und Wasser=kreffe" und eine kleine Zahl anderer Pflanzen und Blumen, ob=wohl die Vegetation, welche die Felsen bedeckt, sich in der Haupt=sache auf einige Arten von Moosen und Flechten beschränkt. Man findet hier weiße Bären von außerordentlicher Größe, weiße Füchse, Steinböcke (?), Elchthiere (? Rennthiere) und ungefähr 20 ver=schiedene Arten von Land= und Seevögeln, z. B. wilde Gänse, Enten, Lunnen, Möwen und „Mallemucken" — wie die Matrofen sie nannten, Enten mit schönem scharlachrothen Kopfe und gelben Füßen, nebst Schneesperlingen, welche fast eben so schön wie der Hänfling oder die Nachtigall singen.

Einen so schönen Sommer hatte man lange nicht erlebt; es blieb das schönste Wetter. Da wir auf unserm Schiffe noch Platz hatten und die Jahreszeit noch nicht weit vorgeschritten war, ver=ließen wir die Magdalenen=Bucht und steuerten nach Norden, in der Hoffnung, noch einen oder zwei Walfische zu fangen. Als wir zum 80. Breitengrade kamen, fanden wir ein eisfreies Meer und fahen keinen Walfisch mehr. Wir fuhren weiter nach Norden mit einer guten füdlichen Brife und bei dem schönsten Wetter von der Welt. Selbst von dem großen Maste aus konnten wir kein Eis im Norden entdecken, sondern nur eine zusammenhängende große Eismaffe im Westen und Osten, so daß wir uns in einer Art Kanal befanden, welcher zwei bis drei Meilen breit war. Wir segelten immer weiter, und der Capitän und ich scherzten über unsere directe Fahrt zum Nordpole.

Endlich bestimmten Capitän Souter und ich die Polhöhe, und wir fanden, daß wir uns in 82° und einigen Minuten nördl. Breite befanden, die vielleicht noch Keiner vor oder nach uns er=reicht hatte *). Die hohen Schneeberge auf North Bank oder North Foreland waren füdlich in glänzendem Scheine sichtbar.

Wir hatten große Luft, noch weiter nach Norden zu segeln, aber die Furcht vor dem Eise, welches sich von beiden Seiten in Bewegung setzte und uns einzuschließen drohte — in welchem Falle wir rettungslos verloren waren — bewog den Capitän, nach North Foreland zu steuern. Gleichzeitig sprang der Wind nach

---

*) Die schwedische Expedition unter Nordenstiöld gelangte 1868 mit dem Schraubendampfer Sophia bis 81° 42', Parry zu Schlitten bis 82° 45'.

Norden herum und wir landeten nach einer Fahrt von zwei Tagen
bei North Bank an einer Stelle, welche man „Schmeerenburger
Hafen" nannte. Wir sahen daselbst eine große Zahl Finwale
(„Simer"), weiße Wale und Narwale, ein Zeichen, daß die Zeit
zum Fange der schwarzen Wale, die sich dann nach Norden be=
geben, vorbei sei.

Da Einer unserer Leute im Jahre vorher an einem russischen
Etablissement auf North Bank gewesen war und versicherte, daß
er den Weg zu den Hütten kenne, so machte mir Capitän Souter
— ein wißbegieriger und unternehmender Mann — den Vorschlag,
ihnen einen Besuch abzustatten. Wir nahmen 10 oder 12 Mann
mit uns, einen Kompaß, einige Flaschen Wein, Brod, Käse u. s. w.,
ferner einige gute Messer und ein Tönnchen Pulver, um den
Russen ein Geschenk damit zu machen.

Wir landeten in der Tiefe der Bucht auf der Ostseite, wo
wir ein großes, mehrere Meilen weites Thal, fast ganz von Schnee=
bergen eingeschlossen, fanden. Wo die Sonne den Schnee auf=
gethaut hatte, traten die braunen und schwarzen Klippen zu Tage.
Ueberall strömten klare Bäche und bildeten malerische Wasserfälle.

Der Boden bestand aus einer Art Rasen und Thon, darauf
man bequem gehen konnte. Wir hatten mehrere kleine, meist nur
2 bis 3 Fuß breite, aber sehr tiefe Bäche zu passiren. An ihren
Rändern fanden wir Cochlearia, „Wasserkresse und Sellerie" und
einige kleinere Pflanzen. Eine große Zahl von Landvögeln flog
auf, sobald wir uns ihnen näherten. Wir kamen über eine Stelle,
wo die Holländer früher ihre Todten begraben hatten; drei oder
vier Särge, welche menschliche Gebeine enthielten, standen offen.
Einige in Bretter geschnittene Inschriften — es befanden sich etwa
20 neben den Gräbern — datirten aus den Jahren 1630, 1640
u. s. w. Wir stießen auch auf die Ruinen eines aus Backsteinen
errichteten Bauwerks, das ein Ofen gewesen war. Die Holländer
pflegten hier früher Thran zu kochen und nannten die Bucht daher
Smeerenburg („Smeerenberg", von „Smeer", Fett und „bergen",
verwahren). Wir hatten noch sechs englische Meilen nach Norden
zu wandern und waren infolge des unebenen Weges und der
Hitze sehr ermüdet, als wir endlich die Hütten der Russen ent=
deckten. Sobald sie uns wahrnahmen, schickten sie uns zwei oder
drei Leute entgegen, um uns zu begrüßen.

Sie sahen gar sonderbar aus; man hätte sie für Juden von

einem Trödelmarkte halten können. Sie trugen Pelzmützen, Kleider
von schwarzen Schaffellen, die rauhe Seite nach außen, Stiefel und
große, säbelartige Messer an der Seite. Als wir zur Hütte gelangten, wurden wir den Caravelks, d. h. dem Führer und
Feldscheer, vorgestellt, welche uns sehr höflich empfingen und in
ihre Hütte einlüden. Unsere Leute wurden in den inneren Raum
geführt und mit Fleisch und Branntwein aufgenommen. Zufällig
war der Feldscheer ein geborener Deutscher, ein Berliner, Namens
Dietrich Pochenthal; wir konnten uns daher mit einander unterhalten und dienten zugleich als Dolmetscher zwischen meinem und
seinem Chef.

Capitän Souter übergab nun dem russischen Befehlshaber das
Tönnchen Pulver und ein halbes Dutzend guter Messer und Gabel.
Auch er war in Pelz gekleidet, doch von besserer Beschaffenheit,
und trug, wie alle Anderen, einen großen Bart. Der Russe empfing die Gabe mit großer Freude und machte uns ein Gegen-
geschenk, bestehend in einem halben Dutzend weißer Fuchsfelle, zweien
Roggenbroden, drei geräucherten Rennthierzungen und zwei dergleichen Seiten, wofür wir ihm herzlich dankten. Wir fanden
diese Sachen vortrefflich, wohlschmeckender als geräucherte Zunge
oder eingesalzenes Fleisch in England.

Nun setzten wir unsern Wein, das Brod und den Käse auf
den Tisch, wogegen der Russe geräucherte Rennthierzungen, frisch-
gebackenes Brod, guten Branntwein und vortreffliches Wasser vor-
fahren ließ. Wir befanden uns in der heitersten Stimmung. Die
Zungen und das Roggenbrod bildeten förmliche Delicatessen; dagegen war unser Chester-Käse und Schiffszwieback wieder eine
leckere Speise für die Russen. Wir tranken das Wohl der Czarin
und Königs Georg.

Die Hütte bestand aus zwei großen Stuben, von denen jede
fast 30 Fuß im Quadrat hielt, aber so niedrig war, daß man
mit der Pelzmütze an die Decke stieß. Mitten in der Stube befand sich ein runder Ofen zum Kochen und Backen, sowie Heizen.
Das Brennmaterial bestand aus Treibholz, welches das Meer hier
im Ueberfluß auswirft. Es waren ganze Stämme ohne Zweige.
Ein Schornstein führte den Rauch durch das Dach. Man konnte
aber durch ein Nebenrohr den Rauch in den zweiten Raum hinein-
lassen, um Rennthierfleisch und Zungen und Bärenschinken zu
räuchern. Um drei Seiten des ersteren Raumes lief eine drei Fuß

breite, mit Bärenfellen bedeckte Bank, welche zum Schlafen diente.
Die Bettdecke des Capitäns bestand aus zusammengenähten weißen
Fuchsfellen, ebenso die des Feldscheers, die anderen aus Schaf-
fellen. Die Wände waren gehobelt, das Dach aus geschnittenen
Brettern zusammengefügt.

Zur Erleuchtung des Raumes dienten ein paar kleine Glas-
fenster, welche ungefähr zwei Fuß im Quadrat hielten. Den Boden bildete ein Estrich. Der ganze Bau — von außen gemessen —
mochte etwa 60 Fuß lang und 34 Fuß breit sein. Er war aus
großen, vierkantig behauenen und etwa 12 Zoll dicken Balken errichtet, die übereinander gelegt, an den Ecken geschürzt, mit trockenem
Moos verstopft und mit Pech oder Theer bestrichen waren, so daß
die Luft durchaus nicht eindringen konnte. Das Dach bestand aus
Balken, welche mit beiden Enden auf der oberen Kante der Wände
ruhten. Gerade so sind die Häuser in Rußland, besonders bei Archangel, erbaut.

Der deutsche Feldscheer, ein sehr verständiger Mann, machte
mir über diese russische Colonie in der Smeerenburger Bucht folgende Mittheilungen. Einige Kaufleute in Archangel rüsten zusammen jährlich ein Schiff von ungefähr 100 Tonnen aus, mit
einem Führer, Capitän, Steuermann, Feldscheer, Zimmermann,
Koch und ungefähr 15 Mann, alle mit Musketen, Büchsen, Pulver
und großen Messern versehen, nebst solchen Geräthschaften, welche
zum Fange von Walfischen, Narwalen (Walrossen?), Rennthieren,
Bären und Füchsen erforderlich sind.

Das Schiff läuft, mit einem ausreichenden Vorrath von
Mehl, Branntwein, Kleidern, Schneeschuhen, Brettern, Zimmer-
geräthen u. s. w. versehen, jedes Jahr im Monat Mai von Archangel aus und trifft im Juni oder Juli bei Smeerenberg ein,
um die neue Colonie an's Land zu setzen. Hier bleibt es zwei bis
drei Wochen im Hafen, um seine Schäden auszubessern, und führt
dann die alte Colonie mit deren Ausbeute, bestehend in Fellen von
weißen Füchsen und Bären, Eiderdaunen, Walroßzähnen — die
dem Elfenbein gleichen und niemals gelb werden — nebst geräucherten Rennthierzungen, nach Archangel zurück.

Die Colonisten erhalten keinen bestimmten Lohn, sondern eine
gewisse Tantième: der Führer 50 vom Tausend, der Capitän und
Feldscheer 30, der Zimmermann, Steuermann und Koch jeder 10,
und die übrigen Leute Jeder 1 vom Tausend des mitgebrachten

Werthes. Der Feldscheer erzählte mir, daß dem Führer 1000
Rubel, ihm selbst 600 und jedem von der Schiffsmannschaft 50
bis 60 Rubel zufielen. Er fügte hinzu, daß, wenn sie ihre Reise
glücklich zurücklegten, die Besatzung von ihrem Lohne ein ganzes
Jahr lang leben könne, weil die Lebensbedürfnisse in Archangel
sehr billig wären. Bis dahin habe die Handelsgesellschaft in Archangel sehr gute Geschäfte gemacht.

Er berichtete weiter, daß er diese Fahrt nun schon das zweite
Mal unternommen, so gut habe ihm die erste gefallen. „In den
Nächten, welche man die langen nennt, ist die Finsterniß niemals,
oder wenigstens äußerst selten so stark, daß man nicht noch die
Dinge in der Nähe wahrnehmen könnte, und die Kälte auch nicht
so schrecklich als in Petersburg. Bei Schneestürmen darf man
das Haus nicht verlassen; bei schönem Wetter kann man sich dagegen mehrere Meilen weit hinauswagen. Bei Mondschein und
dem in diesen hohen Breitengraden so wunderbaren Sternenschein,
sowie während eines Nordlichtes, ist es so hell, daß man dabei
lesen oder schreiben kann.“

„Im Winter kommen die schwarzen Walfische in den Hafen
und wagen sich bis dicht an den Strand; zuweilen tödten wir
einen durch Harpunen, die wir aus einem Mörser abschießen. Von
Eisbären, Rennthieren, Füchsen und Vögeln tödten wir so viele,
als die nächtliche Jahreszeit es erlaubt. Dieselbe beginnt im September. Dann verlassen uns die Landthiere und begeben sich über
das Eis nach Novaja Semlja und Sibirien. Auf dieselbe Art
ziehen die Landvögel fort. Wir erlegen in der Bucht auch Walrosse, ihres „Elfenbeins“ halber, welches nach Deutschland und
Frankreich ausgeführt wird.“

Der Feldscheer und ich machten einen Ausflug auf Schneeschuhen, eine Art Schlittschuhe ohne Eisen und ungefähr zwei
Fuß lang, mit welchen man über Schnee und Eis gleitet. Da
ich in meiner Jugend ein guter Schlittschuhläufer gewesen war,
so bediente ich mich derselben eben so gut wie er. Wir legten in
einer Stunde sechs bis sieben Meilen zurück, ohne zu ermüden.

Bevor wir unsern russischen Wirth verließen, erzählte er uns
noch, daß er vor einigen Wochen, als er von einer Jagd zu seinem
Hause zurückgekehrt sei, einen englischen Capitän mit neun oder zehn
Mann eben beim Plündern angetroffen habe. Da er seine Kiste
aufgebrochen fand, so nannte er den Capitän einen Straßenräuber.

Es entstand ein Streit, „die Engländer gaben auf uns Feuer" — sagte der Feldscheer — „und tödteten einen Mann. Wir schossen wieder und verwundeten mehrere, worauf sie eiligst die Flucht ergriffen." Als nun der Russe seine Rubel nachzählte, fand er, daß 600 fehlten. Er beabsichtigte, von dieser Angelegenheit seiner Regierung Mittheilung zu machen.

Nachdem wir über zwölf Stunden bei den Russen zugebracht hatten, nahmen wir Abschied und baten sie, auch uns an Bord zu besuchen. Wir kehrten auf demselben Wege, auf dem wir gekommen waren, nach ungefähr achtzehnstündiger Abwesenheit wieder zu unserm Schiffe zurück.

Nunmehr bereiteten wir uns ernstlich auf die Rückreise vor; wir füllten unsere Tonnen mit gutem Wasser, brachten Alles in Ordnung und gingen in der Mitte des Juli bei einem schwachen Nordwinde unter Segel. Wir passirten wieder viel Treibeis; da unser Schiff ein Schnellsegler war, so ließen wir viele andere, die ebenfalls nach England zurückkehrten, hinter uns.

Die erste uns willkommene Veränderung bestand darin, daß es wieder ein wenig dunkel wurde und wir in unserer Cajüte ein Licht anzünden mußten. Welch ein Genuß! — Wenn man Monate lang ohne Dunkelheit gewesen, wird das Tageslicht zuletzt ermüdend, und man empfindet eine herzliche Freude, so wie das erste Licht wieder in der Cajüte brennt, draußen aber Alles dunkel ist. Bevor wir zu südlicheren Breitengraden kamen, betrachtete ich mit Entzücken den Niedergang der Sonne, welche friedlich über dem Horizonte thronte. Sie erschien von einer außerordentlichen Größe, umstrahlt von den herrlichsten Farben, worauf sie sich wieder in ganzer Majestät erhob. Die Erhabenheit und Pracht dieses Schauspiels läßt sich nicht mit Worten schildern.

Wir warfen Ende Juli bei Lerwick Anker. Nach dreiwöchentlichem Aufenthalte daselbst setzten wir die Reise fort und kamen gegen Ende des August nach einer Abwesenheit von überhaupt fünf Monaten wieder glücklich in Greenwich an." — —

So weit Bacstrom.

Die Russen, von deren Leben auf Spitzbergen wir hier eine so lebendige Schilderung erhalten, hatten schon lange vorher den Walfischfang auf diesen Küsten betrieben. Aus dieser früheren Zeit, das heißt aus dem Jahre 1743, datirt sich die berühmte Erzählung von den vier russischen Matrosen, welche sechs Winter

auf einer der Inseln in der Nähe der Südostküste von Stans
Vorland zubrachten — russisch Maloy Broun oder „Klein=Spitz=
bergen", zum Unterschiede von Belschoy Broun, „Groß=Spitz=
bergen". Die Geschichte dieser vier Männer: Alexei Himkof, Ivan
Himkof — welche schon früher einige Winter auf der Westküste
verlebt hatten —, Stephan Scharapof und Feodor Werigwin,
die, nachdem ihr Schiff von den Eisbergen eingeschlossen worden,
an's Land gingen, um eine vor ein paar Jahren errichtete Hütte
aufzusuchen; wie sie, gleich vielen Anderen vor und nach ihnen,
das Schiff verloren, sodann, von Allem entblößt, aus der Wurzel
eines Treibholzstammes einen Bogen, aus einem gefundenen Stücke
Eisen ein paar Lanzen verfertigten, womit sie einen Eisbären er=
legten; wie sie aus dessen Sehnen Bogenstränge machten und aus
einem andern Stücke Eisen Pfeilspitzen arbeiteten und mit diesen
Waffen eine Menge Rennthiere, Füchse und zehn Bären schossen;
wie sie Alle, mit Ausnahme des Feodor Werigwin, der starb, dem
Skorbut entgingen, namentlich infolge ihrer fast beständigen Arbeit
in freier Luft; wie die übrigen Drei 1749 glücklich nach Archangel
zurückkamen u. s. w.: dieses alles ist so oft und in so mancher=
lei Formen dargestellt worden, daß wir kein Recht haben, uns
hierbei länger aufzuhalten, und nur auf die ursprüngliche Schil=
berung, welche 1766 von Professor P. L. le Roy in Petersburg
herausgegeben wurde — er hatte die Geschichte aus dem Munde
der beiden Himkof selbst vernommen und noch ihre eigenthüm=
lichen Geräthschaften und Waffen gesehen — verweisen wollen.

Im Uebrigen fehlen uns bis jetzt noch alle Quellen für eine
genauere Kenntniß der russischen Spitzbergenfahrten. Wir können
nur aus den vielen und verhältnißmäßig neuen Denkmälern, den
theils noch wohlerhaltenen, theils verfallenen „Russenhütten", deren
es an jedem größeren Fjord zwei oder drei giebt, und in welchen
sie die Winter zugebracht haben, schließen, daß die Russen während
des letzten Jahrhunderts, und mindestens während der ersten drei oder
vier Decennien des gegenwärtigen, Spitzbergen ziemlich fleißig besucht
haben, um Walrosse, Seehunde, Weißwale, Bären und Füchse zu
jagen. Sie hatten Hauptstationen, wo sie sich das ganze Jahr
über aufzuhalten pflegten; oder sie gingen im August von Ar=
changel aus und kehrten im April zurück. In der Nähe solcher
großen Stationen besaßen sie wieder kleinere Hütten, in welchen
sie während der Jagd selbst ein Unterkommen fanden. In der

23*

letzten Zeit hatten die Russen ihre Hauptstation in der Oeffnung des Storfjordes auf Stans Vorland. Als Keilhau sie 1827 besuchte, war sie auch schon aufgegeben, aber doch noch bis zum Jahre 1825 benutzt worden. Sie bestand aus zwei größeren und mehreren kleineren Hütten, und neben ihnen befanden sich fünf griechische Kreuze mit der ältesten Jahreszahl 1809.

Ungefähr im Jahre 1818 überwinterten zwei russische Lodjen am Südcap, wo man auch noch die Rudera einer Hütte vorfindet. Sie machten einen ungeheuren Fang: 1,200 Walrosse und fast eben so viele Weißwale nebst Füchsen, Bären und Seehunden.

Im Hornsund erblickt man ebenfalls noch guterhaltene Ueberbleibsel einer auf 20 Mann berechneten Hütte, und zweier kleineren für fünf Mann. Auch an anderen Stellen des Fjordes trifft man auf undeutliche Spuren alter Russenhütten. Eine verlassene Lodje und die halbverzehrten Leichen von 13 Männern fand man 1820 neben der größeren Hütte.

Im Bellsund haben die Russen eine oder zwei Hauptstationen mit verschiedenen kleineren Hütten gehabt, und zwar an der Stelle, wo 1823 eine Lodje überwinterte. Auch im Eisfjord stößt man auf die Ueberbleibsel vieler solcher Russenhütten. Green-Harbour war wegen des Weißfischfanges besonders besucht. Hier starb 1826 Starastschin, von welchem wir schon früher gesprochen haben. Solche Spuren von Russenhäusern giebt es auch auf der Südspitze von Prinz Charles Vorland, in der Croß-Bai, der Hamburger Bai, auf dem Festlande, geradeüber dem Amsterdam-Eiland, wo eine Expedition — wahrscheinlich 1823 — überwinterte, und auf den Nordküsten der Reb-Bai, Wijde- und Mossel-Bai. Selbst auf dem Nordostlande trifft man noch deren verfallene Trümmer an.

Aber die Fahrten der Russen nahmen mehr und mehr ab; gegen das Ende des dritten Jahrzehnts waren es nur noch einige Privatpersonen sowie das reiche Kloster Solowetskoi am Weißen Meere, welche ein paar Schiffe aussandten. Wann die letzte russische Expedition Spitzbergen besucht hat, wissen wir nicht, aber nach dem fünften Jahrzehnt scheinen alle diese Fahrten aufgehört zu haben.

Die Norweger allein besuchen heutzutage noch Spitzbergen wegen des Walfischfanges. Sie haben seit uralten Zeiten die Kunst verstanden Delphine und Wale zu fangen; ob dieses aber auch in den spitzbergischen Gewässern geschehen sei, davon wissen

wir nichts. Die im Jahre 1721 in Bergen gestiftete Grönländische
Compagnie schickte ihre Schiffe meist in die Davisstraße. Die
eigentlichen Fahrten der Norweger begannen viel später und ver=
folgten nicht den Walfischfang. Nach Keilhau ging die erste nor=
wegische Unternehmung nach Spitzbergen 1795 von einem Kauf=
manne in Hammerfest, in Gemeinschaft mit einem Russen, aus;
ein Theil der Besatzung bestand aus Fischlappen und Russen,
welche auf der Insel überwinterten. Eigentlich datiren aber die
gegenwärtigen norwegischen Spitzbergenfahrten vom Jahre 1819,
indem eine englische Handelsgesellschaft auf Bodö eine Galeas mit
elf Mann zu einer Fahrt nach Spitzbergen und Bären=Eiland
ausrüstete. Sie kamen von Spitzbergen — denn Bären=Eiland
hatten sie verfehlt — mit der Nachricht von seinem Reichthume an
Walrossen, Rennthieren und Eidergänsen zurück, worauf man
wieder eine kleine Expedition von Hammerfest mit acht Mann aus=
sandte. Als man aber nach Bären=Eiland kam und der größere
Theil der Besatzung an's Land geschickt wurde, um zu jagen, ver=
irrte der Capitän in Wind und Nebel, so daß er die Insel nicht
wieder finden konnte und nach Hammerfest zurückkehrte. Die
zurückgelassenen Leute verproviantirten sich mit Walroßfleisch und
gingen in ihrem offenen Boote nach Norwegen zurück. Eine eben
solche Expedition mit derselben Mannschaft und demselben Capitän,
auch mit demselben Ausgange, wurde 1821 unternommen. Jetzt
ging man aber mit größerem Ernste daran, den Fang im Eis=
meere zu betreiben und stehende Winterstationen anzulegen. Den
ersten Versuch machte man 1822 in Croß=Bai, wo man zwei
Hütten erbaute, und die Ueberwinterung lief so glücklich ab, daß
man sie im folgenden Jahre mit 16 anderen Leuten wiederholte. Da
aber die Lage der Station für den Fang unvortheilhaft erschien,
so begaben sie sich zum Eisfjord in eine der dortigen Russenhütten,
wo indessen drei Leute — wahrscheinlich am Skorbut — starben.
Die im Jahre 1825 zur Ueberwinterung von Hammerfest aus=
gerüstete Expedition ließ sich ebenfalls im Eisfjord, an einer alten
russischen Station nieder. Sie machten eine geringe Ausbeute und
erlagen sämmtlich dem Skorbut. Nun begannen auch Tromsö und
Bergen Schiffe abzusenden; doch klagten sie alle über schlechten
Fang und geringen Gewinn. Die Jagd ist trotzdem immer an=
haltend von 12 bis 15 und mehr Schiffen von Tromsö und Hammer=
fest aus betrieben worden, und diese Fahrten sind nicht blos eine

Quelle des Reichthums für die Rheder, sondern auch für Capitän und Seeleute zu einer Schule geworden, in welcher sich die besten Eigenschaften eines Seemannes entwickeln können. Wir wenigstens haben aus dieser „Eismeerschule" Männer kennen gelernt, denen wir unsere höchste Achtung nicht versagen konnten.

Wir wollen nun noch kurz diejenigen Expeditionen nach Spitzbergen berühren, welche in dem vorigen und in diesem Jahrhundert im geographischen und naturhistorischen Interesse unternommen worden sind.

Die Kaiserin Katharina von Rußland schickte im Jahre 1765 ihren Admiral Tschitschagoff mit dreien Schiffen aus, um von Spitzbergen nach dem Nordpol zu fahren. Die Expedition verließ Kola am 10. Mai und ankerte den 16. Juni im Bellsund. Hier blieb sie bis zum 4. Juli, steuerte nach Norden und erreichte am 24. eine Polhöhe von 80° 21'. Weiter nach Norden vorzubringen war unmöglich; jeden Tag wurde man einige Minuten nach Süden zurückgeworfen; und als man am 29. bei einem heftigen Nordsturme große unübersehbare Eismassen sich von Nordosten nach Westsüdwesten erstrecken sah, beschloß der Admiral umzukehren, überzeugt, daß das Ziel nicht zu erreichen. Anfangs von der Kaiserin ungnädig empfangen, gelang es Tschitschagoff später sich zu rechtfertigen. Er erhielt im folgenden Jahre wiederum den Befehl über dasselbe Schiff. Diesesmal kam er einige Minuten weiter nach Norden; den 29. Juli observirte er 80° 28'. Aber das festgepackte Eis schnitt jede Hoffnung ab; am folgenden Tage kehrte er wieder nach Bellsund und Archangel zurück.

Das erste bedeutende Unternehmen dieser Art wurde 1773 von Constantin John Phipps, später Lord Mulgrave, mit den Schiffen Racehorse und Caracay in der Absicht gemacht, den Nordpol zu erreichen. Wir haben schon früher dieser glücklichen Expedition Erwähnung gethan, bei welcher Phipps in den letzten Tagen des Juli 80° 37' erreichte, die Sieben Inseln in Sicht bekam, einige derselben nebst Low Island besuchte und diesen Theil von Spitzbergen kartographirte. Anfangs August wurde er in 80° 37' nördl. Br. und 19° östl. L. von Eis eingeschlossen, das an manchen Stellen 12 Fuß dick war. Er sägte sich aber hindurch, forcirte die Fahrt, erreichte endlich am 11. August Amsterdam-Eiland und ankerte in Fair Häven, worauf er am 19. August die Anker lichtete und nach England zurückkehrte.

In derselben Absicht wie Phipps segelte Dav. Buchan 1818 nach Spitzbergen mit den Schiffen Dorothea und Trent, das letztere unter Führung des arktischen Märtyrers John Franklin. Am 3. Juni ankerten sie in der Magdalenen=Bai, den 7. verließen sie diesen Hafen, um nach Norden zu gehen, stießen aber bald auf Eis und gingen nach 13tägigem Segeln im Eise in Fair Haven bei der Red=Bai vor Anker. Den 6. Juli fuhren sie wieder aus, erreichten 80° 15′ nördl. Br., drangen in's Treibeis ein, wurden aber in 80° 34′ eingeschlossen, kehrten um und kamen glücklich wieder los. Sie steuerten nun westlich, längs der Eiskante, wurden aber von einem Sturme überfallen, mußten zwischen die Hummocks gehen und würden ihr Schiff verloren haben, wenn der Sturm nicht aufgehört hätte. Es gelang ihnen wieder offenes Wasser zu erreichen; sie gingen, um ihre schlimmen Lecke zu repa= riren, wieder nach Fair Haven, das sie am 30. August verließen, um nach England zurückzukehren. Der Bericht über diese Reise ist von dem damaligen Lieutenant Frederick Beechey abgefaßt und zeichnet sich durch seine lebhaften Schilderungen aus.

Die nächste Expedition nach Spitzbergen wurde im Jahre 1823 von Clavering und Sabine mit dem Schiffe Griper unter= nommen. Ihre Absicht war, einen möglichst hohen Breitengrad zu erreichen und in Hammerfest, Spitzbergen und Grönland Pendelschwingungen und magnetische Untersuchen anzustellen. Diese Beobachtungen sollten von Sabine, damals englischem Artillerie= capitän, geleitet werden, während Clavering mit dem Schiffe nach Norden fuhr. Den 30. Juni erreichte man Hakluyt's Headland; hier ging Sabine mit einem Officier, Arzt und sechs Leuten nebst einer Ausrüstung für sechs Monate an's Land, und zwar auf die innere Norskö, wo Phipps seine Beobachtungen 1773 gemacht hatte. Clavering kam auf seiner Fahrt nach Norden nur bis 80° 20′ nördl. Br. und befand sich am 11. Juli wieder bei Hakluyt's Headland. Am 24. waren die physikalischen Untersuchungen ge= schlossen. Man fuhr hierauf nach Grönland hinüber, um die Be= obachtungen daselbst fortzusetzen, später nach Drontheim, und kehrte von hier nach Hause zurück.

Trotz aller Enttäuschungen hatten die Engländer ihr Lieblings= project, den Nordpol zu erreichen, nicht aufgegeben. Bald nach= dem der unermüdliche Parry von seiner dritten arktischen Reise, welche die Entdeckung einer Nordwestpassage zum Zweck hatte,

zurückgekehrt war, regte er den Gedanken an, zu Eis und Schlitten
den Nordpol zu erreichen, und unternahm 1827 seine bekannte
Expedition mit dem Hecla. Wir haben über dieselbe schon früher
gehandelt. Sein Bericht ist, wie alle seine arktischen Reise=
beschreibungen, von großem Werthe für die Wissenschaft, und
zeichnet sich durch außerordentliche Treue und Genauigkeit aus.

In demselben Jahre wurde Spitzbergen von dem norwegischen
Geologen Keilhau besucht, auf einer kleinen von dem deutschen
Touristen von Löwenigh in der Absicht ausgerüsteten Slup, um die
Geschichte der russischen Spitzbergenfahrten zu vervollständigen.
Die Besatzung bestand nur aus sechs Mann. Sie gingen am
16. August in See und landeten den 20. auf Bären=Eiland,
deren geologische und physikalische Verhältnisse Keilhau mit vieler
Genauigkeit untersuchte. Sie steuerten hierauf durch den gewöhn=
lichen Bären=Eilandsgürtel von Treibeis nach dem Südcap. Den
26. befanden sie sich auf der Westküste vor dem Eisfjord, aber
alle Fjorde waren, wie gewöhnlich in dieser Jahreszeit, bereits vom
Eise gesperrt. Am 29. und 30. hatten sie einen schweren Sturm
zu bestehen, der sie bis zum 79. Grade nach Norden trieb, gingen
dann wieder nach Süden und warfen am 3. September im Treib=
eise vor dem Südcap Anker. Hier stiegen sie an mehreren Stellen
an's Land. Als sie sich durch das Eis wieder zum Schiffe zurück=
wandten, war dasselbe verschwunden. Man fand es zwar wieder,
aber in's Eis eingeschlossen und in einer sehr schlimmen Lage.
Die Gefahr währte indessen nur zwanzig Stunden, indem die
Strömung das Eis wieder auseinander trieb. Am 9. steuerten
sie nordöstlich zu Stans Vorland, hielten sich bei der dortigen
russischen Station acht Tage lang auf und kehrten darauf nach
Hammerfest zurück. Keilhau's Schilderung dieser Reise, reich an
interessanten Beobachtungen, findet man in seiner fesselnden Arbeit:
Reise i Ost- og West-Finmarken.   Christiania 1831.

Zehn Jahre später machte unser Landsmann Professor Lovén
eine Reise nach dem westlichen Spitzbergen, über welche er der
Akademie der Wissenschaften am 10. Januar 1838 einen Bericht
vorlegte. Nachdem er sich längere Zeit in Finmarken aufgehalten
hatte, fuhr er am 19. Juni mit dem Walroßfänger P. Michelsen,
auf dem Schoner „Enigheden", von Hammerfest ab. Den 22.
hatte er bei starkem Nebel Bären=Eiland erreicht. Der Capitän
weigerte sich, ihn an's Land zu setzen, aus Furcht, er könnte durch

Eis und Wetter genöthigt werden, ihn seinem Schicksale zu über=
lassen. Doch hatte er Gelegenheit, in der Nähe der Insel einige
Versuche mit dem Bodenkratzer anzustellen, die ersten, welche in
diesem Theile des Eismeeres gemacht worden sind. Am 3. Juli
erreichten sie 75° 8' nördl. Br. und steuerten längs der Eiskante
westlich, später wieder nördlich. Den 7. bekam man Prinz Charles
Vorland in Sicht; den 10. wurde in Green=Harbour (Eisfjord)
Anker geworfen. Hier hielt er sich eine Woche auf, machte Aus=
flüge, entdeckte secundäre, Versteinerungen enthaltende Schichten,
und kam bis zum Vogelberge „Döbmanden" (der todte Mann) auf
der andern Seite des Fjordes, und zur Sassen=Bai, wo sie mehrere
Walrosse erlegten. Das Schiff ging darauf zur Croß=Bai, wo
man den Meeresgrund untersuchte. Auch eine Bootfahrt in das
Innere der Kings=Bai wurde unternommen. Den 27. Juli wollte
man zum Eisfjord zurückkehren, aber Sturm und Nebel verhin=
derten es, und man fuhr weiter nach Süden. Der Sommer war
sehr ungünstig. Das Treibeis erstreckte sich noch anfangs August
ohne Unterbrechung von Bären=Eiland bis zum Südcap. Der Plan,
diese Insel und das Meer ringsum genauer zu untersuchen, mußte
daher aufgegeben werden. Den 7. August war Lovén wieder in
Hammerfest. Seine kurze aber lehrreiche Reise ist die erste, welche
von Schweden aus lediglich im wissenschaftlichen Interesse nach
dem arktischen Norden unternommen worden ist.

Die französische Regierung schickte im folgenden Jahre 1838
auf der Corvette La Recherche, Capitän Favre, unter Leitung von
P. Gaimard, eine wissenschaftliche Commission nach dem Norden,
an welcher Bravais, Martins, Lottin, Marmier und einige skandi=
navische Naturforscher Theil nahmen; von Schweden: C. J.
Sundevall, C. B. Lilliehök, P. A. Siljeström und Graf Ulrik
Gyldenstolpe; von Norwegen: Chr. Boeck; von Dänemark: Kröyer
und Vahl. Die Recherche besuchte in diesem Jahre den Bellsund
und im folgenden die Magdalenen=Bai. Das über diese Reise heraus=
gegebene Prachtwerk ist allerdings nicht zum Abschlusse gelangt.
Es enthält außer vortrefflichen Ansichten der besuchten Gegenden,
wichtige meteorologische und physikalische Beobachtungen und eine
große Zahl naturhistorischer Abbildungen, welche zum größten
Theile unter der Leitung der dänischen und norwegischen Natur=
forscher ausgeführt sind.

Im Jahre 1858 besuchte O. Torell Spitzbergen. Er rüstete

in Hammerfest, auf seine Kosten, die Yacht Frithjof von 19½ Lasten aus und fuhr am 3. Juni in Begleitung von A. E. Nordenskiöld und A. Quennerstedt und dem Fischer Anders Jakobsson ab. Sie hatten günstigen Wind bis auf einige Meilen südlich von Bären-Eiland, sodann mit Gegenwind zu kämpfen und kamen in's Treib= eis, welches die Insel unzugänglich machte. Eine ganze Woche lang kreuzten sie nun im Eise, einmal bis 30 Meilen westlich vom Bellsund, bis es ihnen gelang, das sich einige Meilen vom Lande hinziehende Eisband zu durchbrechen. Den 18. Juni erreichten sie den Hornsund, und nahmen mit Verwunderung wahr, wie das weiße Winterkleid der Holme und Berge unglaublich schnell ver= schwand. Es wurden nach allen Seiten Ausflüge unternommen, die geologischen Verhältnisse studirt, die Gletscher bestiegen, die Moränen untersucht. Zugleich „dreggte" man mit vielem Erfolge in verschiedenen Tiefen, sogar bis auf hundert Faden. Am 28. segelten sie zum Bellsund und warfen am folgenden Tage bei Midterhuk Anker. Hier gab der Bodenkratzer wiederum reiche Ausbeute. Es wurden Vögel und Säugethiere geschossen und präparirt, eine Tertiärbildung mit Pflanzenabdrücken entdeckt, Pflanzen, besonders Moose und Flechten, gesammelt. Am 6. Juli verließen sie diesen Platz, um nach Norden zu fahren. Aber Wind= stille und Gegenwind zwangen sie, wieder in denselben Fjord ein= zulaufen. Nordenskiöld fand hier mächtige Schichten von Kalk und Kieselschiefer, reich an Versteinerungen der Arten **Productus** und Spirifer, welche er daher der Steinkohlenformation zuzählte. Diese verticalen Schichten waren wiederum mit beinahe wagrechten Lagen derselben tertiären Bildung mit Blattabdrücken, welche er bei Midterhuk beobachtet hatte, bedeckt. Am 24. Juli gingen sie wieder unter Segel und warfen am 28. in Green=Harbour Anker. Sie untersuchten den Eisfjord bis zum 2. August und steuerten dann nach Norden. Den 4. befanden sie sich beim Amsterdam= Eiland, den 7. in einem andern Hafen zwischen der Norskö und Cloven Cliff, den 10. in der Magdalenen=Bai, den 13. in der Englischen, den 16. in der Advent=Bai im Eisfjord. Hier ver= weilten sie bis zum 22., fuhren dann in der Absicht ab, die „Tausend Inseln" zu erreichen, wurden aber durch einen Sturm aus Osten gezwungen, ihren Cours nach Hammerfest zu richten, wo sie am 28. mit reicher wissenschaftlicher Ausbeute anlangten.

In den letzten Jahren haben auch englische Touristen ihren

Weg nach Spitzbergen gefunden.   Lord Dufferin machte 1856 einen
Ausflug zu seiner Westküste; James Lamont jagte hier in den
Sommern 1858 und 1859.   Die Reise des Letzteren galt der bis
dahin so gut wie unbekannten Ostküste von Stans Vorland und
dem Storfjord, welche Gegend er in seiner werthvollen Arbeit
„Seasons with the seahorses" geschildert hat.   Zuletzt, und zwar
im Jahre 1864, wurde Spitzbergen von Al. Newton und Birckbeck
besucht, um ornithologische Studien zu machen. — —

Diese Aneinanderreihung wechselvoller Bestrebungen der Men=
schen ist es, was wir die Geschichte Spitzbergens nennen.

Erst trat die rohe Gier auf den Schauplatz, welche um des
Gewinnes willen die Geschöpfe schonungslos vernichtete, die gewaltigen
Walfische ausrottete und dann die schwächern Thieren anfiel.   Aber
in ihre blutige Spur trat die Wissenschaft; willige Hände gaben
sich ihren friedlichen Arbeiten hin, und die einzelnen Völker trugen
wetteifernd zur Untersuchung von Fragen bei, deren Lösung wahr=
scheinlich niemals irgend einen praktischen „Nutzen" im Gefolge
haben wird.

Es ist ein milder von Süden kommender Meeresstrom, dem
sowohl die Gewinnlust, als auch der Forschungseifer ihre besten
Resultate verdanken.   Aus dem mexikanischen Busen, seiner Quelle
gleichsam, fließt der Golfstrom an Florida vorbei, mit einer
Schnelligkeit von vier englischen Meilen in der Stunde, ein 3,000
Fuß tiefer, 60 englische Meilen breiter Fluß im Meere, durch sein
blaues Wasser und seine höhere Temperatur von dem grünlichen
und kalten Wasser, das seine Ufer und sein Bette bildet, unter=
schieden.   So läuft er längs der Küste Nordamerikas und wendet
sich dann nach Osten, um Millionen Quadratmeilen des Atlantischen
Oceans zwischen Islands und Norwegens Küsten, denen er noch
bis nach Vardö folgt, zu bedecken.   Seine letzten Spuren erkennt
man selbst noch bei Novaja Semlja.   Die Seethiere, sowie jede
Pflanze, jedes Geschöpf, welches ein von diesem Strome bespültes
Land bewohnt, fühlen im Winter den Einfluß seiner belebenden
Wärme.   Er macht, daß Irland so grün, daß in England noch
Heerden weiden, während in Amerika unter demselben Breitengrade
der Boden gefroren ist; daß auf der ganzen Erde kein Land zu
finden, welches bei gleicher Entfernung von dem Aequator ein so
mildes Klima hat als Norwegen, wo die Gerste noch unter dem
70. Grade reift; daß das Meer westlich von Spitzbergen — „the

whalers bight" (ber Walfiſchfänger Bucht) — ben ganzen Sommer
über eisfrei bleibt.   Wir haben geſehen, wie unſere Schiffe oft
Streiſen ſeines blauen Waſſers durchſchnitten, wie ſich ſeine höhere
Temperatur noch an bem Nordende der Heenloopen-Straße geltend
machte.   Und wie er zu ben Küſten Norwegens Cocosnüſſe und

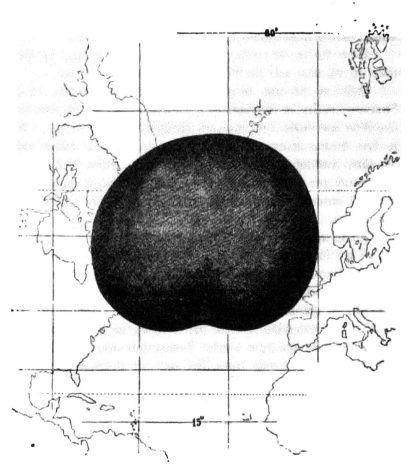

Bohne von **Entada gigalobium**.

andere Früchte aus bem warmen Amerika bringt, ſo giebt er auch
an den nördlichſten Strandebenen Spizbergens ſein Daſein und
ſeinen ſüdlichen Urſprung zu erkennen, indem er hier, außer Fiſcher=
geräthſchaften von Norwegen und Bimsſtein von Island, die Frucht
von **Entada gigalobium**, ein Schotengewächs mit brei Fuß langen
Hülſen, das in Weſtindien an den Bäumen hinaufflettert, nieder=

legt. Eine solche Bohne in ihrer natürlichen Größe, dieselbe, welche Torell bei Shoal Point gefunden, haben wir hier abgebildet. Hierbei darf wohl angeführt werden, daß — nach Decandolle — eine solche unter dem ältesten Kastanienbaum zu Paris gefundene Bohne, wieder eingepflanzt, keimte und wuchs, und daß eine andere, die sich jetzt im Reichsmuseum zu Stockholm befindet, in einem Torfbruch bei Tjörn in Bohuslän, 30 Fuß über dem Meere, aufgegraben wurde.

Siebenzehntes Kapitel.

Rückkehr nach Norwegen.

Unsere Reise nähert sich ihrem Ende. Die länger werdenden Nächte gemahnten uns, daß der Herbst mit schnellen Schritten nahe, und daß es Zeit sei an die Rückkehr zu denken. Unsere Schiffe wurden daher zu diesem Zwecke ausgerüstet, Wasser und Ballast eingenommen. Mittlerweile waren die Dreggboote noch im Gange. Wir erfreuten uns hier zum ersten Male an dem rothen Schnee, der eigenthümlichen Alge Haematococcus nivalis, welche auf älterem Schnee gedeiht und dessen Oberfläche eine schöne rosa, zuweilen auch eine scharlachrothe Farbe verleiht, welche man indessen nicht mit einer ganz ähnlichen Farbe, die ihren Ursprung in verwittertem, eisenhaltigem Gestein oder den fast blutrothen Excrementen der Rotjes — Mergulus Alle — hat, verwechseln darf.

Als der Wind am 12. September nach Nordosten herumging, machten wir uns bereit. Es wurden alle noch am Lande befindlichen Sachen an Bord gebracht und die Anker gelichtet. Um 6½ Uhr stach Aeolus, eine Stunde später Magdalena in See. Bald aber wandte sich der Wind wieder nach Südwesten, während die Strömung nach Nordosten ging. Wir wurden bis zum Amsterdam=Eiland zurückgetrieben und kamen nicht von der Stelle. Dieses war um so unangenehmer, als wir bei Bären=Eiland zu landen und daselbst die Bodenkratzer auszuwerfen beabsichtigten. Am 14. wehte der Wind wieder aus Norden. Mittags observirten wir 79° 3′ nördl. Br. und ungefähr 8° östl. L. Während der Nacht hatte es geschneit, die Temperatur schwankte zwischen — 1,7° C. und — 2,5° C., Schneewetter und Nebel wechselten den ganzen Tag über mit einander ab, und das Schiffsdeck konnte nur mit Mühe vom Schnee frei erhalten werden. Während der beiden folgenden Tage hielt dieses Wetter an. Den 16. Mittags observirten wir 77° 53′ nördl. Br. Prinz Charles Vorland mit seinen in Nebel gehüllten Bergen lag also bereits hinter uns.

Bis dahin hatten wir uns nur über solchen Tiefen befunden, welche von unseren Zoologen schon vielfach untersucht worden waren; nunmehr wurde das Meer aber so tief, daß wir eine Messung vorzunehmen beschlossen. Von unseren wissenschaftlichen Arbeiten hatten wir diese immer für eine der wichtigsten erachtet, weil sie uns einen Aufschluß über das Vorkommen des organischen Lebens in großen Meerestiefen versprach.

An der Oberfläche des Meeres scheiden sich zwei Welten lebender Wesen. Die eine wohnt darüber und athmet die atmo=. sphärische Luft, die andere darunter und athmet dieselbe Luft, so weit sie im Wasser eingeschlossen ist. Wenn wir vom Meeres= strande zu unseren Gebirgen aufsteigen, so durchwandern wir verschiedene sehr ungleiche Vegetationsgürtel: die von Kiefern, Birken und Weiden gebildeten Wälder, bis zuletzt nur noch die unvollkommensten Pflanzen vorkommen und wenige Thierarten. Die Erhebung des Landes setzt also den Bedingungen für Leben und Existenz eine Schranke. Man fragt sich nun mit Recht: Wie verhält es sich im Meere? Wo ist der Punkt, wo die Tiefe, da das Leben ebenso erstirbt, wie auf den höchsten Berggipfeln? Und in der That, wie auf dem festen Lande die einzelnen Regionen sich ablösen, so ist es auch im Meere. Dem flachen Ufer mit seinen Tangarten, seinen eigenthümlichen Muscheln und Schnecken, Crustaceen und anderen Seethieren folgt der großblättrige Gürtel der Laminarien, davon ein Drittheil bis zu einer Tiefe von ungefähr 120 Fuß geht. Jede folgende Tiefenstufe kann man als die Heimath einer mehr oder weniger eigenthümlichen Fauna betrachten. Hierbei ist aber zugleich die Beschaffenheit des Bodens selber von großer Bedeutung. Ein felsiger und sandiger Boden hat ganz andere Bewohner als der Thongrund. Aus unorganischen Stoffen bestehend, welche zum großen Theile von dem nahen Lande aufgeschwemmt worden, wird dieser Thon umgearbeitet und verfeinert von den unzähligen Thieren, Mollusken, Würmern, Echinodermen u. a., welche ihn gleichsam durchpflügen, ihn fortwährend in sich schlucken und von sich geben, nachdem sie sich den darin befindlichen

Inhalt von organischen Stoffen angeeignet haben. Von dieser Art
ist der Boden unserer Meere fast überall, und dieser Thon, — je
tiefer und je weiter vom Lande, desto feiner — scheint den größten
Theil des Meergrundes zwischen den aufsteigenden Felsen zu bedecken.

Man hat mit großer Genauigkeit Alles untersucht, was aus
den verschiedenen Tiefen des Meeres zu Tage gefördert ist. An
der Westküste Norwegens, in dessen tiefen Fjorden und in der
Nordsee, weit vom Lande, giebt es längst bekannte Stellen, wo der
Fischer mit seinen Geräthen nicht selten aus einer Tiefe von 1,200
bis 1,800 Fuß große Korallen — Oculina —, große Büsche von
Gorgonia lepadifera und das mannshohe Alcyonium arboreum
heraufholt. Auf den Aesten dieses Strahlenthieres leben aber
Actinien, Bryozoen, Mollusken, Würmer und Echinodermen. Der
bekannte Polarfahrer Sir John Roß erzählt, daß, als er in der
Baffins=Bai mit seiner „deep-sea-clam" lothete, aus einer Tiefe
von 6,000 Fuß „correctly" den Meeresboden heraufholte, welcher
aus feinem Thon und Würmern bestand, und daß sich an der
Leine, bei 4,800 Fuß Tiefe, ein Astrophyton von zwei Fuß Länge
eingeschnürt befand, ein anderes Mal aber ein kleiner Seestern.
Aber nicht blos Thiere von niedriger Organisation leben in dieser
Tiefe. In Grönland fischen die Eskimos bei mehr als 2,000 Fuß
eine Art Flunder, Pleuronectes pinguis; in Norwegen fängt man
den Königsfisch, und im Mittelländischen Meere einen Lepidoleprus
bei kaum geringerer Tiefe. Man muß sich daher mit Recht darüber ver=
wundern, daß man einst geneigt war, die Grenze des thierischen
Lebens nach der Tiefe schon bei 1,800 Fuß anzunehmen. Die
des Pflanzenlebens befindet sich allerdings viel weiter nach oben.

In neueren Zeiten hat man an verschiedenen Stellen des
Oceans mit wechselndem Erfolge den Versuch gemacht, Proben aus
der Tiefe heraufzuholen. Die meisten davon sind Ehrenberg zur
Untersuchung übergeben. Außer einem unbedeutenden Bestandtheile
unorganischer Stoffe bildete stets das mikroskopische Leben, un=
endlich kleine Rhizopoden — ein Neuntel oder Zehntel des Ganzen
— kalkschalige Polythalamien und kieselgepanzerte Radiolarien,
die Hauptmasse. So waren auch die Proben beschaffen, welche
man bei der ersten Untersuchung des atlantischen Meeresgrundes
— vor Legung des Kabels — aus einer Tiefe von 14= bis 15,000
Fuß heraufbrachte. Wir dürfen jetzt aber als festgestellt ansehen,
daß die Radiolarien, deren mikroskopische Skelete in den größten

Tiefen den Hauptbestandtheil der Bodenmasse bilden, nicht dort gelebt haben, sondern nur hinabgesunken oder von den Strömungen fortgeführt worden sind.

Bis zum Jahre 1860 waren dieses die einzigen brauchbaren Nachrichten, welche wir über die aus größeren Tiefen heraufgeholten Organismen besaßen. Damals wurde eine neue Untersuchung des nordatlantischen Bettes vorgenommen, von M'Clintock als Leiter und Wallich als Naturforscher, und die Tiefenmessung mit äußerster Sorgfalt angestellt. Man fand, wie früher, daß die Masse des Bodens aus Polythalamien und Radiolarien bestand; aber im Südosten von Island, in 60° nördl. Br. hatten sich aus einer Tiefe von 7,500 Fuß einige Seesterne — Ophicoma granulata — an die Leine gehängt; aus 4,100 Fuß folgten zwei Aneliden: Serpula vitrea und Spirorbis nautiloides mit. Wenn diese Artbestimmung richtig ist, so gehörten also sonderbarer Weise diese aus so großer Tiefe heraufgeholten Thiere zu den litoralen, die ihre Wohnstatt in dem oberen Meeresgürtel aufgeschlagen haben. Es hat aber der norwegische Zoologe Sars diese Angaben geprüft und gefunden, daß der Seestern, aller Wahrscheinlichkeit nach, Ophiacantha spinulosa gewesen, ein in der Tiefe lebendes Thier, welches Torell bei Grönland aus 1,500 Fuß heraufholte, und Goës und Smitt in der Kings-Bai aus 1,200 Fuß Tiefe; daß Wallich's Serpula vitrea vermuthlich Placostegus politus sei, eine Tiefwasserart, auch fügt er hinzu, daß Spirorbis nautiloides, welche an der Meeresküste lebt, in Norwegen in einer Tiefe von 1,800 Fuß gefunden ist.

Im Jahre 1861 untersuchte Milne Edwards der jüngere ein Ende des Telegraphenkabels, welches zwei Jahre vorher zwischen Sicilien und Algier gelegt worden. Es war aus einer Tiefe von 6,700 bis 7,500 Fuß aufgenommen. Mit ihm kamen herauf: eine vollkommen festgewachsene Ostraea cochlear von 2 Decimalzoll, ein Pecten opercularis, var. Audouini, ein Pecten Testae, zwei Schnecken: Monodonta limbata und Fusus lamellosus; kleine Korallen Caryophyllia und Gorgonia, eine Serpula, eine Art von Bryozoa. Das Vorkommen von Pecten opercularis in so großer Tiefe ist allerdings auffallend. Doch muß man nicht übersehen, daß beide Fundstellen, bei Island und bei Sicilien, sich in einem vulkanischen Gebiete befinden, wo erhebliche Hebungen und Senkungen der festen Erdoberfläche bekannt, oder doch mindestens wahrscheinlich sind.

Als unsere Expedition vorbreitet und ausgeführt wurde, waren die vorstehenden Angaben so ziemlich die einzigen, welche man in Betreff des Lebens in großen Meerestiefen kannte. Die Bedeutung der Frage liegt auf der Hand. Die von uns vorzunehmenden Untersuchungen waren von Torell daher auch lange und mit großer Umsicht vorbereitet. Schon während seiner letzten Reise nach Grönland hatte Torell in 1,500 bis 1,700 Fuß Tiefe, und zwar in den Mündungen der Eisfjorde von Omenak und Upernavik, den Boden untersucht. Diese Fjorde, so sagt er in seinem Reisebericht, befinden sich vor dem mächtigen Binneneise, welches in dieselben abfließt; der Meeresgrund besteht aus dem feinsten Thon, dem durch die Bewegung der Gletscher zerriebenen Gestein, einer Art Mehl, welches theils von den Gletscherbächen, theils von den damit bedeckten Eisstücken in's Meer geführt wird. Die aus der Tiefe heraufgeholte Fauna fand er so reich, daß keine Abnahme in Betreff der Abnahme zu merken war. Sie umfaßte die. verschiedensten Arten der wirbellosen Thiere. Er beobachtete sogar, daß bei Omenak und Upernavik zwei nach ihren Arten ganz verschiedene Faunen, in derselben Tiefe und in einem Boden, welcher seiner äußeren Bildung nach kaum irgend einen Unterschied erkennen ließ, vorkamen. Er erkannte aber zugleich, daß die bis dahin übliche Art, Thiere aus so großer Tiefe heraufzuschaffen, mit allzu großen Schwierigkeiten verbunden sei. Man brauchte damals zwei Boote mit zehn Mann, um den Bodenkratzer heraufzuholen. Offenbar mußte man die Sache anders angreifen. Torell erfand einen leichten kleinen Bodenkratzer, an welchen zwei Kanonenkugeln oder andere Gewichte in der Art befestigt wurden, daß sie beim Berühren des Bodens abfielen, infolge dessen man eine weit geringere Last heraufzuziehen hatte. Es war eine Modification des Apparates von Brooke, welcher so eingerichtet ist, daß das senkende Gewicht, sobald es den Grund berührt, sich loslöst und abfällt. Die Leine aber, die so dünn sein kann, daß Hunderte von Faden nicht über ein Pfund wiegen, ist an einer eisernen Spindel befestigt, welche an ihrem Ende hohl ist und einen Theil des Bodens heraufbringt. So gering diese Masse auch immerhin sein mag, so gab sie doch sehr genaue Aufschlüsse über den Zustand des Meeresgrundes, indem sie darlegte, daß der Boden des nordatlantischen Oceanes in einer Tiefe von ungefähr 12,000 Fuß in weiter Ausdehnung aus den Schalen der Rhizopoden besteht. Man

kann nicht daran denken, größere Thiere mit dieſem Apparate herauf=
zuholen. M'Clintock ſetzte daher einen andern, größeren zuſammen,
welchen er nach ſeinem Schiffe Bulldogmaſchine benannte. Torell
brachte von ihr eine ausreichende Zeichnung nach Tromsö mit,
und Chydenius übernahm es, mit Hülfe eines dortigen geſchickten
Schmieds, Häggbom, eine ſolche zu conſtruiren. Zugleich wurden
mancherlei Verbeſſerungen angebracht. Die Schöpfer, welche in=
folge einer ſtarken Feder mit großer Kraft zuſammenſchlugen, waren
ſo groß, daß ſie auseinander gelegt einen Flächenraum von 20,₆₁
Quadratdezimalzollen bedeckten und 64,₀₇ Kubikzolle enthielten.
Sie war erheblich leichter als die urſprüngliche Bulldogmaſchine, und
die daran befindlichen Kugeln ſenkten ſie ſehr ſchnell; je weiter
nach unten, deſto ſchneller, indem das Waſſer während der Senkung
bald alle Zwiſchenräume der Leine durchdringt. Hatte ſie die
größte Tiefe erreicht, ſo war ſie ſo leicht, daß ein einziger Mann
ſie mit ſeinen Händen heraufzuholen vermochte. Torell hatte aber
überdies für zwei Winden geſorgt, welche man im Boote be=
feſtigen konnte. Als wir das erſte Mal mit Brooke's Apparat
und darauf mit unſerer Bulldogmaſchine lotheten, ſtimmten die
Reſultate in Anſehung der Tiefe ſo genau überein, daß der äußerſt
geringe Unterſchied ſich auch aus der ungleichen Tiefe des Meeres=
grundes erklären ließ, indem das Boot während der längeren
Dauer dieſer Meſſungen ſeine Stelle ganz von ſelbſt wechſelte.
Auch Brooke's Apparat war in Tromsö gearbeitet und hatte einige
Veränderungen erfahren. Die Leine daran beſtand aus dreien
Enden von ungleicher Dicke, zuſammen etwa 15,000 Fuß lang.
Die erforderlichen Kugeln und Bomben hatten wir durch des
Staatsraths Motzfeldt gütige Vermittelung in Drontheim erhalten.
So war denn Alles in beſter Ordnung, um Thiere aus der größt=
möglichen Tiefe des Meeres heraufzubringen.

Wir haben ſchon im zweiten Kapitel von den Meſſungen ge=
handelt, welche am 17. und 18. Mai in einer Tiefe von 6= bis
8000 Fuß ausgeführt wurden. Die Apparate erwieſen ſich als
durchaus brauchbar und gaben die Tiefen ſehr genau an. Wir
wünſchten nunmehr den Verſuch zu wiederholen. Am 16. Sep=
tember, in 77⁰ 46′ nördl. Br. und 10⁰ 32′ öſtl. L. zeigte ſich das
Wetter ziemlich günſtig; Chydenius ging daher in einem Boote
vom Aeolus auf die Tiefenmeſſung aus. Zuerſt kam Brooke's
Apparat zur Anwendung. Das Boot wurde in allen Fällen mit

seinem Ankerende, von welchem der Apparat gesenkt wurde, gegen den Wind gestellt, damit man, wenn eine kommende Woge das Boot hob, die Leine schneller abwinden und dadurch die Gefahr des Zerreißens vermeiden konnte. Man hielt auch mit den Rudern immer gegen den Wind, so daß die Leine stets senkrecht ablief. Zwei bis drei Mann waren hiermit beschäftigt, während einer auf die Winde sah, und Chydenius mit einem vierten das Einsenken selbst beförderte und überwachte. Die ersten hundert Faden mußten immer ganz langsam abgewickelt werden, weil sich sonst leicht Schlingen bilden konnten. Bei unseren früheren Versuchen in Tromsö und bei Spitzbergen waren wir schon darauf aufmerksam geworden, und hatten auch gelernt augenblicklich zu erkennen, wenn der Apparat den Boden berührte. Sein Gewicht wurde leichter; ja sogar die Ruderer im Boote merkten es sofort, nachdem sie ein paarmal bei einer solchen Messung zugegen gewesen waren. Brooke's Apparat wurde von 2 oder 3 Mann mit den Händen heraufgezogen, die Bulldogmaschine aber mittels einer Winde.

Wir erreichten den Boden mit Brooke's Apparat das erste Mal bei 3,600 Fuß; aber beim Heraufziehen riß die Leine und der Apparat sammt etwa 100 Faden Leine ging verloren. Nun wurden zwei Kugeln am Kratzer so befestigt, daß sie bei der Berührung des Bodens abfallen mußten. Er kam glücklich herauf, aber der Boden bestand aus kleinen Steinen und Sand, war also arm an Thieren, obwohl ein paar Fragmente von Bryozoen sich dabei befanden.

Ein frischer Ostnordostwind führte uns nun so schnell nach Süden, daß Aeolus am 17. Mittags sich in 76° 43' nördl. Br. und 13° 15' östl. L. befand. Da Wind und See sich etwas abstillten, so legte Aeolus um sechs Uhr Nachmittags bei, und Chydenius erreichte den Boden auf 6,000 Fuß Tiefe mit einem andern Brooke'schen Apparat. Beim Heraufholen ging aber auch dieser verloren, und die einbrechende Dunkelheit schnitt alle weiteren Versuche ab. In der Nacht legten wir daher wieder bei, um uns nicht von der Stelle zu entfernen, und am Morgen des 18. ging Chydenius von Neuem aus. Wir befanden uns in 76° 17' 12" nördl. Br. und 13° 53' 54" östl. L. und die Tiefe betrug 8400 Fuß. Die Bulldogmaschine kam herauf, die Schöpfer so gefüllt, daß sie sich nicht vollkommen schließen konnten. Torell untersuchte sofort die Temperatur der darin enthaltenen feinen Masse. Sie betrug in der Mitte +0,3° C., an der Oberfläche des Schöpfers aber +0,8° C. Die Temperatur des Meeres war + 5°, die der Luft +0,6° C. Das Heraufwinden hatte zwei und eine halbe Stunde gedauert. Man darf hiernach annehmen, daß die Temperatur des Grundes +0,3° oder etwas niedriger gewesen; und diese Beobachtung ist wahrscheinlich zuverlässiger als irgend eine andere, welche vorher in so großer Tiefe gemacht worden, indem die Bestimmungen mit Six' Thermometer an einer sehr großen Unsicherheit leiden.

In dieser erheblichen Tiefe, wo die Temperatur fast unverändert dem Gefrierpunkte nahe bleibt; wo keine andere Bewegung des Meeres sich geltend macht, als die Strömung von den Polen zum Aequator; wo das Wasser mit dem zweihundertfachen Druck der Atmosphäre auf jeden Punkt wirkt; wo das Licht verschwunden, der Luft- und Salzgehalt des Wassers aber wahrscheinlich derselbe ist wie an der Oberfläche des Meeres: hier fand man in den paar Quadratzollen des Bodens, welchen die Schöpfer berührten, eine so große und formenreiche Zahl von Thieren, wie man sie sonst nur in geringeren Tiefen anzutreffen wähnen möchte. Es zeigte sich, daß der Boden des nördlichen Eismeeres, so tief unter der Oberfläche des Meeres als die höchsten Bergspitzen Norwegens sich darüber erheben, mit einem feinen, fettig anzufühlenden, gelblich-braunen oder grauen Sediment bedeckt ist, welches außer einigen kleinen Steinfragmenten und Sandkörnern aus den sehr fein vertheilten Ueberresten mikroskopischer Schalenthierchen — Polythalamien — besteht, oder aus Kieseltheilen von Radiolarien, Diatomeen und Spongien. Ein Durchschnitt der heraufgeholten, 64 Kubikzoll enthaltenden Masse zeigte fünf Schichten von verschiedener Dicke, von 2 bis herunter zu ⅛ Zoll, deutlich durch ungleiche Farben von einander unterschieden; vielleicht ein Zeichen, daß hier ein Wechsel in den Bewegungen und anderen Verhältnissen stattgefunden hat, welche die Gesetze der Ablagerungen und vielleicht auch die Lebensbedingungen bestimmt haben. In dieser Masse lebten Radiolarien und zahlreiche Polythalamien, unter ihnen mehrere große und kräftige Formen von Globigerina, Biloculina, Dentalina, Nonionina; von Aneliden ein Spiochaetopterus und ein Cirratulus; von Crustaceen eine Cuma rubicunda Liljeborg; ein Apseudes; von Mollusken ein Cylichna; von Holothurien ein Fragment von

Myriotrochus Rinki Steenstrup, nebst einer andern verwandten Form, welche ein neues Geschlecht zu bilden scheint; von Gephyreen ein Sipunculus, ähnlich dem S. margaritaceus Sars; zuletzt eine Spongia, in welcher drei Arten von Crustaceen gefunden wurden.

Professor Lovén äußert über diese Thiere, daß sie zwar einen hochnordischen Charakter haben, sich aber durch keine besonders hervorstechenden Eigenthümlichkeiten auszeichnen, und daß — so weit man nach einer so kleinen Zahl urtheilen kann — in der bedeutenden Tiefe dieses Eismeeres eine Fauna lebt, welche sich von der in weit geringeren Tiefen vorkommenden nicht wesentlich unterscheidet. Steigt man dagegen bei unseren Küsten von 50 bis 60 Faden zum Strande auf, so wird man einen viel größeren Reichthum und mehr Mannigfaltigkeit wahrnehmen, auch wo der Boden im Uebrigen ganz dasselbe Gepräge hat. Erinnert man sich hierbei, daß in dem südlichen Eismeere Formen von Mollusken und Crustaceen auftreten, welche theils eine generelle Uebereinstimmung, theils eine beinahe specifische Gleichheit mit den nordischen und hochnordischen Formen verrathen, so gelangt man wohl zu der Vorstellung, daß in einer Tiefe von 60 und 80 Faden und weiter bis zu den größten, in welchen wir bis jetzt das organische Leben kennen gelernt haben, mindestens überall, wo der Boden mit dem feinen Schlamm bedeckt ist, den man unter der allgemeinen Bezeichnung Thon begreift, — daß überall, von Pol zu Pol, unter allen Breitengraden, eine Fauna von demselben gemeinsamen Charakter vorherrscht, und daß in ihr einige Arten eine besonders große Verbreitung haben. Vielleicht wird man erkennen, daß diese Fauna, je näher den Polen, desto mehr sich der Oberfläche des Meeres nähert, während sie sich in wärmeren Regionen tiefer hält, immer aber an den Küsten eine reiche, wenn auch ihrem Gebiete nach mehr beschränkte Fauna über sich hat. Woodward, welcher die in Westindien von Barrett aus großen Tiefen heraufgeholten Thiere verglichen und untersucht hat, fand, daß sie einen hochnordischen Charakter hätten. Wie auf dem Lande die Alpenvegetation und die Fjeldfauna noch in den Polargegenden vorkommen, aber hier bis zur Oberfläche des Meeres niedersteigen, so dürfte auch die Fauna der Meerestiefe sich nach den Polen hin ausbreiten und zu den Küsten hin aufsteigen, während die zahlreichen Thiere und Pflanzen, welche in wärmeren Gegenden die Ebenen und Hügelländer, und diejenigen, welche nur die obersten oder nicht sehr tiefen Regionen des Meeres bewohnen, schon viel früher ihre nördliche Grenze erreichen. Wenn man aber unter den Thieren des antarktischen Meeres hochnordische Typen wieder erkennt, so scheint dieses darin seinen Grund zu haben, daß sie zu einer gemein= schaftlichen Fauna gehören, welche in dem atlantischen Ocean ihr von Pol zu Pol gehendes, mehr oder weniger zusammenhängendes Gebiet haben.

Der Erfolg unserer Tiefmessungen weckte in uns Allen das lebhafte Verlangen nach einer Fortsetzung derselben. Aber der Wind war heftig und für die Weiterfahrt nach Süden sehr günstig, unser Wasservorrath gering, zumal wenn Gegenwind eintreten sollte: so beschloß Torell den Cours nach Tromsö zu richten.

Während der Messungen hatten beide Schiffe einander aus dem Gesicht verloren, so daß jedes für sich allein die Weiterreise fortsetzte. Die Küsten Spitzbergens waren in den letzten Tagen allmählich unter den Horizont gesunken, wir erblickten rings um uns nur noch das weite Meer, und in mehr als einem Tagebuche wurden Abschiedsworte dem Lande gewidmet, „das uns so lieb geworden, wo wir so Vieles gesehen und gelernt; wo wir so oft, unter der Sonne des fast ein halbes Jahr langen Tages, den stillen, glück= lichen Frieden der grünen Ebenen und Thäler und der spiegel= klaren Fjorde, die erhabene Pracht der Schneeberge und Gletscher entzückt bewundert hatten; wo wir so tief das unnennbare Glück empfunden, die Grenze der bekannten Erde zu erreichen und zu überschreiten; wo die Voraussetzungen für das organische Leben kaum noch vorhanden und der Tod so gewaltig in den Vordergrund tritt; wo kein Mensch mehr geboren wird, und der Nordländer, wenn er mit offenem Auge sein eigenes Land beschaut, sich vergegen= wärtigen kann, was es dereinst gewesen." —

Nach dem 1. September hatten wir die Sonne nicht mehr über dem Horizonte gesehen; die Nächte wurden bereits dunkel; man brauchte Licht beim Kompaß und in der Cajüte. Der Himmel war anhaltend bewölkt, kein Stern zu erblicken. Auch die Tem= peratur hatte erheblich abgenommen; vom 14. bis zum 18. Sep= tember stand der Thermometer nicht mehr über Null, zuweilen ein bis zwei Grade darunter. Das Feuer im Kamine mußte häufiger als sonst angezündet werden.

Während der ganzen Fahrt bis zum 18. beobachteten wir unausgesetzt die Temperatur des Meeres. Nördlich von 78° nördl.

Br. wechselte dieselbe zwischen $+4{,}_2^0$ und $+0{,}_7^0$ C. Am 15.
z. B. betrug sie

um 5 Uhr Morgens . . . $+0{,}_7^0$ C.

„ 8 „ „ . . . $+0{,}_8^0$ „

„ 9 „ „ . . . $+0{,}_6^0$ „

am Mittage . . . . . . $+1^0$ „

um 3 Uhr Nachmittags . . $+1{,}_1^0$ „

„ 4 „ „ . . $+1{,}_6^0$ „

„ 5 „ „ . . $+4^0$ „

„ 6 „ „ . . $+4{,}_2^0$ „

Während dieser Zeit fuhren wir zwischen 78° 31' und 78°
18' nördl. Br. und 9° 11' und 9° 29' östl. L. Innerhalb dieser
Grenzen berührte also der warme Strom den kalten, das heißt
das durch die Gletscher abgekühlte Wasser. Vom 78. Grade nördl.
Br. bis zum 76. stieg die Temperatur nicht über $+5^0$ C.; auch
hier kamen noch geringere Schwankungen vor. Bis zum 74. Grade
war die Temperatur nicht über $+6{,}_4^0$ gestiegen, bis zum 71. nicht
über $+7^0$; die höchste Temperatur, bis wir Tromsö erreichten,
betrug überhaupt $+7{,}_4^0$ C.

Von den fünf folgenden Tagen ist nicht viel zu berichten.
Die Temperatur der Luft war anhaltend milde, zuweilen warm;
am 19. starker Sturm, am 20. fast Stille und am 21. wieder
heftiger Wind. Die Höhe von Bären=Eiland passirten wir wäh=
rend des Sturmes, und da er mit Nebel und Regen verbunden
war, so konnten wir noch weniger daran denken, an dieser schwer
zugänglichen Insel zu landen. Unter solchen Umständen war es
nicht ohne Gefahr, sich Nachts der norwegischen Küste zu nähern.
Wir befanden uns indessen am 22. bei Tagesgrauen einige Meilen
von der westlichen Tromsöer Einfahrt durch den Qualsund und
Mittags im Sunde selbst. Wir waren schon mehreren Booten be=
gegnet und immer freudig auf Deck geeilt, um wieder — wie wir
es nannten — Europäer zu sehen. Nordenskiöld, Malmgren und
Chydenius gingen an's Land und erfreuten sich an den herrlichen
Grasmatten, vor Allem aber an den Bäumen, welche — in ihrem
vollen Grün — für uns ein Schauspiel waren, das wir ein ganzes
Jahr lang entbehrt hatten. Nachdem wir uns an Früchten, frischen
Kartoffeln und Milch erquickt hatten, mietheten wir uns ein kleines
Boot, fuhren auf dem schönen, spiegelglatten, im Mondscheine
zauberhaften Sunde in die milde Nacht hinein und setzten um

Mitternacht unsern Fuß wieder auf den Kai Tromsös. Wir pochten unsere früheren Wirthsleute heraus, welche auch jetzt uns freundlich aufnahmen, wurden von ihnen auf das Herzlichste empfangen und mit Zeitungen, der besten von allen ihren Gaben, erfreut.

Nachdem Aeolus im Qualsunde ein Ende weiter gekreuzt, wurden um 8 Uhr Abends die Bugsirboote ausgesetzt, der Strom half eine Weile mit, und um 6½ Uhr Morgens den 23. September lag der Schoner auf seinem alten Ankerplatze in Tromsö.

Magdalena hatte sich nach unserer Trennung mehr nach Osten gewandt, um Bären-Eiland nicht zu verfehlen, wohin sie gehen sollte. Sie kam in das blaue Wasser des Südstromes. Den 19. hatte sie Sturm und Nebel, und man war nicht sicher, ob man sich östlich oder westlich von der Insel befinde, obwohl die Brandungen über den Bänken ihre Nähe verkündeten. Nach der Windstille am 20. wehte wieder guter Wind. Am Morgen des 22. erblickte man Sorö bei Hammerfest, den 24. ging die Magdalena bei der Karlsö vor Anker, am 27. lag sie vor Tromsö.

Unter den Ersten, die an Bord kamen, befanden sich zwei von den Capitänen, mit welchen wir die Gefangenschaft in der Treurenberg-Bai getheilt hatten, und es erfreute uns, mit ihnen noch einmal die Erinnerungen und Abenteuer der verflossenen Tage zu durchleben.

Die Schiffe wurden ausgeladen und ihren Eigenthümern übergeben, die Mannschaften abgelohnt. Unsere gemeinschaftliche Arbeit war zu Ende. Mit dem lebhaftesten Gefühl des Dankes für die Vielen, welche in Tromsö uns wohlwollend und gastfreundlich empfangen und mit Rath und That beigestanden, und nicht weniger für die muthigen und energischen Männer, welche wir in dem Eismeere als Führer der norwegischen Spitzbergenschiffe kennen gelernt hatten, schickten wir uns wiederum an, die gastfreundliche Hauptstadt Finmarkens zu verlassen. Nur noch einmal versammelten wir uns, um den vortrefflichen Führern unserer Schiffe, Lilliehöök und Kuylenstjerna, ein herzliches Lebewohl zu sagen — und zerstreuten uns dann nach allen Weltgegenden. Torell und mehrere Andere kehrten über Drontheim und Christiania zurück; Nordenskiöld ging durch Lappland über Haparanda nach Stockholm; nur Goës und Malmgren blieben noch einige Zeit in Finmarken zurück, um zu sammeln. Es gab Niemand unter uns, der

nicht mit Befriedigung auf unſer gemeinſames Unternehmen zurück
und, im Hinblick auf die gewonnenen wiſſenſchaftlichen Reſultate,
freudig in die Zukunft geſchaut hätte.

Dansö (Däniſche Inſel).

1864.

Erstes Kapitel.

Vorbereitungen. — Fahrt nach Bären-Eiland.

Herodot sagt an einer Stelle seiner Geschichten: „Ich muß lachen, wenn ich so Viele den Erdkreis zeichnen sehe, ohne daß sie eine richtige Vorstellung von ihm haben; nach ihnen fließt der Okeanos rings um die Erde, und die letztere ist bei ihnen so rund, als wäre sie soeben aus der Hand des Drechslers gekommen." Um nun diesen Irrthum zu berichtigen, entwirft er — auf Grund seiner eigenen Anschauungen — dem Leser ein Bild in Betreff des wirklichen Aussehens der Welt, das heißt Europas, Asiens und Afrikas. Aber noch Herodot stellte sich die Erde als eine flache, vom Okeanos umflossene Scheibe vor, und seine Bemerkungen zielten hauptsächlich auf die Neigung der Europäer, die Größe ihres Erdtheils zu überschätzen. Schon 100 Jahre später hatte sich indessen die Idee von der Kugelgestalt der Erde bei den griechischen Philosophen ausgebildet. „Die Erde ist eine Kugel, die nicht einmal eine erhebliche Größe haben kann," — lehrt Aristoteles — „denn wenn man sich auch nur etwas nach Norden oder Süden begiebt, so zieht der Horizont sich sofort vor uns zurück, so daß die über unserm Scheitel befindlichen Sterne niedersinken. Die Geometer, welche den Umkreis der Erde berechnet haben, schätzen ihn auf 400,000 Stadien, woraus man folgern kann, nicht allein daß die Erde kugelförmig, sondern auch, daß ihr Volumen, wenn man es mit dem Weltraume vergleicht, sehr gering ist."

Man hat also schon zu Alexander's des Großen Zeit den Versuch gemacht, die Größe der Erde zu bestimmen, und seitdem ist die Ansicht über die Kugelgestalt der Erde — wenigstens in der Wissenschaft — ein allgemein gültiger Grundsatz geworden.

Allerdings stellte man während der langen Nacht des Mittelalters mancherlei Speculationen über die Möglichkeit oder Unmöglichkeit von Antipoden an, und die zelotischen Anhänger des Christen= thums, welche diese Lehren nicht in Uebereinstimmung mit der Bibel fanden, bedrohten wohl gar mit ewiger Verdammung die= jenigen, welche sich zu der Annahme verstanden, es gebe Gegenden auf der Erde, wo die Bäume mit den Wurzeln nach oben und den Kronen nach unten ständen, und die Menschen, um nicht in den Weltraum zu fallen, sich gleichsam an den Füßen aufhängen müßten. Aber trotzdem hatte Columbus die Dreistigkeit, direct zu diesen Antipoden, denen man eine solche schwebende Existenz zu= getheilt hatte, zu fahren. Die neue Welt wurde entdeckt und bald darauf die Erde umschifft. Die älteren griechischen und arabischen Versuche, die Größe der Erdkugel zu messen, wurden mit großem Eifer von französischen, englischen und holländischen Astronomen aufgenommen; und wenn wir die damals erlangten Resultate mit den jetzigen vergleichen, so müssen wir zugestehen, daß sie nach dem damaligen Stande der Wissenschaft äußerst genau waren.

Lange befriedigte sie indessen nicht die unermüdliche Forsch= begier des Menschen. Besonders seitdem Newton und Huyghens auf rein theoretischem Wege bewiesen hatten, daß die Erdkugel, in= dem sie sich um ihre Axe dreht, an den Polen nothwendig etwas abgeplattet sein muß, entstanden neue Fragen von größter Be= deutung, betreffend die Bewegung, Gestalt und Beschaffenheit der Erde, welche nur durch neue Messungen der Erde gelöst werden konnten. Anfangs beschäftigten sich einzelne Gelehrte damit; und dieses war allerdings so lange möglich, als man eine Gradmessung in der Art veranstaltete, daß man z. B. zwischen zweien Städten in einem Wagen fuhr, an welchem eine einfache Vorrichtung die Umdrehungen der Räder und also auch die Länge des zurück= gelegten Weges angab. Bald nahmen aber die einschlagenden Untersuchungen einen solchen Umfang an, daß man großartige, mit dem ganzen wissenschaftlichen Apparate ausgerüstete Expedi= tionen in die brennenden Steppen des Südens und die Schnee= felder Lapplands absandte. Die an Bildung hervorragenden Völker der Erde haben während der letzten zwei Jahrhunderte in dieser Beziehung mit einander gewetteifert. Trotzdem ist die Frage über die eigentliche Gestalt der Erde noch nicht vollkommen beantwortet, indem die einzelnen Messungen die Abplattung verschieden angeben;

auch ist es noch nicht ausgemacht, ob diese Unterschiede ihren Grund in wirklichen Ungleichheiten des Erdballs haben, oder den bei allen Messungen unvermeidlichen Fehlern entspringen.

Eine in der Nähe des Poles angestellte Gradmessung würde allerdings nicht unerheblich zur Lösung dieser Schwierigkeiten beitragen. Der Pol selbst ist noch nicht erreicht, und die Vorschläge, welche man gemacht hat, mit Hülfe der Schraube und Eissäge direct zu ihm zu fahren, dürfte keine Aussicht auf Erfolg haben; noch weniger ist daran zu denken, am Pole selbst eine Gradmessung anzustellen. Aber näher als irgend ein anderes uns bekanntes Land liegt ihm eine Inselgruppe, welche infolge des Einflusses des Golfstromes jedes Jahr zugänglich ist und, so weit man nach den älteren Karten schließen kann, in dem von Norden nach Süden gehenden großen Sunde ein ganz besonders günstiges und bequemes Terrain für eine solche Messung darbietet. Dieses Land war das Ziel der im Jahre 1861 unter Torell's Leitung abgesandten schwedischen Expedition, und unter den vielen Fragen, womit sie sich zu beschäftigen hatte, stand in erster Reihe die, ob es möglich sei, eine Gradmessung in Spitzbergen vorzunehmen. Hauptsächlich um diese Arbeit zu erleichtern, waren zwei Schiffe abgesandt, von denen Aeolus die nördlichen Küsten Spitzbergens, Magdalena aber den Storfjord erforschen sollte. Von den Theilnehmern der Expedition lag es Chydenius auf dem Aeolus und Dunér auf dem andern Schiffe vorzugsweise ob, ihre Aufmerksamkeit auf diesen Punkt zu richten, und man hoffte, daß ein Sommer zum Abschlusse aller dieser Arbeiten ausreichen werde.

Wie man aus dem früheren Berichte entnehmen kann, hatten beide Schiffe das Mißgeschick, gleich nach ihrer Ankunft bei Spitzbergen in der Treurenberg- (Sorge-) Bai von Eis eingeschlossen zu werden, infolge dessen ein großer Theil der Arbeitszeit in dem kurzen Polarsommer verloren ging. Nach der Befreiung gelang es zwar Chydenius auf Bootfahrten, vom Aeolus aus unternommen, den nördlichen Theil des Gradmessungsnetzes zu entwerfen, dagegen wurde Magdalena in der Wijde-Bai nochmals vom Eise eingeschlossen, auch hatte sie bei ihrer Weiterfahrt mit so ungünstigen Winden zu kämpfen, daß man nicht einmal den Eingang zum Storfjord, welcher übrigens nach Angaben der Spitzbergenfahrer den größeren Theil des Sommers wegen des vielen Treibeises unzugänglich gewesen war, erreichen konnte.

Bei der Expedition von 1861 war also der nördliche Theil des Triangelnetzes, welches die Roßö mit dem südlichen Theile von Spitzbergen verbinden sollte, vollkommen untersucht worden. Die Erfahrung aber, welche man in Ansehung der klimatischen Verhältnisse Spitzbergens gewann, und die Möglichkeit, seine Berggipfel zu besteigen — verschiedene frühere Unglücksfälle, welche mehreren holländischen Walfischjägern zugestoßen waren, hatten sie in schlechten Ruf gebracht —, machten es sehr wahrscheinlich, daß sich der Weiterführung des Netzes keine wesentlichen Schwierigkeiten in den Weg stellen würden. Aber bevor die Gradmessung wirklich vorgenommen wurde, mußte man doch durch directe Recognoscirung sich volle Gewißheit verschaffen, ob das Netz wirklich über den Storfjord und weiter nach Süden über das noch beinahe ganz unbekannte Gewässer bis zum Südcap fortgesetzt werden könne.

Auf den Vorschlag der Akademie der Wissenschaften bewilligten daher die Reichsstände 10,000 Reichsthaler zu einer neuen Expedition, welche unter Professor Nordenskiölds Leitung gestellt wurde und vorzugsweise die Fortführung der begonnenen Recognoscirungsarbeiten im Auge behalten sollte.

Magister Chydenius, welcher während der Expedition von 1861 mit einem so unermüdlichen Eifer seiner Aufgabe nachgekommen war, sollte auch dieser folgen; aber wenige Wochen vor unserer Abreise von Stockholm nach Norwegen wurde er uns durch einen frühzeitigen Tod entrissen, und an seiner Stelle der Adjunct Dunér von Lund ausersehen, die Recognoscirungsarbeiten auszuführen. Zwar sollte mit ihrer Vollendung der Zweck der Expedition als erreicht erachtet werden, damit aber die so günstige Gelegenheit, das Thier- und Pflanzenleben der Polarländer zu studiren, nicht verloren gehe, gewährte Graf von Platen noch die Mittel für einen Zoologen, den gleichfalls schon von 1861 her bekannten Dr. Malmgren aus Finland.

Da der Storfjord, das eigentliche Feld für die Thätigkeit der Expedition, erst in der zweiten Hälfte des Sommers frei von Eis zu werden pflegt, so wurde die Zeit zur Abreise von Tromsö auf den Anfang des Juni bestimmt. Ein altes, starkes, zu einem Schoner umgebautes Kanonenboot mit dem schönen Namen Axel Thordsen war daselbst für Rechnung der Expedition geheuert worden. Das Schiff, schon vor 30 Jahren gebaut, um im Falle eines ausbrechenden Krieges die Küsten Norwegens zu vertheidigen, war, bevor es Gelegenheit gehabt, aktiv in Dienst gestellt zu werden, durch die neuen Erfindungen und Verbesserungen im Flottenwesen antiquirt und vor Kurzem mit mehreren seiner Genossen auf einer Auction in Drontheim für ein paar Hundert Speciesthaler an Speculanten in Tromsö verkauft. Nachdem es für eine Eisfahrt in den gehörigen Stand gesetzt worden, bildete es einen vortrefflichen kleinen Schoner und war für unsere Zwecke wie gemacht. Nach seinem Stempel enthielt es 12½ norwegische Commerzlasten. Es war mithin kleiner als manche Mälarschute, welche Holz und andere Producte nach Stockholm schaffen, aber gerade infolge seiner Kleinheit und Festigkeit sehr geeignet, sich durch das Treibeis zu schwingen, auch wohl nach Umständen eine nicht allzu heftige Umarmung desselben zu ertragen.

Das zur Spitzbergenfahrt vollständig ausgerüstete, mit neun Mann besetzte Schiff wurde auf vier Monate für 1,400 Thaler gemiethet. Ueberdies lieferte der Rheder der Expedition 2 Boote, ein „Sexring" und ein Jagdboot; auch nahmen wir das vom Jahre 1861 noch vorhandene englische Boot und eine in Tromsö angekaufte „Schiffsgigg" mit, so daß die kleine Schute vier Boote mit sich führte. Bei bewegter See durften sie nicht außerhalb des Schiffes hängen, wir mußten sie vielmehr auf's Deck nehmen. Dadurch wurde dasselbe aber so besetzt, daß man nur mit Schwierigkeit zwischen den Booten und der sonstigen Fracht von einem Ende des Schiffes zum andern gelangen konnte. Das Schiff war auf 5½ Monate verproviantirt. Ueberdies hatten wir einige Säcke russisches Mehl mitgenommen, damit wir im Falle einer unfreiwilligen Ueberwinterung doch wenigstens „einige" vegetabilische Nahrung hätten. Eigentlich mußte, diesen Gewässern gemäß, das Schiff auf ein ganzes Jahr mit Proviant versehen werden, aber weder der Raum noch die Mittel gestatteten es.

Die Zahl der Besatzung war ursprünglich auf 9 Mann bestimmt. Um aber zu gleicher Zeit wenigstens drei Boote bemannen zu können, wurden noch 3 angenommen. Die Besatzung bestand demnach aus folgenden 12 Personen:

Hellstad, Capitän, nahm schon an der Expedition 1861 Theil.
Nils Jsaksen, Steuermann.
Johan Martin Hansen.
Johan Christian Abrahamson.

Joachim Lorenz, „Dregger", war schon 1861 mit.

Olof Thoresen Realen.

Johan Davidson.

Olaus Caresius Sevaldsen.

Anton Telleffen, erster Koch.

Johansson, Zimmermann aus Stockholm.

Jann Mattisen, zweiter Koch.

Uusimaa, Harpunirer, hatte an der Expedition 1858 und 1861 Theil genommen.

Axel Thorbsen.

Um für unsere Instrumente, Kleider 2c. einen Raum zu er=
halten, war ein Theil des Schiffsraumes in der Nähe der Hinter=
cajüte zu einer Art Vorcajüte eingerichtet, auch am vorderen Ende
ein Theil als Küche und Cajüte für den Capitän und Steuer=
mann verschlagen worden. Infolge dessen blieb für die Fracht ein
so geringer Raum übrig, daß ein Theil derselben auf dem Deck —
zum Nachtheil der bessern Fahrt — untergebracht werden mußte.
Wie niedrig das Schiff war, kann man daraus ersehen, daß man
in der vorderen, gleich hinter dem Mast belegenen Cajüte nur unter

dem Skylight aufrecht stehen konnte, und dieses, obwohl die Cajüte
die ganze Höhe vom Schiffskiel bis zum Deck einnahm.

Die eigentliche Cajüte hatte infolge eines Anbaues auf dem
Akterdeck eine etwas größere Höhe und stand durch eine etwa 1½
Fuß große Oeffnung mit der vorderen in Verbindung. Trotz dieses
niedrigen und unbequemen Einganges hatten wir ihr von Anfang
an, mit Rücksicht auf die dort herrschende Dunkelheit und das
chaotische Durcheinander von verschiedenen Sammlungen und Reise=
effecten, den Namen Orkus gegeben. Hier schlug der Zoologe
seine Wohnstatt auf, Dunér und Nordenskiöld wählten die eigent=
liche, etwas höhere Cajüte. Die Kojen oder Bettstellen waren
von innen mit dicken Rennthierfellen ausgeschlagen und darum
trocken und warm, aber äußerst unbequem infolge ihrer geringen
Höhe, die überdies auch durch einen quer unter der Decke gehenden
Balken verringert wurde, so daß es seine Schwierigkeiten hatte,
wenn wir in die Koje hinein oder aus ihr heraus kriechen, oder
uns auch nur darin umkehren wollten.

Auch diesesmal wurde unsere Schute von einem der norwegi=
schen Staatsdampfer, Nordcap, durch die weitläufige Schärenflur
kostenfrei bugsirt. Der Dampfer verließ uns bei der Karlsö, in=
dem wir durch den breiten Juglösund in See zu gehen gedachten,
aber ein heftiger Nordwind nöthigte uns noch einmal ungefähr
an derselben Stelle, wie im Jahre 1861, Anker zu werfen, um
einen günstigeren Wind abzuwarten. Während der beiden folgen=
den Tage wurde der mit Schnee auftretende Sturm und der See=
gang so heftig, daß wir fürchteten, unsere kleine Schute werde von
ihren drei Ankern losgerissen und auf's Land geworfen werden.
Wir benutzten daher einige kurze Augenblicke, da die Gewalt des
Sturmes nachließ, das Schiff auf die andere Seite des Sundes zu
bringen, wo es bessern Schutz gegen den Sturm fand, und vor
Allem der Ankergrund sicherer war. Erst am 14. hatte der Wind
so weit nachgelassen, daß wir die Anker lichten und weiter segeln
konnten. Dennoch war er noch immer so stark, auch die Strömung
so ungünstig, daß wir einen ganzen Tag kreuzen mußten, bevor
wir Skurö erreichten, woselbst das Schiff wiederum, wenngleich
nur für wenige Stunden, eine Zuflucht suchen mußte. In der
Frühe des 15. wehte nämlich der Wind aus Westen, die Anker
wurden heraufgezogen und den Küsten Norwegens auf lange Zeit
Lebewohl gesagt. Wir richteten den Cours auf Bären=Eiland.

25*

Der anfangs schwache Wind nahm allmählich zu, so daß wir in der Nacht bis 9½ Knoten zurücklegten; zugleich aber ging die See sehr hoch. Um Mitternacht stürzte eine mächtige Sturzwelle über das Schiff, zerbrach die Scheiben im Skylight, schlug in den Orkus und verursachte allerlei Unheil unter den aufbewahrten Vorräthen und Effecten.

Den 17. Morgens hatten wir Bären-Eiland in Sicht.

Der „Balsfjording" am Steuer.
(Partie von Bären-Eiland.)

Zweites Kapitel.

Bären-Eiland.

Als wir im Frühling und Vorsommer der Jahre 1858 und 1861 an Bären-Eiland vorüber fuhren, waren seine Küsten noch von dicht gepackten Treibeismassen gesperrt, bei der Rückkehr im Herbste aber wurde eine Landung wiederum durch Sturm und Nebel unmöglich gemacht. Wir hatten also bereits viermal diese Insel passirt, ohne sie auch nur einmal, wenngleich nur flüchtig, zu untersuchen. Jetzt lag Bären-Eiland zwar noch in seinem Winter=kleide vor uns, aber das Meer ringsum erschien eisfrei. Wir waren auch bis dahin noch keinem Treibeise begegnet, woraus wir schließen durften, daß das „Frühjahrseis" noch die Südküsten Spitzbergens umgebe, daß der Storfjord noch nicht zugänglich sei, und daß daher ein Aufenthalt von einigen Tagen an dieser so wenig bekannten und so selten erreichbaren Insel unserm Haupt=ziele, den Recognoscirungsarbeiten im Storfjord, keinen Abbruch thun werde.

Wir beschlossen daher an's Land zu steigen und steuerten nach dem Südhafen der Insel. Der Wind war indessen so matt, daß wir erst am folgenden Tage, mehr von der Strömung als dem Winde getrieben, diesen Ankerplatz, — welcher zwar Südhafen genannt wird, die Bezeichnung eines Hafens aber durchaus nicht verdient, indem er nach Süden und Südosten vollkommen offen ist, — erreichten. Die in der Nähe befindlichen Ufer werden von senkrechten, rost=braunen Felswänden gebildet, damals zwar bereits schneefrei, aber dicht mit Vögeln und Vogelnestern bedeckt. Weiter nach dem Innern zu bis an den Fuß des gewaltigen Mount Misery er=

streckte sich eine einzige Schneefläche. Der Himmel blickte klar und
heiter; nur der Gipfel des Berges war von leichten graulichen
Wolken umkränzt. Selbst die Oberfläche des Meeres erschien
spiegelklar. Aber eine starke Dünung, welche lautlos an den
Felswänden das Ufer in die Höhe schwoll, dann jedoch mit be=
täubendem Tosen zurückgeworfen wurde, zeugte noch von der
Heftigkeit des letzten Sturmes. Die Polarwelt begrüßte uns hier
also mit einem ihrer frischesten und herrlichsten Sommertage, ohne
Nebel, Nacht und Qualm.

Die arktische Munterkeit der Genossen ließ auch nicht lange
auf sich warten. Die Leiden der Seekrankheit waren bei einer
kräftigen Mahlzeit bald vergessen; es wurden drei Boote bemannt,
wir schafften unsere Instrumente und Büchsen hinein und fuhren
mit raschem Ruderschlage dem Lande zu. In der nächsten Nähe
unseres Ankerplatzes waren die Strandklippen allerdings voll=
kommen unzugänglich, so daß wir, um eine geeignete Stelle zum
Landen zu finden, ein gutes Ende weiter längs dem Strande
zwischen ruinenartigen, zerbrochenen Felsen steuern mußten, an
welchen sich die im Meere kaum erkennbare Dünung in gefähr=
lichen Brandungen brach. An unzähligen Stellen waren diese
Felsen von dem Wogenschwalle zu gigantischen Grotten und Ge=
wölben ausgehöhlt, welche dem Ganzen das Aussehen einer unge=
heuren, einst großen und mächtigen, jetzt in Ruinen liegenden
Stadt verliehen. An dem Eingange der größten dieser Grotten
lag das Meer beinahe still und schaumfrei da. Weiter nach innen
machte das Licht einem mystischen Halbdunkel Platz, in welchem wir
kolossale Gewölbe und endlose Pfeilerreihen zu erblicken glaubten. Es
zog uns mit Zaubermacht hinein. Ein paar kräftige Ruderschläge,
und wir waren im Eingange. Sofort schnellte aber eine aus dem
Innern zurückgeworfene schäumende Woge das Boot so weit in die
Höhe, daß wir beinahe mit unseren Köpfen an das Gewölbe stießen,
und es fehlte wenig, so wäre das Boot umgestürzt, da die Welle
sich eben so schnell wieder zurückzog, als sie gekommen. Einige
Ellen weiter, und das Boot wäre unrettbar verloren gewesen.
Auch hier erschien die Gefahr so drohend, daß wir uns so hastig
als möglich zurückzogen. Eine zahlreiche Colonie von „Seepferden",
welche auf den Außenwänden der Grotte brüteten, zogen im nächsten
Momente unsere Aufmerksamkeit auf sich, und die Bewunderung
der großartigen Natur Bären=Eilands machte rasch einer durch

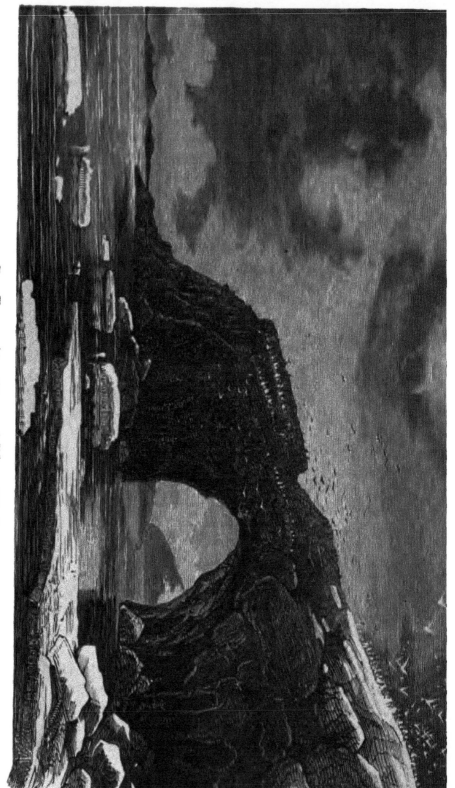

Das Bürgermeister-Thor auf Bären-Eiland.

diesen Anblick geweckten Jagd= oder besser Mordlust Platz. In=
dem der wissenschaftliche Drang dazu kam, erhob sich ein lebhaftes
Schießen, welches sich zuvörderst gegen alles Lebendige, so weit es
erreichbar, wandte, dann aber sich in der Verfolgung einer Schaar
von Pracht=Eidergänsen concentrirte, welche an dem Eingange
zur Grotte schwammen und einen bessern Beitrag für unsere Küche
versprachen als die Mallemucken. Petersen hatte zwar immer den
delicaten Braten nicht genug zu rühmen gewußt, uns hielt jedoch
schon der Gestank des Vogels davon ab, ihn auch nur zu kosten.
Bei der Weiterfahrt trafen wir auf einen prachtvollen Felsbogen,
welcher von uns photographirt wurde und von der zahlreichen Grau=
möwen= oder Burgemeister=Colonie, welche diese steilen Klippen
zu ihrem Brutplatze erwählt hatte, den Namen Burgemeisterthor
erhielt. Selbst große Boote können durch seine Oeffnung rudern
und gelangen dann in eine kleine, von allen Seiten mit Felsen
umschlossene Bucht, neben welcher sich die Russenhütte und der Wal=
roßstrand befinden. Es ist die einzige Stelle, an welcher man in
diesem Theile der Insel bequem landen kann. Bevor wir aber
das Boot auf den Vorstrand zogen, legten wir auf den Wunsch
unserer Leute noch an verschiedenen Klippen an, um Eier einzu=
sammeln. Die Ausbeute war zwar reich genug, aber ohne allen
Nutzen, indem sich in den sonst ganz leckeren Möweneiern bereits
die Jungen entwickelt hatten, während die Eier der Seepferde so
übel rochen, daß sie selbst den Appetit der Leute nicht reizten.
Beides wurde allerdings erst nach unserer Rückkehr zum Schiffe
bemerkt, man betrieb daher das Einsammeln mit einer wahren
Leidenschaft. In wenigen Minuten waren alle Winkel im Boote,
sowie die in Taschen und Säcke verwandelten Jackenärmel und ge=
ölten Hosen der Leute mit Eiern angefüllt.

Wir ruderten nunmehr zum Strande und setzten endlich
unsern Fuß auf den Boden von Bären=Eiland, das bei den früheren
Expeditionen so eifrig erstrebte und nicht erreichte Ziel. Gelandet,
wandten wir uns nach verschiedenen Seiten, Nordenskiöld zum
Fuße des Mount Misery, Malmgren zur Ostseite der Insel.
Dunér hielt sich eine Zeit bei der Russenhütte auf, um Sonnen=
höhen zu nehmen, und begab sich darauf nach dem Innern der
Insel. Weiter am Tage ließ Nordenskiöld seinen photographischen
Apparat an das Land bringen, verwandelte die Hütte, indem er Thüre,
Fenster und Rauchfang mit Leinwandplänen verhängen und zu=

stopfen ließ, in ein Atelier und nahm einige Küstenansichten auf,
darunter das schon erwähnte Burgemeisterthor.   Leider sind wir
nicht im Stande, auch eine Abbildung der Russenhütte zu geben,
welche zu verschiedenen Malen den nördlichsten europäischen Winter=
colonien als Aufenthalt gedient hat, zuletzt im Winter von 1865
auf 1866 dem norwegischen Schiffer Tobiesen und dessen Gefährten
wenigstens als Vorrathshaus.   Bei unserm Besuche befand sich
die Hütte in einem sehr baufälligen Zustande, ohne Fenster und
Thüren, der Boden und die Bettstätten mit Eis bedeckt.   In An=
sehung der Größe und der Architektur stimmte sie übrigens mit
den Russenhütten auf Spitzbergen überein.

Am folgenden Tage machten wir einen Versuch, zur Westküste
der Insel zu rudern.   Nachdem wir einen Theil der Küste passirt
hatten, welcher so ziemlich den Umgebungen in der Nähe des Hafens
gleicht, kamen wir zu dem Sunde zwischen Bären=Eiland und dem
Gullholm, einer kleinen Insel, welche nach Mancher Behauptung
von dem Meere verschlungen sein soll, wahrscheinlich aber noch Jahr=
tausende lang der Wuth der Wogen Trotz bieten wird.   Der Sund
wird auf der einen Seite gebildet von der ungefähr 400 Fuß
hohen, senkrechten Felsküste Bären=Eilands, und auf der andern
Seite von den ebenfalls lothrechten Wänden des Gullholm.   Nach=
dem wir über eine Bucht gerudert, welche weiterhin in die Haupt=
insel einschneidet, wurden die Berge noch höher und steiler, und
wir hatten einen von Millionen Alken bewohnten Vogelberg vor
uns.   Auch hier veranlaßte unsere Jagdlust ein lebhaftes Schießen,
doch entsprach die Ausbeute nicht ganz unserer Erwartung (näm=
lich 7 bis 8 Vögel auf jeden Schuß), indem der größere Theil
der getödteten Alken auf den unzugänglichen Absätzen des Berges
liegen blieb.

Fast überall an der ganzen Küste, längs welcher wir ruderten,
stürzen die Felsen senkrecht zum Meere ab, so daß keine Möglich=
keit einer Landung vorhanden.   Zuweilen befindet sich aber zwischen
der Felswand und dem Wasser ein schmaler Vorstrand, auf wel=
chem man, wenn die See ruhig ist oder die Wogen sich schon vor=
her an einigen außerhalb befindlichen Klippen brechen, das Boot
auf das Land ziehen kann.   An solchen Stellen stiegen wir aus
und fanden unter Anderm auf dem dem Gullholm gegenüber=
liegenden Strande, unmittelbar an dem Fuße der hohen Felswand,
über welche in einem Bogen sich ein Wasserfall stürzte, einige

Nefter der Großen Möwen. Die auf ihren Eiern sitzenden Vögel schienen sich in dem Staubregen ganz wohl zu befinden. Allmählich näherten wir uns dem hohen, von zweien gewaltigen Thoren durch= brochenen Felspfeiler, welcher im Süden der Insel unmittelbar aus dem Meere bis zu einer Höhe von 500 Fuß auffteigt. Schon gaben wir uns der freudigen Hoffnung hin, ihn näher untersuchen zu können, als eine starke von Südosten kommende Dünung uns nöthigte umzukehren und zum Südhafen zu rudern. Hier fanden wir unsern Capitän sehr unruhig und im Begriff die Anker zu lichten, aus Furcht, der Oftwind könne an Stärke zunehmen, das Schiff von dem unfichern Ankergrunde losreißen und auf's Land werfen. Zu unserm großen Bedauern mußten wir daher den Platz verlaffen. Während dieses geschah und die Schute nahe vor den außerhalb belegenen Schären kreuzte, ruderte Nordenskiölb noch einmal an's Land, um seinen, in der Ruffenhütte zurück= gebliebenen photographischen Apparat abzuholen und an dem pracht= vollen Burgemeifterthor eine Waffermarke einzuschlagen.

„Diese Marke wird durch einen in den Fels eingeschlagenen Eisenkeil gebildet, deffen Mitte am 19. Juni 1864, vier Uhr Nach= mittags, sich vier Fuß über der Oberfläche des Meeres befand. Wenn man von dem kleinen Hafen bei der Ruffenhütte durch das Burgemeifterthor rudert, so ist die Waffermarke gleich zur Linken, bevor man in das Thor selber kommt."

Unfere Abficht ging dahin, an mehreren Stellen der spitz= bergischen Küsten dergleichen Waffermarken einzuschlagen, damit man möglicher Weise in der Zukunft einen Anhalt bei Beantwortung der Frage habe, ob das Land in diesen arktischen Regionen wirklich aufgeftiegen sei. Leider ist das Gestein an den weißen Küsten Spitzbergens aber so lose oder morsch, daß eine Marke darin dauernd kaum befeftigt werden kann.

So hastig und nach einer so unvollständigen Unterfuchung diese so höchst interessante, wenngleich schwer zugängliche Insel zu verlaffen, widersprach doch zu sehr den Hoffnungen, mit welchen wir uns bereits geschmeichelt hatten. Nachdem wir mit dem Schiffe an der Südspitze der Insel vorbei und ein Ende längs der West= küste gesegelt waren, ließen wir daher, trotz des starken Seeganges und der Warnungen des Capitäns, uns wieder in einem Boote an das Land setzen. Wir mußten erst eine Weile längs des Strandes und der schäumenden Brandungen fahren, bevor wir eine Stelle

fanden, wo das mindestens einhundert Fuß hohe Plateau der
Insel nicht senkrecht in's Meer abfiel und der Strand aus einer
Geröllbank bestand, auf welche wir das Boot ziehen konnten. Die
Brandung war so stark, daß wir anfangs keine Möglichkeit des
Landens sahen; nach einigem Zaudern wagten wir doch den Ver=
such und kamen glücklich an's Ufer. Auch hier verliehen die Tau=
sende von Grotten und zerbrochenen Gewölben den von der schäu=
menden Brandung umgebenen Felsen einen überaus großartigen
Charakter. Der Eindruck wurde noch überdies durch einen damals
mächtigen Wasserfall vermehrt, welcher in einem einzigen Bogen
von dem höchsten Absatze des senkrechten Ufers niederstürzte. Einige
Teiste hatten sich gerade unter diesem Wasserfalle niedergelassen.
Zuweilen flogen sie auf, beschrieben einige Kreise in der Luft und
flogen wieder zu ihrem alten, von dem kristallklaren, hinabfließenden
Wasserteppich geschützten Ruheplatz. Dunér blieb an der Stelle
zurück, wo wir gelandet waren, um einige Sonnenhöhen zu nehmen;
Malmgren und Nordenskiöld gingen über die noch von einem
weichen Schnee, oder besser Schneebrei, bedeckte Ebene, welche das
Innere der Insel bildet, nach dem Mount Misery. Die bloßen
Stellen, welche hier und da in der Schneewüste hervortraten, ver=
riethen keine Spuren irgend einer Vegetation und bestanden nur
aus zahlreichen eckigen, selten Versteinerungen enthaltenden Kalk=
steinfragmenten. Sie erkannten bald, daß eine Wanderung über
diese Schneefläche kaum von Interesse sein könne, weder für den
Geologen noch für den Botaniker, und da der Wind sehr bedenklich
zu wachsen begann, so konnte an einen so langen Aufenthalt, als
zu einer auch nur flüchtigen Untersuchung der wichtigen Kohlen=
lager am Nordhafen erforderlich war, gar nicht gedacht werden.
Sie beeilten sich daher, zum Boote zurückzukehren, brachten dasselbe
glücklich durch die Brandung und kamen zu dem Schiffe zurück.

Wir hatten, bevor wir den Bootplatz verlassen, dem Koch,
welcher als Ruderer mitgefahren war, eine Flinte nebst reichlicher
Munition mit dem Auftrage gegeben, irgend einen eßbaren Vogel
zu schießen, am Strande ein Feuer anzuzünden und ihn zu braten,
so daß wir bei unserer Rückkehr unsere Abendmahlzeit fertig fän=
den. Der Koch hatte allerdings die ganze Munition verbraucht,
aber, da die Vögel vom Knall allein noch nicht sterben, keine
andere Beute gemacht als eine einzige unglückliche, zu nahe ge=
kommene und dafür gehörig gestrafte Graumöwe.

Der größte Theil von Bären-Eiland besteht aus einer fast durchweg gleich hohen, 100 bis 250 Fuß über dem Meere aufsteigenden Hochebene, an deren südlichem und nordöstlichem Ende sich zwei Berge terrassenförmig erheben. Der größte derselben erreicht eine Höhe von 1,200 Fuß und hat schon in älteren Zeiten den sehr bezeichnenden Namen Mount Misery erhalten. Der andere, der Vogelberg, ist erheblich kleiner. Am Fuße des Berges zieht sich eine nach dem Schmelzen des Schnees kahle und öde, von zahlreichen seichten Teichen bedeckte Ebene hin, welche überall in senkrechten Felswänden nach dem Meere hin abfällt. Nur an einigen wenigen Stellen werden die steilen Felsen von dem Meere durch einen schmalen, niedrigen Vorstrand geschieden, welcher in jener Zeit, da große Walroßheerden die Insel besuchten, diesen trägen, unbeholfenen Thieren einen bequemen Ruheplatz darbot. Ungeheure Massen von Walroßknochen liegen noch jetzt hier zerstreut und zeugen von der unerbittlichen Jagd, um derentwillen Bären-Eiland früher viel öfter besucht und zeitweise sogar bewohnt wurde. Zwei Hütten erinnern noch an diese Besuche. Die eine von den Russen erbaute befindet sich gleich neben dem Burgemeisterthore, die andere wurde 1822 von Kaufleuten aus Hammerfest aufgeführt, welche hier ein paar Jahre lang Leute überwintern ließen, um zu jagen, bis die ganze Colonie, infolge eines außergewöhnlich ungünstigen Winters, dem Skorbut erlag.

Während der letzten Jahre hat wieder eine Schiffsbesatzung auf Bären-Eiland überwintert. Ihr in der Nordsee hart mitgenommenes Schiff war nämlich an diese ihnen ganz unbekannte Insel getrieben worden. Ein Theil der Fracht wurde an's Land geschafft und man hoffte sogar das Schiff zu bergen, als ein plötzlicher Sturm es losriß und an den Felsen zerschellte. Es glückte der Besatzung indessen, sich zu retten, und es blieb ihr keine Wahl, als sich auf der wenig einladenden Insel, wohin sie nun einmal das Schicksal geworfen, so gut als möglich einzurichten.

Ein so trauriges Land hatten auch die am weitesten herumgekommenen Seeleute noch niemals erblickt, und der üble Eindruck der wüsten Felsen wurde überdies noch durch die Ungewißheit und die Einsamkeit vermehrt. Kein Mensch, von welchem man eine Aufklärung über das Land, wo man sich befand, hätte erhalten können. Zuletzt entdeckte man doch einige halbzerstörte, unbewohnte Hütten, von denen die eine sofort in Besitz genommen und mit den an den Strand geworfenen Trümmern des gescheiterten Schiffes in Stand gesetzt wurde. Glücklicher Weise hatten die Leute, bevor das Schiff zerstört wurde, einen genügenden Vorrath von Nahrungs= mitteln an's Land geschafft, und am Strande fand man eine Masse Treibholz vor, so daß die Besatzung hoffen durfte, wenigstens einige Monate lang in ihrer kleinen Hütte gegen Kälte und Hunger geschützt zu sein. Später wurden auch die Bären, welche im Winter die Stelle besuchten, so dreist, daß sie, da ihnen die Thüre natürlich nicht geöffnet wurde, durch die weite Oeffnung des Schornsteins eine nähere Bekanntschaft mit den neuen Bewohnern der Insel zu machen versuchten. Der ganze Winter verfloß in= dessen ohne wesentliche Unglücksfälle und ohne daß die gefährliche Pest des Polarwinters, der Skorbut, sie heimsuchte. Da Bären= Eiland nunmehr selten besucht wird, so hätte es sich leicht ereignen können, daß die Besatzung hier noch einen Winter zubringen mußte und daß sie nach Verbrauch des Schiffsvorraths auf sich selber angewiesen war. Aber zu ihrem Glücke landete zufällig im Laufe des Sommers ein norwegischer Spitzbergenfahrer und nahm die Schiffbrüchigen auf.

Heutzutage wird Bären=Eiland sehr selten besucht, und zwar zum großen Theile deshalb, weil die Insel keinen Hafen besitzt, welcher sie gegen die Seewinde schützt. Die sogenannten Nord= und Südhäfen sind nichts als flache Buchten, welche gegen das Meer auch nicht durch die kleinste Klippe oder Schäre gedeckt sind und überdies einen lockern, sandigen Ankergrund haben. Nur beim Landwinde können die Schiffe sicher in diesen Häfen liegen. Will man aber an's Land steigen, so läßt man das Schiff ge= wöhnlich draußen kreuzen und fährt in einem Boote zum Ufer. Aber auch dieses ist — wie die Erfahrung lehrt — nicht ohne Gefahr. Da Bären=Eiland gerade an der Stelle liegt, wo der Golfstrom und der nördliche Polarstrom auf einander treffen, so ist es während längerer Zeit oft von Nebel und undurchdringlichen Wolkenmassen umgeben, welche im Vereine mit den beinahe den ganzen Sommer hindurch anzutreffenden Treibeisfeldern das Schiff zuweilen an der Wiederaufnahme der an's Land gegangenen Be= satzung verhindern. Während der ersten Jagdexpedition, welche von Hammerfest nach Bären=Eiland geschickt wurde, ereignete es sich, — nach Keilhau — daß die an's Land gesetzte Mannschaft von dem kreuzenden Schiffe aufgegeben werden mußte. Strömung,

Wind und Nebel hatten den unkundigen Schiffer so verwirrt, daß
er die Leute im Stiche ließ und nach Hammerfest zurückkehrte. Als
jene endlich die Ueberzeugung gewannen, daß sie verlassen seien,
beschlossen sie in ihrem gebrechlichen Boote die Rückreise nach Nor=
wegen zu wagen. Nach einer Fahrt von acht Tagen erreichten sie
in der That Nordkyn. Diese Leute gingen dann in demselben
Sommer und mit demselben Schiffer noch einmal nach Bären=
Eiland, um die auf der Insel zurückgelassene Jagdbeute abzuholen.
Man ankerte nunmehr im Nordhafen. Nachdem man aber die
Fracht eingenommen und im Begriff war abzusegeln, wurde die
Schute von einem plötzlich sich erhebenden Sturme wieder an's
Land geworfen und zertrümmert. Die Besatzung rettete zwar sich
und die Fracht, besaß aber nur ein so kleines Boot, daß ein Theil
der Leute während der Fahrt sich auf den Boden desselben, als
Ballast gleichsam, legen mußte. Der Sommer war schon weit
vorgeschritten und man durfte sich auf eine stürmische Fahrt gefaßt
machen, aber trotzdem zog man die Gefahren derselben einer Ueber=
winterung vor und erreichte nach zehn Tagen glücklich die nor=
wegische Küste.

Das innere Plateau Bären=Eilands ist äußerst wüst und öde.
Kaum wagt ein Grashalm aus dem unfruchtbaren Steingeröll zu
blicken. Nur hier und da erinnert eine an einem kleinen Süß=
wassertümpel brütende Raub= oder andere Möwe, welche sich von
den Strandklippen hierher verirrt hat, an einiges Leben. Am
Meeresufer ist dagegen Alles wie verwandelt. Alle Klüfte in
den steilen, durch den Wogenschwall zum Theil in phantastische
Grotten und Pfeiler umgeschaffenen Felswänden dienen zahlreichen
Schaaren von Vögeln als Ruheplatz, oder sind von deren Nestern
eingenommen. Nicht weniger zahlreiche Schwärme tummeln sich
auf der Oberfläche des Wassers und suchen in dem reichen Grunde
des Meeres ihre Nahrung, oder durchkreuzen schreiend und strei=
tend die Lüfte. An solchen Theilen der Küste findet man oft in
einer gegen die Seewinde geschützten, durch die Vögel gedüngten
Kluft eine relativ sehr üppige Vegetation. Rennthiere giebt es
hier nicht, aber Füchse, und im Winter auch wohl ein paar Bären,
welche mit dem Treibeise von Spitzbergen herübergekommen sind.

In geologischer Hinsicht hat Bären=Eiland eine große Aehnlich=
keit mit gewissen Gegenden Spitzbergens. Das eigentliche Massiv
der Insel besteht aus wechselnden Schichten Kalkstein, Kiesel und

Schiefer, nach Süden hin vielfach gebrochen und verworfen, so
daß man — wenigstens bei einem flüchtigen Besuche — die Reihen=
folge der einzelnen Lagen nicht zu ermitteln vermag. Sie ver=
rathen indessen eine so unzweifelhafte Gleichheit mit den Schich=
tungen am Hecla Mount, daß, obwohl nirgends Versteinerungen
vorkommen, man sie durchaus für gleichzeitige erklären muß. So=
wohl am Hecla Mount wie auf Bären=Eiland begegnet man einem
eigenthümlichen, roth= und grüngestreiften Schiefer nebst einem
grauen, kaum geschichteten, nach allen Richtungen hin mit weißen
Adern durchzogenen Kalkgestein. Die Aehnlichkeit ist so groß, daß
zwei von beiden Stellen genommene Stücke dieses sonderbaren
Schiefers oder Kalks von einander durchaus nicht zu unterscheiden
sind. Auf der Nordseite der Insel gehen die Schichten ganz
horizontal und mögen jüngeren Ursprungs sein. Dasselbe scheint
beim Mount Misery der Fall zu sein, welchen wir jedoch keine
Gelegenheit hatten näher zu untersuchen; aber schon aus der Ent=
fernung konnten wir erkennen, daß auch hier die Schichten voll=
kommen horizontal liegen, und Keilhau brachte von den Stein=
muhren an den Seiten des Berges Versteinerungen mit, welche die
Uebereinstimmung dieser Schichten mit der weite Strecken auf Spitz=
bergen einnehmenden Bergkalksformation außer Zweifel setzen.
Auch wir fanden solche Versteinerungen in einzelnen Blöcken, welche
auf einer Bodenerhebung zwischen dem Mount Misery und unserm
ersten Landungsplatze zerstreut lagen.

Die merkwürdigste Bildung auf Bären=Eiland sind aber die
Kohlenlager, welche an mehreren Stellen der Nordküste zu Tage
treten. Nach Keilhau bilden dieselben an der sogenannten Kohlen=
bucht vier parallele, in gleicher Entfernung von einander befindliche
Flöze bis zu einer Elle Mächtigkeit. An einer Stelle, dem so=
genannten Englischen Flusse, sieht man sogar zwei Flöze zu Tage
treten. Wahrscheinlich gehören diese Kohlenlager wie die auf Spitz=
bergen der tertiären Bildung an. Auch dieser Theil des Oceans
ist also in einer geologisch späten Epoche von einem ausgedehnten
Continent mit prachtvollen Wäldern von Taxodien, Eichen, Pla=
tanen u. s. w. eingenommen gewesen, und zahllose Elephanten=,
Tapir= und Antilopenheerden haben hier wahrscheinlich einmal ge=
spielt und unter dem üppigen Pflanzenwuchs geweidet, auf der=
selben Stelle, wo jetzt die eisigen Wogen des Polarmeeres ihren
einsamen Gang gehen.

Für den Fall, daß Jemand auf Bären-Eiland magnetische Beobachtungen anstellen möchte, wollen wir erwähnen, daß diese Insel aller Wahrscheinlichkeit nach hierzu eben so ungeeignet ist wie die meisten Gegenden Spitzbergens. Die etwa in der Mitte des Mount Misery in unregelmäßigen aufrecht stehenden Pfeilern hervortretende schwarze Gesteinsschicht, welche Keilhau in seiner Reise beschreibt, dürfte demselben magnetischen Hyperit angehören, welcher so häufig im Norden Spitzbergens auftritt und daselbst im hohen Grade auf alle magnetischen Untersuchungen störend einwirkt.

Wie wir früher gesehen, wurden die ersten Nordpolexpeditionen oft von Handelsgesellschaften ausgerüstet, welche aus den gemachten Entdeckungen einen unmittelbaren Vortheil zu ziehen hofften. Um nun die Absender zu neuen Opfern zu veranlassen, malte man oft unbedeutende Funde mit den lebhaftesten Farben aus. Frobisher's zweite großartige Expedition nach Labrador, um von dort einige Schiffsladungen angeblichen Golderzes zu holen, welches sich bald auf einen werthlosen Glimmerschiefer reducirte, mag als ein Beweis hierfür gelten. Auch Bären-Eiland hat in dieser Hinsicht seinen Zauber auf die Nordpolfahrer ausgeübt. Einige mitgebrachte Proben von Bleiglanz und gelber Zinkblende verschafften der Insel den Ruf, sie sei an edlen Metallen reich, und da man den Holm, auf welchem jene Proben der Sage nach entdeckt worden waren, nicht mehr auffinden konnte, so war man rasch zu der Annahme bereit, die ganze silberführende Inselklippe sei von den Meereswogen fortgespült worden. Unzweifelhaft sind die Küsten Bären-Eilands überall vom Wogenschwalle unterwaschen. Darum erblickt man die von der eigentlichen Insel losgetrennten, oft mehrere Hundert Fuß hohen Pfeiler, unter welchen besonders zu nennen: der durchaus nicht — wie Keilhau vermuthet — im Meere versunkene Gullholm; der von einer Höhle durchbohrte, 200 Fuß hohe Stappen, im Süden der Insel; der Englische Stör (Pfahl) auf der Nordseite, und Taggen (Zacke) in der Mitte der Westküste. Mehrere dieser Pfeiler werden nach Verlauf von Jahrtausenden aufgehört haben zu existiren, andere neu entstanden sein; man braucht aber die Phänomene dieses Zerstörungsprocesses kaum mit besonderer Aufmerksamkeit zu verfolgen, um zu erkennen, daß eine wesentliche Veränderung seit der Entdeckung der Insel nicht eingetreten sein kann. Auch der Bericht

über den Metallreichthum Bären-Eilands scheint auf einer Ver=
wechslung mit der Bäreninsel (Björnö) im Weißen Meere zu be=
ruhen. In der mineralogischen Sammlung des Reichsmuseums in
Stockholm befinden sich nämlich aus dem vorigen Jahrhunderte
einige ziemlich genau etiquettirte Erzproben „von der Bäreninsel
im Weißen Meere, 500 Werst von Archangel", deren Aussehen
ganz mit der Beschreibung des auf Bären-Eiland gefundenen Erzes
übereinstimmt.

Gletscher kommen auf Bären-Eiland nicht vor, obwohl manche
Thäler am Mount Misery sich zur Aufnahme solcher wohl eignen
möchten. Es ist indessen noch nicht ausgemacht, ob dieses dem
milderen Klima, oder der geringen Höhe des Mount Misery oder
den heftigen Stürmen zuzuschreiben, welche dauernd über diese nach
allen Seiten hin offene Insel wehen und den Schnee von den
Bergabhängen fortjagen. Bei unserer Anwesenheit war allerdings
das ganze Innere der Insel von einer beinahe ununterbrochenen,
wassergetränkten Schneedecke bedeckt, so daß man an manchen
Stellen nur mit großer Mühe dem Einsinken bis an den Gürtel
entging. An vielen anderen Punkten, wo das Schneefeld noch
hart und gefroren war, erblickte man runde Löcher von 1—3 Fuß
im Durchmesser, in welchen Schnee und Eis bis auf den Boden
fortgeschmolzen war. Stieg man aber in ein solches Loch, so sank
man in dem wasserdurchzogenen Gruse sofort tief ein. Diese an
die sogenannten Windwaken erinnernden Vertiefungen waren wahr=
scheinlich durch Quellen gebildet, deren Wasser natürlich einige
Wärme haben mußte. Wir konnten den Wärmegrad indessen nicht
feststellen, da das Wasser, indem es mit dem Schnee oder Schnee=
wasser in Berührung kam, sofort bis auf 0° abgekühlt wurde.
Als Keilhau aber in der zweiten Hälfte des August Bären-
Eiland besuchte, war der Schnee bereits zergangen, und die Tem=
peratur der Quellen wechselte zwischen $0{,}6^{\circ}$ und $3{,}8^{\circ}$ Graden.
Wenn die mittlere Temperatur dieser wahrscheinlich nicht aus
großer Tiefe kommenden Quellen zugleich die der Insel ist,
so scheint es, daß sie ein wenig über 0° betrage. Auf Spitzbergen
fanden wir dergleichen Quellenlöcher niemals, weshalb man an=
nehmen möchte, daß die mittlere Temperatur dort unter dem Null=
grad bleibe. Dagegen darf man aus den vorliegenden Beobach=
tungen schließen, daß Bären-Eiland, im Ganzen genommen, ein
weit milderes Klima habe, als selbst die geschütztesten Gegenden

Spitzbergens. Die mehr südliche, pelagische Lage, der Mangel an Schneebergen und Gletschern, die Quellen und mehrere hier auftretende Pflanzen, welche der Flora des höchsten Nordens eigentlich nicht angehören, sprechen für diese Annahme.

Bären-Eiland ist im Sommer beinahe dauernd in Nebel gehüllt, und selbst an hellen Tagen sieht man oft die Spitze des Mount Misery von einem weißlichgrauen Wolkenkranze umgeben. Die Temperatur der Luft scheint Tag und Tag ziemlich dieselbe zu

BEEREN EILAND

sein, nämlich drei bis vier Grade über dem Gefrierpunkte. Eine größere Wärme im Sommer oder eine stärkere Winterkälte gehören zu den Ausnahmen. Ueberwintert haben hier nur russische und norwegische Jäger, und unsere Kenntniß der hiesigen Winter beruht ausschließlich auf ihren Berichten. Eigentliche Beobachtungen sind erst in den letzten Jahren während der Ueberwinterung des Schiffers Tobiesen, über welche wir später einmal berichten werden, gemacht.

Bekannt sind die Mittheilungen Keilhau's über die milden

Winter Bären=Eilands nach den Aufzeichnungen seines damaligen Capitäns. *)

Während unseres kurzen Aufenthaltes auf Bären=Eiland be= mühten wir uns umsonst, einige sichere Daten zum Zweck einer zu zeichnenden Karte zu erhalten. Die vorseitige Skizze giebt allerdings nichts weiter als ein ungefähres Bild von der Gestalt der Insel, dürfte sich aber von allen vorhandenen Darstellungen am wenigsten von der Wahrheit entfernen. Nach den Messungen von Dunér ist die Russenhütte am Südhafen in 74° 22′ 56″ nördl. Br. und 19° 15′ 15″ östl. L. belegen.

---

*) Keilhau, Reise etc. S. 128—133. Uebersetzt in dem Ergänzungsheft Nr. 16 zu Petermann's Geograph. Mittheilungen S. 49, 50.

Scoresby's Tonne. (S. 27.)

Drittes Kapitel.

Fahrt nach Spitzbergen. — Der Eisfjord.

Sofort nach unserer Rückkehr zum Schiffe wurde das Boot in die Höhe gewunden und die Fahrt nach Norden fortgesetzt. Dort erschien, in der Nähe des Horizontes, eine weiße, glänzende Luft= schicht, welche wir anfangs für einen Eisblink hielten. Nachdem wir aber mehrere Stunden im offenen, eisfreien Wasser gesegelt waren, erklärten wir diese Ankündigung als einen bloßen Schreck= schuß und steuerten, ohne uns durch die Erscheinung warnen zu lassen, direct nach dem Storfjord, in der Hoffnung, schon am folgenden Tage unsere Untersuchungen beginnen zu können. Unsere Geduld wurde indessen auf eine schwere Probe gestellt, da der an= fangs frisch wehende Wind allmählich ganz nachließ und das Schiff, von der Dünung hin und her geworfen, nicht von der Stelle kam.

Erst am Vormittage des 20. Juni erblickten wir ein Eisband im Norden, allerdings wenig gepackt, so daß wir unsere Fahrt fortsetzen konnten, bis zuletzt das Eis so dicht auftrat, daß ein Weiterkommen unmöglich wurde. Zugleich hörte auch der Wind zu wehen auf; es legte sich ein dichter Nebel über das Meer und hüllte alle Gegenstände in einen undurchdringlichen weißen Schleier. Kleine neben dem Schiffe schwimmende Eisstücke erschienen wie ge= waltige Eisberge, oder wenn sie zufällig mit einer dunklen Erd= masse bedeckt waren, wie ein fernes in Schnee gehülltes Gebirgs= land. Die Schwierigkeit, aus diesem Labyrinthe hinauszukommen, wurde dadurch in hohem Grade vermehrt; von einer Weiter= fahrt in einer bestimmten Richtung konnte nicht mehr die Rede

26*

sein; wir segelten vielmehr in allen nur denkbaren Richtungen, je nachdem es die Kanäle zwischen den Eisblöcken gestatteten. Nach= dem wir eine Weile auf diese Weise gekreuzt, konnte man, als der Nebel sich lichtete, selbst nicht vom Mastkorbe mehr eisfreies Wasser wahrnehmen. Wir mußten daher unsern Plan, direct zum Stor= fjord vorzubringen, aufgeben, und sahen uns dafür, um nicht mitten im Ocean eingesperrt zu werden, genöthigt, uns mehr und mehr nach Nordwesten zu ziehen, wo wir hoffen durften das Meer freier von Eis zu finden. So fuhren wir denn 48 Stunden lang, während eines beständigen Kampfes mit dem Eise, weiter, ohne jedoch weder den Storfjord noch einen der südlichen Häfen der Westküste von Spitzbergen zu erreichen. Je weiter nach Norden, desto mehr wurde das Eis vertheilt. Begünstigt durch eine starke Kühlte, gelang es uns zuletzt auf der Höhe von Prinz Charles Vorland uns durchzuschlagen und in die Nähe des Landes zu kommen. Schon am Tage vorher hatten wir, als der Nebel ein wenig fiel, einen Schimmer von den Bergen am Bellsund wahr= genommen. Offenbar umgab das Treibeis den ganzen südlichen Theil Spitzbergens, so daß wir uns genöthigt sahen, auf der West= küste Anker zu werfen und eine Wendung zum Bessern abzu= warten. Da wir aber schon auf unseren früheren Reisen mit der Windstille, welche während des Sommers hier zu herrschen pflegt und eine Segelfahrt, selbst bei den kürzesten Entfernungen, zu einer Geduldsprobe macht, bekannt geworden waren, so wollten wir nicht in einem der Häfen des Vorlandes ansprechen, sondern fuhren wieder nach Süden, in der längs dem Strande gehenden breiten, offenen Wasserrinne, um auf diesem Wege den dem Stor= fjord näheren Horn= oder Bellsund zu erreichen. Südlich vom Eisfjord zog sich indessen das Treibeisfeld bis zum Lande hin; es blieb uns also nichts Anderes übrig, als in diesem gerade in der Mitte der Westküste belegenen Fjorde vor Anker zu gehen. Von den vielen Häfen des Eisfjordes wählten wir natürlich Safe Haven, weil man von hier am leichtesten in südlicher Richtung weiter kommen kann. Wir warfen hier am Nachmittage des 25. Juni Anker.

Während wir zwischen dem Treibeise kreuzten, hatten wir wiederholt ein Boot ausgesetzt, um Tiefenmessungen vorzunehmen. Wir befanden uns indessen der Küste zu nahe, trafen auf keine erhebliche Tiefe und mußten uns darauf beschränken, mit Lind=

qvift's Apparat Wafferproben aus verschiedenen Tiefen heraufzu=
holen. Dieser Apparat erwies sich als sehr zweckentsprechend, und
wir glauben den etwaigen späteren Expeditionen nach Spitzbergen
einen Dienst zu erweisen, wenn wir denselben empfehlen.

Safe Haven ist eine kleine Bucht an dem nördlichen Strande
des Eisfjordes. Sie bildet einen gegen die meisten Winde gut
geschützten Hafen mit weichem Thon=, also gutem Ankergrunde.
Daher auch der alte Name, welchen die norwegischen Walroß=
jäger in Sauhamn, d. h. Schafshafen verdreht haben. Das
Innere der Bucht wird von einem ungeheuren, vielfach gespaltenen
Gletscher eingenommen, von welchem oft große Eisblöcke nieder=

Safe Haven.

fallen. Ihr östlicher Strand besteht aus einem 50 bis 100 Fuß
hohen, durchaus senkrechten Felsbande, welches allmählich zu einem
nicht erheblichen, von aufrecht stehenden Schichten gebildeten Berg=
kamme aufsteigt. In dem Kalkgestein findet man häufige Ver=
steinerungen, namentlich große Exemplare der Arten Spirifer und
Productus. Die Westseite wird von einem ähnlichen, einer älteren,
nicht Versteinerungen führenden Bildung angehörigen Berge ein=
genommen, von dessen Abhängen verschiedene kleine linsenförmige
Eismassen niederhängen. Auf der äußersten Spitze des West=
strandes steigt ein stattlicher Gletscher bis zum Niveau des Meeres
herab. Wie so häufig bei den spitzbergischen Gletschern, ist er
nicht blos gegen das Meer, sondern auch nach Norden hin, wo er

noch ein Ende über einen sandigen Vorstrand reicht, quer durch=
geschnitten, so daß man die schichtenartige Structur der Eismassen
leicht erkennen kann.   Auf der andern Seite dieses Gletschers ver=
läuft der längs dem westlichen Strande des Hafens sich nach dem
Eisfjorde hinziehende Bergkamm in einen etwa 1,500 Fuß hohen,
überhängenden Berg, welcher einen Sammel= und Brutplatz für
Hunderttausende von Alken bildet und daher den Namen Alken=
horn erhalten hat.

Einige kleine Holme auf beiden Seiten des Einganges zum
Fjorde dienen den Eidergänsen und Burgemeistern zum Brüten.
Die ersteren sind hier, sobald das Eis aufgegangen, gegen den
Anfall der Füchse geschützt, gleich wie die Alken und kleineren
Möwenarten durch die unzugänglichen Felswände.   Die große
Graue Gans hält sich dagegen für stark genug, um dieses Schutzes
nicht zu bedürfen; sie brütet daher auf dem festen Lande, und
zwar auf dem obersten Rande des steilen Strandwalles, welcher
auf der Nordostseite des Hafens in's Meer abfällt.

Den 26. und 27. war die Witterung so ungünstig, daß wir
nur kleinere Ausflüge in der Nähe des Schiffes unternahmen.
Am 27. schien, nach der Richtung der schnell dahinjagenden Wolken
zu schließen, ein Sturm aus Nordwesten draußen auf dem Meere
zu wüthen, während im Hafen die vollste, nur von einzelnen starken
Windstößen unterbrochene Windstille herrschte.   Wie man vom
Fuße des Alkenhornes aus wahrnehmen konnte, lagerten sich in=
folge dessen vor dem Eingange zum Eisfjorde so dichte Treibeis=
massen, daß alle Aussichten auf baldige Weiterfahrt nach Süden
für uns verschwanden. Um nun während unseres unfreiwilligen Auf=
enthaltes an der Westküste die Zeit nicht umsonst hinzubringen,
beschlossen wir nach den inneren Partien des Fjordes Bootreisen
zu unternehmen und die bis dahin nur unvollständig bekannten,
so interessanten geographischen und geognostischen Verhältnisse dieser
Landschaft zu untersuchen.   Nordenskiöld eröffnete diese Ausflüge,
indem er mit dem englischen Boote, dem Capitän Hellstab und
dreien Leuten eine Fahrt zu dem großen Bergzuge unternahm,
welcher den Eisfjord in zwei Arme theilt und auf Grund dessen,
ebenso wie manche andere, ähnlich belegene Berge, von den Spitz=
bergenfahrern Midterhuk genannt wird. Um Verwechslungen vor=
zubeugen, haben wir den Berg nach den dort aufgefundenen Knochen=

reſten vorweltlicher Thiere Sauriehuk genannt. Ueber dieſen
Ausflug theilt Nordenſkiölb Folgendes mit.

„Der Fjord war noch mit Treibeis angefüllt, das Wind und
Strömung bald hierhin, bald dorthin trieben. Da nun in den
letzten Tagen die herrſchenden Winde das Treibeisfeld nach dem
ſüdöſtlichen Theile des Fjordes geführt hatten, ſo ruderten wir
längs dem nordweſtlichen, verhältnißmäßig eisfreien Strande hin.
Nimmt man ein paar etwa hundert Faden tiefe Stellen aus,
welche ſich vor den ſenkrecht abfallenden Gletſchern am Uſer hin=
ziehen, ſo hat der Eisfjord, ſelbſt in einer halben Meile Entfer=
nung vom Lande, immer nur eine ſehr geringe Tiefe. Darum
liegen auch ungeheure Grundeisblöcke, welche nur bei der höchſten
Fluth loskommen, den ganzen Sommer lang über den Fjord zerſtreut
und bilden eine Art von Schärenflur; nur daß ſtatt der Felſen
Eisklippen ſtarren, welche dem Schiffer ſowohl gegen die Wellen
als auch gegen das Treibeis einen vortrefflichen Schutz gewähren.
Man muß ſich beim Rudern längs dem Strande daher ſehr hüten,
daß man nicht auf den flachen Grund geräth, zumal während der
Ebbe. Dafür darf man aber auch vor den gefährlichen Treibeis=
feldern, welche von Wind und Strömung längs den tieferen
Stellen geführt werden, keine Furcht haben.

„Da wir von einem ziemlich guten Winde begünſtigt wurden,
erreichten wir ſchon am erſten Reiſetage die niebrige, breit hervor=
tretende „Naſe‟, welche etwa in der Mitte zwiſchen Sauriehuk
und Safe Haven ſich in den Eisfjord erſtreckt und ſpäter von uns
den Namen Cap Bohemann erhielt. Während der Fahrt paſſirten
wir ein vom Waſſer ausgehöhltes Thor, nach Art des Burge=
meiſterthores auf Bären=Eiland, ſowie einige ſüdlich von Cap
Bohemann belegene Eiberholme. Einer von dieſen wurde ge=
plündert, um mit den Eiern unſern Proviantvorrath zu vermehren.
Ich hatte ausdrücklich befohlen, daß nur ſolche Eier genommen
werden dürften, welche ſich nach genauer Prüfung als friſch und
brauchbar herausſtellten.. Die Leute überzeugten ſich auch von der
Zweckmäßigkeit dieſer Anordnung und verſprachen ſich danach zu
richten. Man hielt die Eier aus verſchiedenen Neſtern gegen das
Tageslicht und erklärte ſie ſämmtlich für friſch. Wenige Augen=
blicke ſpäter war der mit Neſtern bedeckte Holm geplündert, einige
Eibergänſeriche geſchoſſen, und wir fuhren weiter. Als der
Koch die Eier ſpäter zu einem Gerichte verwenden wollte, zeigte

es sich indessen, daß die meisten bereits bebrütet und unbrauchbar geworden waren.

„Am folgenden Tage ruderten wir weiter durch ein ziemlich eisfreies Wasser zum Eingange des östlichen Armes des Nord=fjordes hin, welcher aus der Entfernung gesehen vollkommen offen schien. Als wir jedoch näher kamen, sahen wir, daß die spiegel=glatte Oberfläche, welche wir für offenes Wasser gehalten hatten, eine fest zusammenhängende, zum größten Theile mit Aufwasser bedeckte Eisdecke sei. Da es uns also unmöglich war, das Ende des Nordfjordes zu erreichen sei, so beschlossen wir dafür an dem hohen Berge anzulegen, welcher den Nordfjord von der Klaas=Billen=Bucht trennt. Ich hoffte hier eine reiche Ausbeute von Versteinerungen zu machen, während Hellstad behauptete, ein den südöstlichen Theil des Bergzuges durchschneidendes Thal hege so viel Rennthiere, als nur irgend eines auf Spitzbergen. Erst gegen die Nacht hin erreichten wir die Mündung des nicht unerheblichen Flusses, welcher das Rennthierthal durchströmt, und zogen unser Boot nördlich von dem Strome auf den Strand.

„Gleich nachdem wir an's Land gestiegen, wanderte ich zu einer Kluft, das Resultat eines kleinen Baches, in der Nähe un=seres Rastplatzes, und sammelte eine Menge Versteinerungen. Sie gehörten der interessanten Triasablagerung an, welche am Eis= und Storfjord in großer Ausdehnung auftritt. Am folgenden Tage ging ich zu einer etwas weiter gelegenen Kluft auf der Süd=westseite der Ebene, und war auch hier so glücklich, verschiedene schöne Versteinerungen zu finden, unter welchen ich nur nenne: Große nautilusartige Muscheln und Knochenfrag=mente von einigen krokodilartigen Thieren, von denen ein Theil eine Länge von mehr als zwei Ellen gehabt zu haben scheint. Dergleichen Thiere treffen wir jetzt nur noch in den Tropenländern; diese unbedeutenden Knochen=fragmente müssen daher für den Geologen bei Feststellung der einstigen Vertheilung der Wärme auf der Erde von der größten Bedeutung sein.

„Auch Hellstad war auf seinem Gebiete glücklich. Er schoß nämlich sieben recht fette vortreffliche Rennthiere. Das Schwerste, wie es immer bei dieser Jagd der Fall, war es nur, die erlegten Thiere bis zu unserm Boote zu schaffen. Sie hielten sich näm=lich eine halbe bis eine Meile vom Lande entfernt an dem süd=

westlichen Abhange des schönen — für Spitzbergen — grasreichen
Thales, welches von dem oben gedachten Flusse durchströmt wird.
Wir hatten also die Jagdbeute nicht nur eine halbe Meile weit über
einen sehr unebenen Boden, sondern auch über den sehr reißenden
Fluß zu transportiren. Einer unserer Leute, Olaus, wäre beinahe er-
trunken, da er den Fluß mit zweien auf seinen Rücken gebundenen
Rennthieren (einer Kuh und einem Kalbe) durchwatete. Als er
nämlich die Mitte, wo ihm das Wasser bis an die Brust ging,
erreichte, verlor er plötzlich den festen Grund und wurde ein Ende
von dem reißenden Strome abwärts geführt. Glücklicher Weise
watete auch Hellstad gerade mit einem Rennthiere durch den Fluß
und vermochte den beinahe schon bewußtlosen Kameraden zu retten.

„Hellstad entfernte sich sofort wieder, um ein anderes Rennthier zu holen. Als ich nun mit den übrigen Leuten von meinem
geologischen Ausfluge zurückkehrte, erblickte ich den armen Olaus,
wie er allein, düster und erfroren, am Strande auf und ab rannte,
in seinen nassen, anklatschenden Kleidern und mit einem Schlafsack,
dem einzigen zu seiner Disposition stehenden trockenen Ueberwurfe,
drapirt. Reservekleider hatten wir nämlich nicht mitgenommen.
Wer daher in's Wasser fiel, mußte warten, bis die Kleider ihm
auf dem Leibe trockneten. Die Theilnahme der zurückgekehrten
Kameraden äußerte sich sofort theils in allerlei mehr oder weniger
treffenden Witzen, theils in dem, vielleicht nicht ganz interesse-
losen Eifer, mit welchem sie Alle einen größeren Kaffeeschmaus
in's Werk zu setzen sich bemühten. Schon Olaus hatte vorher
versucht ein Feuer anzuzünden, aber unverständig genug, den in
Ermangelung von Treibholz als Brennmaterial zu verwendenden
Talg ohne Unterlage auf den Sand gelegt, natürlich mit dem Erfolge, daß der geschmolzene Talg in wenigen Augenblicken im
Sande verrann. Nachdem der Kaffee ausgetrunken worden, schoben wir das Boot wieder in's Wasser und fuhren mit gutem
Winde längs dem noch ziemlich freien nordwestlichen Strande in
einem Zuge bis zu unserm Schiffe, wo wir am 30. Juni fünf Uhr
Morgens ankamen. Während dieser Fahrt waren wir mehrere
Male in der Lage, zu bemerken, wie nicht allein die Wellenbewe-
gung, sondern auch der Wind schwächer wird, wenn man in ein noch so
„dünnes" Treibeisfeld kommt, und wie umgekehrt beides zunimmt,
sobald man das Eis verläßt. Diese den Spitzbergenfahrern wohlbekannten Erscheinungen beruhen darauf, daß die Wogen, indem

sie gegen große Eisstücke stoßen, nach verschiedenen Seiten ab=
gelenkt werden, auf einander treffen und dadurch ihre Kraft ver=
lieren. Ein nach diesem System erbauter Wellenbrecher, der aus
mehreren großen, ein Ende von einander schwimmenden Bojen be=
stände, würde unzweifelhaft mit gutem Erfolge bei einem nach
der See zu geöffneten Hafen angewendet werden können." —

Während Nordenskiöld's Abwesenheit suchten Dunér und
Malmgren durch regelmäßige Beobachtungen des Steigens und
Fallens des Wassers die Gesetze, von welchen Ebbe und Fluth
auf Spitzbergen abhängig ist, zu erkennen. Außerdem unternahmen
sie ein paar kürzere Ausflüge, theils nach Safe Haven, um die
Karte zu berichtigen, theils zum Alkenhorne, um sich hier über die
Lage des Eises zu unterrichten. Als sie auf dieser letzteren Tour
am Fuße des Berges anlegten, vernahmen sie in der Höhe einen
eigenthümlichen Laut, den Uusimaa als von einem Bären her=
rührend erklärte. Hierdurch wurde der Jagdeifer natürlich in
einem so hohen Grade geweckt, daß alle Mann in der Richtung
jenes Lautes fortstürzten; doch entdeckten sie bald, daß er lediglich
von einem Fuchse herrührte, welcher schleunigst die Flucht in das
Gebirge ergriff. Vom Fuße des Alkenhornes konnte man deut=
lich erkennen, daß die Lage des Eises noch immer dieselbe sei; vor=
läufig gab es also noch keine Möglichkeit, aus dem Eisfjorde
hinaus zu gelangen. Am 30. gegen Mittag nahm man an dem
Eingange zum Safe Haven ein Segelboot wahr, welches man
anfangs für das Nordenskiöld's hielt; es stellte sich indessen bald
heraus, daß es eine kleine vom Schiffer Björvik geführte Yacht aus
Tromsö war, demselben, welcher im Sommer 1861 als Steuer=
mann auf der Brigg Jaen Mayen gedient hatte. Er war eine
kurze Zeit in der Advent=Bai gewesen, um einen Leck auszubessern,
und beabsichtigte, nachdem er in Safe Haven Wasser eingenommen,
wieder zum Vorlandssunde zu gehen.

Nach seiner Rückkehr schilderte Nordenskiöld die Reize einer
Bootfahrt mit so lebhaften Farben und regte überdies die Reise=
lust der Zurückgebliebenen durch seinen Bericht über die Vortreff=
lichkeit des Jagdplatzes und die Vorzeigung der bei der Saurehuk
eingesammelten Versteinerungen in dem Grade an, daß Alle sofort
darüber einverstanden waren, es seien Bootfahrten nach dem
Innern des Fjordes unter den gegebenen Verhältnissen das Beste,
was man thun könne. Hier war für die Forscher noch viel zu

entdecken und festzustellen, während die Lage des Eises eine Möglichkeit der Befreiung noch immer ausschloß. Es wurde daher
sowohl das englische Boot als auch das in Tromsö gekaufte von
Neuem in Ordnung gebracht, die Ausrüstung und Verproviantirung mit größerer Sorgfalt als das erste Mal überwacht, so
daß weder Zeltstangen noch — wie es damals der Fall gewesen —
die so wichtige Zugabe zum erwärmenden Kaffee, der Zucker, vergessen bliebe. Der Schlüssel zur Cajüte, in welcher unser Wein
und die Spirituosen lagerten, wurde unserm zuverlässigen Begleiter von Stockholm, Johansson, anvertraut, Uusimaa aber
während der Abwesenheit Hellstad's uud des Steuermanns zum
interimistischen Capitän ernannt. Nachdem Alles in Ordnung gebracht, gingen die beiden Boote am 2. Juli gleich Nachmittags
zu dem südlichen Strande des Eisfjordes ab. In dem großen
englischen Boote befanden sich Malmgren, Nordenskiöld, Hellstad,
der Koch und zwei Mann, in dem andern, sogenannten „schwarzen Boote" Dunér, der Steuermann und zwei junge Leute, welche
zum ersten Male in ihrem Leben an einer längeren Seereise Theil
nahmen und an Bord unter dem Namen Balsfjordinger, das
heißt Bewohner vom Balsfjorde, bekannt waren.

Nordenskiöld's und Malmgren's Bootfahrt.
Anfangs folgten die beiden Boote einander, indem der Cours quer
über den Fjord genommen wurde; nachdem wir aber nach etwa
vierstündiger Fahrt den südlichen Strand des Eisfjordes erreicht
hatten, steuerte Dunér mehr nach Westen, um — wie wir vermutheten — die Kohlenbucht zu erreichen; wir hielten dagegen
auf das erste Thal östlich von dieser Bucht. Sodann ruderten
wir am folgenden Tage weiter nach Osten durch einen ziemlich
eisfreien Kanal neben dem Südstrande des Eisfjordes bis zur
Sassen-Bai, woselbst wir unser Nachtquartier aufschlugen. Während wir längs dem hohen, fast durchweg senkrecht abfallenden
Felsufer ruderten, stiegen wir zuweilen an's Land, um Pflanzen
und Versteinerungen einzusammeln, die Lagerungsverhältnisse des
Gebirges zu untersuchen, Rennthiere zu schießen u. s. w. Malmgren hatte bei einer solchen Gelegenheit das Glück, an dem hohen
Felsufer des Flusses, welcher auf der Ostseite der Advent-Bai
mündet, eine Graue Gans (Anser brachyrhynchus) zu schießen
und einige von ihren Eiern einzusammeln. Hellstad erlegte an eben
dieser Stelle einige Rennthiere, welche eine willkommene — aller-

dings auch schon in Aussicht genommene — Vermehrung unseres nur
spärlichen Fleischvorrathes bildeten. Am folgenden Tage ruderten
wir weiter nach dem südlichen Arme des Südfjordes bis zu einem
kleinen, dunklen, hutförmigen Berge, welchen wir schon aus der
Ferne für hyperitisch gehalten hatten. Wir stiegen daselbst an's
Land, bestimmten einige durch nahe Berge und Vorgebirge ge=
bildete Winkel, errichteten eine Steinpyramide und ruderten weiter
zu einem der kleinen vor dem hohen Berge Gipshuk, der die
Sassen=Bai von der Klaas=Billen=Bai trennt, liegenden Holme.
Auch diese Inseln bestanden aus Hyperit und waren mit den
Nestern der Eidergänse wie übersät.

Wie so viele andere hochnordische Vögel brüten auch die spitz=
bergischen Eidergänse colonienweise auf gewissen an den Küsten
Spitzbergens zerstreuten, meist niedrigen Holmen, von deren Rän=
dern das Eis sich schon frühe loslöst, so daß sie dem Fuchs, welcher
den Sommer über vorzugsweise von Eiern und jungen Vögeln
lebt, unzugänglich bleiben. Vorherrschend brüten hier Eidergänse,
doch kommen auf den mehr niedrigen Theilen auch Gänse und
Meerschwalben vor, und auf den Spitzen einiger höher ragenden
Felsen ein paar Großmöwen. Bevor das Eis aufgeht, lassen
die Eidergänse sich selten auf einem solchen Holme nieder. Darum
bleibt manches sonst dicht besetzte Eiderwehr den ganzen Sommer
über unbesucht, wenn das feste Eis zwischen der Insel und dem
Lande zu lange liegen bleibt. Wer einen solchen Holm niemals
gesehen hat, wird sich kaum eine Vorstellung machen können von
dem Leben, dem Schnattern und dem Streit, die hier beständig
herrschen. Die Nester liegen über den ganzen Holm zerstreut, so
dicht neben einander, daß man keinen Tritt machen kann, ohne
auf Eier zu treten. Die Weibchen sitzen beinahe ununterbrochen auf
den Eiern. Nicht weit davon hat der prächtige Gänserich seinen
Platz eingenommen und giebt durch ängstliche Laute zu erkennen,
wenn irgend eine Gefahr naht; er flieht zuerst und läßt seine Ge=
nossin im Stiche. Die Gans verläßt ihre Eier dagegen nur im
äußersten Nothfall, und sie hat auch allen Grund dazu. Denn
kaum ist sie fort, so stürzt die mit Recht so benannte Diebsmöwe,
welche immer auf Raub lauert, sofort auf die Eier und frißt sie
auf. Wenn zwei Nester so nahe bei einander liegen, daß die
Eidergänse zu gleicher Zeit fortgescheucht werden, so kommt es oft
vor, daß die Raubmöwe die Eier in dem einen Neste zerhackt,

bevor der Mensch das andere ausnimmt. An anderen Stellen der Insel erblickt man diese Raubmöwe, wie sie unter kreischendem Geschrei die viel größere und stärkere Großmöwe verfolgt und sie, trotz deren Größe, nöthigt, ihr die gemachte Beute zu überlassen. Die Verfolgte weiß sich meist nicht anders zu retten, als daß sie sich auf die See wirft, aber unterzutauchen vermag sie nicht. Die Raubmöwe hat aber wiederum einen schlimmen und unversöhnlichen Feind in der kleinen aber muthigen Meerschwalbe, welche dieselbe mit äußerster Wuth in die Flucht schlägt, sobald die Raubmöwe so unvorsichtig ist, sich ihrem Neste zu nähern. Infolge des pfeil- schnellen Pfluges der Meerschwalbe ist die Raubmöwe, die Besiegerin der großen Möwe, schutzlos diesem kleinen Vogel preisgegeben, obwohl er an Größe die gewöhnliche Hausschwalbe nur wenig übertrifft. Er nimmt sogar nicht einmal Anstand, einen Menschen anzugreifen, wenn derselbe sein Nest zu plündern versucht, und man sieht sich oft wider seinen Willen genöthigt, den kleinen, kecken Kampfhahn niederzuschießen, um sich nur vor seinen Angriffen zu retten. Die Eidergans mag gern auf recht vielen Eiern sitzen. Hat sie nun das Mißgeschick, einige durch die Handlungen der Menschen oder die Raubmöwen zu verlieren, so soll sie sich ihrerseits nicht scheuen, aus einem Nachbarneste ein paar zu stehlen. Dieselbe Unsitte scheint auch bei der grauen Gans zu herrschen; wenigstens fand Einer unserer Leute auf der ersten Bootfahrt ein solches Gänsenest, in welchem neben dreien Gänseeiern auch zwei von Eider- gänsen lagen. Wird die letztere von ihrem Neste verscheucht, so scharrt sie gerne Moos oder Daunen über die Eier und benetzt sie überdies mit einer übelriechenden, den geflügelten Eierliebhabern vermuthlich sehr unangenehmen Flüssigkeit. Die eingesammelten Daunen haben daher anfangs einen sehr widerwärtigen Geruch, der jedoch bald verschwindet und offenbar von einem flüchtigen, sehr leicht vertheilbaren Stoffe herrührt. Die Spitzbergenfahrer wissen ganz genau, an welchen Stellen der Küsten die Eiderwehre belegen sind, und sie besuchen dieselben jedes Jahr in der Brüte- zeit, um Eier und Daunen einzusammeln. Anfangs pflegt man noch ein Ei in jedem Neste zu lassen, um nicht die Eidergänse ganz zu verscheuchen und einer reicheren Ausbeute verlustig zu gehen; bevor man aber weiter fährt, plündert man die Insel voll- kommen und schießt auch die Eidergänse schonungslos nieder. Be- suchen die Leute von mehreren Schiffen zu gleicher Zeit einen Holm, so erfolgt die Plünderung gemeinschaftlich und der Raub wird im Verhältniß zu der Zahl der Leute, die an's Land geschickt sind, vertheilt. Kaum giebt es noch einen Holm auf der Westküste und in den Fjorden, welcher der jährlichen Plünderung entgeht; so vermindert sich die Zahl dieser Vögel von Jahr zu Jahr.

Bei unserm Besuche war der Sommer schon so weit vorgeschritten, daß der größere Theil der Eier keinen Nutzen mehr gewährte. Da indessen unser Capitän und Einige der Leute die Kunst verstanden, ein frisches Ei nach dem bloßen äußeren Aussehen von einem schon bebrüteten zu unterscheiden, so wurden nur diese an das Land geschickt, mit der bestimmtesten Anweisung, blos frische Eier einzusammeln. Dieselbe wurde diesesmal auch in der That genau befolgt. Ein und der andere Irrthum war freilich bei dem besten Willen nicht zu vermeiden. Vor unserer Abreise legten wir daher die Eier in Salzwasser, bei welcher Probe die untauglichen obenauf schwimmen, die brauchbaren aber untersinken. Das Resultat ergab, daß die Leute wirklich mit großer Sorgfalt die Auswahl getroffen hatten.

Wir beabsichtigten anfangs auf diesem Holme über Nacht zu bleiben; um aber nicht etwa von dem „einsetzenden" Treibeise eingesperrt zu werden, beschlossen wir doch lieber nach Gipshuk hinüber zu fahren. Am 5. Juli Morgens früh erreichten wir die vor dem Berge belegene vortretende Landspitze und zogen das Boot auf das Ufer.

Die Landschaft war hier von einer überraschenden Schönheit. Die Spitze bestand aus einem niedrigen, vielfach zerspaltenen Hyperitfels, über welchem, ein Ende vom Strande, ein hoher Berg aufragte, zu unterst aus horizontalen grauen Gipsschichten bestehend, in welche hier und da weiße Alabasterkugeln, nach Art einer Perlenschnur, eingesprengt waren. Höher hinauf trat ein ebenfalls horizontales schwarzes Hyperitband auf, welches seinerseits von Versteinerungen führenden Schichten und einem blendenden Schneefelde bedeckt wurde. Weiter im Innern der Sassen=Bai erschien ein anderer, vielleicht noch großartigerer Berg, der „Tempelberg", welcher senkrecht in's Meer abfiel. Das mächtige Hyperitband, das die Stirne auch dieses Riesen bildete, war so regelmäßig zerklüftet und gefurcht, daß man gothische Bogen und einen in Trümmern liegenden kolossalen Dom zu erblicken glaubte. Am Fuße dieses Berges schwammen unzählige Treibeisblöcke in phantastischen For=

men, und der Fjord erschien so ruhig, daß er jede Eisspitze, jede Klippe am Strande deutlich wiederspiegelte. Eine große Menge theils auf den Hyperitinseln, theils an den Bergabhängen brütende Vögel durchkreuzten die Lüfte oder schwammen zwischen den Eisstücken, um in der Fluth ihre Nahrung zu suchen, und brachten einen Zug von Leben in das sonst so starre Antlitz dieser hochnordischen Natur.

Wir verweilten hier bis zum 6. Abends, theils um Versteinerungen einzusammeln, welche wir häufig in den Kalk- und Flintschichten der Gipshuk eingestreut fanden, theils um Rennthiere zu schießen, welche auf dem schmalen Uferstreifen an den Abhängen der Berge weideten. Das Treibeis hatte sich mittlerweile in solchen Massen um die Spitze, auf welcher wir uns befanden, gesammelt, daß wir beinahe ganz eingeschlossen waren und infolge dessen uns genöthigt sahen noch länger hier zu weilen. Schon war wieder von Neuem unser bereits abgenommenes Zelt aufgeschlagen, als sich eine Oeffnung in dem sonst überall dicht gepackten Treibeise zeigte. Die Erfahrung hatte uns gelehrt, wie nothwendig es in diesen Gegenden sei, jeden günstigen Augenblick zu benutzen, wir schoben daher sofort unser Boot in's Wasser, um zu dem andern Ufer zu rudern. Diese Ueberfahrt sollte auch zugleich unsere letzte Fahrt hier sein.

Das regnerische Wetter hatte im Laufe des Tages sich verändert und einer jener herrlichen, sonnenglänzenden Nächte Platz gemacht, welche dem höchsten Norden die gepriesenen Sommertage des Südens reichlich ersetzen. Ohne etwas Besonderes zu erleben, bahnten wir uns auf der stillen, spiegelblanken Wasserfläche einen Weg durch das dichtgepackte Treibeis, und es trennte uns nur noch ein schmaler Eisstreifen von dem offenen Wasser an dem andern Strande. Aber schon von Weitem konnten wir wahrnehmen, daß die vorhandenen Oeffnungen sich mehr und mehr schlossen. Wir griffen deshalb alle zu den Rudern, um das Boot schleunigst weiter zu bringen. Trotzdem hatte der Kanal, auf welchen zu wir hielten, sich auch schon so weit verengt, daß nur noch die Spitze des Bootes hineinging. Es würde zerdrückt worden sein, hätten wir nicht sofort den Rückzug angetreten. Wir suchten deshalb nach einem andern Ausgange; jede Oeffnung schloß sich indessen wenige Minuten bevor wir sie erreichten. In Kurzem sahen wir uns in einem Felde von losen Eisstücken, auf die wir

weiter nicht geachtet hatten, da sie ganz schwarz und vom Wasser
durchzogen waren, vollkommen eingeschlossen. Mit starkem Krachen
wurde dieses Eis zwischen einem großen festen Eisfelde im Innern
des Fjordes und einer ungeheuren Treibeismasse, welche mit der
Fluth in den Fjord hineindrang, zusammengepreßt. Die einzelnen
Eisblöcke wurden theils zermalmt, theils mit einer unglaublichen
Schnelligkeit auf die Eisdecke hinaufgeschoben. Von einem Re-
gieren des Bootes war nicht die Rede, indem wir weder die Ruder gebrauchen konnten, noch das Eisfeld das Boot, oder auch
nur uns zu tragen vermochte. Bald that das Eis sich unter demselben zusammen und hob es hoch in die Höhe, bald preßte es
das Boot bis zum Rande herunter, so daß wir es nur mit äußerster
Noth vor dem Zerdrücktwerden oder Umstürzen bewahren konnten.
Vergebens bemühten wir uns, einen Pfad zu der andern Strand-
seite zu bahnen. Als es uns einmal mit äußerster Anstrengung
gelang, das Boot einige Klafter weit zu schieben, verdickte sich
der Eisbrei wiederum unter uns und nöthigte uns, jede Aktivität
aufzugeben. Wir mußten uns darauf beschränken, das Boot im
Gleichgewicht zu erhalten und, so viel als das Eis es zuließ, es
zu erleichtern. Mit größter Unruhe sahen wir dem Augenblicke
entgegen, da die heranrückende Treibeismasse und das feste Eisfeld mit einander zusammenstoßen würden, indem sie vorläufig nur
die losen Eisstücke, in deren Mitte wir uns befanden, zusammen-
preßten. Das Schicksal des Bootes wie der Menschen ließ sich
dann leicht voraussehen.

Als das lose Eis und das feste Eisfeld an einander stießen,
begannen die Eisstücke sich mehrfach in heftigen Wirbeln zu drehen,
so daß sie in kurzer Zeit die kleineren Stücke zermalmten. In
dieser Art erregte auch in der Nähe unseres Bootes ein ungeheurer
Gletscherblock, den man schon einen Eisberg nennen durfte, das
Wasser, und zerdrückte und versenkte jedes Eisstück, das in seine
gefährliche Nachbarschaft kam, so daß sich in seiner Spur eine
kleine offene Wasserfläche bildete. Mit jeder Umdrehung kam er
uns näher. Wir lagen mit unserm Boote im Eisbrei fest und
unbeweglich, so daß es einige Augenblicke den Anschein hatte, dieser
Eisfels werde kommen und uns zerdrücken, noch ehe das Treibeis
und das feste Eis zusammenstießen. Statt dessen sollte er aber
unser Retter werden. Indem nämlich der Eisberg dicht an unserm
Boote vorüber kreiste, ohne dasselbe jedoch zu beschädigen oder auch

nur zu berühren, beeilten wir uns durch Schieben mit Stangen
so schleunig als möglich die ihm folgende Oeffnung zu erreichen,
welche sich bis zum Rande des festen Eises erstreckte, und es ge=
lang uns, noch ehe sie sich wieder schloß, nach mehreren vergeblichen
Versuchen, das mit Steinen und dem Proviant schwer beladene
Boot auf das feste Eis, dessen Kante mindestens eine halbe Elle
die Wasserfläche überragte, zu ziehen. Wir sahen uns gerettet
und konnten nunmehr mit Ruhe das großartige Schauspiel, wel=
ches gleich darauf begann, betrachten, indem das Treibeis die losen
Eisstücke ganz und gar verdrängte und mit ungeheurem Donner
und Krachen gegen das feste Eis stieß. Die hinaufgedrängten
Blöcke bildeten einen langen Wall, durch welchen wir uns spä=
ter einen Weg bahnen mußten, um das Boot wieder in's Wasser
zu schaffen. Auch die Kante des festen Eises wurde bei diesem
Zusammenstoße vielfach zerbrochen, so daß wir das Boot noch weiter
hinaufzogen, um es zu sichern. Bald darauf wurde es wieder ganz
ruhig und still; das Eisfeld war zum Stehen gekommen, oder
besser, der Eisstrom hatte eine andere Richtung genommen.

Es blieb uns nunmehr nichts Anderes übrig, als ruhig zu
warten, bis das Eis mit der veränderten Strömung sich zertheilen
werde, und uns bis dahin den Aufenthalt so angenehm als möglich
zu machen. Es wurde das Zelt über dem Boote aufgeschlagen,
Kaffee gekocht, und wir krochen in unsere Schlafsäcke, um uns von
der letzten ermüdenden Anstrengung auszuruhen. Nach einigen
Stunden erblickten wir in dem Treibeisfelde wieder ein paar offene
Wasserstreifen. Wir zogen das Boot zur Eiskante und schoben
es, als uns der günstige Moment gekommen schien, in eine der
größeren Oeffnungen. Durch unser früheres Mißgeschick gewarnt,
suchten wir nun so schnell als möglich Land zu erreichen und folgten
sodann dem Ufer, bald rudernd, bald uns in einer durch die Fluth
erzeugten, schmalen Wasserrinne weiter schiebend. Zuletzt war
aber auch dieser Kanal geschlossen, so daß wir nicht weiter zu
kommen vermochten, sondern uns genöthigt sahen, mitten am nörd=
lichen Strande des Südfjordes Halt zu machen. Hier zogen wir
um ein Uhr am Morgen des 7. Juli das Boot auf den Strand.

Nachdem Malmgren und ich noch einen kurzen Ausflug zu
dem Innern des Fjordes gemacht, einige Rennthierseiten gekocht
und mit gutem Appetite verzehrt hatten, legten wir uns zum
Schlafen nieder. Gegen Mittag begaben wir uns wieder auf

mehrere Ausflüge nach verschiedenen Richtungen. Behufs Auf=
nahme einer Karte des Fjordes ging ich zu einer ziemlich weit
nach Osten hin gelegenen Landspitze, weil ich hier gute Winkel zu
erhalten hoffte. Ein dichter Nebel hinderte mich jedoch, den Strand
auf der andern Seite des Fjordes wahrzunehmen, und ich mußte
unverrichteter Sache wieder zurückkehren. Malmgren war glück=
licher, indem es ihm gelang, ein spitzbergisches Schneehuhn zu schießen,
eine zoologische Rarität, und eine Menge interessanter Verstei=
nerungen einzusammeln. Später am Tage ging auch ich, in Be=
gleitung eines Mannes, zu einem in der Nähe befindlichen Thale,
um Versteinerungen zu suchen, und kehrte nach einigen Stunden
mit einer guten Ausbeute zurück, hauptsächlich aus Korallen be=
stehend, welche derselben Bildung wie die am Cap Fanshaw an=
gehörten. Der folgende Tag war trübe und regnerisch. Das
Treibeis hatte sich nun um unsern Rastplatz so dicht gepackt, daß
weder an ein Entkommen noch an Ausflüge zu denken war. Wir
verbrachten deshalb den größten Theil des Tages in unserm Boote
und verkürzten uns die Zeit mit der Betrachtung der zahlreichen
Weißfische, welche entweder an der Oberfläche schnaubend dahin
schwammen, oder aus der Tiefe den ihnen so eigenthümlichen Laut
hören ließen, der so klingt, als ob eine Saite angeschlagen wird.
Die meisten nahmen ihren Weg nach dem Innern des Fjordes,
wahrscheinlich um die Mündung eines der bortigen größeren Flüsse
zu besuchen.

Da unser Proviant, trotz der Verstärkung durch das Renn=
thierfleisch, schon erheblich mitgenommen war, so mußten wir durch=
aus auf die Rückkehr bedacht sein; als sich daher bei der höchsten
Fluth am 9. Juli zwischen dem Treibeise und dem Strande ein
offener Kanal bildete, beschlossen wir die Rückreise zu unserm
Schiffe anzutreten. Das Boot wurde wieder in's Wasser ge=
schoben und mit Stangen längs dieser schmalen Rinne weiter be=
fördert. Gleichzeitig ging Einer der Leute längs dem Strande, um
mit einem Bootshaken die im Wege befindlichen Eisstücke zu ent=
fernen. Wo wir in der angegebenen Art trotzdem nicht weiter
konnten, schlugen wir entweder das Eis mit Aexten entzwei oder
zogen das Boot darüber. Auf diese sehr ermüdende Weise er=
reichten wir zuletzt die von hohen prachtvollen Bergen umgebene
Stansvik und zogen das Boot auf deren südlichen Strand. In
der Nähe unserer Raststelle stürzte ein mächtiger Wasserfall von

den Felsen herab in ein von steilen Wänden umgebenes Bassin,
welches so regelmäßig ausgehöhlt war, daß man es für ein Werk
von Menschenhänden hätte halten können. Nachdem wir hier
unser Mittagsmahl eingenommen, die Berge photographirt und
untersucht, Versteinerungen gesammelt hatten u. s. w., ruderten
wir weiter in der noch immer sehr schmalen Rinne, längs dem
Strande, bis zum Rennthierthale an der Sauriehuk, wo wir
Dunér zu treffen hofften. Um dorthin zu gelangen, mußten wir
indessen an einer Spitze vorbei, bei welcher das Treibeis bis zum
Strande dicht gepackt lag, so daß wir unsere ermüdende Fahrt
nicht länger fortzusetzen vermochten. Wir mußten liegen bleiben und
zogen das Boot etwas östlich vom Cap Thordsen, bei den Trüm=
mern einer Russenhütte — es sind nur noch die Fundamente und
die Reste der Oefen vorhanden — auf's Land. Die Meisten von
uns hatten 24 Stunden lang gearbeitet und waren infolge dessen
äußerst ermüdet. Kaum hatten wir das Zelt aufgeschlagen und ein
wenig kalte Speise genossen, als wir Alle die Mühen des Tages
in den Armen des Schlafes vergaßen.

Das Land oberhalb unserer Ruhestelle bildete eine gleichmäßige
Terrasse, welche nur von einigen Hyperitklippen, oder ein paar
Bächen mit ihren tiefen in den lockern Schiefer gegrabenen Furchen
unterbrochen wurde. Sie erhebt sich erst mit einem 20 bis 30 Fuß
hohen Absatze steil vom Meere aus und steigt dann allmählich 5=
bis 600 Fuß hoch gegen Norden und Nordosten, um sich sodann
plötzlich gegen das Rennthierthal hinabzusenken. Der Weg von
unserer Raststelle zu dem Berge, bei welchem ich auf der ersten
Bootfahrt die Knochen des Sauriers gefunden, ging über diese
jetzt schneefreie, sumpfige und mit großen Hyperitblöcken bedeckte
Ebene. Diesen Weg schlugen wir am 10. Vormittags sämmtlich
ein, um eine großartige Einsammlung von Versteinerungen vor=
zunehmen. Um den Eifer der Leute zu beleben, hatte ich dem=
jenigen, der das beste Stück finden würde, ein Päckchen Tabak
versprochen. Wir kehrten erst spät in der Nacht mit einer sehr
reichen Ausbeute zurück. Der ausgesetzte Preis fiel dem Zimmer=
mann Adrian zu, welcher zwei ziemlich vollständige Rückgrate von
Sauriern nebst daran befindlichen Rippen fand. Auch in Betreff
der lebenden Fauna ist diese Gegend ungewöhnlich interessant.
Wie schon oben bemerkt, bildet sie den besten Jagdplatz für Renn=
thiere; ferner traf Hellstab ein Nest nebst Eiern von der schönen

27*

Wasserschnepfe (Phalaropus fulicarius) in dem feuchten Gerölle
des Rennthierthales. Ein stattliches Schneehuhn — diesesmal
unbelästigt — sah von der Spitze eines hohen Felsens unserm
eifrigen Suchen nach Knochenresten zu. Die Graue Gans (Anser
brachyrhynchus) fanden wir brütend an dem oberen Rande einer
breiten Schlucht, nicht weit von unserm Rastplatze, den Schnee=
sperling aber in den Klüften des Hyperits. Schließlich erblickte
Malmgren hier zum ersten Male die für Spitzbergen neue Vogel=
art Stercorarius Buffoni, welche er später in der Advent=Bai zu
schießen Gelegenheit fand.

Als wir wieder zum Boote zurückkehrten, konnten wir wahr=
nehmen, daß das früher dicht gepackte Treibeis sich etwas vertheilt
hatte, und wir überlegten, ob wir nicht sofort nach Safe Haven
zurückkehren sollten. Aber theils waren wir zu müde, theils blieb
noch ein von Hellstab geschossenes Rennthier zum Boote zu schaffen.
Es wurde deshalb ein Mann nach dem Wilde geschickt, und wir
beschlossen am folgenden Tage abzufahren. Aber im Laufe der
Nacht sammelte sich das tückische Eis wieder so dicht um die Spitze,
darauf wir uns befanden, daß an einen Aufbruch nicht zu denken
war, es sei denn, daß das Treibeisfeld durch Wind und Strömung
abermals eine Veränderung erfuhr.

Sowohl das Brod als auch der sonstige vom Schiffe mitge=
nommene Proviant ging nun zu Ende, wir mußten uns daher le=
diglich an das Fleisch der erlegten Rennthiere halten. Dasselbe war
mit dem Kaffee und dem Tabak der Fall, und von den Getränken
war schon längst der letzte Tropfen verbraucht. Wir sahen uns
mithin auf eine äußerst geringe und einförmige Kost beschränkt,
indem uns alle Vegetabilien und anregenden Mittel durchaus
fehlten. Malmgren's Vorschlag, aus dem zu zoologischen Zwecken
mitgenommenen Spiritus, in welchem bis jetzt nur ein paar As=
zidien und Würmer verwahrt waren, ein „Brennsel“, eine Art
Punsch zu bereiten, wurde daher von der Mannschaft mit großer
Genugthuung aufgenommen. Malmgren hoffte den Aszidien=
geschmack „ausbrennen“ zu können. Die Zubereitung wurde mit
ungetheiltem Interesse verfolgt und der für fertig erklärte Trank
einer sorgfältigen Prüfung und Kritik unterzogen. Diese fiel im
Ganzen sehr zum Vortheile des „Brennsels“ aus. Nur zwei Per=
sonen verschmähten den lieblichen Trank, nämlich Malmgren und

ich; wir waren eben die Einzigen, welche die Beschaffenheit des verwendeten Spiritus genauer kannten.

Den 11. Juli lagen wir noch immer fest und blickten den ganzen Tag in die Ferne, um nach einer fahrbaren Oeffnung zu spähen. Aus Furcht, daß wir wieder den günstigen Augenblick versäumen könnten, wagten wir auch nicht eine längere Excursion nach dem Innern des Landes zu unternehmen. Wir blieben deshalb den ganzen Tag über in der Nähe unseres Ruheplatzes. Da am folgenden Morgen sich das Eis ein wenig vertheilt hatte, so beschlossen wir das Boot in's Wasser zu schieben. Anfangs ruderten wir bei dem stillen schönen Wetter durch vertheiltes Treibeis, bald stießen wir aber auf große Eisfelder, welche sich von einigen Stellen aus dem Innern des Fjordes losgelöst hatten und zwischen uns und dem so ziemlich offenen Wasser neben der Advent=Bai ein zusammenhängendes Eisband bildeten. Es blieb uns keine andere Wahl, als entweder durch das mehr und mehr zusammengedrängte Treibeis zurückzukehren, oder uns einen Weg durch die Treibeisfelder vor uns zu bahnen. Das Abenteuer in der Klaas=Billen=Bai hatte gelehrt, daß jeder dieser Wege seine Gefahren habe. Nach gepflogenem Rathe beschlossen wir doch vorzudringen, und es glückte uns, wider alles Vermuthen, uns durch den breiten, aber schon sehr zerfressenen Eisgürtel hindurchzuarbeiten. Kaum hatten wir das offene Wasser erreicht, so begann ein so heftiger Gegenwind zu wehen, daß wir erst nach mehreren Stunden und einer sehr ermüdenden Fahrt den südöstlichen Strand des Eisfjordes erreichten, wo wir eine Weile an Land gingen, um unser Mittagsmahl, bestehend aus Rennthiersuppe und gleichem auf Kohlen geröstetem Fleisch, einzunehmen. Etwas Anderes gab es nicht mehr. Hierauf ruderten wir weiter durch verschiedene dicht gepackte Treibeisfelder bis zum westlichen Strande der Advent=Bucht. Während dieser Fahrt folgten uns große Schaaren von Weißfischen, welche theils durch ihre eigenthümlichen Stimmen ihre Anwesenheit unter dem Boote zu erkennen gaben, theils sich rings um uns tummelten. Man trifft überhaupt diese Thiere bei Spitzbergen häufiger an als die Walrosse, wenn auch nicht in so großen Schaaren. Sie lassen sich nur schwer schießen oder harpuniren und werden deshalb nur in geringer Zahl erlegt. Früher dagegen, während der russischen Jagdperiode, hat der Weißfisch — belugan — den Gegenstand einer systematischen Verfolgung ge=

bildet, und man findet am Strande noch oft Ueberreste der un=
geheuren Netze, deren man sich damals zu dem Fange bediente.
Um den Weißfisch mit einer Kugel zu tödten, muß man ein sehr
sicheres Auge haben, damit das Thier an einer bestimmten Stelle
des Kopfes in dem Augenblicke getroffen werde, da es heraufkommt,
um zu athmen. So vortreffliche Schützen nun die Jäger im All=
gemeinen auch sind, so vermögen doch nur wenige mit Erfolg
diese Jagd zu betreiben. Den ersten Rang unter diesen Meistern
in der Schützenkunst nahm während unserer Anwesenheit auf
Spitzbergen unbestritten ein kleiner schielender Lappe ein, der
einzig wegen dieser seiner Fertigkeit ein erheblich größeres Salair
erhielt als die übrige Mannschaft. Seine Kugel verfehlte niemals
ihr Ziel, und zum Zielen schien er kaum irgend einer Zeit zu be=
dürfen.

Die einzige noch ziemlich unbeschädigte Russenhütte am Eis=
fjorde befindet sich auf der an dem Eingange der Advent=Bai
hervortretenden Landspitze, auf welche wir nunmehr unser Boot
zogen. Wie wir schon vor unserer Abfahrt vom Schiffe gehört,
hatten drei gescheiterte Norweger diese Hütte in Besitz genommen.
Sie glaubten mit der Rennthierjagd etwas verdienen zu können
und warteten darauf, daß die Walroßjäger, welche vor ihrer Rück=
kehr nach Norwegen noch den Eisfjord zu besuchen pflegen, um
die dann etwa noch leeren Räume ihres Schiffes mit Rennthier=
fleisch zu füllen, sie und ihre Beute abholen würden. Von dem
gestrandeten Schiffe hatten die Colonisten genügenden Vorrath
mitgenommen, wir hofften deshalb das seit mehreren Tagen ent=
behrte Brod von ihnen zu erhalten. Die rings um das kleine
Haus gestellten Tonnen, die aufgehängten Stücke trockenen Renn=
thierfleisches und Schinken u. A. zeigten schon aus der Ferne an,
daß die Hütte bewohnt sei. Wir trafen zufällig auch die Mann=
schaft zu Hause an, die uns gastfrei aufnahm und ihren kleinen
Brodvorrath gerne mit uns theilte. Dafür baten sie um Pulver,
daran die kleine Colonie großen Mangel litt, indem sie durch einen
bösen Zufall den größten Theil desselben verloren hatten. Ihre
noch sehr leichte südliche Kleidung, die sie aus dem Schiffbruche
gerettet: ein wollenes Hemd, ein Paar Beinkleider und Schuhe,
schien sie weniger zu bekümmern. Hier erhielten wir auch die
Nachricht, daß ein englischer Schoner mit 4 bis 5 „Lords" in
Safe Haven Anker geworfen, daß nach deren Mittheilung auch

Dunér schon dorthin zurückgekehrt sei und daß ein Theil der Engländer gegenwärtig sich auf dem östlichen Strande der Advent-Bai mit der Rennthierjagd beschäftige.

Schon im Jahre 1858 hatten wir diesen Fjord besucht. Die Hütte war damals unbewohnt, aber verschiedene norwegische Jäger benutzten sie als ein Noth-Depot, in welchem Brod, Mehl, Grütze, Büchsen, Pulver, Blei, Harpunen, Zündhölzchen, Töpfe u. s. w. verwahrt wurden. Dieses Depot war für gescheiterte Schiffer und für solche gegründet, die hier etwa unfreiwillig überwintern müßten, und obwohl die Thüre nicht verschlossen wurde, wagte es doch Niemand, der sich nicht in entschiedener Noth befand, die hier befindlichen Vorräthe anzugreifen. Die älteren Jäger wachten so strenge darüber, daß ein Harpunirer, welcher an Stelle seines zerbrochenen Topfes sich einen von den dortigen holte, nur mit genauer Noth einer Anklage wegen Diebstahls entging. Die Schwefelhölzchen, das Pulver und die Zündhütchen waren (wegen der feuchten Luft) nicht in hermetisch geschlossenen Büchsen verwahrt, erwiesen sich aber noch als vollkommen brauchbar. Wir wissen nicht, ob seit dem Sommer 1864 die spitzbergischen Depots erheblich vermehrt sind, aber bei der Expedition des Jahres 1861 wurde eine bedeutende Quantität hermetisch verschlossenen Pemmikans nebst einem eisernen Boote und Zubehör auf der Depotspitze in der Branntwein-Bucht niedergelegt. Außerdem befindet sich ein großes, obwohl — wie es heißt — nunmehr durch die Kälte zerstörtes englisches Boot, sowie eine größere für Hunde bestimmte Menge Pemmikans auf der Amsterdaminsel, ferner ein Depot von Pulver, Blei u. s. w. in einem Varde beim Cap Starastschin.

Bevor wir am folgenden Morgen abfuhren, trafen wir noch mit den Engländern zusammen, welche in zweien Booten von der Ostseite der Advent-Bucht herüberkamen. Wir traten sodann bei einem außerordentlich starken Nebel die Rückreise an und fuhren quer über den Eisfjord nach Safe Hafen. Dunér war, durch unser Ausbleiben beunruhigt, schon wieder ausgegangen, um uns aufzusuchen, — ein vergebliches Bemühen, da wir während unserer Irrfahrten nirgends schriftliche Nachrichten niedergelegt hatten und das Treibeis uns überdies nöthigte, unsern Cours in jedem Augenblicke zu ändern. Schon am folgenden Tage kehrte er indessen zu unserer großen Freude zurück.

Viertes Kapitel.

Der Eisfjord.

Dunér's Bootfahrt. Wie schon oben erwähnt, trennten sich die beiden Boote etwa eine halbe Meile vor der Kohlen=Bucht, zu welcher ich meinen Cours nahm. Während eines leichten Nebel= regens wurde hier das Boot auf einen ziemlich ebenen, sandigen Vorstrand, nicht weit vom Ende des Fjordes, dicht neben einer fast schon unkenntlichen Trümmerstätte einer ehemaligen russischen Hütte, gezogen. Keiner der Besatzung hatte Kenntniß oder Er= fahrung, wie man das Zelt aufschlage oder die Speisen nach der von den Engländern auf ihren letzten arktischen Reisen zur An= wendung gebrachten Art und Weise bereite. Aber nach ein paar mißlungenen Versuchen glückte uns zuletzt doch beides. Als der Regen aufhörte und das Wetter sich aufklärte, erschienen ein paar Rennthiere an den Bergabhängen. Ich griff sie sofort an und mit dem Erfolge, daß bald drei Stück zu unserm Boote gebracht werden konnten, und am folgenden Tage noch eines.

Nachdem ich die Lage unseres Rastplatzes bestimmt, fuhren wir am folgenden Mittage weiter, indem wir mit dem Boote längs den Küsten, behufs deren Kartographirung, ruderten.

Die Kohlen=Bai ist eine unbedeutende Bucht, welche auf allen Seiten, und zwar im Osten von sehr hohen Bergen umgeben wird. Sie steigen erst senkrecht zu einer Hochebene von etwa 1,000 Fuß auf, über welche sich sodann eine vielleicht 2,500 Fuß hohe Kuppel erhebt. In der Tiefe der Bucht mögen die Berge nur 1,200 Fuß hoch sein, nahe dem Strande an der Westküste nur 800, aber hinter ihren Plateaux ragen Bergspitzen bis zu 1,500 Fuß auf.

Green Harbour im Eisfjord.

Rings um die ganze Bucht, und besonders am Ende derselben, zieht sich ein ziemlich breiter Landstreifen hin, welcher, mit einer üppigen Vegetation bedeckt, den Rennthieren reichliche Nahrung darbietet. Was das Fahrwasser dieser Bucht anlangt, so muß der Schiffer sich vor dem sehr flachen Grunde an der westlichen Küste in Acht nehmen, dagegen kann man der östlichen Küste bis zu den Ruinen der russischen Hütte folgen, um dicht an derselben auf sechs Faden Tiefe Anker zu werfen. An der Mündung des neben dieser Hütte in die Bucht fallenden Flusses hin zu fahren, erscheint nicht rathsam.

Von der Kohlen-Bucht gingen wir weiter westlich nach Green-Harbour, immer der Küste folgend, welche, von einer niedrigen Sandbank an der westlichen Küste beginnend, rasch ungefähr 30 Fuß aufsteigt, beinahe überall senkrecht abfällt und, mit Ausnahme einer in der Nähe von Green-Harbour befindlichen breiten aber flachen Bucht, in welche ein Fluß mündet, sich fast durchweg in einer geraden Linie hinzieht. Infolge dessen macht diese Strecke einen ermüdenden Eindruck. In der Nähe des Strandes ist das Wasser überall flach und der Grund mit großen Steinblöcken bedeckt, welche, soweit nicht die Eisblöcke alle weicheren Theile abgerieben haben, mit einer üppigen Vegetation von Algen bedeckt sind. Vom Boote aus gesehen erschien „der grüne Hafen" ganz mit Eis belegt zu sein; als ich aber auf einen höheren Eisblock stieg, zeigte es sich, daß dieses eine Täuschung sei; denn das Fahrwasser an der Westküste war offen, wenngleich einige Eisstücke darin umherschwammen.

Ungefähr um Mitternacht kamen wir zu dem andern Ufer und fanden glücklicher Weise auch eine passende Stelle für unser Boot. Nachdem wir noch ein paar Stunden mit der Bereitung der Speisen und mit anderen Dingen zugebracht, gingen wir Alle zur Ruhe und schliefen bald fest, trotz des harten, unbequemen Bodens unseres Bootes.

Am folgenden Mittage bestieg ich einen oberhalb unseres Platzes befindlichen Hügel, von welchem man den Fjord in seiner ganzen Ausdehnung überschauen konnte. Er wird im Osten von einem ziemlich hohen Tafelberge und einer Menge, gleich Zinnen aufragender Bergspitzen begrenzt. In seiner Tiefe erblickt man eine große Rennthierweide und dahinter mehr kuppenartige Höhen; von seiner südwestlichen Spitze steigen einige Gletscher herab. Die

Weſtſeite wird von einer nicht ſehr hohen Hügelkette eingenommen,
hinter welcher ſich, doch in ziemlicher Entfernung, Berge bis zu
1,500 Fuß erheben. Von dieſen letzteren ſtrömt einer der waſſer=
reichſten Flüſſe Spitzbergens nieder und mündet ein wenig ſüdlich
von dem Punkte, wo wir unſer Zelt aufgeſchlagen hatten, im
Meere. Vor dieſem Fluſſe war der Fjord noch mit Eis bedeckt.
In der Nähe der Stelle, auf welcher ich ſtand, lag ein alter
holländiſcher Kirchhof mit einem Dutzend Gräbern, an deren einem
ſich ein Kreuz mit folgender Inſchrift befand:

> An 1766. Hier leyt begraaven Elbert Symon van
> Marken out 22 yaar is gerut den 18. april op het
> schip de Zaayerdaar op Commandur Cornelis Moy.

Das Holz, auf welchem dieſe Inſchrift ſtand, zeigte wie ſo
viele andere, oft hundert Jahre ältere Grabkreuze, deren Trümmer
wir an der Treurenberg=Bucht, der Amſterdam=Inſel und anderswo
gefunden, nicht die geringſte Spur der Verwitterung, obwohl es ſo
abgenutzt war, daß die urſprünglich eingeſchnittenen und mit einer
ſchwarzen Farbe bezeichneten Buchſtaben jetzt über die Holzfläche
erhöht hervortraten. Denn die chemiſche, oder vielmehr, chemiſch=
organiſche Umwandlung, welche die Verrottung des Holzes be=
dingt, bedarf einer höheren Temperatur, als in dieſen nördlichen
Regionen die vorherrſchende iſt.

Ich fuhr im Laufe des Tages, ſo weit es das Eis geſtattete,
um den Fjord und landete zuletzt um Mitternacht an der am Ein=
gange befindlichen, halb verfallenen Ruſſenhütte. Dieſe Stelle iſt
nicht ohne hiſtoriſches Intereſſe. Der ruſſiſche Jäger=Eremit Sta=
raſtſchin ſtarb hier an Altersſchwäche im Jahre 1826. Er hatte
einige 30 Winter auf Spitzbergen verlebt, darunter 15 hinter=
einander, und wurde deshalb ſowohl von den ruſſiſchen als auch
den norwegiſchen Jägern mit der größten Achtung behandelt. Die
Spitze, auf welcher die Hütte dieſes alten arktiſchen Veteranen ge=
ſtanden hat, iſt auf der Karte mit dem Namen Cap Staraſtſchin
bezeichnet.

Das Eis machte ein weiteres Vordringen nach Weſten un=
möglich. Da daſſelbe während unſerer Mahlzeit ſich ſogar in ſehr
bedenklicher Weiſe der Ruſſenhütte näherte, beſchloß ich zur Kohlen=
Bucht zurückzukehren, um einer möglichen Einſperrung zu entgehen.
Wir fuhren Nachts um ein Uhr ab und erreichten, nach einigem

Kampfe mit dem Eise im Eingange zu Green=Harbour, die West=
spitze der Kohlen=Bucht um sechs Uhr Morgens. Hier gingen wir,
ermüdet von der achtzehnstündigen Arbeit, sofort zur Ruhe und
schliefen bis etwa sechs Uhr Nachmittags, worauf wir zur Advent=
Bai fuhren. Die Berge zwischen dieser und der Kohlen=Bucht sind
von einer ganz sonderbaren Form. Sie steigen nämlich senkrecht
aus dem Meere auf und theilen sich dann in verschiedene Vorsprünge,
welche oft in zweien Reihen über einander liegen. Der zweite
Berg — von der Advent=Bai gerechnet — erinnert in auffallender
Weise an die Strebepfeiler einer gothischen Kirche. In seinen
Klüften hausen Millionen von Alken und erfüllen mit ihrem un=
aufhörlichen Geschrei die Luft. Hinter diesen Strandbergen erhebt
sich erst der bei der Kohlen=Bucht erwähnte Kuppelberg, dahinter
einer von gleicher Höhe, aber erheblicher Breite.

Die Fahrt längs dieser Küste wurde dadurch erschwert, daß
das Meer bis dicht an die Felswände eine bedeutende Tiefe hat, so
daß kein gestrandeter Eisblock das schwimmende Treibeis aufhält.
Indessen glückte es uns doch, durch das letztere zu kommen und
um drei Uhr Morgens die Advent=Bai zu erreichen.

Um Nachrichten über unsere Genossen einzuziehen, machten
wir hier sofort einen Besuch bei den gestrandeten Schiffern, welche
in der alten Russenhütte daselbst wohnten. Wir wurden von ihnen
mit der Gastfreiheit, welche ebenso dem Araber in der Wüste, wie
dem Traper in den Urwäldern Amerikas und den Jägern im Po=
larmeere eigen ist, empfangen. Man setzte uns vor, was das
Haus nur darbot; man tischte Jagdgeschichten auf, gab Rath, er=
ging sich in Vermuthungen über die Lage des Eises u. f. w.
Unter Anderm erfuhren wir auch, daß sie auf der Rennthierjagd
zu einem nicht unerheblichen, ziemlich hoch über dem Meere ge=
legenen Süßwassersee gekommen wären. Die Russen hätten hier
offenbar die Jagd oder den Fischfang (?) betrieben, denn es habe
sich dort oben noch ein kleines Floß von Eichenholz befunden. Sie
hätten dasselbe mit heruntergenommen und als Schlitten benutzt,
um die geschossenen Rennthiere über die Schneefelder zu trans=
portiren. Dieses Floß bestand, wie gewöhnlich, aus zweien aus=
gehöhlten und zusammengefügten Baumstämmen, also einer Art
doppelten Bootes.

Da ich hier hörte, daß meine Genossen zur Sassen=Bucht ge=
fahren wären, so beschloß ich, an diesem Fjord — wenn es an=

ginge — vorbei zu rudern und erst an dem Strande der Midter=
huk zu rasten. Es gelang uns aber trotz aller Anstrengungen
nicht, das Eis zu durchbringen, und wir sahen uns am 6. Vor=
mittags elf Uhr genöthigt, unser Zelt an der südlichen Küste des
südlichen Armes bei strömendem Regen aufzuschlagen. Am Nach=
mittage blies ein starker Wind und das Eis vertheilte sich erheb=
lich. Ich fuhr deshalb um ein Uhr Morgens ab, trotz des an=
haltenden Regens und des Nebels, welcher bald so dicht wurde,
daß auf 100 Fuß Entfernung kein Gegenstand mehr zu erkennen
war. Glücklicher Weise hatte das Eis sich verzogen und wir
konnten ganz bequem nach dem Kompaß fahren. Als wir schon
fast den ganzen Fjord passirt hatten, vernahmen wir vor uns ein
dumpfes Brausen, das wahrscheinlich von einem beim Cap Thorbsen
mündenden Flusse herrührte. Wir behielten die einmal eingeschla=
gene Richtung bei und nahmen etwa dreiviertel Stunden später,
hoch in der Luft, ein schneebedecktes Berghaupt wahr. Der Nebel
hatte sich schon etwas gelichtet und das Boot befand sich kaum
1,000 Ellen vom Lande, trotzdem konnten wir den Fuß des Berges
erst dann erkennen, da wir ihm ganz nahe kamen. Nachdem wir
ausgeruht und das Frühstück eingenommen hatten, fuhren wir
weiter, doch nicht ohne vom Eise behindert zu werden. Als
wir um Cap Thorbsen wandten, erblickten wir den vielleicht
großartigsten Wasserfall Spitzbergens, welcher von einer etwa
700 Fuß hohen, fast senkrechten Felswand in das Meer stürzt.
Es war sein Brausen, das wir schon aus der Ferne gehört
hatten. Von hier ab wurde das Eis immer dichter und die
Fahrt beschwerlicher. Hier genügte es nicht — wie sonst oft —
auf zwei Eisstücke zu steigen und sie auseinander zu schieben, da=
mit das Boot passiren konnte, oft mußten sie auch noch mit der
Eisart bearbeitet werden. Bei dieser Arbeit hatte unser Steuer=
mann das Mißgeschick, daß die Scholle, auf welche er sprang, zer=
brach und er in das eiskalte Wasser fiel. Wir legten deshalb
auch bald darauf am Lande an, damit er, so weit die Umstände
es zuließen, seine Kleider wechsle und sich erwärme.

Ich erkletterte sofort den ziemlich steilen Strand und wan=
derte ein Ende längs der Küste, welche hier aus einer großen
Menge kleiner Buchten besteht. Die Felsen fielen etwa 50 Fuß
hoch nach dem Wasser zu ab; in den Buchten schwammen un=
zählige Eisstücke. Weiterhin schien der Fjord allerdings mehr eis=

frei. Das Boot wurde daher von Neuem in's Wasser geschoben, und wir strengten alle Kräfte an, in der Hoffnung, endlich aus diesem widerwärtigen Gewirre herauszukommen. Der Versuch schien anfangs von Erfolg gekrönt zu werden; denn sobald wir die oben genannten Spitzen passirt und den niedrigen Theil des Strandes erreicht hatten, welcher in dem Sauriethal sich nach dem Innern des Landes fortsetzt, fanden wir das Wasser längs der Küste vollkommen rein. Aber dieses günstige Verhältniß änderte sich vollständig, sobald das von den Eisklippen geschützte flache Wasser am Strande aufhörte und die Tiefe neben der steilen Midter= huk ihren Anfang nahm. Hier trafen wir wieder auf so viel Eis, daß sich von Neuem die Nothwendigkeit herausstellte, das Boot zwischen den Treibeisstücken weiter zu „staken". Auf diese Weise bahnten wir uns bis vier Uhr Nachmittags einen Weg, später aber wurde es ganz unmöglich, vorwärts zu kommen, da das Eis im Nordfjorde noch durchaus fest lag. Wir beschlossen daher, bis auf Weiteres an dem nächsten Strande anzulegen und es vom Eise abhängen zu lassen, ob wir uns nach dem Nordfjord oder der niedrigen Landspitze wenden sollten, welche von der Nordküste des Hauptfjordes in südlicher Richtung ausgeht.

Der Steuermann und Jaen Mattisen begaben sich zu Lande nach dem Nordfjorde, theils um die Lage des Eises zu erkunden, theils um Rennthiere zu jagen. Ich bestieg dagegen den nächsten Berg, um eine Uebersicht über eben diesen Fjord zu erhalten. Es ergab sich, daß es nicht durchaus unmöglich sei, auf diesem Wege zu dem Schiffe zu gelangen, denn vom Südarme her erstreckte sich eine ziemlich breite Rinne nach dem Cap Boheman, und von der äußersten Spitze des letzteren zog sich eine andere offene Rinne nach dem Eise zu. Die Frage blieb also blos, wie der etwa eine halbe Meile breite Raum zwischen diesen beiden Kanälen zu pas= siren sei. Der größere Theil desselben erschien als eine ebene Eis= fläche, über welche im schlimmsten Falle das Boot gezogen werden konnte. Da die Schützen, nachdem sie ein prächtiges Rennthier erlegt hatten, mit der Nachricht zurückkehrten, das Eis am Nord= fjorde sei nicht zu passiren, so beschlossen wir die Nacht noch auf dieser Stelle zuzubringen und dafür am andern Tage zu der gedachten niedrigen Spitze zu rudern. Nachdem ich am folgenden Morgen noch einen Blick auf die Lage des Eises geworfen und sie beinahe unverändert gefunden hatte, ruderten wir entschlossen

in das Eis hinein und befanden uns bald in der ersten Rinne,
welche im Boote viel weniger eisfrei erschien und schwerer zu
erkennen war, als vom Berge aus. Glücklicher Weise lag das
Eisfeld ziemlich ruhig und wir vermochten uns ohne besondere
Abenteuer hindurch zu drängen, so daß wir schon um zwei Uhr Nach=
mittags das Boot auf die äußerste Spitze des Cap Boheman ziehen
konnten. Nachdem wir hier zu Mittag gegessen und uns aus=
geruht, setzten wir die Reise fort. Erst um Mitternacht langten
wir am Schiffe an. Hier erfuhren wir, daß Nordenskiöld noch
nicht zurückgekehrt sei. —

Während wir am Eingange des Safe Haven fuhren, nahmen
wir ein fremdes Schiff wahr, das die Leute nicht kannten. Sonst
pflegen die norwegischen Spitzbergenfahrer schon aus weiter Ferne
jedes Schiff von Tromsö bis Hammerfest wieder zu erkennen. Es
war die englische pleasure-yacht „Sultana“, dem Mr. Birkbeck
in Aberdeen zugehörig, ein äußerst comfortabel eingerichtetes Fahr=
zeug und ein vortrefflicher Segler, aber nur mit einer zwei Zoll
dicken Bekleidung, und daher für das Eismeer wenig geeignet.
Der Eigenthümer war mit seinen Begleitern hierher gekommen,
um Rennthiere, Seehunde, Walrosse und Eisbären zu jagen. Da
das Schiff sich aber nicht in's Eis wagen durfte, so haben die
Engländer von den beiden letzten Species auch nicht einmal ein
einziges Thier gesehen.

Den 11. unternahm ich einen kurzen Ausflug zur „Todten
Manns Spitze“, welche den Eisfjord vom Vorlandssunde trennt.

Da Nordenskiöld's Boot noch immer ausblieb, obwohl die
verabredete Zeit zur Rückkehr längst verstrichen war, so wurden
wir an Bord um das Schicksal unserer Genossen sehr besorgt,
zumal wir selber die überwundenen Schwierigkeiten noch in guter
Erinnerung hatten. Ich beschloß deshalb am folgenden Tage eine
neue Fahrt nach dem Fjorde anzutreten, um das Boot aufzusuchen
und möglicher Weise dessen Besatzung zu bergen. Das schwarze
Boot wurde deshalb so wie früher bemannt, ich fuhr längs der
Nordküste und kam zum Cap Boheman am Abend des 12.
Schon zweimal hatten wir diesen wichtigen Punkt besucht, ohne
eine Ortsbestimmung zu erhalten. Da diesesmal die Aussichten
besser waren, so blieb ich bis zum Morgen des 13. daselbst. Mitt=
lerweile unternahmen wir eine Fußwanderung zu der ungefähr
200 Fuß hohen Landspitze und konnten von hier die Mündung

des Nordfjordes bis zur Midterhuk übersehen. Ich fand hier die Skelete zweier Rennthiere mit sehr großem Geweih, welche ganz ineinander verwickelt waren. Die Leute vermutheten, daß die Thiere bei einem Kampfe während der Brunstzeit umgekommen seien. Das sonst so scheue Renn fällt dann sogar Menschen an. Einer der gestrandeten Leute in der Hütte an der Advent=Bai berichtete, daß er bei einer Rennthierjagd einst im Herbste von einem großen Rennthiere angefallen worden sei, und da sein Pulver naß ge= wesen, so habe er die Flucht über einen tiefen Fluß, dessen Wasser ihm bis zum Gürtel ging, ergreifen müssen. Das Thier folgte ihm und schwamm ebenfalls herüber, so daß der Mann von Neuem durch den Fluß mußte. Nachdem er so mehrere Male durch das eiskalte Wasser gesetzt, bekam er endlich die Büchse in Ordnung und erlegte seinen speckfetten horngezier= ten Gegner.

Man konnte von hier deutlich erkennen, daß das Eis nach dem Fjorde zu nicht zu durchbringen sei; der Weg, welchen ich am 8. genommen, war nunmehr vollkommen gesperrt. Da es also unmöglich war, auf diesem Wege die Midterhuk, wo nach meiner Vorstellung das andere Boot sich befinden mußte, zu erreichen, so beschloß ich, nachdem ich durch Erlangung eines Rennthieres den Proviantvorrath so bedeutend vermehrt hatte, daß wir noch einige Tage damit versehen waren, erst hinüber zur Advent=Bai zu gehen und demnächst zum Cap Thordsen zu steuern; und da es sich möglicher Weise ereignen konnte, daß Nordenskiöld an eine der von uns besuchten Stellen käme, so legten wir sowohl auf der genannten äußersten Landspitze als auch auf der Nordspitze der Advent=Bucht einige Mittheilungen über unsere Fahrt nieder. Wir errichteten daher an unsern Rastplätzen Steinvarde und stellten mitten auf dieselben Treibholzstämme, an deren Spitze wir eine Flasche mit dem betreffenden Zettel befestigten.

Nachdem wir weiter durch ziemlich eisfreies Wasser geru= dert, kamen wir am Nachmittage zur Advent=Bucht und erhiel= ten hier von den Bewohnern der Russenhütte die Nachricht, daß Nordenskiöld und Malmgren wenige Stunden vor unserer An= kunft diese Bucht verlassen hätten. Infolge dessen kehrten auch wir zum Safe Haven zurück und trafen daselbst um sechs Uhr Morgens ein. — —

An diesem Tage waren wir zu einem Diner auf der Sultana

eingeladen und machten daselbst mit den sämmtlichen englischen
Reisenden Bekanntschaft. Es waren die Herren E. Birkbeck, der
Eigenthümer des Schoners, Mr. Graham Manners Sutton;
Mr. Alfred Newton, jetzt Professor der Zoologie in Cambridge,
Mr. W. W. Wagstaffe, Arzt, und Herr H. Lorange, Norweger
und Dolmetsch. Später besuchten die englischen und schwedischen
Reisenden noch oft einander, und wir fanden genügende Gelegen=
heit, die für diese Breitengrade ungewöhnliche Eleganz und den
Comfort zu bewundern, mit welchen Sultana ausgestattet war,
freilich auch uns darüber zu verwundern, wie ein Mensch auf den
Gedanken kommen könne, sich auf dieser schönen und zerbrechlichen
Nußschale mitten in das Eismeer zu wagen, ohne ein paar taug=
liche Boote oder einen andern Schutz mit sich zu haben. Der
Stoß des kleinsten Eisblocks hätte genügt, um ein Loch in die
Seite des Schiffes zu bohren. Nur mit Pulver und Blei waren
die Engländer vortrefflich versehen, in der Hoffnung, fleißig auf
die Jagd gehen zu können. Während unseres Besuches in Safe
Haven gelang es einigen der Herren, einen Seehund mit Schrot
zu erlegen. Mr. Newton brachte ihn zu Malmgren, der sich
schon früher mit den spitzbergischen Seehunden beschäftigt hatte, fiel
aber leider in's Wasser, indem er den Versuch machte, die aller=
dings sehr unbequeme Treppe unserer Schute zu erklettern. Sie
wurde sonst mehr als ein Hinderniß denn als eine Erleichterung
beim Besteigen unseres Schiffes angesehen und daher nur bei feier=
lichen Gelegenheiten, z. B. bei den Besuchen solcher „Lords", aus=
gehängt. Er wurde von den mehr heiter als mitleidsvoll ge=
stimmten Leuten zwar sofort herausgezogen, naß vom Kopf bis zum
Fuß, aber doch bei guter Laune und die ausgelöschte Pfeife im
Munde. Gegen die zu befürchtende Erkältung verordnete der Arzt
sofort Grog, und zwar mit dem besten Erfolge.

Im Allgemeinen erkältet man sich auf Spitzbergen nicht, ob=
wohl man sich fortwährend Temperaturveränderungen ausgesetzt
sieht, welche in einem mehr südlichen Klima, früher oder später,
die allerschlimmsten Folgen haben würden. Man darf daher dreist
behaupten, daß ein gesunderes, für das Wohlbefinden des Körpers
heilsameres Sommerklima als das Spitzbergens auf der Erde nicht
mehr gefunden wird. Während der drei Sommer, in welchen die
schwedischen Expeditionen diese Gegenden besucht haben, ist kein
Fall von Katarrh, Diarrhöe, Fieber oder irgend einer andern

Krankheit auf den Schiffen der Expedition vorgekommen. Wir
standen überdies in naher Verbindung mit sämmtlichen Spitz=
bergenfahrern und brachten mit den Capitänen manche Stunde in
gemüthlicher Unterhaltung hin, welche natürlich die polnischen,
preußischen oder mexikanischen Angelegenheiten nicht betreffen konnte.
Unsere Welt war eine beschränkte, die Zahl ihrer Bewohner eine
geringe. Dagegen bildeten unbedeutende Ereignisse, z. B. ein ge=
ringerer Unglücksfall, oft den Gegenstand einer lebhaften Discussion.
Da wir nun niemals von irgend einer Krankheit gehört haben,
so kann man es für festgestellt annehmen, daß während der drei
Sommer keiner der 2= bis 300 Menschen, welche sich mit der
Jagd auf Spitzbergen befaßten, von irgend einer ernstlicheren
Krankheit heimgesucht worden ist. Dazu kommt, daß während des
ganzen Zeitraumes, in welchem die Norweger Spitzbergen besuchen,
das heißt während etwa 40 Jahren, kein einziger durch Krankheit
verursachter Todesfall auf Spitzbergen stattgehabt hat. Und doch
hat während dieser Zeit der größte Theil der Jäger die bald ganz
kalte bald unerträglich heiße Cajüte mit einem Aufenthalte von
mehreren Tagen in freier Luft vertauscht, ohne durch ein Zelt oder
einen Ueberrock geschützt zu sein. Oft haben sie nach einem un=
freiwilligen eiskalten Bade die triefenden Kleider auf ihrem Körper
trocknen lassen; für alle sind trockene Strümpfe oder Fußlappen
ein seltener Luxus gewesen. Den Grund für diese in hygienischer
Hinsicht so beispiellos günstigen Verhältnisse glauben wir in der
Reinheit der Luft und dem Mangel an ansteckenden Krankheits=
stoffen finden zu müssen. Die unzähligen, kaum bei der äußersten
Vergrößerung erkennbaren Samentheilchen, welche in südlicheren
Ländern den Luftkreis erfüllen, die Klarheit desselben trüben und
— wie man annehmen darf — die in den „irdischen Paradiesen"
auftretenden Epidemien verursachen, fehlen hier durchaus. Auch
der plötzliche Wechsel der Temperatur, welcher sonst den mensch=
lichen Körper so empfänglich für Fieber macht, bleibt hier ohne
schädliche Folgen, da es an jenen so unscheinbaren Partikelchen
fehlt, welche die Krankheit erzeugen und weiter ausbilden. Wir
würden uns deshalb nicht wundern, wenn die Aerzte einst ihre
Kranken nach diesem hohen Norden schicken sollten, damit sie Ge=
sundheit und neue Kräfte wiedererlangen. —

Das Eis in der Fjordmündung hatte schon einige Tage nach
unserer Rückkehr zum Schiffe sich vertheilt, so daß das Fahrwasser

nach Süden hin offen lag; aber eine anhaltende Windstille hin=
derte trotzdem unsere Abreise bis zum Abend des 16. Juli, wo
Axel Thordsen endlich die Anker lichtete, um den Storfjord auf=
zusuchen.

Vor der Abreise wurde noch ein eiserner Bolzen auf der
äußeren Seite des Holmes vor Safe Haven als Wassermarke ein=
geschlagen.   Am 15. Juli vier Uhr Nachmittags befand sie sich
1,4 Meter über der Meeresfläche.

Gletscher am Alkenhorne.

Fünftes Kapitel.

Der Bell- und Hornsund.

Am 17. Morgens kamen wir endlich aus dem Eisfjorde heraus und fuhren längs der langen Bergkette hin, welche diesen Fjord vom Bellsunde trennt. Vor diesem Gebirge zieht sich ein weites ödes Flachland hin, das ganz in der Nähe des Bellsundes in eine weit hervortretende Sandspitze verläuft. Um nicht auf die dortigen Bänke zu gerathen, sahen wir uns genöthigt, die hohe See zu halten. Der Wind wehte uns entgegen, nahm fortwährend an Stärke zu und war, als wir an den Eingang des Bellsundes kamen, zu einem vollständigen Sturm geworden, begleitet von Nebel, Regen und einem so heftigen Seegange, daß ein großer Theil unserer an Seefahrten nicht sehr gewöhnten Besatzung seekrank und dadurch außer Stand gesetzt wurde, irgendwie thätig zu sein. Wir versuchten zwar längere Zeit gegen den Sturm in der Richtung nach Süden zu kreuzen; da wir aber schließlich einsahen, daß damit nichts zu erreichen, wandten wir und suchten im Bellsunde Schutz. So warfen wir am 18. Abends bei der Midterhuk, etwas südlich von dem eigentlichen, von einigen Schären eingeschlossenen kleinen Hafen, welcher noch ganz voller Eis war, Anker.

Der Sturm hielt den 19. und 20. mit unverminderter Stärke an. Trotzdem unternahm Nordenskiöld einen kleineren Ausflug zu dem Holme vor dem Eingange zum Nordfjord, um von hier aus den neuen Gletscher zu photographiren, welcher einen der besten und früher am häufigsten besuchten Hafen Spitzbergens vollkommen ausgefüllt hat. Dieser Hafen befand sich an dem nörd-

28*

lichen Strande der Mijen=Bucht (Nordfjord) gleich vor der großen
Insel, welche den Fjord beinahe vollkommen verschließt.   Sein
Ankergrund war vorzüglich, und man sah sich hier gegen Sturm
und Wellen besser geschützt als in den anderen sogenannten Häfen.
Wenn die Spitzbergenfahrer sich im Sommer von der Nordküste
zum Storfjord begaben, so pflegten sie diesen Hafen oft anzulaufen,
um entweder günstigere Wind= und Eisverhältnisse abzuwarten,
oder in den nahegelegenen grasreichen Thälern Rennthiere zu
jagen.   Auch für Torell bildete derselbe im Jahre 1858 eine der
zuerst und am längsten besuchten Stationen. Während dieser Zeit
hatten die Theilnehmer an seiner Expedition das Land ringsum
durchkreuzt, so daß Nordenskiöld sich noch wohl erinnerte, wie
dasselbe ausgesehen. Oberhalb des Hafens befand sich damals ein
breites, von Gletscherbächen durchbrochenes Schlammland; im Westen
begrenzten ihn hohe Berge, im Nordosten ein niedriger Bergrücken,
auf welchem neben einem Grabe ein russisches Kreuz errichtet war.
Weiter im Osten erschien wieder eine niedrige Ebene, von einem
nicht unbedeutenden Flusse durchströmt, und dahinter das Kohlen=
gebirge. Gleich oberhalb der ungeheuren Moränen, welche den
Strand des Hafens bildeten, erstreckte sich ein niedriger, aber sehr
breiter Gletscher, dessen Abfall so unbedeutend war, daß man von
ihm annahm, er ziehe sich zurück.   Verschiedene im Schlamme be=
findliche Seemuscheln, zum Theil noch frisch und gut erhalten, er=
regten in Torell die irrthümliche Vorstellung, er habe hier nicht
Moränen, sondern den durch den gewaltigen Druck des Gletschers
heraufgepreßten Meeresgrund vor sich.   Im Winter von 1860
auf 1861 schritt nun der früher so unbedeutende Gletscher plötz=
lich über die Moränen und die Russenhöhe, füllte den ganzen
Hafen aus und drang noch weit in die See vor. Er bildet gegen=
wärtig einen der größten Gletscher auf Spitzbergen, von welchem
fast ununterbrochen große Eisblöcke niederstürzen, so daß kein
Boot seinem zerklüfteten Rande zu nahen wagt.

Leider machte das bei der Abfahrt vom Schiffe noch immer
stürmische aber klare Wetter bald einem anhaltenden Nebelregen
Platz, so daß man nur eine sehr ungenügende Photographie von
dem neuen Gletscher erhalten konnte.   Als Nordenskiöld zurück=
kehren wollte, drang die Fluth durch den südlich von der Insel
befindlichen engen Sund mit einer solchen Gewalt ein, daß er
trotz seiner vier Ruderer die kurze Strecke nicht zurückzulegen ver=

mochte. Nachdem er nur mit großer Anstrengung einem Schiff=
bruche an den zahlreichen im Sunde befindlichen Klippen ent=
gangen, sah er sich genöthigt, obwohl er weder mit einem Zelte
noch mit geölten Kleidern versehen war, im strömenden Regen
auf dem südlichen Strande von van Mijen's Bucht so lange zu
warten, bis mit der Ebbe eine Veränderung in der Strömung
einträte. In Ermangelung anderer erwärmenden Mittel, sprang
die ganze Mannschaft, während der Regen vom Himmel strömte,
am Strande auf und ab. Dabei wurde eine Raubmöwe von ihrem
Neste aufgescheucht. Wie gewöhnlich in solchen Fällen, bemühte
sie sich auch hier durch allerlei Manöver die Aufmerksamkeit der
Friedensstörer auf sich zu lenken und dadurch ihre Eier zu retten.
Auch andere Vögel machen von diesem gegen den sonst so schlauen
spitzbergischen Fuchs gewiß ganz probaten Mittel Gebrauch; für
uns war es nur eine Veranlassung, um so genauer nachzusuchen.
In Kurzem fanden wir denn auch das Nest mit einigen braunen
Eiern, oder vielmehr ein paar graubraune Eier, welche ohne
Unterlage auf dem ganz mit Wasser durchzogenen Boden lagen.
Geradeso legen auch die Meerschwalben und Schnepfen ihre Eier
auf die bloße Erde, und es hält schwer zu begreifen, woher denn
die zum Ausbrüten erforderliche Wärme kommt, da der untere
Theil des Eies mit dem von der nahen Schneewehe herabsickern=
den Wasser in dauernder Berührung bleibt.

Mittlerweile hatten Sturm und Wellen so zugenommen, daß
man mehrere Stunden brauchte, um die ganz geringe Entfernung
zwischen dem Sunde und dem Schiffe zurückzulegen. Bei der
Rückkehr waren daher auch alle Mann vollkommen ermüdet und
durchnäßt.

Am 20. gingen Malmgren und Dunér bei dem Hafen, wel=
cher sich unter den gewaltigen und steilen Felsmassen der Midter=
huk befindet, an's Land. Hier trafen sie eine für Spitzbergen
außergewöhnlich üppige Vegetation an, die sich besonders durch
ihren Reichthum an verschiedenen, sonst hier sehr seltenen Arten
auszeichnete, z. B. das schöne blauweiße Polemonium pulchellum.
Sie verdankt dem fruchtbaren Erdboden ihre Existenz, welcher
jährlich von den an den steilen Felsabhängen nistenden Schaaren
von Vögeln gedüngt wird. Denselben Tag kam auch eine Jacht
von Bergen an, um auf den Bänken westlich vom Bellsund
Haakjerringe (Scymnus microcephalus) zu fangen. Sie hatte

auf der Herreise auch Tromsö besucht, und der Capitän war auf=
gefordert worden, für unsere Expedition Zeitungen und Briefe
mitzunehmen; er hatte es aber abgeschlagen, in der Meinung,
Axel Thordsen befinde sich schon längst im Storfjord. Der ehr=
liche Mann erzählte uns dieses mit der größten Seelenruhe, schien
aber doch nicht wenig verlegen, da das erste Schiff, welches er auf
seiner Reise traf, gerade der Axel Thordsen sein mußte.

Am folgenden Tage, den 21., machte, wie es so oft an der
Westküste Spitzbergens geschieht, der heftige Sturm einer voll=
kommenen Windstille Platz, so daß es keine Möglichkeit gab, mit
einem Segelschiffe vorwärts zu kommen. Um aus diesem neuen
Aufenthalte doch wenigstens einigen Nutzen zu ziehen, wurden die
Boote von Neuem ausgerüstet und bemannt und auf Expeditionen
nach verschiedenen Richtungen ausgesandt.

Dunér's Bootreise. „Um die geographische Lage des
Hafens zu bestimmen, blieb ich bis zum Abend auf dem Schiffe
und begab mich sodann quer über van Keulen's Bucht, in der
Richtung auf einen hohen Berg hin, welcher die Bucht auf der
Südseite begrenzt. Auch sollte sich, nach Hellstad's Versicherung,
hier ein zu einem Ruheplatze geeignetes Vorland befinden. Der
Wind wehte — wenn auch nur schwach — aus dem Südfjorde
und begünstigte die Fahrt. Als das Boot sich dem Lande näherte,
stellte sich die Nothwendigkeit heraus, weiter nach dem Innern
des Fjordes zu halten, indem die starke Dünung das Anlegen
an der gedachten Landspitze nicht räthlich erscheinen ließ. Ich
steuerte deshalb zwischen einigen kleinen, überall von Schären um=
gebenen Inseln hindurch. Rings um uns brandete es. Oft war
das Boot nahe daran, auf den Grund zu gerathen; zuletzt geschah
es auch in der That, aber erst in ruhigerem Wasser. Nachdem
wir etwa eine Stunde gerudert hatten, fuhren wir durch einen
schmalen und flachen Sund zwischen dem festen Lande und einer
größeren niedrigen Insel. Hier begegneten wir einem Boote von
dem andern Schiffe, welches hierher gegangen war, um Treibholz zu
holen. Die Mannschaft hatte im Vorbeifahren aber natürlich den
Holm geplündert und alle Eier aus den Nestern genommen, so daß
wir auch nicht eines mehr fanden. Wir ruderten deshalb an dieser
Insel vorbei in eine schöne kleine Bucht, welche auf der Westseite
der Spitze, die wir vor Kurzem umschifft hatten, einschnitt. Diese
Bucht ist eine der freundlichsten auf Spitzbergen. Man findet hier

genügenden Schutz gegen Wellen, einen bequemen Strand, darauf
man das Boot ziehen kann, Treibholz und gutes Wasser in einem
kleinen Bache, welcher hier mündet. Ueberdies ist die breite Ebene,
welche sich ungefähr sechs Fuß über dem Meere erhebt, im Gegen=
satze zu den meisten ähnlichen Bildungen, durchaus nicht sumpfig
oder sandig, sondern wird aus einem ebenen, festen Grusbette ge=
bildet, bedeckt von purpurrothen Blumenmatten der Saxifraga
oppositifolia. Ueber diese Fläche erheben sich einige 50 Fuß hohe
Kalksteinfelsen, deren verticale von Osten nach Westen streichende
Lagen durch ihren Reichthum an Petrefacten ausgezeichnet sind.
In dem feinen Gerölle am Fuße eines dieser Felsen fand ich das
Nest der Schwimmschnepfe (Phalaropus fulicarius), eines der
schönsten Vögel Spitzbergens. Eigentlich war von einem Neste
keine Spur vorhanden, indem die vier Eier lediglich in einer Ver=
tiefung des Erdbodens lagen. Mitten darin befanden sich auch
ein paar Steine, ungefähr von derselben Größe wie die Eier.

Ich stellte auf der Höhe dieser Felsen meine Instrumente auf
und bestimmte die Höhe der Mitternachtssonne. Einige Stun=
den später wollte ich die geographische Länge berechnen. Da ich
indessen zu verschlafen fürchtete, so unternahm ich noch einen
Spaziergang nach den höheren Bergen. Unterwegs traf ich
mehrere ähnliche Klippen an, wie die beschriebenen. Die Entfer=
nung des Gebirges war zwar so bedeutend, daß ich dieses Ziel
aufgab, doch konnte ich deutlich erkennen, daß die Schichten den
1,200 Fuß hohen Abhang hinauf weiterstrichen, erst in gerader
Linie, dann aber mit einer Beugung nach Westen. Die Höhe über
dem Strande wird erst von einem Plateau gebildet, weiter aber
von einer hohen Spitze, welche sich bis zu 2,000 Fuß erhebt.
Zwischen den Steinen lagen die Fetzen des weißen Felles und die
abgenagten Knochen eines Polarfuchses. Vielleicht war er während
des Winters verhungert und seine hungernden Genossen hatten sich
an das Wenige, was noch an ihm zu verzehren war, gehalten.

Nachdem ich von meiner Wanderung zurückgekehrt war, be=
nutzte ich den übrigen Theil der Nacht, um eine Specialkarte der
Bucht, welche selbst für größere Schiffe einen geeigneten Hafen
bilden würde, aufzunehmen, frühstückte und fuhr bald nach sechs
Uhr zu einer hohen Sandspitze, welche von dem südlichen Strande
ausging. Die Landschaft, an welcher wir vorüberkamen, war
so unbedeutend und öde, daß sie die Aufmerksamkeit nicht zu

fesseln vermochte. Sie bestand aus einer Reihe beinahe zusammen=
hängender Gletscher, von denen jedoch kein einziger den Meeres=
spiegel erreichte. Den Strand bildeten flache Sandbrücken. Drei
hinter den Gletschern aufsteigende zackige Bergspitzen blieben so
ziemlich das einzig Interessante auf dieser Fahrt.

Gleich nach Mittag kamen wir zu der erwähnten Spitze, welche
durch die Beugung des Fjordes nach Süden entsteht. Eine halbe
Meile weiter endigt derselbe neben zweien großen Gletschern, von
denen jedoch nur der im Südwesten bis zum Wasser hinabgeht.
Ich verweilte hier bis vier Uhr Nachmittags.

Das einzig Interessante, was diese unfreundliche, auf der
einen Seite vom Meere, auf der andern von einem Sumpfe be=
grenzte Spitze darbot, war die große Zahl von Weißfischen, welche
in dem trüben Wasser schwammen. Sie scheinen ein solches Wasser
entschieden zu lieben, darum halten sie sich auch am liebsten an den
Mündungen der Gletscherbäche auf. Wahrscheinlich suchen sie hier
ihre Nahrung, die möglicher Weise aus denselben Lachs= oder
Forellenarten besteht, wie wir sie im Jahre 1861 bei einem in
die Wijde=Bai mündenden Flusse vorfanden. Der warme Sonnen=
schein schien auch ihnen sehr gut zu behagen, und die jungen grauen
oder grauweißen Fische tummelten sich zwischen den älteren schnee=
weißen, von denen namentlich einer sich der lauen Luft zu erfreuen
schien. Er schwamm nämlich, den Schwanz nach unten und den
ganzen Kopf über dem Wasser, umher und wurde in seiner Be=
haglichkeit nur durch den Schuß gestört, den wir nicht unterlassen
konnten auf ihn abzufeuern. Die Kugel traf zwar nicht, doch
hatte sie dem Papa offenbar die Lust benommen, noch weiter dem
Spiele der Kleinen zuzusehen.

Während wir nach dem gegenüberliegenden Ufer fuhren, legte
ich mich, von dem vierzigstündigen Wachen und Wandern ermüdet,
auf den Boden des Bootes und schlief eine Stunde, bis wir an
unserm neuen Rastplatze anlangten. Diesesmal trafen wir aller=
dings eine sehr ungünstige Stelle an. Sie bestand nämlich wie
die frühere aus einer niedrigen, auf dreien Seiten von einem
Sumpfe und zweien Gletscherbächen umgebenen Insel. Doch ge=
lang es mir auch hier, astronomische Ortsbestimmungen zu machen.
Am 23. Juli acht Uhr Morgens fuhren wir wiederum ab und
hielten uns an der nördlichen Küste. Der Wind wurde frischer
und ging gegen Mittag in eine steife Kühlte über; da er indessen

aus Südoften wehte, so war er uns äußerst günstig. Um zwei Uhr Nachmittags befanden wir uns wieder beim Schiffe." —

Die nördliche Küste der van Keulen's Bucht ist von der südlichen ganz verschieden. Sie wird nämlich — wenn wir von einem kleinen Gletscher neben unserm letzten Ruheplatze absehen — nicht von solchen Eislagern eingenommen, die Berge fallen vielmehr nach der See zu in senkrechten Wänden ab, über denen sich ein Plateau befindet, welches an einigen Stellen bis 2,000 Fuß aufsteigt.

Am Nachmittage wuchs der Wind zum Sturme an und wüthete den ganzen 24. hindurch mit einer solchen Heftigkeit, daß unser kleines Schiff die Ankerketten zu zerreißen drohte. Und doch befand es sich jetzt in dem eigentlichen Hafen. Die mächtigen Eisblöcke wurden infolge der starken Dünung förmlich zermalmt, obgleich sie bis 6 Fuß dick und oft bis 20 Fuß lang und breit waren. Dennoch hielten die Ankerketten. Am folgenden Tage ließ der Sturm wieder nach, und die Gefahr war vorbei. Wir begannen nunmehr aber ernstlich für Nordenskiöld zu fürchten, der von seiner Bootfahrt noch nicht zurückgekehrt war. Die Besorgniß nahm zu, da er auch am Nachmittage des 26. nicht wiederkam. Bei dem starken Sturme schien es nämlich unwahrscheinlich, daß er seinen Plan ausgeführt, das heißt, nachdem er van Mijen's Bucht aufgenommen und an der Midterhuk vorbeigefahren, den Eingang des Hauptfjordes erreicht und daselbst eine Ortsbestimmung gemacht habe. Wir beschlossen daher für alle Fälle am 27. zu dem gedachten Eingange zu fahren und die Partie, für den Fall daß sie sich daselbst befände, aufzunehmen, wenn nicht, wieder zum Hafen zurückzukehren. Hellstad stieg wiederholt auf den Mast, um nach dem Boote auszuschauen. Endlich verkündete er, daß ein Segel in Sicht sei, und bald befand sich auch Nordenskiöld wieder an Bord.

Nordenskiöld's Bootreise. Nachdem der Sturm aufgehört und der heftige Seegang etwas nachgelassen hatte, segelte ich am Nachmittage des 21. in dem englischen Boote und mit vier Mann nach dem Innern von van Mijen's Bucht im Bellsund, theils um diesen Fjord vollständig aufzunehmen, theils um möglicher Weise eine größere Zahl interessanter Blattabdrücke zu sammeln, von welchen ich schon auf meiner ersten Reise am Fuße der Kohlen-Bai einige Stücke gefunden hatte. Wir fuhren

mit günstiger Strömung aus und hielten direct auf die gedachte
Stelle.   Das Boot war mit Brod und Kaffee auf acht Tage ver=
sehen, dagegen hatten wir nur wenig Fleisch mitgenommen in der
Hoffnung auf eine gute Jagdbeute in den vielen grasreichen Thä=
lern.   Nachdem wir den Kohlenberg erreicht, schickten wir daher
sofort einen Mann auf die Rennthierjagd aus, um sein Glück zu
versuchen, einen andern aber mit einer Angelruthe zu einem Flusse,
welcher ungefähr eine Viertelmeile von dem Eingange des Fjordes
mündet, um möglicher Weise einen spitzbergischen Lachs zu fangen
(freilich nicht für den Koch, sondern für den Zoologen).   Auch
wurde Feuer angezündet, um Essen, vor Allem Kaffee, zu kochen;
ich selbst aber ging zwischen den Schieferschichten des Strandes
auf die Jagd nach Versteinerungen.   Die Schichten waren vom
Froste so zersprengt, daß es kaum möglich war, in dem Gerölle
ein Stück von ein paar Kubikzoll Größe zu finden; von Blatt=
abdrücken entdeckte ich diesesmal aber gar nichts.   Der Jäger kehrte
bald wieder zurück, ohne die Spur von einem Renn gesehen
zu haben, und der Angler erklärte, in einen so sumpfigen Fluß
werde sich schwerlich jemals ein Lachs verirren.   So nöthigte uns
Alles, diesen ungastlichen Strand bald zu verlassen.   Wir ruderten
deshalb weiter längs dem Strande in den Fjord hinein.   Gegen
die Nacht hin wurde es ziemlich kalt, so daß sich auf der Ober=
fläche des Wassers eine dünne Eisdecke bildete, welche das Rudern
ungemein erschwerte.   Wir legten deshalb von Neuem an einer
niedrigen Stelle des nördlichen Strandes an, um hier die Nacht
zuzubringen.   Am folgenden Tage ruderten wir weiter, erst zum
Sundevallberge, sodann durch dichtes Treibeis zu dem südlichen
Strande der van Mijen's Bucht.

Der nördliche Arm dieser Bucht ist so seicht, daß man schon
in einer Viertelmeile Entfernung vom Strande mit dem Boote
kaum vorwärts kommt.   Die Bucht findet eine Fortsetzung —
ohne daß eine feste Grenze zu erkennen — in einem grasreichen
Thale, welches eine der besten Rennthierweiden auf Spitzbergen
bildet.   Schon aus der Entfernung konnten wir einige Rudel er=
kennen, wie sie auf der Ebene oder an den Bergabhängen grasten.
Wir legten an und schickten ein paar Mann auf die Jagd.   Frei=
lich waren es so schlechte Schützen, daß sie nur ein einziges Thier
erbeuteten.

Am 23. fuhren wir mit gutem Winde, an dem Ankerplatze

unseres Schiffes vorüber, zu der Spitze, welche im Süden den Eingang zum Bellsund begrenzt. Auf der Höhe des Fjordes gingen die Wogen so hoch, daß wir nur mit äußerster Anstrengung durch die Brandung an den Strand gelangen konnten. Auch war es nicht ohne Mühe, das Boot so weit auf das Land zu ziehen, daß die Wellen es nicht mehr erreichten. Nachdem wir zuvörderst alle Sachen an's Land geschafft hatten, gelang es uns zuletzt, das leere Boot auf eine hohe, ein Ende vom Strande entfernte Schneewehe in Sicherheit zu bringen. Aber obwohl das Wetter kalt und rauh war, schmolz, oder vielmehr verdunstete doch der Schnee bei dem heftigen Sturme so schnell, daß wir unser Boot jeden Morgen ein Ende weiter hinauf zu ziehen genöthigt waren.

Den ganzen 24. und 25. wüthete ein so starker Sturm, daß das Schiff nicht — wie verabredet worden — den Hafen bei der Midterhuk verlassen konnte, um unser Boot wieder aufzunehmen und weiter nach dem Süden zu gehen. Das ungünstige Wetter sowie die Nothwendigkeit, das Schiff abzupassen, hinderte auch mich an längeren Ausflügen. Nachdem die erforderlichen astronomischen Beobachtungen gemacht und die Gegend in der Nähe des Bootes geognostisch untersucht worden, verbrachte ich die Zeit ruhig im Bootzelte, um meine seit Langem vernachlässigten Reiseaufzeichnungen zu vervollständigen.

Ein paar von den Leuten wurden zu einer von der Fjordmündung ausgehenden Spitze gesandt, um daselbst eine Steinpyramide zu errichten und in derselben einige Notizen in Betreff unseres Ausfluges niederzulegen, für den Fall, daß unser Schiff die Anker gelichtet haben oder genöthigt sein sollte, die hohe See zu suchen. Wir beabsichtigten, wenn dieses der Fall, wieder zum Sundevallberge zu rudern und uns daselbst mit frischem Fleische zu versorgen. Unser Rennthier war natürlich längst verzehrt, und in der Gegend, wo wir verweilten, gab es nicht einmal einen Grashalm, geschweige Rennthiere oder Vögel. Unter den zurückkehrenden Leuten befand sich auch unser sonst etwas großmäulige „Dregger", dem ich, der Abwechslung halber, erlaubt hatte, die Partie mitzumachen, jetzt niedergeschlagen und hinkend. Er behauptete einen Bären gesehen, ihn verfolgt zu haben und dabei einen Bergabhang hinabgefallen zu sein. Seine Kameraden, die von seiner Herzhaftigkeit nicht viel hielten, meinten dagegen, er habe vor dem Bären Reißaus genommen. Am folgenden Tage

klagte er über Uebelkeit. Von einem Ausfluge zurückkehrend, fand
ich ihn „jappend" im Boote sitzen, ihm gegenüber einen anderen
Seemann mit einem scharfen Messer, auf dessen Spitze sich eine
Dosis eines röthlichen Pulvers, offenbar aus meiner Cayenne=
Pfeffer=Büchse, befand. Auf meine Frage, was das bedeute, er=
wiederte der Meister in der Dreggkunst mit überzeugter Miene,
der „Wolf" sei ihm hinuntergefallen und er müsse ihn durch den
Pfeffer wieder in die Höhe bringen. Trotz meiner Vorstellungen
wurde ihm die Arzenei mit dem Erfolge beigebracht, daß der Kranke
sofort aus dem Zelte mußte, um mit Wasser den inneren Brand
zu löschen. Seine sonst so lebhafte Zunge wurde für den Rest
des Tages schweigsam, der Wolf blieb unten und der Mann ließ
es bei der einen Dosis bewenden.

Diese Geschichte erinnert mich an eine andere Cur mit schlim=
merem Ausgange, von welcher man im Rathhause zu Hammerfest
lesen kann. Mehrere Seeleute beschworen, daß sie im Jahre vor=
her, nachdem sie ihr Schiff im nördlichen Eismeere verloren, sich
über das Eis nach Spitzbergen gerettet hätten. Bei der Ueber=
winterung daselbst seien zwischen Weihnachten und Neujahr zwei
Leute, Bergström und Sunder, der Erstere am Skorbut, der Letz=
tere an der „Magenkrankheit" gestorben. Nach ihrer Aussage
hätte Sunder selbst angegeben, daß der Grund für die heftigen
Schmerzen, die seinen Tod verkündeten, in dem gestoßenen
Glase zu finden, mit welchem ihn der Schuhmacher Moberg habe
curiren wollen. Zu dem Pulver hatte ein Stundenglas gedient,
das der Capitän dem Schuhmacher auf dessen Ansuchen gegeben.

Erst am 26. gestatteten Sturm und Wellen, unser auf seinem
alten Ankerplatze befindliches Schiff aufzusuchen. Auf der Rück=
fahrt stieg ich bei dem Südhafen an's Land und sammelte ver=
schiedene Steinkohlenstücke, welche ein fossiles, bernsteinartiges Harz
enthielten. Dasselbe stammte wahrscheinlich von den Kiefern her,
welche bereinst in diesen jetzt so öden und wüsten Gegenden wuchsen.

Am Morgen des 27. Juli segelte Axel Thordsen mit einem
frischen Südostwinde, welcher allerdings an der Südspitze des
Bellsundes wieder fast ganz aufhörte, nach Süden. Während wir
Dunder's Bucht, eine breite, aber nicht tief einschneidende Bik
südlich vom Bellsund, passirten, nahm der Wind eine Weile zu,
wurde sodann aber ganz schwach. Ueberdies hüllte ein dichter
Nebel, der sich erst am 29. etwas lichtete, die ganze Landschaft in

einen Schleier. Als wir das Land wieder erblicken konnten, ergab
es sich, daß das Schiff während der zwei Tage langen Fahrt nicht
weiter gekommen war, als bis zu der Inselgruppe, welche un=
gefähr eine Meile nördlich von der Einfahrt zum Hornsunde liegt
und den gewöhnlichen Ankerplatz für die Schiffe, die nach diesem
Sunde wollen, bildet. Nachdem der Nebel gefallen und aus den
oberen Luftregionen verschwunden war, entrollte sich vor unseren
Augen das großartigste Gemälde, welches Spitzbergen aufzuweisen
hat, indem die Spitzen der Hornsundstinde im Glanze der Sonnen=
strahlen wunderbar über die schweren Wolkenmassen zu ihren Füßen
aufstiegen. Dieses Gebirge erhebt sich in dreien steilen spitzen
Hörnern bis zu einer Höhe von 4,500 Fuß. Auch Scoresby be=
zeichnet es als das bedeutendste Gebirge Spitzbergens. Obwohl
wir an dieser Küste schon so oft vorübergefahren, war die Aus=
sicht für uns doch vollkommen neu. Den größten Theil des Jahres
verhüllt nämlich ein dichter Nebel diese höchsten Bergspitzen des
höchsten Nordens und entzieht sie dem Blicke des Schiffers.

Am Nachmittage ließ der Wind vollkommen nach. Um daher
nicht unnütz die Zeit auf hoher See zu verlieren, ließen wir das
Schiff nach den nur eine halbe Meile entfernten Dauneninseln
bugsiren. Wir warfen am Morgen des 30. Anker in dem hier
befindlichen vortrefflichen Hafen, welcher gegen die See durch eine
Menge Schären und drei Inseln, die man auf älteren Karten
vergebens sucht, geschützt ist. Die Inseln sind sämmtlich niedrig
und flach und von verschiedenen seichten Süßwasserteichen bedeckt.
Sie bilden also vortreffliche Brüteplätze für die Eidervögel, um
so mehr, als das Eis hier früher aufzubrechen pflegt als an den
meisten übrigen Inseln Spitzbergens. Darum sind diese Inseln
auch schon seit Langem als vortreffliche „Daunenwehre" bekannt,
und die Spitzbergenfahrer landen hier gerne im Junimonat,
um Eier und Daunen zu sammeln. Wer zuerst ankommt, schwelgt
förmlich in Eiern und Vögeln: man ißt Eier, Pfannkuchen in
verschiedener Gestalt, bedient sich des Eidotters, an Stelle des
Rahms, zum Kaffee u. s. w. Eine mit Eiern gefüllte Tonne steht
immer offen auf dem Verdeck da. Einen Theil der Eier legt man
in Salz und bringt sie sammt den Daunen nach Norwegen. Dieser
Fang ist daher nicht ohne Bedeutung; aber das sinnlose Ver=
wüsten von Eiern und Thieren hat ihn doch so geschmälert, daß
er nicht entfernt mit demjenigen zu vergleichen ist, welcher vor

10 oder 20 Jahren hier betrieben wurde. Würden die Jäger die Vögel schonen und das Eiereinsammeln nur bis Ende Juli betreiben, oder blos die frischen Eier fortnehmen, so möchte sich ohne Zweifel die Zahl der Vögel wieder bald vermehren; aber wir müssen bezweifeln, daß eine solche rationelle Ausbeutung der Daunenwehre auf Spitzbergen überhaupt möglich sei. Bald wird, wie der Walfisch, auch dieser so nützliche Vogel, zugleich mit dem Walroß und dem Renn, nicht mehr zu den auf Spitzbergen häufig vorkommenden Thieren gerechnet werden können. In Norwegen, wo die Eidergänse jetzt geschützt werden, haben sie sich bereits wieder bedeutend vermehrt.

Nachdem wir Anker geworfen, gingen wir sofort an's Land, theils auf die Holme, theils auf die zunächst vortretenden Spitzen des festen Landes, um Ortsbestimmungen zu machen u. s. w. Die Brütezeit war offenbar schon zu Ende. Selbst die wenigen Eidervögel, deren Nester der Plünderung entgangen, hatten die Insel bereits verlassen und schwammen mit ihren Jungen an den Küsten umher. Dagegen trafen wir am Lande große Schwärme von Meerschwalben, welche unter wildem Geschrei ihre Eier oder die nur erst mit leichtem Flaum bekleideten Jungen zu vertheidigen suchten. Wenn nicht der Vogel durch sein Geschrei die Stelle verriethe, so würde er infolge seiner gelblichgrauen Farbe nur schwer von dem durch die Flechten oft gelbgefleckten Steingeröille zu unterscheiden sein. Die Schwärme umschwirrten uns mit einer solchen Wuth, daß man den Platz nur im Nothfalle besuchen sollte.

Auf dem festen Lande bestanden die Abhänge der Gebirge aus einem groben Steingetrümmer, welches sich bis hoch hinauf mit einem lebhaften Grün bedeckt hatte. Hier war auch das hochnordische Leben noch in voller Thätigkeit. Man trifft nämlich unzählige Schaaren des kleinsten spitzbergischen Schwimmvogels, Mergulus Alle, an. Dieser Vogel wählt die ungeheuren Steinmassen an den Abhängen der Berge, oft alte Moränen, zu seinem Brutplatz. Seine Zahl ist unglaublich. Ein Theil fliegt in der Luft umher, in so dichtgedrängten Schaaren, daß man sie bei flüchtigem Blicke für Wolken halten könnte; andere sitzen wieder so dicht an einander gedrängt auf den Steinblöcken, daß man mit einem Schuß 10 bis 20 erlegen kann, oder sie kriechen, nach Art der Ratten, unter der Erde in den Löchern oder zwischen den Steinen umher. Als Torell und Nordenskiöld im Jahre 1861 Spitzbergen besuchten, lagen sie

in der Mitte des Juni bei diesen Inseln. Sie wollten gerne ein
paar Eier von Mergulus Alle einsammeln und durchspähten des=
halb die Spalten und Ritzen zwischen den Steinen. Allein ver=
gebens. Schon waren sie im Begriff, sich unverrichteter Dinge zu
entfernen, als ein aus der Tiefe kommendes Kackeln ihre Auf=
merksamkeit auf sich zog. Sie wühlten nun die Steine tiefer um
und fingen eine Menge lebender Vögel nebst einigen Eiern, welche
unmittelbar auf dem Eise zwischen den Steinen lagen. Wahr=
scheinlich war die eigentliche Brütezeit damals noch nicht eingetreten.
Einen eigenthümlichen Eindruck machte es, aus der Tiefe den Ruf
der Vögel zu vernehmen, wenn man denselben dicht über der Erde
nachahmte. Ohne einen einzigen Vogel zu erblicken, hörte man
ihre Antworten von allen Seiten her. Diese gaben aber wiederum
Veranlassung zu einem weiteren und weiteren Gekackel, so daß
eine einzige Frage eine lange dauernde Unterhaltung der gefieder=
ten aber nach Art der Ratten unter der Erde lebenden Bewohner
zur Folge hatte. Der Vogel ist zugleich der Krammetsvogel Spitz=
bergens, sein Fleisch wohlschmeckend und ohne Thrangeruch. Wir
schossen ihrer am Hornsunde eine so große Menge, daß jeder Schuß
für verfehlt angesehen wurde, wenn nicht mindestens 7 bis 10
Vögel fielen.

Weiter am Tage gingen Nordenskiöld und Dunér in einem
Boote zum Hornsund, um auch diesen Fjord aufzunehmen. Wir
hatten verabredet, daß Einer von uns zu dem Südpunkte desselben
rudern, dort eine Ortsbestimmung machen und sodann seine Fahrt
längs der Küste fortsetzen solle, bis er mit dem andern Boote
vom Nordstrande her zusammenträfe. Indessen scheiterte dieses
Unternehmen an einem Umstande, der an der Westküste Spitz=
bergens so oft eintritt. Beim Südostwinde hat man nämlich an
den Küsten oft vollkommene Windstille, während in den Fjorden
ein heftiger Wind weht. Besonders sind der Bell= und Hornsund,
und bei östlichem Winde auch die Magdalenen=Bucht rechte Wind=
löcher. So war es auch diesesmal der Fall. In der Nähe des
Ankerplatzes unseres Schiffes herrschte Windstille mit starker Dü=
nung, in der Nähe des Hornsundes dagegen heftiger Gegenwind
und hoher Seegang. Wir mußten deshalb unsern ursprünglichen
Plan aufgeben, an dem Nordstrande des Fjordes anlegen und
uns glücklich preisen, daß wir durch die schäumende Brandung
ohne einen andern Unfall an's Land kamen, als daß eine Welle

in Dunér's Boot schlug und es füllte. Am folgenden Tage ge=
lang es uns doch, vermittels einer Triangulirung vom Nord=
strande des Fjordes aus einen ziemlich guten Beitrag für dessen
Aufnahme zu erlangen, und wir kehrten zum Schiffe zurück, froh,
wenigstens nicht ganz unsern Zweck verfehlt zu haben.

Auf dem Rückwege besuchten wir den innersten Holm beim
Hafen. An seinem Strande lagen auf einer kleinen Erhebung
neun Schädel von Russen, welche — wie wir erfuhren — einst
von einer englischen Besatzung beraubt und ermordet worden waren.
Die Räuber entgingen allerdings der Strafe. Infolge einer wun=
derbaren Fügung aber kam ein anderes ähnliches Verbrechen an's
Licht und der Verbrecher wurde bestraft. Die Besatzung einer
russischen Lodge erzählte nämlich bei ihrer Rückkehr nach Archangel,
daß sie infolge eines Unglücksfalles ihren Capitän und zwei Ma=
trosen auf Spitzbergen verloren hätten. Dieses Ereigniß ging
ziemlich unbeachtet vorüber, bis einige Jahre später (1853) ein
jetzt noch lebender Spitzbergenfahrer aus Norwegen einen Flinten=
kolben neben einem Menschengerippe fand. Auf diesem Kolben
befanden sich Worte eingeritzt, des Inhalts, daß der Eigen=
thümer desselben mit noch zwei oder drei Mann von seiner Be=
satzung am Lande ausgesetzt worden und daß seine Gefährten bereits
dem Hunger erlegen wären. Auch dem Capitän war offenbar
dasselbe Schicksal zu Theil geworden. Das eigenthümliche Tage=
buch schloß mit dem 3. März. Der Norweger sandte den Kolben
nach Archangel, das Verbrechen wurde entdeckt und die Verbrecher
nach Sibirien geschickt. —

Am 3. August fuhren wir bei sehr schwachem Winde weiter
nach Süden. Nachmittags stießen wir auf bedeutende Massen von
Treibeis, welche uns sehr bald umgaben und ein weiteres Vor=
bringen unmöglich machten. Wir nahmen im Westen ein Schiff
wahr, das sich, wie es schien, unbehindert nach Norden bewegte.
Wir vermutheten daher, daß das Wasser dort offen sei, und fuhren
ihm entgegen. Als wir uns dem Schiffe näherten, erkannten wir
es als eine Galeas von Tromsö, welche bei unserer Abreise noch
abgetakelt im Hafen lag, mithin die Küsten Norwegens viel später
als unser Axel verlassen hatte. Unsere Signale, anzuhalten, be=
antwortete es einfach damit, daß es seine Flagge aufzog und weiter
fuhr. Uns aber kam es darauf an, wenn auch nicht Briefe und
Zeitungen, so doch einige Nachrichten aus der cultivirten Welt,

über den Krieg in Amerika und Dänemark zu erhalten, vor Allem zu erfahren, ob unſer Vaterland Krieg oder Frieden habe. Wir ſetzten daher alle Segel bei, verbanden ſogar die Bootsſegel zu einem einzigen und begannen eine förmliche Jagd auf den Schiffer, der — ungleich dem ſonſt auf Spitzbergen üblichen Benehmen — ſich ſo wenig gentlemanlike betrug. Die Verfolgung war nicht ohne Schwierigkeiten; unſern Weg ſperrten mehrere Eisbänder, welche mit Gewalt durchbrochen werden mußten; ſchließlich kamen wir aber doch dem Schiffe ſo nahe, daß wir ein Boot ausſetzten und zu demſelben hinanrudern konnten. Malmgren ging nun ſofort mit einigen Leuten an Bord und lud den Capitän, trotz der allgemeinen Erbitterung — die ſich während der Fahrt unter Anderem in der lauten Drohung Luſt machte, dem Schiffe eine Kugel in den Bauch zu jagen — zu einer Flaſche auf den Axel ein.

Nüchternheit kann man eigentlich nicht zu den ſonſt ſo vielen löblichen Eigenſchaften der norwegiſchen Spitzbergenfahrer rechnen. Ausnahmen giebt es gewiß hier wie überall, in der Regel hält es aber der Walroßjäger für ſeine Schuldigkeit, die langen Winternächte in Saus und Braus zu verleben und die im Sommer erworbenen Speciesthaler zu verjubeln. Dieſes Leben iſt natürlich in den Augen der übrigen Leute, welche ſich gegenwärtig durch ihre ſtreng pietiſtiſche Richtung auszeichnen, ein wahrer Greuel. Am Anfange nahm man auch Spirituoſen auf den Jagdſchiffen mit, um entweder eine glückliche Jagd zu feiern oder ſich gegen Kälte und Näſſe zu ſchützen. Seitdem dieſes aber zu vielen beklagenswerthen Unglücksfällen Veranlaſſung gegeben, befolgt man das Princip, den Branntwein von dem ſpitzbergiſchen Schiffe vollkommen zu verbannen. Dies wird denn auch ſo gewiſſenhaft beobachtet, daß mit dem Momente, da die Leute die Küſten Norwegens verlaſſen, eine vollkommene Unterbrechung der Winterdiät erfolgt. Darum iſt aber ein Glas Grog, oder eine andere ähnliche Herzensſtärkung, ein Labſal, bei deſſen Anblick die finſterſte Stirne hell, die trägſte Zunge beredt wird. Auch dieſesmal wurde unſerer freundlichen Einladung gerne Folge gegeben, und bald ſaßen wir mit dem fremden Capitän in unſerer engen Cajüte, ſprachen über Politik und bemühten uns aus ſeiner unzuſammenhängenden Darſtellung ein Bild von der Lage Europas zu entwerfen. Kein Brief, keine Zeitung war für uns da, wohl aber die Trauerpost von der Einnahme Alsens.

Im Uebrigen erzählte er uns, daß es nach Süden hin nicht gerade viel Eis gebe, und daß er selber weniger auf den Fang aus= gegangen sei, als um Planken, Anker u. s. w. von einem mit Holz beladenen Schiffe zu bergen, welches von seiner Besatzung in südlicheren Regionen verlassen worden und von dem Golfstrom nach Norden geführt, zuletzt aber an den Felsen des Vorlandes zerschellt wäre.

Nachdem wir so eine Weile mit einander geplaudert, kehrte unser Gast zu seinem Schiffe zurück, wir aber setzten unsere Fahrt nach Süden hin fort.

Sechstes Kapitel.

Der Storfjord.

Den 6. August gelang es uns endlich am Südcap vorbei-
zukommen. Wir hatten zwar hier Anker zu werfen beabsichtigt,
aber das Eis hinderte uns daran. So segelten wir denn weiter längs
der Ostküste von Spitzbergen in der Richtung auf Whales Head,
dessen Felsmassen sich deutlich über den nördlichen Horizont erhoben. Auch hier vereitelte die Lage des Treibeises die Erreichung
dieses Hafens, und es sah mehrere Male so aus, als sollte der
Storfjord dieses Jahr uns überhaupt verschlossen bleiben. Nachdem wir aber eine Weile in nordöstlicher Richtung gesegelt, fanden
wir doch, daß wenigstens der südliche Theil von Stans Vorland
von offenem Wasser umgeben sei. Wir richteten deshalb den Cours
auf Whales Point, welches als breite, flache Gebirgsmasse im
Nordosten aufstieg, und warfen am 9. Abends sechs Uhr an der
nordwestlich von diesem hohen Gebirge liegenden Hyperitspitze Anker.

So waren wir denn endlich zum Storfjorde, dem eigentlichen
Ziele unserer Expedition, gekommen. Aber der kurze Polarsommer
war auch bereits so weit vorgeschritten, daß auf höchstens drei
Wochen Arbeitszeit gerechnet werden konnte, wollte man nicht anders die Gefahr einer Ueberwinterung riskiren. Um den uns er-
theilten Auftrag zu vollenden, erschien es um so nothwendiger,
jeden günstigen Augenblick zu benutzen, als die Schilderung der
Witterungsverhältnisse im Storfjord, welche wir von den Spitzbergenfahrern erhalten hatten, nicht besonders günstig lautete.
Glücklicher Weise zeigte es sich bald, daß ihre abschreckenden Beschreibungen mehr auf die Tausend Inseln paßten als auf das

29*

Innere des Fjordes, in welchem uns ein verhältnißmäßig schönes
Wetter erwartete. Man kann, wie so oft auf Spitzbergen, im Innern
eines Fjordes einen wolkenfreien Himmel und Sonnenschein haben,
während am Eingange zu demselben ein undurchdringlicher Nebel
herrscht. Den Grund hierfür hat man in der Richtung der Meeres=
strömungen zu suchen. Während ein Arm des Golfstromes, wie
die am Südcap und den Tausend Inseln aufgehäuften Treibeis=
massen ausweisen, wenigstens einen Theil des Jahres an dem
südlichen Theile Westspitzbergens und des Stans Vorlandes vorüber=
fließt, herrscht im Innern des Storfjordes dagegen die durch den
Helissund und die Walter=Thymens=Straße eindringende arktische
Strömung vor. Darum fanden wir an den Ufern des Fjordes auch
kein Brennholz, und mußten bei Bootexcursionen unser Brenn=
material mit uns führen. Dagegen konnten wir an der Nordküste
Spitzbergens fast immer darauf rechnen, in der Nähe der Rast=
plätze trockenes und vortrefflich brennendes Holz anzutreffen.

Der Hafen bei Whales Point wird von einer kleinen, auf
allen Seiten geschützten Bucht mit gutem Ankergrunde gebildet,
obwohl er wahrscheinlich für größere Schiffe nicht tief genug ist.
Auf der Nordseite desselben stehen noch die Ruinen einiger Russen=
hütten, welche zu einer der größten russischen Niederlassungen auf
Spitzbergen gehören. Keilhau hat die Stelle im Jahre 1827 be=
sucht und beschrieben.

In den letzten Jahren haben die Russen den Besuch Spitz=
bergens durchaus aufgegeben, vielleicht durch den unglücklichen
Ausgang der letzten Ueberwinterungen abgeschreckt. Wir fanden
in Hammerfest folgende schriftliche Erklärung eines gewissen Iwan
Nikolajeff Kalinin:

„Ich fuhr im letzten Jahre (1851) mit der Lodje St. Ni=
kolai auf den Fang nach Spitzbergen. Den 19. Juli gelangten
wir zu der Stelle, welche die Norweger „die kleine rothe Bucht"
nennen. Hier errichtete die Besatzung 3 bis 4 Hütten und zog
darauf das Schiff auf das Land. Nachdem dieses geschehen, wurde
die Mannschaft vertheilt: der Capitän mit dreien Leuten blieb in
der kleinen rothen Bucht, die Uebrigen (14 Mann) gingen mit
den Booten nach verschiedenen Richtungen auf die Jagd und er=
legten 230 Rennthiere. Während des Winters schossen wir noch
30 Rennthiere, 90 Füchse und eine Menge Seehunde. Am 5. De=
cember befanden sich alle Mann wieder in der kleinen rothen Bai

und blieben daselbst den Winter über. Bald nach Neujahr aber
brachen Krankheiten aus, besonders der Skorbut, und rafften 12
Mann dahin, darunter den Capitän und Steuermann. Einer starb
im Januar, drei im Februar, fünf im März, einer im April und
einer im Mai. Da nun so viele von der Besatzung todt waren,
vermochten die sechs übrigen weder auf die Jagd zu gehen, noch
die Lodje in das Wasser zu ziehen, zumal fünf von ihnen auch
krankten. Sie mußten sich darauf beschränken, so gut als es ging
ihr Leben zu fristen, bis Hülfe kam. Am Anfange des Juli
langten zwei norwegische Schiffe an und nahmen die Lodje sammt
der verlassenen Mannschaft auf." Kalinin erklärte noch ausdrück=
lich, „daß die Arzenei, welche die norwegischen Capitäne bei sich
führten, und der gekochte Sauerampfer die Kranken vom sichern
Tode gerettet habe." Die Arzenei wird wohl darin bestanden
haben, daß die Leute mit Gewalt, ja durch Schläge gezwungen
wurden, sich zu bewegen und zu arbeiten. Wie so oft, dürfte der
Skorbut auch hier dadurch entstanden sein, daß es den Leuten
während der düstern Winterzeit an aller Disciplin und an An=
regung fehlte.

Der Hafen wird von niedrigen Klippen umgeben, welche
durchweg aus Hyperit bestehen und wie gewöhnlich in verticale,
prismenartige Säulen gespalten sind. Hinter denselben zieht sich
auf der Südseite des Hafens eine mit Teichen bedeckte Ebene
hin. In diesen Gewässern fand Malmgren eine Menge höchst
interessanter Süßwasser=Crustaceen, was zu der Annahme berech=
tigt, daß diese Teiche im Winter nicht bis auf den Boden gefrieren.
Um zum Whales Point selbst zu gelangen, mußten wir erst über
diese Ebene zu einem etwa 50 Fuß hohen, freistehenden Hyperit=
felsen, demnächst aber durch einen kleinen Sumpf wandern, bis
wir den Fuß des nördlichen Bergabhanges erreichten. Nachdem
wir endlich auf festen Boden gekommen, begannen wir mit dem
Fernglase die Felswand zu beschauen, um zu erkennen, wo wir
wohl am besten hinaufgelangen könnten. Wir beschlossen von dem
Punkte, wo wir uns befanden, gerade hinauf zu steigen. Hier
erwartete uns in ein paar Hundert Fuß Höhe zwar ein senkrechtes
Hyperitband, indessen so zerspalten, daß wir ohne alle Schwierig=
keit weiter zu kommen hofften. Außerdem mußten wir bereits,
daß man infolge der Härte des Hyperitgesteins mit verhältnißmäßig
großer Sicherheit selbst die steilsten Abhänge hinaufklettern könne.

Der Abhang, auf welchem wir zuerst hinaufstiegen, bestand aus einem ziemlich groben Geröll von Hyperitstücken mit einem grauen, Versteinerungen führenden Sandstein. Hierauf kam eine steile, hartgefrorene Schneewehe, die wir umgingen, der Eine nach rechts, der Andere nach links, bis wir das Hyperitband erreichten. Das letztere war etwa 30 Fuß mächtig. Ihm folgte ein Abhang, wel= cher zu einer Terrasse führte. Nach dem ursprünglichen, am Fuße des Berges ausgedachten Plane mußten wir uns nunmehr nach rechts wenden und längs der Kante einer andern Schneewehe, welche sich bis zur Spitze des Berges zu erstrecken schien, gehen; um aber diese Kante zu erreichen, waren wir genöthigt, über ein glattes, mit Eis bedecktes, 40 Fuß breites und unter einem Winkel von 45 Graden abfallendes Schneefeld zu klettern. Dieses schien durchaus unmöglich. Wir wählten deshalb einen andern Weg und gingen geradeaus über ein feines, unter den Füßen weichendes Geröll von Sandstein. Weiter hinauf folgte ein steiles Eisfeld, welches eine von der Bergspitze zum Hyperit niedergehende Kluft ausfüllte. Zwischen diesem Eisfelde und den Hyperitfelsen kletter= ten wir noch ein paar Hundert Fuß hinauf. Zuletzt blieb keine andere Wahl, als das allerdings nicht breite Eisfeld zu über= schreiten. Mit Hülfe unserer Messer hauten wir erst Stufen, oder vielmehr Löcher in das Eis, dann aber schlugen wir die Messer selbst hinein, um uns an ihnen mit den Händen zu halten. So kamen wir glücklich zu einem neuen Absatze. Demnächst stiegen wir weiter hinauf, theils über loses Geröll, theils über Hyperit= felsen, bis wir zuletzt eine noch höhere Terrasse erreichten, über welcher uns nur noch ein einige·Fuß hohes Eisplateau von dem Berggipfel trennte. Auch diesen Abhang kletterten wir mit Hülfe unserer Messer hinan. Dem Schnee folgte erst eine Sumpfebene, sodann aber eine durchaus kahle Steinwüste, welche allmählich und kaum wahrnehmbar zu dem Gipfel aufstieg.

Da die Aussicht nach Süden hin nicht ganz frei war, so be= gaben wir uns weiter das Plateau hinauf. Kahles Gestein wech= selte mit Schneefeldern ab, welche bald gefroren, bald so weich waren, daß wir zuweilen tief in die unter der Schneekruste be= findlichen Wasseransammlungen einsanken. Infolge dessen wurde unsere Wanderung recht beschwerlich. Wir sahen uns indessen reichlich durch die Aussicht von der südlichen Kante des Plateaus belohnt. Sie war von überwältigender Größe. Im Osten lag

bie Deevie=Bai vor uns, in der Ferne von einem bunklen, steil
aufragenden Gebirge begrenzt. Zur Rechten desselben konnten
wir, durch das Fernglas gesehen, 18 zu den Tausend Inseln ge=
hörige Holme zählen, die, wie es uns schien, sich in zweien Gruppen
aneinander schlossen, die eine ganz nahe der genannten Bucht, die
andere genau im Süden von Whales Point. Sie erschienen
burchschnittlich klein und niedrig. In dem zwischen denselben be=
findlichen Sunde nahmen wir drei Schiffe wahr, barunter — wie
wir später erfuhren — unseren alten englischen Bekannten vom

Westküste des Storfjordes.

Eisfjorde. Hopen=Eiland konnten wir nicht unterscheiden, weshalb
es wahrscheinlich ist, daß dasselbe, wie schon Lamont bemerkt, viel
weiter nach Osten hin liegt, als die Seekarten angeben. Mit voller
Sicherheit dürfen wir dieses indessen nicht behaupten, da der Ho=
rizont nach dieser Seite hin neblig war und Hopen=Eiland von
ihm eingehüllt sein konnte. Dagegen lag die ganze Westküste des
Storfjordes, dessen südlichsten Punkt, das Südcap, wir ganz be=
stimmt unterscheiden konnten, in bem herrlichsten Sonnenscheine aus=
gebreitet vor uns. Sie bestand aus einem Labyrinthe von schnee=

bedeckten, ziemlich gleich hohen Bergspitzen, unter denen sich nur
ein paar auszeichnen, so daß man sie leicht wiedererkennt, z. B. die
Berge bei Whales Head und der Agardhs-Bucht. Ueber alle die
Tausende von Bergen aber erhob sich, wie der Glockenthurm einer
Kathedrale über die Häusermassen einer Stadt, der gewaltige
Hornsunds-Tind in seiner beinahe doppelten Höhe. Man konnte
deutlich von hier erkennen, daß dieser gewaltige Berg in der That
der höchste des ganzen südlichen Spitzbergens ist.

Die Ostseite des Storfjordes war von der südlichen Kante
des Plateaus nicht sichtbar. Wir wandten uns daher wieder zu
dem schon genannten kleinen Hügel auf der Nordseite, maßen einige
für die projectirte Gradmessung erforderlichen Winkel und kehrten
sodann zu unserm Schiffe zurück. Das Niedersteigen war mit
viel geringeren Schwierigkeiten verbunden als das Aufsteigen.

Durch die alten Walfischjäger, besonders die an Bergbestei-
gungen wenig gewöhnten holländischen Matrosen, sind die Berge
Spitzbergens wegen der vielfach vorgekommenen Unglücksfälle in
sehr schlechten Ruf gekommen. Man muß allerdings zugestehen,
daß die Abhänge nach dem Meere zu beinahe ohne Ausnahme sehr
steil und überdies von dem Froste so zerklüftet und zersprengt
sind, daß Fuß und Hand nur selten einen sichern Halt finden.
Infolge dessen können sich Unglücksfälle leicht ereignen, zumal
wenn man zwar einen guten Weg zum Aufsteigen hat, ihn bei
der Rückkehr aber nicht wiederfindet. Als Scoresby daher einige
Höhen an der Westküste bestieg, bezeichnete er die Steine mit einer
weißen Farbe. Wer aber dieses allerdings nicht immer vorhandenen Mittels entbehrt, sollte sich wenigstens verschiedene Felsen
und Steine beim Hinaufklettern merken. Wir sind nun der Ansicht, daß mit Ausnahme vielleicht der höchsten Bergspitzen des
Hornsunds-Tind so ziemlich jeder Berg, so weit wir Spitzbergen
besucht haben, besteigbar ist. Mindestens ist uns die Besteigung
aller der Bergspitzen, die für unsere geographischen und geologischen Arbeiten von Interesse war, geglückt, ohne daß irgend ein
Unfall sich ereignet oder Einer von uns sich genöthigt gesehen hat
umzukehren, obwohl der zur Ersteigung geeignete Weg vorher
immer nur mit dem Fernglase untersucht und ausgewählt worden
war. Auch haben uns die steilsten Bergabhänge niemals von der
schließlichen Erreichung der Spitze abgehalten.

Da wir von Whales Point aus deutlich erkannten, daß das

Treibeis um den südlichen Theil der Westküste noch dicht gepackt lag und keine Aussicht sei, zum Whales Head vorzudringen, so fuhren wir am 10. Nachmittags nach der Agardhs=Bucht ab. Als wir die Anker lichteten, war der Wind so stark, daß die Seeleute Bedenken trugen, den Hafen zu verlassen; nachdem wir aber ein Ende auf den Fjord gekommen, wurde es viel stiller. Wir nahmen ein kleines Schiff wahr, das längs der Eiskante nach Norden fuhr; aber wie sehr wir uns auch nach Briefen und Zeitungen sehnten, diesesmal hatten wir keine Lust, eine ähnliche Jagd anzustellen wie am Hornsund. Gegen Abend erreichten wir die ungefähr eine Meile lange und eben so breite Agardhs=Bucht, welche in dem Rufe steht, sehr reich an Blindschären zu sein und keinen guten Ankergrund zu haben. Selbst der Storfjord ist hier in weiter Entfernung vom Strande oft nur drei Faden tief. Zufällig waren die minder tiefen Stellen vortrefflich durch gestrandete Eisblöcke bezeichnet, während zwischen ihnen das Meer klar und spiegel= blank dalag.

Wie schon oben erwähnt, bilden dergleichen Eisblöcke einen ausgezeichneten Schutz gegen Wellen, Treibeis, und in gewisser Hinsicht auch gegen Stürme. Ihr Fuß verlangt immer eine so bedeutende Wassertiefe, daß man jedes Fahrwasser, in welchem Grundeisblöcke gestrandet sind, für rein erachten kann. Oft wird das Schiff an ihnen befestigt, entweder um die ausgeschickten Jagd= boote zu erwarten, oder um während der Windstille von der Strömung nicht zurückgetrieben zu werden u. s. w. Selbst die ermüdeten Ruderer ruhen sich oft auf diesen Eisklippen aus. Frei= lich ist das Bett nicht gerade sicher, oft kippt der Eisberg plötzlich um, zerschmettert das neben ihm liegende Schiff und versenkt die schlafenden Leute in die Tiefe. Solches war das Schicksal des vom Capitän Gurrho geführten Jagdschiffes Johanna Christina, welches am 20. Juni 1859 durch einen Eisberg vollkommen zer= stört wurde. Schon vorher hatte das Schiff bei seiner Fahrt durch das Treibeis von demselben so sehr gelitten, daß die Mannschaft daran dachte, es zu verlassen. Sie schafften deshalb Proviant und die nothwendigen Kleider auf einen großen Grundeisblock, welcher ihnen vollkommen sicher schien. Einige Stunden später setzte der= selbe sich indessen in Bewegung, sein Fuß hob das Schiff in die Höhe und zertrümmerte es so schnell, daß die Mannschaft nur ihr nacktes Leben zu retten vermochte. Zwei von den Leuten bargen

sich in einem Boote, die übrigen Vier auf den schwimmenden
Schollen. So wurden sie von einander getrennt und trafen erst
nach neun Tagen wieder zusammen. Während dieser Zeit hatten
die Beiden in dem Boote weder irgend welche Lebensmittel noch
Munition bei sich, sondern nährten sich einzig von dem Walroß-
leber, womit die Ruder des Bootes umgeben waren. Sie kochten
dasselbe in einer zufällig im Boote befindlichen eisernen Pfanne,
während die Ruderbänke und Aehnliches ihnen das Material zur
Feuerung lieferten. Ihre Lage war um so schlimmer, als der Eine
bei der Katastrophe den einen Stiefel verloren hatte, infolge dessen
ihm der Fuß abfror, so daß er später auch nicht mehr darauf
gehen konnte. Nachdem die ganze Besatzung sich wieder zusammen-
gefunden, irrten sie noch zehn Tage lang, ohne irgend eine Aussicht auf Rettung, in den Eisfeldern umher. In dieser Zeit lebten sie von Vögeln, welche sie auf dem Eise schossen und roh
verzehrten. Endlich wurden die Schiffbrüchigen von einigen norwegischen Spitzbergenfahrern aufgenommen.

Da vorher noch keiner unserer Schiffer die Bucht besucht hatte,
so mußten wir beim Einfahren äußerst sorgfältig sein und ununterbrochen lothen. Den 12. August Nachts ein Uhr warfen wir
endlich Anker und ruderten sogleich mit unseren Booten an das
Land. Dicht bei unserer Ankerstelle war der Strand vollkommen
unzugänglich. Er bildet nämlich ebenso wie die Nordküste Bären-
Eilands oder der nordwestliche Strand des Green-Harbour, eine
einzige nach dem Meere senkrecht abfallende Felswand. Wir sahen
uns deshalb genöthigt, noch ein Ende weiter nach Norden längs
der Küste zu rudern, bis wir eine Stelle fanden, wo wir das Boot
auf das Ufer ziehen und selber auf das Plateau, welches sich von
dem steilen Strandwalle bis zum Fuße des Gebirges hinzieht,
klettern konnten. Diese Ebene erinnerte in auffallender Weise an
einen vortrefflich gepflasterten, reingefegten Marktplatz. Der Boden war nämlich vollkommen eben und durchweg mit runden, dicht
aneinander gefügten Sandsteinkugeln von etwa einem Zoll im Durchmesser belegt. Irgend eine Wasserpfütze oder ein paar zwischen
den Steinen sprießende Blumen und Halme suchte man vergebens.

Nachdem wir einige Sonnenhöhen genommen, begannen wir
die Berge zu besteigen, welche nicht gerade hoch sind und aus
einem äußerst feinen, bröckeligen, Versteinerungen enthaltenden
Schiefer bestehen. Weiter hinauf fanden wir zerstreut Kugeln

eines harten, eisenhaltigen Thones, dessen frischer Bruch grau er=
schien, wogegen er an der Luft roth oxydirt war. Er enthielt
außerordentlich viele Versteinerungen aus der Juraperiode.

Ueber diese Vorberge erhebt sich das eigentliche Gebirge viel
steiler, so daß wir seinen Gipfel erst um elf Uhr erreichten. Er
bildet ein kleines rundes Sandsteinplateau, welches, mit Ausnahme
des westlichsten Theiles, vollkommen schneefrei ist und einen weiten
Blick über das Innere des Landes, ein wildes Durcheinander
von Schneefeldern und dunklen Felsgipfeln, gestattet. Die Agardh=
Bucht schien sich nach Westen in einem niedrigen, — wie man uns
sagte — ziemlich grasreichen Thale fortzusetzen, welches sich mög=
licher Weise bis zu der Thalsenkung am Ende von van Mijen's
Bucht im Bellsunde hinzieht. Ist dies der Fall, so kann die Tra=
dition unter den Spitzbergenfahrern, daß man von einem der
Fjorde an der Westküste mit Leichtigkeit zu dem Storfjorde ge=
langen könne, auf thatsächlichen Verhältnissen beruhen.

Nachdem wir die zur Triangulirung des Fjordes erforder=
lichen Winkel gemessen und eine große Menge von Versteinerungen
eingesammelt hatten, kehrten wir um und langten ganz ermüdet
um drei Uhr Nachmittags bei unserm Schiffe an. Malmgren,
welcher einen Ausflug zu dem oben genannten Thale gemacht hatte,
um zu jagen und zu botanisiren, fand sich bald darauf auch ein
und brachte eine Menge der stattlichsten und fettesten Rennthiere mit.

Da während unserer Abwesenheit das Eis mit großer Gewalt
in die Bucht gedrungen war und uns einzusperren drohte, so be=
stand Hellstad darauf, sobald als möglich abzusegeln. Auch wir
hegten den Wunsch, weiter zu kommen, und ließen deshalb sofort
die Anker lichten. Bei der vollkommenen Windstille mußte indessen
das Schiff von zweien Booten bugsirt werden. Sobald wir aber
aus unserer Eis=Schärenflur gekommen, begann der Wind zuzu=
nehmen, wir zogen die Segel auf und fuhren in rascher Fahrt
vorwärts. Den 13. Nachmittags zwei Uhr ankerten wir bei Lee's
Vorland.

Der dortige Hafen besteht aus einer kleinen, nach Osten von
der breiten Gebirgsmasse des Lee=Vorlandes geschützten Bucht, im
Süden von einem mäßig hohen Hyperitvorsprunge, im Westen
von einer ebensolchen, ziemlich hohen Insel begrenzt. Wir gingen
bei dem Vorsprunge an's Land, um Sonnenhöhen zu nehmen,
und bestiegen sodann den Berg. An der Stelle, wo wir landeten,

stießen wir auf die Ruinen einiger Russenhütten, von welchen
freilich jetzt nur noch die Fundamente und ein paar Ziegelhaufen
übrig waren.   Wie so oft, lagen auch hier verschiedene zum Fange
der Füchse bestimmte Geräthschaften auf dem Boden zerstreut,
woraus wir entnahmen, daß man hier auch überwintert habe.
Im Sommer lohnt es nämlich nicht, den spitzbergischen Fuchs zu
jagen, weil sein Pelz dann ganz schlecht und werthlos ist, während
er sich im Winter durch Dichtheit und Schönheit auszeichnet. Die
Winterjagd auf dieses Thier hat während der russischen Jagdperiode überhaupt eine bedeutende Rolle gespielt.   Die Russen
fingen allerdings auch Rennthiere, Weißfische, Seehunde und ein
paar Eisbären. Dagegen scheinen sie sich nur selten auf die Walroßjagd eingelassen zu haben.

   Die große Masse von aufgehäuften Walroßskeleten, welche
wir am Strande liegen sahen, oft ziemlich fern vom Lande, erinnerten uns an den Vertilgungskrieg, welchen die Norweger
und Lappen gegenwärtig gegen dieses so stattliche, bald aus-
gerottete Thier führen.   Die Walrosse sind geselliger Natur und
versammeln sich daher gerne in großen Schaaren, meist so, daß die
verschiedenen Altersgenossen und Geschlechter sich aneinander schließen. Nur der alte „Stier‟ streift einsam umher und verachtet,
wie so manch anderer in den Kämpfen des Lebens ergrauter Veteran, die Spiele und Thorheiten der Jugend.

   Ueber das Leben und die Erlegung der Walrosse ist schon
oben ausführlich gehandelt worden; wir wollen hier nur noch
nachholen, daß ein Harpunirer ein schlafendes Walroß stets mit
einem Rufe erweckt, bevor er die tödtende Harpune in seinen Körper schleudert.   Einige meinen, er trage Scheu, einen schlafenden
Gegner zu tödten, Andere dagegen, er fürchte, das erst durch den
Harpunenwurf erweckte Walroß könne in der Schlaftrunkenheit
leicht das Boot für einen Kameraden ansehen und ihm einen Schlag
versetzen, davon es zu Grunde gehe.   Darum müsse es erst aufgeweckt werden.

   Auf einem nicht weit vom Strande befindlichen Berge trafen
wir auf eine andere russische Erinnerung, nämlich ein hohes, halb
verfallenes Kreuz, das schon von der See aus wahrzunehmen ist
und jetzt bei dem Einfahren in den Hafen als Seemarke dient.
Seine hohe Lage (1,000 Fuß über dem Meere) hat es wahrscheinlich vor dem Geschick bewahrt, — welches den meisten Kreuzen

und namentlich auch den von Keilhau beschriebenen bei Whales
Point zu Theil geworden — von den norwegischen Jägern um=
gebrochen zu werden. Die höchste Spitze, weiter im Norden, liegt
noch ungefähr 200 Fuß darüber. Das Felsplateau am Strande
war schneefrei und bestand wie das bei Whales Point aus großen,
einzelnen Steinfliesen, Fragmenten einer durch den Frost zer=
sprengten Sandsteinschicht. Auch in dieser fanden wir den Rücken
eines saurierartigen Thieres.

Wie wir schon angeführt haben, wird die Westküste des Stor=
fjordes von ungeheuren, bis zum Meere niedersteigenden, nur hier
und da von dunklen, oft konisch gestalteten Bergspitzen unter=
brochenen Gletschern eingenommen. Die Ostküste trägt dagegen
einen ganz andern Charakter zur Schau. Zwischen Whales Point
und dem Helißunde trifft man nur einen einzigen größeren Gletscher,
so daß die Küste aus einem so ziemlich ununterbrochenen Walle
besteht, welcher unmittelbar aus dem Meere zu einem schneefreien
Plateau von ungefähr 1,000 Fuß Höhe aufsteigt. Weiter nach
dem Innern erhebt sich das Land noch mehr. Eine unermeßliche
Schneedecke scheint Alles zu verhüllen. Am Fuße des Strand=
walles ruht das Auge zuweilen auf grünen Matten, den vor=
trefflichsten Rennthierweiden Spitzbergens, aus.

Auch Walther=Thymens=Straße breitete sich zu unseren Füßen
aus und schien, nach den vielen darin befindlichen Sandbänken
und der langen, wunderlich geformten, vom nördlichen Strande
ausgehenden Sandzunge zu urtheilen, sehr „unrein“ und seicht
zu sein. Wie man früher glaubte, hat noch kein Schiffer diesen
Sund durchfahren. Wir haben jedoch in den Protokollen des
Bürgermeisters in Hammerfest folgende Notiz gefunden, welche
das Gegentheil bezeugt.

Den 9. August 1847 segelte die Slupe Antoinette — Capitän
Lund — durch Walther Thymen's Strat. Schon am folgenden
Tage mußte das Schiff infolge von Havarie in der Unicorn=Bucht
von der Besatzung aufgegeben werden. Die Leute retteten sich in
einem Boote, ruderten längs der Ostküste und wurden endlich
von dem Schoner Anna aufgenommen. Es kann dabei erwähnt
werden, daß die Mannschaft der Antoinette zweimal — auf dem
treibenden Wrack und im Boote — am Helißund vorüberfuhr,
ohne ihn zu bemerken. Sollte er damals noch nicht existirt
haben? — —

Nachdem wir vom Berge hinuntergestiegen, nahmen wir noch
einige Mitternachtshöhen, gingen darauf an Bord und fuhren,
unter lautem Widerstreben der Leute, welche wenigstens die Nacht
über im Hafen bleiben wollten, nach Norden. Wir mußten selber,
gemeinschaftlich mit dem Capitän, dem Steuermanne und Koch,
die Anker lichten und die Segel aufziehen, bevor es den Leuten
gefiel zu gehorchen und auf Deck zu kommen. Die Gerechtigkeit
nöthigt uns allerdings hinzuzufügen, daß eine solche Widersetzlich=
keit sich späterhin nicht mehr ereignet hat.

Der Wind war vortrefflich und wir hofften schon am folgen=
den Morgen bei der Verwechslungsspitze zu sein, fanden aber,
als wir erwachten, daß wir zwar vor Anker lagen, aber nicht an
jener Spitze, sondern neben einer kleinen Insel, mitten zwischen
derselben und Lee's Vorland. Das Eis hinderte unser Schiff am
Weiterkommen und der dichte Nebel machte das Aufsuchen des
Hafens sehr schwierig. Dieser sehr sichere Hafen wird im Süden
von zwei kleinen Hyperitinseln geschützt, im Osten von dem festen
Lande, und im Norden von einer niedrigen Spitze, welche, nahe
unserm Ankerplatze von Barents' Land ausgeht. Der auf der
Ostküste des Storfjordes allein vorhandene Gletscher befindet sich
dem nördlichen Ankerplatze gegenüber und zeichnet sich durch seine
unerhörten Moränen aus.

Am Nachmittage nahmen wir einen großen Eisbären wahr,
welcher ganz behaglich am Strande auf und ab spazierte, ohne sich
um unsere Nachbarschaft sonderlich zu bekümmern. Zuweilen blieb
er doch stehen und blickte und schnoberte umher. Natürlich gerieth
sofort Alles in die lebhafteste Bewegung. Still, aber eilig wur=
den zwei Boote hinabgelassen und bemannt; in das eine sprang
Nordenskiöld, in das andere Dunér und Malmgren. Das letztere
Boot ruderte direct nach dem Lande, das erstere dagegen nach der
andern Seite der Insel, um dem Bären die Flucht über das Treib=
eis zwischen der Insel und dem festen Lande abzuschneiden. Als
der Bär die beiden Boote wahrnahm, begab er sich sofort auf das
Eis. Eine allzu hastige Flucht hätte aber seiner Würde nicht ge=
ziemt; so wanderte er denn feierlich zu der andern Seite der Insel,
wo er leider auf Nordenskiöld's Boot stieß. Kaum hatten Dunér
und Malmgren das Land erreicht und im eiligsten Laufe begonnen,
den Spuren des Bären zu folgen, als zwei fast in demselben
Augenblicke fallende Schüsse auf der andern Seite der Insel zu

erkennen gaben, daß die Jagd beendigt ſei. Der König des Eis=
reiches war den Kugeln der Jäger erlegen, gerade in dem Mo=
mente, da er ſich von der ſteilen Höhe hinab in's Waſſer werfen
wollte. Das ſtattliche, blendend weiße Thier ſtürzte kopfüber von
den Klippen auf den Strand, an welchem das Boot unmittelbar
anlegen konnte. Man brauchte ihn gar nicht in die Höhe zu
heben oder durch das Waſſer zu ziehen; er rollte, wie er war,
in das Boot und wurde zum Schiffe gebracht. Die ganze Jagd
hatte kaum eine halbe Stunde gedauert.

Am folgenden Tage blies ein heftiger Sturm aus Norden,
und wir ſahen mit Freuden, wie die Eisblöcke in ſchnellem Laufe
nach Süden getrieben wurden. So durften wir hoffen, bald das
Ende des Storfjordes zu erreichen. Am Nachmittage langte ein
Schiff an und warf neben dem unſrigen Anker. Wir erkannten
es ſofort als die Yacht, welche wir bei unſerer Einfahrt in die
Agardhs=Bucht geſehen hatten. Wie ſonſt ruderten wir auch dieſes=
mal an ſie heran, um nach Briefen zu fragen, aber wiederum ver=
gebens. Dennoch hatte dieſer Beſuch das Angenehme für uns,
daß wir von dem Schiffe, welches die Inſeln des Hornſundes be=
ſucht hatte, eine Menge für den Verkauf in Norwegen beſtimmte
Eier einhandeln konnten.

Der Sturm hielt noch bis zum Nachmittage des 16. an, da
wir endlich die Anker lichteten. Leider war letzteres äußerſt zeit=
raubend und beſchwerlich, indem die Anker ſammt Kette in dem
tiefen, außerordentlich weichen Thonboden, der in den meiſten Häfen
des Nordfjordes vorherrſcht, vollkommen verſunken waren. Nach=
dem wir endlich losgekommen, ſteuerten wir bei dem Oſtnordoſt=
winde nach der niedrigen Landſpitze hin, die wir am folgenden
Morgen erreichten. Unterweges liefen wir Gefahr, auf eine Klippe
zu gerathen, welche mitten im Fjorde beinahe bis zur Oberfläche
des Waſſers reichte, ein auf Spitzbergen höchſt ſeltener Fall, da
man ſonſt immer ſicher ſein kann, in der Entfernung einer halben
Meile vom Lande durchaus reines Fahrwaſſer zu haben.

Nachdem wir Anker geworfen, ſetzten wir die Boote aus und
ruderten zum ſüdlichen Strande der Verwechslungsſpitze, Malm=
gren, um zu jagen und zu botaniſiren, wir, um von einer nahen
Höhe einige Winkel zu meſſen. Die Küſte beſteht hier aus einer
ſumpfigen, im Spätſommer ſchneefreien Ebene, aus welcher hier
und da ein paar grünlichgraue Halme ſprießen. Matten, nach

Art derer im Eisfjord, giebt es hier nicht. Dennoch gewähren die
niedrigen Ebenen auf Barents' Land den Rennthierheerden reich=
liche Nahrung, weshalb auch die Stelle als ein vorzügliches Jagd=
terrain bekannt ist. Wir konnten denn auch bald, nachdem wir
das Schiff verlassen hatten, mit dem Fernglase ein paar auf den
Strandebenen weidende Rennthiere erblicken. Mehr bedurfte es
nicht, um die trägen Ruderer zu anzufeuern. Bald befanden wir
uns am Lande und begannen die Jagd, welche jedoch durch die
Unmöglichkeit, sich den Thieren unbemerkt zu nähern, äußerst er=
schwert wurde. Man mußte sich niederkauern und oft durch den
tiefen Schlamm kriechen. Nach einigen vergeblichen Versuchen, den
Rennthieren auf Schußweite nahe zu kommen, gaben wir die Jagd
auf, trennten uns von Malmgren und begannen den ziemlich
niedrigen Höhenrücken zu besteigen, welcher die Mitte des Vor=
sprunges bildet, um von hier aus nach der weiter im Innern be=
legenen Höhe, die wir schon von Lee's Vorland aus zu einem
Triangelpunkte ausersehen hatten, vorzudringen. Der Koch folgte
uns mit den Instrumenten. Nach einer Stunde Wanderns erreich=
ten wir ein Thal, das von Nordosten nach Südwesten die ganze
Halbinsel durchschneidet, während seine Sohle von einem Süß=
wassersee eingenommen wird. Auf der andern Seite desselben
stieß uns ein schönes Rennthier auf, das Dunér's Kugel zum
Opfer fiel. Dieses Jagdglück setzte uns aber in nicht geringe
Verlegenheit. Es wäre Schade gewesen, das außerordentlich große
und fette Renn zurückzulassen, andererseits war es zu schwer, als
daß man es den langen Weg bis zum Schiffe hätte tragen können.
Da aber die Entfernung bis zur See auf der Nordseite der Halb=
insel nur sehr unbedeutend war und das Land nach dem Wasser
abfiel, so schickten wir den Koch nach dem Schiffe zurück, damit
man das Renn in einem Boote abhole. Auch sollte er für uns
einige Speisen mitbringen. Bevor wir das Wild verließen,
waideten wir es erst noch aus und stopften es voll Schnee, eine
absolut nothwendige Vorsicht, weil das Fleisch sonst schon nach
einigen Stunden einen schlechten Geschmack bekommt und beinahe
ungenießbar wird. Dann stiegen wir weiter die Höhe hinan und
fanden, daß wir bis zum Ende des Storfjordes nur noch ein
paar Meilen hätten. Er schien mit einer nicht sehr breiten Ebene
abzuschließen, hinter welcher das östliche Eismeer sichtbar wurde.
Nachdem wir einige Winkel gemessen hatten, errichteten wir

eine ziemlich hohe Pyramide, theils um einen festen Punkt für die Triangulation zu haben, theils um uns die Zeit bis zur Ankunft des Bootes zu vertreiben. Als das stattliche Denkmal fertig war, kehrten wir zu der Stelle, wo das erlegte Rennthier lag, zurück. Aber das Warten wurde uns doch zu lang, zumal das Wetter kalt und unsere Füße während der Wanderung durch Wasser und Schnee ganz naß geworden waren. Wir beschlossen deshalb bis zur äußersten Spitze zu wandern, um von hier das Schiff anzurufen; wir sahen aber bald, wie das Schiff mit vollen Segeln die Küste verließ und nach Norden fuhr. Etwas mißmüthig ließen wir uns auf einem hochgelegenen, grasreichen Platze nieder, von welchem aus wir mit dem Fernglase sowohl den Bewegungen des Schiffes folgen, als auch unser auf einem Schneefelde befindliches Rennthier sehen konnten. In der Hoffnung, möglicher Weise vom Axel Thordsen aus, der nunmehr um die Spitze bog, bemerkt zu werden, brauchten wir alle nur denkbaren Mittel und Zeichen, indem wir z. B. unsere Gewehre abschossen u. s. w. Freilich hatten wir nur geringe Aussicht gehört zu werden, denn das Schiff befand sich ziemlich fern von uns und der Schall pflanzt sich — wie wir oft erfahren — hier nur sehr schwach fort. Man kann z. B. aus Leibeskräften einer Person zurufen, ohne daß sie das Mindeste vernimmt, und selbst aus einer so geringen Entfernung, daß sie anderswo jeden Laut verstehen würde. Darum verhallt der Ton hier auch spurlos, ohne ein Echo zu erwecken; darum ist es auf Spitzbergen immer so unheimlich still, sogar in der unmittelbaren Nähe der Vogelberge.

Nachdem wir die Gewehre wiederholt abgeschossen, sahen wir, wie das Schiff scharf auf die Verwechslungsspitze zuhielt. Wir nahmen an, endlich bemerkt zu sein, und eilten auf die westliche Spitze, um dem Schiffe das langwierige Laviren zu ersparen. Das Schiff schien nämlich in die Bucht hinein zu kreuzen, und wir dachten nicht anders, als daß Hellstab daselbst vor Anker gehen und uns an Bord nehmen wolle. So kletterten wir zu dieser Bucht hinab. Man kann sich aber unsere Ueberraschung denken, als wir mit einem Male, trotz erneuter Rufe und Schüsse, das Fahrzeug weiter segeln sahen. Wir befanden uns nun schon dreizehn Stunden am Land, in beständiger Bewegung und ohne einen Bissen genossen zu haben, waren müde und naß, und überdies hatte Nordenskiöld ein Paar Stiefel an, welche seine Füße drückten.

Als wir endlich einſahen, daß keine Hoffnung vorhanden ſei, vom
Schiffe aus erkannt zu werden, mußten wir wieder den 500 Fuß
hohen Strandabhang hinaufklettern und uns zurück in's Land
hinein begeben, um das Boot, das uns abholen ſollte, abzuwarten.
Oben angekommen, richteten wir das Fernglas auf das Rennthier
und erkannten zu unſerer Befriedigung, daß es bereits abgeholt
ſei. Es war indeſſen nicht ſo einfach, das Boot zu finden, wel=
ches von den hohen Strandklippen verdeckt wurde. Wir beſchloſſen
daher uns zu trennen. Dunér ging längs der Kante oben am
Berge, Nordenſkiölb aber unten am Strande. Dies gab zu einem
neuen Irrthum Veranlaſſung. Als wir nämlich eine Meile von
einander getrennt waren, kletterte zufällig Nordenſkiölb hinauf,
Dunér aber gleichzeitig hinab, ſo daß wir einander nicht fanden. Als
wir endlich zuſammentrafen, war wiederum vom Boote keine Spur
zu entdecken. Es dauerte aber nicht lange, ſo traf es wirklich ein.
Natürlich verlangten wir zuvörderſt nach dem für uns beſtimmten
Proviant. Aber auch hier erwartete uns eine neue Ueberraſchung,
wenn auch die letzte an dieſem Tage. In der Meinung, wir be=
fänden uns bereits an Bord, zumal ſie uns auch nicht in der Nähe
des Rennthieres angetroffen, hatten nämlich der Koch und der
andere Matroſe die für uns mitgenommenen Speiſen verzehrt und
auch nicht ein Krümchen Brod übrig gelaſſen. Ueberdies kam nun
heraus, daß die beiden Leute, ohne Gewehre, aus Furcht vor den
Bären, nicht gewagt hatten uns aufzuſuchen, vielmehr längs dem
Strande gerudert waren, woſelbſt die Felſen ſie unſeren Blicken
entzogen. So konnten wir erſt nach unſerer Rückkehr zum Schiffe
um zwei Uhr Morgens, nach einer ununterbrochenen Wanderung
von 16 Stunden, unſern quälenden Hunger ſtillen.

Von unſerer Müdigkeit kann man ſich einen Begriff machen,
wenn ich ſage, daß wir am 18. Vormittags erwachten, ohne eine
Ahnung von dem Sturme gehabt zu haben, welcher in der Nacht
ſo heftig aus Nordoſten geweht hatte, daß das Schiff beinahe in
die Tiefe verſenkt wurde, bevor man die Segel reffen konnte.
Hellſtad mußte ſich glücklich ſchätzen, daß er es wieder zu dem
Ankerplatze bei der „Verwechslungsſpitze" — wir gaben ihr dieſen
Namen mit Rückſicht auf die Ereigniſſe des vergangenen Tages —
zurückzubringen vermochte. Der Sturm hielt noch bis zum Abend
an. Während dieſer Zeit machten wir den Verſuch, auf Grund
der gemeſſenen Winkel eine Karte des Storfjordes zu entwerfen;

es zeigte sich aber bald, daß es unmöglich sei, die gemachten Er= fahrungen mit einander in Einklang zu bringen. Wir gingen deshalb noch einmal an's Land und maßen eine Reihe von Win= keln, welche die Sache vollkommen aufklärten. Die außerordent= liche Reinheit der Luft hatte uns verleitet, bei den Messungen vom Agardhberge die Entfernung einiger nach Norden hin belegenen Bergspitzen zu unterschätzen, weshalb wir bei den späteren Mes= sungen von Lee's Vorland sie mit anderen näher belegenen ver= wechselt hatten.

Siebentes Kapitel.

Fahrt bis zum Weißen Berge. — Rückkehr.

Dem heftigen Sturme folgte vollkommene Windstille, und wir lichteten die Anker, um noch einmal den Versuch zu machen, einen Hafen an der Nordküste des Storfjordes zu erreichen. Den ganzen 19. trieben wir im Nebelwetter, zwischen einzelnen Eisschollen, hierhin und dorthin, ohne den ersehnten, nur einige Meilen entfernten Hafen zu erreichen. Unter Anderem lagen wir einige Stunden an einem Eisberge fest, welcher von der Strömung durch das übrige Eis getrieben wurde und ein breites eisfreies Fahrwasser hinter sich ließ. Es kommt nämlich sehr oft vor, daß das Eis sich in zweien entgegengesetzten Richtungen bewegt, das flache, wenige Fuß unter die Oberfläche reichende Buchteneis nach der einen, und die hohen, tiefgehenden Gletschereisblöcke nach der andern Seite. Die Spitzbergenfahrer lassen sich deshalb bei der Windstille oft von einem solchen tiefer gehenden Eisblocke in's Schlepptau nehmen.

Wenn man auf Spitzbergen von Eisbergen redet, so hat man allerdings nur an größere, von den Gletschern herabgefallene Eisblöcke zu denken, aber obwohl dieselben oft ungeheuer sind, so lassen sie sich doch durchaus nicht mit den grönländischen Eisbergen vergleichen, welche eine Höhe von 1,000 Fuß erreichen sollen. Schon der Absturz der dortigen Gletscher ist weit höher als der der spitzbergischen; dieser Unterschied genügt aber nicht, die so bedeutende Differenz zu erklären. Professor Edlund's Annahme, die größeren Eisberge entstünden dadurch, daß ein Gletscherblock mit seinem un=

teren Theile in Berührung mit einer Schicht „überkühlten"*)
Wassers komme, welches bekanntlich in solchem Falle sofort in Eis
verwandelt wird, hat daher eine große Wahrscheinlichkeit für sich.
Solche „Ueberkühlung" kann infolge des Golfstromes auf Spitz=
bergen nur ausnahmsweise stattfinden, während sie in den fast
ausschließlich von der arktischen Strömung durchflossenen Gewässern
Grönlands sehr oft vorkommen muß. So finden nur in Grönland
die von den Gletschern gefallenen Eiskörner einen fruchtbaren
Boden für die Weiterentwickelung, und wachsen zu jenen unge=
heuren Eisbergen an, welche den Schiffern oft ebenso zum Staunen
wie zum Entsetzen gereichen.

Während das Schiff mit der Strömung trieb, schickten wir
das Jagdboot aus, theils um einen geeigneten Hafen aufzusuchen,
theils um die großen Seehunde zu jagen, welche sich auf den
Eisflarden behaglich ausruhten und sich offenbar an dem stillen
warmen Wetter erfreuten. Infolge der nebeligen Luft gelang es
indessen nicht, ihnen in Schußweite zu kommen. Während des
Nebels sind nämlich sowohl die Walrosse als auch die Seehunde
so scheu, daß sie bei dem geringsten Geräusche entfliehen. So kam
auch jetzt das Boot ohne erhebliche Ausbeute zurück. Dafür
brachte es allerdings die erfreuliche Nachricht mit, daß es am Fuße
des Eblundberges, zwischen einer Insel im Osten und einer flachen
Spitze im Westen einen vortrefflichen Hafen gebe, der im Norden
von dem festen Lande eingeschlossen, im Süden aber durch Grund=
eisblöcke geschützt werde. Von der Besatzung des Axel Thordsen
hatte bis dahin noch Keiner in diesem Theile des Storfjordes ge=
ankert, wir nahmen die Nachricht daher mit großer Freude auf
und ließen das Schiff durch die Boote in den ersehnten Hafen
bugsiren. Nach einigen Stunden Arbeit warfen wir daselbst Anker
und fanden die Aussage der Jäger durchweg richtig. Am folgenden
Tage, als der am Vormittage herrschende Nebel sich ein wenig
verzogen hatte, machten wir den Versuch, über den östlich vom

---

*) Unter überkühltem Wasser versteht man bekanntlich dasjenige, dessen Tem=
peratur unter den Gefrierpunkt gesunken ist, ohne daß es zu einer Eisbildung ge=
kommen. Wenn solches Wasser geschüttelt wird oder in Berührung mit einem
kantigen Gegenstande kommt, einem Eisstücke z. B., so wird ein bedeutender Theil
desselben in einem Augenblicke in Eis verwandelt und die Temperatur steigt
bis zu dem gewöhnlichen Gefrierpunkte. Auf diese Art bildet sich also auch das
„Grundeis" in unseren Strömen.

Edlundberge befindlichen Gletscher den Gipfel desselben zu bestei=
gen. Unser Unternehmen war anfangs vom Wetter begünstigt.
Als wir aber so weit hinaufgekommen waren, daß wir vor dem
Nordwinde keinen Schutz mehr fanden, empfing uns ein so eisiger,
heftiger Sturm mit Nebel, daß wir uns kaum aufrecht zu halten
vermochten. An eine weitere Aussicht war natürlich gar nicht zu
denken. So kehrten wir denn zum Schiffe zurück. Als wir beim
Niedersteigen wieder den Gletscher passirten, kamen wir zu einer
kleinen Eisspalte und vernahmen, während wir noch nach einer
Stelle zum Ueberspringen suchten, oberhalb ein dumpfes Brausen.
Gleich darauf aber stürzte eine bedeutende Wassermasse durch die
Spalte und verrann in wenigen Secunden. Dieses Schauspiel
wiederholte sich mehrere Male. Neugierig setzten wir uns an der
Eiskante nieder und begannen, den Chronometer in der Hand,
das Phänomen genauer zu beobachten, wobei es sich denn heraus=
stellte, daß wir es hier mit einem intermittirenden Gletscherflusse
zu thun hatten; die Pause zwischen jedem Schwalle betrug 40 bis
60 Secunden. Der Grund für diese Erscheinung war wahrschein=
lich derselbe wie bei der Intermittenz des aus dem engen Halse
einer Flasche strömenden Wassers.

Am 21. August klärte sich das Wetter so vollkommen auf, daß
wir wiederum an's Land fuhren, um den Edlundberg zu besteigen.
Wir legten am Rande des Gletschers an, welcher ohne Absturz
hinabsteigt. Parallel mit dem Strande, in einer Entfernung von
etwa 1,000 Ellen, zieht sich eine breite Moränenbank hin, worauf
der eigentliche Gletscher folgt, dessen unterster Theil aus einem
hügeligen, — zuweilen von kleinen, meist mit Wasser angefüllten
Spalten durchschnittenen, — Eisfelde besteht. Die Besteigung war
leicht und bequem, und wir erreichten bald das unterste Plateau
des Berges. Darauf folgte ein geneigter Grasplan, welcher erst
weiter nach oben steiler wurde, zuletzt aber, nahe dem obersten
Plateau, in ein senkrechtes, in vierkantige Pfeiler zerklüftetes Hy=
peritband überging. Das letztere war zwar 50 Fuß hoch und
senkrecht abgeschnitten, aber auch fest und sicher, und konnte daher
ohne Schwierigkeit erklettert werden. So erreichten wir die Spitze.
Die Aussicht von hier entsprach unserer Erwartung vollkommen.
Im Nordwesten breiteten sich, so weit der Blick reichte, endlose
Schneeflächen und Hügel aus, nur durch einzelne mehr oder we=
niger freistehende Bergspitzen unterbrochen. Von diesen verdienen

in erster Reihe mehrere entferntere Berge, welche wahrscheinlich den
südlichen Strand von der Wijde=Bai umgeben, genannt zu werden,
ferner eine Kette von Bergspitzen, welche weiter im Nordosten den
Horizont unterbrach. Der Chydenius=Berg bildete den nördlich=
sten und höchsten dieser gewaltigen Bergriesen. Nach Süden hin
vermochten wir den ganzen Storfjord zu übersehen, von Whales
Point und Whales Head ab bis zu seiner tiefsten Einbuchtung in
der Nähe des Weißen Berges. Im Westen ragten lauter von
Eis umgebene Bergmassen auf. Den Blick über Heenlopen Strat
hinderte dichter Nebel, welcher — wie so oft — nur über dieser
Straße und ihren Strandbergen zu liegen schien.

Um die nach Nordwesten sich erstreckende Bergkette noch weiter
verfolgen zu können und uns zu überzeugen, ob eine Wanderung
über die Schneefelder mit Schwierigkeiten verbunden sei, gingen
wir von der Spitze weiter nach dem Innern des Landes, welches
sich fast zu derselben Höhe erhob. Es war vollkommen eben und
mit hartgefrorenem Schnee bedeckt, auf welchem es sich wie auf
einem Tische wandern ließ. Dieser Schneeplan schien sich bis zum
Chydenius=Berg zu erstrecken, so daß derselbe, behufs einer Trian=
gulation, leicht zu erreichen wäre. Nachdem wir bis zu einem
kleinen, entfernteren Schneehügel gekommen, ohne ein anderes Re=
sultat, als daß immer neue Bergspitzen aus der Schneefläche auf=
tauchten, beschlossen wir zurückzukehren.

Der kürzeste Weg zum Schiffe führte neben einem ziemlich
steil abfallenden Eisstrome, welcher, zwischen zweien Bergen ein=
gezwängt, von der Stelle, wo wir uns befanden, zu einem breiten,
ebenen Gletscher niederfloß, demselben, über welchen wir beim
Hinaufsteigen gewandert waren. Die eigentliche Quelle des letz=
tern war eben dieser mit dem Binneneise im Zusammenhange
stehende Eisstrom. Wir standen eine Weile an seinem Rande, mit
dem Fernglase in der Hand, um uns zu überzeugen, ob es mög=
lich sei, diesen anscheinend sehr bequemen Weg hinabzusteigen, oder
ob wir wieder zu dem weiteren, beim Hyperitabsatze überdies etwas
gefährlichen, zurückkehren müßten. Ein junger „Balsfjording“,
der unsere Instrumente trug und in seiner Heimath gewiß schon
manchen Berg erklettert hatte, aber wahrscheinlich noch niemals
über einen Gletscher gewandert war, betrachtete uns, als wir ihn
um seine Meinung fragten, mit großen Augen. Seine Mienen
schienen auszudrücken: „Wie kann man in einer so klaren Sache

noch zweifeln?" — und ohne ein Wort zu sagen sprang er plötzlich, den Theoboliten in der Hand, den Eisabhang hinab, zu unserm großen Schrecken, indem wir fürchteten, der Gletscher werde
wie gewöhnlich von Spalten durchsetzt, also schwer zu passiren
sein. Es dauerte indessen nicht lange, so sahen wir ihn Halt
machen, und zwar noch zur rechten Zeit, denn als wir näher kamen, zeigte es sich, daß ein ungeheurer Eisabgrund ihm den Weg
versperrte. Wir krochen zu seinem Rande und blickten in die unheimliche, bodenlose Tiefe hinab, deren Wände aus azurblauen
Eisklippen bestanden, nur hier und da mit weißen, tropfsteinarti-
gen Bildungen bekleidet. Weiter verlor sich Alles in einem schwarz-
blauen Dunkel. Diese Spalte erstreckte sich beinahe quer über
den ganzen Gletscher, so daß wir, um darüber zu kommen, einen
ganz bedeutenden Umweg zu machen gezwungen waren. Auch später
noch stießen wir auf eine große Zahl solcher Spalten, welche wir
theils umgingen, theils übersprangen, theils auf einem darüber
befindlichen Eisgewölbe passirten. Erst dann, als wir die Hauptmasse des eigentlichen Gletschers erreichten, nahmen die Spalten
ein Ende und das Herabsteigen erfolgte rasch und ohne Anstrengung. Der intermittirende Bach, welchen wir am Tage vorher
gesehen hatten, war jetzt beinahe beständig, so daß wir nur noch
ein schwaches Pulsiren wahrnehmen konnten.

Schon bevor wir das Schiff verlassen, hatten wir den Auftrag ertheilt, das englische Boot auszurüsten und zur Fahrt von
einigen Tagen zu bemannen. Wir fuhren deshalb gleich nach unserer Rückkehr mit dem Boote zu dem kleinen Sunde ab, welcher
das östliche Eismeer mit dem Storfjord verbindet. Bei der weiten
Entfernung und zwischen dem Treibeise, das hier und da den Weg
versperrte, wurde das Rudern recht ermüdend. Als wir unsern
Bestimmungsort erreicht und das Boot auf die Ebene zwischen
dem Helissund und dem Gletscher, welcher den Weißen Berg umgiebt, gezogen, auch das Zelt aufgeschlagen hatten, krochen wir
daher sofort in unsere Schlafsäcke, um erst am folgenden Tage mit
frischen Kräften unsere Arbeiten zu beginnen.

Als wir erwachten, fanden wir den Himmel klar und beinahe wolkenfrei. Nachdem das Frühstück eingenommen, begannen
wir sofort in Gemeinschaft mit Hellstab den Weißen Berg zu besteigen. Die Mannschaft sollte sich dagegen während unserer Abwesenheit der Rennthierjagd am nördlichen Strande des Helis-

ſundes hingeben. Wir wanderten zunächſt über die bedeutenden
Moränen, welche der Gletſcher vor ſich hergeſchoben hatte, und
beſtiegen ſodann das langſam abfallende Eisfeld, eine wider Er=
warten ſehr ermüdende und unbehagliche Wanderung, indem die
Oberfläche aus erſt aufgethautem und dann wieder gefrorenem
Schnee beſtand, ſo daß er von einer pfeifenartigen, vom Winde
gefurchten Kruſte bedeckt war, welche unter unſern Füßen oft zu=
ſammenbrach. Infolge deſſen ſank der Fuß in den darunter be=
findlichen lockern Schnee tief ein und konnte nur mit Anſtrengung
wieder durch die Eiskruſte, deren ſcharfe Kanten in das Schuhwerk
ſchnitten, gezogen werden. Erſt nachdem wir eine Stunde lang
hinaufgewandert, erblickten wir den Gipfel des Berges, welcher
bis dahin von den Höckern des Gletſchers verdeckt geweſen war,
aber wir befanden uns noch immer weit von dem Ziele unſerer
Wanderung. Stunden lang mußten wir noch über Schnee von ähn=
licher Beſchaffenheit weiter gehen, bevor wir den Gipfel, ein kleines,
von fußtiefem pulverartigen Schnee, darunter ſich feſtes Eis be=
fand, bedecktes Plateau erreichten.

Die Ausſicht von hier iſt vielleicht die großartigſte, welche
man auf Spitzbergen finden kann. Im Oſten, in etwa 20 Meilen
Entfernung, erblickten wir ein hohes Gebirgsland mit zweien die
übrigen Berge überragenden Kuppeln. Es war der am weiteſten
nach Weſten vortretende Theil eines großen, noch beinahe ganz
unbekannten arktiſchen Continents, welcher, obwohl ſchon im Jahre
1707 vom Commandeur Giles entdeckt, ſeitdem ganz vergeſſen und
auf den neueſten Karten übergangen worden iſt. Zwiſchen dieſem
Lande und Spitzbergen lag ein von großen, zuſammenhängenden
Eisfeldern bedecktes Meer, das offenbar von keinem Schiffe durch=
ſegelt werden konnte. Unſer Lieblingsplan, nach beendigter Unter=
ſuchung des Storfjordes uns dorthin zu wenden, mußte daher
aufgegeben werden. Im Nordoſten und Norden erſchienen, ſo weit
der Blick reichte, die Berge des Nordoſtlandes und der Heenlopen
Strat, und dazwiſchen die letztere ſelbſt mit ihren Inſeln, welche
— wie es den Anſchein hatte — jetzt von eisfreiem Waſſer um=
geben waren. Nordenſkiöld erkannte den von ihm im Jahre 1861
beſuchten Lovénberg wieder. Zwiſchen dieſem und dem Weißen
Berge erhoben ſich die ſchneebedeckten Berghäupter von Thumb
Point, dahinter aber ſchnitt ein langer, ſtark gebogener Sund,
in welchem mehrere Gletſcher mündeten, tief in das Land ein.

Das Innere des Landes lag ebenfalls vor unseren Blicken da, eine endlose, unermeßliche Schneewüste, aus welcher hier und da eine dunkle, gegen den blendend weißen Grund stark contrastirende Felsmasse herausragte. Erst weiter im Westen und Nordwesten erschienen mehr zusammenhängende Bergketten. Ueberdies war die ganze West= und Nordküste des Storfjordes sichtbar und der nörd= liche Theil von Barents' Land, dessen äußerste Spitze aus einem bedeutenden, steil in's Meer abstürzenden, stark zerklüfteten Schnee= berge besteht. Zu unseren Füßen lag der kleine von norwegischen Walroßjägern im Jahre 1858 entdeckte Sund, welchen wir mit dem schon auf holländischen Karten vorkommenden Namen Helissund bezeichnet haben. Mr. Lamont nennt ihn zwar Ginevrasund, aus seiner Beschreibung ist aber zu entnehmen, daß er nur bis zu der Verwechslungsspitze gedrungen, den eigentlichen Sund also gar nicht zu Gesicht bekommen hat. Derselbe macht sich übrigens noch eines andern Irrthums schuldig, indem er die zu Parry's berühm= ter Reise publicirte Karte des nordöstlichen Spitzbergen nicht zu kennen scheint, auch selber keine Ortsbestimmungen gemacht hat. Er läßt nämlich seinen Ginevrasund da münden, wo sich etwa die Lommebucht befindet; sein Irrthum beträgt mithin nicht weniger als 50 Minuten.

Wie gewöhnlich maßen wir, bevor wir zurückkehrten, eine Menge Winkel mit dem Theodoliten, aber diesesmal unter ganz be= sonders erschwerenden Umständen. Irgend ein Stativ hatten wir natürlich nicht bei uns, und im Allgemeinen bedarf es auch eines solchen nicht, da die meisten Bergspitzen auf Spitz= bergen, selbst diejenigen, welche über die in 1,000 bis 1,500 Fuß liegende Schneegrenze aufsteigen, schneefrei sind, so daß man bei Messungen die Instrumente leicht auf einem Steine oder einem Varde aufstellen kann. Hier aber fanden wir weder Steine noch andere zu einer Unterlage passende Gegenstände vor. Wir mußten deshalb erst einen großen Schneehaufen zusammenschaufeln, ihn so fest als möglich stampfen und den Theodoliten darin bis zum Ho= rizontalkreise niederdrücken. Sodann legte sich Einer von uns in den Schnee und maß die Winkel, während der Andere sie auf= zeichnete. Die Aufstellung erwies sich als ganz fest; aber nach der anstrengenden Bergbesteigung schweißtriefend im lockern Schnee zu liegen, während ein eisiger Wind den Berggipfel fegte, war doch so unbehaglich, daß nur ein paar Winkel gemessen und die Beobachtungen rascher als sonst abgebrochen wurden.

Auch das Hinabsteigen war sehr ermüdend, theils infolge des großen Abstandes der Bergspitze von der See, theils aus denselben Gründen, welche schon das Aufsteigen erschwert hatten. Aber sie fand doch, wenigstens am Anfange, wo der Abhang steiler war, in lebhaftem, von verschiedenen Purzelbäumen begleitetem Wett= laufe statt, und mit einer solchen Hast, daß wir schon am Abend um zehn Uhr das Boot erreichten.

Während unserer Abwesenheit war, wie schon erwähnt, die Mannschaft auf der Rennthierjagd gewesen und hatte das Glück gehabt, zwei außerordentlich fette und stattliche Thiere zu schießen. Sie kamen einige Augenblicke vor uns zu dem Boote und fanden Alles in der größten Unordnung. Offenbar hatte ein Bär eine Hausvisitation bei uns abgehalten und sich dabei schlimmer be= nommen, als ein bissteifriger Thorcontroleur in den goldenen Zeiten des Zoll= und Paßzwanges. Durch den Schlag seiner Tatzen war das Bootzelt an zweien Stellen von oben bis unten zerrissen. Zwei wollene Jacken, sowie einen Dunér gehörigen Nachtsack hatte er als unbrauchbar blos umgekehrt, dagegen einer gebratenen Rennthierseite größere Achtung erwiesen, indem er sie bis auf die Knochen aufgefressen. Und da er offenbar gefunden, daß sie nicht gehörig in Fett geschmort worden, hatte er als Zu= kost etwa die Hälfte einer Talgbütte verzehrt, welche wir für den Fall, daß es uns an Feuerung fehlen sollte, mitgenommen. Eine rohe Rennthierhälfte, zum Schutze gegen hungrige Füchse und Möwen in das Bootssegel gewickelt, mochte ihm zu gewöhnlich und simpel erschienen sein, denn sie lag unberührt, das Segel dagegen war zerrissen. Endlich hatte er noch einen Sack mit Schiffszwieback geöffnet und seinen Inhalt auf dem Strande ausgeschüttet. Aber das dadurch verursachte Geräusch schien — nach den Spuren im Sande zu urtheilen — den vierbeinigen Fiskal schleunigst ver= scheucht zu haben.

Es verging über eine Stunde, bis wir das Zelt in Ordnung gebracht und die rings umhergestreuten Sachen gesammelt hatten. Da wir indessen dem Bären, wenn er wiederkehren sollte, eine ge= hörige Strafe zudachten, so luden wir alle Gewehre und legten, nachdem wir unser Abendbrod gekocht, einige Stücke Rennthier= fleisch auf die Kohlen, damit der Duft ihm recht verlockend in die

Naſe ziehe. Kurz darauf krochen wir Alle in das Zelt, um in der warmen Hülle des Schlaffacks Ruhe und Schlaf zu finden. Aber nun entſtand die große Frage, wie wir aufwachen ſollten, wenn unſer Gaſt wiederkäme? Die Bergbeſteigung, die Rennthierjagd und die darauf folgende reichliche Mahlzeit hatten uns ſo ſehr ermüdet und ſchläfrig gemacht, daß an ein ordentliches Wache= halten nicht zu denken war. Es wurden eine Menge Vorſchläge gemacht, unter Anderm, daß man das eine Ende eines Strickes um die geröſtete Rennthierſeite oder um einen Schinken, und das andere um das Bein des Kochs, deſſen Würde durch den Beſuch des Bären ganz beſonders gekränkt war, binden ſolle. Aber obwohl er auf den Bären am meiſten ergrimmt war und ſonſt jede Miß= achtung ſeines Muthes und des ihm gewordenen Mandats auf's Empfindlichſte rügte, weigerte er ſich, trotz des lauten Beifalls der übrigen Beſatzung, doch ganz entſchieden, hierauf einzugehen. Er fürchtete offenbar zuerſt fortgeſchleppt zu werden. So fiel der Vor= ſchlag, ohne daß — wie ſo oft der Fall — ein beſſerer an ſeine Stelle geſetzt wurde. Alle Mann krochen in ihre Schlafſäcke und vergaßen in den Armen des Schlafes ſowohl Rennthiere als auch Bären, Sturm und Treibeis.

Wir lagen noch eine Weile halb wachend, plaudernd von Grabmeſſungen, geographiſchen Aufnahmen, Fahrten zu unerhörten nördlichen Breiten, und waren im Begriffe einzuſchlafen, als wir draußen vor dem Boote ein leiſes Geräuſch vernahmen. Wir meinten indeß, daß es nur eine Fortſetzung des Scherzes ſei, den man mit dem Koch getrieben, und hüteten uns auf die Sache einzugehen, um nicht ſelber in die Falle zu gerathen. Plötzlich hörten wir aber doch einen heftigeren Lärm, der uns veranlaßte, die Zelt= leinwand aufzuheben und hinauszublicken. Ein großer Bär ſprang eben, ſo ſchnell er nur konnte, davon und war, bevor wir noch ein paar Schüſſe auf ihn abfeuern konnten, verſchwunden. Als wir hinaustraten, wurde uns der Schmerz, zu ſehen, daß der Bär nicht blos das auf den Kohlen geröſtete Fleiſch, ſondern auch das zum Frühſtück beſtimmte gekochte Fleiſch, welches auf einer Schüſſel über einer Menge zur Hälfte mit Rennthierſuppe gefüllter Becher lag, dicht neben der Bootkante, aufgezehrt hatte. Bei ſeinem Ver= ſuche, zu dieſer Fleiſchſuppe zu kommen, hatte er ſich offenbar un= geſchickt benommen und dadurch das Geräuſch verurſacht. Wir beſchloſſen jetzt wenigſtens eine Stunde lang zu wachen; da der

Bär aber während dieser Zeit nicht erscheinen wollte, schliefen wir
wieder ein. Als wir nach einem zehnstündigen festen Schlafe er=
wachten, fanden wir, daß unser Boot mit keinem neuen Besuche
beehrt worden war. Auch das zweite Mal hatte der offenbar un=
gewöhnlich civilisirte Bär das rohe Rennthierfleisch unberührt ge=
lassen, das geröstete und gekochte dagegen vollständig verzehrt. Wir
gingen aus dieser Affaire also in der That als die Geschlagenen
davon, und waren ein wenig verstimmt, daß wir uns das bereits
zu zweien Decken vor dem Schreibtische bestimmte Bärenfell nicht
theilen konnten. Ueberdies hatten wir dem Bärenfleische, und be=
sonders den leckeren Schinken, Geschmack abgewonnen. Die Leute
dagegen legen auf dieses Fleisch kein Gewicht; ja es giebt Viele
unter ihnen, die für keinen Preis sich zu seinem Genusse verstehen
würden, obwohl es sehr gut schmeckt und beinahe vollkommen an
fettes, grobfaseriges Rindfleisch — vielleicht mit einem geringen
Beigeschmack von Schweinefleisch — erinnert. Dieses Vorurtheil
scheint sich theils auf die — wie es scheint — richtige Tradition
von der Giftigkeit der Bärenleber, theils darauf zu gründen, daß
das Bärenfleisch zuweilen in der That einen üblen Geruch und
Geschmack bekommt. Ueberdies fürchten die jüngeren Seeleute, daß
man infolge seines Genusses frühzeitig ergraut.

Nachdem wir das Boot in's Wasser geschoben, ruderten wir
zur Schute zurück und erreichten sie in der Nacht zum 24. August.

Die Untersuchungen zum Zweck einer Gradmessung durften
nunmehr als abgeschlossen angesehen werden, und es entstand des=
halb die Frage, in welcher Weise wir den Rest der noch vorhan=
denen Arbeitszeit wohl am besten anwenden könnten. Ursprüng=
lich hatten wir beabsichtigt, sobald die Arbeiten im Storfjorde ab=
geschlossen wären, nach Osten hin zu segeln und die Lage von
Giles' Land zu bestimmen, vielleicht eine Karte davon zu entwerfen.
Von der Spitze des Weißen Berges konnte man indessen wahr=
nehmen, daß dieser Plan für dieses Jahr unausführbar sei. Wir
beschlossen daher, anstatt dessen so weit als möglich nach Norden
zu fahren, um wenigstens eine sichere Beobachtung, betreffend
die Lage des Eises in der ersten Hälfte des September, zu machen.
Es darf nämlich als ziemlich wahrscheinlich angenommen werden,
daß in diesem Monat das Meer im Norden und Westen Spitz=
bergens, infolge des Einflusses des Golfstromes, bis zu einer ganz
erheblichen Breite eisfrei wird. Von der Stelle, wo wir vor Anker

lagen, führten zwei Wege nach der nördlichen Küste, der eine durch den Helißsund und die Heenlopen-Straße an Verlegen-Hoek vorbei, der andere nach Süden um das Südcap und sodann längs der westlichen Küste nach Norden. Der erste Weg hätte wegen seiner Kürze unbedingt den Vorzug verdient, wenn unser Schiff ein Dampfboot oder wenigstens für den Winter verproviantirt gewesen wäre. Denn wenn auch der nördliche Theil von Heenlopen Strat durch Eis gesperrt wurde, so hätte man doch durch den Storfjord zurückkehren können, bevor ihn das von Osten her kommende Eis verschloß. Mit einem Segelschiffe aber mußte dieser Weg äußerst gefährlich erscheinen, da ein Ostwind in wenigen Stunden das zwischen Spitzbergen und Giles' Land befindliche Eisfeld gegen die Küste pressen und die Rückkehr unmöglich machen konnte. Der zweite Weg war dagegen mit keinem besondern Risico verbunden und verschaffte uns überdies die Möglichkeit, die Lage des Südpunktes von Spitzbergen zu bestimmen. So verzichteten wir auf die, im Ganzen genommen auch nur in der Vorstellung vorhandene, Ehre einer Umschiffung Spitzbergens und wandten uns wieder nach Süden.

Die Spitzbergenfahrer sprechen oft davon, daß sie Spitzbergen umschifft haben; sie verstehen darunter aber immer nur, daß sie in verschiedenen Jahren zu demselben Punkte in der Heenlopen-Straße gekommen, das eine Mal längs der West- und Nord-, das andere Mal längs der Ostküste. Nur ein einziges norwegisches Schiff hat, so viel wir wissen, wirklich die ganze Inselgruppe umschifft, nämlich die Brigg Jaen Mayen unter Führung des Capitäns E. Karlsen. Wir geben hier nach der Tromsöer Stiftszeitung den Bericht über seine interessante Reise.

„Nachdem wir am 7. Juli 1863 Prinz Charles Vorland und den folgenden Tag die nordwestliche Spitze Spitzbergens passirt hatten, setzten wir die Reise nach Nordosten zur Heenlopen-Straße fort. Auf dieser ganzen Strecke zeigte sich nur sehr wenig Treibeis, und wir hatten im Norden, so weit wir nur sehen konnten, offenes Wasser. Wir lavirten nun nach Süden durch die Heenlopen-Straße, die noch voll von Eis war, und trafen mit mehreren anderen Schiffen zusammen. Den 27. erreichten wir die südliche Spitze des Nordostlandes und erlegten ungefähr 40 Walrosse und eben so viele Seehunde. Ich versuchte hierauf erst die Fahrt nach Süden längs der Ostküste Spitzbergens fortzusetzen, vermochte aber das dichtgepackte Eis nicht zu durchbringen, wandte deshalb um und begann nach Nordosten um das Nordostland zu segeln. Aber auch dieses ließ sich wegen des Eises nicht ausführen. So mußte ich wieder durch die Heenlopen=Straße zurück. Den 1. August verließ ich diesen Sund, und da das Fahrwasser nach Osten hin offen war, so dachte ich einmal zu versuchen, ob sich nicht das Nordostland von Norden her umschiffen ließe, und be= gann auch gleich gegen den Ostwind zu kreuzen. Am 2. August befand ich mich nördlich von Little Table Island und erreichte lavirend den 81. Grad. Von hier war das Wasser, so weit wir mit dem Fernglase vom Maste aus sehen konnten, nach Norden hin eisfrei. In der Nähe schwammen ein paar Eisfelder. Weiter im Osten zeigte sich zwar mehr Eis, doch ziemlich vertheilt, so daß es nicht schwer hielt, vorwärts zu kommen. Den 9. August be= fanden wir uns bei der Walroßö, der äußersten Insel an der nordöstlichen Spitze des Nordostlandes. Wir ließen die Boote hinab und gingen auf die Jagd. Wegen der starken Strömung nach Nordosten warfen wir näher dem Lande, bei einigen Inseln, und zwar an einer Stelle, welche auf den Seekarten Dove=Bai genannt wird, obwohl hier gar keine Bucht vorhanden, Anker. Wir lagen hier bis zum 13. August und hatten eine gute Jagd; aber das Treibeis und der Strom zwangen uns wieder unter Segel zu gehen. Wir wurden sehr schnell nach Osten hin geführt. Ebbe und Fluth waren hier sehr unbedeutend; letztere betrug nur 3 Fuß, wogegen sie an der Nordwestküste Spitzbergens eine Höhe von 6 bis 8 Fuß erreicht. Wir kreuzten demnächst nach Süden an der Storö vorbei und weiter längs der Ostküste des Nordost= landes. Dieselbe besteht aus zusammenhängenden Gletschern, welche sich weit in das Meer hinein erstrecken, und zwar, wie es scheint, viel weiter als zu der Zeit, da die Karten aufgenommen wurden, denn die sogenannten Frozen Islands sind jetzt vollkommen ver= schwunden. Ebenso ist die Entfernung zwischen dem Nordostlande und der Storö (Große Insel), welche nach der Karte 3 norwe= gische Meilen betragen soll, jetzt so verringert, daß sie nur noch ein enger Sund, welchen ich zu passiren nicht für räthlich fand, von einander trennt.

„Am 16. August, etwa eine halbe Meile vom Nordostlande entfernt, in 79° 34' nördl. Br., nahmen wir im Ostsüdost die südlichste Spitze von Giles' Land wahr, welche sich nach der Karte in 80° 10′ nördl. Br. befinden soll. Ich schätzte die Entfernung auf 8 Seemeilen; das Land liegt also etwa in 79° 5′ nördl. Br. was auch mit späteren Messungen übereinstimmt. Wir behielten es nämlich noch in Sicht, bis wir zur Walther Thymen's Strat, in 78° 30′, kamen, wo wir es im Nordosten hatten. Giles' Land ist übrigens wiederholt von mir und anderen Spitzbergenfahrern gesehen worden. Einmal kam ich ihm bis auf eine Meile Entfernung nahe, da aber der Fang hier nicht sehr lohnend war, so mochte ich nicht weiter gehen. Es ist ein großes, „weitläufiges" Land mit hohen Bergen und großen Fjorden, geradeso wie Spitzbergen.

„Nachdem wir das Ende der Heenlopen-Straße passirt hatten, setzten wir die Reise nach Süden längs der Ostküste Spitzbergens fort, machten gute Beute und kamen überall, wo wir einen Monat vorher nicht durchzubringen vermocht hatten, leicht hindurch. Am 20. segelten wir zwischen Ryk Yses Inseln und Stans Vorland, sodann längs der Südküste des Südostlandes und kehrten nach Norwegen zurück." — —

Am 25. lichtete Axel Thordsen die Anker, um nach Süden zu fahren. Der Wind war schwach, und nur die Strömung brachte uns vorwärts. Gerade da wir für immer den Nordstrand des Storfjordes verlassen sollten, zeigte sich auf seiner äußersten Spitze ein Rudel Rennthiere. Natürlich wurde das Jagdboot sofort ausgesetzt. Es dauerte nicht lange, so kehrten die Leute mit einem halben Dutzend sehr großer und fetter Thiere zurück. Sie waren auf der niedrigen Hyperitspitze unter dem Walroßberge, welchen wir zwei Tage vorher in allen Richtungen durchkreuzt hatten, ohne auch nur die Spur eines Rennthieres wahrzunehmen, geschossen worden. Es scheint deshalb, daß sie über das Binneneis, welches von der Landseite die Spitze umgab, gekommen.

Die Fahrt wurde längs der Ostküste des Storfjordes meist bei schwachem Winde und unter starkem Nebel fortgesetzt. Am Morgen des 26. erlegte Hellstad einen Bären auf dem Eise, Nachmittags aber schossen Malmgren und Dunér vom Schiffsdeck aus eine Menge der kleinen Seehunde, welche neugierig unser Fahrzeug umschwärmten. Sie waren so fett, daß sie nicht, wie es sonst der Fall zu sein pflegt, zu Grunde gingen, wenn sie getödtet wurden.

Als wir uns den Tausend Inseln näherten, fanden wir sie in dem Grade durch Eis versperrt, daß weder wir noch drei an-

bere Schiffe, welche ebenfalls dorthin zu gehen beabsichtigten, vor=
wärts kommen konnten. Wir richteten deshalb den Cours erst
auf das Südcap und später mehr nach Norden. Zwar hatte es
in unserm Plane gelegen, bei dieser Spitze an's Land zu steigen,
aber der Wind wehte mit einer solchen Gewalt, daß an das Aus=
setzen eines Bootes nicht zu denken war. Wir fuhren deshalb
ohne Aufenthalt weiter längs der Westküste Spitzbergens, und
erreichten, von einem guten Winde begünstigt, schon am Morgen
des 30. die Höhe von Prinz Charles Vorland. Hier sollte aber
unsere Reise infolge eines unerwarteten Hindernisses zum Abschlusse
gelangen. Wir erblickten nämlich draußen im Vorlandssunde ein
mit Leuten überfülltes Boot, welches, eine große Fahne an seinem
Hinterende, mit aller Kraft nach unserm Schiffe zu gerudert kam.
Offenbar waren es Schiffbrüchige, welche ihre Rettung auf einem
der wenigen noch nicht nach Norwegen zurückgekehrten Schiffe
suchten, und wir hielten deshalb gerade auf das Boot zu. Bald
befand sich die Besatzung an unserm Bord und bekräftigte unsere
Vermuthung. Sie berichteten aber, daß wir uns auf noch weitere
sechs Boote mit 37 Mann, welche zum Schoner Aeolus, geführt
vom Capitän Tobiesen, der Yacht Anna Elisabeth, geführt von
unserm alten Freunde, dem Quänen Mattilas, und der Yacht
Danolina, geführt vom Schiffer Janne Åström, gefaßt machen
müßten.

Die protokollarische Erklärung Mattilas' über den Schiffbruch
lautet folgendermaßen:

„Am 19. April verließen wir bei gutem Südwinde Nor=
wegen. Das Schiff war mit Booten und Jagdgeräthschaften gut
ausgerüstet. Die Besatzung bestand Alles in Allem aus 11 Mann.
Das Schiff war leicht und stark und für alle Verhältnisse wohl
eingerichtet. Den 28. April kamen wir Spitzbergen, in der Ge=
gend des Bellsundes, nahe, doch hielt uns das vorhandene Eis
mindestens zwei Meilen davon entfernt. Wir setzten unsere Fahrt
längs der Westküste nach Norden hin fort und hatten am 30. die
Nordspitze von Prinz Charles Vorland vor uns. Da wir uns
hier vergebens bemühten, einen Fang zu machen, segelten wir noch
weiter. Am 2. Mai lagen wir bei der Amsterdam=Insel, fingen
aber auch hier nichts. Darauf fuhren wir längs der Nordküste
von Spitzbergen, gingen in die Weite Bucht und froren daselbst
einige Tage ein. Wir hauten uns indessen hinaus und segelten

nach Moffen, mußten wegen des hereinbrechenden Sturmes aber
wieder in die Wijde=Bai. Hier warfen wir an der Ostküste Anker
und blieben bis zum 19. Juni eingeschlossen. In dieser ganzen
Zeit erbeuteten wir, mit Ausnahme einiger Seehunde, nichts. Den
19. arbeiteten wir uns hindurch und segelten längere Zeit an der
Nordküste Spitzbergens, indem wir jagten. Am 20. Juli warfen
wir bei Low Island Anker. Sodann hielten wir uns kurze Zeit
in der Heenloopen Strat auf. Da wir aber nichts erbeuteten,
fuhren wir wieder hinaus und richteten den Cours nach Nord=
osten, in der Hoffnung, hier mehr Glück zu haben. Hier trafen
wir die Yacht Danolina und blieben mit derselben auch später zu=
sammen. Am 25. Juli befanden wir uns bei den Sieben Inseln
und jagten Seehunde und Walrosse. Den 4. August trafen wir
mit dem Aeolus zusammen. Dann warfen wir alle drei an der
nordöstlichen Spitze des Nordostlandes Anker, machten gute Beute,
und fuhren weiter zur Storö, wo Walrosse in solcher Menge auf dem
Lande lagen, daß wir so viele tödten konnten, als wir nur wollten.

„Am 11. fuhren wir nordwärts und trafen mit Tobiesen
zusammen, welcher, nach einem vergeblichen Versuche in die Heen=
loopen=Straße zu gelangen, von Süden her kam. Ich theilte ihm
mit, daß noch eine Menge von getödteten Walrossen, die wir nicht
mehr hätten mitnehmen können, auf der Storö lägen, und segelte
weiter nach Norden. Den 12. hinderte uns das vom Nordwinde
dicht gepackte Eis am Weiterkommen. Wir segelten nun mehrere
Tage hin und her, in der Hoffnung, das Eis werde sich vertheilen,
statt dessen häufte es sich aber immer mehr an, so daß wir zuletzt
die Hoffnung aufgaben und nach dem Nordostlande zurückkehrten.
Nun segelten wir mit den anderen Schiffen nach Süden, um mög=
licher Weise hier eine Durchfahrt zu finden, erreichten auch am
16. die Südostspitze des Nordostlandes, vermochten aber wegen
des Eises nicht weiter zu kommen. Wir hatten nur noch einige
Meilen bis zur Heenloopen=Straße, aber die ganze See lag voller
Eis, und um das Unglück voll zu machen, begann dasselbe von
Osten her nach der Gletscherküste zu drängen, so daß uns keine
andere Rettung blieb als die Boote.

„Nachdem wir dieselben einige Meilen über die Eisfelder ge=
schleppt, kamen wir zu einer ziemlich eisfreien Rinne längs einem
Gletscher. Während wir gerade in derselben ruderten, stürzte von
der oberen Gletscherkante ein Eisblock herab und verursachte eine so

gewaltige Dünung, daß eines der Boote umgeworfen wurde und mit dem Kiele nach oben schwamm. Die darin befindliche Mannschaft verlor ihre Sachen und allen Proviant, rettete sich aber in den anderen Booten. Nachdem wir den endlosen Gletscher passirt hatten, ruderten wir in eisfreiem Wasser durch die Heenloopen-Straße längs der Nord- und Nordwestküste Spitzbergens bis zu dem Eingange des Eisfjordes, wo wir Schiffer, die daselbst auf Rennthiere jagten, anzutreffen hofften. Im schlimmsten Falle wollten wir in einzelnen Abtheilungen in den Hütten an der Advent-, Reb- und Wijde-Bai überwintern." — —

Als wir mit den Leuten im Vorlandssunde zusammentrafen, hatten sie in 14 Tagen eine Entfernung von 100 geographischen Meilen, im Boote, rudernd, zurückgelegt. Es machte einen eigenthümlichen Eindruck, die Freude auf den wettergebräunten Gesichtern der Menschen zu sehen, da sie von ihrem Boote aus über die Brüstung des Axel Thordsen kletterten. Sahen sie sich doch von einer Ueberwinterung — ohne die nothwendigste Ausrüstung und ohne Lebensmittel — ja von einem ziemlich gewissen oder mindestens wahrscheinlichen Tode durch Hunger oder Skorbut gerettet! Unter den Schiffbrüchigen befand sich auch ein elf Jahre alter Knabe, ein Neffe Mattilas', welcher den Burschen bei einem Besuche seiner Verwandten in Finland mit sich genommen. Sein Benehmen offenbarte auch sofort den quänischen Ursprung. Er war verschlossen, einsilbig, kühn und verwegen, und ließ vermuthen, daß ihm in den Kämpfen des Lebens Entschlossenheit und Selbstvertrauen nicht fehlen werde.

Wenn die Spitzbergenfahrer sich so sehr vor einer Ueberwinterung fürchten, so hat das seinen guten Grund. Der größere Theil der von den Westeuropäern gemachten Versuche (denn die Russen scheinen dem spitzbergischen Klima bessern Widerstand leisten zu können) haben meist den Ausgang gehabt, daß die ganze Wintercolonie dem Skorbut erlegen ist, und sonderbarer Weise scheint dieses vorherrschend das Schicksal derjenigen Partien gewesen zu sein, welche so vortrefflich ausgerüstet waren, daß sie sich während der langen Polarnacht ungestört dem Schlafe und dem Nichtsthun überlassen konnten. Diejenigen dagegen, welche infolge des Verlustes ihres Schiffes eine Ueberwinterung durchzumachen hatten und ohne Vorräthe, ohne luxuriöse Ausrüstung durch die Noth zu anhaltender Arbeit, zum Einsammeln von Holz, zur

Rennthier= und Seehundsjagd gezwungen wurden, sind dadurch,
sowie durch die frische Nahrung, vom Untergange verschont geblieben.

Zu den vielen schon bekannten Beispielen der Art können wir
noch einige Notizen in Betreff einer Ueberwinterung in der Croß=
Bai 1843—1844 mittheilen, welche wir von einem der Theilnehmer,
dem Schweden Andreas Lindström, erhalten haben.

Das Schiff, auf welchem sich Lindström befand, ging am 10.
Juli im Treibeise bei Moffen verloren. Man rettete sich zwar
auf ein anderes Schiff, doch wurde auch dieses einige Stunden
später so plötzlich zerdrückt, daß nur das Nothwendigste geborgen
werden konnte. Es befanden sich nun zusammen 24 Mann, mit
geringem Proviant, in zweien gebrechlichen Booten fern vom Lande,
mitten im Treibeise, welches so dicht gepackt war, daß von einem
Rudern nicht die Rede sein konnte. Sie schleppten deshalb die
Boote über das Eis nach der Verlegen=Huuk, die sie nach acht=
tägiger ermüdender Arbeit erreichten. Wieder vergingen drei Wochen,
bevor man zur Croß=Bai kam. Glücklicher Weise stieß man unter=
wegs auf ein von Parry zurückgelassenes Depot von Fleisch in
Blechbüchsen und etwas Rum, was zu ihrer Erfrischung und Be=
lebung nicht wenig betrug. Ein Theil der Schiffbrüchigen blieb
in der Croß=Bai zurück, ein anderer ging nach Süden, um irgend
ein Schiff aufzusuchen. Es glückte ihnen auch, bis zum Norden
des Bellsundes vorzudringen, von wo sie eine nach Süden kreuzende
Schute wahrnahmen. Aber trotz aller verzweifelten Versuche ge=
lang es ihnen nicht, das dazwischen liegende Treibeis zu durch=
brechen. So blieb nichts übrig, als unverrichteter Dinge zur Croß=
Bai zurückzukehren. Die Mannschaft aber sah sich genöthigt, sich auf
eine Ueberwinterung in den beiden daselbst befindlichen Hütten vor=
zubereiten. Glücklicher Weise fanden sie in der einen etwas Mehl
vor, das für solche Fälle zurückgelassen war. Man sammelte Treibholz,
schoß Seehunde und Rennthiere und suchte sich in steter Bewegung
zu erhalten. Trotzdem starben schon im Januar Dreie von ihnen
am Skorbut, welcher auch mehrere von den Anderen überfiel, in=
dessen durch den Genuß von Seehundsblut gemildert wurde. Am
Anfange des Juni holte ein Schiff die Ueberlebenden ab. Die
Kälte begann erst um Neujahr und erreichte ihre größte Höhe mit
dem Ende der langen Winternacht. Im Winter herrschten Nord=
winde vor, im Herbste und Frühling West= und Südwinde. Die
See blieb bis Neujahr offen, da das Treibeis ankam. Nun fror

bei dem stillen Wetter auch die See zu, sie wurde aber von Zeit zu Zeit wieder durch Stürme aufgerissen. Zur Zeit als sie am weitesten zugefroren war, konnte man selbst von den höchsten Bergspitzen kein offenes Wasser wahrnehmen. Nordlichter waren im Winter etwas ganz Gewöhnliches. — —

Schon am Nachmittage nahmen wir die Mannschaft eines zweiten Bootes auf; es war aber noch die von fünfen übrig. Sie hatten sich nach verschiedenen Seiten zerstreut, um Schiffe aufzusuchen und eine schließliche Zusammenkunft in Safe Haven im Eisfjorde verabredet. So beschlossen auch wir in diesem Hafen die Rückkehr der schiffbrüchigen Besatzungen abzuwarten, wurden jedoch durch den von hohen Wellen begleiteten Wind aus Südosten am Einlaufen verhindert und gezwungen, im Vorlandssunde Schutz zu suchen, woselbst wir vor der St. Johns=Bai Anker warfen.

In der Nacht vom 2. zum 3. September kamen wieder vier mit 21 Leuten bemannte Boote an. Sie hatten sogar einen Hund bei sich, der sich auf unserm Schiffsdeck sofort ganz ungenirt benahm, wie ein Wesen etwa, das sein ganzes Leben an Bord zugebracht hatte. Als dieser Hund später dagegen bei Tromsö an das Land kam, war er äußerst unruhig und wild. Sah er doch zum ersten Male Wohnhäuser, bellende Hunde und deren Junge!

Das siebente Boot, welches unter Tobiesen's Führung nach dem Vorlande gerudert war, blieb noch immer aus und versetzte uns in die größte Unruhe. Um ihm entgegen zu gehen, lichteten wir am 3. Morgens die Anker, fuhren zum südlichen Theile des Vorlandes und hielten uns der Küste so nahe als möglich. Nachdem wir einige Stunden lang vergeblich nach dem vermißten Boote gespäht, hielten wir auf den Eingang des Eisfjordes zu, wohin Tobiesen, der Verabredung gemäß, sich möglicher Weise schon begeben hatte. Am Abende kamen wir bei einem laberen Winde in den Fjord, am 4. Morgens traf endlich auch Tobiesen ein, mit der erfreulichen Nachricht, daß mindestens 10 Mann auf zweien englischen Jagdschiffen, welche noch im Eisfjorde lagen, untergebracht werden könnten. So blieben denn nur 27 Mann auf unserm Schiffe zurück, zusammen mit der eigenen Besatzung immerhin 42, eine Zahl, die uns nothwendig zur Rückkehr zwang, da es uns sowohl an dem genügenden Proviante als auch an Wasser fehlte. Die 42 Leute repräsentirten alle Nationalitäten Schwedens,

Norwegens und Finlands. Wir fanden also genügende Gelegen=
heit, nichts blos den nationalen Charakter, sondern auch den in=
dividuellen Ausdruck, welchen das oft wechselvolle Geschick den Ein=
zelnen verliehen hatte, zu studiren.

Ein großer Theil der Schiffbrüchigen bestand aus Lappen,
kenntlich an ihrer kurzen, untersetzten Figur, ihren halb mongo=
lischen Zügen, der dunkelbraunen Gesichtsfarbe und der durch das
Jagdleben auf Spitzbergen wenig veränderten Nationaltracht. Durch
den Schiffbruch hatten sie ihren ganzen Lohn, von welchem sie den
Winter über leben sollten, verloren, so daß sie eine schwere Zeit
erwartete. Aber trotzdem sah man sie immer bei guter Laune.
Nur ein junger Lappenbursche mit schiefstehenden Augen und kohl=
schwarzen Haaren rechnete uns wiederholt wehmüthig vor, wie viele
Silberspecies er verloren. Ein anderer älterer Lappe hatte schon
in diesem Sommer auf dem Jaen Mayen und früher unzählige
Male Schiffbruch erlitten. Er wurde denn auch als ein wahrer
Unglücksbringer bezeichnet, den kein Schiffer mehr mitzunehmen
wagen dürfe. Im Allgemeinen brachten die Lappen auf unserer
Rückreise die ganze Zeit auf ihrem Lager zu und waren nur bei
den Mahlzeiten sichtbar.

Erst die neueste Zeit hat den Lappen vermocht, seine Fischerei=
geräthgeschaften und Schären zu verlassen und an den Fahrten nach
Spitzbergen Theil zu nehmen. Wird er dabei von einem Nor=
weger oder Quänen mit gehörigem Nachdruck zur Arbeit angehal=
ten, so erscheint er dazu auch ganz geeignet. Besonders sind sie
als vortreffliche Schützen bekannt. Sehr Viele von ihnen sind in
den letzten Jahren nach Amerika ausgewandert. Das Merkwür=
digste aber ist, daß selbst ein Gebirgslappe mit seiner Familie
in die neue Welt gezogen ist, um dort sein Glück zu suchen.

Die drei Capitäne der untergegangenen Schiffe: der energische
Norweger Tobiesen, der gefällige und allgemein beliebte Schwede
Åström und der vielerfahrene spitzbergische Veteran, der Quäne
Mattilas, repräsentirten die in culturhistorischer Hinsicht so nahe
verwandten, den höchsten Norden bewohnenden Völkerschaften.
Sowohl bei ihnen wie bei den schwedischen, norwegischen und finni=
schen Seeleuten waren die verschiedenen Charaktere der drei Na=
tionalitäten deutlich und bestimmt ausgeprägt; zugleich aber hatte
die Beschäftigung mit dem blutigen Jagdhandwerk und dem Ha=
zardspiele des Fanges, sowie die unzähligen Gefahren und Aben=

teuer in dem ewigen Kampfe mit Sturm und Treibeis, ihren
Zügen einen gewissen gemeinsamen, unvertilgbaren Stempel fast
von Wildheit, jedenfalls von Muth, Selbstvertrauen und — wenn
wir es so nennen dürfen — Herrschbegier verliehen. Und in der
That, es ist ein schweres, abenteuerliches Dasein das Leben der
spitzbergischen Jagdfahrer.

Mit Gefahr den Leser zu ermüden, wollen wir, bevor wir
den Bericht über unsere eigene Reise abschließen, noch einen der
vielen Unglücksfälle, welche die Leute in einem schlimmen Eisjahre
bedrohen, erzählen. Der Bericht gründet sich auch diesesmal auf
eine beschworene Aussage.

Am 7. Mai 1850 segelte der vom Schiffer Börresen geführte
Schoner Karl Johann nach Spitzbergen, erreichte am 9. Bären-
Eiland und fuhr sodann längs der Küste eines Eisfeldes bis Prinz
Charles Vorland, welches er am 17. Mai wahrnahm. Nachdem
man verschiedene Häfen an der Westküste besucht, beschloß man
in Gesellschaft mit der Yacht die „Brüder" — Capitän Henriksen —
zu der Ostküste Spitzbergens, woselbst man bessern Fang zu machen
hoffte, zu fahren. Oestlich vom Südcap trafen sie am 25. Juli
wieder auf Eis, welches anfangs vertheilt war, infolge eines südlichen Sturmes mit Nebel aber sich zu verdichten begann. Man
setzte nun so viel Segel als möglich bei, um heraus zu kommen, indessen ohne Erfolg. Die Strömung und der Wind häuften das
Eis zu immer dichteren und festeren Massen zusammen, und die
beiden Schiffe, besonders aber der Schoner, wurden so beschädigt,
daß man am 15. August, nach gehaltenem Schiffsrath, das eine
Fahrzeug, welches auch bald darauf sank, aufzugeben beschloß.
Man hatte damals im Südosten in einer Entfernung von etwa
2 Meilen Walther Thymen's Strat. Alle Mann begaben sich
nun an Bord der „Brüder", drei Tage später wurde aber auch
dieses Schiff zerdrückt, so daß man die Rettung auf dem Eise zu
suchen gezwungen war. Nachdem sie mehrere Tage umhergeirrt,
nahmen sie ein Schiff wahr und schickten vier Mann mit einer
kleinen Jolle ab, um Hülfe zu bitten. Es war die Slup Fortuna — Capitän E. Meier, — und sie erreichten dieselbe ohne besondere Schwierigkeiten, aber einige Stunden darauf ging auch
Fortuna unter, und zwar so plötzlich, daß man sich wiederum auf
das Eis retten mußte, ohne auch nur das Nothwendigste mitnehmen zu können. Von Proviant barg man nur 8 bis 9 Roggen-

Zwiebacke und einen Sack mit Grütze, welcher überdies im Salz=
wasser und Thran gelegen hatte. Auch rettete man zwei Boote
und zwei Gewehre, doch ohne Munition, und zog sie auf dasselbe
Eisstück, auf welchem sich die Leute befanden. Nachdem sie mehrere
Tage lang am Südcap vorbei bis zum Hornsund getrieben, trafen
sie auf ebenes, niedriges Eis und begannen die Boote auf das
Land zu ziehen. Die Leute waren aber von dem Hunger so ge=
schwächt, daß man das eine Boot im Stich lassen mußte, das
zweite schleppte man weiter fort, bis man am 26. Abends von
einem hohen Eisblocke wieder ein Schiff in Sicht bekam, welches
in 2 bis 3 Meilen Entfernung im Eise lag. Die am wenigsten
Geschwächten wurden nun zu Fuß über das in anhaltender Be=
wegung befindliche Treibeis zu dem Schiffe geschickt, das sie auch
erreichten, obwohl sie oft nur mit Hülfe einer Stange — zugleich
ihrer einzigen Waffe — über die breiten Oeffnungen im Eise
springen konnten und sich auf ihrer Wanderung die Begleitung
einiger verwunderten und neugierigen Eisbären, welche sie aller=
dings nicht weiter beunruhigten, gefallen lassen mußten. Sie
kehrten nach 24 Stunden mit Speise und Munition zurück und
berichteten, daß das Schiff von seiner Besatzung verlassen sei, aber
Proviant und Anderes in Fülle enthalte. Nachdem sie sich mit
den mitgebrachten Speisen gestärkt, begaben sie sich nun sämmtlich
über das Eis zu der verlassenen Schute, pumpten sie aus und
fuhren nach Norwegen zurück.

Meier ist jetzt ein wohlhabender Kaufmann in Tromsö, von
dem wir vielfache Beweise von Wohlwollen erhielten, aber die
Erinnerung an die ausgestandenen Leiden ist noch jetzt, nach 14
Jahren, bei ihm so lebhaft, daß er ungerne von seinen Abenteuern
im Eise sprechen mag. — —

Aber es ist Zeit, daß wir zum Axel zurückkehren.

Am 4. September verließen wir den Eisfjord. Der Wind
war so schwach und ungünstig, daß wir uns noch am 6. vor dem
Bellsund befanden. Wir legten . hier bei, um aus einem in die
Dunder=Bai mündenden Flusse die Wasserfässer zu füllen, und
segelten weiter nach Süden.

An der Westküste Spitzbergens war der Wind wie gewöhnlich
sehr schwach, so daß wir erst in der Nacht vom 7. zum 8. Sep=
tember des Südcap passirten, bald darauf begann aber ein frischer
Wind aus Osten zu wehen, welcher am 9. zum Sturme anschwoll.

Am 10. Mittags befanden wir uns in 72° 54′, zugleich stieg die Temperatur des Wassers plötzlich von +3° auf +8° C., ein deutlicher Beweis, daß wir das Gebiet des eigentlichen Eismeeres verlassen hatten. Das wärmere Wasser brachte uns auch bald Nebel, welcher zusammen mit dem Dunkel der Herbstnächte die Einfahrt in die Schärenflur Norwegens, die wir in der Nacht zwischen dem 11. und 12. September in Sicht bekamen, hinderte. Am 12. klärte sich das Wetter zwar auf, es trat aber zugleich eine vollkommene Windstille ein. Ungeduldig, endlich Nachrichten aus der Heimath zu erhalten, ließen wir ein Boot aussetzen und erreichten Tromsö, rudernd, am frühen Morgen des 13. September. Axel Thordsen langte erst am Abende des folgenden Tages an.

Giles' Land.
— Das sagenhafte Land im Osten. —

1868.

Da der ausführliche Reisebericht über die im Jahre 1868 von Schweden aus unternommene Expedition nach Spitzbergen erst am Ende dieses Jahres die Presse verlassen wird, so hat der Leiter derselben, Professor Nordenskiöld in Stockholm, die Güte gehabt, den nachstehenden Auszug eigens für diese Ausgabe mitzutheilen.

——————

Die wissenschaftliche Untersuchung der Natur des höchsten Nordens ist bekanntlich in den letzten Jahren von Schweden aus mit so großer Vorliebe in Angriff genommen worden, daß mit Einschluß der privaten Unternehmung im Jahre 1858, im Laufe eines einzigen Jahrzehnts, vier Expeditionen in die arktischen Gewässer abgesandt worden sind. Die letzte vom Jahre 1868 fand bei dem schwedischen Publikum einen solchen Anklang, daß allein die Stadt Gothenburg die gesammten Kosten zusammenbrachte, während die Regierung das zu einem solchen Zwecke vorzüglich ausgerüstete und bemannte Schraubendampfschiff Sophia zur Disposition stellte. So vermochte man dem Unternehmen eine weit größere Ausdehnung zu geben, als ursprünglich beabsichtigt worden war.

Die meisten Expeditionen dieser Art haben sich stets als Hauptzweck gesetzt, einen möglichst hohen nördlichen Breitengrad zu erreichen; aber ein Blick auf ihren Ausgang zeigt auch, wie schwer dieses Ziel zu erstreben war, und wie selbst ein geringfügiger Umstand oft vortrefflich ausgerüstete Expeditionen zur Rückkehr genöthigt hat, ohne irgend ein nennenswerthes Resultat heimzubringen. Und doch hätte dieses so leicht vermieden werden können, wenn nur die wissenschaftliche Ausrüstung und Bemannung mit der erforderlichen Sorgfalt in's Werk gesetzt worden wäre. Um nun der neuen schwedischen Expedition einen solchen

Ausgang, so weit es in unseren Kräften stand, zu ersparen, sollte, wie bei den früheren arktischen Unternehmungen, die möglichst erschöpfende Untersuchung der physikalischen Verhältnisse Spitz= bergens fortgesetzt werden. Zu diesem Zwecke wurde die Expe= dition von der wissenschaftlichen Akademie in Stockholm mit Allem was zu den wissenschaftlichen Untersuchungen erforderlich, mit großer Sorgfalt ausgerüstet und von einer so großen Zahl von Fachmännern aus allen Wissenschaften, als Raum und Verhält= nisse nur irgend zuließen, begleitet.

Nach dem Reiseplane sollte man im Sommer und beim Be= ginne des Herbstes Bären=Eiland besuchen und die marine und terrestrische Fauna, die phanerogame und kryptogame Flora, sowie die Geographie und Geologie Spitzbergens untersuchen. Außerdem beabsichtigte man sich mit Tiefenmessungen, meteorologischen und magnetischen Beobachtungen u. s. w. zu beschäftigen. Ein Kohlen= depot sollte von einem hierzu ausdrücklich gemietheten Schiffe an irgend einer geeigneten Stelle des nordwestlichen Spitzbergen an= gelegt werden, damit die Sophia im Laufe des Herbstes hier an= laufen und ein Theil der Gelehrten mit dem Kohlenschiffe anfangs oder Mitte des September nach Norwegen zurückkehren könne. Die Uebrigen sollten mit der Sophia nach Norden vorzudringen versuchen und nöthigenfalls in einem geeigneten Hafen der nörd= lichsten Inselgruppe der alten Welt, den Sieben Inseln, über= wintern.

Die Theilnehmer der Expedition waren:

A. E. Nordenskiöld, Geolog.

Fr. W. von Otter, Capitän der Sophia.

A. L. Palander, Lieutenant.

L. Nyström, Arzt.

S. Lemström, Physiker.

E. Holmgren,

A. J. Malmgren, } Zoologen.

F. A. Smitt,

Sv. Berggren, } Botaniker.

Th. Fries,

G. Nauckhoff, Geolog.

Ueberdies hatte das Schiff 14 Mann Besatzung, zu der noch ein zoologischer Conservator, Svenson, und sechs in Norwegen ge= heuerte Jäger kamen.

Nachdem das der Expedition zur Verfügung gestellte Schiff, unter Capitän von Otter's Leitung, in Carlskrona ausgerüstet und verproviantirt worden, — und zwar für etwas über ein Jahr, oder, mit Rücksicht auf die Jagdbeute, auf welche man in diesen Gegenden immer rechnen kann, auf etwa anderthalb Jahr, — nachdem es ferner Gothenburg angelaufen und die wissenschaft= lichen Mitglieder nebst der Ausrüstung an Bord genommen, wurden die Anker am 7. Juli gelichtet. Den 16. bis zum 20. brachte man in Tromsö zu, um Kohlen u. s. w. einzunehmen.

Den 22. warf die Sophia im Südhafen bei Bären=Eiland Anker und setzte einen Theil der Mitglieder an's Land, um die Verhältnisse dieser infolge mangelnder Häfen schwer zugänglichen Insel zu untersuchen, während ein anderer Theil in der Nähe des Schiffes sich mit Tiefenmessungen und Untersuchungen über die marine Fauna beschäftigte.

Bären=Eiland ist bekanntlich eine kleine, zwischen Norwegen und Spitzbergen belegene Insel, welche, sobald die Schneeschmelze eingetreten, ein 50 bis 100 Fuß hohes, äußerst ödes Plateau bildet, das im Süden und Osten zu zweien bedeutenden Bergen, dem Mount Misery (1,000 bis 1,200 Fuß) und dem Vogelberge auf= steigt und nach dem Meere zu mit einer steilen Wand abfällt, auf welcher sich erstaunlich zahlreiche Vogelschaaren aufhalten, denen diese Insel als Rast= und Brutplatz dient. Das Plateau wird theils von unzähligen, kleinen, flachen Seen, theils von harten, vollkommen ebenen und bloßen Sandstein= oder Geröllfeldern, theils von niedrigen, meilenlangen Wällen von kantigen Steinen bedeckt, welche man beim ersten Anblick für gewaltige Moränen, Zeugen der einstigen „Eiszeit", in welcher das Thal zwischen dem Mount Misery und dem Vogelberge gebildet worden, halten möchte. Bei genauerer Untersuchung findet man indessen alle möglichen Uebergänge, von einem ebenen, harten und spaltenfreien Sandsteinfels bis zu einem Sandstein mit kleinen Rissen und einem mit fuß=, ellen= oder gar klafterbreiten Sprüngen, ferner bis zu einer Sammlung kolossaler Felsblöcke, welche mit ihren Fugen noch in einander passen, und endlich durcheinander ge= worfene, moränenartige Steinwälle, welche ausschließlich aus scharf= kantigen Steinblöcken bestehen.

Gletscher kommen hier eben so wenig vor als wirkliche Mo= ränen oder Gletscherschliffe.

Weder diese dem Wanderer so beschwerlichen Steinanhäufungen, welche ohne Zweifel durch den Einfluß des Frostes und des Wassers auf den bloßen Felsboden entstanden sind, noch die stein=harten Geröllflächen, noch die von Moos bedeckten feuchten Ränder der kleinen Seen vermögen den Pflanzen genug Nahrung zu gewähren, um dem harten Klima Trotz zu bieten. Die von unseren Botanikern entdeckten Arten bilden daher nur eine kleine Zahl, obwohl sie für die Pflanzengeographie, besonders was die Krypto=gamen anlangt, von großem Interesse waren. Dasselbe gilt von der Landfauna der Insel. Die an den Küsten der Insel brüten=den Vögel waren schon früher vollständig bekannt geworden, die Ornithologie konnte daher nur mit einer einzigen, auf der Nord=küste angetroffenen Lopiafamilie bereichert werden. Die in süd=licheren Regionen an Formen so reiche Klasse der Insecten wird hier nur durch zwölf kleine unansehnliche Arten repräsentirt, (darunter keine einzige Kaleoptenart), welche merkwürdiger Weise fast ohne Ausnahme neuen, eigenthümlichen Formen angehören. Landschnecken kommen hier so wenig als auf Spitzbergen vor, unsere Zoologen konnten wenigstens durch Dreggen in den kleinen Teichen nicht einmal eine kleine Pisidiumart heraufziehen, trafen hier aber zahlreiche Meer=Crustaceen an, oft von einer verhält=nißmäßig sehr bedeutenden Größe.

Die Meeresfauna, auf welche wir später noch zurückkommen werden, und die Geologie boten dagegen die reichste und interes=santeste Ausbeute dar. Schon Keilhau hatte von Bären=Eiland ein paar, später von Leopold von Buch beschriebene, der Bergkalk=formation angehörende Brachiopoden mitgebracht; überdies theilt er uns einige interessante Notizen über die Steinkohlenlager mit, welche in dem nördlichen Theile der Insel zu Tage treten. Seine Beschreibung läßt jedoch keinen vollkommen sichern Schluß auf das geologische Alter dieser Steinkohlenlager zu, da er keine Pflanzenabdrücke mitgebracht hat, daraus man die Beschaffenheit der einst hier herrschenden Flora hätte kennen lernen können. Diese Feststellung bildete eben einen Hauptzweck der wissenschaft=lichen Abtheilung der Expedition, und wir hatten dann auch das Glück, in den neben oder zwischen den Kohlenflötzen belegenen Schieferschichten zahlreiche, sigillariaartige Pflanzenreste anzu=treffen, welche ebenso wie die fossilen Pflanzen, die wir später im Eisfjord und der Kings=Bai fanden, dem berühmten Kenner der fossilen Flora des höchsten Nordens, Professor Oswald Heer in Zürich, zur Bestimmung und Bearbeitung überlassen worden sind. Von den oberhalb der Kohlen liegenden Schichten wurde eine große Zahl von Bergkalkversteinerungen eingesammelt, auch fanden wir bei den fast durchweg bloßliegenden Profilen der Küsten Gelegenheit, die geologische Bildung der Insel in ihren Hauptzügen festzu= stellen. Es wurden ferner verschiedene mineralogische Funde ge= macht, von denen hier die Wiederauffindung der äußerst unbe= deutenden Bleiglanz= und Zinkblendeadern, welche kurz nach der Entdeckung der Insel derselben einen — wie wir kaum noch hin= zuzufügen brauchen — unverdienten Ruf an mineralischen Reich= thümern verschafften, erwähnt werden mag. Die Kohlenlager sind dagegen ganz bedeutend und ziehen sich wahrscheinlich unter dem Meere nach Norden hin fort. Möglicher Weise können sie in der Zukunft, da die Entwicklung der Industrie neue Stein= kohlenschätze im Innern der Erde fordert, von praktischem Werthe werden, obwohl auf der andern Seite die nördliche Lage der Stelle und vor Allem der Mangel eines Hafens eine Ausbeutung der Flötze verhindern möchte. — —

Die Expedition verließ Bären=Eiland am 27. Juli. Der Cours wurde auf die früher von den schwedischen Expeditionen nicht besuchte Ostküste Spitzbergens gerichtet. Aber schon am Süd= cap stießen wir auf Eis, das in der Nähe der Tausend Inseln immer mehr gepackt auftrat, so daß wir uns zur Umkehr gezwungen sahen. Nach einigem Schwanken, ob man in der Gegend des Südcaps günstigere Eisverhältnisse abwarten und demnächst nach Osten hin vordringen, oder sofort die im Reiseplane vorgesehenen wissenschaftlichen Arbeiten an der Westküste Spitzbergens angreifen solle, entschieden wir uns für letzteres, und zwar zu unserm Besten, da wir später bei unserer Rückkehr erfuhren, daß die Ost= küste während des ganzen Sommers von 1868 durch Eismassen vollkommen gesperrt gewesen sei.

So richteten wir unsern Cours denn zum Eisfjorde, wo Sophia am Morgen des 31. Anker warf. Wir hielten uns 14 Tage lang in den verschiedenen Häfen dieses Fjordes auf, und drangen überdies mit Booten bis zu dem Ende des nördlichen Armes vor, welchen die früheren schwedischen Expeditionen nicht besucht hatten. Während dessen waren alle Theilnehmer der Expe= dition eifrig mit wissenschaftlichen Untersuchungen und der Ein=

sammlung von Naturalien beschäftigt.   Die Ausbeute war denn
auch sowohl in zoologischer als auch botanischer und besonders in
geologischer Hinsicht reichlich und befriedigend.

Durch die früheren Expeditionen waren die Hauptzüge der
Geologie des Eisfjordes ziemlich vollständig festgestellt; außerdem
erschien aber dieser schöne Fjord mit seinen von den verschiedensten
Thieren und Pflanzen erfüllten Gebirgschichten seiner Ufer außer=
ordentlich reich an Urkunden für eine geologische Geschichte des
höchsten Nordens.   Zu innerst im Fjorde stößt man auf mächtige,
vermuthlich der devonischen Bildung angehörige Schichten eines
rothen Schiefer= und Sandsteins, welche hier jedoch keinerlei Ver=
steinerungen enthalten.   Auf demselben ruhen Kalksteingyps= und
Flintschichten, mit großen, dickschaligen **Bergkalks = Brachio=
poden**; demnächst folgen **Trias**schichten mit großen Nautilus=
formen und Resten krokodilartiger Thiere, darauf **Jura** mit Am=
moniten, sodann **tertiäre** Schichten, welche mit ihrem Reichthum
an Pflanzenresten von dem milden Klima, das einst hier geherrscht
hat, Zeugniß ablegen; weiterhin vereinzelte Reste von posttertiären
Schichten, mit Pflanzen und Schnecken, welche die in diesen Gegen=
den nunmehr herrschende Eisperiode nicht zu überdauern vermocht
haben und daher lebend erst im nördlichen Norwegen angetroffen
werden.   Von allen diesen Bildungen hatten schon die früheren
schwedischen Expeditionen Proben mitgebracht, wenn auch unge=
nügend, um ein vollständiges geologisches Bild der einstigen Ge=
schichte dieser Landschaft zu geben.   Diese Lücke auszufüllen, bildete
einen Hauptzweck der Expedition von 1868, und es gelang uns
denn auch, eine außerordentlich reiche Ausbeute heimzuführen, be=
sonders von Pflanzenabdrücken und Triasversteinerungen, welche
— wissenschaftlich bearbeitet — unzweifelhaft ein ganz neues
Licht auf die einstigen klimatischen Verhältnisse und die Ver=
theilung von Wasser und Land im höchsten Norden werfen werden.

Spitzbergen wird bekanntlich gegenwärtig von einer Menge
norwegischer Schiffe besucht, welche zum Fange von Walrossen und
Seehunden oder des „Haakjäringfisches" (Scymnus microcephalus)
ausgerüstet sind.   Das Walroß kommt gegenwärtig nur noch
höchst selten an der Westküste Spitzbergens vor; man läuft daher
die dortigen Häfen nur im Vorbeifahren an, theils um Wasser
einzunehmen, theils um auf Rennthiere zu jagen.   Mit welchem
Erfolge diese Jagd betrieben werden kann, mag man daraus er=

sehen, daß im Jahre 1868 bloß die von Tromsö ausgerüsteten
Jagdschiffe, nach amtlichen Angaben, 996 Stück erlegt haben. Der
Fang von Hammerfest ist noch bedeutender. Man darf daher an=
nehmen, daß trotz des Vernichtungskrieges, welcher unter dem
Namen einer Jagd schon längere Zeit hindurch gegen diese Thiere
geführt wird, jährlich noch immer 2= bis 3,000 Stück getödtet
werden. Vergleicht man diese Zahl mit dem unbedeutenden Areal
eisfreien Landes auf Spitzbergen, so sieht man sich zu der An=
nahme versucht, daß über Novaja Semlja eine Einwanderung
stattfindet, was indessen nicht gut möglich ist, auch wenn eine be=
deutendere Insel oder Inselgruppe die Verbindung zwischen diesen
100 schwedische Meilen von einander entfernten Ländern ver=
mitteln sollte.

Während der letzten Jahre haben die Norweger auch die
schon früher von den Russen zum Fange des Weißfisches (Delphinapterus leucas) gebrauchten großen, aus Seilen gearbeiteten Netze
eingeführt, und im Jahre 1868 waren mehrere Schiffe einzig zu
diesem Zwecke ausgerüstet worden. Einige dieser Schiffe, die wir
antrafen, hatten ein paarmal bei einem einzigen Zuge 12 bis
20 Stück dieser Weißfische gefangen; ein ganz erheblicher Fang,
wenn man erwägt, daß der Weißfisch an Größe oft sogar das
Walroß übertrifft.

Der Eisfjord ist ebenso wie die übrigen Meeresbuchten Spitz=
bergens von einem Kranze mächtiger, zum Meere niedersteigender
Gletscher umgeben, welche dem Forscher genügende Gelegenheit
bieten, ihre für die Entwicklungsgeschichte der Erde so bedeutungs=
vollen Phänomene zu studiren. Es kommen aber, besonders in
dem inneren Theile des Fjordes, auch weite eis= und schneefreie
Thäler und Bergabhänge vor, wo der fruchtbare Erdboden eine
Vegetation erzeugt, üppiger als an den sonstigen Küsten der Insel=
gruppe. Man erblickt hier ganze Felder bedeckt von dem gelben
Mohn (Papaver nudicaule) oder bekleidet mit einer dichten grün
und rothen Matte der schönen Saxifraga oppositifolia. Der da=
neben liegende, in den Sommermonaten oft spiegelglatte Fjord
wimmelt von Seethieren verschiedenster Art. Alles trägt dazu
bei, die Stelle zu einem Hauptpunkte zu machen, wo man die
Thier= und Pflanzenwelt des höchsten Nordens studiren kann.
So hielten denn auch die Zoologen und Botaniker eine reiche
Ernte. Wir wollen hier nur beispielsweise mehrere schöne Lachse

und vollkommen ausgebildete Exemplare eines eßbaren Champignons nennen.

Wir verließen den Eisfjord am 13. August. An seinem Ausgange schickten wir eine Bootpartie nach Norden, um den Vorlandssund geologisch genau zu untersuchen und zu kartographiren. Diese Arbeiten wurden jedoch wie im Jahre 1861, da der Sund von Blomstrand und Dunér durchfahren wurde, durch anhaltenden Nebel erschwert. Das Schiff selbst segelte ein Ende nach Westen, um Tiefenmessungen anzustellen, welche indessen diesesmal, infolge der starken Dünung, ohne Erfolg blieben. Zur Zusammenkunft war die Kings=Bai bestimmt. Hier trafen denn auch beide Partien am Abende des 17. August ein. Nachdem auch hier verschiedene zoologische, botanische und geologische Ausflüge unternommen und eine große Zahl miocener Pflanzenabdrücke eingesammelt worden, ging die Sophia am 19. weiter nach Norden ab.

Wir hatten gehofft, hier unsern schon sehr mitgenommenen Kohlenvorrath wenigstens etwas verstärken zu können, erkannten aber bald, daß dieses mit allzu großem Zeitverlust verbunden sei. Während nämlich die Tertiärformation weiter nach Süden hin den größten Theil der umfangreichen Halbinsel zwischen dem Eisfjorde und dem Belsund einnimmt und daselbst mehrfach über tausend Fuß hohe Berge bildet, ist dagegen ihre Ausdehnung in der Kings=Bai äußerst unbedeutend, so daß sie gegenwärtig nur aus einigen kleinen Hügeln besteht, die durch — von Gletscherflüssen gebildete — Einsenkungen von einander getrennt werden und stark gefaltete Schichten haben. Die Kohlenflötze sind trotz ihrer Mächtigkeit und obwohl sie leicht zugänglich, — sie liegen nur einige Hundert Fuß vom Strande entfernt, an einem der besten Häfen Spitzbergens — nur von geringem Werthe, da der Boden ein wenig unter der Oberfläche gefroren ist und die vom Wasser durchzogene äußerst zähe Kohle ohne Sprengung nicht gebrochen werden kann. Uebrigens läßt sich schon jetzt übersehen, daß die ganze noch vorhandene kohlenführende Miocenbildung in einer verhältnißmäßig kurzen Periode fortgespült sein wird.

Spät am Abende des 20. August warf die Sophia bei der Amsterdaminsel Anker, und wir hatten am folgenden Tage die Freude, das erste der Schiffe, welche wir für die Expedition zum Kohlentransporte in Norwegen gemiethet hatten, in eben diesem

Hafen zu begrüßen. Nachdem wir auf der niedrigen Landzunge, welche im Südosten der Amsterdaminsel sich in's Meer erstreckt, ein Kohlendepot errichtet hatten und fünf der wissenschaftlichen Mitglieder der Expedition mit den erforderlichen Zelten und Booten in der Kobbe-Bai an's Land gesetzt worden, um zoologische, botanische und physikalische Versuche anzustellen, ging der übrige Theil der Expedition behufs einer Tiefenmessung nach Grönland ab. Es lag in unserem Plane, auf dem 80. Breitengrade dorthin vorzudringen, wir stießen indessen schon in der Länge von Greenwich auf undurchdringliche Eismassen. Es war offenbar, daß die grönländische Küste nur in einer weit südlicheren Breite erreicht werden konnte. Doch lag dieses außerhalb unseres Reiseplanes. Wir wandten daher nach Norden und Nordosten zurück und erreichten allmählich im Treibeise 81° 16'. Die Temperatur war bis auf — 6° C. gesunken, bei dichtem Eisnebel und häufigen Schneeschauern. Das Meer bedeckte sich zeitweise mit einer dünnen Kruste neugebildeten Eises; das Eis im Norden blieb unbezwingbar: so sahen wir uns genöthigt, einen Ausweg in südöstlicher Richtung zu suchen. Nachdem wir zuletzt noch vergeblich versucht hatten, zur Depotinsel in der Branntwein-Bucht vorzudringen, warf die Sophia am 28. August in der Liefde-Bai Anker.

Schon während der Ueberfahrt der Sophia von Norwegen nach Spitzbergen stellten die Officiere derselben, Capitän Freiherr von Otter und Lieutenant Palander, eine große Zahl von Tiefenmessungen an, auf größeren Tiefen mit der „Bulldoggmaschine", welche, von eben der Art, wie sie auf der Reise im Jahre 1861 von Torell und Chydenius in Tromsö construirt worden war, sich als vorzüglich erwies. Diese Messungen wurden mit großem Eifer während unseres Kreuzens im Treibeise zwischen dem 80. und 82. Grade fortgesetzt und lieferten uns höchst interessante Resultate, nicht blos in Ansehung der Tiefenverhältnisse der von uns besuchten Gegenden des Polarmeeres, sondern auch in Ansehung des arktischen Thierlebens in den größten Meerestiefen. Es stellte sich unter Anderm heraus, daß Spitzbergen in gewissem Sinne als eine Fortsetzung der Skandinavischen Halbinsel angesehen werden kann, da diese Inselgruppe von Norwegen durch keine größeren Tiefen (nicht über 300 Faden) getrennt wird, während man ein Ende nördlich und westlich von Spitzbergen Tiefen bis zu 2,000 Faden und darüber mißt. Aus dieser großen Tiefe

wurden nun mit der Bullbogmaschine Thonproben heraufgeholt,
welche, wie eine genauere Untersuchung erwies, nicht allein ver=
schiedene mikroskopische, sondern auch größere, ziemlich hoch organi=
sirte Thierformen enthielten, z. B. verschiedene Arten von Crusta=
ceen und Annulaten. Die größte Tiefe, von welcher man Proben
erhielt, betrug 2,600 Faden, und die hier heraufgebrachte Masse
bestand fast ausschließlich aus weißen und rothen Foraminiferen,
größtentheils von der Größe eines Stecknadelkopfes. Außerdem
verdient angeführt zu werden, daß wir während unseres Kreuzens
im Eise nicht allein eine Menge Treibholz antrafen und ein=
sammelten, sondern auch in 80° 40', fern vom Lande, Glaskugeln
von der Art, wie sie die Fischer bei den Lofoten zu gebrauchen
pflegen; ein weiterer Beweis für die bereits früher festgestellte
Thatsache, daß der Golfstrom, wenn auch nur schwach, noch bis in
diese Regionen vordringt.

Liefde=Bai ist früher noch niemals von einer wissenschaftlichen
Expedition besucht worden. Ihre Topographie und Geologie
waren daher noch vollkommen unbekannt. Es wurde eine aus
Malmgren, Nordenskiöld und Nyström nebst drei Mann bestehende
Bootpartie daselbst zurückgelassen, während das Schiff nach der
Kobbe=Bai ging, um die dort zurückgebliebenen Kameraden ab=
zuholen. Die Bootfahrt wurde von einem stillen, milden Wetter
und klarem Himmel begünstigt, obwohl draußen ein starker Wind
mit Schneeschauern herrschte, ein auf Spitzbergen ganz gewöhn=
liches Verhältniß, was namentlich diesen schönen Fjord, nach der
übereinstimmenden Erklärung der Jäger, charakterisiren soll. Wir
waren daher auch im Stande, in den wenigen Tagen unserer
Bootfahrt diese „liebe Bucht" zu kartographiren und ihre etwas
einförmigen geologischen Verhältnisse festzustellen. Die Küsten be=
stehen nämlich ausschließlich aus denselben rothen, grünen und
dunkelblauen Thonarten, welche im Eisfjorde von Productus
führenden Bergkalkschichten überlagert werden und beim Hecla
Mount die oberste Schicht der von uns nach diesem Berge be=
nannten Schichtenfolge bilden. Bis dahin hatten wir in diesen
Schichten indessen Versteinerungen nicht angetroffen. Ihr Alter
blieb mithin zweifelhaft, und die — wahrscheinlich — devonischen
Fischreste, welche wir hier fanden, bildeten daher einen für die
Feststellung der Geologie Spitzbergens wichtigen Fund. Die dar=

unter befindlichen Schieferschichten enthielten einige Pflanzenreste,
doch waren dieselben zu undeutlich, um bestimmt zu werden.

Den 2. September traf die Bootpartie und das mit unseren
Kameraden von der Kobbe=Bai zurückgekehrte Schiff ein Ende vor
der Spitze, welche die Wijbe= und Liefde=Bai von einander trennt,
zusammen. Nachdem man ein paar Tage in dieser Gegend zu=
gebracht hatte, lichtete die Sophia wieder die Anker und lief die
nunmehr eisfreie Depotspitze in der Branntwein=Bucht an, um
das im Jahre 1861 daselbst niedergelegte Depot von Pemmikan,
ein eisernes Boot u. A. abzuholen. Darauf wandten wir uns
nordwärts, um, das Nordostland umfahrend, Giles' Land zu er=
reichen. Wir fanden den größten Theil der zwischen den Sieben
Inseln, dem Cap Platen und dem Nordcap belegenen Meeres=
bucht, welche 1861 schon in der Mitte des August vollkommen
eisfrei gewesen, jetzt beim Beginne des September mit einer fast
ununterbrochenen Eisdecke belegt. Auf diesem Wege konnte Giles'
Land also nicht erreicht werden, und wir sahen uns, nachdem wir
uns behufs botanischer und zoologischer Untersuchungen kurze Zeit
an den Castréninseln und der noch von einem festen Eisgürtel
umgebenen Parryinsel aufgehalten hatten, genöthigt, auf einem
andern Wege zu unserm Ziele vorzudringen, nämlich durch die
Heenloopen=Straße. So richteten wir denn den Cours nach deren
südlichem Theile.

Schon vor dem Beginne des September hatten verschiedene
Zeichen das Nahen des Herbstes verkündigt, und oft waren die
Berge, einigemal sogar schon die Ebenen, mit einer weißen Decke
frischgefallenen Schnees, der indessen bald wieder schmolz und
unseren wissenschaftlichen Arbeiten kein Hinderniß in den Weg
stellte, bedeckt gewesen. Jetzt aber, da wir zu den Südwaigats=
inseln segelten, trat ein außerordentlich starker Schneefall ein, der
uns die Ueberzeugung gab, daß die Zeit für unsere rein wissen=
schaftlichen Arbeiten verflossen sei. Wir wandten daher beim Lovénberge
im südlichen Theile der Heenloopen=Straße, nachdem wir daselbst
eine Menge Bergkalkversteinerungen unter einer fußhohen Schnee=
decke eingesammelt hatten, wieder um. Am 12. September ankerten
wir von Neuem bei dem Kohlendepot auf der Amsterdaminsel und
trafen daselbst auch das zweite Kohlenschiff an, mit welchem ein
Theil der Mitglieder der Expedition (Fries, Holmgren, Malm=
gren, Rauchhoff, Smitt) nach Norwegen zurückkehrten, indem sie

die reichen naturhistorischen Sammlungen, welche bis dahin zu er=
werben der Expedition gelungen waren, mit sich nahmen. Diese
Sammlungen sind später glücklich nach Stockholm gekommen und
sollen, sobald sie nur erst wissenschaftlich bearbeitet worden, dem
Reichsmuseum daselbst, welches schon vorher reichliche, von den
früheren Expeditionen heimgebrachte arktische Sammlungen besitzt,
und dem Museum der Stadt Gothenburg, deren Liberalität die
erste Veranlassung zu dieser Expedition gegeben hat, überwiesen
werden. Um eine Vorstellung von dem Umfange dieser Samm=
lungen zu geben, will ich hier blos an die obigen Mittheilungen
betreffend unsere geologischen Arbeiten erinnern, ebenso daran, daß
die Zoologie in der Expedition durch drei Gelehrte vertreten war,
denen nicht blos ein besonderer Präparator und Conservator zur
Disposition gestellt war, sondern auch ein mit mindestens vier
Mann besetztes Boot, um an jedem Tage, da das Schiff still lag,
zu breggen. Dadurch wurde es nicht blos möglich, die marine
Fauna des hohen Nordens gründlich zu untersuchen, eine Fauna,
welche, was den Reichthum an Individuen betrifft, mit der mancher
südlichen Gegenden wetteifern kann, sondern auch der Landfauna,
besonders der an Individuen und Arten armen und deshalb nur
sehr schwer zu untersuchenden Insectenfauna, die gehörige Auf=
merksamkeit zu schenken. Durch Dreggen erhielt man auch reich=
liche Beiträge zur Kenntniß der Algenflora. Jede vorhandene
Gelegenheit zu Ausflügen auf das Land wurde von den beiden
Botanikern der Expedition zur Untersuchung der Flora und
zur Einsammlung von Typenexemplaren für Normalharberien
der Phanerogamen, Moose, Flechten und Algen Spitzbergens
benutzt.

Den 16. September nahmen wir von unseren heimkehrenden
Genossen Abschied und steuerten sofort wieder nordwärts. Wir
beabsichtigten die Sieben Inseln anzulaufen, aber wir fanden sie
nunmehr noch viel mehr vom Eise umgeben, als vierzehn Tage
früher, da wir diese Gegenden besuchten. Wir beschlossen dafür
längs einer nördlich um diese Inseln führenden, ziemlich eisfreien
Rinne zu fahren und so weit als möglich vorzudringen.

Nach einer Reihe von Zickzackfahrten durch das Treibeis ge=
lang es unserm Schiffe am 19. in $17\frac{1}{2}°$ östl. L. von Greenwich
$81° 42'$ nördl. Br. zu erreichen, wie wir annehmen dürfen, die
höchste Breite, bis zu welcher bis jetzt ein Schiff gekommen

ist. *) Nordwärts lagen zwar lauter zerbrochene Treibeismassen, aber so dicht gepackt, daß nicht einmal ein Boot sie zu durchbringen vermocht hätte. Wir sahen uns daher genöthigt, uns nach Süd= westen zu wenden, um eine andere Oeffnung in dem Eise aufzu= finden. Statt einer solchen fanden wir aber die Eisgrenze mehr und mehr südlich, je weiter wir nach Westen kamen, so daß wir uns am 23., in der Länge von Greenwich, bereits in 79° befanden. Während dieser Fahrt waren wir wiederholt auf Eis gestoßen, schwärzlich gefärbt von Steinen, Grus und Erde, was auf ein weiter im Norden belegenes Land schließen läßt. Auch das Eis hatte ein ganz anderes Aussehen als dasjenige, welches wir hier Ende August angetroffen hatten. Es bestand nämlich nicht blos aus größeren Eisfeldern, sondern auch aus großen Eisblöcken; es scheint also, daß das frühere Eis nach Süden getrieben und von den aus Norden kommenden Eismassen ersetzt worden war. Die Temperatur war nun bis 8 und 9 Grad unter Null gesunken und hatte das früher ziemlich mürbe Eis so gehärtet, daß jeder stärkere Stoß gegen dasselbe mit nicht geringer Gefahr verbunden blieb. Ueberdies war die Nacht nunmehr so dunkel, daß man bei jedem größeren Eisfelde beilegen mußte, in beständiger Angst, sich am Morgen eingefroren zu sehen. Schon am Anfange des September hatte die Oberfläche des Meeres, nach einem stärkeren Schneefalle, angefangen sich zwischen den Eisstücken mit einer Kruste zu be= decken, welche indessen so dünn war, daß sie leicht durchbrochen werden konnte. Jetzt aber trat sie oft in solcher Stärke auf, daß sie ohne Schwierigkeit nicht forcirt werden konnte. Alles deutete darauf, daß die Jahreszeit, in welcher in diesen Gegenden über= haupt eine Fahrt möglich, bald verflossen sein werde; da wir aber noch einen Versuch wagen wollten, von den Sieben Inseln nach Norden vorzudringen und im Nothfalle dort zu überwintern, be= schlossen wir zu unserm Kohlendepot zurückzukehren.

Den 25. September warf die Sophia an der Nordwestküste

---

*) In Betreff der Angabe Bäckström's, S. 349, daß er mit Capitän Souter 82° und einige Minuten nördl. Br. erreicht habe, bemerkt Herr Professor Nordenskiölb in einer brieflichen Mittheilung vom 6. Juni 1869: — — „daß die nördliche Küste Spitzbergens (North Bank) schon bei 80° 40′, mindestens aber 81°, unter den Horizont sinkt; selbst Table Island ist in 81° 30′ nicht mehr sichtbar. Die Angabe in Ansehung der hohen Breite, welche Bäckström erreicht haben will, ist daher, ebenso wie die meisten sonstigen dergleichen Berichte, unzuverlässig und unrichtig."

Spitzbergens, nachdem sie mitten im Southgate auf eine unter dem
Waffer befindliche Klippe, jedoch nicht heftig, aufgestoßen war,
wieder Anker. Die Klippe ist in Buchan's und Franklin's vortrefflicher Karte dieses Hafens nicht eingezeichnet, obwohl es
nach Beechy's Beschreibung scheint, daß auch sie auf diese Untiefe
gerathen sind.

Nachdem wir einige Tage gerastet, um die Maschine auszu-
beffern und Kohlen einzunehmen, — die letzten Reste unseres
Kohlendepots mußten unter einer dicken Schneedecke hervorgesucht
werden — und nachdem wir in dem „Briefkasten" auf dem Holme
in der Kobbe-Bai einige Notizen in Betreff unserer früheren
Fahrten und Zukunftspläne niedergelegt, dampften wir wieder am
1. October nach Norden, obwohl ein starker Wind mit Schneeschauern in dem Hafen, den wir verließen, herrschte. Unsere Vermuthung, daß er nur local sei, bewahrheitete sich, als wir weiter
nach Norden kamen. Das Wetter wurde klarer und ruhiger, aber
schon in 80° 14' stießen wir auf einzelne Treibeisstücke, welche
weiterhin an Größe und Zahl zunahmen. Wir hielten die nördliche Richtung noch am folgenden Tage bei, aber es zeigte sich
bald, daß auf diesem Wege offenes Waffer nicht mehr zu erreichen
sei; wir steuerten deshalb gegen Abend wieder in südlicher Richtung.
In der Nacht legten wir neben einer größeren Eisflarbe bei. Die
Temperatur war nun bis auf —14,5° gesunken, so daß bei dem
stillen Wetter die Wafferfläche zwischen den Eisschollen sich mit
2 bis 3 Zoll dickem Eise belegte, welches die Fahrt des Schiffes
ganz erheblich behinderte. Am folgenden Tage steuerten wir erst
nach Süden, um ein beinahe offenes Waffer zu erreichen, sodann
folgten wir der Eiskante in nördlicher und nordwestlicher Richtung.
Auf diese Art erreichten wir wieder den 81. Grad. Hier aber
stieß der Sophia ein Unglücksfall zu, der unserm weiteren Streben
nach Norden ein Ziel setzte. Während eines Sturmes aus Südosten und bei ziemlich hohem Seegange wurde das Schiff am
Morgen des 4. October mit einer solchen Gewalt gegen einen
großen Eisblock, oder vielmehr kleinen Eisberg, geworfen, daß es
einen bedeutenden Leck erhielt. Wir mußten umwenden, um einen
Hafen aufzusuchen, und erreichten einen solchen spät Nachmittags,
nach elf Stunden langer, schwerer Arbeit an den Pumpen. Obwohl alle Mann dabei thätig waren, stieg das Waffer doch von
Stunde zu Stunde, so daß, als der Anker an der Amsterdaminsel

fiel, es ungefähr zwei Fuß hoch über dem Zwischenboden stand. Glücklicher Weise blieb der in einem wasserdichten Verschlage unter= gebrachte Proviant unbeschädigt, auch der Maschinenraum konnte, obwohl nur mit großer Mühe, so wasserfrei erhalten bleiben, daß das Feuer nicht verlosch. Im andern Falle wäre unser Schiff ohne Zweifel sehr bald ein Opfer des Sturmes und der heftigen Wogen geworden, welche, durchaus im Widerspruche mit den bis= herigen Erfahrungen, sogar zwischen den einzelnen Eisblöcken und Treibeisfeldern rasten.

Gleich nach unserer Ankunft bei der Amsterdaminsel wurde das Schiff auf eine Seite gelegt und der Leck provisorisch verstopft, so daß wir schon am folgenden Tage einen mehr sichern Hafen in der Kings=Bai aufsuchen konnten. Hier holten wir das Schiff während der Fluth so weit an das Land, daß es bei eintretender Ebbe auf dem Grunde stand, infolge dessen der Leck erreicht und vollkommen verstopft werden konnte.

Die im Sommer beinahe eisfreie Kings=Bai war jetzt mit unzähligen, von den Gletschern herabgefallenen Eisblöcken bedeckt, welche, von der Fluth näher an's Land gebracht, den Hafen, in welchem die Sophia ihre Zuflucht genommen, beinahe vollkommen sperrten. Auch froren die Eisblöcke, obwohl die Temperatur hier viel höher war, als unter dem 81. Breitengrade, während des stillen Wetters doch so fest zusammen, daß unser Schiff am 12. October, da wir zur Abfahrt bereit waren, nur mit großer Mühe hinaus zu gelangen vermochte.

Die Ruhe in der Kings=Bai, ebenso wie jeden früheren längeren Aufenthalt, benutzte unser Physiker Dr. Lemström, um magnetische Beobachtungen anzustellen. Dagegen ließ das mit Schnee bedeckte Land eine weitere Fortsetzung unserer geologischen und botanischen Arbeiten nicht mehr zu. Auch die im Sommer so wasserreichen Bäche, welche die Ebene in der Nähe des Kohlenhafens durch= schnitten, waren infolge der Kälte so trocken, daß wir vor unserer Abreise uns vergebens bemühten, unsern sehr mitgenommenen Vorrath an Wasser zu ergänzen.

Unser Schiff war infolge des Leckes und anderer erhaltenen Beschädigungen zu schwach, als daß es mit der geringsten Aus= sicht auf Erfolg einem neuen Versuche, das Treibeisfeld zu forciren, hätte ausgesetzt werden können. Letzteres war aber offenbar noth= wendig, wenn wir die zu unserer Ueberwinterung bestimmte Stelle,

die Sieben Inseln, erreichen wollten. Die Ueberwinterung an
einem andern Theile Spitzbergens lag aber weder in unserm
Plane, noch stellte sie Resultate, welche den damit verbundenen
Kosten, Gefahren und Entbehrungen entsprachen, in Aussicht. So
beschlossen wir denn nach Norwegen zurückzukehren. Doch wollten
wir wenigstens noch den Versuch machen, um die vermuthlich eisfreie Südspitze Spitzbergens herum, Giles' Land zu erreichen.
Schon während der Fahrt längs der im Sommer vollkommen eisfreien Westküste passirten wir große, wenngleich vertheilte Treibeisfelder, welche weiter nach Osten, den Tausend Inseln hin den
Weg beinahe vollständig versperrten. So mußten wir denn auch
diesen Plan aufgeben und richteten den Cours direct nach Norwegen.

Nachdem wir noch nahe daran waren, auf den flachen Bänken
bei Bären-Eiland während eines heftigen Sturmes und des infolge des seichten Wassers schweren Seeganges vom Eise eingeschlossen zu werden, warf die Sophia am 20. October wieder im
Tromsöer Hafen, wo wir zu unserer Freude erfuhren, daß auch
unsere Genossen den heimathlichen Strand glücklich und gesund erreicht hätten, Anker. — —

Wie aus dieser Darstellung zu ersehen, glückte es der Expedition nicht, einen außergewöhnlich hohen Breitengrad zu erreichen,
und es ist ihr nicht vergönnt gewesen, den Umfang des bekannten
Gebietes unseres Erdballs wesentlich zu erweitern. Doch hoffe ich,
daß sie einen nicht unwichtigen Beitrag zur Lösung der sogenannten
Polarfrage geliefert hat.

Bekanntlich ist in den letzten Jahren ein lebhafter Streit
zwischen den ersten geographischen Autoritäten in Betreff der wirklichen Beschaffenheit des Polarbassins geführt worden, indem ein
Theil der Geographen annahm, daß es mit einer zusammenhängenden Eisdecke bedeckt sei, welche dem Vordringen eines
Schiffes unüberwindliche Hindernisse in den Weg lege, während
die Anderen dieses nur für ein altes Vorurtheil hielten, welches
auf übertriebenen Schilderungen der Hindernisse, denen sich der
Schiffer dort ausgesetzt sehe, beruhe. Daß diese letztere Ansicht,
was wenigstens den Europa zunächst belegenen Theil des Polarmeeres zur Zeit der eigentlichen Schifffahrt, d. h. im Sommer, betrifft,
mit den realen Verhältnissen nicht in Uebereinstimmung zu bringen,
ist nicht allein durch die Reisen der älteren muthigen Polarfahrer

bewiesen worden, sondern auch durch eine Reihe der in den letzten
hundert Jahren einzig zu diesem Zwecke abgesandten Expeditionen,
von denen wir blos nennen wollen:

Tschitschagoff's erste Expedition 1765, welcher mit seinem
 Schiffe nur erreichen konnte   80° 21'.
Tschitschagoff's zweite Expedition 1766 80° 28'.
Phipps   1773 80° 37'.
Scoresby   1806 81° 30'.
Buchan und Franklin 1818 80° 34'.
Sabine und Clavering 1823 80° 20'.
Parry   1827 81° 6',
 (zu Schiffe, denn auf dem Eise erreichte er 82° 45'.)
Torell   1861 80° 30',
 (zu Schiffe, mit dem Boote erreichte er 80° 45'.)

Man kann hiernach annehmen, daß ein weiteres Vordringen
im Polarbassin während dieser Jahreszeit nicht möglich ist; ein
nochmaliger Versuch in derselben Jahreszeit muß daher als
ein in dieselben Fußspuren Treten angesehen werden, wodurch man
dem Ziele wenigstens nicht näher kommt. Aber es blieb doch noch
ein Zweifel zurück. In der Zeit, da die Eismassen infolge der
Sommerwärme und des Einflusses der Meereswogen und Strö=
mungen ihr Minimum erreicht haben, d. h. im Herbste, bevor
das neue Eis sich bildet, war das Polarbassin noch niemals von
einem Schiffe besucht worden. Es ließ sich mit Bestimmtheit vor=
aussehen, daß es dann möglich sei, weiter zu kommen, als im
Sommer, ja es war die Möglichkeit vorhanden, erheblich weit
vorzudringen, vielleicht zu einem nördlich von Spitzbergen ge=
legenen Lande, welches später als Basis für ein weiteres Vor=
schreiten dienen konnte. Diese Erwägungen lagen dem Arbeits=
plane der letzten schwedischen Expedition zu Grunde, und es hat
sich herausgestellt, daß man im Herbste zu Schiffe eine bedeutend
höhere Breite erreichen kann, als diejenige ist, welche von den
meisten Expeditionen im Sommer erreicht worden; und wäre das
Jahr 1868 in Betreff der Eisverhältnisse nicht ein außergewöhnlich
ungünstiges gewesen, so würden wir aller Wahrscheinlichkeit nach
noch erheblich weiter, wahrscheinlich über den 83. Grad hinaus
gelangt sein. Aber wir haben uns gleichzeitig überzeugt, daß
selbst im Herbste ein weiteres Vorschreiten bald durch undurch=
bringliche Massen zerbrochenen Eises gehindert wird. Dabei ist

die Fahrt ist in dieser Jahreszeit zufolge der Kälte, Dunkelheit und der dann herrschenden Winde und Schneestürme und des schweren Seeganges mitten im Treibeise so gefährlich, daß das Risico, welches man über sich nimmt, keineswegs der geringen Aussicht auf einen Erfolg entspricht.

Aber auch die Vorstellung eines offenen Polarmeeres ist offenbar eine nicht haltbare Hypothese, welcher eine durch bedeutende Opfer gewonnene Erfahrung entgegensteht, und der einzige Weg, den man mit der Aussicht, den Pol zu erreichen, betreten mag, ist der von den berühmtesten arktischen Autoritäten Englands vorgeschlagene: nach einer Ueberwinterung bei den Sieben Inseln oder im Smittsunde, im Frühlinge auf Schlitten nordwärts vorzubringen.

Verzeichniß

der Abhandlungen, welche sich auf die Resultate der schwedischen Expeditionen nach Spitzbergen gründen, sowie der hauptsächlichsten Thiere und Pflanzen, so weit sie daselbst vorkommen.

> „In gewisser Beziehung können wir jetzt Spitzbergen zu den in naturhistorischer Hinsicht am besten bekannten Ländern der Erde zählen.“
>
> A. J. Malmgren.

I. Physik, Geographie und Geodäsie.

1. K. Chydenius: Ueber die während der schwedischen Expedition nach Spitzbergen im Jahre 1861 ausgeführte Untersuchung, betreffend die Möglichkeit einer daselbst vorzunehmenden Grabmessung (mit einer Karte).
   — Uebersicht der Verhandlungen der Königl. Akademie der Wissenschaften. 1862. S. 89—111.

2. K. Chydenius: Beiträge zur Kenntniß der erdmagnetischen Verhältnisse auf Spitzbergen, gesammelt während der schwedischen Expedition im Jahre 1861.
   — Ebendaselbst S. 271—297.

3. S. Lovén: Ueber die Resultate der von der schwedischen Expedition nach Spitzbergen im Jahre 1861 ausgeführten Tiefenmessungen.
   — Verhandlungen der 9. Versammlung der skandinavischen Naturforscher im Jahre 1863. Stockholm 1865. S. 384—386.

4. D. G. Lindhagen: Geographische Ortsbestimmungen auf Spitzbergen, gemacht von A. E. Nordenskiöld, berechnet und zusammengestellt von D. G. Lindhagen.
   — Abhandlungen der Königl. Akademie der Wissenschaften. Bd. IV. 1863.

5. N. Dunér und A. E. Nordenskiöld: Anmerkungen zur Geographie Spitzbergens (15 S. mit einer Karte).
   — Ebendaselbst Bd VI. 1865.

6. R. Dunér und Nordenskiöld: Vorbereitende Untersuchungen, betreffend die Ausführbarkeit einer Grabmessung auf Spitzbergen (15 S. mit einer Karte).

— Ebendaselbst Bd. VI. 1866.

II. Geologie.

7. Otto Torell: Beiträge zur Moluskenfauna Spitzbergens nebst einer allgemeinen Uebersicht der physikalischen Verhältnisse des arktischen Nordens und seiner einstigen Ausdehnung.

— Akademische Abhandlung. Stockholm 1859.

8. C. W. Blomstrand: Geognostische Beobachtungen während einer Reise nach Spitzbergen (46 S. mit 2 Tafeln).

— Abhandlung der Königl. Akademie ꝛc. Bd. IV. 1864.

9. A. E. Nordenskiöld: Geographische und geognostische Beschreibung des nordöstlichen Theiles von Spitzbergen und der Hinlopen-Straße (25 S. mit einer Karte).

— Ebendaselbst Bd. IV. 1863.

10. G. Lindström: Ueber spitzbergische Trias- und Jura-Versteinerungen (20 S. mit 3 Tafeln).

— Ebendaselbst. Bd. VI. 1865.

11. Oswald Heer: Ueber die von A. Nordenskiöld und C. W. Blomstrand auf Spitzbergen entdeckten vorweltlichen Pflanzen.

— Uebersicht der Verhandlungen ꝛc. 1866. S. 149—155.

12. A. E. Nordenskiöld: Entwurf einer Geologie Spitzbergens (mit 2 Karten).

— Abhandlungen der Königl. Akademie ꝛc. Bd. VI. 1866.

III. Zoologie.

Säugethiere.

13. C. H. Anderssén: Ueber das spitzbergische Renn, Cervus tarandus, forma Spitsbergensis.

— Uebersicht ꝛc. 1862. S. 457—461.

14. A. Quennerstedt: Einige Bemerkungen über die Säugethiere und Vögel Spitzbergens.

— Akadem. Abhandlung. Lund 1862. (33 S.)

15. A. J. Malmgren: Beobachtungen und Bemerkungen zur Säugethier-Fauna Finlands und Spitzbergens.

— Uebersicht ꝛc. 1863. S. 127—155.

16. A. J. Malmgren: Ueber die Form der Zähne der Walrosse (Odobaenus rosmarus) und den Zahnwechsel bei den ungeborenen Jungen (mit einer Tafel).

— Uebersicht ꝛc. 1863. S. 505—522.

Verzeichniß der spitzbergischen Säugethiere.

1. Ursus maritimus L. Eisbär.
2. Canis lagopus L. Gebirgsfuchs, fjällräf.

3. Odobaenus rosmarus K. Walroß.
4. Cystophora cristata (Erxl.). Klappmütze.
5. Phoca barbata Fabr. Seehund, Storkoppe, Blåkobbe.
6. Phoca groenlandica Muell. Grönländischer Seehund, Svartsida.
7. Phoca hispida Erxl. Steinkobbe.
8. Cervus tarandus L. Renn. Spitzbergisches Rennthier.
9. Orca gladiator (Desm.) Sund. Stourvagn, Stourhynning.
10. Delphinapterus leucas (Pallas). Weißfisch, Weißwal.
11. Monodon monoceros L. Narhwal.
12. Hyperoodon rostratus (Pontopp.) Näbbhval.
13. Balaenoptera gigas Eschr. Slätbak.
14. Balaenoptera laticeps (J. Gray).
15. Balaena mysticetus L. Walfisch.

Vögel.

17. A. J. Malmgren: Bemerkungen zur Vogelfauna Spitzbergens.
    — Ueberficht ꝛc. 1863. S. 87—126.
18. A. J. Malmgren: Neue Bemerkungen zur Vogelfauna Spitzbergens.
    — Ueberficht ꝛc. 1864. S. 377—412.
19. A. J. Malmgren: „Zur Vogelfauna Spitzbergens."
    — Cabanis' Journal für Ornithologie. 1865. S. 385—400.

A. Vögel, welche jedes Jahr auf Spitzbergen bruten.

1. Plectrophanes nivalis L. Schneesperling.
2. Lagopus alpinus v. hyperboreus (Sund). Schneehuhn Ripa.
3. Aegialites hiaticula L.
4. Tringa maritima (Brünn). Strandvipa, Fjäreplyt.
5. Phalaropus fulicarius L. Wafferschnepfe.
6. Sterna macrura (Naum.). Meerschwalbe. Tärna.
7. Pagophila eburnea (Phipps). Eismöwe.
8. Ryssa tridactyla L. Krycfie.
9. Larus glaucus (Brünn.). Bürgermeister, Große oder Graue Möwe.
10. Stercorarius parasiticus L. var. tephras Malmgren. Raubmöwe, Tjufjo.
11. Stercorarius Buffoni (Boie) Elliot. Coues.
12. Procellaria glacialis L. Mallemuck, Sturmvogel, Seepferd (Havbäst).
13. Bernicla brenta (Pall.) Spitzbergische Gans.
14. Bernicla leucopsis (Bechst.)
15. Anser segetum var. brachyrhynchus (Baill.) Graue Gans Grågås.
16. Harelda glacialis L. Alfogel.
17. Somateria mollissima L. var. thulensis (Mgrn.). Eibergans.
18. Somateria spectabilis L. Prachteibergans.
19. Colymbus septentrionalis L. Lumme.
20. Uria grylle L. v. Mandti Licht. ═ Uria glacialis (Brehm). Grisla, Teift.
21. Alca troile v. Brünnichi (Sabine). Alte.
22. Mergulus alle L. Rattenvogel, Rotjes (Rattchen).
23. Mormon arcticus L. ═ M. glacialis (Leach). Lunne.

**B. Vögel, welche nur gelegentlich Spitzbergen besuchen, jedoch daselbst
nicht bruten:**

24. Falco gryfalco L. (Nilss.)
25. Nyctea scandiaca L.
26. Cygnus sp. ?
27. Stercorarius pomarhinus (Temm.).

Fische.

20. A. J. Malmgren: Spitzbergens Fische.
    — Uebersicht ꝛc. 1864. S. 489—539.

1. Cottus scorpius L.
2. Phobetor ventralis (Cuv. et Val.) == Cottus tricaspis.
3. Icelus hamatus (Kröyer).
4. Triglops Pingeli (Rhdt.).
5. Sebastes norvegicus (Müell.).
6. Cylopterus spinosus (Müell.).
7. Liparus barbatus (Ekström).
8. Liparis Fabricii (Kröyer).
9. Uronectes Parryi (J. C. Ross). Eine sehr unsichere Art und nur
   auf Roß' Autorität hier aufgenommen.
10. Gymnelis viridis (Fabr.).
11. Lycodes Rossi (Mgrn.).
12. Lumpenus medius (Rhdt.).
13. Lumpenus Fabricii (Rhdt.).
14. Lumpenus nubilus (Richardson).
15. Lumpenus nebulosus (Fries).
16. Drepanopsetta platessoides (Fabr.).
17. Hippoglosus vulgaris (Flem).
18. Gadus morrhua L.
19. Gadus aeglefinus L.
20. Boreogadus polaris (Sabine).
21. Salmo alpinus L.
22. Clupea harengus L.
23. Scymnus microcephalus (Bloch) == Scymnus borealis (Nilss.)

Insecten.

21. C. H. Boheman: Die Insecten Spitzbergens.
    — Uebersicht ꝛc. 1865 S. 563—577.
22. C. H. Boheman: Beitrag zur Kenntniß der Insecten Spitzbergens.
    — Verhandlungen der 9. Zusammenkunft der skandinavischen Na-
    turforscher im Jahre 1863. Stockholm 1865. S. 393—399.

Crustaceen.

23. A v. Goës: Crustacea decapoda padophthalma marina Sveciae, inter-
    positis speciebus norvegicis aliisque vicinis.
    — Uebersicht ꝛc. 1863. S. 161—180.

24. A. v. Goës: Crustacea amphipoda maris Spitzbergiam alluentis cum speciebus aliis arcticis (mit 6 Tafeln).
— Ueberſicht ꝛc. 1865. S. 517—536.

Mollusken.

25. S. Lovén: Ueber die Molluskenart Pilidium (Midd.).
Ueberſicht ꝛc. 1859. S. 119—120.

Bryozoen.

26. F. A. Smitt: Kritiſches Verzeichniß der ſkanbinaviſchen Meeres-Bryozoen.
Ueberſicht ꝛc. 1865. S. 115—142.
1866. S. 395—534.
1867. S. 265.

Annulaten.

27. A. J. Malmgren: Norbiſche Meer-Annulate (mit 20 Tafeln in 4to.)
— Ueberſicht ꝛc. 1865. S. 51—110; 181—192; 355—410.
28. A. J. Malmgren: Annulata polychaeta Spitsbergiae, Groenlandiae, Islandiae et Scandinaviae hactenus cognita (mit 14 Tafeln).
— Ueberſicht ꝛc. 1867. 127—235.

Echinodermen.

29. Axel Ljungman: Ophiuroida viventia huc usque cognita.
— Ueberſicht ꝛc. 1866. S. 303—336.

IV. Botanik.

30. A. J. Malmgren. Ueberſicht der phanerogamen Flora Spitzbergens.
— Ueberſicht ꝛc. 1862. S. 229—268.
31. N. J. Andersſon. Beiträge zur norbiſchen Flora.
— Ueberſicht ꝛc. 1866. S. 121—124. —

Das in der Arbeit ad Nr. 30 gegebene Verzeichniß hat Charles Martins in ſeinem Buche: Du Spitzberg au Sahara. Paris 1865. S. 86 ohne Angabe der Quelle (ſogar mit allen Druckfehlern) aufgenommen, indem er es mit den Worten einleitet: „Je crois devoir donner ici la liste complète des plantes du Spitsberg, disposées par familles naturelles." —

Phanerogamen.

1. Ranunculus glacialis (L.).
2. „ hyperboreus (L.).
3. „ pygmaeus (Whlbg.).
4. „ nivalis (L. Whlbg.).
5. „ sulphureus (Sol.) v. hirtus (Mgrn). Carpellis fusco hispidulis; Norway Jsland.
6. Ranunculus arcticus (Richs.).

33*

7. Papaver nudicaule (L.).
8. Cardamine pratensis (L.).
9.   „   bellidifolia (L.)
10. Arabis alpina (L.).
11. Parrya arctica (R. Br.).
12. Eutrema Edwardsi (R. Br.).
13. Braya purpurascens (R. Br.).
14. Draba alpina (L. Hook). Variirt im höchſten Grade.
15. Draba alpina v. oxycarpa. Whales point, Keilhau's Fundort.
16.   „   glacialis (Adams v. γ Hook).
17.   „   pauciflora (R. Br. ?).
18.   „   micropetala (Hook?).
19.   „   nivalis (Siljeblad?).
20.   „   arctica (Fl. Dan. 2294).
21.   „   corymbosa (R. Br.).
22.   „   rupestris (R. Br.).
23.   „   hirta (L.).
24.   „   Wahlenbergi (Hrmt.).
25. Cochlearia fenestrata (R. Br.) a, typica (Mgrn.).
       „   „   „   b, prostrata (Mgrn.).
       „   „   „   c, laevigata (Mgrn.).
26. Silene acaulis (L.).
27. Wahlbergella apetala (L. Fr.).
28.   „   affinis (Fr.).
29. Stellaria Edwardsi (R. Br.).
30.   „   humifusa (Rottb.).
31. Cerastium alpinum L. α, typicum.
       „   „   β, latifolium (Hrtm.).
       „   „   γ, caespitosum (Mgrn.).
32. Arenaria ciliata (L.).
33.   „   Rossi (R. Br.).
34. Ammadenia peploides (L.).
35. Alsine biflora (L.).
36.   „   rubella (Wbg.).
37. Sagina nivalis (Lindbl.) Fr.
38. Dryas octopetala (L.).
39. Potentilla pulchella (R. Br.).
40.   „   maculata (Pourret).
41.   „   nivea (L.).
42.   „   emarginata (Pursh.).
43. Saxifraga hieracifolia (Walst. et Kit.).
44.   „   nivalis (L.).
45.   „   foliolosa (R. Br.).
46.   „   oppositifolia (L.).
47.   „   flagellaris (Sternb. R. Br.).
48.   „   hirculus (L.).

49. Saxifraga aizoides (L.).
50. „ cernua (L.).
51. „ rivularis (L.).
52. „ caespitosa (L.).
53. Chrysosplenium tetrandrum (Lund. Th. Fr.).
54. Arnica alpina (Murr.).
55. Erigeron uniflorus (L.).
56. Nardosmia frigida (L. — Hook).
57. Taraxacum palustre (L. — Fl. D. 1708).
58. „ phymatocarpum (Vahl.).
59. Mertensia maritima (L. DC.).
60. Polemonium pulchellum (Bunge). Am Bellsunde.
61. Pudicularis hirsuta (L.).
62. Andromeda tetragona (L.).
63. Empetrum nigrum (L.). Bisher nur von Bahl am Bellsunde gefunden.
64. Koenigia islandica (L.). Wurde von Malmgren 1864 in großer Zahl am Hornsunde vor dem Steinwalle gefunden, wo Mergulus Alle brütete.
65. Polygonum viviparum (L.).
66. Oxyria digyna (L. — Campd.).
67. Salix reticulata (L.). In Menge an der Midterhut des Bellsundes.
68. „ polaris Whnbg.).
69. Juncus biglumis (L.).
70. Luzula hyperporea (R. Br.).
71. „ arctica (Blytt.).
72. Eriophorum capitatum (Host.).
73. Carex pulla (Good.).
74. „ misandra (R. Br.).
75. „ glareosa (Wnbg.).
76. „ nardina Fr. In der Tiefe des Eisfjordes in Menge.
77. „ rupestris (All.).
78. Alopecurus alpinus (Sm.).
79. Aira alpina (L.).
80. Calamagrostis neglecta (Ehrh.).
81. Trisetum subspicatum (P. Beauv.).
82. Hierochloa pauciflora (R. Br.).
83. Dupontia Fisheri (R. Br.).
84. „ psilosantha (Rupr.).
85. Poa alpigena (Fr.).
86. „ cenisia (All.).
    „ a, arctica (R. Br.).
    „ β, flexuosa (Wnbg.).
    „ γ, vivipara (Mgrn.).
87. „ stricta (Lindeb.).
88. „ abbreviata (R. Br.)

89. Poa Vahliana (Liebm.). Fr.

90. Glyceria angustata (R. Br.).

91. Catabrosa algida (Sol.) Fr.

92. „ vilfoidea (Andersson). Diese Pflanze ist nur in dem östlichen Spitzbergen (Waigatsinseln, Branntwein-Bucht, Edelunbsberg rc.) gefunden worden.

93. Colopodium Malmgreni (Andersson). Edelunbsberg.

94. Festuca hirsuta (Fl. D. 1627).

95. „ α, ovina (L.)
   „ „ β, vivipara (Horn).
   „ „ γ, violacea (Gaud.).

96. „ brevifolia (R. Br.).

Filices.

97. Cystopteris fragilis (Bernh.). Ziemlich selten und nur an der Westküste gefunden.

98. Equisetum scirpoides (Mich.). Selten, z. B. an der Lomme-Bucht.

99. „ arvense (L.). var. riparium (Fr.). Hier und da.

100. Lycopodium selago (L.).

Malmgren hat in seiner Abhandlung: Uebersicht der phanerogamen Flora Spitzbergens über das Verhältniß derselben zu der der übrigen arktischen Länder berichtet. Hier mag nur noch erwähnt werden, daß nach J. D. Hooker von den obigen 96 Phanerogamen ungefähr 43 Arten in den Pyrenäen, den Alpen, dem Kaukasus, den Gebirgen Persiens und Tibets und dem Himalaya vorkommen, davon allein 31 im Himalaya in Persien und Tibet, 37 im Kaukasus, den Alpen und Pyrenäen. Vier von diesen so weit verbreiteten Arten: Cardamine pratensis, Taraxacum palustre, Trisetum subspicatum und Festuca ovina findet man, nach J. D. Hooker, sogar in Australien und auf Neu-Seeland, woselbst auch noch Cystopteris fragilis und Lycopodium selago vorkommen sollen.

Moose.

32. S. O. Lindberg's: Die im Jahre 1858 von A. E. Nordenskiöld auf Spitzbergen gesammelten Moose.
   — Uebersicht rc. 1861. S. 189. 190.

Algen.

33. J. G. Agardh: Ueber die Algen Spitzbergens. Lund 1862.

Flechten.

34. Th. M. Fries: Lichenes Spitzbergenses.
   — Abhandlungen der Königl. Akademie rc. Bd. VII, 1867.

Die Zahl ihrer Arten beträgt 247, das heißt sie übertrifft die der Phanerogamen um mehr als das Doppelte, wogegen in Skandinavien auf ungefähr 1300 Phanerogamen nur etwa 300 Flechtenarten kommen. Natürlich fehlen in Spitzbergen die Baumflechten sämmtlich.

Pilze.

Es kommen nur wenige Arten vor, diese treten aber ziemlich häufig auf, z. B. an der Advent-Bai im Eisfjorde.

Im Verlage von **Hermann Costenoble** in Jena erschienen ferner folgende neue Werke:

Pasqué, Ernst, Drei Gesellen. Eine heitere und ernste Geschichte. 4 Bde. 8. broch. 4½ Thlr.

Gerstäcker, Friedrich, Neue Reisen. 6 Theile in 3 starken Bänden. 8. eleg. broch. 5⅓ Thlr.

Van mienen Keenich Willem, Van'n oll'n Nümärker. 8. broch. 1¼ Thlr.

Byr, Robert, Der Kampf um's Dasein. Roman. 5 Bde. gr. 8. Eleg. broch. 6 Thlr.

Winterfeld, A. von, Der Winkelschreiber. Humoristischer Roman. 3 Bde. 8. broch. 4 Thlr.

Vacano, Emile Mario, Das Geheimniß der Frau von Nizza. Eine Geschichte aus den letzten Lebensjahren Ludwig des Vierzehnten. 8. broch. 1½ Thlr.

Grüel, Carl, Das Haus Morville. Roman. 2 Bde. 8. broch. 3 Thlr.

Gerstäcker, Friedrich, Die Missionäre. Roman aus der Südsee. 3 Bde. 8. broch. 4 Thlr.

Wickede, Jul. von, Aus alten Tagebüchern. Im Anschluß an „Eine deutsche Bürgerfamilie". 3 Bde. 8. broch. 4 Thlr.

Robiano, L. Gräfin von, Gustav Wasa. Historischer Roman. 2 Bde. 8. broch. 3 Thlr.

Bibra, Ernst Freiherr von, Aus jungen und alten Tagen. Erinnerungen. 3 Bde. 8. broch. 3¾ Thlr.

Fritze, Dr. Hermann Eduard, Christian Klebauer und Compagnie. Roman. 3 Bde. 8. broch. 4 Thlr.

Oelbermann, Hugo, Liebe und Brod. Familien-Roman aus dem neunzehnten Jahrhundert. 2 Bde. 8. broch. 2¼ Thlr.

Mühlbach, Louise, Geschichtsbilder. Historische Novellen. 3 Bde. 8. broch. 2½ Thlr.

Ut 't Dörp. Lustege Vertellungen. Van'n oll'n Nümärker. 8. broch. 1¼ Thlr.

Löffler, Dr. Carl, Die Opfer mangelhafter Justiz. Gallerie der interessantesten Justizmorde älterer und neuerer Zeit. I. u. II. Band **oder** erstes bis achtes Heft. gr. 8. 1868. broch. à Band 2 Thlr., à Heft 15 Sgr.

Gerstäcker, Friedrich, Der Erbe. Roman. 3 Bde. 8. broch. 4 Thlr. 24 Sgr.

Bibra, Ernst Freiherr von, Ein edles Frauenherz. Roman. **Zweite Ausgabe.** 3 Bde. 8. broch. 3 Thlr.

Kleinsteuber, Hermann, Das Geheimniß der Schatulle. Roman. 2 Bde. 8. broch. 2 Thlr.

Kleinsteuber, Hermann, Schach dem König. Historischer Roman. 2 Bde. 8. broch. 3 Thlr.